北京海淀年鉴

2018

《北京海淀年鉴》编纂委员会 编

图书在版编目（CIP）数据

北京海淀年鉴. 2018 / 《北京海淀年鉴》编纂委员会编. -- 北京 : 方志出版社, 2018.12

ISBN 978-7-5144-3671-6

Ⅰ. ①北… Ⅱ. ①北… Ⅲ. ①海淀区－2018－年鉴 Ⅳ. ①Z521.3

中国版本图书馆CIP数据核字(2019)第066837号

北京海淀年鉴（2018）

编　　者：《北京海淀年鉴》编纂委员会
责任编辑：刘　珊

出 版 者：方志出版社
地址　北京市朝阳区潘家园东里 9 号（国家方志馆 4 层）
邮编　100021
网址　http://www.fzph.org
发　　行：方志出版社图书经销中心
电话（010）67110500
经　　销：各地新华书店
印　　刷：廊坊市佳艺印务有限公司

开　　本：889×1194　1/16
印　　张：31.75
字　　数：1129 千
版　　次：2018 年 12 月第 1 版　2018 年 12 月第 1 次印刷
印　　数：0001～1200 册

ISBN 978-7-5144-3671-6　　定价：260.00 元

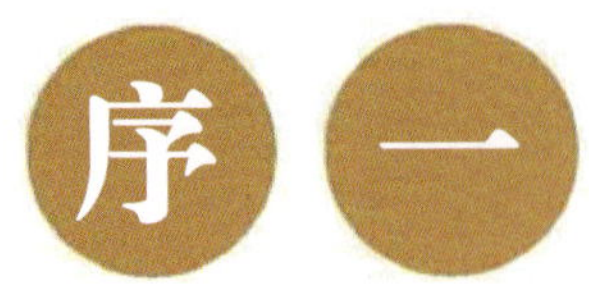

序一

国务院办公厅2015年8月印发的《全国地方志事业发展规划纲要（2015—2020年）》（以下简称《规划纲要》）要求，到2020年要做到地方综合年鉴一年一鉴，公开出版，实现省、市、县三级综合年鉴全覆盖。《规划纲要》还要求，坚持存真求实，正确处理质量与进度的关系，将精品意识贯穿于年鉴编纂出版工作全过程。2015年12月，中国地方志指导小组办公室启动中国年鉴精品工程，将其与先期实施的中国志书精品工程视为姊妹工程，一道作为加强地方志质量建设的重要抓手。

实施中国年鉴精品工程有助于推动中华优秀传统文化传承发展。近年来，在党中央、国务院的高度重视和关心支持下，全国地方志事业发展迎来最好的发展时期。年鉴编纂发端于欧洲，鸦片战争后被引入我国，在我国走过了100多年的发展历史。在长期的编纂中，年鉴在内容和形式上不断发展，逐渐演变成为适合反映中国国情、具有鲜明中国特色的一种文化载体，并在改革开放后出现了快速发展的局面。2006年5月，国务院《地方志工作条例》颁布施行，明确将地方综合年鉴纳入地方志工作范畴，年鉴工作走上了有法可依的轨道。《规划纲要》出台，为从依法编鉴转变到依法治鉴指明了方向。2016年12月，中国地方志指导小组印发《全国年鉴事业发展规划（2016—2020年）》，更进一步明确了到2020年全国年鉴事业的任务书、时间表、路线图。经过多年的发展，年鉴工作已经成为地方志工作的重要组成部分，成为中华民族优秀文化传统的有机组成部分，其存史、育人、资政作用日益彰显。实施中国年鉴精品工程，是年鉴工作者紧扣时代脉搏、坚持创新发展的一项重要举措，对于坚定文化自信，传承弘扬好中华优秀传统文化意义重大。

实施中国年鉴精品工程有助于为全面建成小康社会提供更多智力支持和历史借鉴。党的十八大作出全面建成小康社会的战略部署。党的十八届五中全会提出到2020年如期实现全面建成小康社会的目标要求。完成《规划纲要》确定的目标任务是年鉴工作者的神圣使命，更是年鉴工作者以自身力量为全面建成小康社会献上的厚礼。一方面，可以更好地利用年鉴这种年度资料性文献，及时记录各地区在全面建成小康社会伟大征程中每年取得的新成绩和新经验、出现的新情况和新问题、涌现的优秀人物和典型事迹等；另一方面，可以更好地积累地情、国情资料，为推动经济社会发展和深化改革提供智力支持，为推进国家治理体系和治理能力现代化提供历史借鉴。

实施中国年鉴精品工程有助于全面推进地方志事业转型升级。地方志不是单纯修志编鉴工作，而是全体方志人“修志问道，以启未来”的一项事业，这项事业包含着巨大的时代担当与使命追求。地方志工作要在“五大建设”总体布局和“四个全面”战略布局中发挥与其自身价值、功能相匹配的作用，就要因时而谋、乘势而上、顺势而为，全面推进地方志事业转型升级。转型升级，当下最重要的目标就是完成“两全”目标，包括“年鉴全覆盖”目标；长远的目标就是基本形成地方志编修体系、理论研究和学科建设体系、质量保障体系、资源开发利用体系、工作保障体系“五位一体”的地方志事业发展综合体系，包括“五位一体”的年鉴事业发展综合体系。中国年鉴精品工程是一项探索工程，也是一项创新工程，是推进地方志事业转型升级的重要内容。通过实施中国年鉴精品工程，不仅有助于确保年鉴质量，不断编纂出版具有鲜明时代特征、年度特点和地域特色的精品年鉴，也有助于推动年鉴工作适应经济社会发展形势和时代需要，不断改革创新，与时俱进。

多年来，在中国地方志指导小组办公室的指导和全国各级地方志工作机构的共同努力下，年鉴种类数量快速增长，年鉴成果粲然可观，为实施中国年鉴精品工程奠定了坚实的基础。实施中国年鉴精品工程，就是要在全国地方志系统起到示范作用，进一步培育精品意识，打造精品年鉴，以点带面，在提高年鉴质量方面探索出一条切实可行之路，使这项探索工程和创新工程能够积累经验，发挥引领作用。

“万山磅礴，必有主峰；龙衮九章，但挈一领。”实施中国年鉴精品工程，是筑牢地方志事业特别是年鉴事业发展根基之举，其意义与价值不言而喻。但编修出年鉴精品佳作，绝非朝夕之功，需要付出长期艰辛的努力。希望通过实施中国年鉴精品工程，能够进一步推进年鉴质量建设，使年鉴真正成为传承中华民族优秀传统文化的重要载体，成为展示中国国情、地情的重要窗口，成为“为当代提供资政辅治之参考、为后世留下堪存堪鉴之记述”的资源宝库，在全面建成小康社会过程中作出更大贡献。

是为序。

中国社会科学院原副院长

中国地方志指导小组原常务副组长

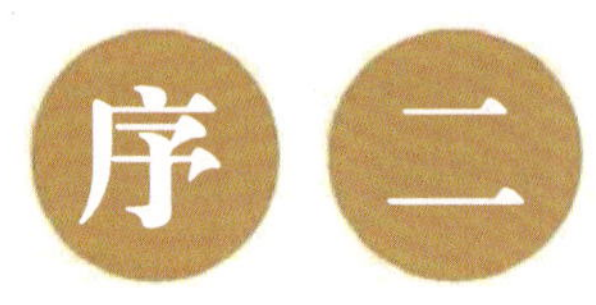

序二

地方志是中华优秀传统文化的根与魂，积淀着中华优秀传统文化最深层的精神追求，代表着中华民族独特的精神标识。新时代坚持和发展中国特色社会主义，更加需要深刻把握人类发展历史规律，更加需要编修出传承不辍的精品志鉴，才能使后代在对历史的深入思考中汲取智慧、走向未来。伟大的时代，为地方志发展提供了取之不尽、用之不竭的源泉，同时也为全国年鉴工作提供了极大的机遇。

党的十九大报告中明确提出“质量强国”，“努力实现更高质量、更有效率、更加公平、更可持续的发展”，这为年鉴事业高质量发展指明了方向。按时、保质完成《全国地方志事业发展规划纲要（2015—2020 年）》规定的“两全目标”任务，打造一批资辅当前、存鉴后世、经得起历史检验的精品佳作，不仅是一种法定职责，而且具有重要的政治意义、现实意义和历史意义。中国特色社会主义进入新时代，年鉴事业也进入新时代，呈现快速、稳步发展态势，在各方面都取得了新的显著成绩，包括年鉴编纂进度大大加快，年鉴编纂范围不断扩大，年鉴资源优势得到充分发挥，年鉴开发利用水平全面提升，而且年鉴质量保障机制逐步完善、质量持续提升。因此，在全社会关注质量发展的黄金时期，尤其是在完成“两全目标”任务的关键期，在狠抓进度的时候，实施中国年鉴精品工程更是恰当其时。年鉴工作者要投身于时代，为时代放歌，书写复兴华章，把出品更多的精品年鉴使命落实在实现中国梦的恢宏大业中。

习近平总书记说，精品之所以“精”，就在于其思想精深、艺术精湛、制作精良。中国年鉴精品工程紧扣时代脉搏，拓宽视野，围绕人民群众的美好生活，用精品记录新时代，为新时代新气象新作为留下真实、鲜活、生动、翔实的记录。实施中国年鉴精品工程，既是全面贯彻落实《全国地方志事业发展规划纲要（2015—2020 年）》的重要举措，也是培育精品意识和精品年鉴、提高年鉴质量的重要手段；既是发挥年鉴存史、资治、教化功能的根基所在，也是年鉴工作者坚持创新发展、传承弘扬中华优秀传统文化的关键步骤。这不仅有助于坚定文化自信，讲述好中国故事，传播好中国声音，更有助于为决胜全面建成小康社会提供更多智力支持和更大精神动力。

实施中国年鉴精品工程顺应地方志进入新时代的历史潮流。“充实之谓美，充实而有光辉之谓大。” 党的十九大报告指出，我国的社会主要矛盾已经转化为人民日益增长的美好生活需要和不平衡不充分的发展之间的矛盾。党章修正案、宪法修正案把习近平新时代中国特色社会主义思想确立为我们党和国家的行动指南，我国的发展进入到新的历史方位。为适应这些重大变化，党和国家随之出台更多重大的举措、推出更多有力的措施。年鉴如何全方位地、开创性地记述这些历史性变化，如何充分记述我们党领导人民进行的伟大斗争、建设的伟大工程、推进的伟大事业、实现的伟大梦想，是新时代地方志工作需要深入思考探究的问题。中国年鉴精品工程正是呼应新时代新变化新要求，致力于在全国地方志系统进一步培育精品意识、打造精品年鉴，从而以点带面，在提高年鉴质量方面探索出一条切实可行之路，充分发挥中国精品年鉴的辐射效应，引领带动全国范围内年鉴质量的全面提高，切实推动年鉴事业转型升级。

实施中国年鉴精品工程要全面把握以人民为中心的发展理念。以人民为中心，贯穿于改革开放以来我们党推进中国特色社会主义文化建设的全过程。新时代把握新机遇，年鉴作为记录新时代地方年度历史的重要载体，应当以习近平新时代中国特色社会主义思想为指导，牢固确立以人民为中心的理念。中国年鉴精品工程始终坚持人民是历史的创造者和改革开放事业的实践主体，始终坚持文化发展为人民服务、为社会主义服务，充分记录人民的首创精神，凸显人民在文化建设中的主体作用，不断满足人民的精神文化需求。年鉴工作要深深扎根于人民之中，坚持以事系人，记载人民群众中的先进典型，内容充分体现社会民生和为民服务的举措。在此基础上，实施中国年鉴精品工程还要建立精品长效机制，逐步推进精品年鉴传播最优化和效益最大化，使精品年鉴能够不断满足人民群众对美好生活的新需要新期待，在铸就中华文化新辉煌的过程中更好地构筑中国精神、中国价值、中国力量的方向上不断努力。

实施中国年鉴精品工程是坚定文化自信的体现。习近平总书记说，文化兴国运兴，文化强民族强。没有高度的文化自信，没有文化的繁荣兴盛，就没有中华民族的伟大复兴。中华优秀传统文化是中华民族的文化根脉，其蕴含的思想观念、人文精神、道德规范，不仅是我们中国人思想和精神的内核，对解决人类问题也有重要价值。地方志是中华优秀传统文化的精神之脉，是中华优秀传统文化基因的真正传承者和发展者。精品年鉴正是从中华民族世世代代形成和积累的优秀传统文化中汲取营养和智慧，记录传承的文化基因，记录思想精华，展现精神魅力。实施中国年鉴精品工程，以时代精神激活中华优秀传统文化的生命力，推进中华优秀传统文化创造性转化、创新性发展，把传承和弘扬中华优秀传统文化同坚定文化自信统一起来，有助于引导人民树立和坚持正确的历史观、民族观、国家观、文化观，不断增强中华民族的归属感、认同感、尊严感、荣誉感。

用精品记录新时代，用奋斗铸就新辉煌。地方志植根于历史，内涵于历史，镌刻于历史之上，是中华民族在漫长历史中形成的区别于其他民族的独特精神标识,精品年鉴是地方志的“守护者”“传承者”，是地方志成果创造性转化创新性发展的“探路者”“先行者”。习近平总书记强调，凡是传世之作、千古名篇，必然是笃定恒心、倾注心血的作品。希望全国年鉴工作者齐心协力，坚持历史唯物主义立场、观点、方法，立足中国、放眼世界，立时代之潮头，通古今之变化，发思想之先声，推出一批有思想穿透力的精品力作，培养一批年鉴专家，充分发挥存史、育人、资政作用，为推动全国年鉴事业转型升级作出新的更大贡献。

是为序。

中国地方志指导小组秘书长
中国地方志指导小组办公室主任 冀祥德

编 辑 说 明

一、《北京海淀年鉴》是由北京市海淀区人民政府主办、北京市海淀区党史地方志办公室承编的地方综合年鉴。自2002年开始逐年编纂并公开出版，一年一卷，本卷为第17卷。

二、《北京海淀年鉴》坚持以马克思列宁主义、毛泽东思想、邓小平理论、“三个代表”重要思想、科学发展观、习近平新时代中国特色社会主义思想为指导，坚持辩证唯物主义和历史唯物主义的立场、观点、方法，存真求实，全面、客观、系统地记述区域发展情况。

三、《北京海淀年鉴》以出版年份为卷次名称。本卷全面记述海淀区2017年政治、经济、文化和社会发展的基本情况，记述时限为2017年1月1日至2017年12月31日（部分内容根据实际情况，时限略有前后延伸）。凡在文中直书月、日的，均指2017年内的日期，文中“年内”指2017年。文中涉及其他年份的时间均标明年份。

四、《北京海淀年鉴》采用分类编辑法，由类目、分目、条目组成，部分分目增设次分目。全书条目标题统一用黑体加【 】表示，个别包含多方面内容的条目则在段首加黑体标题提示，方便查阅。本卷设党和国家领导人与海淀、特载、专文、大事记、区情概述、中共海淀区委员会、海淀区人民代表大会、海淀区人民政府、政协海淀区委员会、民主党派、人民团体、法治、军事、中关村国家自主创新示范区核心区、功能区建设、经济监督管理、农业与农村建设、商贸服务业、旅游业、城市建设与管理、交通 邮政 通信、科技、教育、文化、卫生 体育、社会工作、社会生活、街道 镇（地区）、人物、统计资料、附录31个类目。

五、文中除“民主党派”部分外，“党”指“中国共产党”，未标明党派的“市委”均指“中共北京市委”，“区委”均指“中共海淀区委”，“党员”均指“中共党员”，“党建”工作均指“中国共产党建设”工作。

六、入鉴资料均由各撰稿单位提供，并经主要负责人审核。部分资料由编辑部收集。主要数据和统计资料由海淀区统计局提供，部分数据由各相关部门提供。由于统计口径等原因，相关部门的个别数据与统计资料不一致的，以统计资料为准。

七、《北京海淀年鉴》配有双重检索系统：书前刊有详细目录，书后附有索引。配有电子版（光盘），并在海淀区党史地方志办公室电子资料库（hdszb.bjhd.gov.cn）中推出。

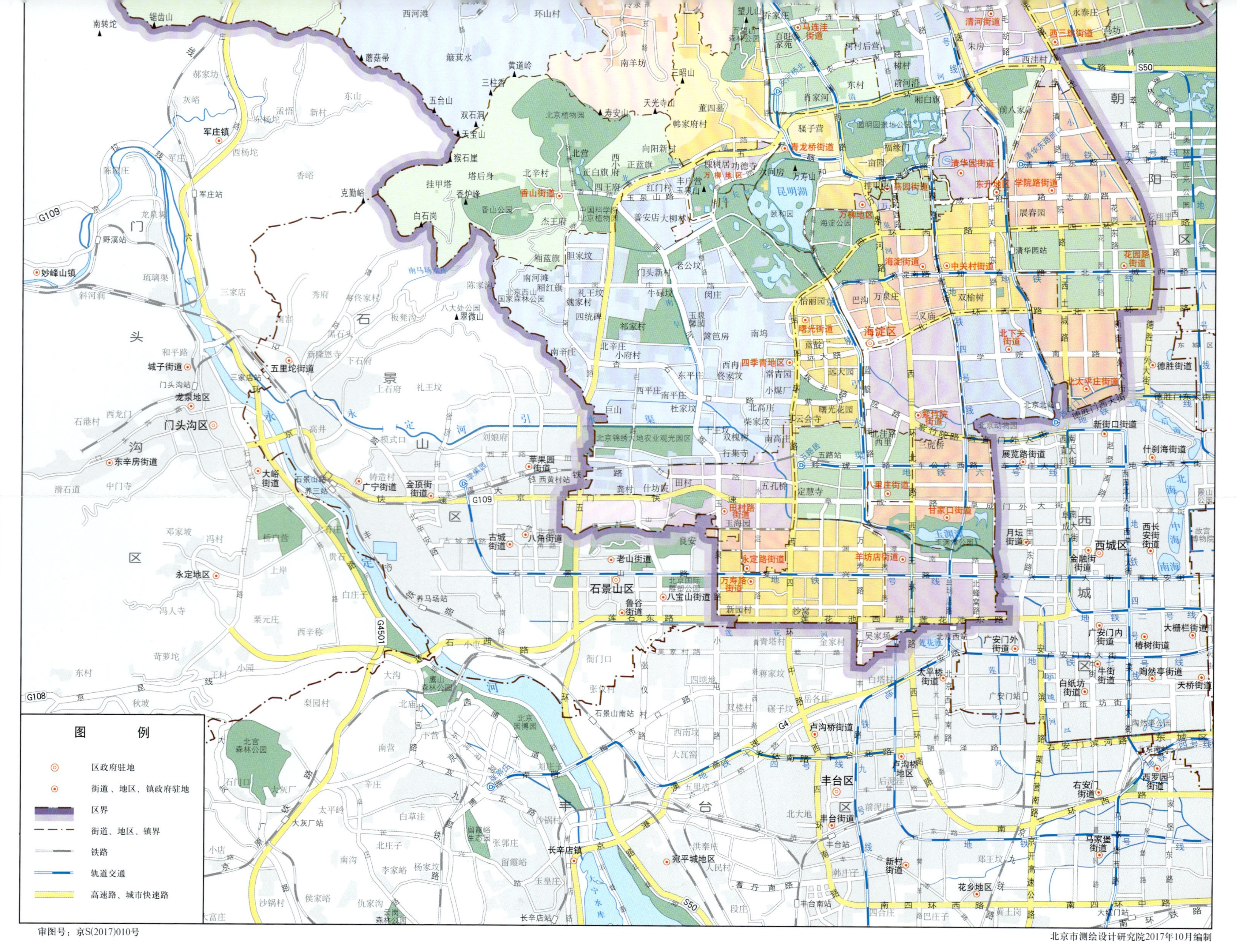

审图号：京S(2017)010号

北京市测绘设计研究院2017年10月编制

北京市海淀区
行政区划图
昌平区
城北街道
城南街道
南口地区
马池口地区
流村镇
阳坊镇
崔村镇
南邵镇
小汤山镇
百善镇
沙河地区
史各庄街道
霍营街道
龙泽园街道
回龙观街道
上庄地区
苏家坨地区
温泉地区
西北旺地区
上地街道
沙河水库
鹫峰国家森林公园
阳台山自然风景区
凤凰岭自然风景区
稻香湖公园
中关村森林公园
永丰高新技术产业基地
中国航天城
西三旗高新建材工业开发区
G4501
G6
G7

数字海淀

每日生活
Other Daily Activities

地方财政收支及增速（亿元）
Local Financial Revenue and Expenditure (100 million yuan)

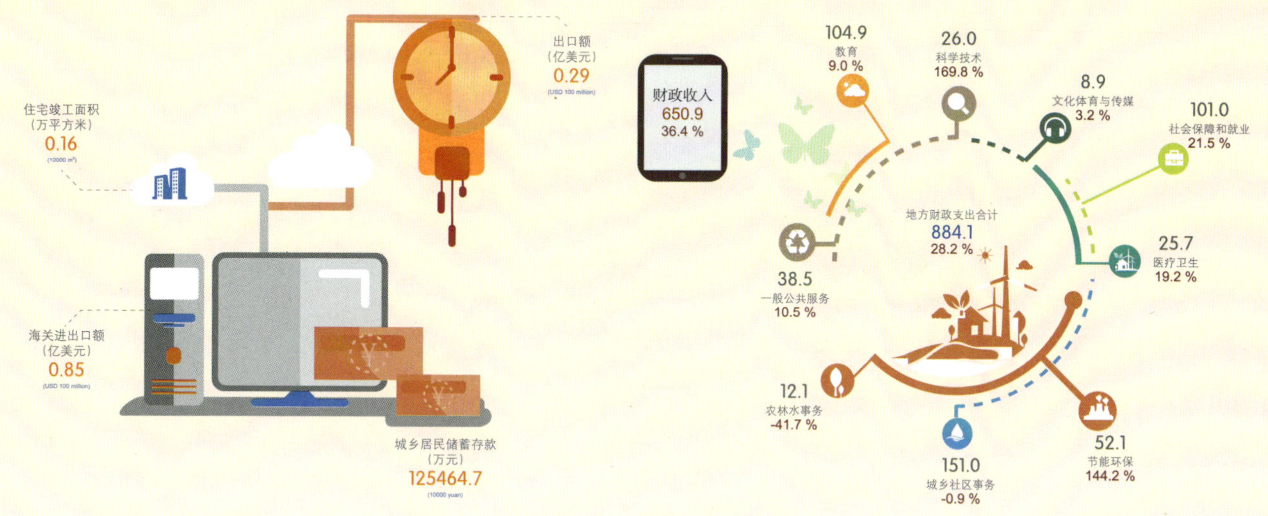

分行业增加值构成图（亿元）
Distinguish Between Haidian Industry Added Value Proportion Chart (100 million yuan)

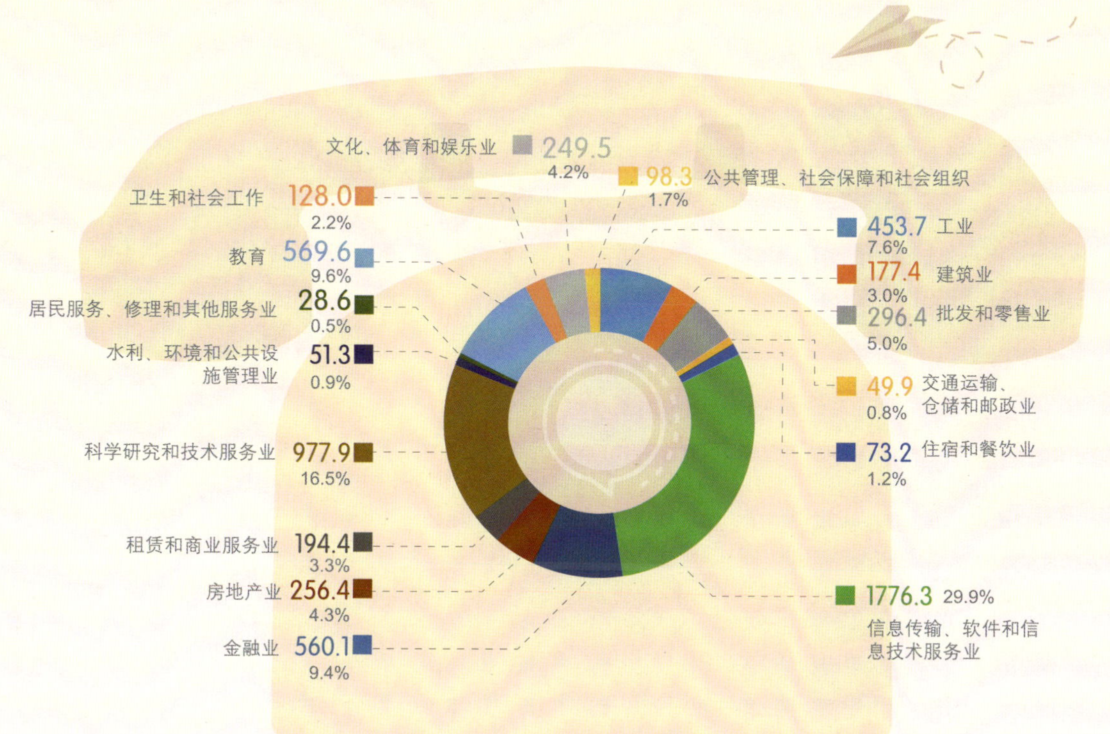

2017年全区居民家庭人均可支配收入构成（元）
2017 Per Capita Annual Income of Total Households (yuan)

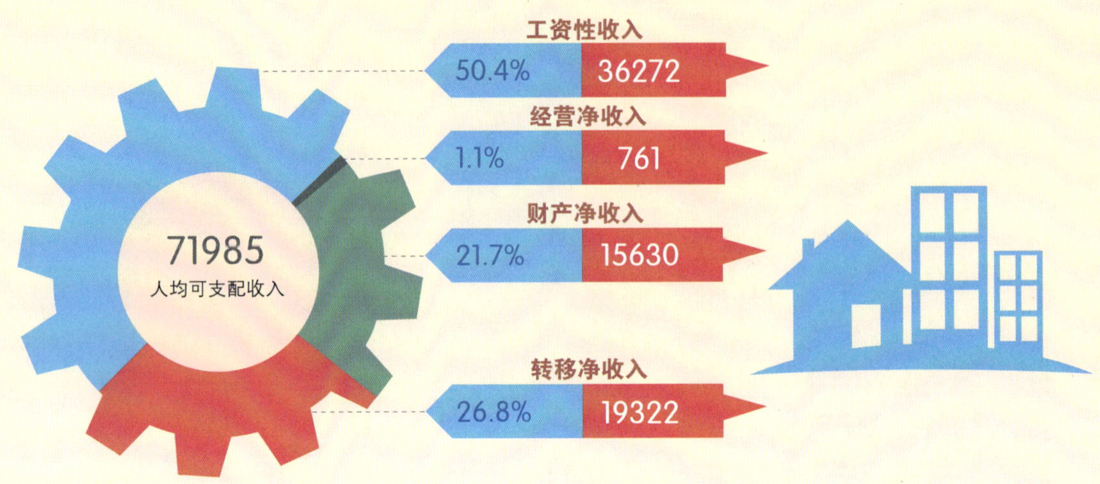

2017年全区居民家庭每百户主要耐用消费品拥有量
2017 Annual Possession of Durable Consumer Goods Per 100 Households of Total Households

信息传输、软件和信息技术服务业收入及增速（亿元）
Information Transmission, Softuare and IT Services Income and Speed (100 million yuan)

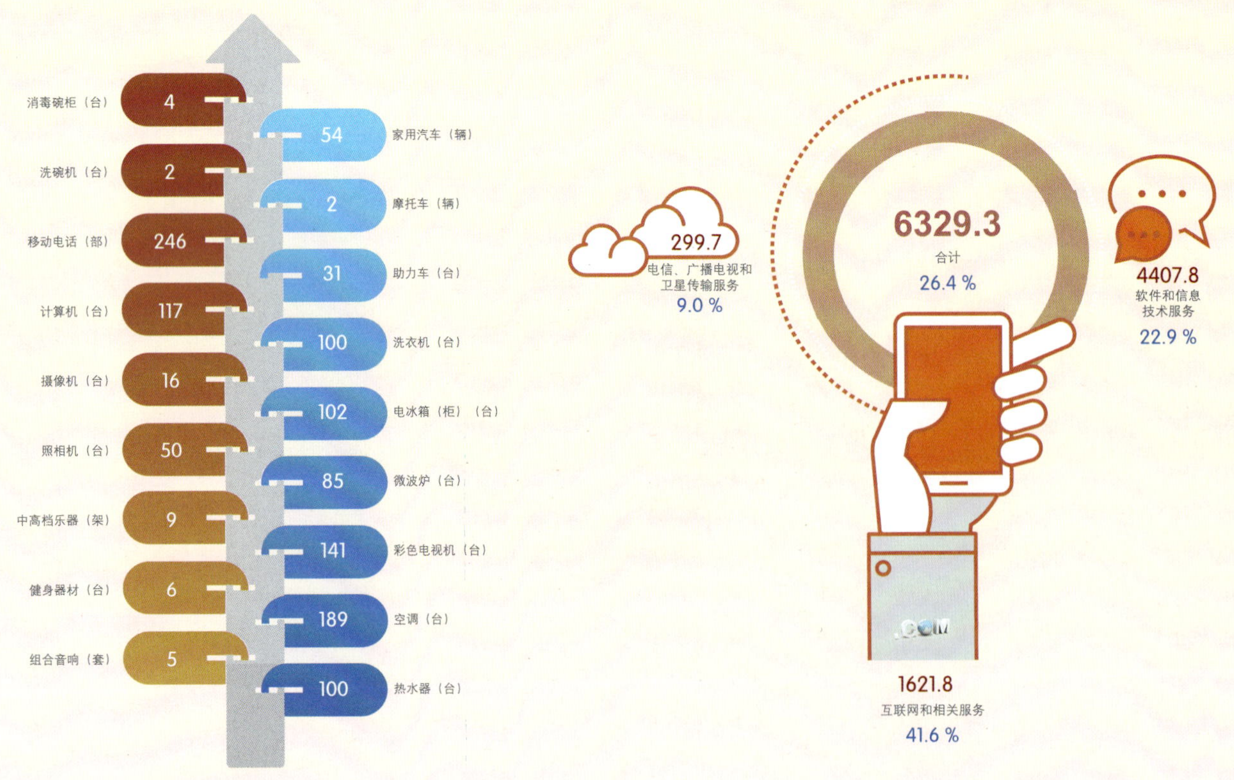

文化创意产业收入及增速（亿元）
Cultural and Creative Industry Income and Speed (100 million yuan)

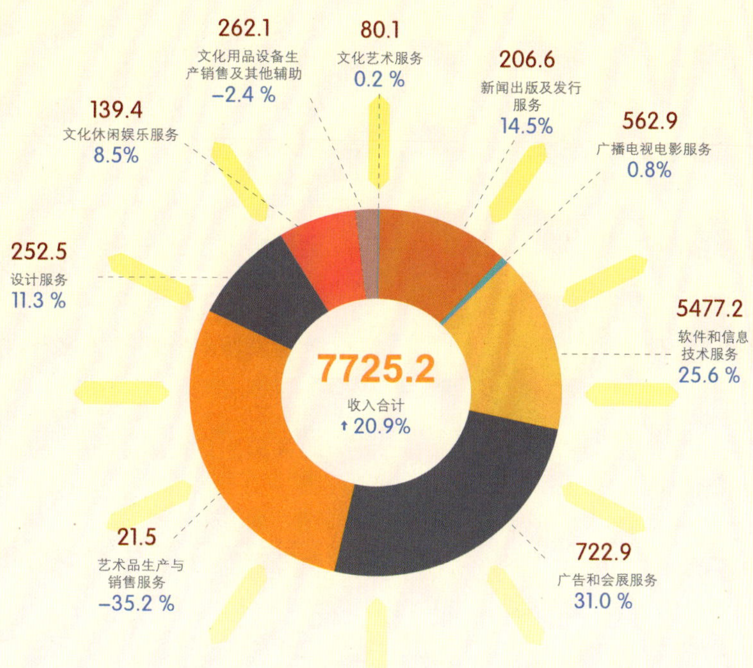

环境治理能力
Environment Management

主要污染物排放量
Emission of Main Pollutants

数字海淀

辖区面积：430.77 平方千米

年末户籍人口：235.4 万人

年末常住人口：348.0 万人

地区生产总值：5942.8 亿元

地区生产总值同比增长：7.3%

第一产业实现增加值：1.5 亿元

第二产业实现增加值：629.7 亿元

第三产业实现增加值：5311.6 亿元

人均地区生产总值：24888.4 美元

规模以上工业企业总产值：2387.6 亿元

农村集体经济总收入：118.51 亿元

区域财政收入：2529.4 亿元

地方财政收入：650.9 亿元

全社会固定资产投资总额：1005.7 亿元

社会消费品零售额（产业在地）：2309.6 亿元

海关进出口总额：311.8 亿美元

实际利用外资额：24.9 亿美元

房屋施工面积：1109.2 万平方米

房屋竣工面积：134.8 万平方米

商品房销售面积：31.8 万平方米

私人汽车：899400 辆

地方财政支出中科学技术支出的占比：2.9%

地方财政支出中教育支出的占比：11.9%

专利授权数：37394 件

技术合同成交金额：1620.0 亿元

高考本科录取率：88.0%

幼儿园数：171 所

小学学校数：84 所

普通中学学校数：79 所

中等职业学校数：11 所

区域内高等院校数（含分部）：37 所

国有科研院所数：135 个

每千人拥有医院床位数：3.5 张

农村社会养老保险参保覆盖率：96.0%

地区售电量：138.67 亿千瓦时

地区总用水量：33068 万立方米

银行人民币存款：29124.8 亿元

银行人民币贷款：8491.6 亿元

银行个人存款：5611.7 亿元

居民人均可支配收入：71986 元

居民人均消费支出：49458 元

人均绿地面积：36.5 平方米

海淀园总收入：2.16 万亿元

海淀园企业数：11242 家

海淀园实缴税费总额：845.1 亿元

1 月 12 日，区委十二届二次全会召开，表决通过出席中共十九大代表候选人推荐人选（新闻中心供图）

5 月 12 日，中共海淀区代表会议召开，选举产生海淀区出席北京市第十二次党代会代表（新闻中心供图）

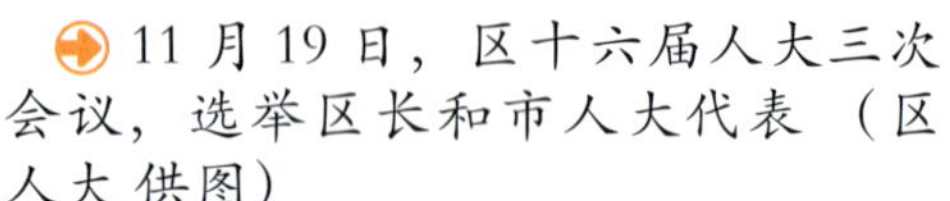

11 月 19 日，区十六届人大三次会议，选举区长和市人大代表（区人大供图）

3月29日，北京市海淀区监察委员会成立大会召开（新闻中心供图）

8月16日，古巴共产党省市委领导干部考察团观摩区委常委会（高政摄）

10月21日，区委理论学习中心组在北京展览馆参观“砥砺奋进的五年”大型成就展（区委区政府研究室 供图）

10月30日，区工会第十六次代表大会召开，选举产生新一届区总工会领导机构（张洪军 摄）

12月8日—9日，区第十三次妇女代表大会召开，选举新一届区妇联领导机构（区妇联 供图）

12月25日，全区处级干部学习贯彻中共十九大精神专题辅导报告举行（张洪军 摄）

12月28日，中共海淀区委召开党外人士征求意见会（张洪军 摄）

1月7日，区政府与华为技术有限公司签署战略合作协议（新闻中心供图）

2月28日，小米公司发布自主研发手机芯片“澎湃S1”，成为全球第四家同时生产芯片和手机的企业（新闻中心供图）

3月15日，2018（北京·海淀）比利时布鲁塞尔国际葡萄酒大奖赛签约仪式在海淀举行（新闻中心供图）

5月2日，北京市知识产权局与海淀区人民政府签署知识产权强区工程战略合作协议（海淀园 供图）

5月2日，海淀区为10个创客知识产权托管工作站授牌（海淀园 供图）

5月20日，第15届中关村国际美食节美食进社区活动举办（海淀饮服协会 供图）

6月7日，加州北京科技企业交流活动暨加州—北京创新中心揭牌仪式在海淀举行（张洪军 摄）

6月19日，区安全监管局举办安全月咨询日（闫明 摄）

9月，区审计局在四季青镇开展经济责任审计（高璐璐 摄）

11月3日，区统计局举办“人口调查进万家”第二届海淀统计开放日活动（张琳 摄）

11月28日—29日，全国“双安双创”工作会代表现场观摩在超市发蓝润店试点推行的“二维码收银追溯系统”（区食药局 供图）

12月31日，部分企业入驻中关村军民融合产业园（四季青镇 供图）

1月3日，第七届“海之声”新年演出季之中央芭蕾舞团新年音乐会演出（区文化委 供图）

2月21日，海淀区成为首个全国青少年校园足球综合改革试验区。图为学生比赛中（区教委 供图）

4月23日，区图书馆举办第七届海淀换书大集活动（区图书馆 供图）

3月26日，一零一中学学生张之恒获2017年北京市科技创新市长奖。图为张之恒在进行新型油水分离滤网性能测试（一零一中学 供图）

5月18日—19日，北师大实验小学举办首届全员运动会（北师大实验小学 供图）

5月21日，海淀区首家校外教育单位接受综合督导（区教委 供图）

5月31日，海淀区民族小学学生代表参加“一带一路”沿线国家儿童共度“六一”活动（关越 摄）

6 月 14 日，海淀区少年科学院成立（区教委供图）

7 月 5 日，区教委召开融合教育国际研讨会（区教委供图）

8 月 7 日，“欢动北京 · 情聚海淀”第六届国际青少年文化艺术交流周之海淀区文化会演开演（田峰 摄）

9 月 1 日，北京中法实验学校揭牌（区教委供图）

9月21日，区史志办召开“水润京华——水·海淀·北京城”学术研讨会（徐佳伟 摄）

9月，北大附小体育馆“泡泡馆”竣工（北大附小 供图）

11月10日，第六届中关村金秋演出季之《赵氏孤儿》演出（区文化委 供图）

12月1日，首师大附中全国教育硕士专业学位研究生联合培养示范基地揭牌（首师大附中 供图）

12月5日，海淀区举办“传承杜丽丽精神，弘扬新时代师魂”师德论坛暨纪念杜丽丽烈士牺牲20周年活动（区教委 供图）

12月27日，反映马连洼街道执法队副队长苏晋达事迹的微电影《城管来了》在中国电影资料馆举行首映式（侯祎飞 摄）

1月12日，2016“感动海淀”十大文明人物颁奖典礼举行（许颖 摄）

3月，中关村医院改扩建及综合楼工程封顶（田峰 摄）

7月7日，区房管局组织抢修首体宿舍道路积水（区房管局 供图）

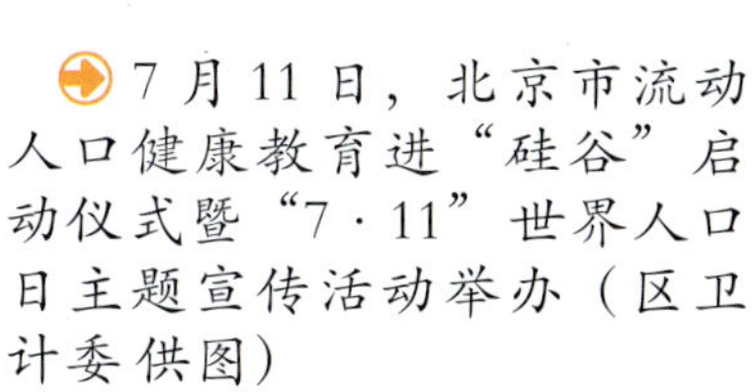

7月11日，北京市流动人口健康教育进“硅谷”启动仪式暨“7·11”世界人口日主题宣传活动举办（区卫计委 供图）

7月11日，区人力社保局向北京航空航天大学南非籍教师 Damon Charles Freeman 发出首张“外国人工作许可证”（区人力社保局 供图）

社会建设

7月25日，功德寺棚户区居民选房（田峰 摄）

8月8日，盲人朋友在盲文图书馆体验信息无障碍（区残联 供图）

8月25日，区环保局查封“散乱污”企业并进行媒体曝光（区环保局 供图）

9月17日，海淀公安分局民警在蓝靛厂南路保障“北京马拉松”赛事（区公安分局供图）

11月9日，区消防支队在北京航空航天大学举行第二十七届“119”宣传月“全民消防我代言”大型公益活动（杨元平 摄）

3月7日，国务院督导组到海淀区调研公租房项目（王佳琪摄）

3月23日，海淀区生态文明和城乡环境建设动员大会召开，区领导与各街镇签订9类责任书（新闻中心供图）

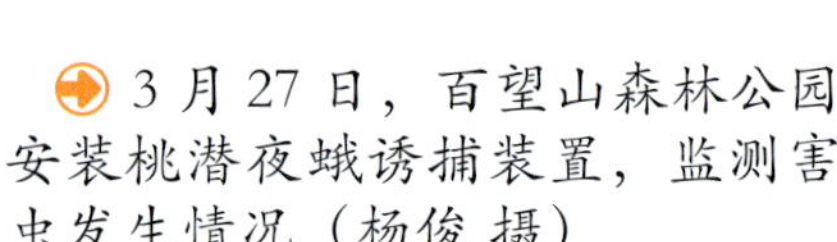

3月27日，百望山森林公园安装桃潜夜蛾诱捕装置，监测害虫发生情况（杨俊 摄）

4月，田村路街道城市运行服务中心在永定河引水渠东岸建设的一米菜园，市民可认领（田村路街道 供图）

5月12日，区环保局执法人员检查重型柴油车（区环保局 供图）

年内建成的海淀模式新型公厕——中关村西区公厕（区市政市容委 供图）

年内，海淀区循环经济产业园餐厨厨余垃圾处理厂建成（丁尧 摄）

年内完成的区委党校屋顶绿化（园林绿化局 供图）

目　录

党和国家领导人与海淀

特　载

专　文

大事记

区情概述

中共海淀区委员会

综述

统战

政策研究

机构编制

党史研究

海淀区人民代表大会

综述

重要会议

监督工作

人事任免

视察与调研

代表工作

海淀区人民政府

综述

外事　港澳台事务

政务服务

人事管理

信息化城市服务管理

信访

侨务

重要民生实事

政协海淀区委员会

综述

重要会议

政治协商

视察与监督

参政议政

提案和社情民意信息

专门委员会

民主党派

中国国民党革命委员会北京市海淀区工作委员会

中国民主同盟北京市海淀区委员会

中国民主建国会北京市海淀区委员会

中国民主促进会北京市海淀区委员会

中国农工民主党北京市海淀区委员会

中国致公党北京市海淀区委员会

九三学社北京市海淀区委员会

台湾民主自治同盟北京市海淀区工作委员会

人民团体

海淀区总工会

共青团海淀区委员会

海淀区妇女联合会

海淀区科学技术协会

海淀区归国华侨联合会

北京市海淀区工商业联合会

法 治

政法委与综治

政法委工作

社会治安综合治理

流动人口和出租房屋管理

法治政府建设

公安

检察

法院

司法行政

军　事

人民武装部

人民防空

中关村国家自主创新示范区核心区

综述

园区服务与管理

专业园区建设

产业与企业发展

电子信息产业

功能区建设

中关村科学城

中关村大街

中关村科学城北区

“三山五园”历史文化景区

经济监督管理

经济社会发展与经济调控

财政

税务

国家税务

地方税务

金融服务管理

统计

质量技术监督

安全生产监督管理

审计

国有资产监管

出入境检验检疫

食品药品监督管理

烟草专卖与管理

工商行政管理

消费者权益保护

区属工业管理

农业与农村建设

农业

农村经济

新农村建设

商贸服务业

商业服务业

对外经济贸易

旅 游 业

综述

旅游景点

旅游设施建设

旅游活动

旅游行业管理

城市建设与管理

规划

房地产开发

市政基础设施建设

公用事业和市政设施管理

市容环境

国土资源管理

房屋管理

城管执法监察

电力供应

环境保护

园林绿化

环境卫生

水务

气象

消防

防震减灾

交通 邮政 通信

交通运输管理

邮政

通信

科　技

综述

科技创新

科技成果

知识产权保护

教　育

综述

基础教育

高等教育

职业和继续教育

民办教育

特殊教育

教育督导

文　化

综述

文化事业

文化创意产业

区域特色文化

文化设施建设

文化活动

文化市场监管

文化遗产保护

媒体传播

档案

地方志

文联活动

卫生 体育

卫生

医疗卫生

公共卫生

红会活动

体育

社会工作

综述

精神文明建设

社区建设与管理

社会组织工作

社区工作者队伍建设

社会生活

人口和计划生育

就业和社会保障

民政

民族　宗教

残疾人事业

街道　镇（地区）

万寿路街道

羊坊店街道

甘家口街道

八里庄街道

紫竹院街道

北下关街道

北太平庄街道

海淀街道

中关村街道

学院路街道

清河街道

青龙桥街道

香山街道

西三旗街道

马连洼街道

花园路街道

田村路街道

上地街道

曙光街道

燕园街道

清华园街道

永定路街道

东升镇（东升地区）

海淀镇（万柳地区）

四季青镇（四季青地区）

西北旺镇（西北旺地区）

温泉镇（温泉地区）

苏家坨镇（苏家坨地区）

上庄镇（上庄地区）

玉渊潭农工商总公司

人　物

统计资料

附　录

索　引

Contents

CPC and Chinese Leaders in Haidian

Feature Documents

Special Records

Chronicle of Events

Haidian Overview

Beijing Haidian District Committee of Communist Party of China

People's Congress of Haidian District

People's Government of Haidian District

Beijing Haidian District People's Political Consultative Conference

Democratic Parties

People's Organizations

Rule of Law

Military Affairs

Core zone of Zhongguancun National Innovation Demonstration Zone

Construction of Functional Regions

Supervision and Administration for Economy

Agriculture and Rural Construction

Commercial and Trade Service Industry

Tourism

Urban Development and Management

Transportation • Post • Communication

Science and Technology

Education

Culture

Health · Sports

Social Work

Social life

Sub-Districts and Townships (Areas)

Figures

Statistics

Appendix

Index

党和国家领导人与海淀

习近平到五棵松体育中心和首都体育馆考察

新华社北京2月24日电　中共中央总书记、国家主席、中央军委主席习近平近日在北京考察时强调，北京城市规划建设和北京冬奥会筹办工作是当前和今后一个时期北京市的两项重要任务，要认真贯彻党中央决策部署，坚持首善标准，解放思想、开阔思路，求真务实、攻坚克难，统筹生产、生活、生态，立足提高治理能力抓好城市规划建设，着眼精彩非凡卓越筹办好北京冬奥会，努力开创首都发展更加美好的明天。

2月23日至24日，习近平在中共中央政治局常委、国务院副总理张高丽，北京市委书记郭金龙、市长蔡奇陪同下，到北京市考察城市规划建设和北京冬奥会筹办工作。

23日下午，习近平考察了北京新机场建设。

24日上午，习近平先后考察了五棵松体育中心和首都体育馆、北京城市副中心行政办公区和大运河森林公园。

五棵松体育中心是北京冬奥会冰球比赛场地。习近平在门厅结合沙盘和多媒体，听取北京、延庆、张家口3个赛区场馆总体规划介绍，随后到廊道平台察看冰球比赛场地，观看青少年冰球训练，之后又进入内场观看青少年队列滑表演。习近平指出，场馆规划、设计、施工要注意借鉴国外先进经验，同时要加强我们自身技术积累和技术创新，一些场馆要反复利用、综合利用、持久利用。我国冰雪运动总体上是“冰”强于“雪”，既要强项更强，更要抓紧补短板。习近平对围过来的青少年冰球和队列滑爱好者们给予热情勉励，称赞他们训练和表演很专业，希望他们勤学苦练，出人才，出成果，为提高我国冬季运动竞技水平作贡献。

首都体育馆承担北京冬奥会短道速滑和花样滑冰比赛项目。习近平了解冰雪运动项目设置、体育馆改造规划，视察比赛场地、观看国家短道速滑队和花样滑冰队训练，到训练场边同教练员和运动员交流。国家花样滑冰队双人滑主教练赵宏博向总书记介绍刚参加完日本札幌第八届亚冬会比赛回国的运动员，习近平同他们一一握手，听他们讲述参赛感受。在同亚冬会500米短道速滑金牌获得者武大靖握手时，习近平说你的比赛我在电视上看了，很精彩。习近平强调，少年强中国强，体育强中国强，推动我国体育事业不断发展是中华民族伟大复兴事业的重要组成部分。他希望运动员们刻苦训练，不断提高技战术水平，多为祖国争荣誉、为人生添光彩。在总书记同教练员和运动员合影时，大家齐声喊：中国队加油！

24日下午，习近平在人民大会堂北京厅主持召开北京城市规划建设和北京冬奥会筹办工作座谈会。北京市委书记郭金龙、国家体育总局局长苟仲文汇报了有关工作，习近平发表重要讲话。

习近平强调，北京冬奥会是我国重要历史节点的重大标志性活动，是展现国家形象、促进国家发展、振奋民族精神的重要契机，对京津冀协同发展有着强有力的牵引作用，要全力做好每项筹办工作。

习近平指出，绿色、共享、开放、廉洁的办奥理念，是新发展理念在北京冬奥会筹办工作中的体现，要贯穿筹办工作全过程。绿色办奥，就要坚持生态优先、资源节约、环境友好，为冬奥会打下美丽中国底色；共享办奥，就要坚持共同参与、共同尽力、共同享有，使冬奥会产生良好社会效应；开放办奥，就要坚持面向世界、面向未来、面向现代化，使冬奥会成为对外开放的助推器；廉洁办奥，就要勤俭节约、杜绝腐败、提高效率，坚持对兴奋剂问题零容忍，把冬奥会办得像冰雪一样纯洁无瑕。要用好社会主义制度可以集中力量办大事的政治优势，也要充分发挥市场机制和社会力量的作用。北京冬奥会各赛区要对照筹办工作总体计划，深化细化场馆和基础设施建设规划，尊重规律、讲求科学。各项建设和改造工程都要努力成为精品工程，同时要充分考虑后续利用，不要贪大贪多。

习近平指出，赛事组织、后勤保障、对外联络、宣传推广、市场开发、社会动员等赛会运行保障和服务工作，要系统设计、扎实推进。要积极运用现代科技特别是信息化、大数据等技术，提高赛会运行保障和服务效率。北京冬奥会工作领导小组、北京冬奥会组委会要切实履行职责、搞好组织协调。中央各有关部门要给予支持。北京市、河北省要分级负责、主动担当、加强衔接、协同作战。

王沪宁、刘延东、栗战书和中央有关部门负责同志陪同考察，徐匡迪参加座谈会。

（节选自2017年2月24日人民网）

特　载

在区委十二届七次全会上的报告

中共海淀区委书记　于　军

（2018 年 1 月 5 日）

同志们：

现在，受区委常委会委托，我向全会报告新一届区委组成以来的工作和今后一个时期主要工作的考虑，以及今年工作的安排，请予审议。

区委十二届七次全会，是在党的十九大全面总结党的十八大以来砥砺奋进的五年所取得历史性成就、党和国家事业发生历史性变革、庄严宣示中国特色社会主义进入新时代，在党和国家正处于“两个一百年”奋斗目标的历史交汇期，在首都正迈向国际一流的和谐宜居之都的关键期，在海淀发展正面临深度转型的关口期，在改革开放和中关村创新发展 40 周年的重大历史节点，召开的一次重要会议。

全会的主题是：全面贯彻党的十九大精神，以习近平新时代中国特色社会主义思想为指导，认真贯彻落实市第十二次党代会精神和新版北京城市总体规划，深入落实区第十二次党代会决策部署，坚持一张蓝图绘到底，聚焦中关村科学城，重塑文化与科技融合发展新动力，构建创新生态体系和新型城市形态，打造支撑和引领首都“四个中心”功能建设的现代化国际化创新型宜居宜业城区，开启新时代海淀跨越式高质量发展的新征程，奋力谱写具有全球影响力的全国科技创新中心核心区建设新篇章。

新时代新使命，要有新气象新作为。这次全会，我们对接党的十九大战略安排，对标新版北京城市总体规划和市第十二次党代会描绘的宏伟蓝图，对海淀所处的发展阶段再明确、发展思路再完善、战略布局再调整、任务举措再聚焦、认识行动再统一。在新的起点上，再次凝聚起新时代开拓创新、砥砺奋进的磅礴力量，以永不懈怠的精神状态和一往无前的奋斗姿态，不忘初心、继续前进，以一流的工作业绩和高质量的发展成效，为建设国际一流的和谐宜居之都和创新型国家作出新的更大贡献。

一、总结回顾开局之年的工作，新一届区委在接续奋斗攻坚克难中展现新作为

2017 年是十二届区委的开局之年，我们迎来了很多大事、要事、喜事。在党中央和市委的坚强领导下，新一届区委常委会坚定不移履行把方向、管大局、作决策、保落实的政治责任，坚持谋大事、抓党建、保平安，充分发挥总揽全局、协调各方的领导核心作用。认真学习贯彻党的十九大和习近平总书记两次视察北京重要讲话精神，按照市第十二次党代会决策部署和市委市政府主要领导调研海淀的一系列指示要求，坚持把“以疏解非首都功能落实京津冀协同发展、以创新发展为北京做贡献、以需求导向提升服务水平”的重点工作格局作为支撑，紧紧围绕事关全局的重大问题，加强调查研究、决策部署和推进落实。注重统筹各方力量，全力支持和保证区人大、政府、政协、法院、检察院、人民团体等依法依章程独立负责、协调一致开展工作，充分调动全区各部门、各街镇和驻区单位的积极性，推进协同建区，形成了齐抓共管、共促发展的合力，各项工作开创了新局面。

科技创新引领经济迈上新台阶。坚持以全国科技创新中心核心区建设为统领，以科技创新引领经济提质增效升级。中关村大街、智造大街和创业大街功能不断优化升级，中关村科学城北区开发建设稳步推进，创新空间加速释放，高端创新要素加快聚集。量子信息、石墨烯、药物研发等领域新设一批新型研发平台，中以、中加创新中心等一批前沿技术创新中心先后成立，区域原始创新能力不断增强。人工智能、大数据等领域关键核心技术攻关取得新突破，战略性新兴产业发展集群态势明显。中关村军民融合创新示范区建设深入推进。知识产权服务体系、高端人才服务体系、青年创新人才服务体系、科技金融服务体系不断完善，创新创业生态环境进一步优化，在首批全国双创示范基地评估中名列第一。“互联网+”、平台经济、分享经济、创客经济继续引领全国。区域经济发展呈现出“稳中向好、动能更足、结构更优、成色更好”的特点，高精尖经济结构持续巩固。预计地区生产总值突破 5800 亿元，同比增长 7%以上；区级一般公共预算收入 416.9 亿元，同比增长 8%。规模以上高新技术企业总收入预计突破 2 万亿元，同比增长 10%以上。经济总量和对全市经济贡献率继续保持首位。单位地区生产总值能耗、水耗保持全国领先水平。

城市高质量治理迈出新步伐。深入贯彻落实京津冀协同发展战略，紧紧抓住疏解非首都功能这个“牛鼻子”，牢牢把握“都”与“城”、“舍”与“得”、疏解与提升的关系，以首善标准推进“疏解整治促提升”专项行动。在疏解的基础上，同步做好“腾笼换鸟”、“留白增绿”、完善城市功能、补齐公共服务“短板”等各项工作，坚定不移提升首都功能、推动创新发展。拆除违法建设等 12 项工作提前超额完成全年目标任务，常住人口呈持续下降趋势。中关村大街、“三山五园”等重点区域环境面貌显著改善，城市品质和“颜值”不断提升。以中央和北京市环保督察为契机，统筹解决交通拥堵、大气和水环境污染等城乡环境突出问题。实施一批疏堵工程和道路大修工程，开展慢行系统治理，交通出行环境不断优化。综合运用节能减排、控车减油、清洁降尘等多种手段治理大气污染，全区基本实现无煤化，空气质量持续改善。推进“山水林田湖草”生态系统保护和修复，一批绿化重点工程顺利推进，黑臭水体治理全面完成，南沙河流域水质明显改善，生态环境容量进一步扩大。创新城市治理理念，推进城市管理重心下移、力量下沉，初步构建了以信息流为核心、综合考核为牵引、协同联动为抓手的海淀大城管工作体系。顺利通过中央文明委复查验收，蝉联“全国文明城区”荣誉称号。圆满完成“一带一路”国际合作高峰论坛和党的十九大服务保障任务，得到了各方面的充分认可。

民主法治建设展现积极作为。深入推进民主法治建设，广泛凝聚各方力量。制定区人大常委会党组工作规则、区政府党组工作规则、区政协党组工作规则。支持和保证区人大及其常委会依法行使职权。区人大围绕“疏解整治促提升”等重点工作、养老服务等重大民生问题和大额专项资金管理及使用情况，开展调研视察、监督检查和专题询问，对代表议案、建议进行重点督办，有力保障了人民群众的民主权利。支持区政协及其常委会围绕改革发展重大问题开展调查研究、建言献策。区政协围绕中关村科学城建设、城市治理、保障和改善民生等议题开展双周专题协商、党派团体协商、对口协商、界别协商、提案办理协商，广泛凝聚共识。巩固发展最广泛的爱国统一战线，构建大统战工作格局，加强新的社会阶层人士统战工作，统筹做好港澳台工作和海外统战工作以及民族、宗教、侨务工作。推动工会、妇联、共青团等群团组织改革创新。主动服务国防和军队改革大局，双拥工作深入发展。坚持依法治区，加强区政府依法行政，深化司法体制改革，开展法治宣传教育，区域法治环境持续优化。

宣传思想文化工作凝聚正能量。坚持把思想理论建设作为根本性建设，制定学习宣传贯彻党的十九大精神工作方案和“两贯彻一落实”方案，采取理论中心组学习、领导干部带头宣讲、专题轮训和开展“砥砺奋进的五年”主题教育宣传等多种形式，掀起学习宣传贯彻党的十九大和习近平总书记两次视察北京重要讲话精神的热潮，教育引导广大党员干部牢固树立“四个意识”，坚定“四个自信”，增强服务首都“四个中心”功能建设的思想自觉。坚持把培育和践行社会主义核心价值观作为凝聚人心的基础工程，打造了“四月的足迹”“七月的记忆”等系列爱国主义教育活动品牌。成立区委网信办，加强意识形态重点领域的综合分析和会商研判，开展专项督查，巩固了意识形态安全。统筹利用区域优质文化资源，深耕海淀的文化土壤，提升文化软实力。国家公共文化服务体系示范区建设取得新成效。组建全国文化中心建设领导小组，明确了主体责任和重点任务清单，故宫北院区等一批重大文化项目建设取得新进展。推进国家级文化和科技融合示范基地建设，规模以上文创产业总收入突破 6800 亿元，保持全市比重 40%左右的总体格局。文化软实力对区域发展的硬支撑作用进一步凸显。

改革开放蹄疾步稳有序推进。认真贯彻落实中央和市委的改革部署，加强对改革工作的组织领导，集中研究和部署一批重要改革事项。坚持问题导向和结果导向，注重抓好改革落地，以重点领域和关键环节的突破带动改革整体推进。科技体制改革、服务业综合改革、教育综合改革、城市管理体制改革、投融资模式创新、商事制度改革、行政审批制度改革、医药卫生体制改革、财政预算管理改革等重点改革任务加快推进，取得积极成效。深化农村改革，成为全国农村集体产权制度改革试点单位。充分发挥各改革专项小组作用，鼓励各部门、各街镇积极探索，加强对重要改革举措的督查检查和跟踪问效。坚持以扩大开放促改革、以深化改革促开放，积极推动跨区域协同发展，支持有条件的高科技企业主动“走出去”，融入“一带一路”建设。聚焦精准扶贫，开展与河北易县、赤城县等携手奔小康专项行动，对口支援和帮扶工作扎实推进。

民生与社会治理取得新成效。高度重视增进民生福祉，努力促进基本公共服务均等化、全覆盖。深化住房保障体系建设，棚户区改造、老旧小区综合整治工作加快推进。增加教育供给，建设高素质教育人才队伍，优质教育规模不断扩大。国家卫生区创建工作有序开展，国家级医养结合试点工作稳步推进。社区卫生服务体系不断完善。成功创建北京市食品安全示范区。加强和创新社会治理，开展一刻钟社区服务圈和老旧小区自我服务管理试点，既有多层住宅加装电梯惠民工程取得重大进展。深化平安海淀建设，完善立体化社会治安防控体系，织密社会治安防控网络，有效净化了社会治安环境。健全完善反恐维稳工作机制，坚决捍卫国家政治安全和政权安全。牢固树立安全发展理念，以北京市安全生产督查为契机，层层压实安全生产监管责任和主体责任，开展安全隐患大排查、大清理、大整治专项行动，坚决防止了重特大安全事故发生，群众安全感持续提升。

全面从严治党持续向纵深发展。认真履行管党治党的政治责任，全面加强党的领导和党的建设。牢记看北京首先从政治上看的要求，把学习宣传贯彻党的十九大精神作为首要政治任务，坚定不移推进习近平新时代中国特色社会主义思想落地生根，引导广大党员干部提高政治站位，增强政治定力和政治自觉，坚决维护以习近平同志为核心的党中央权威和集中统一领导。坚持制度治党，建立健全了区委工作规则、区委常委会工作规则等制度，进一步增强了班子运行的制度化、规范化、程序化。推进“两学一做”学习教育常态化制度化，全区党员干部理想信念更加坚定、党性更加坚强。坚持好干部标准，从严管理与激励关爱并重，凝聚了干事创业的正能量。坚持问题导向，加强分类指导，深化区域化党建工作，推动基层党的建设全面进步。锲而不舍落实中央八项规定及实施细则精神，驰而不息纠正“四风”，党风政风持续好转。推进国家监察体制改革试点，在全市率先成立了区级监察委员会，实现对行使公权力的公职人员监察全覆盖。党内监督体系进一步完善，启动区委巡察监督，实现对区级党和国家机关派驻机构全覆盖，全区基层党组织全部设立纪检委员。坚持以“零容忍”态度惩治腐败，坚决查处违纪违法案件，处置反映问题线索 895 件，立案 223 件，结案 170 件，给予党纪政务处分 149 人，通报 39 人，曝光 51 人。层层推动全面从严治党责任落地生根，加大问责力度，追究主体责任、监督责任和领导责任 81 人。管党治党宽松软状况得到根本改变，反腐败斗争压倒性态势已经形成。

根据市委要求，下面把全年干部选拔任用工作情况向全会简要报告。2017 年，区委严格执行新修订的《党政领导干部选拔任用工作条例》和中央、市委有关规定，加强班子综合分析研判，围绕中心任务选干部配班子，重点配强党政正职和关键部门、重要岗位的干部。全年共调整处级领导干部 351 人、处级非领导干部 99 人。认真贯彻执行民主集中制和《党委（党组）讨论决定干部任免事项守则》，实行干部档案“凡提必审”、个人有关事项报告“凡提必核”、纪检监察机关意见“凡提必听”和有关信访举报“凡提必查”，不断完善议事规则和决策程序，严防“带病提拔”。认真履行区委主体责任，严格管理监督干部，严格落实干部选拔任用工作纪实、“一报告两评议”、离任检查、结合巡察开展选人用人工作检查等制度，强化对选人用人行为的监督。严格开展个人有关事项报告抽查核实、领导干部在社会组织和企业兼职清理规范、超职数配备清理等工作。严格落实组织人事部门对领导干部进行提醒、函询和诫勉等规定。高标准做好市人大代表、市政协委员的提名推荐、考察、选举工作。

同志们，2017 年成绩来之不易！这些成绩的取得，是市委正确领导、全区各级党组织和广大党员干部群众扎实工作、攻坚克难的结果，是各驻区单位、社会各界积极支持、大力帮助的结果。在此，我代表区委常委会表示衷心的感谢！

我们也清醒地认识到，海淀发展中还面临许多困难和挑战，工作中也存在一些不足。科技创新的引领和辐射带动能力还有待增强，城市环境品质与全国科技创新中心核心区和首都中心城区的功能定位还不相适应，保障改善民生、扩大优质公共服务供给、满足人民日益增长的美好生活需要还有大量工作要做，全面从严治党还有不少薄弱环节。我们必须直面挑战、勇于担当，切实解决好这些问题。

二、深刻认识和把握海淀发展的新方位，以强烈的机遇意识和紧迫意识开启新时代新征程

改革开放和中关村创新发展 40 年来，中关村历经“电子一条街”、北京市新技术产业开发试验区、中关村科技园区、中关村国家自主创新示范区“一区十六园”的发展历程。中关村与改革创新相伴而生，随改革创新成长壮大，始终不忘初心，肩负国家科技体制改革“试验田”和科技创新产业先行者的责任使命，坚持“发展高科技、实现产业化”的宗旨，促进科技与经济紧密结合，在改革开放和中国特色社会主义现代化建设的伟大征程中，走出了一条追梦创新驱动的“中关村之路”，引领了全国科技创新的潮流，谱写了勇立潮头、开拓进取的壮丽篇章。特别是党的十八大以来，中关村坚持在全球创新坐标系中找准定位，牢固树立创新引领的战略和理念，在思想观念突破、体制机制创新、高端产业发展、服务理念和模式创新等方面取得了一系列新的重大成就，为全国实施创新驱动发展战略发挥了很好的示范引领作用。今天，“四十不惑”的中关村已成为我国深化科技体制改革的一个符号，成为中国创新精神的一大象征，成为我国创新发展的一面旗帜，正在加快向具有全球影响力的全国科技创新中心进军。

作为中关村的发源地，海淀区在 40 年的砥砺奋进中，实现了多次跨越式发展。特别是党的十八大以来，海淀在先行先试改革、创新生态环境优化、高端创新要素聚集、高精尖产业培育、区域协同创新体系构建以及政务服务能力、城市治理能力提升等诸多方面都取得了显著成就。突破了一批关键核心技术，聚集了一批自主创新领军企业，率先形成了具有独特内涵和价值体系的高精尖经济结构。科技创新对经济社会发展和城市治理的支撑引领作用显著增强。海淀发展进入了新的历史阶段，为新时代跨越式高质量发展奠定了坚实基础。

站在新的起点上，必须科学地审视我们所处的新方位，清醒地认识我们存在的发展不平衡不充分问题，客观地正视我们面临的严峻挑战，准确地把握我们在科技创新、经济发展、城市形态、发展动力、城市治理等方面的阶段性特征。必须紧密对接未来一个时期首都发展的阶段性目标，强化问题意识，坚持问题导向，以历史勇气直面问题，以责任担当研究问题，以政治智慧回答问题，以实干精神推动问题解决，努力开创具有全球影响力的全国科技创新中心核心区建设新局面。

在科技创新方面，进入了创新层次和能级的全面提升期。我们要深刻认识到，海淀的科技创新层次和能级还不高，国际化水平相对较低；多元创新主体高水平融合互动的区域创新体系还不完善，富集的资源优势还未能很好地转化为创新发展优势；全球顶尖的创新领军人才占比偏低，引领性原创成果和国际标准较少，关键共性技术、前沿引领技术、颠覆性技术创新还不够强；一些方面和领域与世界水平甚至国内的深圳、上海等发达城市的创新能力相比还有差距。未来五年，首都要初步建成具有全球影响力的科技创新中心；

2035 年，要成为全球创新网络的中坚力量和引领世界创新的新引擎。作为全国科技创新中心核心区和“三城一区”的领头羊，未来一个时期，大尺度重构创新生态体系，促进产学研等多元创新主体高水平融合互动，加速释放创新潜能，全面提升创新层次和能级，实现科技创新从“跟跑”到“并跑”“领跑”的重大转变，是我们引领新时代跨越式高质量发展的第一动力，是巩固优化高精尖经济结构、建设现代化经济体系的基础和战略支撑，也是我们迎接新一轮世界科技革命浪潮、服务好创新型国家和世界科技强国建设的根本所在。

在经济发展方面，进入了发展质量效率动力的重大变革期。我们要深刻认识到，海淀的经济实力还不够强，地区生产总值迈上 1 万亿元大关还需要付出更加艰苦的努力；一产与二、三产业之间融合度不高，产业内部结构还需深度调整优化；具有全球核心竞争力的领军企业很少，具有全球影响力的高端产业集群发展优势还未形成；创新链、产业链、价值链还不完善，跨区域布局还需加大探索力度；科技成果转化的规模和效率还有待提升，科技创新服务全国实体经济发展的能力还不强；全社会劳均产出效率还不太高。未来 5 年，首都要形成新的经济发展方式，打造发展新高地。作为首都经济发展的主要支撑力量，未来一个时期，率先构建与全国科技创新中心核心区相适应的现代化经济体系，率先推动经济发展质量变革、效率变革、动力变革，在实现“高质量”的进程中持续提升“含金量”，切实增强区域经济创新力和竞争力，是我们在减量集约发展大背景下必须跨越的重大关口，也是我们在新时代支撑和引领首都经济发展必须承载的重大责任使命。

在城市形态方面，进入了从园区运动到构建新型城市形态的深度转型期。我们要深刻认识到，一方面，改革开放和中关村创新发展 40 年来，中关村科技园区经历了从创新个体到群体、从体制机制创新到创新生态链构建、从低层次离散式个体创新到高层次有组织的协同创新运动轨迹，但科技园区始终是国家科技创新和高新技术产业发展先行先试的政策性园区、产业性园区，我们的努力方向始终都聚焦在园区自身的管理体制和产业发展上，园区与城市的发展仍然呈现“两张皮”状态。园区发展未能与城市的经济、政治、文化、社会、生态等要素有机融合，未能实现从园区运动向创新型城市运动的根本性转变。另一方面，海淀的城市功能定位经历了从首都城市功能拓展区到中心城区的重大转变，成为首都“四个中心”功能的主要承载区。新版北京城市总体规划明确了海淀要建设成为具有全球影响力的全国科技创新中心核心区、服务保障中央政务功能的重要地区、历史文化传承发展典范区、生态宜居和谐文明示范区、高水平新型城镇化发展路径的实践区。这“五区”功能定位，全面对标了“五位一体”总体布局，与首都“四个中心”核心功能高度契合，对我们推动城市发展深度转型提出了新要求，也提供了法定依据。2035 年，首都要初步建成国际一流的和谐宜居之都。未来一个时期，聚焦中关村科学城，构建新型城市形态，打造能够更好地支撑创新发展的现代化国际化创新型宜居宜业城区，全面实现科技园区向创新型城市运动的根本性转变，是减量集约发展、创新驱动发展的客观要求，是我们在新时代支撑和引领首都“四个中心”功能建设必须破解的重大课题。

在发展动力方面，进入了文化与科技深度融合的动力优势重塑期。我们要深刻认识到，海淀文化底蕴深厚，源远流长的古都文化、丰富厚重的红色文化、特色鲜明的京味文化和蓬勃兴起的创新文化都有所体现。特别是我们拥有以“三山五园”为代表的皇家园林群，有西山永定河文化带和大运河文化带的重要节点，有以北大、清华、中科院为代表的世界著名高校院所智力资源，有活跃在中关村的创新创业文化，古老的中华传统文明与引领时代潮流的现代文明在此交汇，形成了创新发展的独特优势。但是，我们丰富的文化资源优势发挥得还不够，文化软实力对区域发展的硬支撑作用还不强；科学精神、工匠精神、创新氛围、创造活力与全球顶尖科创中心还存在较大差距；创新文化、创业精神、思想理念、行为习惯还没有形成海淀的独特表达；文化与科技相互渗透融合形成核心驱动力的新优势还需深度挖掘；优质公共文化服务供给还不能满足人民日益增长的多样化、高品质精神需求；市民群众整体的科学文化素质、现代文明素养还不够高，涵养创新至上、大气自信、开放包容、充满活力的文化气质还有很长的路要走。2035 年，首都要成为彰显文化自信与多元包容魅力的世界文化名城。未来一个时期，推动文化与科技深度融合，挖掘其中所蕴含的巨大潜能，重塑创新发展的新动力，是我们率先建成具有全球影响力科学城的强大引擎，是我们引领新时代跨越式高质量发展的战略选择。

在城市治理方面，进入了率先向城市治理体系现代化迈进的关键突破期。我们要深刻认识到，过去长期形成的聚集资源求增长的思维惯性和发展模式还未彻底扭转，人口资源环境矛盾依然突出，经济社会各要素仍处于“紧平衡”状态，水资源不足、可利用建设用地资源非常稀缺，对地区可持续发展构成了刚性约束；城市精细化管理水平还不高，“大城市病”还比较严重，背街小巷、城乡接合部地区还存在一些“顽疾”，治理大气和水污染、缓解交通拥堵等难题还需下更大气力。同时，优质公共服务供给与人民日益增长的美好生活需要还存在不小差距，南北发展不均衡问题还没有根本解决，全面城市化还需要闯过很多难关，城市发展品质与具有全球影响力的全国科技创新中心核心区还不完全匹配。在“双控”“三线”的硬约束下，减量集约发展、高质量发展正在倒逼我们城市治理方式和路径的全面转型，对我们的城市治理能力提出了更高要求。未来 5 年，首都要形成有效的超大城市治理体系。作为首都中心城区，未来一个时期，率先运用新一代信息技术等手段形成海淀特色的城市治理新模式，率先探索完善治理“大城市病”等突出问题的综合方略，在推进城市治理能力和治理体系现代化进程中走在全市前列，是我们践行以人民为中心的发展思想、强化首都“四个中心”功能建设、履行好“四个服务”职责的必然要求。

新时代新征程，我们面临许多新挑战，也有许多新机遇和有利条件。一是党的十九大确立了习近平新时代中国特色社会主义思想，对决胜全面小康社会作出了战略部署，描绘了全面建设社会主义现代化强国的宏伟蓝图，为我们推动跨越式高质量发展提供了行动指南。二是习近平总书记两次视察北京发表重要讲话和对北京工作的一系列指示要求，为我们回答“建设一个什么样的首都，怎样建设首都”这一重大时代课题、加强首都“四个中心”功能建设，提供了根本遵循。三是新版北京城市总体规划明确了中关村科学城作为原始创新策源地和自主创新主阵地的功能定位；市委市政府主要领导调研海淀，肯定了中关村科学城在“三城一区”中的引领地位和责任，明确了“四个聚焦”“八大要素”的要求，作出了做好服务、创新政策、促进科技成果转化、制定城区再生规划等一系列指示，要求我们率先建成具有全球影响力的科学城。这为我们构建创新生态体系和新型城市形态指明了方向，增添了强大动力。四是党中央作出推动京津冀协同发展和规划建设河北雄安新区的重大战略决策，为我们加快与雄安新区协同发展、拓展科技创新产业链和价值链提供了广阔空间。五是全区各级党员干部“四个意识”显著增强，在各自岗位上奋发有为地工作，形成了心齐气顺、风正劲足的干事创业氛围，这是海淀在新时代跨越式高质量发展最宝贵的依托和坚强有力的保障。

同志们，走进新时代，中关村的梦想与世界科技强国之梦、中华民族伟大复兴之梦更加紧密地联系在一起。能够与新时代同行共进，让中关村追梦之路越走越宽广，是我们这一代人的幸运，也是我们这一代人的责任！站在新的起点上，海淀发展在全市乃至全国大局中的战略地位更加凸显，机遇和挑战并存，希望与困难同在。我们既要站在海淀看海淀，又要跳出海淀看海淀，面向全球看海淀；既要坚持一张蓝图绘到底，一年接着一年干，又要与时俱进求发展，勇于突破开新局；既要顺应党和国家发展大势，对标顶层设计大目标大战略，又要坚持以人民为中心的发展思想，不断满足人民日益增长的美好生活需要，持续提升人民群众获得感。要进一步开阔视野、拓宽思路，自觉从首都和全国大局思考问题、谋划工作，自觉从长远发展审视今天、开拓未来。我们有基础、有条件、有责任、有信心，更要有举措，以强烈的责任意识、机遇意识和紧迫意识，抖擞精神再出发，撸起袖子加油干，努力开创海淀发展更加美好的明天。

三、担起率先建成具有全球影响力科学城的使命，举区域之力构建创新生态体系和新型城市形态

站在新的起点上，我们的责任使命，就是要紧紧围绕“都”的功能来谋划“城”的发展、以“城”的更高水平发展服务保障好“都”的功能，聚焦中关村科学城，构建创新生态体系和新型城市形态，着力解决发展中存在的不平衡不充分问题，努力把海淀建设成为具有全球影响力的科学智慧之城、创新引领之城、人文活力之城、生态优美之城、和谐宜居之城，成为现代化国际化创新型宜居宜业城区，成为新时代具有全球影响力的全国科技创新中心核心区，为建设国际一流的和谐宜居之都和创新型国家贡献海淀力量。

担起这一责任使命，我们最主要的任务，就是对标全球顶尖科创中心，着眼于“科学”+“城”，坚持规划引领、减量集约发展，突出产城融合、动态平衡，综合考量各类创新要素布局和城市配套服务功能，打造以区域创新生态体系和现代化经济体系为支撑，集教育科研、发明创造、创新创业、生产发展、居住生活、文化交流等多维价值于一体的中关村科学城。这个新型城市形态，是一个能够更好支撑以科技创新为核心的全面创新和首都“四个中心”功能建设的现代化国际化创新型宜居宜业城区，是全区人民群众对美好生活家园的新期待，是海淀回答“建设一个什么样的首都，怎样建设首都”这一时代课题的全新探索和生动实践。

这个新型城市形态，是外在形象与内在功能的有机统一，是以历史传统文化与中关村创新文化为底蕴，以文化与科技融合形成新发展动力、展现独特文化气质的人文活力型城市形态；是科技园区与城市融为一体、政产学研多元创新主体高水平融合互动、创新生态体系和街区功能完善、高端创新要素聚集、经济创新力和竞争力强、国际化程度高的创新引领型城市形态；是科技创新理念和手段特别是新一代信息技术广泛运用于政府服务、公共服务、社会治理、城市规划建设管理等各领域各方面，科技元素无处不在、信息化智能化引领生产生活的新型智慧型城市形态；是生态环境优美、社会和谐有序、城市品质高端，工作和生活在这里的每个人都能分享到经济社会发展成果、感受到社会公平正义、体会到舒适美好的宜居宜业型城市形态。这个新型城市形态，外在形象上必须具有独特标识性，获得全社会的广泛认同；内在功能上必须体现高度复合性，是科技创新、产业发展、工作生活的有机统一体；内外沟通交流上必须具备连接畅通性，拥有便捷通达的交通网络和高品质的公共交流空间；产业形态上必须体现前沿引领性，成为新技术、新产业、新业态、新模式的最佳策源地和试验场。

构建新型城市形态，必须凝聚高度思想共识。思想是行动的先导。厘清模糊认识，统一思想，凝聚共识，是构建新型城市形态的前提。我们要深刻认识到，作为新时代的海淀，新型城市形态是能够支撑创新发展的现代化国际化创新型宜居宜业城区，是首都“四个中心”功能在海淀的完整表达，是具有全球影响力的全国科技创新中心核心区建设的目标形象。我们必须更加自觉、更加主动地跳出园区思维，摆脱路径依赖，牢固树立“新型城市形态支撑海淀跨越式高质量创新发展”的理念，坚定不移把构建新型城市形态作为当前和今后一个时期工作的总方向、总抓手，厚植家国情怀，强化责任担当，凝聚各方力量，以中关村科学城支撑具有全球影响力的全国科技创新中心核心区建设，支撑首都“四个中心”功能在海淀形成独特表达。

构建新型城市形态，必须举区域之力统筹推进。构建新型城市形态是一项复杂的系统工程，综合性强，涉及领域多，覆盖全区工作方方面面，不仅需要我们在区域创新体系建设、城市功能优化提升、体制机制改革创新、高精尖产业发展、高端人才队伍建设、公共服务水平提升等方面取得新的重大突破，同样需要我们在营造充满活力的人文环境、公平正义的法治环境、开放包容的社会环境、和谐优美的生态环境、舒适安全的居住环境、畅通有序的交通环境等方面实现全面提升。区域内每个部门、每个单位、每项工作都与这个城市形态息息相关、紧密相连，都代表着新型城市形态的形象，都有各自相对应的使命任务，都是构建这一城市形态的主要力量；全区各级党组织和党员干部都重任在肩、责无旁贷！

构建新型城市形态，必须坚持国际化标准定位。构建新型城市形态，必须树立国际视野、适应国际环境、对接国际规则，持续提升科技创新、经济发展、生态环境、城市设计、城市综合服务保障能力、城市文明程度和市民文明素养等各方面的国际化水平。坚持国际一流标准，高端定位、超前谋划，结合世界高层次经济、科技、文化交往等不同需求，统筹研究在中关村科学城北区规划建设集论坛、沙龙、智库、会议为一体的创新发展新地标，把中关村论坛打造成为全球创新思想的汇聚地、追求卓越的风向标。统筹谋划和推进以科技元素为主题，融合特色产业功能、生态功能、文化功能、旅游功能、国际交往功能于一体的特色小镇和国际创新社区建设。加快园区国际化发展，聚集全球高端创新要素，发挥辐射带动作用，全面提升中关村科学城国际化发展水平。

构建新型城市形态，必须加快全面城市化进程。以构建新型城市形态为牵引，实施乡村振兴战略，探索破解“三农”问题的新路径，推进农业生态化高端化现代化、农民市民化、农村管理城市化和公共服务一体化。深化农业供给侧结构性改革，加快村庄腾退和集体建设用地“腾笼换鸟”，释放创新发展空间，盘活农村生产要素，聚集一批高端产业项目，发展都市型现代农业，实现质量兴农。统筹好生态空间、生产空间和生活空间，加强中关村科学城北区城市设计和基础设施建设，提升农村公共服务质量和水平，持续优化农村环境，打造青山绿水、田园城区的特色风貌，让农民成为拥有优质资产和就业岗位的城市居民，在全面城市化进程中不断提升获得感和幸福感。

构建新型城市形态，必须挖掘文化科技融合新动力。文化自信是更基本、更深沉、更持久的力量。社会历史的发展和进步，民族的独立和振兴，国家的繁荣和富强，人民的幸福和安康，都离不开文化力量的支撑。文化与科技创新的融合互动，促进产业创新、商业模式创新和生活方式创新，是近代文明演进的主旋律。在减量集约发展的大背景下，文化与科技融合所蕴含的思想、理念、知识、制度、创意、创想等要素形成的新发展动力，是海淀最具特色和标志性意义、最有潜力可挖的比较优势，是构成海淀未来核心竞争力的关键所在，也是在产业发展、城市治理、社会治理过程中最能产生实际效果、最能开源节流、最可持续的驱动力量。要培育和涵养新时代“中关村精神图腾”，绘制海淀创新文化图谱，厚植开放包容、尊重科学、崇尚创新、敢为人先、奋斗不息的创新文化基因，形成新时代的海淀精神、海淀价值、海淀力量，潜移默化、润物无声地改造人们的思维方式、行为习惯，引领人们的价值取向、情感认同。要让科学精神、创新精神、工匠精神、企业家精神根植创新创业者的头脑，融入创新创业者的灵魂，成为新时代海淀发展最强劲的动力源。要立足文化与科技资源禀赋，坚持文化事业与文化产业同步发展，以国家级文化和科技融合示范基地、国家公共文化服务体系示范区建设为载体，建立健全促进文化与科技融合发展的体制机制，催生创新发展新动力，让文化自信真正转化为区域创新发展的优势和底气，让文化软实力真正成为区域创新发展的硬支撑。

构建新型城市形态，必须把握好6个工作坐标。构建新型城市形态，是一项长期的战略任务。要对标党的十九大战略安排和新版北京城市总体规划描绘的宏伟蓝图，结合市第十二次党代会和区第十二次党代会的决策部署，进一步明确未来一个时期的时间表、路线图、任务书，步步为营，稳扎稳打，集中力量夺取阶段性胜利。从现在起到2035年，我国将基本实现社会主义现代化，北京也将初步建成国际一流的和谐宜居之都。这一时期，有一些重大标志性时间节点，是我们的工作坐标，要牢牢把握。2018年，正迎来改革开放和中关村创新发展40周年。我们要以此为契机，认真总结中关村改革创新经验，乘势而上，继续坚定不移深化改革、扩大开放，加快建立区域创新生态体系和现代化经济体系，推动经济社会发展迈上新台阶，为构建新型城市形态奠定坚实基础。2019年，将迎来中华人民共和国成立70周年。我们要全面融入京津冀协同发展大局，初步建立跨区域协同创新体系，率先形成与雄安新区协同发展、互利共赢的新格局，中关村科学城在京津冀地区的引领和辐射作用进一步增强。2020年，我国将全面建成小康社会，进入创新型国家行列。我们要在“疏解整治促提升”上取得决定性胜利，基本实现全面城市化，新型城市形态形成雏形，初步建成具有全球影响力的全国科技创新中心核心区，率先建成更高水平的全面小康社会。2021年，将迎来中国共产党成立100周年。我们要全面提升首都“四个中心”功能，基本形成新型城市形态，以崭新的城市面貌迎接区第十三次党代会召开，为建党100周年献礼。2030年，将进入创新型国家前列。我们要进一步叠加、升级、丰富中关村科学城新型城市形态，全面建成具有全球影响力的全国科技创新中心核心区，成为全球创新网络的重要节点，地区生产总值突破1万亿元大关，经济社会发展实现大跨越，为“第二个百年目标”做出更大贡献。2035年，我国将基本实现社会主义现代化。我们要把中关村科学城建设成为全球创新网络的中坚力量和引领世界创新的新引擎，打造成为科学家、发明家、创业者的天堂，成为人民幸福安康的美好家园。到那时，海淀将在追梦进程中真正走出一条更加宽广通达的“中关村之路”，走出一条高质量创新发展的“海淀之路”，成为更高水平支撑和引领首都“四个中心”功能建设的现代化国际化创新型宜居宜业城区，各项事业迎来历史性巨变，率先全面进入现代化。

四、以全新的状态统筹做好今年各项工作，努力开创新时代海淀跨越式高质量发展新局面

今年是贯彻党的十九大精神开局之年，是改革开放和中关村创新发展40周年，是决胜全面建成小康社会、实施“十三五”规划承上启下的关键一年，做好各项工作意义重大。今年工作总的要求是：深入学习贯彻党的十九大精神，以习近平新时代中国特色社会主义思想为指导，认真贯彻落实中央经济工作会议、市第十二次党代会、市委十二届四次全会精神和新版北京城市总体规划，坚持“五位一体”总体布局和稳中求进工作总基调，按照高质量发展的要求，聚焦中关村科学城，以构建创新生态体系和新型城市形态为主题主线，以文化与科技深度融合为新动力，统筹推进稳增长、促改革、调结构、惠民生、防风险各项工作，加强经济、政治、文化、社会和生态文明建设，着力解决发展中存在的不平衡不充分问题，不断开创各项事业发展新局面，加快建设具有全球影响力的全国科技创新中心核心区。特别是要把学习宣传贯彻党的十九大精神作为长期的政治任务，始终摆在各项工作的首位，在学懂弄通做实上狠下功夫，真正把党的十九大提出的战略部署转化为推动海淀跨越式高质量发展的思路举措和生动实践。要重点在以下几个方面有所作为。

第一，在落实北京城市总规上要有新作为。新版北京城市总体规划是推进城市规划建设管理的法定依据，是构建中关村科学城新型城市形态的“纲领”。要坚决维护规划的严肃性、权威性，进一步调整完善城市建设发展的思路、方法和路径，发挥好规划引领的龙头作用，把总规对海淀的“五区”城市功能定位纳入中关村科学城整体考量，推动首都“四个中心”功能在海淀形成独特表达，组织好城市体检工作。严守“双控”“三线”要求，高标准、大尺度、精细化做好中关村科学城发展提升规划，编制好区级规划实施要点、街镇层面控制性详细规划和城市街区设计导则。进一步调整优化城市空间总体布局，建设以中关村大街“主纵轴”、北清路“主横轴”和“文化带”（西山永定河文化带、大运河文化带）为骨架，以中关村科学城南区和北区为主体区域，两轴一带相辅相成、南北两区贯通联动的“两轴一带两区”城市空间发展新格局。以国际一流的理念和标准加强城市设计，抓好中关村大街视觉系统提升工程和北清路沿线改造提升工程，进一步优化中关村科学城南区、北区的城市功能和创新生态系统，形成中关村科学城新的标志性形象。结合老城区改造，按照补齐城市功能、增加高品质友好交流公共空间、拓展和释放一批创新发展空间的顺序，坚持试点先行、典型带动，探索打破原有的街区规划界限，推动建成区的街区修补和有机更新，以科技城市为突破口，建设一批具有科技特色、充满创新创意氛围、富有文化魅力的示范街区、精品街区，展示老街区新形象。

第二，在文化与科技融合发展上要有新举措。文化与科技融合发展形成的新发展动力，是海淀跨越式高质量发展的核心动力。坚决落实意识形态工作责任制，高度重视网络意识形态工作，健全社会舆情引导机制，切实维护意识形态安全。培育和践行社会主义核心价值观，深化中国特色社会主义和中国梦宣传教育，加强中关村科学城建设的思想理念宣传教育。实施市民文明素养提升行动，充分发挥区委党校在干部教育培训中的主渠道、主阵地作用，通过把高校院所专家教授“请进来”宣讲宣传与党员干部主动“走出去”考察学习相结合，全面提升市民的思想素养、道德素养、科学素养、法治素养、文明素养，培育科技公民、法治公民、文明公民，展示引领现代文明潮流、彰显国际文明水准的良好风范。弘扬“奉献、友爱、互助、进步”的志愿者精神，打造海淀特色的志愿服务品牌，让志愿者文化成为城市最美的文化积淀，成为城市精神的重要组成部分。坚持追求财富与承担社会责任、实现国家富强与民族复兴高度统一的价值取向，传承弘扬中关村企业家精神，涵养新时代中关村企业家、创业者的家国情怀和责任担当，凝聚区域发展更深沉、更持久的动力。高标准筹办好改革开放和中关村创新发展40周年纪念活动，深入开展以“中关村创新发展之路”为主题的系列宣讲宣传活动。研究筹建中关村博物馆、中关村科学公园，建设一批中关村特色的创新文化标识。加强基层公共文化服务标准化、均等化、社会化和数字化建设，建成均衡发展、供给丰富、服务高效、保障有力的现代公共文化服务体系。以迎接北京冬奥会残奥会为契机，加强冰雪运动基础设施建设，宣传普及冬奥会及冰雪运动知识。支持建设一批24小时书店，打造“书香海淀”，丰富群众文化生活，提升公共空间文化品位。深入挖掘历史文化内涵，坚持保护与更新相衔接，做好“三山五园”地区整体保护和环境综合整治，建设全国文化中心的示范工程。聚焦文物保护、文脉传承、水系治理、环境改善，抓好西山永定河文化带（海淀段）、大运河文化带（海淀段）建设。加快故宫北院区、中国佛学院、中国国家画院等国家重大文化项目建设，启动香山红色文化教育基地建设，塑造特色文创空间，逐步恢复西山历史文化景观。建设国家级文化和科技融合示范基地，巩固拓展新媒体、数字内容、文化装备等一批文化产业领先优势，提高文化创意产业规模化、专业化、国际化水平，打造世界级文化创意产业集群。

第三，在推动经济质量变革上要有新成效。高质量发展是当前和今后一个时期经济发展的根本要求。坚持质量第一，效益优先，建设质量强区。积极推进科技创新、产业创新、金融创新、商业模式创新、制度创新、政府管理服务创新，加快构建以政产学研多元创新主体高水平融合互动的区域创新生态体系。深化区域创新资源战略性合作，支持驻区高校院所和创新型企业开展关键核心技术联合攻关。持续争取布局一批国家科技重大专项和工程，建设一批重点领域的技术研发和转化平台，汇聚一批世界级科学研究机构，引领一批基础科学、战略前沿高技术，形成一批具有全球影响力的原创成果、国际标准、技术创新中心和创新型领军企业集群。持续优化产业内部结构，按照“一产融合、二产做强、三产更优”的工作思路，进一步巩固高精尖经济结构，加快构建海淀特色的现代化经济体系。建立产业选择机制，提升产业组织能力，做优做强新一代信息技术、智能制造、生物医药、新材料、能源环保等优势产业。全力支持和服务行业领军企业和独角兽企业做大做强。聚焦价值链高端，持续推进金融服务、商务服务、科技和信息服务等生产性服务业高端化发展。加快中关村军民融合“一体三园”建设，率先构建军民融合创新体系。加强与未来科学城、怀柔科学城、北京经济技术开发区以及雄安新区的合作联动，率先探索企业利益分享机制和产业协作转移机制，在京津冀大格局中构建完整的创新链、产业链、价值链，实现差异化跨区域协同发展。

第四，在加强民主法治建设上要有新实践。坚持党的领导、人民当家做主、依法治国有机统一，巩固和发展生动活泼、安定团结的政治局面，真正把制度优势转化为治理效能。加强党对人大工作的领导，支持和保证区人大及其常委会依法充分行使职权，改进监督方式，创新监督举措，增强区人大对宪法、法律实施情况和“一府两院”监督的有效性。健全人大组织制度和工作制度，更好发挥人大代表作用，使区人大及其常委会成为全面担负起宪法法律赋予的各项职责的工作机关，成为同人民群众保持密切联系的代表机关。坚持中国共产党领导的多党合作和政治协商制度，充分发挥人民政协作为协商民主重要渠道和专门协商机构作用，推动协商民主广泛、多层、制度化发展。支持政协开展多种形式的协商活动，促进协商成果转化落实。加强政协委员队伍建设和履职能力建设，提高政协民主监督水平。充分发挥海淀统一战线成员来源广、层次高、影响大的优势，进一步扩大统战工作覆盖面，画出最大同心圆。加强新的社会阶层人士统战工作，发挥他们在全国科技创新中心核心区建设中的重要作用。做好非公有制经济领域统战工作，构建“亲”“清”政商关系。统筹做好民族、宗教、港澳、对台和侨务工作。加强对工会、共青团、妇联等群团组织的领导，深化群团改革，增强群团工作的政治性、先进性、群众性。深入推进依法治区，严格依法行政，规范公正文明执法。继续深化司法体制改革，提升司法公信力。落实“七五”普法规划，加强社会主义法治文化建设，健全公共法律服务体系，营造一流法治环境。

第五，在民生和社会治理上要有新提高。坚持一件事情接着一件事情办，一年接着一年干，尽心竭力保障和改善民生。树立大教育理念，推动集团化办学模式改革，加快教育国际化发展，增加优质教育供给，擦亮海淀教育“金名片”。深化学前教育，增加普惠性幼儿园，强化办园者主体责任，落实政府部门监管责任。推动全民终身学习，建设学习型城区。加快健康海淀建设，深化医药卫生体制改革，创建国家卫生区，完善优质高效的基层医疗卫生服务体系。积极应对人口老龄化，制定养老机构服务标准，支持社会力量参与，完善养老服务体系，增加养老服务供给，满足多样化养老服务需求。坚持住房的居住属性，健全租购并举的住房供应体系，规范发展住房租赁市场；深化老旧小区、棚户区综合整治改造，完善服务管理长效机制。发挥好街镇和社区、村在基层治理中的基础性作用，引导驻区单位、群团组织、社会组织等各类社会力量广泛参与，完善以基层党组织为核心、全社会共同参与、共建共治共享的基层社会治理新格局。加强社会工作专业人才队伍建设和志愿者队伍规范化建设。推进人文社区建设，培育关爱人、服务人、教育人、凝聚人的社区人文精神。加强和改进信访工作，建立健全多元化、常态化矛盾纠纷排查化解机制。牢固树立和贯彻总体国家安全观，加强长安街沿线等重点地区的安全管控，严格重大活动城市安全风险管理，做到守土尽责，确保政治安全。深化平安海淀建设，健全立体化、信息化治安防控体系，确保社会面安全稳定。坚持安全发展理念，落实安全生产责任制，加强重点领域、重点行业安全管控和隐患排查治理，强化食品药品安全监管，提高城市公共安全水平。

第六，在城市治理能力提升上要有新突破。坚持以人民为中心的发展思想，用群众满意度衡量城市治理水平。深化城市管理体制改革，在精治、共治、法治上下功夫，完善大城管工作体系，做到“街镇吹哨、部门报到”，更加突出城市管理的标准化、信息化、精细化，形成政府主导、部门联动、社会协同、群众参与的多元治理格局，形成与全国科技创新中心核心区相匹配的城市治理能力。坚持国际一流标准，提高基础设施规划标准和建设质量，形成适度超前、相互衔接、满足未来需求的功能体系。坚定不移推进“疏解整治促提升”专项行动，聚焦重点区域和重点领域，加强力量统筹、政策统筹、资金统筹，更加突出提升首都功能、人居环境、城市品质和人民群众获得感，做好“腾笼换鸟”，降低人口密度。以生态环境优美、空间高效利用、交通便利可达、生活方便舒适、文化体验丰富为目标，加强城市公共空间规划建设管理，实施一批生态修复和城区修补工程，建设更加完善的公共空间体系。办好群众家门口的事情，优化便民服务设施布局，推动生活性服务业便利化、精准化发展。落实好街巷长制和“小巷管家”，延伸城市管理“触角”，消除城市治理“盲区”。推进垃圾分类示范片区创建工作，加强垃圾终端设施建设管理，提高垃圾减量化、资源化、无害化处理水平。加强交通治理，完善综合交通体系，强化静态交通管理，规范停车秩序，提升交通承载能力。加密中关村科学城南区和北区交通路网，畅通微循环，打通南北交通动脉。加快建设美丽海淀，坚决打赢蓝天保卫战、碧水攻坚战和生态环境突出问题歼灭战，不断满足人民日益增长的优美生态环境需要。落实大气污染防治责任，巩固“无煤化”成果，加大控车减油、治污减排、清洁降尘力度，不断改善空气质量。统筹推进山水林田湖草全域生态治理，开展国土绿化行动，实施一批绿屏、绿心、绿道、绿廊等绿色空间工程和城市生态景观系统优化工程，不断拓展绿色生态空间。实施“水清岸绿”行动计划，建立健全河湖管护长效机制，以截污治污、重构水生态、建设海绵城市为抓手，以重构南沙河生态水系、推进“三山五园”水系循环连通为重点，着力构建互连互通、亲水宜居、水城协调的水生态格局。

第七，在全面深化改革开放上要有新思路。落实中央和市委改革部署，统筹抓好各重点领域改革落地，把改革成果转化为人民群众获得感。发挥好中关村改革“试验田”作用，率先探索新一轮改革试点，打造“中关村改革创新升级版”。深化政府自身改革，利用大数据、人工智能等科技手段，率先探索建立政府监管服务新模式，推进政府管理服务标准化、智能化，着力建设科技型政府、智慧型政府、服务型政府。加强城市综合服务体系建设，紧跟创新创业者的需求，升级“政府服务+”模式，擦亮“创业会客厅”等服务品牌，多维度做好创业服务、成果转化服务、人才服务、中介服务，打造国际一流的营商环境。强化基础研究转化应用，建立高校院所成果转化倒逼机制，推动创新创业和成果转化竞赛竞争。做好知识产权运营和保护，建设中关村知识产权保护中心。深化海淀园管理体制改革，引入市场化运营机制，完善中关村科学城工作机制，组建中关村科学城联席会，推出进一步加快中关村科学城建设的若干措施。加快中关村人才特区和中关村大街国际人才社区建设，建立高端人才引进、培育、使用的激励机制，重点引进一批世界顶级科学家、行业领军人才和高水平创新团队。强化全国科技金融创新中心建设，深化金融改革，防范金融风险，积极发展新型金融，不断增强金融服务实体经济的能力水平。深化区属国资国企改革，促进国有企业做强做优做大，率先实现高质量发展。组建海淀文化旅游集团。推进国家服务业综合改革试点和北京市服务业扩大开放综合试点。支持驻区科研单位和企业布局海外创新合作基地，主动融入“一带一路”建设和全球创新网络，提升国际竞争力。

五、坚决落实新时代全面从严治党新要求，为海淀新一轮跨越式高质量发展提供坚强政治保证

全面从严治党永远在路上。要坚决落实新时代党的建设总要求，认真履行全面从严治党政治责任，构建结构清晰、层级明确的责任体系，探索建立网上全程纪实系统，加强对主体责任落实的日常监督和年度考核，用好问责利器，全面推进党的政治建设、思想建设、组织建设、作风建设、纪律建设，把制度建设贯穿其中，深入推进反腐败斗争，推动全面从严治党向纵深发展。

把党的政治建设摆在首位。旗帜鲜明讲政治，牢固树立“四个意识”，坚定“四个自信”，落实市委“三个一”要求，坚决维护以习近平同志为核心的党中央权威和集中统一领导，始终在政治立场、政治方向、政治原则、政治道路上同以习近平同志为核心的党中央保持高度一致。坚决贯彻落实党中央决策部署，始终做到“态度鲜明、行动有力”。严格尊崇党章，严格执行新形势下党内政治生活若干准则，认真落实双重组织生活要求，不断增强党内政治生活的政治性、时代性、原则性、战斗性，营造风清气正的政治生态。严守党的政治纪律和政治规矩，对照党内法规，健全完善各级班子的工作规则和运行机制，坚定不移执行好民主集中制。

抓好思想理论武装。以坚定理想信念为首要任务，加强理论武装，深化思想建党，解决好世界观、人生观、价值观这个“总开关”问题。深化党的十九大精神学习宣传贯彻工作，创新组织形式，丰富学习载体，在学懂弄通做实上下功夫见成效，推动习近平新时代中国特色社会主义思想在海淀落地生根、形成生动实践。弘扬马克思主义学风，以落实领导班子理论中心组学习制度和基层党组织“三会一课”制度为抓手，深入推进“两学一做”学习教育常态化制度化。按照中央和市委统一部署，以处级以上领导干部为重点，组织开展好“不忘初心、牢记使命”主题教育，用党的光荣历史和革命传统涵养党性，用当代中国马克思主义武装头脑、指导实践、推动工作。

建设高素质专业化干部队伍。坚持党管干部原则和好干部标准，努力锻造一支与实现“两个一百年”奋斗目标相适应、与首都地位相匹配、与海淀发展相协调、忠诚干净担当的高素质干部队伍。突出政治标准，强化党组织领导和把关作用，确保选拔上来的干部首先是政治上的明白人。坚持重实绩、重实干、重基层的用人导向，加强综合分析研判，用好经过实践考验的干部，用好具有专业素养、与岗位和事业发展相匹配的干部，用好善谋事、会干事、能成事、综合素质强的复合型干部。加强干部培训培养，开拓国际视野，全面提升干部能力素质，确保广大干部平时工作顶得住，关键时刻打得赢。强化干部日常管理监督，用好谈心谈话、提醒函询诫勉等手段，多做咬耳扯袖、防偏纠错的工作，抓早抓小抓预防。健全完善具有海淀特色的激励机制和容错纠错机制，旗帜鲜明为敢于担当、踏实做事、不谋私利的干部撑腰鼓劲，不让老实人吃亏，不让埋头苦干的人心寒，不让坚守一线的干部失落，不让“带病”的干部提拔，使干部在推进事业发展中健康成长。

夯实基层组织基础。以提升组织力为重点，突出基层党组织的政治功能，加强支部规范化建设，把党章要求和各项制度落实到每个支部。以基层党建为龙头，强化街道、社区党组织的领导核心作用和统筹协调功能，全面深化区域化党建工作，建立健全“党建共商、事务共商、资源共享、成果共享”的工作机制，推动传统社区、农村和驻区单位、新兴领域党建融合发展。分领域、分类别精准施策，突出机关、社区、农村、非公企业和社会组织、国企、中小学、民办学校等领域的特点，层层推进党建责任落实，加大基层基础保障力度。补齐非公企业和社会组织党建工作短板，实现党的组织和党的工作全覆盖。推行党员积分制管理，推进区委党校基层分校建设，探索开展线上线下相结合的党组织活动和党员教育管理的有效方法，增强党员教育管理的针对性和实效性。注重典型培育，打造一批体现海淀特色、首都特点、时代特征、有较强影响力的基层党建品牌。

加强纪律和作风建设。加强纪律建设，以政治纪律和组织纪律为重点，带动廉洁纪律、群众纪律、工作纪律、生活纪律严起来。开展纪律教育，运用监督执纪“四种形态”，强化日常监督管理，用严明的纪律和严格的监督使党员领导干部知敬畏、存戒惧、守底线。抓好作风建设，把落实中央八项规定和实施细则精神作为一项严肃的政治纪律扭住不放，紧盯形式主义、官僚主义新表现，驰而不息正风肃纪。对贯彻中央精神和落实市委、区委决策部署，只喊口号不抓落实、只见表态不见行动的，要严肃处理；造成严重后果的，要严肃问责。

做好新形势下反腐败工作。深化监察体制改革，完善党统一领导反腐败工作的领导体制、决策机制和具体措施。完善党内监督的体制机制，形成巡视巡察、派驻监督、监察监督三个全覆盖的联动监督格局，实现党内监督与国家机关监督、民主监督、司法监督、群众监督、舆论监督有机结合。坚持无禁区、全覆盖、零容忍，坚持重遏制、强高压、长震慑，力度不减、节奏不变，减少腐败存量，重点遏制增量，着力解决重点领域和关键环节的腐败问题，坚决整治群众身边的不正之风和腐败问题。推进标本兼治，在强化"不敢腐"的震慑基础上，加强制度建设，强化教育引导，扎牢"不能腐"的笼子，增强"不想腐"的自觉，坚决夺取反腐败斗争压倒性胜利。

同志们，新时代催生新目标，新征程激励新奋斗。今天，走进新时代、开启新征程，我们初心如磐，重任在肩。构建创新生态体系和新型城市形态，不是轻轻松松、敲锣打鼓就能实现的，是全区各级党组织和广大党员干部面临的一场大考。既要求我们政治过硬，也要求我们本领高强；既要求我们有能担当的宽肩膀，也要求我们有善拼搏的精气神，时刻准备付出更加艰苦的努力。我们一定要树立与新时代相适应的思想观念，增强与新时代相适应的工作能力，掌握与新时代相适应的工作方法，弘扬与新时代相适应的优良作风，保持与新时代相适应的干事激情，用智慧和汗水续写新时代中关村的新辉煌！

让我们更加紧密地团结在以习近平同志为核心的党中央周围，高举习近平新时代中国特色社会主义思想伟大旗帜，不忘初心再出发，勇担重任立潮头，以奋斗成就使命，用实干托起梦想，着力打造支撑和引领首都"四个中心"功能建设的现代化国际化创新型宜居宜业城区，在新的起点上，奋力谱写具有全球影响力的全国科技创新中心核心区建设新篇章！

政府工作报告

——在海淀区第十六届人民代表大会第四次会议上

海淀区人民政府区长　戴彬彬

（2018 年 1 月 15 日）

各位代表：

我代表海淀区人民政府向大会报告工作，请予审议。

一、2017 年工作回顾

一年来，在市委市政府和区委的坚强领导下，在区人大、区政协的监督帮助下，我们深入学习贯彻党的十九大精神，全面开展“两贯彻一落实”，以建设具有全球影响力的全国科技创新中心核心区为统领，统筹推进疏功能、转方式、治环境、补短板、惠民生、促协同等各项工作，圆满完成了区十六届人大一次会议确定的各项目标任务，全区经济社会发展取得了新的成绩。

（一）“疏解整治促提升”成效显著。紧紧抓住疏解非首都功能这个“牛鼻子”，扎实开展 12 个专项行动，城市面貌发生了积极变化。

非首都功能疏解扎实有效。严格执行新增产业禁限目录，实现不符合首都功能定位的产业“零准入”。推进低效能产业调整升级，疏解一般制造业企业 16 家，整治提升市场 23 家，清理整治“散乱污”企业 2775 家。建立违法建设治理“五维”标准，拆除违法建设 402 万平方米。查处占道经营 3.1 万起，整治无证无照经营 4885 户、开墙破洞 4699 处、背街小巷 65 条。随着非首都功能疏解深入开展，全区常住人口持续保持递减态势。

疏解整治与优化提升同步推进。集中连片推动重点地区综合改造，双泉堡地区成为全市“疏解整治促提升”的典范，二河开、永定河引水渠沿岸环境综合整治成效明显，宝山、魏公村小区等棚户区改造加快实施，功德寺棚户区腾退工作基本完成。在全市率先出台“留白增绿”工作指导意见，统筹利用腾退空间，新建了一批群众身边的绿色休闲空间。优化生活性服务业网点布局，规范便民商业网点 136 处，网点连锁化率达到 33.9%，推出便民商业网点电子地图，方便群众随时查询和监督 6000 多个网点的服务情况，有力保障群众日常生活需要。

（二）经济发展迈上新台阶。疏解中谋发展的路径愈加清晰，科技创新引领发展的态势更加巩固，为首都发展“添秤”作用进一步凸显。

综合经济实力稳步提升。预计全年地区生产总值突破 5800 亿元，同比增长 7%以上，经济总量和对全市经济增长贡献率均居 16 区首位。加强投资促进和重大项目调度，发挥政府投资引导作用，全社会固定资产投资预计突破 1000 亿元，第三产业投资快速增长。社会消费品零售额预计实现 2310 亿元，同比增长 4.5%左右。区级一般公共预算收入完成 416.9 亿元，同比增长 8%。居民人均可支配收入与经济增长保持同步。万元地区生产总值能耗、水耗预计下降 4%，以更少的资源消耗支撑起了更大规模、更高质量的经济发展。

高精尖经济结构持续优化。主导产业发展态势良好，高新技术企业总收入预计超过 2 万亿元，同比增长 10%以上，信息服务业、科技服务业、金融业对经济增长的支撑作用明显。新经济不断涌现，新动能不断积聚，“独角兽”企业 37 家，约占全国的 25%，新设立科技型企业 2.1 万家，约占全市的 27.3%，人工智能、集成电路设计、云计算、大数据等前沿领域企业快速成长。

（三）中关村科学城建设进入新阶段。年度 37 项重点任务实现阶段性目标，中关村科学城新的工作格局逐步确立。

重大基础前沿和关键核心技术前瞻布局深入开展。积极承接科技创新 2030—重大项目和国家实验室建设，北京量子信息科学研究院、全球健康药物研发中心落户，石墨烯研究院等建设取得积极进展，引进和支持知名科学家及团队在光电子、新材料等前沿领域加快筹建新型研发平台。完善企业为主体、市场为导向、政产学研深度融合的技术创新体系，关键核心技术实现新的突破，清华大学芯视界量子点光谱传感器、北京大学碳基集成电路等项目产业化加快推进；中科院理化所大型氢氦低温制冷系统打破国外技术垄断，产业化进展顺利；北京协同创新研究院实现 92 个项目落地转化。

创新空间进一步优化拓展。在科学城南区“腾笼换鸟”，中关村大街改造提升步伐加快，中关村创业大街累计孵化团队 1900 个，中关村智造大街聚集 47 家拥有高端核心技术的企业，“一体三园”军民融合创新示范区加快建设，56 家军民融合创新型企业入驻。在科学城北区科学布局，新增创新空间 135 万平方米，中关村壹号、集成电路设计园等重大项目带动创新要素加速聚集。加强跨区域协同，大力支持北京城市副中心和雄安新区建设，与昌平、延庆等区对接协作更加紧密。

创新环境明显提升。我区在国家首批双创示范基地建设评估中排名首位。国家知识产权示范城区、“质量强区”建设稳步推进，获批筹建中关村知识产权保护中心，驻区单位创制国际标准6项，占全市的50%。中关村大街国际人才社区加快建设，人才服务体系不断完善。海淀基金体系覆盖从天使投资、创业投资到并购重组的全链条，中关村银行成立，上市（挂牌）企业新增80余家，累计1020家。扎实推进国际化发展，中以、中加创新中心加快建设，以中关村一带一路产业促进会为平台，引导和服务一大批企业“走出去”，深度参与“一带一路”建设。

（四）城市治理迈出坚实步伐。加强宜居环境建设，提高精细治理水平，蝉联全国文明城区荣誉称号。

生态环境质量持续提升。以中央环保督察、北京市环保督察为契机，全面加强生态文明和环境保护工作。全面实施清洁空气行动计划，完成“无煤化”改造2.6万余户，区域基本实现“无煤化”，淘汰老旧机动车6.7万辆，完成1690台、7341蒸吨锅炉低氮改造，细颗粒物年均浓度56微克/立方米，同比下降22%。全面升级“河长制”，强化河岸、流域、市区协同治理。“水清岸绿”行动计划取得阶段性成果，7条黑臭水体治理全部完成，南沙河水质明显改善，达到年度考核要求，稻香湖再生水厂投入运行，污水处理能力进一步提升。逐步推动生活垃圾分类，形成垃圾终端处理设施建设整体布局，大工村再生能源发电厂运行稳定，餐厨厨余处理厂试运行。多措并举、多元增绿，完成绿化299公顷。

交通环境逐步改善。西郊线正式通车，地铁6号线西延、12号线、19号线、昌平线南延等轨道交通建设有序推进。翠湖南路等6项主干路建设顺利实施，永泰庄东路北延等道路建成通车，新增通车里程18公里。完成10项疏堵工程，优化调整33条公交线路，新开通4条微循环线路，完成学院路、学清路等区域慢行系统治理，增加停车位6000余个，实施闵庄路等17条道路架空线入地和12万平方米道路大修工程。

“大城管”工作体系效果明显。构建起了以信息流为核心，以“五统一”综合考评为牵引，以协同联动为抓手的具有区域特点的“大城管”工作体系。运行一年多来，区域城市管理问题整体呈下降趋势，问题解决率明显提升，我区在首都环境综合考核排名中位居前列。

（五）社会民生持续改善。增投入、建机制、强供给、优服务、兜底线，以36项区级重要惠民实事为重点，统筹推进社会民生各项工作。

就业和社会保障力度进一步加大。2.2万名失业人员实现再就业，城镇登记失业率控制在1%以下，连续4年获评北京市充分就业区。建设筹集保障性住房6810套，竣工1.5万多套，配租公租房5695套，发放补贴惠及8152户保障家庭；棚户区改造搬迁腾退7000余户；实施清河毛纺北小区新阶段老旧小区综合整治试点，稳步开展既有多层住宅增设电梯工作，完成613台老旧电梯隐患治理。拓展养老服务体系，深化居家养老失能护理互助保险试点，5200多名补助对象完成集体投保，建成29个养老服务驿站。

社会事业持续健康发展。积极探索名校办分校、集团化办学、九年一贯制等办学模式创新，教育人才储备库建设等教育综合改革取得新进展，新增中小学学位7000余个、幼儿园学位4600余个。实施新优质学校、新品牌学校和潜力学校建设工程，办学品质和办学条件不断提升。医药分开综合改革平稳落地，基层社区卫生服务能力显著提升，门诊量同比增长13.2%，各项监测指标符合改革预期。建立家庭医生签约服务制度，重点人群家庭医生签约率达到市级考核要求。新增10个社区卫生服务中心（站）。国家卫生区创建工作有序开展。国家级医养结合试点工作扎实推进。顺利通过国家公共文化服务体系示范区创建中期督导检查。冬奥会、冬残奥会筹备服务保障工作加快推进，全民健身活动广泛开展，苏家坨镇运动休闲特色小镇成功入选全国试点。

社会治理不断深入。加强网格化工作体系建设，开展多网融合试点。狠抓人文社区建设，形成一批基层社会治理新亮点，全国社区治理和服务创新实验区建设顺利通过民政部中期评估。新增社区服务用房1.8万平方米，建成35个市级“一刻钟社区服务圈”、111个智慧社区。全面开展社区工作减负清理，建立社区工作准入制度，让社区工作人员集中精力面向群众开展社区服务和治理工作。深入开展安全隐患大排查大清理大整治，完成北京市安全生产督察迎检。强化食品药品日常监管，成功创建北京市食品安全示范区。切实维护社会安全稳定，圆满完成党的十九大、“一带一路”国际合作高峰论坛等重大活动服务保障任务。

与此同时，双拥共建深入开展，妇女儿童、档案史志、民族、宗教、侨务、对台、民防、防震减灾、气象、残疾人事业、对口支援等均取得新的成绩。

（六）重点领域改革释放活力。“放管服”改革深入推进。动态更新区级部门行政职权事项清单，编制区、街镇两级公共服务事项清单。清理规范两批共42项区级行政审批中介服务事项，取消调整156项区级非行政许可审批事项。机构改革稳步推进，成立区城管委，推动城市管理执法重心下移、力量下沉，强化属地管理。“双随机、一公开”监管实现全覆盖。大力推广“创业会客厅”模式，积极组织引导更多社会力量进入公共服务领域，在新政务服务大厅设置双创服务区，建立20个政务服务站，建成中关村科学城北区企业加速驿站，网上政务服务大厅试运行。持续巩固扩大商事制度改革成果，企业登记全程电子化试点范围延伸至外资企业。在全市率先实现公共资源交易平台的整合和运行。稳妥推进第二批经营类事业单位改革。

经济领域改革有序开展。出台国家服务业综合改革试点实施方案、北京市服务业扩大开放综合试点示范区创建方案，两项试点工作加快推进。探索投融资模式创新，积极引导社会资本进入棚户区改造、生态环境治理、科技产业等领域。国有资产布局结构逐步优化，完善区国资中心管理体制，组建区保障性住房发展有限公司。财政预算管理改革稳步推进，开展部门三年滚动预算试编工作，加大部门预算公开力度。

农村改革卓有成效，融入核心区发展的态势进一步巩固。我区成为全国农村集体产权制度改革试点单位，东升镇、温泉镇完成整建制农转非。一镇一园项目取得突破性进展，中关村创客小镇为集体土地建设租赁房试点工作赋予新内涵，得到住建部和北京市充分肯定。东升科技园二期等园区建设积极推进。

（七）政府自身建设不断加强。认真学习宣传贯彻党的十九大精神，扎实开展“两贯彻一落实”，深入推进“两学一做”学习教育常态化制度化。

始终坚持依法行政。认真执行区人大及其常委会的各项决议决定，自觉接受区人大工作监督、法律监督和区政协民主监督，认真听取各方面意见。办理区人大议案1件、各级人大代表建议批评意见346件、各级政协委员提案197件，解决了一批代表委员关注的重点难点问题。全面清理行政规范性文件，强化行政执法监督考核，加强政府法律顾问工作，深入开展法治宣传教育。在全市率先开展政务开放日活动，成为全国政务公开标准化规范化试点区。

驰而不息改进作风。加强区政府系统执行力建设，有力保障了各项重点任务顺利完成。严格落实党风廉政建设责任制，严格贯彻执行中央八项规定精神和市区实施意见，继续开展群众满意度测评，深入开展“两个专项治理”，严肃查处“为官不为”“为官乱为”及发生在群众身边的不正之风和腐败问题，坚持“无禁区、全覆盖、零容忍”惩治腐败。

各位代表：回顾过去的一年，我们认真学习贯彻党的十九大精神、习近平总书记对北京重要讲话精神、市第十二次党代会精神，在自觉服务国家和首都工作大局的生动实践中，进一步深化了对新时代赋予海淀新使命的认识；我们面对首都减量集约发展的深刻转型，积极探索疏功能、谋创新、求发展的新路径，综合经济实力在5000亿元基础上实现新的提升，进一步巩固了创新引领发展的态势；我们不断放大海淀创新生态的价值和作用，用实干和担当积极争取各方面的认同和支持，进一步迎来了首都在建设全国科技创新中心进程中全面聚焦中关村科学城的重大历史机遇；我们在一次次硬仗攻坚中，锻炼了队伍，增强了自信，凝聚了力量，进一步激发了全区上下干事创业的新状态。这些都为海淀在新的历史阶段实现更高质量、更高水平的创新发展奠定了坚实基础。过去一年取得的成绩，是市委市政府和区委坚强领导的结果，是区人大、区政协监督帮助和方方面面大力支持的结果，是全区广大干部群众勠力同心、顽强拼搏的结果。在此，我代表区政府，向所有关心、支持和参与海淀建设发展的同志们、朋友们，表示崇高的敬意和衷心的感谢！

在看到成绩的同时，我们也清醒地认识到，区域发展还存在不平衡不充分的问题，政府工作还有不足：区域、城乡发展不平衡，科学城南区“大城市病”问题较为突出，科学城北区公共基础设施与城市服务配套不足，区域土地粗放低效利用与空间资源稀缺并存。创新体系整体效能与中关村科学城新定位尚有不小差距，行业领军企业少，科技创新成果转化不充分，产业细分领域存在低效环节。人口资源环境矛盾依然比较突出，空气污染、交通拥堵、垃圾污水等治理任务繁重艰巨。优质公共服务供给不足、配置不均衡，教育、医疗等民生领域仍有许多群众不满意的地方。政府职能转变还不到位，一些部门服务意识不强、工作标准不高，一些工作人员慢作为、不作为、违纪违法行为仍有发生。对此，我们将在今后的工作中采取措施，认真加以解决，更好地顺应人民群众对美好生活的新期待。

各位代表：在党的十九大全面总结党的十八大以来砥砺奋进的五年所取得历史性成就、党和国家事业发生历史性变革、庄严宣示中国特色社会主义进入新时代，在党和国家正处于“两个一百年”奋斗目标的历史交汇期，在首都迈向国际一流的和谐宜居之都的关键时期，在海淀发展正面临深度转型的重要关口，在改革开放和中关村创新发展40周年的重大历史节点，区委十二届七次全会召开，这次全会对于区域发展具有重要里程碑意义。全会深入学习贯彻党的十九大精神、市第十二次党代会战略部署和北京城市总体规划新要求，深刻分析了新时代海淀发展的新方位，指出需要我们准确把握的阶段性特征，即科技创新进入了创新层次和能级的全面提升期、经济发展进入了质量效率动力的重大变革期、城市形态进入了从园区运动到构建新型城市形态的深度转型期、发展动力进入了文化与科技深度融合的动力优势重塑期、城市治理进入了率先向城市治理体系现代化迈进的关键突破期。全会明确了新时代海淀所肩负的责任使命，就是紧紧围绕“都”的功能来谋划“城”的发展、以“城”的更高水平发展服务保障好“都”的功能，聚焦中关村科学城，加快形成文化科技融合新动力，加快构建新型城市形态，着力解决发展中存在的不平衡不充分问题，努力把海淀建设成为具有全球影响力的科学智慧之城、创新引领之城、人文活力之城、生态优美之城、和谐宜居之城，成为支撑和引领首都“四个中心”功能建设的现代化国际化创新型宜居宜业城区，成为具有全球影响力的全国科技创新中心核心区，为建设国际一流和谐宜居之都和创新型国家贡献海淀力量。全会系统阐释了新型城市形态的丰富内涵，新型城市形态是外在形象与内在功能的有机统一，是人文活力型、创新引领型、新型智慧型、宜居宜业型城市形态。全会突出强调了构建新型城市形态必须凝聚高度思想共识、必须举区域之力统筹推进、必须坚持国际化标准定位、必须加快全面城市化进程、必须挖掘文化科技融合新动力等 5 方面的实践要求和未来一个时期推动区域发展的 6 个标志性工作坐标。我们要把思想和行动统一到区委全会精神上来，把智慧和力量凝聚到区委全会部署上来，更加注重大尺度谋划、大力度创新、大范围统筹、大团队协同、大资金运作，凝心聚力，狠抓落实，奋力推动海淀跨越式高质量创新发展，确保海淀勇立时代潮头、始终走在奋进前列。

二、2018 年主要任务

2018 年是全面贯彻党的十九大精神的开局之年，是改革开放、中关村创新发展 40 周年，是决胜全面建成小康社会、实施“十三五”规划承上启下的关键一年。区政府工作的总体要求是：全面深入学习贯彻党的十九大精神，以习近平新时代中国特色社会主义思想为指导，按照市委市政府和区委的部署要求，坚持稳中求进工作总基调，自觉践行新发展理念，紧扣社会主要矛盾变化，牢牢把握首都城市战略定位和北京城市总体规划要求，以建设具有全球影响力的全国科技创新中心核心区为统领，以构建创新生态体系和新型城市形态为主题主线，以文化科技深度融合为新动力，全面提速中关村科学城建设，更加奋发有为地推动我区在跨越式高质量发展上不断取得新进展。

全区经济社会发展主要预期目标：地区生产总值增长 7%以上；区级一般公共预算收入增长 7%；居民人均可支配收入增速与经济发展保持同步；高新技术企业总收入增长 10%以上；完成市下达的万元地区生产总值能耗、水耗和空气质量改善任务。

重点抓好以下几方面工作。

（一）全力优化提升区域功能。牢牢把握海淀在首都“四个中心”城市战略定位中的职责任务，坚持首善标准，加强“四个中心”功能建设，更好地服务保障首都发展。

全面贯彻落实北京城市总体规划。继续组织开展学习，切实领会中央批复精神、总体规划内容，更好地把握实施过程中必须遵循的基本要求。坚决维护规划的严肃性、权威性，落实好“双控”“三线”管控目标，深入研究减量集约发展的规划实施路径，坚守城市发展的“红线”。编制完成中关村科学城发展提升规划，形成以中关村大街“主纵轴”、北清路“主横轴”和“文化带”（西山永定河文化带、大运河文化带）为骨架，以中关村科学城南区和北区为主体区域，两轴一带相辅相成、南北两区贯通联动的“两轴一带两区”城市空间发展新格局，完善和强化配套的工作组织推进机制，加快构建新型城市形态。开展控制性详细规划编制工作，将控制性详细规划与城市设计融合，建立贯穿城市规划建设管理运行全过程的城市设计管理体系，重要区域、重要园区、重要路段、重要节点都要编制城市设计导则，切实发挥规划引领作用，塑造城市特色风貌。落实好规划分级管理体制，深化市区协作规划工作机制，提高区级层面规划管理能力水平，提升城市空间环境品质。结合“十三五”规划实施中期评估，建立健全城市体检评估机制。

持续推进“疏解整治促提升”专项行动，要在促提升上下更大功夫，取得更大实效。巩固拓展工作成果，组织第三方开展评估和“回头看”，注重总结经验做法，固化为管用的长效工作机制，治理一处、巩固一处，防止问题反弹反复。围绕年度专项行动目标，有序疏解不符合首都城市战略定位、不适合核心区发展定位的业态、有形市场和部分服务功能，扎实推进背街小巷、开墙破洞、地下空间、群租房等重点整治任务，开展违法建设专项治理，坚决遏制新生违法用地违法建设。建立统筹利用腾退空间的规划、建设、管理的工作全链条，严格实施台账管理，一处一案，精心更新和织补城市功能，着力“留白增绿”、补齐短板、改善环境、提升品质。深化“一刻钟社区服务圈”建设，持续优化便民商业网点布局，着力提升生活性服务业品质，打造一批“海淀社区商业 e 中心”，确保每个社区至少有 2 个“菜篮子”网点，更好地满足群众日常生活需要。

高标准履行“四个服务”基本职责。突出抓好长安街沿线等重点地区的安全保障、空间管控和环境服务，全力做好各类重大活动的服务保障，努力为驻区单位营造安全优良政务环境。加强区域发展与驻区单位发展的深层次战略对接、项目对接、工作对接和机制对接，巩固常态化的沟通联系，以服务促融合、以融合促发展，构建共商共建共治共享的融合发展格局。全力服务保障军队改革，不断巩固军政军民团结。主动加强与本市兄弟区的对接合作、优势互补，做到行政有区划、协同无边界、发展有共享。主动融入京津冀协同发展大格局，充分发挥科技创新和公共服务等资源优势，大力支持北京城市副中心和雄安新区建设，推动协同发展。继续做好对口帮扶，合力攻坚脱贫。

（二）高水平推动创新发展。准确把握高速增长阶段转向高质量发展阶段的新要求，把科技创新的旗帜举得更高，把创新发展的劲头铆得更足，紧紧围绕“四个聚焦”，服务一批主力、调整一批业态、导入一批项目、启动一批工程、丰富一批要素、转化一批成果，发挥带动引领作用，担当好首都建设全国科技创新中心的排头兵和主力军，增强经济发展的创新力和竞争力。

不断激发创新创业活力。以改革开放、中关村创新发展 40 周年为契机，谋划好新的政策制度设计，积极争取新一轮改革突破，重塑海淀创新发展的制度优势，引入市场化机制，深化海淀园管理体制改革，出台进一步加快中关村科学城建设的若干措施。高标准推进国家双创示范基地建设，深化以领军企业和高校院所为核心的双创生态圈，办好中关村创新创业季等品牌活动。推进国家知识产权示范城区建设，加快建设中关村知识产权保护中心，做好知识产权的快速保护、严格保护和全面保护，逐渐完善覆盖知识产权全链条的生态体系，加强知识产权创造、保护、管理和运用，形成知识产权工作的“海淀标准”。深入实施“质量强区”战略，鼓励引导机构和企业积极参与标准创制。积极推动国家级人力资源服务产业园建设，建设中关村大街国际人才社区，不断完善国际化环境，扎实推进“一带一路”国际人才计划项目——“藤蔓计划”的实施。加快建设国家科技金融创新中心，完善科技金融服务体系，提高金融服务实体经济的能力。

加强协同创新体系建设，促进政产学研高水平、高密度融合互动。瞄准世界科技前沿，把握新一轮科技革命和产业变革趋势，积极推动关键核心技术攻关，深化前沿领域的前瞻性布局，抢占全球科技创新和产业发展制高点。集聚全球高端创新要素，引入一批世界领先的新型研发机构，深入对接落实“千人计划”“海聚工程”等系列重大人才工程，引进一批全球知名的科学家和创新团队。加强对科技创新“国家队”的主动服务，积极承接国家科技重大专项、科技创新2030—重大项目和重大科技基础设施建设。积极鼓励引导驻区央企、民营科技企业、高校院所等各类创新主体加大科技创新的投入力度。大力促进军民融合深度发展，率先构建军民融合创新体系，加快推动一批重点项目、科技成果落地转化。探索企业利益分享机制和产业协作转移机制，在京津冀大格局中构建完整的创新链、产业链、价值链，实现差异化跨区域协同发展。支持企业开展国际化布局，强化与全球创新主体的协同联动。

优化拓展创新空间。加快打造中关村科学城主轴线，突出抓好中关村大街沿线改造提升，织补城市功能，增加创新交流空间，加强创新载体建设，继续实施中关村大街视觉系统提升工作，加快推进农科院农业科技国际交流中心等项目，完成友谊社区北楼、九龙商务中心等重要节点整治改造和景观提升工程，塑造一批主题楼宇。高标准实施中关村科学城北区建设，研究推动北清路沿线改造提升，加快北安河等村庄腾退收尾，启动辛庄等村庄腾退，开工建设太舟坞二期安置房，推进大北农、神州数码等产业项目。加快中关村东升科技园二期三期、集成电路设计园、小米移动产业园、西三旗（金隅）科技园等园区建设步伐。

巩固优化高精尖经济结构。按照“一产融合、二产做强、三产更优”的思路，加强产业组织体系顶层设计，研究制定提升产业组织能力若干措施，优化调整产业内部结构；系统评估和动态调整现有产业支持政策体系，更加精准匹配企业发展需求；建立市场化选择机制，推动重点产业和企业发展。对接北京市新出台的十大高精尖产业发展指导意见，大力发展以人工智能、大数据、云计算为代表的新一代信息技术产业，加快发展高端装备制造领域的核心部件研发和产业化为重点的智能制造产业，培育壮大以生物医药、新材料、能源环保领域关键核心技术突破为引领的战略先导产业，持续优化科技服务、科技金融等现代高端服务业，保持区域产业迭代发展、交叉融合的优势，在前沿产业发展上发挥引领带动作用。

（三）着力推动文化科技深度融合。文化科技融合所蕴含的思想、理念、知识、制度等要素形成的新发展动力，是海淀最具特色和标志性意义、最有潜力可挖的比较优势，是构成海淀未来核心竞争力的关键所在。要立足文化科技资源禀赋，建立健全促进文化科技融合发展的体制机制，加快形成创新发展新动力，使文化自信转化为区域创新发展的优势和底气，让文化软实力成为区域创新发展的硬支撑。

扎实推进社会主义核心价值观的海淀实践。紧密结合海淀在新时代建设伟大祖国首都中的职责使命，把学习宣传贯彻党的十九大精神引向深入，形成生动实践。挖掘厚重的红色文化，启动香山红色文化教育基地建设。深耕海淀创新文化土壤，高标准筹办好改革开放和中关村创新发展40周年纪念活动，深入开展“中关村创新发展之路”主题宣传，讲好海淀故事、树立海淀榜样，弘扬科学精神、创新精神、工匠精神和企业家精神，营造更加浓厚的开放包容、尊重科学、崇尚创新、敢为人先、奋斗不息的氛围环境，强化服务国家和首都创新发展的价值追求和责任担当。坚持国际一流标准，高端定位、超前谋划，结合世界高层次经济、科技、文化交往等不同需求，统筹研究在科学城北区规划建设集论坛、沙龙、智库、会议为一体的创新发展新地标，把中关村论坛打造成为全球创新思想的汇聚地、追求卓越的风向标。巩固拓展全国文明城区建设成果，广泛开展群众性文明创建活动，深化“诚信海淀”建设，推进志愿服务规范化、常态化、特色化发展，提升城市文明程度。深入开展文化交流合作，扩大文化竞争力和影响力。

坚持保护和有机更新相衔接，推进重点功能区、文化带建设。提升三山五园地区环境景观和城市功能，基本完成功德寺地区、东西红门村搬迁腾退，启动东西水磨地区改造，推进挂甲屯地区改造前期工作。编制西山永定河文化带（海淀段）、大运河文化带（海淀段）保护利用规划和行动计划，全面梳理沿线文化资源，加快万寿寺、延庆寺周边棚户区改造，持续开展沿线重点区域综合整治，加快恢复重要文化景观，推动形成历史文脉与生态环境交融的新风貌。加强重点文物保护修缮，开展圆明园考古，完成香山28景等修缮和恢复，推进老京张铁路等遗址保护，实施全区文物现代数字安防工程。服务保障故宫北院区等国家重大文化项目建设。

完善公共文化服务体系，高标准完成国家公共文化服务体系示范区建设。深入实施文化惠民工程，进一步丰富群众性文化活动。推进公共数字文化服务平台建设，扩大优秀数字公共文化产品的有效供给。开展“海之春”新春文化季、中关村金秋演出季等文化惠民活动。大力支持实体书店发展，支持建设一批 24 小时书店，营造书香海淀浓厚氛围，丰富群众文化生活，提升公共空间文化品位。加快推进新博物馆、区级非遗保护中心建设。

加强科技城市、科技政府、人文社区、科技公民建设。在区域城市治理、民生改善、政府服务管理等领域大力推广科技创新成果运用，积极探索与科技创新企业合作的新模式，推动城市治理理念革新、方式转变和能力提升。推动人文社区和智慧社区建设紧密结合，进一步提升人文社区建设的智能化水平，增强人文社区治理效果，营造更加和谐的社区氛围，增强广大群众对社区的认同感和归属感。丰富科普的形式和内涵，探索推进中关村科学主题公园建设，形成一批创新文化的特色标识，大力培育科技公民，努力在全社会形成热爱科技、运用科技、支持科技的良好氛围，彰显海淀独特的城市人文气质。

深化国家级文化和科技融合示范基地建设。继续深入实施“文化+”战略。实施好文化创意产业规模化、专业化、国际化发展行动计划，充分发挥文化创意产业投资引导基金的引导和放大作用，积极培育新型文化业态，力争文化创意产业总收入突破 7000 亿元。组建运营区属国有文化旅游集团，深度挖掘区域文化旅游资源，打造海淀特色文化旅游品牌。

（四）努力提高保障和改善民生水平。始终坚持以人民为中心的发展思想，把握社会主要矛盾变化新要求，从群众关心的事情做起，从让群众满意的事情做起，努力满足群众日益增长的美好生活需要，增强群众的获得感、幸福感和安全感。

加强就业服务和社会保障。实施更加积极的就业促进和创业扶持政策，鼓励创业带动就业，持续巩固充分就业区成果，确保登记失业率控制在 1.5%以内。整合城乡居民医保政策，持续增强社保经办服务能力。实施精准救助，切实保障困难群众的基本生活。积极应对人口老龄化，支持社会力量参与养老事业和养老产业发展，加强养老机构的服务标准化建设，建成区级养老服务指导中心，新建 15 个社区养老服务驿站，继续推进居家养老失能护理互助保险、老年宜居社区建设等试点工作。

着力改善群众居住条件。建设保障性住房 3500 套，筹集租赁住房 1500 套。进一步加强市场化租赁补贴和公租房租金补贴工作。切实发挥区保障性住房发展有限公司平台作用，持续提高保障性住房运营、服务和管理水平。加快宝山、双新等棚户区改造进度，完成 2400 户棚户区改造任务。扩大老旧小区综合整治试点，进一步加大老旧小区自我服务管理工作的推进力度，稳步开展既有多层住宅加装电梯和老旧电梯隐患治理工作。加快推动绿色建筑发展，实施公共建筑节能绿色化改造工程。

优先发展教育事业，切实办好人民满意的教育。坚持立德树人、德育为先，加强素质教育，促进学生全面发展。优化教育资源规划布局，加快教育基础设施建设，推进首师大二附中曙光校区、八一学校小学部等新建、改扩建工程，多措并举增加中小学学位 3000 个，启动第三期学前教育三年行动计划，新增幼儿园学位 6800 个。全面提升办学品质，继续实施新优质学校、新品牌学校和潜力学校建设工程，在教育科研、人才培养、特色学校发展等方面与驻区高校院所深化合作。积极推进国际学校建设。完善民办教育机构分类管理机制，依法加强监管，着力促进民办教育规范健康发展。建设高水平教师队伍，大力弘扬师德师风，持续实施名师名校长建设工程，加大教师交流培训力度，继续推进人才储备库建设。深化教育领域综合改革，完善教育治理体系，促进教育内涵发展。加强智慧教育建设，促进现代技术与教育教学深度融合，推动教育创新发展。

深入推进健康海淀建设。继续开展国家卫生区、卫生镇和北京市卫生镇创建工作。深化医药卫生体制改革，推进公立医院治理结构、人事薪酬、药品供应保障等各项改革。落实分级诊疗制度，深化医联体内涵建设，引导优质医疗资源进一步向基层下沉。继续强化公共卫生体系建设。稳步推进医疗卫生基础设施建设，提高家庭医生服务效率和质量，不断提升基层医疗服务能力。加快中医药事业发展，完善中医药治未病服务体系，深入推进中医药健康养老服务试点。加强计划生育服务管理，提升妇幼健康优质服务水平。强化食品药品全过程监管，加大食品药品安全检查执法力度，巩固食品安全城市示范区创建成果，让群众饮食用药安全放心。广泛开展全民健身活动，抓住冬奥会、冬残奥会筹办契机，大力发展和普及冰雪运动。

加强和创新社会治理。深化网格化服务管理，推进多网深度融合，促进基层网格“小”“微”循环高效运转。加强社区服务能力，扎实推进社区规范化示范点、农村社会服务管理创新、智慧社区试点建设等工作。加强社会工作者队伍建设，引导社会组织积极参与社会治理，健全以购买社会组织公共服务为重点的扶持社会组织发展长效机制。严格落实安全生产责任制，狠抓北京市安全生产督察问题整改，深入开展各类安全隐患排查清理整治，坚决遏制重特大事故，确保群众生命财产安全。深化平安海淀建设，加大矛盾纠纷排查调处力度，加强重大决策社会稳定风险评估，完善社会治安防控体系，依法打击和惩治各类违法犯罪活动，坚决维护和谐稳定的社会局面。

（五）大力营造生态宜居环境。牢固树立“绿水青山就是金山银山”的理念，坚持系统治理、源头治理，综合施策、标本兼治，让海淀更加宜居、更加美丽。

着力改善生态环境质量。落实清洁空气行动计划，以治理细颗粒物为重点，强化源头防控，全面深化机动车尾气、能源消费、工业企业排放、扬尘污染等协同减排，巩固“无煤化”改造成果。严格落实生态环境保护责任，狠抓各级环保督察问题整改。落实最严格的水资源管理制度，强化“河长制”管理机制，扎实推进“水清岸绿”行动计划，推进稻香湖等片区循环补水工程，加快大寨渠等生态河道治理，加大水污染治理力度，完善污水管网和处理设施建设，实施村庄雨污分流改造试点，坚决杜绝污水直排入河，继续巩固南沙河水质改善成果。加强土壤污染防治，建立健全土壤环境质量监测网络，做好土壤环境调查、监测、评估和修复，确保土壤环境安全。大尺度拓展绿色生态空间，着力提升大西山生态管护水平和质量，新建改造绿地林地150公顷，推进园外园二期三期等公园绿地和中关村大街等道路特色景观建设。

集中破解交通拥堵、垃圾处理难题。加强交通基础设施建设，加快地铁12号线、19号线和京张城际铁路建设，推进上庄路（北段）等续建工程，开工建设巴沟村路、安宁庄北路等道路，加密城市路网。完成10万平方米道路大修、10处疏堵点位改造，下大力气打通一批“断头路”，畅通微循环。继续实施大上地等地区交通综合治理行动计划。加强静态交通建设，积极挖潜新增停车位5000余个，加强科技手段运用，提升停车设施使用效率。倡导绿色出行，强化公交服务，优化调整公交线路，规范“共享单车”健康发展。推进垃圾终端设施建设管理，完成年度任务，开展六里屯垃圾填埋场环境提升减排工作，做好大工村再生能源发电厂和餐厨厨余处理厂的运行管理，推进大工村建筑垃圾循环利用综合处置项目、宝山综合处理厂、六里屯再生资源预处理中心等设施建设。推进生活垃圾源头减量和分类回收利用，逐步扩大垃圾分类覆盖范围，提高生活垃圾资源化率。

提升城市治理精细化水平。完善城市运行管理体系，创新城市治理方式，在法治、精治、共治上下功夫，把城市治理触角向社区及小街小巷小胡同延伸。持续优化“大城管”工作体系，完善“五统一”城市管理综合考评体系，以信息流为核心，强化常态化体检、扁平化调度、协同化作战、智能化支撑。加强街镇地区事务统筹能力建设，推动专业服务管理力量下沉，做实街镇综合执法平台，完善“街镇吹哨、部门报到”工作机制，强化街镇与职能部门的协调联动。将落实“门前三包”责任制作为环境建设工作的重点，持续开展重点区域环境整治提升工作，集中治理环境脏乱点及无照游商、非法小广告等突出问题，提升区域环境秩序水平。

（六）全面推动改革攻坚。海淀是中关村的发源地，是国家改革开放的发展缩影和生动写照，改革开放贯穿于区域发展整个历程，深刻地改变了海淀发展面貌。我们要以改革开放、中关村创新发展40周年为契机，在新的起点上以永不懈怠的精神状态和一往无前的奋斗姿态，整装再出发、扬帆再起航。

切实转变政府职能，深化“放管服”改革。继续对应取消行政审批事项，清理规范审批中介服务，动态更新和公布行政权力清单，加强职能事项的标准化建设。深化商事制度改革，启动企业变更、注销登记的全程电子化试点，积极拓宽电子营业执照应用范围。发挥新政务服务大厅的龙头作用，对各类部门专业服务大厅、街镇便民服务中心实施统一管理，深化以群众和企业需求为导向的全区政务服务体系建设，努力变“集中审批”为“集成服务”。进一步丰富和推广“创业会客厅”模式，打造海淀服务品牌，组织更多社会力量为各类创新主体精准提供更加优质、多元、专业、便捷的公共服务。坚持法治化、国际化、便利化导向，紧紧围绕企业需求，制定实施若干措施，努力建设国际一流的营商环境高地。

着力推进关键性改革。突出抓好国家服务业综合改革试点、北京市服务业扩大开放综合试点示范区创建工作，努力通过体制机制创新和政策突破，促进现代服务业发展。积极推进国资国企改革，促进国有企业做强做优做大，进一步优化区属企业布局结构，探索推进区属企业混合所有制改革试点。继续深化财政预算管理改革，不断完善区对街镇的财政体制管理，引入竞争性资金分配机制，提高财政资金的使用效率效益。

加快农村改革发展。提升现代农业发展品质。以城市化为目标，落实乡村振兴战略，有序开展美丽乡村建设，高标准实施农村基础设施建设和运营管理，着力完善农村公共服务配套设施，推进村庄社区化管理，提升农民生活品质。积极推进土地利用、社会保障、管理体制等重点领域的综合配套改革试点，加快城乡接合部地区改造步伐。推动农村集体经济转型升级，盘活农村生产要素，持续推进一镇一园、特色小镇建设，探索农村农民深度参与核心区建设发展的有效路径。深化农村集体产权制度改革，完善股份合作社内部治理和运行机制。加强农村“三资”管理。扎实推进整建制农转非工作。

三、切实加强政府自身建设

做好新一年工作，加强政府自身建设是保障。政府系统要全面学习贯彻党的十九大精神，以习近平新时代中国特色社会主义思想为指导，认真开展“不忘初心 牢记使命”主题教育，牢固树立“四个意识”，坚定“四个自信”，更加自觉地在思想上政治上行动上同以习近平同志为核心的党中央保持高度一致，坚决维护党中央权威和集中统一领导，全面贯彻落实中央、市委、市政府和区委的各项决策部署。

坚持依法行政。严格执行区人大及其常委会的决议决定。主动听取各方面意见，自觉接受各方面监督。认真办理建议提案，进一步提高办理质量。严格依法履职尽责，完善行政执法和监督体系，推动执法责任落实。深化代表委员等列席区政府常务会议制度，完善重大决策机制。加大政府信息和政务公开力度，提高政务开放日活动的广度和深度，及时回应舆论和社会关切，提高政府工作的透明度。健全公共法律服务体系，建成公共法律服务中心，加强法治宣传教育，进一步增强全社会法治观念。

坚持务实勤政。密切联系群众，深入基层、深入一线，千方百计为群众排忧解难。严格落实中央八项规定精神及市区有关实施意见，坚持不懈改进作风，以永远在路上的恒心和韧劲，把作风建设的“螺丝”拧得更紧。狠抓公务员队伍本领能力建设，树立国际一流的标准，强化改革创新的思维，增强率先引领的意识，激发干事创业的热情，提升创新发展的能力。深化区政府系统执行力建设，狠抓督查绩效管理，整体提升政府服务管理效能。

坚持廉洁从政。认真落实党风廉政建设主体责任，真管真严、敢管敢严、长管长严，聚焦重点领域加强廉政风险防控，不断完善权力运行的制约监督机制。严控区政府行政成本。加大审计监督力度。严格正风肃纪，严肃查处发生在群众身边的不正之风和腐败问题，有腐必反、有贪必肃，始终保持惩治腐败高压态势。

各位代表：迈进新时代，开启新征程，谱写新篇章。让我们紧密团结在以习近平同志为核心的党中央周围，在市委市政府和区委的坚强领导下，振奋精神、开拓进取，着力打造支撑和引领首都“四个中心”功能建设的现代化国际化创新型宜居宜业城区，在新的起点上，奋力谱写具有全球影响力的全国科技创新中心核心区建设新篇章！

专 文

把中关村率先建成具有全球影响力的科学城

——蔡奇、陈吉宁调研中关村科学城规划建设时的讲话（摘）

8月19日，市委书记蔡奇到海淀区就中关村科学城规划建设调查研究。他强调，建设全国科技创新中心是首都城市战略定位也是北京创新发展的主要抓手。要抓好“三城一区”，聚焦中关村科学城，努力把中关村打造成科学家、发明家、创业者的天堂，率先建成具有全球影响力的科学城。市委副书记、代市长陈吉宁一同调研。

蔡奇在座谈会上讲话说，党中央历来高度重视科技创新，习近平总书记对北京科技创新中心建设寄予厚望。建设全国科技创新中心是国家战略，也是北京创新发展的主要抓手。我们必须进一步提高站位，努力把中关村打造成科学家、发明家、创业者的天堂，率先建成具有全球影响力的科学城。

蔡奇指出，中关村一直是新中国科技创新的摇篮和源泉，也一直是北京科技创新的主阵地。中关村科学城是中关村国家自主创新示范区的核心区，也是全国科技创新中心的核心区，聚集了众多的央属科研院所、高校、创新型企业和创新服务机构，在“三城一区”中内生动力最强。要把中关村巨大的创新能量释放出来，科技创新中心建设，必须首先聚焦中关村科学城。

一是聚焦功能定位。聚焦原始创新策源地和自主创新主阵地这两个定位，聚集全球高端创新要素，主动承接国家实验室和国家重大科技项目，以新一代网络信息技术、生物技术、新材料、人工智能等领域为重点，争取形成一批具有全球影响力的原创成果、国际标准、技术创新中心和创新型领军企业集群。

二是聚焦创新主体。在京央属科研机构、高校、创新型企业等是首都科技创新的主力军。“主力要出征，地方须支前”，必须加强对“国家队”的服务和对接，把它们的巨大能量进一步释放出来。

三是聚焦先行先试。中关村科学城本身就是改革的成果，它的重要使命之一就是开展政策的先行先试。要加强与国家部委的沟通协调，结合深化服务业扩大开放综合试点，加大政策集成力度，尽快推出新一轮先行先试改革举措，不断增强示范效应。

四是聚焦创新要素。主要是人才和资本。要加强中关村人才特区建设，创新人才政策，进一步聚集海内外人才。要高度重视科技金融，利用政府资金引导更多社会资金，促进科技与经济、人才和资本的结合。

蔡奇强调，中关村科学城的建设，要围绕四个“聚焦”做好各方面的工作。

一要做好规划。抓紧制定中关村科学城提升规划，着重解决好空间和功能问题。首先是优化空间，海淀“山前”地区重点是“腾笼换鸟”，推动老旧厂房、低效土地腾退置换，“山后”地区重点是细化空间规划、科学布局。同时，要加强与昌平沙河科技商务区的统筹，实现与未来科学城的联动。其次是统筹功能布局，强化原始创新和自主创新功能，对现有业态进行调整，给央属研究机构、高校留出研发空间。从中关村大街改造提升入手，完善服务配套功能，补充文化、商业、生活服务等公共服务设施，提升夜间公共服务，改善北部交通，把握好职住比，营造留人环境、宜居宜业环境。

二要加强服务。服务就是为“主力出征”做好“支前”工作。科学城专项办要主动做好对接，为国家重大原始创新项目落地做好服务，同时要关注中央重大改革举措出台，做好军工企业转制、军民融合、央企“混改”方面的对接。要搭建更多科创服务平台，支持企业多出创新成果。要大力发展科技服务业；办好中关村银行，用好150亿科创基金，加强“四板”建设，打造跨区域的科技创新交易平台。要支持区域内科研单位和企业布局海外创新合作基地，融入全球创新网络；积极引进知名跨国企业研发总部落户科学城，提升国际化发展水平。

三要创新政策。一方面要积极争取国家层面政策，另一方面要研究市级层面政策，围绕调动人才积极性，针对领军科学家和创新型企业家精准施策。研究制定新的高级人才奖励措施和人才引进办法，将人才指标向科学城倾斜。推进以增加知识价值为导向的分配政策综合试点和海外高端人才永久居留便利服务试点，支持建设国际人才社区，保持中关村领先优势。以顶尖科学家和机构为重点，特别是瞄准具有诺贝尔奖潜力的科学家，提供全链条创新支持平台，同时力争引进更多诺贝尔奖级科学家和国际顶尖创新团队。市科委、中关村管委会要开展政策落实专项督导评估，以创新人才的获得感来检验政策效果。

四要促进成果转化。要尽可能提高科技成果就地转化率，重要的是把企业创新积极性调动起来，政府要牵好线。要特别关注科技贡献率、高新企业总收入、“独角兽”企业数量等，关键是要留住创新企业总部和领军企业。要盯住有市场发展潜力的创新企业特别是“独角兽”企业，做好精准服务，培育更多行业领先、国际一流的千亿级企业。要特别关注和支持创新型中小微企业成长，通过发展智能制造加强创新载体建设，为研发、孵化和成果落地提供空间支撑。探索“投贷联动”融资支持模式，培育小巨人企业。要密切关注变革性产业发展，支持引领产业变革的颠覆性技术创新，同时注重做好知识产权保护工作。

五要完善工作机制。坚持中关村部际协调工作机制。海淀区、中关村管委会要立足抓好中关村科学城，进而带动“一区十六园”发展。海淀区要积极履行属地责任。中关村管委会要对十六园发展加强协调，与规土委共同做好十六园控规。中关村发展集团要发挥好平台作用，并适时纳入国有资本改革试点。相关部门都要支持中关村科学城发展，适当倾斜政策，该下放的权力下放给区里，上下形成工作合力。还要大力宣传中关村创新文化和创新精神。

陈吉宁说，创新驱动发展是以习近平同志为核心的党中央作出的重大战略决策，是关乎国家未来发展的关键因素。中关村地区科技、人才资源高度密集，历经多年发展取得了显著成绩，形成了我国自主创新领域的品牌和旗帜。规划建设好中关村科学城，对于北京建设全国科技创新中心、对于国家创新驱动发展战略的成功实施，都具有重大的标志性意义。随着国家支持基础研究一系列重大政策实施近 20 年的积累，我们逐步进入原始创新成果大量涌现的发展新阶段。同时也要看到，中关村在尖端科技创新、科研产出效率、企业研发投入等方面，相比全球顶尖创新中心仍存在差距。学术智力资源、创新成果溢出、风险投资、法律环境和政策体系、全球视野、自然环境和公共服务、文化宽容、奋斗精神这八个要素，是决定中关村未来发展的关键。中关村要进一步做好聚焦，发挥优势，补齐短板。这要求政府部门必须有甘坐冷板凳的定力，多做幕后服务，把看准的政策和项目实施到底、做深做透，为科学家、企业家创新创业营造良好环境。具体要做好四件事：

一是做好服务。中关村未来发展需要更好的公共空间和公共服务。要下大决心、用大气力精心做好公共空间和交通规划，改造提升中关村大街，南部打造绿色慢行交通系统，北部加密发展轨道交通；重点区域要改造优化，做好棚户区、老居民楼的改造提升，改善科技人才居住和周边环境；要补齐公共服务短板，为科学家、企业家和投资者提供全天候的交流和服务空间。

二是做好支持。要加强知识产权保护和管理。做好政府性科创引导基金，重点支持基础研究、前端研究和高门槛的硬技术研究。青年人是中关村创新活力的源泉，要及时出台租赁住房政策，为青年成长创造条件。要制定针对创新型企业家和创新服务人才的支持计划，进一步完善创新链条。

三是做好桥梁。开放、交叉、融合是创新的基础。政府要搭好平台，做好科学家、企业家、投资者之间的桥梁，加强有针对性的高层次创新创业培训，建立服务技术转移转化的专业队伍，用好政府采购首用首试等政策，鼓励支持创新。

四是做好池子。既要支持好创新研发，也要统筹做好创新成果承接落地。要与科学家、企业家交朋友，带动形成全社会尊崇创新的风气。要加强知识产权制度改革，完善产权激励政策，明晰科研成果的产权归属，促进更多创新成果在北京转移转化。要改变研发类用地供地形式，多出租少转让，努力把研发用地成本降下来。

新时期海淀城市功能定位内涵外延的深入思考

区委区政府研究室

一、首都城市功能历史演变中的海淀城市功能

（一）城市功能与首都功能

城市功能是具有特定结构的城市系统在内部和外部的物质、信息、能量等的相互作用的联系中，表现出的属性、能力和效用，是城市在国家或地区的政治、经济、文化等中承担的任务和作用。城市功能分为一般功能和高级功能两个层次：一般功能是城市具有的生产、流通、分配、社会、行政等功能，是区分城市和非城市的界限。高级功能是城市功能中处于突出地位和起主导作用的功能，往往决定着城市的性质和发展方向，也是城市繁荣的关键。城市所承担的高级功能本质上是其在城市社会分工格局中所占的位置、所承担的职能及其发展趋势，是城市本身具备的发展基础和外部环境交互式影响而渐进演化的，由此导致城市所承担的功能、所呈现出来的性质呈现很大的差别。

首都是国家政治中心和中央政府所在地的政治称谓，首都功能是北京作为国家首都所独有的、不可或缺的属性和效用，区别于北京的一般城市功能。对北京而言，首都功能属于城市的高级功能，是北京城市功能的核心，是北京城市发展的灵魂所在，决定着城市发展的方向。与此同时，首都功能赋予城市一般功能更准的定位、更高的标准和更广的视野，要求从基础设施、公共服务、城市管理等方面强化质量保障。在北京市发展的不同阶段，随着城市发展水平达到一定程度，城市功能聚集到一定程度，进一步找准和聚焦适应首都特性的功能定位成为北京城市发展的根本要求。

（二）海淀区城市功能的历史演变

封建时期，北京作为首都是全国的政治中心，其城市功能主要服务于皇权，但其经济实力不能完全承载作为王朝首都的定位，必须依托彼时作为经济中心的江南及周边的天津、通州、承德、保定、张家口等来支撑其实现首都定位。此阶段，海淀在金中都时期是商旅由北京城出居庸关去往蒙古高原的第一站，曾被称为“海店”；后随北上蒙古高原的大道东移，交通要道作用消失，但受北京城址迁移影响，愈加接近城市，有山有水的海淀作为油气之地兴盛起来，并通过百年建设成为囊括“三山五园”①及附属小园林的皇家园林区。海淀作为连接皇城和西郊园林休憩区的纽带，一定程度上承担了首都的部分政治、文化功能。

新中国成立到改革开放 30 年，由于经济发展需求、城市人口就业、工人阶级建设、提升国际竞争力等因素，北京被定位为全国政治中心、经济中心、科学技术中心和工业基地，除政治中心和文化中心外，城市功能主要表现出明显的经济特征。此阶段，海淀区作为城市近郊区，是服务首都的蔬菜生产基地，也是首都文教区和科研基地。清华大学、北京大学得以改扩建，新建了矿业、钢铁、石油、地质、航空、农机、林业、医学等八大学院以及一批电子研究所、高能物理研究所、化工冶金研究所等科研院所，中关村科研基地初步形成。政治中心、现代工业基地等首都功能在海淀区体现不明显，仅仅在学校和科研院所有一些精密工厂和车间，但是海淀区文化中心和科学技术中心的特色进一步凸显，贡献也较大。

改革开放后，北京不再作为全国的经济中心和工业基地。1983 年 7 月，中共中央对北京城市建设总体规划方案的批复，提出了首都“四个服务”的职能定位；1992 年《北京城市总体规划方案》明确了其“政治中心、文化中心、世界著名古都、现代国际城市”的定位。此阶段，北京认识到应充分发挥作为首都为经济发展带来的优越条件，在市区大力发展贸易、高新技术、金融保险、信息通信、商业服务、文化旅游等现代服务，布局完善市区党政机关、商业设施、文体卫设施、金融机构、高校及科研院所，完善市区交通设施和市政设施，全面提高城市现代化水平，加快推动城市建设用地和工业体系建设郊区化发展。此阶段，海淀区进一步明确提出了建设“新技术产业开发区、文化旅游区、副食品基地”的“两区一基地”发展战略，进一步深化了对首都功能科技、文化功能的承载。这一时期，在新技术产业开发区建设指引下，海淀区掀起了一股科研机构、大专院校、企事业单位兴办科技企业的热潮，区内高等教育事业、文化事业得到了快速发展繁荣，工业、商业、运输、建筑、服务各业迅速发展，成为首都建设、城市生活、大工业配套、对外贸易等的重要基础。90 年代后，随着市场的开放和新技术产业开发试验区的发展壮大，海淀区科技和文化功能持续深化，其延伸的国际交往功能逐步显现和强化，境外资金和高科技项目持续入住，高新技术产品和产品走向国际市场，成为国际科技交流考察的窗口，与此同时海淀区城市建设、城市服务也得到了全面提升，有效支撑了中央对首都提出的“四个服务”要求。

进入 21 世纪，《北京市城市总体规划（2004—2020）》明确将北京市提出为“国家首都、国际城市、文化名城、宜居城市”，不再提“经济中心”，进一步明确了做好“四个服务”的要求。但长期以来，北京作为经济中心的实际地位并没有减弱，尤其是依托密集的科技创新资源和在全国科技创新中的地位，北京作为科技创新中心的地位逐渐显现出来。

① “三山”指香山、玉泉山和万寿山，“五园”指静宜园、静明园、颐和园、畅春园和圆明园。

国际交往能力不断增强，已发展成为亚太地区的区域性国际性事务交往中心，世界500强企业总部和众多国内外大型金融机构聚集地。尤其借助2008年奥运会的东风，北京各类公共建筑加快建设、交通基础设施大力发展。此阶段，海淀区从2005年起被纳入中心城范围，成为城市功能拓展区，其重点任务是建设具有全球影响力的科技创新中心、体现首都文化功能、国际交往功能和现代国际城市形象。在此背景下，海淀区提出重点发展中关村国家自主创新示范区的部署，重点任务是大力发展高新技术产业和高端服务业，建设具有全球影响力的科技创新中心。此阶段海淀区地区生产总值、经济发展质量与效益、居民收入水平、国际交往环境、和谐宜居建设、文化传播与交流等均处于全市前列，特别是已经发展成为全国科技创新中心核心区。海淀的文化中心建设，以及与文化、科技相伴随的国际影响力也持续提升。与此同时，随着海淀城市居住、生活、人文、科教等环境的优化，对于驻区的国防部、科学技术部、国防科学技术工业委员会、建设部、国家人口与计划生育委员会、国家税务总局、国家质量监督检验检疫总局、国家知识产权局、中国工程院等中央党政机关的服务能力也持续提升，承担了部分首都政治功能。

2014年以来，随着习近平总书记对北京市提出的坚持和强化“全国政治中心、文化中心、国际交往中心、科技创新中心、努力建设国际一流的和谐宜居之都”的城市战略定位，北京作为首都的城市功能实现从“四个服务”要求到“四个中心”定位的进一步升级。海淀作为中心城区，是落实“四个中心”战略定位的核心承载区。2015年年底，海淀区委、区政府结合自身科技资源基础优势，积极回应国家和北京市的新期待新要求，提出了“深化科技创新、加快建设全国科技创新中心核心区”以及“进一步强化国际交往功能、支撑首都全国文化中心建设”的核心定位，积极探索中关村国家自主创新示范区与全国科技创新中心融合发展的新路径。

（三）城市发展现状与城市功能定位的匹配度较高

从海淀城市功能定位的历史沿革看，城市发展现状与城市功能定位的匹配度较高，主要表现出以下特征：一是城市功能始终立足于服务首都这一根本性的要求。在海淀城市功能演变中，其生产、教育、文化、科技等资源均是服务首都的，其城市功能也是根植于首都功能的。而以科技创新和“三山五园”文化为核心的城市功能定位也更好地引导了城市的建设发展，海淀在科技创新和文化领域的地位更加突出，成为全国高新技术创新创业服务的策源地，成为首都优质教育资源和三山五园历史文化传承的核心区。二是城市发展的动力与首都功能的强化一脉相承。海淀区在持续强化和承载首都科技创新、文化、国际交往功能的过程中，丰富的科技创新和文化资源也成为地区经济社会发展和城市建设的主要动力。三是城市功能的外向性更加明显。海淀区科技创新、文化中心和国际交往功能逐步强化，成为辐射全国甚至具有全球影响力的科技创新中心。

（四）基于历史对未来海淀城市功能定位的深入思考

基于历史分析，关于海淀区未来找准和深化城市功能定位有两方面的考虑：

1. 海淀科技、文化、教育的优势特点是和海淀自然底色相关的。北京地势西北高、东南低，海淀又位于京西的上游，区域内河湖遍布，水域辽阔，海淀二字即从水而来。海淀区有大西山、小西山等自然脉络，山水环绕、人杰地灵，成为“京西小江南”的明清行宫。海淀区后来发展成为文教区和科技创新区，很大程度上依赖于区域的自然底色。由于教育和自然息息相关，清华、燕京等高校选址无不讲究文化底蕴深厚、自然环境优美的人文环境区域，以及高端科技人才聚集带来的科技创新硅谷效应，都是和区域自然底色相关的。因此，保护好“三山五园”、挖掘“三山五园”等自然特色，就是保护好海淀城市化发展的根基。

2. 海淀落实城市功能和首都功能应在央地财权与事权分配上有深入考虑。北京作为首都，财政既有一般性也有特殊性。一般性是北京财政必须推动北京市域范围内的城市建设发展，要加强服务于本地常住人口和在京企业的财政投入。特殊性体现在北京作为首都，在承担首都功能过程中需要有相应的投资。从历史来看，1950—1980年间的统收统支时期，一直是中央政府负责北京很多重大项目的建设和管理。直到1981年后，国家改革统收统支的预算管理制度，通过下放财政，调动各级政府理财积极性，1994年实施的分税制改革，建立了“中央固定收入+央地共享收入+地方固定收入”的财政收入体系，理顺了中央和地方的财政分配关系。但是，北京地域范围内的城市建设和城市发展相关事权由北京市政府和国务院共同管理，由北京市具体执行，更为重要的是支撑北京行使首都事权的是北京地方财力，造成较长时期以来，首都事权与财权的脱节。未来，需要做到首都的城市性质与事权、政府职能、财政功能相匹配，明确与首都功能相对应的首都财政功能。地方政府是城市功能的提供者，中央政府是首都功能的构建者，应该坚持地方财政对保障地方城市职能和国家首都职能上有所差异，保障首都职能以中央投资为主，保障一般城市发展的财政职能以地方财政为主。

二、海淀城市功能定位的现阶段特征分析评价

城市的功能以要素的集聚为基础，城市功能的最终实现需要关键要素的支撑。通过对海淀经济、产业、人口、科技、基础设施、文化、国际交往、城市环境等重点指标的研究，发现海淀区城市建设发展已经取得了辉煌的成就，但是在首都城市定位调整、经济减速换挡、城市更新升级的新时期，海淀区城市发展表现出了新的特征。

（一）城市建设发展正处于上半场和下半场转换的阶段

自从被确立为城市功能拓展区以来，海淀区加快城市现代化进程，全区城市建设管理、产业结构升级、城市基础设施、城市公共服务水平都实现了质的飞跃，城市发展已经达到了中高级阶段。在全市强化非首都功能疏解以及中心城区增量建设用地控制的背景下，除北部部分地区以外，海淀区未来发展呈现从增量扩展为主向存量改造为主的阶段转变。

解决在中心城区和“四个中心”定位下的建成区改造更新和再发展问题将成为下一阶段海淀城市功能升级的重要内容。

（二）中心城区定位成为城市建设发展的重要属性

中心城区是首都政治、文化、国际交往、科技创新中心功能和重要经济功能集中体现的地区，也是历史文化传统与现代国际城市形象集中体现的重要地区，对海淀区城市建设提出了更高要求。中心城区是海淀区城市功能定位的重要属性，在高精尖经济布局、产业疏解与转移、人口规模控制、棚户区改造、基础设施建设、生态环境保护、文化传承与开发、国际交往、教育科研、运行管理等方面将承担更多任务。通过对比分析中心城六个区城市定位的共性和特色，海淀区需要更加明确其承载首都科技创新中心功能的要求，并根据其自身“三山五园”等优势资源深化其文化中心功能。

（三）和谐宜居建设成为城市功能完善的衡量标准

城市是为了使生活更美好，城市的第一功能是生活，生产、生态功能是为满足人类生存和发展需求的保障。“国际一流和谐之都”是首都城市功能的高度统一和升华，构建生产、生活、生态功能相融合的空间布局是和谐宜居之都建设的核心内容。作为中心城区，海淀区城市的更新改造要突出以人为本的发展导向，以提升城市的宜居性为目标。而国际一流和谐宜居之都要求中心城从内在需求和外在形象全面提升城市的建设和运营管理品质和氛围。

经过多年发展，海淀区在承载首都核心功能、建设国际一流和谐宜居之都等方面取得了重大成就，现代国际城市形象不断凸显。但是，随着城市建设的持续深化，一些城市发展的问题与不足逐渐显现出来，一是首都核心功能的对外辐射引领作用仍有待提高，尤其是对国内其他地区协同创新的辐射力和面向全球市场的科技创新输出、核心共性技术创新、前沿技术标准等贡献仍然有待提高。二是传统历史文化保护修缮仍然相对滞后，文化科技融合发展中的文化脉络不显，综合文化的国际影响力有待提升。三是城市宜居水平与国际一流标准仍有较大差距，仍然存在大面积的城乡接合部地区环境整治急需推进，山水林田湖的大生态品质仍需提升，全区整体的城市形象急需提升。四是城市运行管理效率和成本矛盾仍然突出，一绿地区流动人口聚集地区管理难度大。

三、新时期海淀区城市功能定位的“1212”解析

通过对纽约、伦敦、东京等发达国家首都的城市功能演变研究，发现其中重要的两条准则：一是城市功能的完善和培育应以其原有的优势和特色为基础，也是其承载更大尺度和更广深度特殊功能的优势所在。二是中心城区在首都的多中心城市圈层结构中，必须承担高端化、国际化、信息化、资本化等的职责，是高端要素流、资源流、信息流、服务流的集聚地，才能成为辐射和带动其他圈层发展的核心。基于北京在全国的发展定位，北京城市功能对标的应该是巴黎、东京、莫斯科等综合性的首都城市。

从对海淀区城市功能演变及资源要素延续传承来看，海淀具有全国及其他地区无法比拟的三大特色优势：一是由全国知名的科研院所、工程院所和中关村国家自主创新示范区合力构筑的“科学研究—技术创新—工程试验—技术产业化”的科技创新全动力引擎，国际影响力日益提升；二是具有“三山”代表的自然文化、“五园”代表的历史文化，以及“北、清、人、师”等为代表的高端文化教育资源，文化资源的多元化、高端化、国际化特色显著；三是具有全国集聚度最高、含金量最高、结构最完善的高端人才资源、高端科技资源，具有文化科技融合创新、引领经济转型的内在动力机制。这些优势特色均是海淀进一步明确其城市功能定位的重要依托。

考虑海淀区的城市功能，要认清城市高级（核心）功能与一般（非核心）功能是相互支持的，不能只要高级功能而不要其他功能。比如在海淀区的中央机关、军队、高等院校、科研院所、高科技企业等与高级功能相关的各类领导干部、工作人员及其家属都有居住、就业、教育、医疗、消费、休闲等的需要，需要相应的一般城市功能来满足，这些功能是首都功能间接派生出来的功能。因此，考虑海淀区的城市功能不能只考虑首都功能等高级功能，要综合考虑高级功能和一般功能共同确定城市功能定位的重要内容和衔接。

基于海淀区密集的科技创新资源、得天独厚的文化遗产、频繁的国际交往活动以及众多的中央党政机关，首都“四个中心”功能定位均有不同程度的体现，特别是作为全国科技创新中心核心区的功能承载深化更加明显。作为中心城区，海淀区应立足“四个中心”定位和自身发展优势，着力建设“科技创新核心引领、多元文化保驾护航、生态示范宜居的国际城市”，具体包括“一核两翼、一服务两支撑”的功能布局。

（一）“一核”内涵与外延

“一核”是指把建设“全国科技创新中心核心区”作为海淀提升城市功能和推进城市建设发展的核心功能定位。

——抢占国际未来科技创新前沿。以带动全市科技创新能力提升和发展为己任，充分发挥中关村科学城在首都三大科技城①创新格局中的原始创新动力引擎作用，形成具有世界影响力的以基础科学发明、前沿技术研发和高新产业孵化为核心的科技创新策源地，构建辐射全世界的原始创新服务和孵化平台，全面建设具有全球影响力的科技创新中心。对接国家重大科学计划、重大科技专项、建立面向全球的重大技术培育发现引进机制，推动协同创新和资源共享，争取突破一批核心关键技术，形成若干战略性技术和战略性产品。

——引领全国战略性新兴产业巅峰。深入实施“创业中国”中关村引领工程、国家级人才特区建设，强化多元创新主体培育，率先开展互联网跨界融合创新示范工程。强化技术创新市场导向机制，健全成果转化机制，深化科技成果权益改革，完善以科研能力和创新成果为导向的科技人才评价标准。加快发展生产性服务业，巩固扩大金融、科技、信息、

① 三大科技城指中关村科学城、怀柔科学城、未来科技城。

商务服务优势，推动信息服务、大数据、物联网、云计算等智能化新兴业态发展。

——强化科技创新与城市功能的耦合发展。在科技创新与城市功能的耦合发展中，不能仅考虑科技创新本身，从更宽的范畴深化认识，充分把握科技与经济转型、科技与城市建管、创新与改革开放、科技与文化教育、科技与民生服务、科技与空间格局6个方面的相互作用。要通过自主创新让先导技术成为培育新兴产业的“原动力”，要创造适合科技自主创新和示范应用的城市服务环境，要通过全方位改革打造一个完善活跃的区域创新生态系统，要形成推动科技与文化、教育全面深度融合发展的局面，要强化科技创新与全球科技资源、科技研发的开放链接，要形成以高等院校+科技企业+科技创新城+产业园区相结合的生态科技创新空间格局。

（二）“两翼”内涵与外延

“两翼”是指把历史文化传承保护和文化科技融合产业发展作为支撑全国文化中心建设的最大特色，把创新探索绿化隔离地区和海淀山后地区的高水平城市化路径作为城市功能完善的重要内容，形成海淀城市功能完善的“两翼”。

——历史文化资源保护传承区和文化科技深度融合示范区。以“三山五园”为核心，深化皇家园林文化资源的传承、保护和利用根基，继续夯实海淀区深厚的文化底蕴。深入挖掘文化资源和先进技术创新的融合潜力，强化对融合科技创新成果的孵化转化和标准制定，形成引领国际的文化科技高端融合体系，成为海淀区文化创意产业发展的灵魂。

——城乡统筹发展创新示范区。以北部科技创新区建设为重点，强化城乡统筹开发建设过程中的捆绑集约开发和集体产权改革试点，创新推进“一镇一园”和美丽乡村建设。

（三）“一服务”内涵与外延

“一服务”是指做好以中央政务办公服务和军民融合服务为重点的政治服务功能，打造国家政务服务区，成为“四个服务”的标杆区。

——重点建设国家政务服务和军民融合服务示范区。建设全国具有引领作用的军民融合科技创新示范基地，通过创新服务推动中央机关、央属企业、军队与区域深度融合发展，为区内中央党政军机关提供优质服务。

（四）“两支撑”内涵与外延

“两支撑”是指强化拓展以科技交流、人才交流、文化交流为核心的国际交往活动，全面增强首都在全球创新网络和文化教育体系中的国际话语权；全面推进“生态、生产和生活”融合的生态文明和谐宜居示范区建设，将其作为提升其他城市功能的重要支撑。

——提升服务国际交往接轨水平。打造高端国际交流平台，优化国际化服务环境，吸引跨国公司地区性总部落户。提升国际交往活动服务保障能力，包括硬件设施改造提升以及服务标准、市场规则、法律法规的国际化。

——建设生态文明和谐宜居示范区。按照总书记“望得见山、看得见水、记得住乡愁”的指示精神，发挥近山临水、上风上水和城景相融的特色优势，构建形成更加科学合理、资源节约和环境友好的空间格局、产业结构、生产方式、生活方式为根本，着力打造和谐宜居的国家生态文明示范区。

——建设国际一流的和谐宜居现代化国际都市。运用现代城市理念，积极推动海淀区“城市双修”试点建设，科学利用城市空间，更新利用存量资源。积极争取“城市设计”试点城市建设，紧密把握海淀区的文化与科技城市基因，留存特有地域环境、街区风貌、建筑风格等特色城市记忆和风貌形象。加强社会主义核心价值观宣传与教育，提升海淀区生活便利服务水平，提升公共服务优质均等水平，提升城市基础设施建设和管理的智能化水平。

大 事 记

1月

3日　国务院办公厅印发《关于对国务院第三次大督查发现的典型经验做法给予表扬的通报》，北京市海淀区“以建设双创示范基地为契机促进经济发展提质增效”在给予通报表扬的32项地方典型经验做法之列。

4日　市检查组到海淀区督查党风廉政建设主体责任制落实情况。

10日　中关村创新创业企业上市培育基地在海淀区互联网金融中心正式启用，这是深圳证券交易所首次在深圳以外地区设立的上市培育基地。

12日　中共海淀区委十二届二次全会召开，表决通过北京市出席中共十九大代表候选人推荐人选。

同日　2016年度“感动海淀”十大文明人物颁奖典礼举行，薛向东、卞海虹、徐越、杜泽宁、高亚娟、何绍森、李革非、谭飞、原永民、潘明康入选。

17日至3月24日　全区处级领导干部学习贯彻中共十八届六中全会精神专题轮训班举行。轮训班共举办6期，795名处级领导干部参加培训。

24日　由海淀区政府、中关村管委会共同组建的中关村科学城专项办成立。成员单位包括6个国家部委相关司局、17个市级相关部门。

26日　区政府印发《海淀区“十三五”时期文化发展规划》，提出文化五大发展目标。

2月

6日　中关村首只“双创债”——北京广厦网络技术股份公司（中关村软件园企业）债券“17广厦债”在上海证券交易所发行。债券总额2500万元，期限2年，票面利率7.1%。

13日　区纪委十二届二次全会召开，审议并通过全会工作报告和《中国共产党北京市海淀区第十二届纪律检查委员会第二次全体会议决议》。

16日　海淀法院启动“三全五化”①执行机制改革。

21日　教育部与区政府签署《全国青少年校园足球综合改革试验区改革发展备忘录》，将海淀区确定为全国第一个青少年校园足球综合改革试验区。

28日　核心区企业小米公司发布定位中高端的自主研发手机芯片“澎湃S1”，成为全球继苹果、三星、华为之后有同时生产芯片和手机能力的第四家企业。

3月

1日　海淀区2017年党建工作会议召开。会议总结2016年全区组织、宣传思想文化和统战工作，部署2017年重点工作任务。

2日　中共中央政治局委员、市委书记郭金龙，市委副书记、市长蔡奇到海淀树村开展“学习贯彻习近平总书记视察北京重要讲话精神，加快疏解非首都功能”主题调研。

3日　2017年为群众拟办36件重要民生实事公布。

4日　海淀区召开开墙破洞专项整治工作推进视频会。全区全年完成3441处开墙破洞整治任务。

10日　“疏解整治促提升”专项行动与人口调控工作会议召开，全面部署2017年专项行动重点工作任务，区长与街镇代表签订“疏解整治促提升”专项行动与人口调控责任书。

15日　2018（北京·海淀）比利时布鲁塞尔国际葡萄酒大奖赛组委会与区政府正式签约，海淀区获得2018年比利时布鲁塞尔国际葡萄酒大奖赛举办权。

16日　文化部督查组到海淀区督查文化市场工作。

22日　国家电网北京市电力公司与区政府签署合作协议。

23日　海淀区生态文明和城乡环境建设动员大会召开，部署“疏解整治促提升”等工作。区委、区政府与各街镇签订“疏解整治促提升”专项行动等9类责任书。

同日　全市首所“互联网+”市民学校——中关村学堂成立，可为市民提供包括高校课程在内的优质学习资源。

24日　全国首家“中国红十字会青少年人道教育实验基地”授牌暨“青春善言行”项目落户海淀寄读学校，“红十字青少年工作进学校共建品牌战略及实施研究项目”同时启动。

28日　海淀区监察委员会成立。

同日　海淀区第十六届人民代表大会第二次会议选举

① “三全”指全面机构改革优化资源配置、全程信息化支撑精细管理、全方位联动疏通执行梗阻，“五化”指提升执行工作信息化、精细化、团队化、集约化、规范化。

肖韵竹为北京市海淀区监察委员会主任。

31 日　2017 海淀旅游资源推介会在中关村展示中心举办，推出“三山五园皇家园林游”“中关村科教研学游”“西山历史文化游”“稻香湖亲子休闲游”等数十项系列活动。

3 月　中关村一带一路产业促进会推出中国首个服务高新技术企业及机构的“一带一路”国际人才计划项目——“藤蔓计划”。

3 月　全区开展“大气污染防治执法月活动”，包括散煤、扬尘、机动车、露天烧烤、“散乱污”企业 5 个方面的整治工作。

4 月

8 日　海淀区全面实施医药分开综合改革，涉及医药分开、规范基本医疗服务项目、实施药品阳光采购 3 个方面。全区 301 家定点医疗机构参加改革，435 项医疗服务项目、上千种药品全部导入医保报销系统。

14 日　市委常委、副市长阴和俊到海淀区围绕科技创新、推动中关村科学城建设情况进行调研。

14 日—15 日　由区教委等单位主办的全国学生发展指导高端论坛暨海淀区学生发展指导研讨会在北京市第二十中学举行。

17 日　国内首家互联网教育创客中心落户温泉镇中关村创客小镇。

19 日　海淀区人民法院引入技术调查官审理知识产权纠纷案，系首次在全国基层法院适用技术调查官制度。

同日　北京市外商投资企业全程电子化登记在海淀区正式启动试点。4 月 25 日，海淀区发出全国第一份外资企业电子营业执照。

23 日至 12 月 31 日　“文化行走　悦读海淀——2017 年海淀全民阅读主题系列活动”举行。全民阅读季系列活动设两大板块、五大单元、31 项活动。

25 日　中共海淀区委十二届三次全会召开，选举海淀区出席北京市第十二次党代会代表候选人预备人选，审议通过《关于召开中国共产党北京市海淀区代表会议的决议》。

27 日　区教委发布 2017 年义务教育阶段入学工作实施意见。根据实施意见，小学继续实施“六年一学位”，逐步推进多校划片入学方式。小升初取消“推优”，增加“登记入学”，降低特长生招生比例。

28 日　海淀区召开国家卫生区及食品安全示范区工作大会。区委、区政府与有关区属部门签订《海淀区创建国家卫生区目标管理责任书》及《2017 年度海淀区食品药品安全工作责任书》。

同日　南沙河（稻香湖桥—上庄新闸）生态修复工程水下工程完工并通过验收，已具备蓄水条件。

28 日至 7 月 13 日　第十一届海淀区商业服务业职业技能风采大赛举行。

5 月

1 日　海淀区最大棚户区——京昌路楔形绿地棚户区改造项目回迁安置房奠基。规划总建筑面积约 25 万平方米，配套全日制幼儿园和老年活动中心。

2 日　市知识产权局与区政府签署知识产权强区工程战略合作协议。

同日　海淀区提出知识产权强区推进计划，到 2020 年，力争用知识产权引领高新技术产业总收入从 2015 年的 1.63 万亿元提高到 2.62 万亿元，年均增长 10%。

同日　《2016 年海淀区知识产权白皮书》发布。数据显示：截至 2016 年年底，海淀区有效发明专利拥有量 78355 件，占北京市的 47%。每万人发明专利拥有量 218 件，是全国的 27 倍。

5 日　文化部公共文化数字工程考核组到海淀区，实地考核海淀区 2016 年公共数字文化工程建设情况。

7 日　由海淀区纳兰文化研究中心与国文传媒集团（国际文化出版公司）共同组建的纳兰文化出版中心成立，旨在将纳兰性德的存世作品（诗、词、文）包括孤本、真迹等，以及后世对纳兰性德的研究著作及文学作品梳理成册，进行出版发行和 IP 开发。

11 日　国务院办公厅“放管服”改革督查组到海淀区专项督查“放管服”改革落实情况。

12 日　中国共产党北京市海淀区代表会议召开，选举产生 28 名海淀区出席北京市第十二次党代会代表。

16 日　廊坊·中关村软件园人才与产业创新基地正式启动。基地位于廊坊市广阳区，总面积近 5 万平方米。中关村互联网文化创意产业园廊坊园同日揭牌成立。

18 日—23 日，“三山五园文化巡展”在西藏自治区群众艺术馆举行。7 月 30 日至 8 月 10 日，“三山五园文化巡展”在江西省展览中心举行。

27 日至 10 月底　历时 5 个月的第十五届中关村国际美食节举行。美食节实现销售收入 3.56 亿元，同比增长 13.1%。

29 日　全国首届青少年创客联赛（北京赛区）在中关村大街举办，评选出 8 名个人、6 个团队入围全国总决赛。

6 月

5 日　海淀区《2016 年环境状况公报》发布。公报显示，2016 年海淀区 PM2.5 年均浓度为 72 微克/立方米，比上年下降 10%；水环境质量持续改善；主要污染物二氧化硫、氮氧化物、化学需氧量和氨氮排放总量分别较上年下降 8.5%、3.55%、4.11%和 2.6%；辐射环境质量保持稳定，生态环境状况良好。

同日　区商务委发布海淀区便民商业服务网点地图，标注 6075 个便民网点，涵盖蔬菜零售、便利店、早餐等 6 种业态。8 月底，“便民地图”App 客户端正式上线。

6 日　以“产业双创”为主题的“2017 创响中国北京站”启动仪式举行。海淀区人民政府副区长李长萍发布海淀双创示范基地建设成果和 4 个海淀双创示范基地国家重点支持项目。

7 日　加州—北京创新中心在海淀区中关村国际创新中心揭牌。

14 日　海淀区少年科学院成立。

16 日　区文化委发布“长河文化遗产”地图。海淀区域长河沿线有全国重点文物保护单位 5 处、北京市文物保护单位 1 处、海淀区文物保护单位 14 处。

17 日　第八届曹雪芹文化艺术节开幕式暨 1987 版电视剧《红楼梦》开播 30 周年纪念活动在北京植物园黄叶村曹雪芹纪念馆举办。

19 日　中关村东升科技园三期（京昌路楔形绿地棚户区改造）项目范围内腾退搬迁工作基本完成。中关村东升科技园三期总面积约 77.54 公顷。一期建成开园 7 年，二期处于建设阶段，三期完成规划。

22 日　2012 年启动的香山永安寺复建工程全面完成。

28 日　第七届“青春的海”中关村国际青年艺术季开幕。艺术季历时 3 个月，推出 7 个主题单元、45 个项目、821 场活动，惠及群众 41.7 万人次。

6 月　“海淀阳光餐饮”App 上线，实现在线观看视频厨房、在线查看经营者食品安全信息、消费者实施在线评价留言等功能。

7 月

1 日　医养结合服务中心暨北京市海淀区计划生育特殊家庭养老服务中心在北太平庄街道文慧园成立。

3 日　海淀区发布《关于本区 2017 年既有多层住宅增设（适老化）电梯试点工作的实施意见》。

4 日　区环保局向北京上庄燃气热电有限公司颁发排污许可证，这是由国家排污许可信息系统生成的海淀区首张具有国家统一编码的排污许可证。

5 日　海淀区第一个大规模棚改征收项目——魏公村小区征收项目启动。1300 余户居民全部原地回迁。

同日　海淀法院专家咨询委员会成立，这是全市基层法院首家专家咨询委员会。

10 日　由来自美、英、德、法等 18 个国家的近 60 名院士组成的考察团，到海淀区考察中关村大街国际人才社区。

同日　区情教育系列图书首次发布，第一批包括《三山五园研究》《海淀文史考论》《红学十论》《曹学十论》4 本图书。

16 日　北京首家民营银行——北京中关村银行股份有限公司在海淀区正式开业，注册资本 40 亿元。

18 日　全国首家互联网金融标准研究院成立并落户海淀。

20 日　中关村军民融合创新创业服务平台启动。服务平台的线下创业基地形成总面积为 2 万平方米的中关村军民融合创新创业基地。

21 日　区委召开全区领导干部会议，市委组织部副部长张革主持会议并宣布市委决定：于军任中共北京市海淀区委员会书记；崔述强不再担任中共北京市海淀区委员会书记、常委、委员职务。

25 日　2012 年 3 月开工建设的中关村森林公园全部完工，并免费向市民开放。公园总占地面积 287.7 公顷。

26 日　市文物所宣布，历时 10 个月的圆明园如园遗址二期考古完成，出土上千件文物。

27 日　北京市 2017 年棚户区改造实施项目——功德寺棚户区改造项目启动，涉及居住人口约 2 万人。

同日　海淀区全面推行“河长制”，设置河长 205 人，实现区、街（镇）、村三级河长全覆盖。

31 日　北京市单体最大的公共停车场——五棵松地下停车场开通试运营。停车场面积约 7.84 万平方米，总车位 2679 个。

7 月　上庄桥主体工程完成合龙。上庄桥全长 175 米，宽 60 米，双向 4 车道，为城市主干道。

8 月

2 日　市委副书记、代市长陈吉宁到海淀区调研历史文化遗产保护工作。

4 日　市委副书记、代市长陈吉宁到北京大学调研科技前沿成果创新及转化应用情况。

8 日　区委召开巡察工作会议，决定在全区开展巡察工作，年底前完成两轮巡察。

16 日　古巴共产党省市委领导干部考察团观摩区委常委会第三十五次会议，深入了解中国共产党区级组织研究、部署、落实重要事项的具体经验做法。

18 日　文化@海淀——海淀公共文化服务数字平台上线，上线文化设施 615 处，涵盖图书馆、书店、剧院、电影院等居民日常文化需求。

19 日　市委书记蔡奇，市委副书记、代市长陈吉宁到海淀区就中关村科学城规划建设进行调研。

同日　中关村智造大街公共服务平台上线。

同日　中关村智造大街与著名国际孵化器 Plug and Play 中国总部合作设立总规模 3.5 亿元的专注于国内外智能制造领域天使投资的双币基金。

同日　海淀区宣布联合社会资本发起设立总规模为 10 亿元的智能制造产业投资基金。

24 日　海淀区党政代表团到河北省易县推动落实对口帮扶工作。

31 日　区民政局为城乡低保对象、征地超转人员、优抚对象三类人群发放“民政一卡通”。

9月

2日　市委副书记、代市长陈吉宁采取“四不两直”方式，到海淀区就深入学习贯彻习近平总书记视察北京重要讲话精神，落实市第十二次党代会精神，落实垃圾分类、提升垃圾处理水平进行调研检查。

4日　区委书记、区长于军以“四不两直”的形式，带队到区域重点点位开展环保拉练夜查。

12日　在第十二届中国北京国际文化创意产业博览会上，海淀区首发纳兰文创产品，包括系列花丝点翠首饰、一款茶、纳兰系列绢人。

14日　根据市委决定，区委研究决定，于军不再担任海淀区人民政府党组书记职务，戴彬彬任海淀区人民政府党组书记。

15日　海淀区召开区域化党建工作推进会议。区委向各驻区单位提出倡议，要以“五个一工程”为抓手，深入推进区域化党建工作，切实推动海淀区治理体系和治理能力现代化。

15日　“中关村指数2017”发布。指数显示，2016年中关村增加值占北京市生产总值的25.1%，对北京市经济增长的贡献率达39%，成为引领北京市转方式、调结构、促发展的核心动力。

15日—21日　2017年全国双创活动周北京会场暨中关村创新创业季活动在中关村国家自主创新示范区展示中心举办，300余项科技创新项目亮相主题展。10个重大项目签约落地转化，100个重大项目和创新成果发布。

15日—25日　中关村创新创业季2017举行。来自32个国家的770家机构参与，542个项目进行路演或展示。达成20项揭牌与签约，发布3只基金和4项研究成果与榜单。

19日　市委书记蔡奇到海淀区调研老旧小区综合整治试点项目。

同日　区第十六届人大常委会第八次会议决定接受于军辞去海淀区人民政府区长职务的请求，任命戴彬彬为海淀区人民政府副区长、代理区长。

20日　中关村管委会、海淀区政府联合在中关村创业大街挂牌设立中关村外籍人才服务窗口。

21日　经考证，圆明园正式确认春熙院位置，位于长春园北今二河开。

27日　海淀区推出大型文化体验项目“稻香湖非遗科学城”，这是北京市首座非遗城。

28日　海淀区召开全区领导干部会议，传达学习北京城市总体规划实施动员和部署大会精神。

10月

13日　海淀区推进全国文化中心建设领导小组会议审议通过《海淀区推进全国文化中心建设第二批重点任务清单》。清单分6个板块共21项，包括16项中长期任务和5项短期任务。

17日　北京地铁启动各地铁站“人物同检”工作。

18日　海淀区658家单位近7000人收看中共十九大开幕式直播。

24日　海淀区举行中共十九大精神学习报告会，邀请中共十九大代表、北京十一学校党总支书记、校长李希贵为3000余名党员干部作报告，第一时间传递中共十九大精神。

30日—31日，海淀区工会第十六次代表大会召开。选举产生海淀区总工会第十六届委员会委员39人、经费审查委员会委员9人；选举产生新一届海淀区工会委员会和工会经费审查委员会；选举产生第十六届区总工会常务委员会，胡淑彦当选海淀区总工会第十六届委员会主席。

31日　地处昌平区的北京大学国际医院成为海淀区东北部医联体的核心医院，这是北京市首家跨行政区划的医联体。

11月

1日—2日　海淀区党政代表团到河北省张家口市赤城县推动落实对口帮扶工作。

1日—10日　海淀区开展“政务开放，你我同行”主题政务开放日活动，邀请市民代表、人大代表、政协委员、专家学者体验政府工作。

19日　海淀区部署安全隐患大排查、大清理、大整治专项行动。20日至12月底，全区以违法建设安全隐患为排查清理整治对象，开展涵盖各行业领域和各类企业的违法建设安全隐患大排查大清理大整治专项行动。

19日—21日　北京市海淀区第十六届人民代表大会第三次会议召开。会议表决通过《北京市海淀区第十六届人民代表大会第三次会议选举办法》；选举戴彬彬为海淀区人民政府区长，选举产生100名海淀区出席北京市第十五届人民代表大会代表。

21日　国内首个“党员之家”在中关村图书大厦二层亮相，这是国内书店卖场设立的首个党史党建阅读专区。

22日　以“领会新思想，开启新征程”为主题的北京市学习贯彻中共十九大精神宣讲团报告会暨海淀区委理论学习中心组（扩大）会召开，市宣讲团成员、中共十九大代表、北京大学党委书记郝平为全区5000余名党员干部宣讲报告，分享参会感悟，畅谈学习体会。

24日　位于温泉镇的中关村创客小镇开园。创客小镇是北京首批集体土地建租赁房5个试点项目之一，总规划面积120万平方米，拥有2.68万平方米的众创空间。

12月

8日　代市长陈吉宁围绕创新发展工作到中关村科学城调研。

8 日—9 日　海淀区第十三次妇女代表大会召开。大会审议区妇联第十二届执行委员会工作报告，选举产生 97 名海淀区妇联第十三届执行委员会委员、23 名执行委员会常委，车苇歆当选区妇联主席。

20 日　2017 第五届“东升杯”国际创业大赛总决赛在东升科技园举行，8 个项目进行路演。

21 日　圆明园紫碧山房遗址考古首现圆形码头，此为 2017 年北京市考古发掘成果 7 项重大发现之一。

22 日　市政府同意在海淀区推进建设国家级人力资源服务产业园。

25 日　全区处级干部学习贯彻中共十九大精神专题轮训班开班。即日起至 2018 年 4 月中旬，轮训班共安排 8 期，全部处级干部参加轮训。

同日　上庄镇、苏家坨镇、温泉镇、西北旺镇无公交的村落开通纯电动摆渡车。

同日　全国法院系统首个微信立案服务平台——海淀法院微信立案服务平台上线。通过微信端就可完成递交诉讼材料、身份验证、交纳诉讼费用等全部立案流程。

28 日　全市首家社区商业 e 中心在田村路超市发半壁店开张。社区商业 e 中心依托“8+N”项服务功能，为周边居民提供一站式便民服务。

同日　海淀区首个共有产权住房项目——中铁碧桂园共有产权房项目开始申购登记，面向海淀区户籍无房家庭和在海淀区工作的北京市其他区户籍无房家庭配售。

同日　海淀区与中科院北京分院签署科技创新战略合作框架协议。

30 日　北京首条现代有轨电车西郊线正式开通运营。西郊线全线位于海淀区境内，全长 9385 米，设 6 座车站。海淀区域的轨道交通里程达到 102.7 千米。

年内　完成 36 件重要民生实事。

年内　完成 2.6 万余户居民、140 处村集体公共服务场所、5 处农业设施和 402 家企事业单位的“无煤化”改造任务，全区基本实现“无煤化”。

年内　实施既有多层电梯增设项目，完成 80 部电梯的综合管线改移和 70 部电梯安装。

年内　园外园生态环境提升工程一期、二期建成开放。一期位于玉泉山和颐和园之间，面积 72.8 公顷，于 2015 年 3 月开工建设。二期包括环玉泉山、妙云御香、茶棚、中坞 4 个片区，总面积 182.33 公顷，于 2015 年 12 月开工建设。

年内　开展“疏解整治促提升”工程，拆除违法建设 413 万平方米，其中既存违法建设 402 万平方米，新建违法建设 11 万平方米，疏解 19 万人。

（钟冷）

区 情 概 述

基本地情

海淀名字由来。依出土文物考证，距今7000~4000年，海淀区现辖域已有人类居住和活动。海淀镇一带在古代是一片浅湖区，当地人称之为“海淀”。后来在湖边逐渐形成居民聚落，亦以“海淀”命名。“海淀”在历史文献中又称为“海甸”“海店”，在现存史料中最早见于元初王恽所撰《中堂事记》（见明·叶盛《水东日记》）。

历史沿革与行政区划。历史上，海淀区现辖地区没有设置单独的行政建置，分属不同的行政区域。自秦、汉以来，南半部成为历代北京城附廓县的辖地；金、元时，一部分地区是金中都、元大都的城区；至近代，大部分成为北京市辖行政区域。北半部历来属于以北京为中心的大行政区的属县（州）。1949年7月，在海淀地区正式设置单一行政区域，称北平市第十六区。后两次更名，于1952年9月1日命名为海淀区。海淀区行政区域经过多次变动，至1963年形成现辖域。2017年，海淀区辖7个镇（地区）、22个街道、84个村、584个社区。

地理位置。海淀区位于北京市城区的西部和西北部，跨北纬39° 53'~40° 09'、东经116° 02'~116° 23'，总面积430.77平方千米，约占北京市总面积的2.62%。东接朝阳区、西城区，南接丰台区，西接石景山区、门头沟区，北接昌平区。地形西高东低，兼有山地、平原。辖域呈不规则平行四边形，南北纵向长于东西横向。从北极点双塔村至南极点吴家场，距离约30千米；从东极点河北村至西极点阳台山，距离约29千米。区人民政府驻长春桥路17号，东南距北京市政府驻地正义路2号11. 05千米。

地形地貌。海淀区位于北京市区西北部、华北平原北部边缘与太行山余脉西山山脉交会地带，大地构造处于阴山东西向复杂构造带南缘、祁吕—贺兰山字型构造东翼反射弧与新华夏构造带3个构造交接部位，西部山区为北京西山隆起带，东部平原为北京平原沉降带，故地质构造发育、构造形迹复杂。西部属中山（海拔500~1000米的山）山区边缘，东部为冲积扇平原，局部为平原洼地，地形西高东低。西部、中部为海拔 100 米以上的山地，面积约占辖区总面积的16.4%。有大小山峰60余座，最高峰为阳台山，海拔1278米。香山以南、以东诸山海拔在200~600米之间。京西西山山系多南北走向，而海淀区境内的西山支脉大体为东西走向，横亘于中部，成为辖域南、北两部分的天然分界，习称南半部为“山前”、北半部为“山后”。东部、南部和北部为海拔100米以下、向东微倾斜的平原，面积约占辖区总面积的83.6%。山前平原为永定河洪冲积扇，山后平原为南沙河、南口洪冲积扇。东北部的黑泉村，海拔35米，为最低处。有大小河渠19条。河道一部分为自然形成，后经人工改造；一部分属于人工开挖。

气候。海淀地处暖温带半湿润半干旱大陆性季风气候区，四季分明。春季风大，湿度低；夏季炎热，降雨集中；秋季凉爽，光照足；冬季寒冷，雨雪少。冬季最长，夏季次之，春、秋季较短。夏季多刮偏南风，春、秋、冬季盛行偏北风。3月—5月为大风集中月份，夏季有短时雷雨大风出现。雨量等气象要素年内差异明显，时空分布不均，暴雨、雷电、冰雹、大风、雪害等灾害性天气较多发生。2017年，日平均气温为13.6℃，比常年平均气温（12.8℃）偏高。年极端最高气温38.9℃，年极端最低气温为-10.9℃。降水受季风气候影响，季节变化很大，多集中在夏季。年降水量640.9毫米，比常年（557.5毫米）偏多1成以上，较2016年739.4毫米偏少1成以上。7月降水量最大，达202.7毫米。

资源。矿产资源有煤、泥炭、砖用黏土及砖用页岩、建筑用砂、砂砾石、制灰灰岩、花岗岩、石墨、矿泉水等。到2016年，除矿泉水开采和地热利用外，所有固体矿产开发开采全部停止。全区河流长度204.7千米，水资源总量1.6亿立方米。有野生植物5门，其中国家二级保护植物6种、北京市二级保护植物4种。有野生动物4门（亚门）9纲83科268种，其中国家一级保护动物6种、北京市一级保护动物18种。

人口。2017年，全区常住人口348.0万人，其中户籍人口235.4万人，常住外来人口127.6万人；男性179.4万人，女性168.6万人；城镇人口342.6万人，乡村人口5.4万人。全年出生31974人，出生率9.0‰；死亡14176人，死亡率4.0‰；人口自然增长率5.0‰。

人文历史。海淀区地处北京市的上风上水。有“三山五园”等皇家园林，是中华民族悠久历史文化遗产的重要组成部分。有为皇家建筑做出重要贡献的建筑世家“样式雷”，近代教育家英敛之、熊希龄、李石曾等杰出人物；有曹雪芹、纳兰性德、顾太清、杨沫等名人的足迹和诗文；有双清别墅、孙中山纪念堂、李大钊烈士陵园等独具历史文化价值的公墓和纪念性文物。海淀区在京城政治生活中具有重要地位。自清康熙年间起，皇帝每年有很多时日住在西郊御园处理政务，这里成为紫禁城外又一政务中枢。中华人民共和国成立前夕，中共中央和人民解放军总部从西柏坡进驻香山，筹备中华人民共和国的成立。一部分中央党政机关、解放军总部驻在海淀区，一些具有重大历史意义的会议在此召开。1949年后，海淀区逐步发展成为全国著名的文化教育中心、科研基地，尤其是近年来，成为国家自主创新示范区核心区、全国科技创新中心核心区，有各类科研院所200余个、图书馆200余个、普通高等院校37所。

经济建设

2017年，地区生产总值5942.8亿元，同比增长7.3%。全社会固定资产投资1005.7亿元，同比增长15.3%。其中基础设施投资371.1亿元，同比增长5.8%。房地产业房屋施工面积1109.2万平方米，同比增长4.4%。其中新开工面积171.1万平方米，同比下降12.9%。商品房销售面积31.8万平方米，同比下降48.1%。城镇固定资产投资中，第二产业投资47.1亿元，同比增长58.4%；第三产业投资956.9亿元，同比增长16.0%。第一、二、三产业增加值占生产总值比重分别为0.03%、10.6%和89.38%。规模以上工业企业实现工业总产值2387.6亿元，同比增长13.2%。社会消费品零售总额2309.56亿元，同比增长4.4%。进出口总额311.8亿美元，同比增长10.3%。其中进口额204.7亿美元，同比增长4.2%；出口额107.1亿美元，同比增长24.1%。居民人均可支配收入71986元，同比增长7.4%；居民人均消费支出49458元，同比增长6.1%。城镇登记失业率0.95%。万元地区生产总值能耗、水耗同比下降4.99%。区级一般公共预算收入416.9亿元，同比增长8.0%；区域财政收入2529.4亿元，同比增长5.9%。

“高精尖”经济结构持续优化。主导产业发展态势良好，高新技术企业总收入2万亿元，增长7.3%，信息服务业、科技服务业、金融业对经济增长的支撑作用明显。新经济不断涌现，有独角兽企业38家，约占全国的25%；新设立科技型企业2.1万家，约占全市的27.3%；人工智能、集成电路设计、云计算、大数据等前沿领域企业快速成长。

京津冀协同发展

严格执行新增产业禁限目录，实现不符合首都功能定位的产业“零准入”。疏解一般制造业企业16家，整治提升市场23家，清理整治“散乱污”企业2775家。拆除违法建设413万平方米。查处占道经营3.1万起，整治无证无照经营4885户、开墙破洞4699处、背街小巷65条。全区常住人口持续保持递减态势。

疏解整治与优化提升同步推进。集中连片推动重点地区综合改造，双泉堡地区成为全市“疏解整治促提升”的典范，二河开、永定河引水渠沿岸环境综合整治成效明显，宝山、魏公村小区等棚户区改造加快实施，功德寺棚户区腾退工作基本完成。出台“留白增绿”工作指导意见，统筹利用腾退空间，新建一批群众身边的绿色休闲空间。优化生活性服务业网点布局，规范便民商业网点136处，网点连锁化率达33.9%；推出便民商业网点电子地图，方便群众随时查询和监督6000余个网点的服务情况，保障群众日常生活需要。

中关村科学城建设

2017年度37项重点任务实现阶段性目标，中关村科学城新的工作格局逐步确立。

重大基础前沿和关键核心技术前瞻布局深入开展。承接科技创新2030—重大项目和国家实验室建设，北京量子信息科学研究院、全球健康药物研发中心落户，石墨烯研究院等建设取得积极进展，引进和支持知名科学家及团队在光电子、新材料等前沿领域加快筹建新型研发平台。清华大学芯视界量子点光谱传感器、北京大学碳基集成电路等项目产业化加快推进；中科院理化所大型氢氦低温制冷系统产业化进展顺利；北京协同创新研究院实现92个项目落地转化。

创新空间进一步优化拓展。在科学城南区“腾笼换鸟”，中关村创业大街累计孵化团队1900个，中关村智造大街聚集47家拥有高端核心技术的企业，“一体三园”军民融合创新示范区加快建设，56家军民融合创新型企业入驻。科学城北区新增创新空间135万平方米，中关村壹号、集成电路设计园等重大项目带动创新要素加速聚集。加强跨区域协同，支持北京城市副中心和雄安新区建设，与昌平、延庆等区对接协作更加紧密。

创新环境明显提升。海淀区在国家首批双创示范基地建设评估中排名首位。获批筹建中关村知识产权保护中心。驻区单位创制国际标准6项，占全市的50%。中关村大街国际人才服务体系不断完善。海淀基金体系覆盖从天使投资、创业投资到并购重组的全链条，中关村银行成立。上市（挂牌）企业新增80余家，累计1020家。中以、中加创新中心加快建设，以中关村一带一路产业促进会为平台，引导和服务一大批企业“走出去”，深度参与“一带一路”建设。

城乡建设与管理

生态环境建设。全面实施清洁空气行动计划，完成“无煤化”改造2.6万余户，区域基本实现“无煤化”。淘汰老旧机动车6.7万辆，完成1690台、7341蒸吨锅炉低氮改造，细颗粒物年均浓度56微克/立方米，同比下降22%。全面升级“河长制”，强化河岸、流域、市区协同治理。“水清岸绿”行动计划取得阶段性成果，7条黑臭水体治理全部完成，达到年度考核要求。稻香湖再生水厂投入运行。逐步推动生活垃圾分类，形成垃圾终端处理设施建设整体布局，大工村再生能源发电厂运行稳定，餐厨厨余处理厂试运行。完成绿化

299 公顷。

交通环境。西郊线正式通车，地铁 6 号线西延、12 号线、19 号线、昌平线南延等轨道交通建设有序推进。翠湖南路等 6 条主干路建设实施，永泰庄东路北延等道路建成通车，新增通车里程 18 公里。完成 10 项疏堵工程，优化调整 33 条公交线路，新开通 4 条微循环线路，完成学院路、学清路等区域慢行系统治理，增加停车位 6000 余个。实施闵庄路等 17 条道路架空线入地和 12 万平方米道路大修工程。

“大城管”工作体系。构建以信息流为核心， 以“五统一”综合考评为牵引，以协同联动为抓手的具有区域特点的“大城管”工作体系。运行一年多来，区域城市管理问题整体呈下降趋势，问题解决率明显提升，海淀区在首都环境综合考核排名中位居前列。

科技 教育 文化 卫生 体育

全区和社会 R&D 投入经费支出在全市占比超三成，其中体现原始创新能力的基础研究占全区投入比重达 19.1%，高于全市 4.9 个百分点，超过发达国家 15%左右水平。研发投入强度达 10%，高于全市 4.2 个百分点。技术与市场的融合加速，涌现一批符合市场要求的新产品新技术新平台。中航发石墨烯研究院成功研发石墨烯电子封装材料；北航大学机器人研究所实现国内首例由机器人主刀完成的口腔手术；中科院理化所研发首台万瓦级氢氦低温制冷系统实现产业化，打破国外技术垄断；百度成为科技部针对自动驾驶人工智能领域的首批创新平台依托单位。

全面推进高水平均衡化教育强区建设。推进教育集团化办学，新增 3 所学校纳入优质教育集团，新增 4 所九年一贯制对口直升机制学校，新增 6 所北京市示范幼儿园、3 所一级一类幼儿园。增加办学共建，增加中小学学位 7000 余个、幼儿园学位 4600 余个。推进招生制度改革，小学入学正式实施“六年一学位”，研究单校划片和多校划片相结合的入学方式；初中入学全面取消“推优”，全区所有公办初中均参加登记入学，减少特长生招生比例。启动潜力学校提升工程，推进新优质和新品牌学校建设。与天津市南开区教育局签订合作协议，对河北易县、昌黎、赤城、阜平等地开展教育帮扶，承担衡水、廊坊、秦皇岛等地的干部教师培训任务。全年获得市级以上各类体育竞赛第一名 102 项，其中国家级 13 项、北京市级 89 项，海淀区成为全国第一个校园足球综合改革试验区。

完成医药分开综合改革年度任务目标，基层门诊量同比提升 13.19%。推进公立医院改革、基层运行机制改革和分级诊疗制度改革。推进医疗资源“疏整促”及京津冀协同发展，有序引导医疗机构向五环外转移。全区医疗机构床位总量控制在 2.95 万张以内。7 家社区卫生服务中心被评为“全国优质服务示范社区卫生服务中心”，6 家社区卫生服务中心被评为“全国百强社区卫生服务中心”。全面启动国家卫生区创建，推进国家（北京市）卫生镇创建工作。

完成新建（更新）120 套全民健身工程，建设 108 片专项球类场地。创建 30 个“一社区一品”体育品牌活动，参与人次 54 万余人次。全区注册社会体育指导员 10262 人。海淀区体校运动员在全国、北京市、区各级各类比赛中，共获得金牌 290 枚、银牌 224 枚、铜牌 253 枚。成立海淀区中小学冰雪运动联盟，推动冰雪运动的发展，苏家坨镇运动休闲特色小镇入选全国试点。

建成 28 个街镇综合文化活动中心，655 个社区（村）文化活动中心达标率 95%。依托公共文化七大品牌活动平台，举办各级各类文化活动近万场次，惠及群众 500 余万人次。文化@海淀公共文化服务数字平台上线 4 个月，注册用户达 1.6 万人，访问量近百万次，接受各类订单 8000 余条。成立海淀区文物安全工作领导小组，对全区 316 处文物管理使用单位（责任者）进行确认，签订确认书。开展文物修缮、文物消防等 17 项文物保护工作。与科研院所合作，开展西山永定河、“三山五园”等地区文物资源利用调研工作。

社会服务管理和社会保障

学习宣传贯彻中共十九大精神，开展“不忘初心，牢记使命”主题党日活动。推进社区建设，补助资金 5736.37 万元支持社区服务用房建设。构建城市服务管理长效机制。推动社会组织发展，建立海淀区社会组织服务与发展中心，开展“北京社会组织公益行”系列活动。开展既有多层住宅增设（适老化）电梯工作，完成 75 部电梯安装，完成 613 台老旧电梯隐患治理。推进社会领域党建，建立区、街、社区三级党建协调议事平台，搭建区域性党群服务中心。

就业和社会保障。2.2 万名失业人员实现再就业，城镇登记失业率控制在 1%以下，连续 4 年获评北京市充分就业区。建设筹集保障性住房 6810 套，竣工 1.5 万余套，配租公租房 5695 套，发放补贴惠及 8152 户保障家庭；棚户区改造搬迁腾退 7000 余户。深化居家养老失能护理互助保险试点，5200 余名补助对象完成集体投保，建成 29 个养老服务驿站。

居民生活。城乡居民人均可支配收入 71986 元，比上年增长 7.4%。其中，城镇居民人均可支配收入 73009 元，比上年增长 7.5%；农村居民人均可支配收入 31195 元，比上年增长 1.0%。居民人均消费支出 49458 元，比上年增长 6.1%。其中，城镇居民人均消费支出 50001 元，比上年增长 6.0%；农村居民人均消费支出 27800 元，比上年增长 10.2%。

社会治理。推进网格化工作体系建设，开展多网融合试点。开展人文社区建设，形成一批基层社会治理新亮点，全国社区治理和服务创新实验区建设通过民政部中期评估。新增社区服务用房 1.8 万平方米，建成 35 个市级“一刻钟社区服务圈”、111 个智慧社区。全面开展社区工作减负清理，建立社区工作准入制度。开展安全隐患大排查大清理大整治，完成北京市安全生产督察迎检。成功创建北京市食品安全示范区。完成中共十九大、“一带一路”国际合作高峰论坛等重大活动服务保障任务。

双拥共建。妇女儿童、档案史志、民族、宗教、侨务、对台、民防、防震减灾、气象、残疾人事业、对口支援等取得新成绩。

重点领域改革

“放管服”改革。动态更新区级部门行政职权事项清单，编制区、街镇两级公共服务事项清单。清理规范 42 项区级行政审批中介服务事项，取消调整 156 项区级非行政许可审批事项。成立区城管委，推动城市管理执法重心下移、力量下沉，强化属地管理。“双随机、一公开”监管实现全覆盖。推广“创业会客厅”模式，组织引导更多社会力量进入公共服务领域，在新政务服务大厅设置“双创服务区”，建立 20 个政务服务站，建成中关村科学城北区企业加速驿站，网上政务服务大厅试运行。实现市、区政务服务“一张网”，初步构建市、区、街镇、社区（村）四级联动的网上政务体系。企业登记全程电子化试点范围延伸至外资企业。实现公共资源交易平台的整合和运行，实现交易数据信息实时上传和市区数据共享。推进第二批经营类事业单位改革。

经济领域改革。出台国家服务业综合改革试点实施方案、北京市服务业扩大开放综合试点示范区创建方案，加快推进两项试点工作。探索投融资模式创新，引导社会资本进入棚户区改造、生态环境治理、科技产业等领域。完善区国资中心管理体制，组建区保障性住房发展有限公司。财政预算管理改革稳步推进，开展部门三年滚动预算试编工作，加大部门预算公开力度。

农村改革。海淀区成为全国农村集体产权制度改革试点单位，东升镇、温泉镇完成整建制农转非。一镇一园项目取得突破性进展，中关村创客小镇为集体土地建设租赁房试点工作赋予新内涵，得到住房城乡建设部和北京市充分肯定。推进东升科技园二期等园区建设。

精神文明　民主法治建设

群众性精神文明创建。开展“2017 北京榜样”、道德模范巡展、“感动海淀”评选活动。完成文明城区复查迎检工作，蝉联“全国文明城区”称号。开展社会主义核心价值观宣传，城市公共空间全面覆盖，完成习近平总书记视察北京等重大主题氛围布置。“中国文明网·北京海淀联盟网站”开展“网上祭英雄”等主题宣传活动，阅读点击量 105.7 万次。未成年人思想道德建设，开展“我们的节日”“讲家训、传美德、树家风”等主题教育活动，620 余个社区开展“青少年心理素质拓展营”“非遗传承齐接力”“文明礼仪我践行”等活动，11 人入选首都美德少年榜。

推进民主法治建设，深化司法体制改革，开展法治宣传教育。制定区人大常委会党组工作规则、区政府党组工作规则、区政协党组工作规则。执行区人大及其常委会的各项决议决定，自觉接受区人大工作监督、法律监督和区政协民主监督。全年办理区人大议案 1 件、各级人大代表建议批评意见 346 件、各级政协委员提案 197 件。全面清理行政规范性文件。开展法治宣传教育。开展政务开放日活动，成为全国政务公开标准化规范化试点区。与中国人民大学合作开展重大行政决策课题研究，拟定《海淀区重大行政决策程序规则》。加强区政府系统执行力建设，严格落实党风廉政建设责任制，贯彻执行中央八项规定精神和市、区实施意见，继续开展群众满意度测评，开展“两个专项治理”，严肃查处“为官不为”“为官乱为”及发生在群众身边的不正之风和腐败问题，坚持“无禁区、全覆盖、零容忍”惩治腐败。

（曹沛函　钟冷）

中共海淀区委员会

2018
北京海淀年鉴

3月1日，海淀区2017年党建工作会议召开，部署全区党建工作（新闻中心 供图）

3月30日，区委常委班子落实中央巡视组巡视“回头看”整改意见专题民主生活会（新闻中心 供图）

8 月 22 日，海淀区举行区委领导与党外人士谈心活动（张洪军 摄）

8 月 25 日，区委首轮巡察工作启动（盛慧 摄）

9 月 21 日，区领导到西北旺镇党建示范基地调研党建保民生工作（白杨 摄）

10 月 11 日，海淀区召开中共十九大服务保障视频调度会（宁德志 摄）

11 月 7 日，区编办举办"放管服"改革工作培训会（区编办 供图）

综 述

【概况】 2017年，中共北京市海淀区委员会坚定不移履行把方向、管大局、作决策、保落实的政治责任，坚持谋大事、抓党建、保平安，充分发挥总揽全局、协调各方的领导核心作用。坚持“以疏解非首都功能落实京津冀协同发展、以创新发展为北京做贡献、以需求导向提升服务水平”的重点工作格局，以建设具有全球影响力的全国科技创新中心核心区为统领，围绕重大问题加强调查研究、决策部署和推进落实。召开区委全会 5 次，区委常委会会议 56 次，区委常委（扩大）会议 14 次，书记专题会 27 次，区党代表会议 1 次。

党的建设 把学习宣传贯彻中共十九大精神作为首要政治任务，坚定不移推进习近平新时代中国特色社会主义思想落地生根，引导广大党员干部提高政治站位，增强政治定力和政治自觉，坚决维护以习近平同志为核心的党中央权威和集中统一领导。坚持制度治党，建立健全区委工作规则、区委常委会工作规则等制度，增强班子运行的制度化、规范化、程序化。推进“两学一做”学习教育常态化、制度化，坚持好干部标准，从严管理与激励关爱并重，凝聚干事创业的正能量。坚持问题导向，加强分类指导，深化区域化党建工作，推动基层党的建设全面进步。

“疏解整治促提升”专项行动 “疏解整治促提升”专项行动，执行新增产业禁限目录，实现不符合首都功能定位的产业“零准入”；做好“腾笼换鸟”“留白增绿”，完善城市功能，补齐公共服务“短板”等各项工作，集中连片推动重点地区综合改造，双泉堡地区成为全市“疏解整治促提升”的典范，二河开、永定河引水渠沿岸环境综合整治成效明显；出台“留白增绿”工作指导意见，统筹利用腾退空间，新建一批群众身边的绿色休闲空间；规范便民商业网点 136 处，网点连锁化率达到 33.9%，推出便民商业网点电子地图，方便群众随时查询和监督，保障群众日常生活需要。

经济建设 全年地区生产总值 5942.8 亿元，比上年增长 7.3%，经济总量和对全市经济增长贡献率均居 16 区首位；区级一般公共预算收入完成 416.9 亿元，比上年增长 8%。“高精尖”经济结构持续优化，高新技术企业总收入超过 2 万亿元，比上年增长 10% 以上；独角兽企业 38 家，约占全国的 25%；新设立科技型企业 2.1 万家，约占全市的 27.3%。中关村科学城年度 37 项重点任务实现阶段性目标；承接科技创新 2030—重大项目和国家实验室建设，完善企业为主体、市场为导向、政产学研深度融合的技术创新体系，北京协同创新研究院实现 92 个项目落地转化。创新空间进一步优化拓展，在科学城南区“腾笼换鸟”，中关村大街改造提升步伐加快，中关村创业大街累计孵化团队 1900 个，中关村智造大街聚集 47 家拥有高端核心技术的企业，“一体三园”军民融合创新示范区加快建设，56 家军民融合创新型企业入驻；在科学城北区，新增创新空间 135 万平方米，中关村壹号、集成电路设计园等重大项目带动创新要素加速聚集。加强跨区域协同，支持北京城市副中心和雄安新区建设，与昌平、延庆等区对接协作。在国家首批双创示范基地建设评估中，海淀区排名首位。海淀基金体系覆盖从天使投资、创业投资到并购重组的全链条，中关村银行成立，上市（挂牌）企业新增 80 余家，累计 1020 家。

政治建设 主导制定区人大常委会党组工作规则、区政府党组工作规则、区政协党组工作规则。支持和保证区人大及其常委会依法行使职权，加强新的社会阶层人士统战工作，统筹做好港澳台工作和海外统战工作以及民族、宗教、侨务工作。推动工会、妇联、共青团等组织改革创新。主动服务国防和军队改革大局，双拥工作深入发展。加强区政府依法行政，深化司法体制改革，开展法治宣传教育，区域法治环境持续优化。

社会建设 建设筹集保障性住房 6810 套，竣工 1.5 万余套，配租公租房 5695 套，发放补贴惠及 8152 户保障家庭，棚户区改造搬迁腾退 7000 余户。探索名校办分校、集团化办学等办学模式创新，实施新优质学校、新品牌学校和潜力学校建设工程，新增中小学学位 7000 余个、幼儿园学位 4600 余个。2.2 万名失业人员实现再就业，城镇登记失业率控制在 1%以下，连续 4 年获评北京市充分就业区。国家卫生区创建工作有序开展，国家级医养结合试点工作稳步推进，建立家庭医生签约服务制度，新增 10 个社区卫生服务中心（站）。深化居家养老失能护理互助保险试点，初步构建以信息流为核心、综合考核为牵引、协同联动为抓手的海淀大城管工作体系。深化平安海淀建设，完善立体化社会治安防控体系，健全完善反恐维稳工作机制。开展安全隐患大排查、大清理、大整治专项行动，群众安全感持续提升。治理大气污染，全区基本实现无煤化，空气质量持续改善。黑臭水体治理全面完成，南沙河流域水质明显改善。

文化建设 开展学习宣传贯彻中共十九大和习近平总书记两次视察北京重要讲话精神活动。打造“四月的足迹”“七月的记忆”等系列爱国主义教育活动品牌。成立区委网信办，加强意识形态重点领域的综合分析和会商研判，巩固意识形态安全。统筹利用区域优质文化资源，深耕海淀的文化土壤，国家公共文化服务体系示范区建设取得新成效；组建全国文化中心建设领导小组，故宫北院区等一批重大文化项目建设取得新进展。推进国家级文化和科技融合示范基地建设。文化软实力对区域发展的硬支撑作用进一步凸显。

作风建设 贯彻落实中央八项规定及实施细则精神，纠正“四风”，党风政风持续好转。推进监察体制改革试点工作，成立区级监察委员会，实现对行使公权力的公职人员监察全覆盖。基层党组织全部设立纪检委员，启动区委巡察监督，实现对区级党和国家机关派驻机构全覆盖，分两轮对15家单位开展政治巡察，发现问题381个，移送党员干部违规违纪线索58个，提出整改建议185条，并将巡察结果在《海淀报》公开，主动向社会“亮丑”“揭短”，查处违纪违法案件，处置反映问题线索895件，立案223件，结案170件，给予党纪政务处分149人，通报39人，曝光51人。推动全面从严治党责任落地，追究主体责任、监督责任和领导责任81人。

（马凯云）

【监察体制改革试点工作】 2月14日，区委成立海淀区深化监察体制改革试点工作小组，负责加强对海淀区试点工作的领导、统筹和服务，研究解决海淀区深化监察体制改革试点工作中的重要决策及重大问题等。3月23日，区委印发《北京市海淀区深化监察体制改革试点实施方案》。3月28日，北京市海淀区监察委员会成立。

（马凯云）

【郭金龙到海淀调研】 3月2日，市委书记郭金龙到海淀就“学习贯彻习近平总书记视察北京重要讲话精神，加快疏解非首都功能”进行调研，并在树村拆迁现场与村民交谈。郭金龙强调，要把服务中央、疏解人口、优化环境、改善民生有机结合起来，在更大范围统筹协调、下更大决心落细落实，通过疏解非首都功能的明显成效，不断增强人民群众获得感。市委副书记、市长蔡奇，市委常委、常务副市长张工，市人大常委会副主任杨艺文，副市长隋振江一同调研。

（马凯云）

【区主要领导人事变动】 7月21日，区委召开全区领导干部会议。市委组织部副部长张革主持会议并宣布市委决定：于军任中共北京市海淀区委员会书记；崔述强不再担任中共北京市海淀区委员会书记、常委、委员职务。9月14日，区委常委会召开扩大会议，宣布市委决定：建议于军不再担任北京市海淀区人民政府区长职务，戴彬彬任中共北京市海淀区委员会委员、常委、副书记，提名戴彬彬为北京市海淀区人民政府区长人选。经区委研究决定：于军不再担任北京市海淀区人民政府党组书记职务，戴彬彬任北京市海淀区人民政府党组书记。9月19日，海淀区第十六届人大常委会第八次会议决定：戴彬彬任海淀区副区长、代理区长，接受于军辞去海淀区区长职务的请求。

（马凯云）

【陈吉宁到海淀调研】 8月2日，市委副书记、代市长陈吉宁到海淀区调研历史文化遗产保护工作。位于海淀区的“三山五园”散落着100余处文物古迹，历史文化价值弥足珍贵。陈吉宁到中坞公园、地铁西郊线颐和园西门站、功德寺棚改指挥部，详细了解该地区景观提升、交通治理、旅游疏导和棚户区改造腾退情况；在圆明园遗址公园，察看文物保护情况和大宫门考古进展。陈吉宁强调，丰富的历史文化遗产是北京的金名片，文物是不可再生的珍贵资源，要开展好公共考古活动，让公众近距离了解文物保护工作，弘扬北京历史文化底蕴。副市长隋振江、市政府秘书长李伟一同调研。

（钟冷）

【陈吉宁到北京大学调研】 8月4日，市委副书记、代市长陈吉宁到北京大学调研，深入了解科技前沿成果创新及转化应用情况。强调探索产学研合作新机制，推进全国科技创新中心建设。陈吉宁先后走访北京大数据研究院、系统软件实验室、未来基因诊断高精尖创新中心、碳基纳电子研究中心、磁共振成像研究中心等部门，与项目负责人进行深入交流。陈吉宁指出，北京市将继续加强与北京大学的深度合作，探索形成科研人员产权激励、知识产权保护、科技成果在本地溢出转化等更有利于原始创新和成果转化的体制机制，推动更多科研成果在北京转化落地；要利用创新技术推动北京城市管理转型，加快推进“数字北京”“智慧城市”建设，提高政府管理效能和决策的科学化水平。北京大学党委书记郝平、校长林建华，市委常委、副市长阴和俊，市政府秘书长李伟一同调研。

（钟冷）

【古巴共产党省市委领导干部考察团观摩区委常委会】 8月16日，应邀来华访问的古巴共产党省市委领导干部考察团列席观摩中国共产党北京市海淀区第十二届委员会常务委员会第三十五次会议。考察团此次观摩中共海淀区委常委会，旨在深入了解中国共产党区级组织研究、部署、落实重要事项的具体经验做法。区委常委会议研究2017年上半年意识形态工作和《关于在深化区属国有企业改革中坚持党的领导加强党的建设的实施意见》两项议题。每位常委对两项议题提出意见建议，区委书记、区长于军就抓好全区意识形态工作和区属国有企业党建工作提出要求。会前，于军会见考察团成员，并向外宾们详细介绍海淀区概况、党建工作、区委工作规则以及区委常委会工作规则有关情况。会后，古巴共产党省市委领导干部考察团进行提问并交流观摩区委常委会感受。

（钟冷）

【蔡奇调研中关村科学城规划建设】 8月19日，市委书记蔡奇到海淀区就中关村科学城规划建设进行调研。市委副书记、代市长陈吉宁一同调研。在清华大学量子科学与技术研究中心，中科院院士薛其坤向蔡奇、陈吉宁介绍量子物理研究最新进展和人才队伍建设情况。在微软亚太研发集团总部，市领导详细了解微软最新研发成果在全球的应用情况，并在中关村展示中心与商汤科技、芯视界、寒武纪、今日头条、北京石墨烯研究院等“独角兽”和前沿技术企业负责人交流。蔡奇强调，中关村科学城是中关村国家自主创新示范区的核心区，也是全国科技创新中心的核心区，聚集众多的央属科研院所、高校、创新型企业和创新服务机构，在“三城一区”中内生动力最强。要把中关村巨大的创新能量释放出来，科技创新中心建设，必须首先聚焦中关村科学城，努力把中关村打造成科学家、发明家、创业者的天堂，率先建成具有全球影响力的科学城。并对中关村科学城建设提出5点要求。陈吉宁强调，要做好服务、支持、桥梁、池子4件事。于军等区领导陪同调研。

（马凯云　钟冷）

【陈吉宁调研垃圾分类工作】 9月2日，市委副书记、代市长陈吉宁采取“四不两直”方式，到海淀区调研落实垃圾分类工作。在苏家坨正在试运行的垃圾焚烧厂监控室，陈吉宁逐一比对检查排放实时数据，到垃圾进料口、渗沥液处理等关键部位实地查看。陈吉宁强调，生活垃圾处理设施是重要的城市运行基础设施，运行企业要以时不我待的精神加强技术攻关，提高管理精细化水平，尽快完成调试，投入运行。要严格按照设计标准规范运营，以最高标准管控污染物排放，向社会公开排放监测数据，自觉接受社会监督。副市长隋振江、市政府秘书长李伟一同调研。

（钟冷）

【区领导夜查环保治理措施落实情况】 9月4日，区委书记、区长于军以“四不两直”的形式，带队到区域重点点位开展环保拉练夜查。在五路居密闭式转运站，实地检查垃圾转运车辆、污水净化设备运行情况和群众反映问题落实整改情况。在中央民族大学西路、龙翔路、马甸东路、成府路、荷清路，沿途检查道路两侧露天烧烤和饭店油烟扰民整治效果。在北下关街道、学院路街道、东升镇，通过打电话、现场查看等方式检查值班人员值守情况。于军强调，要持续深入贯彻落实市委书记蔡奇的批示精神，严格按照市委、市政府的工作要求，全力以赴落实环保责任，落实值班值守，加大检查力度，完善长效机制，确保整治实效。区领导高念东、吴计亮一同检查。

（钟冷）

【中共十九大安全服务保障任务完成】 9月6日，海淀区召开服务保障中共十九大工作会，安排部署海淀区服务保障中共十九大相关工作。9月13日，海淀区召开中共十九大维稳安保工作动员誓师大会，对中共十九大安保维稳各项工作进行再动员再部署。海淀区坚持最高标准、动员最强力量、落实最严措施、执行最严纪律，高起点谋划、高标准推动、高要求落实，以首善标准做好各项安全服务保障工作，保障城市运行平稳顺畅，营造优美城市环境和良好舆论氛围，全力维护海淀社会安全稳定，确保大会绝对安全、顺畅、圆满、成功，得到市委、市政府的高度肯定。

（马凯云）

【蔡奇调研老旧小区综合整治试点项目】 9月19日，市委书记蔡奇到海淀区、西城区调研老旧小区综合整治试点项目，检验整治成果，总结交流经验，推进工作。在海淀区毛纺北小区，社区党委书记、居委会主任谢玉华介绍如何做居民工作的。在座谈会上，蔡奇听取7个试点区（城六区和城市副中心）和市有关部门汇报工作情况，总结6条试点经验。蔡奇强调，老旧小区整治效果如何，关键看群众支持不支持、参与不参与、满意不满意。要坚持自下而上，深入了解群众意见诉求，公开政策让群众参与进来，让群众得到实实在在的实惠。

（钟冷）

重要会议和活动

【区委十二届二次全会】 1月12日，中共北京市海淀区委十二届二次全会召开。区委常委、组织部部长周志军作《海淀区关于北京市出席党的十九大代表候选人推荐人选的有关说明》，会议表决通过北京市出席中共十九大代表候选人推荐人选。

（马凯云）

【区委常委会研究2017年工作要点】 1月26日，区委常委会召开第七次会议，确定2017年全区工作总的要求和工作要点。总要求：深入学习贯彻习近平总书记系列重要讲话精神，围绕“五位一体”总体布局和“四个全面”战略布局，全面落实五大发展理念和首都“四个中心”城市战略定位，深入实施《京津冀协同发展规划纲要》和《北京加强全国科技创新中心建设总体方案》，坚持稳中求进的工作总基调，聚焦区十二次党代会确定的目标任务，以提质增效升级、强化创新能力为中心，以“减人、添秤、服务”重点工作格局为支撑，统筹推进各项事业发展，举全区之力加快建设全国科技创新中心核心区，以优异成绩迎接中共十九大胜利召开。工作要点：落实全面从严治党要求，为创新发展提供坚强政治保障；坚持创新发展，加快推动全国科技创新中心核心区建设；全面推进城市化建设，塑造宜居宜业环境新形象；坚持立德树人，建设高水平优质均衡教育强区；加强文化建设，强化文化软实力对区域发展的硬支撑；坚持依法治区，促进民主政治文明新发展；推进协同建区，构建全民共建共享新格局；深化改革开放，激发经济社会发展新活力；加强区委常委会自身建设，切实提高常委会决策水平；筹备和开好区委各次全会。

（马凯云）

【“疏解整治促提升”专项行动】 年内，海淀区开展“疏解整治促提升”专项行动，落实市委书记蔡奇“不能就人口减人口”的指示精神，将减人口与疏解、整治、提升同步推进，从美化城市形象、绿化生态环境、优化重点区域、细化城市管理、活化再生腾退空间、深化科技服务6大领域，实现提升文化品位、提升城市治理能力、提升人居环境的目标。专项行动包括拆除违法建设，占道经营、无证无照经营和“开墙破洞”整治，城乡接合部整治改造，中心城区老旧小区综合整治，中心城区重点区域整治提升，疏解一般制造业和“散乱污”企业治理，疏解区域性专业市场，疏解部分公共服务功能，地下空间和群租房整治，棚户区改造、直管公房及“商改住”清理整治10个方面。工作中，形成并固化为城市治理的常态长效机制，构建起“大城管”工作体系，即以数据信息流为基础，以“五统一”（统一领导、统一指标、统一组织、统一平台、统一结果运用）城市管理综合考评为导向，“区城市服务管理指挥中心综合协调、市政城管公安等部门有力组织、各街镇统筹推进”，提升服务保障首都功能的能力水平，巩固拓展专项行动的成果。至年底，全区共拆除违法建设 413 万平方米；疏解一般制造业企业 16 家；整治提升市场 23 家；清理整治“散乱污”企业 2775 家；查处占道经营 3.1 万起；整治无证无照经营 4885 户、开墙破洞 4699 处、背街小巷 65 条；在全市率先出台并实施“留白增绿”工作指导意见，统筹利用腾退空间，改善群众生活环境。

（周建瓴　马凯云）

【常委会确定 207 项重点工作任务】 2 月 22 日，区委常委会召开第十次会议，审议确定 2017 年海淀区委、区政府重点工作任务，共十大类 207 项任务，涉及主责单位 67 家，协办责任单位覆盖全区各单位。第一类为落实全面从严治党要求，38 项，占 18.4%；第二类为着力推进非首都功能疏解，20 项，占 9.7%；第三类为全区经济社会发展主要预期目标，6 项，占 2.9%；第四类为坚持创新发展，26 项，占 12.6%；第五类为全面推进城市化建设，47 项，占 22.7%；第六类坚持以德树人，14 项，占 6.8%；第七类为加强文化建设，14 项，占 6.8%；第八类为坚持依法治区，15 项，占 7.2%；第九类为推进协同建区，13 项，占 6.3%；第十类为深化改革开放，14 项，占 6.8%。

（马凯云）

【区委十二届三次全会】 4 月 25 日，中共北京市海淀区委十二届三次全会召开。会议选举海淀区出席北京市第十二次党代会代表候选人预备人选，审议并通过《关于召开中国共产党北京市海淀区代表会议的决议》。

（马凯云）

【中共海淀区代表会议】 5 月 12 日，中国共产党北京市海淀区代表会议召开。会议由区委书记崔述强主持。区委常委、组织部部长周志军作《关于海淀区出席北京市第十二次党代表大会代表候选人预备人选推选情况的报告》；会议以举手表决的方式通过《中国共产党北京市海淀区代表会议选举办法》，宣布海淀区出席北京市第十二次党代会代表候选人名单。会议选举产生 28 名海淀区出席市第十二次党代会代表。大会应到代表 401 人，实际到会代表 358 人，符合规定人数。

（钟冷）

【区委十二届四次全会】 5 月 19 日，中共北京市海淀区委十二届四次全会召开。会议学习贯彻党中央新修订出台的《中国共产党地方委员会工作条例》，区委副书记刘勇作《关于〈中国共产党北京市海淀区委员会工作规则（试行）〉的说明》（简称《区委工作规则（试行）》）。会议审议通过新制定的《区委工作规则（试行）》，进一步提升区委工作的规范化、程序化、制度化、科学化水平。

（马凯云）

【区委十二届五次全会】 7 月 29 日，中共北京市海淀区委十二届五次全会召开。全会学习贯彻习近平总书记系列重要讲话精神和治国理政新理念新思想新战略，学习贯彻习近平总书记两次视察北京重要讲话和对北京工作的一系列重要指示精神，学习宣传落实市第十二次党代会精神，传达落实市委十二届二次全会精神，总结 2017 年上半年工作，研究部署下半年重点任务。

（马凯云）

【市环境保护督察工作动员会】 8 月 30 日，北京市第二环境保护督察组督察海淀区工作动员会召开，北京市第二环境保护督察组组长张文华、副组长徐庆就做好督察工作分别讲话，区委书记、区长于军作动员讲话。海淀区全力配合环保督察组工作，成立由区委书记、区长于军任组长，相关区委、区政府领导任副组长，各相关部门和街镇主要领导为成员的领导小组；下设办公室负责督察组在海淀区期间服务保障工作的统筹协调，副区长吴计亮兼任办公室主任。

（马凯云）

【全国双创活动周北京会场举办】 9 月 15 日—21 日，2017 年全国双创活动周北京会场暨中关村创新创业季活动在海淀区中关村国家自主创新示范区展示中心举办，260 余家参展单位的 300 余项科技创新项目亮相 2017 北京会场主题展，涉及人工智能、生物技术、新材料等产业领域。“双创周”将在上海主会场、北京会场、全国各地分会场同步开展。本届活动周主题为“双创促升级，壮大新动能”。展示面积达 1.2 万平方米，展示内容分为综述、壮大新动能、双创促升级、双创新生态、双创助协同、双创惠民生 6 个板块。除主题展示外，北京会场举办双创白皮书发布会、女科学家论坛等系列论坛、中国航空创新创业大赛等系列创新创业大赛、创业投资行业峰会、重大项目签约及发布、双创政策解读等活动。

（钟冷）

【区委十二届六次全会】 11 月 11 日，中共北京市海淀区委十二届六次全会召开。会议强调，要全面学习宣传贯彻中共十九大精神，传达落实市委十二届三次全会精神，以习近平新时代中国特色社会主义思想为指引，开展大学习大讨论，在聚焦中关村科学城、加快全国科技创新中心核心区建设的过程中形成生动实践。

（马凯云）

【安全隐患大排查大清理大整治电视电话会】 11 月 19 日，海淀区召开电视电话会，全面传达贯彻落实全市安全隐患大排查大清理大整治专项行动电视电话会部署要求。副区长梁爽通报近期全区公共安全和安全生产事故情况，部署全区安全隐患大排查大清理大整治专项行动。区委书记于军强调，要深入学习贯彻蔡奇书记、陈吉宁代市长讲话精神，深刻汲取大兴区“11・18”火灾事故教训，在全区迅速部署开展安全隐患大排查大清理大整治专项行动。各街镇、各部门、各单位要在本地区、本行业领域进行全面动员部署，逐个街镇、逐个社区（村）、逐个单位场所清查，从严从细从实开展排查清理整治工作，做到不漏一处、不留一患。区委副书记、代区长戴彬彬就贯彻落实会议精神提出具体要求。

（钟冷）

【市安全生产督察工作动员会】 11月11日，中共北京市委、北京市人民政府安全生产第九督察组在海淀区召开安全生产督察工作动员会议。按照安全生产督察工作部署，安全生产第九督察组在海淀区开展为期3周的驻地督察，重点督察区委、区政府贯彻落实党中央、国务院和市委、市政府决策部署，推动依法治安、落实安全生产责任制等方面的工作情况，并延伸督察部分街镇、抽查检查和暗查暗访重点企业。

（马凯云）

组 织

组织建设

【概况】 2017年，区委组织部落实全国、全市组织部长会议精神和市、区第十二次党代会以及区委十二届五次、六次、七次全会精神，围绕新时代全国科技创新中心核心区建设，推进组织工作各项任务落实。截至12月31日，全区有基层党组织7557个，中共党员184026人（不包括驻区中央、市级单位和部队单位党员），比上年增加10115人，增长5.8%。其中，女党员82312人，占总数的44.73%；少数民族党员7459人，占总数的4.05%；35岁及以下的党员38508人，占总数的20.93%；大专以上文化程度党员132848人，占总数的72.19%。所属基层党组织7557个，其中党委410个，党总支457个，党支部6690个。

（徐恒）

【基层党建工作述职评议考核】 2月28日至3月1日，区委组织部组织召开全区2016年度基层党建工作述职评议考核会暨党组书记代表述职会议。区委常委班子成员、区委党建工作领导小组成员参加会议，市委组织部党建研究所领导全程列席。40名区党代表、区人大代表、区政协委员、基层党员干部和群众代表应邀参加评议考核。7个镇、15个街道、6个系统、2个区属国企党（工）委书记和3个政府委办局党组书记共33人分别作会议现场述职。

（徐恒）

【区党建工作会议】 3月1日，海淀区召开2017年全区党建工作会议。会议总结2016年全区组织、宣传思想文化和统战工作，部署2017年重点工作任务。区委书记崔述强出席会议并讲话，区委副书记、区长于军主持会议，区四套班子领导、区属各单位党政主要负责人、分管党建工作负责人及组织部（科）长、宣传部（科）长，各民主党派、工商联负责人和无党派人士代表共400余人参加会议。区委常委、组织部部长周志军作全区组织工作报告，区委常委、宣传部部长陈名杰作全区宣传思想文化工作报告，区委统战部常务副部长杨志洪作全区统战工作报告。崔述强对全区的组织、宣传思想文化和统战工作提出6点要求。

（徐恒 钟冷）

【纪念中国共产党成立96周年座谈会】 6月28日，海淀区召开纪念中国共产党成立96周年座谈会。市委常委、区委书记崔述强出席会议并讲话，区委常委及其他区委党建工作领导小组成员，各街镇党（工）委书记，部分先进基层党组织、优秀共产党员、优秀党务工作者和基层党代表参加会议。

（徐恒）

【基层党组织书记轮训班】 6月，2017年海淀区第一期基层党组织书记轮训班开班。全年共举办机关、国企、学校、非公企业等轮训班11期，2500余名基层党组织书记参训。

（徐恒）

【区域化党建工作推进会】 9月15日，海淀区召开区域化党建工作推进会议。区委副书记、区政府党组书记戴彬彬主持会议。区委书记、区长于军讲话。会议总结海淀区各级党组织重视加强区域化党建工作的好经验好做法，交流党建引领、区域联动、共治共享、改善民生的好经验。会议播放专题片《不忘初心，逐梦前行——海淀区区域化党建工作纪实》。区委常委张欣欣宣读《党建引领区域联动加快全国科技创新中心核心区建设——深入开展海淀区区域化党建工作的倡议》。中共海淀区委向各驻区单位提出倡议，要以“共建一个平台、共构一个关系、共造一个联盟、共强一个优势、共谱一个乐章”“五个一工程”为抓手，深入推进区域化党建工作，切实推动海淀区治理体系和治理能力现代化，为建设全国科技创新中心核心区、国际一流和谐宜居之都做出新的更大贡献。学知园社区、中国空间技术研究院、四季青镇、海淀街道4家单位围绕区域化党建工作作交流发言。于军强调，要深入抓好“两贯彻一落实”，按照中央和市委关于基层党建、基层治理工作的新要求，在区域统筹、协同建区的良好基础上，以“五个一工程”为抓手，深入开展区域化党建，进一步提升各驻区单位与地方共商、共建、共治、共享的能力和水平。

（钟冷）

【中共十九大精神学习报告会】 10月24日上午，中国共产党第十九次全国代表大会在人民大会堂闭幕。24日15时，海淀区举行中共十九大精神学习报告会，邀请中共十九大代表、北京十一学校党总支书记、校长李希贵为全区党员干部作报告，第一时间传递中共十九大精神。李希贵就中共十九大报告的创新理论、战略谋划、辩证思考以及中共十九大报告描绘的宏伟蓝图、提出的奋斗目标等方面进行深入阐述，与大家一起分享参加中共十九大的体会、学习、思考和感受。会议以视频会议形式在全区范围内召开。区委书记于军出席会议并讲话，区委副书记、代区长戴彬彬主持会议，区四套班子领导出席报告会。副区级干部、区委党建工作领导小组成员、市第十二次党代会代表、部分区第十二次党代会基层一线代表、全区处级党政正职和区属事业单位主要负责人、部分驻区单位代表、部分基层党组织和非公企业党组织代表参加主会场会议，全区3000余名党员干部在分会场参加会议。于军强调，海淀要把学习贯彻中共十九大精神作为当前头等大事、首要政治任务，以高度的政治责任感和历史使命感，通过各种形式深入学习中共十九大精神，迅速在全区范围内掀起学习宣传贯彻中共十九大精神的热潮。

（钟冷）

【处级干部学习贯彻中共十九大精神专题轮训班开班】 12月25日，由区委组织部、区委党校联合举办的全区处级干部学习贯彻中共十九大精神专题轮训班在区委党校开班。区委书记于军围绕深入学习宣传贯彻中共十九大精神，加快全国科技创新中心核心区建设作专题辅导报告。即日起至次年4月中旬，海淀区将举办8期处级干部学习贯彻中共十九大精神专题轮训班，每期5天，将全区1300余名处级干部轮训一遍。切实把全区处级干部的思想认识统一到中共十九大精神上来，统一到市委和区委的重要工作部署上来。

（钟冷）

【区域化党建共建共治共享融合发展】 年内，海淀区推动“党建引领、区域联动、共治共享”的区域党建共建共治共享融合发展，对区域化党建工作从工作体制、运行机制、保障体系三方面进行探索，建立“三级平台、六个机制、五项保障”的“365”区域化党建工作新模式，365天全时段共建共治共享。区委选派第四批9个党建工作组进驻基层，帮助解决实际问题。对基层实际问题解决的效果，将成为评价党建工作组的重要依据。全区29个街镇和625个社区（村）全部建立党建工作协调委员会。各街镇探索形成具有自身特色的区域化党建工作体系。羊坊店街道建立“一统四联六平台”区域化党建工作体系，推动地区党建工作形成合力。海淀街道探索完善“2+4+N”党建工作新模式，依托地区非公党群活动阵地，打造区域化党建工作新格局。中关村街道积极打造“一圈十平台四支撑”区域化党建工作新格局，推动地区政治、经济、文化、社会建设协同发展。西三旗街道构建“一核三轴五平台”区域化党建格局，四季青镇构建“1+N+X”区域化党建工作格局，助推地区融合发展。

（钟冷）

【“两学一做”学习教育常态化制度化】 年内，全区以支部为单位，分层级对年度“两学一做”学习教育作出部署安排，结合党支部规范化建设，用好“一规一册一表一网”，运用微信等新媒体，推动学习教育融入日常、抓在经常。推动领导班子成员以普通党员身份参加所在党支部活动，为基层单位讲党课，指导推进“两学一做”学习教育常态化、制度化。依托“红色海淀”微信公众号开展“红色轨迹之万人闯关”党员线上学习活动，参与人数达到1.2万余人，参与人次超过10万次。依托“北京长城网”微信公众号，组织参与“学习贯彻市第十二次党代会精神”专题活动，129056人次参与线上答题。组织广大党员收看专题节目《榜样》。

（徐恒）

【中共十九大代表候选人推荐提名】 年内，海淀区成立由区委书记任组长、6名区委常委任副组长的推荐提名工作领导小组，部署关于北京市出席中共十九大代表候选人推荐人选的推荐提名工作。按照全区党员人数制作《致广大党员的一封信》，通过基层党组织逐级发放到每名党员手中。制定《海淀区关于北京市出席党的十九大代表推荐提名工作方案》和推荐提名工作流程图，对40个提名单位给予全程跟踪指导。经过自下而上、上下结合、反复酝酿、逐级遴选，推选出崔述强、李文秀（卫生系统代表）、李希贵（教育系统代表）和赵小云（农村系统党委书记代表）4人为代表候选人推荐人选，完成推荐提名工作。最终，崔述强和李希贵当选为中共十九大代表。推荐提名实现基层党组织全覆盖。

（徐恒）

【处级干部调整配备】 年内，区委组织部调整处级领导干部351人，其中正处级领导干部116人，副处级领导干部235人；提拔70人，交流110人，改任171人。调整处级非领导干部99人，其中调研员23人，副调研员76人，包括行政团职军转干部38人。

（徐恒）

【干部教育培训】 年内，区委组织部围绕核心区建设、京津冀协同发展、城乡一体化发展等重点工作开展教育培训。选调局级和处级干部参加中央和市级培训班。通过专题轮训、专题辅导、公开课、阅读活动等形式，举办中共十八届六中全会精神专题轮训、中共十九大精神轮训等各类班次25期，实现对处级干部轮训一遍。举办科技创新国际化人才培训专题班等各类国际化人才培训班，培训处级、科级领导干部136人。举办院士公开课7期，组织“科技书香 悦读海淀”领导干部新科技知识悦读示范活动，定期组织“科技创新引领未来发展”主题阅读沙龙，制作“科技前沿微课堂”微视频定期播报，围绕核心区建设选派20名干部赴美国开展专题培训。

（徐恒）

【干部监督】 年内，区委组织部开展领导在社会和企业兼职、超职数配备等专项治理，加强谈心谈话工作力度，落实提醒、函询和诫勉等规定，结合区委巡察工作深化选人用人巡视检查。严格审查拟提拔人选档案和个人有关事项报告，组织人选参加廉政知识测试。完成2016年度处级领导班子和领导干部考核工作。完善“12380”电话、信访、网络、短信“四位一体”举报体系，加大违规用人举报查核力度。研究制定做好领导干部个人有关事项报告查核结果认定及处理工作标准和程序，做好个人有关事项报告组织填报和查核工作，按照10%的比例随机抽查个人有关事项报告135份。组织召开2017年处级领导班子民主生活会和基层党组织专题组织生活会，扎实开展民主评议党员工作，采取“一对一”“点对点”形式，对会议召开程序进行严格监督。

（徐恒）

【基层党组织规范化建设】 年内，区委组织部研究制定《海淀区落实中央巡视整改七项任务》《海淀区贯彻落实全市62项基层党建工作重点任务清单（52项）》和《2017年海淀区基层党建八项重点任务》。做好“一规一册一表一网”试点工作，分领域开展基层党建督查。进一步规范党费收缴工作，制定下发《关于进一步加强党费收缴、使用和管理的通知》，并印发《党费工作手册》，进一步加强对党费收缴、使用和管理工作的规范指导。扎实开展好“五型五好”基层党组织创建和“强、解、促”党建工作组对口帮扶工作。

（徐恒）

【“心桥”党代表工作室建设】 年内，区委组织部在全区26个街镇建设“心桥”党代表工作室，将全区400名党代表派驻到街镇代表工作室进行驻室活动。实行辖区内党代表轮流驻室接待党员群众制度，增强党代表对党员群众的凝聚力影响力。

（徐恒）

【党员和党务工作者队伍建设】 年内，区委组织部建立完善党支部主题党日、固定活动日等经常性活动制度，试行党员积分制管理。制定并推广《党员手册》。做好失联党员和不合格党员处置工作，对558名失联党员作出停止党籍处理，对2名不合格党员进行处置。全年共发展党员1343人。制定《关于全面推进海淀区委党校基层分校建设的实施方案》《海淀区2018年—2020年党员轮训工作方案》，对全区党员支部届期内进党校普遍轮训作出安排。投入2.13亿元用于基层党建工作，举办和承办各类培训7期。重新核定下发2017年全区社区党组织党务专职工作者编制，明确1580个社区党组织党务专职社区工作者人员编制，其中包括专职书记169人，专职副书记541人，专职党务工作者788人，区域化党建工作增配人员82人。首次选派164名社区民警担任社区（村）党组织副书记。

（徐恒）

【区域化党建工作】 年内，区委组织部按照区委统一部署，将辖区商务楼宇党建工作和非公有制经济组织、社会组织“两个覆盖”工作纳入区域化党建工作体系，全面搭建非公和社会组织党组织网络。建立党建工作联系点制度，为30名区四套班子领导分别确立街道（镇）、社区（村）、非公企业联系点，成立街道（镇）党建工作协调委员会，确定26名区四套班子领导担任所联系街道（镇）党建工作协调委员会主任，各系统、街镇党（工）委党员领导班子成员至少建立1个非公有制企业或社会组织党建工作联系点。区委组织部、区委社会工委、区民政局，各相关系统、街镇党（工）委组织部（科）以及负责非公有制企业和社会组织工作的相关科室联系5家本系统、本地区的“两新”组织党组织。举办“两新”组织专职党建工作指导员培训班，400余人参加培训。深化驻区单位党组织、在职党员到社区（村）报到的“双报到”工作，普遍开展“五个一”活动，由各系统党（工）委主动指导和监督本系统所属机关、企事业单位党组织、在职党员，开展与社区（村）党组织的结对帮扶活动，参与到区域化党建工作中。制定《海淀区加强民办学校党的建设工作实施方案》，对253所民办学校进行全面摸排梳理。制定《关于在深化区属国有企业改革中坚持党的领导加强党的建设的实施意见》，开展国有企业党建重点任务暨“三级联创”督导检查工作，对区属15家一级监管企业、12家二级企业、6家三级企业进行督导检查。

（徐恒）

【智慧党建e平台】 年内，区委组织部开发建设智慧党建e平台项目，适应非公经济组织和社会组织党员学历高、流动性强、年轻人多的特点。在平台中具体设置楼宇党建、社区党建、掌上党校、服务广场、重点工作、党建风采、政策导读等模块，按照条块、区域相结合，打造集商务楼宇、社区党员教育管理、品牌宣传、红色通道及阵地建设等功能为一体的综合服务平台，实现把“支部建在网络上”。

（徐恒）

【高层次人才聚集和服务】 年内，全区累计入选“千人计划”1040人、“海聚工程”319人、“高聚工程”222人，认定“海英人才”678人，支持资金超过2亿元。推荐入选首都杰出人才2人，北京市有突出贡献人才6人，北京市优秀青年人才5人。支持各类载体与高校院所进行产学研合作，柔性引进院士和博士后等科研人才。助力北京协同创新研究院启动4个国际协同实验室，多所中美名校加盟共建。联合市科委、清华大学、盖茨基金会共建全球健康药物中心，引入美国加州生命医学院等一流科学家团队。推进首都院士之家海淀服务中心建设。打造中关村大街国际人才社区，出台《中关村大街国际人才社区建设实施方案》，统筹推进公寓建设、环境营造、人才吸引及政策支持等工作，加强科研项目、职称评审、交流培训、子女入学、公寓配租、医疗、落户等方面的公共服务。与北京海外学人中心签订合作协议，每年投入300万元租金补贴，累计服务海外高端人才2200余次。中关村外国人服务大厅累计发放绿卡305张。

（徐恒）

【创新创业人才培育环境优化】 年内，制定实施《中关村科学城人才引进办法》，举办博士、博士后专场招聘会、人才特区重点企业专场招聘会、双创服务系列活动等一系列招聘活动，其中双创服务系列活动提供技术研发岗位2000余个、创业项目300余个，吸引创新创业人才2600余人。举办“高精尖”产业研讨、国际项目对接、国际技术培训等活动。持续建设协同创新服务平台，平台涵盖45家高校院所、30家产业联盟和行业组织、36家科技园区和41家孵化器，累计为324个项目提供对接服务，促成创新服务交易27360万元。建好中关村创业大街、中关村智造大街，400余个创业服务机构、创投机构和创业团队入驻。联合设立20个专利运营办公室和10个北京创客知识产权托管工作站，被确定为国家知识产权示范城市（城区）。开展创客小镇建设工作。在香港、天津、威海、吉林等地建立就业创业实训基地和中关村人才创客空间。组织首都院士专家新春联谊会、海淀并购早餐会、海淀青年领军人才座谈会、重点金融企业座谈会和院士重阳节慰问等活动。

（徐恒）

【央地人才协同发展】 年内，海淀研发招标平台累计发布信息 26913 条，协助对接技术及服务需求 319 项，成功对接专利技术 56 项。开展“央地人才交流合作俱乐部”活动。发起 9 只科技成果转化基金。依托央属资源培训企业家及技术骨干近千人，委托开展新兴产业基础人才订单式培养，培养人才 500 余人。加强院士专家工作站等“三站”建设，新批准成立院士专家工作站 5 家，新申报企业博士后工作站 6 家，“三站”总数达 97 家，累计进站院士 79 人、博士后 346 人。

（徐恒）

干部培训

【概况】 2017 年，中共海淀区委党校（海淀区行政学院）（简称区委党校）共完成各级各类主体培训班 45 期，4246 人次。5 月 2 日，区委党校科研部加挂区情研究中心牌子，把党校纳入全区新型智库建设体系。

（刘绍波）

【区领导现场督查落实意识形态工作责任制情况】 1 月 10 日，区委领导现场督查区委党校落实意识形态工作责任制情况。区委党校汇报 2016 年落实意识形态工作责任制的有关情况，区委书记崔述强对区委党校今后工作提出意见和要求。

（刘绍波）

【新型智库建设】 5 月 2 日，区委党校成立区情研究中心，把党校纳入全区新型智库建设体系。以建设新型智库为目标，聚焦中关村核心区，开展前瞻性课题研究。制定出台《海淀区新型智库专家库人才入库及管理办法》，酝酿、走访、筛选、审查专家库人选，成立海淀区新型智库专家库。全年上报决策咨政报告 17 篇，其中有 3 篇上报市级信息，有 3 篇被《海淀信息》采用。

（刘绍波）

【“科技创新国际化人才”专题班】 年内，区委党校采取“走出去、请进来”的方式，举办 4 期“科技创新国际化人才”专题班，共 132 人参加。邀请美国硅谷、斯坦福大学和瑞典等国际知名学者、官员、企业家走进党校课堂，介绍国内外科技园区建设的先进经验，并组织学员赴深圳、东莞、上海、苏州进行实地考察，参观华为、腾讯等国内最具创新力科技企业，考察苏州工业园区、上海张江高科技园区。

（刘绍波）

【科研课题研究】 年内，区委党校围绕区委、区政府中心工作和全国科技创新中心核心区建设面临的热点难点问题，开展课题研究工作，共立项课题 42 项，其中中组部课题 1 项、市级课题 6 项、区级课题 1 项。开展“中关村核心区高科技产业发展指数研究”“中关村核心区与美国硅谷发展指数比较研究”“海淀区非公党建发展指数研究”“海淀区国际化指数研究”4 个指数课题研究；启动“中关村核心区发展历史研究”；编写出版 20 余万字的《海淀区情读本》供全区干部学习参考；“中关村核心区建设数据库”获得全国党校系统“四大专题数据库”子库建设、子课题研究立项（全国仅有 5 所地级党校获得立项）。出版专著 1 部，参与写作著作 1 部，公开发表论文 26 篇；2 项科研成果分别获得全国行政学院系统优秀科研成果奖（二等奖 1 项、三等奖 1 项），在全国地市级党校、行政学院中排名第一。

（刘绍波）

【45 期主体培训班】 年内，党校（行政学院、社会主义学院）完成各类主体培训班 45 期，培训学员 4246 人次。

2017 年海淀区党校 45 期主体培训班一览表

表 1

序号	培训主题	日期	人数
1	海淀区处级领导干部学习贯彻党的十八届六中全会精神专题轮训班（第一期）	1 月 17 日—20 日	97
2	海淀区处级领导干部学习贯彻党的十八届六中全会精神专题轮训班（第二期）	2 月 21 日—24 日	109
3	海淀区处级领导干部学习贯彻党的十八届六中全会精神专题轮训班（第三期）	2 月 27 日至 3 月 3 日	145
4	海淀区处级领导干部学习贯彻党的十八届六中全会精神专题轮训班（第四期）	3 月 6 日—10 日	150
5	海淀区处级领导干部学习贯彻党的十八届六中全会精神专题轮训班（第五期）	3 月 13 日—17 日	155
6	海淀区处级领导干部学习贯彻党的十八届六中全会精神专题轮训班（第六期）	3 月 20 日—24 日	139
7	军队转业干部任职培训班（一期）	3 月 27 日—31 日	40
8	党员教育管理专题培训班	3 月 28 日—29 日	166
9	处级干部进修一班（虚职）	4 月 6 日至 5 月 5 日	56
10	第 35 期中青年干部培训班	4 月 6 日—30 日	41

续表 1

序号	培训主题	日期	人数
11	第 40 期正科级公务员任职培训班	4 月 6 日至 5 月 5 日	55
12	军队转业干部任职培训班（二期）	4 月 10 日—14 日	30
13	海淀区党员发展对象示范培训班（第一期）	4 月 26 日—28 日	183
14	科技创新国际化人才培训班（处级）第一期	5 月 8 日至 6 月 2 日	22
15	科技创新国际化人才培训班（科级）第一期	5 月 8 日至 6 月 2 日	38
16	第 33 期副科级领导干部任职培训班	5 月 18 日至 6 月 16 日	55
17	2017 年海淀区对台基层交流培训班	5 月 19 日	60
18	组织部党代表培训班	5 月 25 日—26 日	115
19	新党员示范培训班（第一期）	5 月 31 日至 6 月 1 日	162
20	全市街道办副主任专题培训班（第一期）	6 月 5 日—9 日	153
21	全市街道办副主任专题培训班（第二期）	6 月 12 日—16 日	151
22	第 34 期副科级领导干部任职培训班	6 月 12 日至 7 月 7 日	42
23	海淀区党员发展对象示范培训班（第二期）	6 月 19 日—21 日	191
24	2017 年第一期公务员初任培训班	6 月 19 日至 7 月 7 日	82
25	宣传干部培训班（一期）	6 月 26 日—30 日	92
26	区委统战部党外中青年干部培训班	6 月 26 日—30 日	64
27	宣传干部培训班（二期）	7 月 3 日—7 日	96
28	新任副处培训班	7 月 10 日—15 日	47
29	非公党员培训班	7 月 18 日—19 日	115
30	2017 年海淀区农村基层干部培训班	9 月 6 日—7 日	244
31	2017 年第二期公务员初任培训班	9 月 11 日—29 日	95
32	第 35 期副科级领导干部任职培训班	9 月 11 日至 10 月 13 日	55
33	第 36 期中青年干部培训班	9 月 11 日至 11 月 1 日	31
34	广安中青年干部培训班（编入第 36 期中青班学习）	9 月 11 日至 11 月 1 日	10
35	海淀区 2017 年安全生产专题培训班	9 月 18 日—21 日	64
36	海淀区党员发展对象示范培训班（第三期）	9 月 19 日—21 日	174
37	2017 年海淀区基层党建工作骨干队伍培训班（第一期）	9 月 25 日	19
38	海淀区党员发展对象示范培训班（第四期）	9 月 26 日—28 日	176
39	科技创新国际化人才培训班（处级）第二期	10 月 9 日至 11 月 3 日	20
40	科技创新国际化人才培训班（科级）第二期	10 月 9 日至 11 月 3 日	35
41	统战部台商、台生培训班	10 月 27 日	20
42	2017 年纳入规范培训班	11 月 06 日—10 日	149
43	海淀区第 17 期处级女干部培训班	11 月 22 日—24 日	170
44	2017 年海淀区基层党建工作骨干队伍培训班（第二期）	12 月 4 日	38
45	全区处级干部学习贯彻党的十九大精神专题轮训班（第一期）	12 月 25 日—29 日	95

（刘绍波）

区直属机关党建

【概况】 2017年，中共海淀区委区直属机关工作委员会（简称区直机关工委）领导65家单位（包括10个党委、29个党总支、26个党支部），所属党员7447人，其中在职党员5736人，离退休党员1533人，其他存档党员178人。机关纪工委、机关工会、机关团工委、机关妇工委4家机构隶属于区直机关工委，下辖51家机关工会分会（小组），有工会会员2825人；15家机关基层团组织，有共青团员154人。

年内，区直机关工委学习贯彻习近平总书记系列重要讲话精神和区第十二次党代会精神，推进中共十九大精神的学习宣传，以“从严治党守初心，筑牢根基向前进”为主题，深化“两学一做”学习教育。举办“服务京津冀，建功核心区”主题文艺会演，开展以“砥砺奋进的五年”为主题的百姓宣讲活动、“畅读·畅享”全民阅读活动、“七一”共产党员献爱心、“四月的足迹——海淀爱国主义教育基地寻踪”等活动。举办基层党组织书记培训班1次，党员发展对象培训班1次，117名入党积极分子参加培训并通过考核，选举出席北京市第十二次党代会代表14人。

（周志强）

【推进“两学一做”学习教育常态化制度化】 年内，区直系统374个基层党支部以党支部为基本单位，以落实“三会一课”等党内生活制度为基本形式，以解决问题、发挥作用为基本目标，推进“两学一做”学习教育。区直机关工委研究制定《区直机关系统2017年“两学一做学习教育安排”》，组织开展“从严治党守初心，筑牢根基向前进”为主题的迎“七一”系列活动。年底，结合党建工作绩效考核，对所属机关党组织开展机关“三级联创”及“两学一做”学习教育情况进行督导检查。

（周志强）

【基层党组织建设】 年内，区直机关工委与各级党组织负责人签订《党建工作责任书》，集中推进非公有制企业和社会组织“两个覆盖”，覆盖率81.7%。指导完成22个机关党组织的委员调整和30个基层党组织的换届工作，审批发展党员97人，预备党员转正95人，转接组织关系800余人次，收缴党费598.6万元。

（周志强）

【群团工作】 年内，区直机关工委组织机关干部3000人分14个批次参观“砥砺奋进的五年”展览，组织机关团员青年参观军博建军90周年主题展览。举办“服务京津冀，建功核心区”主题文艺会演，举行庆祝中华人民共和国成立68周年机关干部“升国旗、唱国歌”活动。机关工会组织开展健康讲座、扑克友谊赛、“运动起来，健康在”健步走等文体活动，机关舞蹈队代表海淀区参加北京市比赛，获得一等奖。

（周志强）

【关爱帮扶】 年内，区直机关工委组织“共产党员献爱心”捐献活动及“关爱困难老知青”捐款活动，共募集善款52.61万元。设立“工会干部微家”工作平台，开展“三八”妇女节女职工观影、为职工送生日祝福等活动，发放职工二次报销互助金9.77万元。帮扶慰问困难党员、因公牺牲党员家属及中华人民共和国成立前老党员148人，发放困难补助及慰问金共计63.5万元。

（周志强）

高新技术企业党建

【党务干部培训】 4月11日，海淀园工会工委举办“海淀园2017年度党务干部培训班”，园区基层党组织党务干部400余人参加培训。

（程晓荷）

【工会干部培训】 4月18日—19日，海淀园工会工委举办2017年工会干部培训班，园区210家基层企业工会的近300名工会干部参加培训。培训主要内容：讲政治，以党建带工建，以工建促党建，园区工会组织要坚持在党的领导下做好工会工作；扬正气，传递积极向上的正能量；求实际，工会干部要立足创新，发挥优势，采用新方法、新举措来干成事、干好事、干实事，提高新形势下履职尽责的能力。

（程晓荷）

【海淀园体育健身系列活动羽毛球挑战赛】 5月6日，海淀园工会工委举办2017年中关村国家自主创新示范区核心区体育健身系列活动羽毛球挑战赛，来自36支企业工会代表队的468名职工参加比赛。北京北大维信生物科技有限公司工会代表队、百度在线网络技术（北京）有限公司工会代表队、北京中标方圆防伪技术有限公司工会代表队分获冠、亚、季军。

（程晓荷）

【海淀园“两新”组织党建工作调研】 5月24日，市委组织部组织处、市委社会工委两新党建处到海淀园调研“两新”组织党建工作情况。海淀园工委组织向调研组介绍园区非公企业党建工作的基本情况，调研组查看相关的档案文件和电子工作平台，到趣拿（去哪儿网）和空中网两家基层党组织进行实地调研。

（程晓荷）

【海淀园“两新”组织党建督查】 6月8日，海淀区委“两新”组织党建督查二组到海淀园检查非公企业和社会组织党建工作开展情况。督查组深入园区基层党组织——新奥特集团有限公司党委、大北农科技集团股份有限公司党委、北京中关村外商投资企业协会企业联合党委、海淀留学人员创业园企业联合党委、中关村软件园企业联合党委和多思安全芯片科技有限公司党支部，针对党建工作规范化建设、活动开展情况、党支部工作档案情况等方面进行检查。

（程晓荷）

【海淀区干部教育培训现场教学基地揭牌】 7月19日，由海淀区委组织部、海淀区委党校主办，新奥特集团党委协办的海淀区干部教育培训现场教学基地揭牌仪式在新奥特集团举行。

（程晓荷）

【海淀园“工匠精神”研讨会】 9月

20日，中关村科技园区海淀园工会工作委员会在中关村软件园会议中心举办首届海淀园“工匠精神”研讨会。园区部分非公高新技术企业的工会干部、优秀职工代表共110人齐聚一堂共话园区“工匠精神”。

（程晓荷）

【青春点亮中国梦　金歌唱响核心区】 9月22日，海淀园区工委主办、团工委承办“青春点亮中国梦　金歌唱响核心区”第十届中关村海淀园青年歌手大赛。

（程晓荷）

【北京梦想蜂连锁商业有限公司成立党委】 10月26日，经过海淀园工委批准，北京梦想蜂连锁商业有限公司正式成立党委。北京市网信办以及市委组织部、市委统战部、市委社会工委、海淀园工委、首都互联网协会、求是网等部门和组织的有关领导出席公司党委成立大会。

（程晓荷）

【中共十九大精神宣讲会】 12月1日，中共十九大海淀宣讲团海淀园分团宣讲活动在中关村展示交易示范中心举行，会议邀请中共十九大代表、北京十一学校校长李希贵为区委组织部、区委统战部、区人大办、区政协办、区委社会工委及海淀园工委的区域化党建和非公党建代表、民主党派部分党组织代表和机关干部宣讲中共十九大精神。

（程晓荷）

社会领域党建

【概况】 2017年，区委社会工委建立区、街、社区三级党建协调议事平台，搭建区域性党群服务中心；制定《关于加强和改进海淀区城市基层党建工作的实施意见》及配套文件；突出品牌建设，推进商务楼宇工作站建设规范化；加强“两新”组织党建；开展“两学一做”、中共十九大学习教育活动。街道系统共组织开展中共十九大学习宣传活动150余次，参加人数5万余人次。组织召开海淀区社会领域学习贯彻中共十九大精神专题培训班和宣讲会，把学习宣传贯彻中共十九大精神与基层党员干部教育培训工作、加强领导班子建设和基层党组织建设相结合，凸显地区基层党建工作亮点，打造社会领域党建工作品牌，整合263个商务楼宇工作站。

（王甫亮）

【基层党组织建设顶层设计】 年内，区委社会工委按照市委《关于加强和改进城市基层党建工作的意见》文件精神要求，研究街道组织部门、社区党组织党务专职人员配备问题落实措施。配合区委组织部研究拟定《进一步加强海淀区街道和社区党的建设工作的相关意见》及6个配套文件，从机制上突出强化基层党组织领导核心地位。

（王甫亮）

【商务楼宇工作站建设】 年内，区委社会工委建立“立体社区”管理体制，形成区、街镇、商务楼宇党组织三级工作网络。建立工作站长效保障机制，印发《海淀区关于进一步加强商务楼宇工作站建设的实施方案》《海淀区商务楼宇非公党务专职工作者考核管理办法》《海淀区商务楼宇中心站星级评定管理办法》等配套文件。向社会公开招标购买60个楼宇专职社工岗位；为40个符合条件的商务楼宇工作站补贴办公用房租金479.33万元。制定商务楼宇中心站星级评定考核管理办法。组织楼宇党员志愿服务活动，强化楼宇志愿服务功能。

（王甫亮）

【“两新”组织党建工作】 年内，区委社会工委推进“两新”组织党建工作，将“两新”组织党建工作开展情况纳入基层党的建设“三级联创”工作体系和城市基层党建总体布局，作为基层党建工作述职评议考核重要内容；组织召开全区非公有制企业党组织书记述职评议考核工作会。非公企业党员人数2.56万人，建立非公企业党组织3131个，党组织覆盖企业数13773家，非公企业党组织覆盖率86.7%。社会组织有党员3318人，建立社会组织党组织323个，社会组织党组织覆盖率达77%。开展海淀区“两个覆盖”数据管理平台和海淀智慧党建e平台二期建设项目，打造信息化党建工作品牌。

（王甫亮）

老干部工作

【概况】 2017年9月，区老干局接替海淀老龄大学管理工作。截至2017年年底，全区有区属离休干部631人，易地来京安置离休干部73人，副处级以上退休干部1730人。

离退休干部政治待遇保障 依托老干部党校和社区课堂，加强离退休干部的政治理论学习和形势政策教育。年内共举办7期老干部党校培训班和形势报告会，组织局职老干部和离退休干部党支部书记参加市老干部局、中组部举办的形势报告会和通报会8次，参加各类学习培训的老干部达1000余人次。年初，下发《2017年海淀区离退休干部党支部工作意见》，切实加强离退休干部对党章党规、习近平总书记系列重要讲话和政治理论的学习领会。

组织离退休干部学习领会中共十九大精神。10月18日，组织全区各部门、各街镇离退休干部收听收看中共十九大开幕式。开幕式结束后，立即组织老干部谈感想、讲体会，收集老干部的正能量言论。组织离退休干部党支部，对中共十九大报告进行讨论。迅速传达市委和区委关于学习宣传贯彻中共十九大精神的指示精神，邀请专家对中共十九大精神进行解读，组织区老干部理论学习中心组开展座谈交流和发表理论学习文章。

利用社区资源为街镇及时足额发放市、区离休干部高龄养老服务管理经费，举办2017年“四就近”专职工作者培训班。组织“畅谈十八大以来变化、展望十九大胜利召开”活动，在全区离退休干部党支部中开展主题党日活动，巩固和提高基层离退休干部党支部建设和思想政治建设水平。8月，北太平庄街道工委离退休干部党支部代表北京市迎接中组部关于落实中央三号文件精神的督查工作，接受对离退休干部党员支部生活的现场检查，得到中组部老干部局领导的好评。

离退休干部生活待遇保障 按照北京市离休干部大病医药费审核工作相关精神，为区属20名离休干部办理困难补助金41万余元。完成1661名离休及副处级以上退休干部的体检工作。为易地离休干部配备家庭急救包。接待老干部及其家属有关新老政策的来信、来访、咨询共700余人次，对老干部的诉求做到事事有回复，件件有落实。春节、国庆等节日，走访慰问红军遗属，行政14级以上离休干部、老领导、直属离休干部、特困离退休干部、易地离休干部、离退休干部党支部书记等共计370余人次，送去慰问品和慰问金共计76万余元。

离退休干部发挥正能量 通过广播电视、门户网站、微信公众号、《海淀老干部》杂志等媒介，为正能量活动开展营造良好的舆论环境，发挥先进典型的示范作用。贯彻落实北京市老党员先锋队建设意见，海淀区4230名老党员建立205支老党员先锋队，分布在全区29个街镇187个社区，老党员在志愿北京平台上注册。发挥老干部理论学习中心组的引领示范作用。组织老干部参加市、区老干部宣讲工作业务培训，选送退休干部参加市宣讲团的巡回宣讲。组建10支老干部宣讲团队伍，与区委组织部门及街镇配合，与社会组织及非公企业党建相结合，深入到社区、“两新”组织，作“两学一做”专题党课报告和形势报告。组织老龄大学学员围绕“喜迎十九大，银龄颂党恩”主题，开展书写、演讲活动。老干部关工委和中央财经大学金融学院共同策划开展“听妈妈的画”母亲节绘画主题活动，联合举办了“学习十九大，共话砥砺行”座谈会。

离退休干部文化活动 充分利用老干部活动中心和街镇活动站（室）阵地，开展全区离退休干部“不忘初心、继续前行”系列主题活动。举办全区老干部第31届文艺会演和书画、摄影专题展。组织老干部长青艺术团舞蹈队参加海淀区第22届中老年优秀健身项目交流展示活动，荣获最佳表演奖。组织老干部长青艺术团合唱队、甘家口街道老年舞蹈队参加北京市离退休干部“喜迎十九大、共筑中国梦”文艺展演，组织区老干部门球队参加北京市离退休干部“喜迎十九大、健康伴我行”门球赛，组织老干部台球队参加全市老干部台球赛。举办海淀区第三十一届老干部运动会，全区92个单位1800余名老干部参加运动会。组织老干部迎国庆暨中秋联欢会。组织老干部摄影队及其他活动团队骨干成员开展“见证京畿新变化、喜迎党的十九大”主题采风活动。

（王瑛）

【海淀老龄（老干部）大学】 2017年，海淀老龄大学以书画教学为主，构建起“三级七校”的层次规模，共有教学班109个，学员3000余人。学校正式加挂“北京市老干部大学海淀分校”及“海淀区老干部大学”牌子，实现老年教育与老干部教育的资源共享。对学校工作章程、教师管理和学员管理等制度进行修订完善，对学校发展方向进行科学定位，建立健全党的组织领导体系。编撰《三山五园揽胜——畅春园》等书籍，举办书画摄影展，学员走进社区为社区老年人拍照、写春联，向社会传递正能量。2017年度，海淀老龄大学被中国老年大学协会评为“全国示范老年大学”。

（王瑛）

【第31届老干部运动会】 10月13日，海淀区第31届老干部运动会在海淀体育场举行。北京市委委员、区委书记于军，区委副书记、代区长戴彬彬，区人大常委会主任刘长利，区政协主席傅首清，区人大常委会原副主任刘忠干等老领导及相关单位主要领导、老干部工作主管领导出席开幕式，区属92个单位1800余名离退休干部参加运动会。于军宣布运动会开幕；戴彬彬致开幕辞，区委常委、组织部部长周志军主持。青龙桥街道退休干部段淑珍代表全体运动员发言。比赛设立足球射门、门球过门、定向投沙包、颠球、踢毽入筐、台球、保龄球等多个竞赛项目。

（王瑛）

【老领导暑期座谈会】 8月31日，海淀区四套班子与老领导暑期座谈会召开。北京市委委员、区委书记、区长于军，区人大常委会主任刘长利，区政协主席傅首清，区委常委、组织部部长周志军，区委常委、副区长龚宗元，区委常委、区委办主任高念东等区领导和区人大常委会原主任胡桂枝，区政协原主席张宝章、张芝田等17位老领导参加会议。会议由龚宗元主持。会上通报了全区上半年工作情况和下半年工作安排。周志军通报区四套班子老领导在2016年暑期座谈会上所提意见建议办理情况。

（王瑛）

宣传

【概况】 2017年，海淀区宣传思想工作聚焦坚持和发展中国特色社会主义、实现中华民族伟大复兴中国梦这个主题，围绕迎接、学习、宣传、贯彻中共十九大精神和市、区第十二次党代会精神这条主线，把握区域发展的阶段性特征，强化思想理论引领，加强新闻舆论引导，提升网络宣传能力，推进文化繁荣发展，完成年度各项工作任务。

理论宣传 坚持把学习宣传贯彻习近平总书记系列重要讲话精神作为思想理论建设的重中之重，加强整体谋划，突出问题导向，明确学研重点，做到学习贯彻中共十九大精神、领会习近平总书记两次视察北京重要讲话精神、推进京津冀协同发展战略、建设中关村科学城和全国科技创新中心核心区的“四个结合”。配发《习近平谈治国理政》第二卷和《党的十九大报告辅导读本》《党的十九大报告学习辅导百问》辅导材料，做到党员干部人手一册。编印《海淀区党委（党组）中心组自学笔记》。区理论中心组共开展集体学习22次。开展“周末社区大讲堂”和理论家走基层活动，组织理论宣讲50多场。围绕“领会新思想，开启新征程”主题，召开全区领导干部学习贯彻中共十九大精神宣讲团报告会暨理论学习中心组学习（扩大）会。坚持学以致用，把理论研究重点聚焦全国文化中心和中关村科学城建设，开展调查研究，取得海淀、浦东、深圳三地创新政策对比研究，基层意识形态研究等一批重点课题研究成果。利用中央和市级媒体及所属的新媒体传播力广、影响力大的特点，贯彻落实习近平总书记关于“全党来一个大学习”的重要指示精神，在全社会营造海淀干部群众学习宣传贯彻中共十九大精神的氛围。策划开展“砥砺奋进的五年”主题宣传。在《海淀报》、海淀电视台开辟特刊、专栏，宣传中共十九大提出的一系列新的重要思想、重要观点、重大论断、重大举措。在“北京海淀”微信公众号、“海淀新闻”官方微博、“掌上海淀”移动客户端等新媒体，通过系列报道、在线访谈、论坛跟帖等方式，主动发声，广泛传播，形成网上正面宣传的浓厚氛围。组建“海淀区学习贯彻党的十九大精神宣讲团”、各工委系统宣讲分团和各街镇宣讲团，成立“不忘初心跟党走　圆梦京华谱新篇”“冬奥”“美丽海淀”等系列特色分团，实现宣讲单位和宣讲对象的全覆盖。组织区、处两级领导干部深入本系统本领域、驻区单位和基层联系点、非公企业、社会组织、商务楼宇以及基层党组织，开展面对面宣讲，提升宣讲工作的针对性和感染力。

意识形态领域工作　召开意识形态综合分析研判小组成员单位会议，提出“六个密切防范”工作目标，编印《意识形态》工作动态95期40余万字，加强意识形态分析研判。采取“书面+现场”形式，组织全区意识形态工作自查自评和工作督导，发现并纠正隐患苗头30余个；开展“一把手”落实意识形态工作责任制现场述职，对34家单位“一把手”履责情况逐一讲评。建立全区宣传文化阵地管理台账，细化7类涉意识形态阵地责任主体和负面清单。加大涉意识形态文化活动管控力度，完善事中事后监管措施。严格文化市场综合执法监督，出动执法人员近3000人次，检查文化活动场所近1800家，保障文化市场健康有序发展。

践行社会主义核心价值观　组织“砥砺奋进的五年”“喜迎十九大、建功核心区”等主题宣传和百姓宣讲，举办群众性系列特色活动，开展“不忘初心跟党走、继续前进奔小康”特色宣讲480场，直接受众近百万人。普及区情教育，制订“海淀故事”宣传教育行动计划，改版升级“海淀·故事”微信公众平台，出版《2017海淀表达》报告文学集。以“海淀通史展”为核心开展区情教育活动。通史展全年参观人数超过10万人次。出版《三山五园研究》等8册区情教育图书。“V海淀”微信公众号挖掘历史文化故事，持续开展线下活动。举办道德模范事迹巡展，营造崇德向善的社会氛围。策划纪念中国共产党诞辰96周年和喜迎中共十九大胜利召开系列爱国主义宣传教育活动，开展“我为党旗增辉”“我为十九大献言”活动，参与群众达140余万人。依托区域爱国主义教育基地联盟开展“不忘初心追梦前行”大型爱国主义主题教育，“四月的足迹——爱国主义教育基地寻踪”“十月情怀——诗意中的海淀”大型交响音画诗歌朗诵会等。开展“2017北京榜样”系列宣传活动、“感动海淀十大文明人物”评选活动。深化“讲文明　树新风”主题宣传，推进文明社区、文明单位、文明家庭、文明校园、诚信市场创建活动，评选出文明村镇47个、文明单位266个、全国“最美家庭”2个。以“讲家训、传美德、树家风”为主题在全区600余个社区评选表彰“社区文明小使者”650余人。积极推进未成年人思想道德建设，11人入选首都美德少年榜。

新闻宣传和舆论引导　召开各类新闻发布会100余场，组织专题报道200余次。全区重点工作在《人民日报》刊稿32篇，新华社刊稿31篇，《北京日报》刊稿283篇（其中《北京日报》头版报道51篇），中央电视台播出10条（其中《新闻联播》1条），北京电视台播出173条，在全市各区名列前茅。“疏解整治促提升”、背街小巷治理、双创季等成就报道，在中央和市级主流媒体连续推出，扩大了区域影响力。围绕清河街道毛纺北小区、北下关街道大柳树5号院社区等老旧小区加装电梯，宣传总结多层住宅增设适老化电梯的“海淀经验”，在北京电视台《北京新闻》栏目播出，社会反响强烈。用7种语言报道中关村企业在“一带一路”上的系列创新故事并编辑成书。成立区委网信办，加强全区网络空间统筹管理，落实《海淀区委区政府门户网站运维管理方案》《海淀区政务网站新媒体备案管理机制》《网络新闻发言人制度》《突发事件新闻发布制度》《安全保密制度》《信息审核制度》等制度机制。强化重大政治活动、重点敏感时段的社会舆情监测，完成舆情形势分析报告14篇，向中宣部报送舆情信息2000余条，编发《舆情快报》《海淀今日舆情》508期。健全网络综合治理体系，妥善处置重点舆情事件50多起。

推进文化发展　成立文化中心建设领导小组，制定工作规则，完成两批重点任务清单编制。推进国家公共文化服务体系示范区创建，通过文化部中期督导检查。加大民营实体书店政策和资金支持力度，制定海淀区鼓励支持民营书店发展政策措施。举办“文化行走、悦读海淀”系列活动，传承·阅读经典、时尚·跃读青春、数字·越读前沿、温情·乐读亲子、畅享·阅读全民系列活动，书香海淀氛围浓厚。举办“海之春”新春文化季、海淀文化季、中关村国际青年艺术季、中关村金秋演出季等系列活动，惠及群众500余万人次。推进中法人文交流基地项目、舞剧《人生若只如初见——纳兰性德》、话剧《中关村往事》申报市委宣传部重点特色文化项目，《中国·北京·海淀》布鲁塞尔国际葡萄酒大赛海淀宣传片、口述海淀之四季青等项目进展顺利。举办第八届曹雪芹文化艺术节、1987版电视剧《红楼梦》开播30周年系列活动，完成电影《纳兰侍卫》拍摄和图书《纳兰性德寻踪》编撰出版，“三山五园”文化巡展在拉萨和南昌反响强烈，团扇舞《三山五园印象——荷塘月色》首演受到欢迎。举办第二届中法人文交流海淀论坛和贝家花园“法国葡萄酒文化品鉴”中法文化交流活动。发布海淀区文化创意产业投资引导基金设立方案和实施办法、2017年专项资金使用方案。组织第二届北京市文化创意创新创业大赛海淀分赛区活动及“艺术中关村”精品展览季。推进圆明园遗址大宫门四期和紫碧山房遗址考古发掘。举办京津冀非遗嘉年华等系列文化交流活动。参加第十二届北京文博会。开展《基于企业层面的海淀区文化出口监测指标体系及发展态势分析》研究和文化企业信用评级试点工作，西山文化带规划研究项目形成初步研究成果。全年区域规模以上文化创意产业单位收入合计6800亿元。

（韩松）

【《京北畿甸清河镇》发布会】 1月19日，由区委宣传部主导，海淀区清河街道党工委、办事处主办的讲述“海淀故事”之清河专场暨《京北畿甸清河镇》发布会在清河街道举行。区委常委、宣传部部长陈名杰，区文明办、文化委、社会办、文物局、档案馆、文促中心、清河街道等单位负责人，该书作者杜泽宁，地区居民和企事业单位代表等近200人参会。区委宣传部负责人介绍，“海淀故事”是海淀区引领社会主流思想价值，推动社会主义核心价值观落地生根，厚植区域创业创新文化特色而提出的区域性概念。以爱国主义教育、百姓宣讲及“海淀故事”微信公众平台等新媒体、全媒体宣传教育为抓手，讲述区域内人们对社会主义核心价值观的理解与践行。清河是京城北郊一座古老的畿甸，是“海淀故事”的重要组成部分。由于历史原因，清河古镇的历史一直没有完整书籍详细记载。杜泽宁利用9年时间，采访600余人，搜集资料，考证史实，完成近50万字的《京北畿甸清河镇》。区政协原主席彭兴业、陈名杰为新书发布揭幕，清河老照片大型影册《清河记忆》征集活动同时启动。该书已被国家图书馆、北京图书馆、海淀档案馆收藏，当当网、京东网同时发售。

（钟冷）

【京津冀非遗嘉年华活动】 4月29日至5月1日，“筑梦西山 守艺非遗”京津冀非遗嘉年华活动在北京植物园举办。邀请来自海淀的曹氏风筝、京绣、内画鼻烟壶、剪纸、连氏艾灸、北京绢人、彩塑京剧脸谱等非遗项目，还邀请来自天津、廊坊等地的薛氏糕点、秸秆扎刻、粮食画等非遗项目，采取展示、展销和体验教学相结合的方式，全方位、多角度地宣传展示京津冀非遗资源，使人们目睹京津冀不同地区非遗大师和传承人的手工绝活，领略风格迥异的中国传统文化，进一步强化对非遗项目的保护意识。

（韩松）

【《大北京小保安》电视剧出品】 5月16日，由中国人口宣传教育中心和区委宣传部指导出品、联合摄制的国内首部保安题材轻喜电视剧《大北京小保安》在北京举行摄制报告暨媒体见面会。故事以朱良玉为创作原型，通过“聚焦小人物传播正能量”用身边榜样的力量，推进群众性宣传思想工作开展，传播主流价值，引领社会风尚。

（韩松）

【第八届曹雪芹文化艺术节开幕】 6月17日，由北京曹雪芹学会、中国红楼梦学会、北京市公园管理中心、海淀区委宣传部联合主办的第八届曹雪芹文化艺术节开幕式暨1987版电视剧《红楼梦》开播30周年纪念活动在北京植物园曹雪芹纪念馆举行。活动以“1987，我们的红楼梦”为主题，围绕初心篇、匠心篇、感恩篇、缘心篇4个篇章展开。

（韩松）

【区情教育丛书首次发布】 7月10日，区委宣传部首次发布区情教育丛书。该套丛书第一批推出的是海淀区园林研究专家、史志研究专家、红学专家樊志斌撰写的《三山五园研究》《海淀文史考论》《红学十论》《曹学十论》4本书，100余万字，对“三山五园”皇家园林体系的历史、文化、风俗以及《红楼梦》文化进行深入探讨和研究。丛书首发2.4万册，面向党政机关、图书馆、中小学校免费发放。

（王艳洁 秦胜南）

【百姓宣讲活动】 9月8日，由区委宣传部主办的海淀区2017年“砥砺奋进的五年暨我们的价值观”百姓宣讲活动启动。其间，“砥砺奋进的五年”百姓宣讲团和“我们的价值观”百姓宣讲团的12位来自不同行业、身处不同岗位的宣讲人带来“普法，让百姓更有获得感”“话剧里的永定四季”等主题鲜明、内容丰富的宣讲。宣讲人用身边事，展示5年来全区科技创新、文化建设、民生保障等多方面的发展与变化。

（韩松）

【文创成果亮相文博会】 9月11日，第十二届中国北京国际文化创意产业博览会（简称文博会）开幕，海淀区展区亮相文博会4号馆。展区共设置六大主题板块，包括以“红皇兰法”为主题的区域特色文化、书画艺术、魏公村舞蹈艺术、以“百变·设计”为主题的创意设计、文化科技融合、文化“走出去”等展示活动内容。20余家文创企业携最新产品集体亮相，展示出作为全国科技创新中心核心区自主创新实力，也是海淀区文化创意产业协会搭建的“海淀区文化创意产业重大项目资源库”首批入库企业的成果展示。全年规模以上文化创意产业单位实现收入6800亿元。

（韩松）

纪检监察

【概况】 2017年，全区纪检监察组织围绕党的领导、党的建设、全面从严治党，着力推进纪律检查和国家监察体制改革试点工作，履行党内监督和国家监察专责，纪检监察工作取得新进展新成效。全区有各级纪检机构63个，其中区纪委1个，处级单位纪检机构62个（含18个派驻纪检监察组）。

（刘梦瑶）

【区纪委十二届二次全会】 2月13日，中共北京市海淀区第十二届纪律检查委员会第二次全体会议召开，会议深入贯彻中共十八届六中全会精神，认真学习贯彻中央纪委七次全会、市纪委六次全会精神，总结2016年纪律检查工作，部署2017年任务。区委常委、纪委书记肖韵竹代表区纪委常委会作题为《以更大决心更大气力更大勇气管党治党推动全面从严治党向纵深发展》的工作报告。会议审议通过全会工作报告和《中国共产党北京市海淀区第十二届纪律检查委员会第二次全体会议决议》。

（刘梦瑶）

【海淀区监察委员会成立】 3月28日，北京市海淀区监察委员会成立，为全市成立的第一家区级监察委员会。同日，海淀区十六届人民代表大会第二次会议选举肖韵竹为海淀区首任监察委员会主任。经肖韵竹提请，海淀区人大常委会第四次会议选举任命刘志平、张磊、李传峰为副主任，选举任命陈璐、付海涛、樊中恒为区监察委委员。4月19日，区纪委区监委完成转隶组建和合署办公，共设定编制134个，内设机构16个，成立机关党委和纪委。改革后的区纪委区监委履行监督执纪问责和监督调查处置职责。

（刘梦瑶）

【区委巡察机构成立】 7月14日，区委第三十一次常委会研究并通过《中共北京市海淀区委关于开展巡察工作的实施意见》，成立巡察工作领导小组；组建巡察办和5个巡察组，负责实施巡察工作。8月8日，区委召开巡察工作大会，对巡察工作进行动员部署。年内，区委分两轮对15家单位开展政治巡察，发现各类问题381个，移送党员干部违规违纪线索58个，提出整改建议185条。

（刘梦瑶）

【区纪委十二届三次全会】 9月28日，中共北京市海淀区第十二届纪律检查委员会第三次全体会议召开。会议传达中共北京市纪委十二届二次全会精神及十二届区委常委会第四十三次会议有关精神，听取徐敏等5名基层纪（工）委书记、派驻纪检监察组组长述责述廉，并由区纪委副书记、区纪委常委进行点评和质询。会议审议通过《中国共产党北京市海淀区纪律检查委员会工作规则》《海淀区纪委区监委关于新形势下加强纪检监察队伍建设的实施意见》和《中国共产党北京市海淀区第十二届纪律检查委员会第三次全体会议决议》。

（刘梦瑶）

【派驻机构改革】 年内，在区级党和国家机关设立18个派驻纪检监察组并赋予纪检监察职能和权限，实行区纪委区监委统一管理。区监委向各街道、镇派出监察机构，推动监察体制改革向基层延伸。在全区各基层党总支部、党支部全部设立纪检委员。

（刘梦瑶）

【督促落实全面从严治党责任】 年内，区纪委发挥同级监督作用，督促区委班子成员、区级领导在各自职责范围和分管领域履行和担当好主体责任，协助区委向下压紧压实各级党组织主体责任，健全一级抓一级、层层抓落实的责任体系。向相关区领导提供和通报其分管部门党风廉政建设情况，协助安排约谈督促后进单位整改提高。发挥责任制检查考核导向作用，开展党风廉政建设责任制年中和年底专项监督检查。认真落实问责条例和市委实施办法，对从严治党责任落实不到位、纪律执行不力等行为严肃问责，全年问责81人。

（刘梦瑶）

【落实中央八项规定精神】 年内，区纪委贯彻落实习近平总书记关于进一步纠正“四风”、加强作风建设的重要批示，通过运用大数据平台、畅通微信举报途径、随机抽查等方式，增强发现“四风”问题的能力，特别注意查找“四风”问题的新形式、新表现，坚决防止不正之风反弹回潮。重点检查各单位是否存在以形式主义、官僚主义方式对待党中央、市委、区委决策部署等突出问题，结合党风廉政建设检查考核，共组织20个检查组对117家被检查单位的公款使用、公车使用管理、内部食堂账目等进行检查。全年共发现“四风”问题66件，立案47件，严肃查处区军休办学院路休养所赵某公车私用、甘家口街道办事处孔某接受他人组织宴请等顶风违纪案件，对结案案件全部予以通报曝光。

（刘梦瑶）

【监督检查与纪律建设】 年内，区纪委把维护政治纪律和政治规矩摆在首位，加强对学习贯彻党的十九大精神和党章党规党纪执行情况的监督检查，推动习近平新时代中国特色社会主义思想在海淀落地生根、形成生动实践。围绕“两贯彻一落实”，制定重点任务分解方案，加强对市党代会精神落实情况的监督检查，严查在落实环境治理、疏解非首都功能、人口调控、城市副中心建设、京津冀协同发展等重大任务和突发事件中的作风和腐败问题。制定下发《关于全区党员干部在“疏解整治促提升”专项行动中带头遵规守纪的通知》，提出“六不准”“三必须”纪律规定。把“疏解整治促提升”专项行动和全市安全隐患大排查大清理大整治专项行动作为监督重点，对晨月园小区西门院落违法建设履职不力等案件坚决查处。对中央、北京市环保督察组移交的生态环境损害责任问题一追到底，约谈102人，诫勉谈话11人，通报曝光24人。深化“为官不为”“为官乱为”问题专项治理和“严肃查处群众身边的不正之风和腐败问题”专项工作，立案142件，党纪政务处分66人，约谈函询169人，组织处理242人，曝光16起案件38人次。围绕对口支援和精准救助、街镇专项人员聘用经费、农村“三资”管理使用等领域进行“微腐败”专项治理。加强对选人用人情况监督，把好政治关廉洁关，认真排查核查有关干部问题线索，共回复党风廉政意见722人次。做好纪律教育工作，编发《“学思践悟”专栏文章汇编》《讲述身边的好规矩优秀作品集》，纳入区委党校干部培训班教学。开展警示教育，编制纪律教育读本，制作“正风肃纪”警示教育光盘，发挥海淀看守所警示教育基地作用，109家单位3700多名党员干部到基地接受教育。

建成圆明园廉政文化基地，举办“廉洁海淀”廉洁文化作品巡回展，联合区工商联编印《海淀区民营企业家践行“亲”“清”关系征文集》，“廉荣腐耻”“崇廉拒腐”的政治文化氛围初步形成，廉洁海淀建设逐步深化。探索建立激励和容错纠错机制，协助区委制定《关于建立容错纠错机制鼓励干部在改革创新先行先试中担当作为的实施意见（试行）》，旗帜鲜明地为敢于担当、踏实做事、不谋私利的干部撑腰鼓劲。

（刘梦瑶）

【执纪审查与监察调查】 年内，全区纪检监察组织共处置问题线索 895 件，比上年上升 110%；立案 223 件，比上年上升 11%；结案 170 件，给予党纪政务处分 149 人。突出执纪审查工作的政治性，继续把“三类人”“五类事”作为执纪重点，查处海淀区原图书馆馆长赖某涉嫌受贿案，农大附中原会计王某涉嫌贪污案，甘家口街道进口社区党支部书记、居委会主任韩某违规领取补贴案等违纪违法案件。运用“四种形态”处理 900 人，其中第一种形态 752 人次，占 83.6%。对“零立案”的纪检监察组织严加督促。制定《关于规范纪律处分决定执行工作暂行办法》，对全区纪律处分执行情况开展专项检查，切实维护纪律的严肃性。把追逃追赃作为遏制腐败蔓延的重要一环，健全追逃防逃工作机制，从美国成功劝返两名外逃人员，其中一名为外逃 8 年的“红通人员”。

（刘梦瑶）

统 战

【概况】 2017 年，区委统战部以迎接中共十九大、学习贯彻中共十九大精神为主线，按照全国、北京市统战部长会议的要求部署，紧紧围绕首都战略布局和发展理念，紧密结合海淀经济社会发展实际和功能定位，统一认识、凝聚共识，着力推动统一战线各领域工作，为加快建设全国科技创新中心核心区提供了广泛的力量支持。

思想建设工作 加强对统一战线成员的政治引导。做好民族宗教有关工作，维护好统战各领域的和谐稳定，为中共十九大召开营造良好氛围。组织统一战线成员收看中共十九大开幕式，举办统一战线大讲堂，组织召开民主党派领导班子学习中共十九大专题座谈会，在《海淀报》专版刊载各党派主委学习中共十九大心得体会。把学习中共十九大精神纳入区社会主义学院和各民主党派举办的各类培训班。支持民主党派、无党派人士加强思想政治建设，开展“不忘合作初心、继续携手前进”专题教育，深化非公有制经济人士理想信念教育实践活动，开展民主党派 2017 自身建设年活动，增强“四个意识”，坚定“四个自信”。

服务核心区建设工作 召开区委统战工作领导小组会，调整了领导小组成员名单，制定了区委统战工作领导小组年度工作要点。制定并落实市十二次党代会中涉及海淀区统战工作的任务清单。街镇和统战任务较重的教工委、卫生工委和国资委挂牌设立统战部，明确专兼职统战干部，夯实基层统战工作基础，不断推进构建大统战格局工作。支持各民主党派、工商联和无党派人士发挥专业优势，聚焦中关村科学城、为全国科技创新中心核心区建设献计出力，共申报调研课题 32 项，编报参政议政类等信息近 400 条。《团结报》多媒体阅报屏进驻中关村地区，统战部、雷学金慈善基金会分别与易县、赤城县签订三方捐助协议，资助贫困大学生。举办“首届在京台生就业实习推介会”“第二届京台青年创新创业大赛”等活动。

落实多党合作制度工作 出台《关于进一步加强政党协商的实施办法》，进一步提升政党协商制度化规范化科学化水平。全年召开专题协商会 2 次、人事协商会 3 次、情况通报会 2 次。调整区委常委联系民主党派工商联、区四套班子中共领导与党外人士交朋友名单。配合做好民主党派市委换届工作，共完成民主党派换届人选考察评价 44 人；完成非公经济人士测评 70 人。配合做好市人大、市政协换届中党外人选推荐和考察审查工作。共推荐市政协委员初步人选 18 人，市人大代表初步人选 13 人。完成区政协委员调整，增补 10 名委员。

新的社会阶层人士统战工作 建立多级多类联谊会活动载体。在中关村创业大街新阶层人士联谊会和中关村智造大街新阶层人士联谊会基础上，成立海淀留创园新阶层人士联谊会、中关村知识产权一条街新阶层联谊会，将有代表性的新的社会阶层人士吸收到联谊会中来，继续推进全国新的社会阶层人士统战工作创新示范区建设。对全区新阶层人士进行全面摸底，全区新的社会阶层人士总数超过 60 万人。起草《海淀区关于新阶层人士统战工作具体实施意见》。

党外代表人士队伍建设工作 召开区社会主义学院院长办公会，调整社院班子成员，制订全年培训计划。开展好各方面各层次党外人士培训工作，与吉安、遵义等社会主义学院合作，继续开展异地培训。继续委托中央社院、驻区高校等，开展党外人士的委托培训。举办党外代表人士暑期培训班、新的社会阶层人士培训班、宗教界代表人士培训班等十几次主体班次，全年累计培训 700 余人次。

民族宗教工作 组织召开海淀区民族宗教领导小组全体会议并完成小组成员调整工作。迎接中央、市委统战工作领导小组到海淀区就落实中央、市委关于宗教方面重大决策部署进行专项调研检查。继续做好基督教专项工作，坚持每周日按时值守。做好浴佛节、开斋节等重大宗教节日走访慰问教职人员和信教群众工作，开展暑期慰问活动。

非公经济领域统战工作 牵头 15 家单位完成北京市十二次党代会代表候选人以及外省市委托区委统战部进行非公评价 30 人。组织海淀区 25 名非公经济代表人士参加全国年轻一代民营企业家理想信念报告会。协助推荐10名非公经济人士参加北京市五四青年评选。推荐 3 名非公企业党组织负责人参加市委统战部脱产培训。联合区工商联进行北京市工商联第十四次代表大会代表推荐工作。

港澳台海外统战工作 按照中央、市委对台决策部署要求，实现服务对台工作大局和服务海淀工作全局的有机统一。深入推进对台基层交流工作。加大涉台宣传教育力度。加强“青少年涉台教育基地”“京台中小学交流基地”建设，新增10所区级基地校。做好对台联络工作。坚持区领导定期走访重点台资企业；发挥北京台资企业协会海淀分会作用，加强与代表性台商的联系；坚持区领导在两岸共同传统节日及重要纪念日开展座谈、联谊等活动。

（王彩虹）

【党派团体协商会】 3月24日，中共海淀区委召开党派团体协商会，就成立区监察委事宜进行协商推荐。11月13日，召开情况通报会暨党派团体协商会，通报海淀区重要人事变动情况，就海淀区人民政府区长候选人和北京市第十五届人民代表大会代表候选人建议人选进行协商推荐。11月28日，召开党派团体协商会，就区政协常委及委员拟增补人选进行协商。

（王彩虹）

【台湾企业家到区参访】 3月28日，由理事长蔡俊章带队的一行6人台湾企业家参访团到海淀参访。参访团一行先后参观清华科技园展厅、启迪之星孵化器企业、台湾创业公司——疯老板、京台青年科技创新创业中心及海淀文化创意园等，并就海淀区文化创意园合作模式进行座谈。

（王彩虹）

【对台干部培训班】 4月5日—7日，海淀区举办2017年对台干部培训班。区委对台工作领导小组成员单位，街道、镇及部分区属中小学校的对台工作主管领导、对台干部70余人参加培训。培训班邀请国台办、市台办有关领导针对台湾问题、对台交流等方面进行讲解。有关单位交流对台工作经验和体会。

（王彩虹）

【海淀留学人员创业园新的社会阶层人士联谊会成立】 4月20日，中国北京（海淀）留学人员创业园新的社会阶层人士联谊会成立大会在中关村创业大厦召开。大会选举产生海淀留创园新的社会阶层人士联谊会第一届理事会领导班子。民建会员、中关村科技园区海淀园创业服务中心主任、海淀留创园主任赵新良当选首任会长。海淀留创园新的社会阶层人士联谊会是北京市成立的首个园区新的社会阶层人士联谊会。

（王彩虹）

【情况通报会】 4月25日，中共海淀区委召开情况通报会，就海淀区出席北京市第十二次党代会代表候选人初步人选征求党外人士意见建议。中共海淀区委常委、组织部部长周志军出席会议。各民主党派区（工）委、区工商联有关负责人和无党派人士代表参加会议。

（王彩虹）

【新的社会阶层代表人士培训班】 4月25日—29日，海淀区委统战部和海淀区社会主义学院在江西井冈山举办海淀区新的社会阶层代表人士培训班。区委统战部副部长、区社会主义学院副院长马龙虎参加培训班并作开班动员。来自海淀区新的社会阶层人士联谊会和中关村创业大街、中关村智造大街、中关村知识产权和标准化一条街、海淀留创园的新的社会阶层代表人士近40人参加培训。

（王彩虹）

【统战工作领导小组会】 5月8日，中共海淀区委统战工作领导小组会议召开，学习传达市委统战工作领导小组会议精神，审议通过《中共海淀区委统战工作领导小组2017年工作要点》，听取海淀区迎接中央统战工作领导小组关于宗教工作重大决策部署专项调研检查有关情况。区委书记、区委统战工作领导小组组长崔述强讲话，区委副书记、统战部部长、区委统战工作领导小组常务副组长刘勇主持会议。

（王彩虹）

【韩启德到区调研】 5月10日，全国政协副主席、九三学社中央主席韩启德率九三学社中央调研组到海淀区调研改进校园餐食管理情况。

（王彩虹）

【雷学金慈善基金会助学捐赠仪式】 6月3日，北京雷学金慈善基金会助学捐赠仪式在海淀区举行。北京雷学金慈善基金会顾问、北京市政协原副主席、市委统战部原部长沈仁道，北京市委统战部副部长、市侨联党组书记赵宏生，海淀区委书记崔述强，海淀区委副书记、统战部部长刘勇以及河北省保定市易县、张家口市赤城县主要领导出席捐赠仪式。仪式上，雷学金基金会与海淀区对口帮扶的河北省易县和赤城县签署捐赠协议，将资助60名贫困大学生240余万元完成学业。

（王彩虹）

【中关村知识产权和标准化一条街新的社会阶层人士联谊会成立】 6月14日，中关村知识产权和标准化一条街新的社会阶层人士联谊会成立大会在海淀区召开。北京市委统战部副部长严卫群，中关村管委会委员赵清，海淀区委副书记、统战部部长刘勇，区委统战部常务副部长刘珍，海淀园工委常务副书记吴宝华，区知识产权局局长王英，区委统战部副部长马龙虎等领导出席会议。大会选举产生知识产权和标准化一条街新的社会阶层人士联谊会第一届理事会领导班子。民建会员、北京路浩知识产权代理有限公司总裁谢顺星当选首任会长。

（王彩虹）

【党外中青年骨干培训班】 6月28日—30日，海淀区委统战部和区社会主义学院举办第二十二期党外中青年骨干培训班。区委统战部常务副部长、区社院副院长刘珍出席开班式和结业式并作开班动员和培训总结。海淀区各民主党派和工商联的中青年骨干60余人参加培训。

（王彩虹）

【党外代表人士培训班】 8月21日—22日，海淀区委统战部举办2017年党外代表人士培训班。海淀区各民主党派、工商联、党外知识分子联谊会和新的社会阶层人士联谊会领导班子成员 70 余人参加培训。

（王彩虹）

【区委书记与党外代表人士谈心活动】 8 月 22 日，海淀区举办中共海淀区委书记与党外代表人士谈心活动。中共海淀区委书记、区长于军与海淀区党外代表人士座谈交流，听取大家的意见和建议。中共海淀区委副书记、统战部部长刘勇主持座谈会。中共海淀区委常委、区委办主任高念东，副区长陈双等参加座谈会。

（王彩虹）

【民主党派基层组织建设研讨会】 9 月 7 日，海淀区委统战部召开海淀区民主党派基层组织建设研讨会，围绕各民主党派加强基层组织建设方面的经验做法、基层组织建设中面临的困难和问题以及对加强民主党派基层组织建设的意见建议等内容进行交流。区委统战部常务副部长刘珍主持并讲话，各党派分管副主委及部分基层组织负责人参加讨论。

（王彩虹）

【宗教界代表人士培训班】 9 月 18 日—21 日，海淀区委统战部与区民宗侨办联合举办 2017 年宗教界代表人士培训班。来自海淀区五大宗教团体的有关负责人及中青年骨干等 40 余位宗教界人士参加培训。

（王彩虹）

【新的社会阶层代表人士学习中共十九大精神专题活动】 10 月 27 日，海淀区委统战部组织召开新的社会阶层代表人士学习中共十九大精神专题座谈会。海淀区新的社会阶层人士联谊会和中关村创业大街、中关村智造大街、中关村知识产权一条街、海淀留创园等各分会的领导班子成员畅谈学习中共十九大报告的感想体会。11 月 2 日—9 日，海淀区委统战部在中央统战部干部培训中心苏州基地，举办海淀区新的社会阶层代表人士学习中共十九大精神专题培训班，100 余人参加培训。

（王彩虹）

【民主党派基层组织负责人培训班】 12 月 6 日—7 日，海淀区委统战部、区社会主义学院在中央统战部怀柔培训中心举办海淀区民主党派基层组织负责人培训班。区委统战部常务副部长刘珍作开班动员，海淀区各民主党派基层组织班子成员 40 余人参加培训。

（王彩虹）

政策研究

【概况】 2017 年，区委、区政府研究室编写文稿和报告 160 余篇，计 50 余万字；开展和参与调研活动共计 100 余人次；启动全区 125 项调研课题的跟踪管理服务工作；编印《海淀研究》4 期；编印《2017 年度海淀区优秀课题选编》。

（孙旭）

【推进全区改革工作】 年内，区委、区政府研究室牵头组织区委改革办各项工作，结合改革开放 40 周年，制定出台区委全面深化改革领导小组 2018 年工作要点、海淀区 2018 年重点及专项改革任务。组织召开区委全面深化改革领导小组全体会 2 次，审议通过相关领域 6 项议题。组织召开区委改革办全体会 1 次、区委改革办专题会 1 次。加大对区委改革事项的督查力度，制定《海淀区 2018 年全面深化改革督察工作方案》。编写 9 期《改革工作简报》。做好对重点改革事项的调研推动，会同市委改革办开展了“街乡吹哨，部门报到”、农村产权制度改革工作的现场调研座谈。

（孙旭）

【重大问题研究】 年内，区委、区政府研究室启动 27 项重大课题研究。围绕核心区建设，开展“海淀区城市功能布局调整优化研究”课题研究；围绕加强党建工作和人才创新工作，开展“海淀区民主党派参政议政能力建设研究”和“高校院所人才参与区域创新发展的调查研究”两项课题；围绕京津冀协同发展、疏功能减人口和深化城市治理，开展“京津冀协同发展背景下海淀区疏解整治促提升专项行动与人口调控的路径及效果评估研究”“以‘开墙破洞’治理浅谈疏解非首都功能的思路与创新”等课题研究；围绕创新发展，开展“海淀区创新发展生态环境建设研究”等课题研究；围绕中关村科学城建设，开展“中关村科学城与中关村大街发展建设研究”等课题研究。

（孙旭）

【调查研究工作】 年内，区委、区政府研究室支持指导全区各单位开展课题研究、推动成果转化、加强调研成果交流。开展 2016 年度全区调研工作先进单位和优秀调研成果评比；举办 2017 年度全区调研工作培训会；树立“调研一盘棋”思想，发挥研究室对全区调研课题的统筹指导，加强与区发改委发展与改革研究中心、海淀园管委会核心区发展研究中心、区委党校等研究机构的合作，形成全区调研合力；坚持开门搞调研，发挥专家优势，加强与国家行政学院、中关村管委会、北京大学、城市学院等区域单位的课题沟通与合作；已完成的调研成果中，共有 109 项成果实现转化。其中，转化为制度、意见、方案、规划等 71 项，在市级以上刊物上发表和获奖的有 16 项，转化为具体项目或活动的有 22 项。

（孙旭）

机构编制

【概况】 2017 年，海淀区机构编制委员会办公室（简称区编办）办理事业单位法人设立登记 3 家，变更登记 107 家，注销登记 20 家，收缴印章 72 枚；全年为全区 7 家党政机关、群众团体补发了统一样式的“统一社会信用代码证书”；为 31 家党政机关、群众团体办理“统一社会信用代码证书”变更。组织全区 72 家单位开展全面梳理公共服务事项工作，最终确认区级公共服务事项 592 项、街道级公共服务通用事项 90 项、镇级公共服务通用事项 96 项。经区政府常务会审议通过，以政府办名义印发，并向社会公开。5

月，顺利完成国务院“放管服”改革督查迎检工作。

（饶培培）

【街道卫生计生内设机构及职责调整】 1月17日，区编办下发《关于各街道办事处卫生计生内设机构、职责调整的通知》，将人口与计划生育办公室更名为卫生和计划生育科，并对相应编制及职责进行调整。

（饶培培）

【法检机构编制上划工作完成】 1月，根据市编办《关于对区法院检察院机构编制实行统一管理的意见》要求，区编办将区法院、检察院政法专项编制按市机构编制部门核定的数额上划至市机构编制部门；区法院、检察院所属事业单位和事业编制按区机构编制部门核定的数额上划至市机构编制部门，并统一纳入市级事业单位机构编制总额。

（饶培培）

【行政职能事业单位改革试点工作完成】 1月—8月，根据中央办公厅、国务院办公厅《关于开展承担行政职能事业单位改革试点的指导意见》、中编办《关于开展地方承担行政职能事业单位改革试点工作有关问题的通知》及市编办《关于同意海淀区承担行政职能事业单位改革试点方案的批复》精神，将事业单位承担的行政职能全部回归行政机关。同时，确定17家承担行政处罚、行政强制等行政执法职能的事业单位，为下一步推进综合行政执法体制改革奠定基础。

（饶培培）

【中介服务事项清理】 2月—10月，分两批清理规范42项区级行政审批中介服务事项。同时，落实《关于公布本市行政审批中介服务事项目录清单的通知》文件精神，梳理出海淀区保留中介服务事项50项，并以区政府办名义向社会公布。

（饶培培）

【非行政许可审批事项销账完成】 2月—10月，区编办根据《北京市人民政府关于取消和调整一批非行政许可审批事项的通知》精神，组织全区19家单位逐项对照取消调整，海淀区非行政许可审批事项实现全面销账。

（饶培培）

【权力清单梳理】 3月—12月，区编办按照《市政府审改办关于印发北京市市、区政府部门权力清单（2017统一版）的通知》要求，组织全区72家单位开展权力清单梳理工作，形成2017版海淀区政府部门权力清单（共计920项），并向社会公开。

（饶培培）

【区环境保护监察支队机构性质调整】 4月24日，经区编委会研究决定，印发《关于调整北京市海淀区环境保护执法机构和编制的通知》，将北京市海淀区环境保护监察支队调整为行政执法机构，置换并核增行政执法编制。

（饶培培）

【5家区委部门“三定”完成】 5月26日，根据中央对于党委系统机构编制的有关规定，对区委未进行内设机构设置部门的职责和现状进行全面梳理，并根据实际工作调整主责表述，明确内设机构及编制，完成并下发区委办、区委统战部、区委区政府研究室、区委老干部局和区直机关工委5家单位的“三定”规定。

（饶培培）

【对应取消行政许可事项】 5月—6月，为落实《市政府审改办关于贯彻落实国务院第三批取消中央指定地方实施行政许可事项的通知》的文件要求，海淀区实际对应取消3项行政许可事项。

（饶培培）

【区级城市管理体制改革】 6月，海淀区人民政府印发《北京市海淀区人民政府关于调整本区区级城市管理体制的意见》《北京市海淀区人民政府关于本区城市管理执法体制重心下移的意见》，健全城市管理统筹协调机制，明确城市管理主管部门，构建“大城管”职责体系，并调整城市管理执法体制，将执法重心下移至街道。9月，设立北京市海淀区城市管理委员会。11月27日，海淀区人民政府办公室《印发〈北京市海淀区城市管理综合行政执法监察局主要职责内设机构和人员编制规定〉的通知》，明确区城管执法监察局职责定位。实现执法重心下移，将区城管执法监察局所属街镇执法队划转至各街镇，为各执法队核增编制，同时为各街镇城市服务管理指挥分中心核增编制。

（饶培培）

【基层证明清理】 8月—11月，区编办组织全区64个相关部门严格落实市级已取消调整的74项基层证明，并取消7项区政府部门要求提交的涉及群众办事创业各类证明，并将涉及的81项取消调整的基层证明事项在单位门户网站、办事窗口、办事指南等处及时更新向社会公开。

（饶培培）

【纪检监察体制改革】 9月2日，按照中央和北京市监察体制改革的有关精神，撤销区监察局、区预防腐败局，相关职能整合至北京市海淀区监察委员会，涉及的人员编制一并划转；9月27日，成立区委巡察办，为区委工作部门，设在区纪委；10月11日，将区检察院反贪污贿赂、反渎职侵权、职务犯罪预防等机构政法专项编制划转至北京市海淀区监察委员会；完成区纪委、区监察委派驻机构的机构设置、编制划转和领导职数核定工作。

（饶培培）

【街镇统战内设及职责调整】 11月15日，区编办下发《关于各街镇承担统战工作内设机构加挂统战部牌子、强化统战职责的通知》，承担统战职责的科室明确为街道党工委办公室、镇组织部并加挂统战部牌子，同时修改统战职责表述，进一步强化统战职责。

（饶培培）

【设立街镇派出监察机构】 11月20日，以区编办名义下发《关于撤销各街镇纪检监察办公室、设立派出监察机构的通知》，调整街、镇纪检监察办公室为派出监察机构，分别与街道纪工委、镇纪委合署办公。

（饶培培）

【街道所属社区服务中心名称及职责调整】 11月20日，以区编办名义下发《关于各街道所属社区服务中心加挂文化服务中心牌子、强化公共文化服务职责的通知》，调整街道所属社区服务中心名称，同时增加强化职责。

（饶培培）

【各街镇党群活动服务中心成立】 12月7日，以区编委名义下发《关于成立各街镇党群活动服务中心的通知》，成立各街镇党群活动服务中心，为各镇（街道）所属相当正科级财政补助事业单位，机构类别为公益一类。

（饶培培）

【海淀区综合行政服务中心更名】 年内，根据市编办《关于同意北京市海淀区综合行政服务中心更名和职责调整的批复》精神，经区编委会研究决定，将北京市海淀区综合行政服务中心更名为北京市海淀区政务服务管理办公室（简称海淀区政务服务办）。

（饶培培）

【区委网络安全和信息化领导小组办公室设立】 12月27日，根据市编办《关于建立健全区级网络安全和信息化工作机构有关事项的通知》和《关于同意设立中共北京市海淀区委网络安全和信息化领导小组办公室的批复》精神，设立中共北京市海淀区委网络安全和信息化领导小组，为区委议事协调机构，主要负责统筹协调全区网络安全和信息化重大问题。领导小组办公室设在新设立的区委网信办。设立中共北京市海淀区委网络安全和信息化领导小组办公室（简称区委网信办），为区委工作机构，挂靠区委宣传部，机构规格正处级，加挂北京市海淀区互联网信息办公室牌子（简称区互联网信息办），具有政府行政管理职能。

（饶培培）

党史研究

【概况】 2017年，海淀区党史地方志办公室（简称区史志办）围绕全区重点工作，开展党史宣传和史料征集工作。编印并发行《海淀史志》期刊7期，45万余字；发行《水润京华——水·海淀·北京城》专刊700本。报送并入选中央党史研究室《改革开放实录》课题。完成《中共海淀区党史》初稿撰写工作。12月6日，“海淀党史文化”微信公众号正式上线运行。

（徐佳伟）

【《改革开放实录》选题】 4月，经区领导审定，区史志办报送中央党史研究室《改革开放实录》第四辑课题——“从北京市新技术产业开发试验区到全国科技创新中心核心区（中关村科学城）”并入选。课题依照时间顺序，分4个阶段研究中关村的发展——北京新技术产业开发试验区、中关村科技园区、国家自主创新示范区、全国科技创新中心核心区（中关村科学城）。

（徐佳伟）

【党史宣传月活动】 7月，按照《北京市2016—2020年党史工作规划》，区史志办开展以“喜迎十九大党史铸党魂”为主题的党史宣传月活动。区史志办联合区直机关工委举办党史知识竞答活动。通过微信每日刊出竞答题宣传大党史、北京党史、海淀党史等方面的知识。7月5日，开展党史书籍“六进”活动，向北京交通大学附属中学第二分校赠送党史书籍。7月10日，为香山街道的南植社区居民送上一堂题为《红色西山——以香山地区的革命文化为例》党史知识讲座，全面展现香山地区发生过的革命历史。

（徐佳伟）

【“水润京华——水·海淀·北京城”学术研讨会】 9月21日，区史志办召开“水润京华——水·海淀·北京城”学术研讨会。区政协原主席张宝章、永定河文化研究会会长张广林、中国人民大学教授何瑜、北京史地民俗学会副会长奚秀月、北京社科院研究员吴文涛等专家学者参加研讨。与会者梳理海淀水文化的来龙去脉，从水的视角探究不同历史时期海淀与北京城的关系。

（徐佳伟）

【“海淀党史文化”微信公众号运行】 12月6日，由区史志办创建的“海淀党史文化”微信公众号上线运行，微信公众号分为4个板块：一起学党史、海淀党史、海淀党史文化、党史工作动态。微信公众号运用“互联网+党史”的方式推进党史宣传，增加宣传渠道，契合当前获取信息方式，着力加强海淀红色文化的创造性转化和创新性发展。

（徐佳伟）

海淀区人民代表大会

2018
北京海淀年鉴

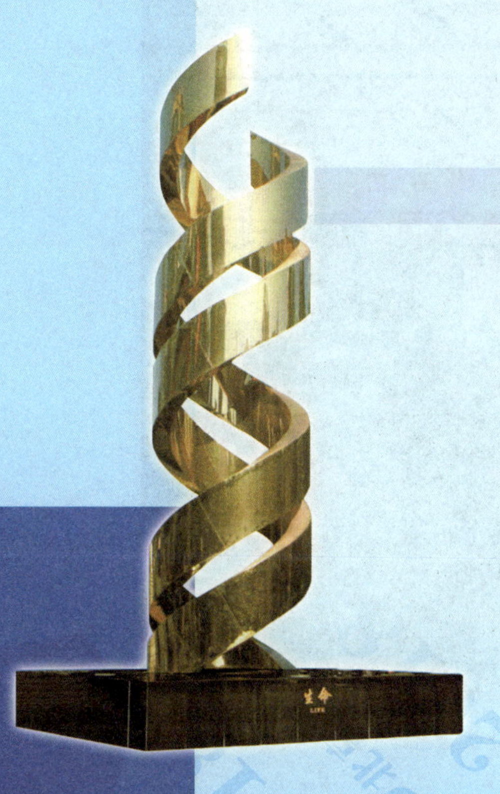

2月16日，区人大常委会召开2017年人大议案建议交办会（王佳琪 摄）

3月28日，区十六届人大二次会议选举区监察委员会主任（区人大 供图）

10月10日，区人大常委会举办监督法专题讲座（区人大供图）

12月20日，区委区政府主要领导与部分市区人大代表座谈交流（张洪军 摄）

综　述

【概况】　2017年，海淀区人大常委会召开区人民代表大会会议2次、常委会会议11次、主任会议18次，听取和审议区“一府两院”专项工作报告27项，督办议案1项，跟踪督办议案1项，作出决议、决定28项；形成审议意见书8份；依法选举任免区国家机关工作人员174人次，接受辞职3人，补选区人大代表8人，选举市人大代表100人，完成区十六届人大一次会议确定的工作任务。区人大常委会会议听取和审议区政府关于2016年财政决算报告、2016年度本级预算执行和其他财政收支情况的审计工作报告、2017年国民经济和社会发展计划上半年执行情况和下半年工作安排的报告、2017年上半年财政预算执行情况和对本级财政预算做部分调整的报告等，并作出相关决议。截至年底，共有100名北京市人大代表，439名区人大代表。

（吴向荣）

【议案建议交办会】　2月16日，区人大常委会2017年议案、建议交办会召开。区政府区长，区人大常委会主任、常务副主任、副主任，区检察院检察长，区法院副院长，区人大常委会各办公室主任，区政府相关部门及各街镇负责人出席会议；区人大城建环保委员会成员及部分议案领衔代表应邀出席会议。会议就人大议案和代表建议办理工作作出部署。

（吴向荣）

【代表工作会议】　3月28日，区人大常委会2017年代表工作会议召开。区人大常委会主任、常务副主任、副主任出席会议。会议由常务副主任主持。部署2017年闭会期间代表工作，就做好2017年代表工作提出具体要求。

（吴向荣）

【代表论坛】　6月7日，区人大常委会2017年第一次代表论坛举办。区人大常委会主任、副主任，区人大常委会机关各办公室主任、副主任，专职委员，以及32位区人大代表出席会议。与会代表围绕“如何做好本届人大常委会监督工作”主题，结合自己的履职经历和工作体会，就如何改进和加强监督工作提出意见和建议。7月6日，区人大常委会2017年第二次代表论坛举办。区人大常委会常务副主任、副主任，区政府副区长，区环保局副局长，部分区人大常委会机关办公室主任、副主任，专职委员，以及25位区人大代表出席会议。与会代表围绕“如何做好我区环境保护工作”主题，结合自己的视察、调研成果提出意见和建议。11月30日，区人大常委会2017年第三次代表论坛举办。区人大常委会主任、常务副主任，机关各办公室主任，专职委员以及21位人大代表出席论坛。16位人大代表围绕“学习贯彻中共十九大精神，为做好新时代海淀区各项工作建言献策”，结合自己学习中共十九大的体会和所从事的工作，就海淀当前的发展提出意见和建议。

（吴向荣）

【“两贯彻一落实”读书班】　7月26日—28日，区人大常委会组成人员“两贯彻一落实”读书班举办。听取了区人大常委会副主任所作的关于张德江委员长在推进县乡人大工作和建设经验交流会上讲话的精神传达，听取了北京市委党校教授曾宪植所作的关于落实市第十二次党代会精神的讲座、区人大常委会组成人员尹卫东所作的“中关村上市公司竞争力情况的分析”讲座、国防大学教授孙科佳所作的“国家安全形势与军事热点问题”的讲座，实地考察“一带一路”国际合作高峰论坛会址。7月28日，区委书记、区长于军，区委常委、区委办主任高念东出席读书班专题座谈会，与组成人员围绕“两贯彻一落实”、推动全国科技创新中心核心区建设等方面进行座谈交流，并提出有针对性的意见和建议。

（吴向荣）

【首期人大代表集中履职学习培训班】　7月31日至8月2日，区人大常委会首期人大代表集中履职学习培训班举办。区人大常委会主任刘长利，常务副主任王鲁豫，副主任臧桂武、杨莉、刘佩金、邓佑玲，1440名人大代表，区人大常委会机关工作人员，各人大街道工委、镇人大工作人员参加学习培训。培训班邀请北京社会主义学院副院长陈剑讲解北京市第十二次党代会精神及首都发展报告，中国人民大学法学院教授、法学院原院长韩大元讲解如何通过宪法凝聚社会共识，中国人大制度研究理事会副理事长张春生讲解组织法和代表法，北京市城市规划设计研究院研究室教授级高工、主任规划师杨明讲解北京城市总体规划的基本思路和主要内容，首都师范大学音乐学院教授雷达讲解如何进行音乐与心灵的对话。区政府常务副区长孟景伟通报海淀区2017年上半年经济社会发展情况和下半年重点工作安排，区财政局局长程培衡汇报海淀区2017年上半年财政预算执行情况和2018年财政预算编制思路。

（吴向荣）

【专题研讨会】　9月26日，“充分发挥代表主体作用，促进地区发展和民生改善”专题研讨会召开。区人大常委会主任刘长利，副主任臧桂武、杨莉出席会议。会议总结各街道人大工委和镇人大在充分发挥代表主体作用、促进地区发展和民生改善的工作中所取得的经验和成绩，由青龙桥街道工委、万寿路街道工委等10家单位分别以“以代表履职守则为指导，扎实做好青龙桥街道工委闭会期间代表工作”“践行‘四个强化’，提高履职效能”等为题目进行交流。会议传达9月4日全国人大常委会委员长张德江在十二届全国人大第十八期代表学习班开班式上对充分发挥代表主体作用发表的重要讲话精神。

（吴向荣）

【党风廉政建设工作情况通报会】　12月13日，党风廉政建设工作情况通报会召开。区人大常委会主任刘长利，区委常委、纪委书记、监察委主任肖韵竹，区人大常委会常务副主任王鲁豫、副主任刘佩金，以及部分区人大代表出席会议。区纪委向区人大代表通报全区2017年党风廉政建设工作情况，并听取人大代表的工作建议。代表围绕严格落实党风廉政建设责任制、培养干部廉洁自律意识、提升廉政教育质效等方面，对区纪委、监察委提出工作建议。

（吴向荣）

【区领导与部分人大代表座谈】 12月20日，区委、区政府主要领导与部分人大代表座谈。区委书记于军，区委副书记、区长戴彬彬结合2018年全区各项工作，与人大代表进行深入广泛交流。区人大常委会主任刘长利主持座谈会。与会的15位市、区人大代表围绕经济社会发展、深化改革、科技创新、文化教育、医疗卫生、城市管理、依法治区等方面内容，重点就聚焦中关村科学城、加快全国科技创新中心核心区建设，充分发挥政府平台作用，深入挖掘创新资源，支持重大产业项目落地，以及着力改善民生、促进生态文明建设等话题，发表意见和建议。

（吴向荣）

重要会议

【区人大常委会第一次会议】 1月11日召开。会议通过无记名投票方式，补选庞丽娟为北京市第十四届人民代表大会代表。

（吴向荣）

【区人大常委会第二次会议】 2月14日召开。会议审议通过《海淀区人大常委会2017年工作要点》，决定印发全体代表监督执行。会议听取区人大常委会代表联络室所作的海淀区人大常委会关于2017年代表建议、批评和意见办理工作意见的报告和代表建议综合分析情况的说明。会议审议通过《海淀区人大常委会关于2017年代表建议、批评和意见办理工作的意见》。会议听取关于海淀区人民代表大会专门委员会工作职责起草情况的说明，审议通过《海淀区人民代表大会专门委员会工作职责》。会议决定海淀区第十六届人民代表大会第二次会议于2017年3月下旬至4月上旬期间召开。会议决定相关人事任免事项。

（吴向荣）

【十六届人大二次会议】 3月27日—28日召开。会议选举肖韵竹为区监察委员会主任。

（吴向荣）

【区人大常委会第三次会议】 3月27日召开。会议听取区人大常委会常务副主任王鲁豫所作的关于海淀区第十六届人民代表大会第二次会议筹备工作情况的报告。会议听取代表资格审查委员会关于海淀区第十六届人民代表大会第一次会议以来代表变动情况的报告，会议表决通过关于接受李泉、魏开锋、李卫华、贺捷辞去海淀区第十六届人民代表大会代表职务的决定。

（吴向荣）

【区人大常委会第四次会议】 3月28日召开。会议决定相关人事任免事项。

（吴向荣）

【区人大常委会第五次会议】 4月18日召开。会议听取和审议区人民政府关于食品安全工作情况的报告，听取区人民检察院关于知识产权检察工作情况的报告。会议审议通过《北京市海淀区人民代表大会代表履职守则》。会议决定相关人事任免事项。

（吴向荣）

【区人大常委会第六次会议】 6月20日召开。会议分别听取区财政局所作的海淀区2016年财政决算（草案）的报告、区审计局关于海淀区2016年度本级预算执行和其他财政收支情况的审计工作报告。会议批准海淀区2016年区级财政决算。会议听取海淀区人民法院关于执行机制综合改革推进情况的视频影像报告。会议听取关于《海淀区第十六届人大常委会组成人员联系区人大代表工作方案》的说明。会议决定相关人事任免事项。

（吴向荣）

【区人大常委会第七次会议】 7月18日召开。会议分别听取区教委《关于海淀区教委2016年基本建设、修缮、安防专项资金管理和使用情况的报告》、区财政局《关于区教委2016年基本建设、修缮、安防专项资金安排及管理情况的专项工作报告》，区人大财政经济委员会向区人大常委会通报专题询问前期工作开展的有关情况。区人大常委会组成人员围绕教委基建项目遴选、项目管理、建立财政资金使用长效监督和绩效评价机制等方面问题向政府相关部门提出询问，区教委主任陆云泉、区财政局局长程培衡、区住建委主任张世芳分别回答各项询问。会议听取《海淀区人民政府关于海淀区环境状况和环境保护目标完成情况的报告》。会议听取区人大常委会代表资格审查委员会关于个别代表的代表资格的审查报告。区第十六届人大代表吴兆铮因工作调离本行政区，其代表资格终止。会议表决通过《海淀区第十六届人大常委会关于接受韩胜利、陈健辞去海淀区第十六届人大代表职务请求的决定》。

（吴向荣）

【区人大常委会第八次会议】 9月19日召开。会议听取和审议区发改委所作的关于海淀区2017年国民经济和社会发展计划上半年执行情况的报告、区财政局关于海淀区2017年上半年财政预算执行情况和对本级财政预算做部分调整（草案）的报告。经过审议，会议批准海淀区人民政府部分调整2017年本级财政预算。会议听取和审议区政府关于海淀区农村集体产权制度改革情况的报告。会议听取区人大常委会关于《海淀区人大常委会关于加强和改进监督工作的意见》有关情况的说明，审议并原则通过《海淀区人大常委会关于加强和改进监督工作的意见》。会议表决通过关于召开海淀区第十六届人民代表大会第三次会议的决定，会议定于2017年11月中下旬召开。会议听取代表资格审查委员会关于个别代表的代表资格的报告，表决通过彭晓友辞去海淀区第十六届人民代表大会代表职务的请求。会议听取区人大常委会《关于在部分选区补选区人大代表的情况说明》，表决通过《海淀区第十六届人民代表大会常务委员会关于补选区人大代表的决定》。会议决定相关人事任免事项。

（吴向荣）

【区人大常委会第九次会议】 11月7日召开。会议听取区人大常委会代表资格审查委员会关于补选代表的代表资格的审查报告以及海淀区第十六届人民代表大会第二次会议以来代表变动情况的报告。代表资格审查委员会根据相关法律规定，审查确认戴彬彬、齐明军、王曼谕、聂俊杰、米佳、曾涛、贺然、王继业8人的代表资格有效。海淀区第十六届人民代表大会实有代表441人。会议听取区人大常委会常务副主任王鲁豫所作的区第十六届人大三次会议筹备工作情况的报告。会议决定相关人事任免事项。

（吴向荣）

【十六届人大三次会议】 11月19日—21日召开。会议选举戴彬彬为海淀区人民政府区长，选举产生海淀区出席北京市第十五届人民代表大会代表。

（吴向荣）

【区人大常委会第十次会议】 11月28日召开。会议听取和审议区政府《海淀区人民政府关于办理“大力推进非首都功能疏解，加快建设和谐宜居海淀”议案的情况报告》，并表决通过。会议听取和审议海淀园管委会《海淀区人民政府关于中关村科学城建设情况的报告》。会议听取和审议区政府办《海淀区人民政府关于十六届人大一次会议以来代表建议、批评和意见办理情况的报告》，以及区人大常委会代表联络室主任孙大钧所作的《海淀区人大常委会关于十六届人大一次会议代表“建议、批评和意见”办理及检查情况的报告》，书面审议区法院、检察院关于十六届人大一次会议以来代表建议、批评和意见办理情况的报告。会议表决通过区人大常委会关于召开海淀区第十六届人民代表大会第四次会议的决定。会议决定，区十六届人大四次会议拟于2018年1月中旬召开。会议决定相关人事任免事项。

（吴向荣）

【区人大常委会第十一次会议】 12月26日召开。会议听取区审计局《海淀区2016年度预算执行和其他财政收支审计查出问题整改情况的工作报告》。会议听取区人大常委会关于区十六届人大四次会议筹备工作情况的报告、关于《海淀区人大常委会工作报告（审议稿）》起草情况的说明。会议讨论并原则通过提请区十六届人大四次会议审议的《海淀区人民代表大会常务委员会工作报告》。会议听取区人大常委会代表资格审查委员会关于海淀区第十六届人民代表大会第三次会议以来代表资格变动情况的报告。海淀区第十六届人民代表大会实有代表439人。会议决定相关人事任免事项。

（吴向荣）

监督工作

【概况】 2017年，区人大常委会会议听取和审议区“一府两院”代表建议办理情况的报告，区政府关于中关村科学城建设情况的报告、关于食品安全工作情况的报告、关于海淀区农村集体产权制度改革情况的报告；听取区政府关于海淀区2016年度预算执行和其他财政收支审计查出问题整改情况的工作报告，关于海淀区环境状况和环境保护目标完成情况的报告。听取人民法院关于执行机制综合改革推进情况的视频影像报告，以及区人民检察院关于知识产权检察工作情况的报告。

区人大常委会主任会议听取区政府关于依法管理宗教事务工作情况的报告，关于推进残疾人小康进程的报告，关于国有资本运营情况的报告，关于海淀区黑臭水体治理有关情况的报告，关于海淀区保障性住房建设、分配与管理工作情况的报告，关于海淀区卫生工作情况的报告，关于海淀区生活垃圾处理和大工村循环经济产业园运行情况的报告，关于海淀区优秀传统文化保护与传承体系建设情况的报告，关于海淀区环境执法工作情况的报告，督促区政府不断提高依法行政水平。

督办“大力推进非首都功能疏解，加快建设和谐宜居海淀”1项议案，跟踪督办“进一步加强全国科技创新中心核心区建设，发挥创新引领和辐射带动作用”1项议案。

对区教委2016年基本建设、修缮、安防共计9.93亿元的专项资金管理和使用情况开展专题询问。

对《全民健身条例》和《北京市全民健身条例》贯彻实施情况进行执法检查。

（吴向荣）

【区人大常委会开展专题询问活动】 4月20日，区人大常委会召开专题询问工作部署会，对区教委2016年基本建设、修缮、安防专项资金管理和使用情况开展询问进行部署，重点询问资金分配原则、政策落实、制度建设、工作流及使用绩效。区教委2016年基本建设、修缮、安防专项资金共计9.93亿元，其中基本建设类项目3个，资金6.7亿元；修缮类项目143个，资金2.76亿元；安防类项目79个，资金0.47亿元。区人大常委会将委托区审计局对专项资金进行绩效审计，会议对询问方式、部门分工和工作步骤等进行说明。

（景天）

【重点督办“大力推进非首都功能疏解，加快建设和谐宜居海淀”议案】 年内，区人大常委会重点督办区十六届人大一次会议确定的“大力推进非首都功能疏解，加快建设和谐宜居海淀”的议案。区人大常委会创新督办方式和组织形式，把议案的办理督办贯穿全年。与区政府及相关部门加强沟通衔接，推进议案办理工作。创新督办工作机制，在工作方案制定阶段、重点内容调研阶段、审议意见形成阶段与政府开展多层面沟通，先后召开议案办理督办工作启动会、中期汇报会、办理结果汇报会等会议，统一议案办理与督办步调，及时与议案领衔代表和委员沟通。重点突出，采取分类分阶段督办。贯彻“精准监督”理念，将督办分为四个专题，分阶段进行。对棚户区改造、违法建设治理、有形市场疏解、产业结构调整、腾退空间调整利用等重点工作开展 4 次专项视察活动；区人大常委会专职委员调研组全程跟踪议案办理工作，撰写专题调研报告，提出意见和建议。拓展监督范围，实行区级与街镇人大联动督办。各街道人大工委、各镇（地区）代表小组围绕疏解非首都功能，结合辖区特点，组织视察调研，开展联动督办。建立议案督办工作微信群，实现政府信息与人大工作共享，实时掌握疏解整治促提升工作动态。综合调研成果，增强审议实效。委员会通过听取汇报、实地视察、讨论座谈等形式，提出统筹规划、依法行政、新型城市建设、城市精细化管理等方面意见建议，通过城市功能织补实现优化疏解，推动产业对口输出，实现科技创新中心产业结构升级。

（杨光红）

【跟踪督办“进一步加强全国科技创新中心核心区建设，发挥创新引领和辐射带动作用”议案】 年内，区十六届人大常委会跟踪督办区十五届人大六次会议确定的“进一步加强全国科技创新中心核心区建设，发挥创新引领和辐射带动作用”议案。区人大常委会对中关村科学城建设情况开展调研，组织代表视察中关村大街、前沿技术创新中心和中国科技大学“1 + 2”平台；区人大常委会两次到海淀园进行专题调研，走访部分科技界代表，听取对中关村科学城建设的意见，并提出一系列有针对性的意见。11 月 28 日，区十六届人大常委会第十次会议听取和审议区政府关于中关村科学城建设情况的报告，提出审议意见建议，提出“加强战略和规划研究，做好中关村科学城建设顶层设计；着力做好新形势下海淀产业体系建设，努力培育高精尖企业；发挥我区人才密集优势，为企业聚集人才提供保障”等意见。12 月，经区十六届人大常委会第 18 次主任会议研究通过的审议意见书送达区政府，区政府将在中关村科学城建设工作中落实审议意见。

（杨光红）

人事任免

【概况】 2017 年，区人大常委会依法行使人事任免权，依法任免国家机关工作人员 174 人次。

（吴向荣）

【任免事项】 2 月 14 日，区十六届人大常委会第二次会议，根据区人大常委会主任会议提请，决定海淀区第十六届人大常委会代表资格审查委员会、人事工作委员会主任委员、副主任委员、委员名单，决定各街道工作委员会主任、副主任、委员名单。

根据区人民政府区长于军的提请，决定：任命王卫明为海淀区人民政府副区长（挂职至 2017 年 9 月）；任命李泉为海淀区发展和改革委员会主任；任命陆云泉为海淀区教育委员会主任；任命林剑华为海淀区科学技术委员会主任；任命刘志平为海淀区监察局局长；任命李大成为海淀区民政局局长；任命周玉鑫为海淀区司法局局长；任命程培衡为海淀区财政局局长；任命李卫华为海淀区人力资源和社会保障局局长；任命仲良喜为海淀区环境保护局局长；任命张世芳为海淀区住房和城乡建设委员会主任；任命赵寒为海淀区市政市容管理委员会主任；任命王桐慧为海淀区农村工作委员会主任；任命李劲松为海淀区水务局局长；任命王澎为海淀区商务委员会主任；任命陈静为海淀区文化委员会主任；任命甄蕾为海淀区卫生和计划生育委员会主任、海淀区政府公共服务委员会主任；任命王彩霞为海淀区审计局局长；任命王玉方为海淀区社会建设工作办公室主任；任命魏开锋为海淀区人民政府国有资产监督管理委员会主任；任命田一川为海淀区安全生产监督管理局局长；任命李景奇为海淀区体育局局长；任命王凌志为海淀区统计局局长；任命林航为海淀区园林绿化局局长；任命曹宇明为海淀区旅游发展委员会主任；任命高毅为海淀区民防局局长；任命刘建民为海淀区金融服务办公室主任；任命田桂茹为海淀区民族宗教侨务办公室主任；任命王勇禄为海淀区人民政府法制办公室主任；任命赵立华为中共北京市海淀区委海淀区人民政府信访办公室主任。

根据区人民法院院长焦慧强的提请，决定：免去张凤林区人民法院审判委员会委员、民事审判第一庭庭长、审判员职务；免去孟军区人民法院民事审判第一庭副庭长、审判员职务；免去赵赓区人民法院复兴路人民法庭副庭长、审判员职务；免去杭瑶瑾、吴楠、张弢、章艳艳、许嘉航、邹月晖区人民法院审判员职务。

3 月 27 日，区十六届人大常委会第三次会议，根据区第十六届人大常委会第五次主任会议提请，决定：免去李劲涛海淀区人大常委会办公室主任职务。

3 月 28 日，区十六届人大常委会第四次会议，根据区监察委员会主任肖韵竹的提请，决定：任命刘志平、张磊、李传峰为海淀区监察委员会副主任； 任命陈璐、付海涛、樊中恒为海淀区监察委员会委员。

4 月 18 日，区十六届人大常委会第五次会议，根据区人民法院院长焦慧强的提请，决定：任命贾柏岩为海淀区人民法院副院长；任命李盛荣为海淀区人民法院民事审判第一庭庭长；任命杨靖为海淀区人民法院民事审判第二庭庭长；任命闫肃为海淀区人民法院民事审判第四庭庭长；任命陈争争为海淀区人民法院审判监督庭庭长；任命李东民为海淀区人民法院复兴路人民法庭庭长；任命周红为海淀区人民法院四季青人民法庭庭长；任命赵晨为海淀区人民法院温泉人民法庭庭长；任命张欣为海淀区人民法院民事审判第三庭副庭长；任命宋硕为海淀区人民法院民事审判第四庭副庭长；任命毛金柯为海淀区人民法院执行局执行一庭副庭长；任命蔡立为海淀区人民法院执行局执行一庭副庭长；任命秦硕为海淀区人民法院未成年人案件审判庭庭长；任命曾竞为海淀区人民法院劳动争议审判庭副庭长；任命王卫东为海淀区人民法院温泉人民法庭副庭长；任命王克楠为海淀区人民法院温泉人民法庭副庭长；任命李鹏为海淀区人民法院立案庭副庭长。

免去李盛荣海淀区人民法院民事审判第五庭庭长职务；免去杨靖海淀区人民法院东升人民法庭庭长职务；免去闫肃海淀区人民法院上地人民法庭庭长职务；免去陈争争海淀区人民法院民事审判第二庭庭长职务；免去周红海淀区人民法院复兴路人民法庭庭长职务；免去赵晨海淀区人民法院民事审判第四庭庭长职务；免去张欣海淀区人民法院民事审判第四庭副庭长职务；免去宋硕海淀区人民法院立案庭副庭长职务；免去毛金柯海淀区人民法院上地人民法庭副庭长职务；免去蔡立海淀区人民法院执行局执行三庭副庭长职务；免去秦硕海淀区人民法院刑事审判第一庭副庭长职务；免去王卫东海淀区人民法院民事审判第四庭副庭长职务；免去王克楠海淀区人民法院复兴路人民法庭副庭长职务；免去李鹏海淀区人民法院劳动争议审判庭副庭长职务；免去王永章海淀区人民法院审判监督庭庭长职务；免去何畔海淀区人民法院执行局执行一庭庭长职务；免去汪懿海淀区人民法院山后人民法庭副庭长职务；免去杨炎辉海淀区人民法院劳动争议审判庭副庭长职务；免去张敏海淀区人民法院东升人民法庭副庭长职务；免去沈李平、贾军厂、谢亮、陈一超海淀区人民法院审判员职务。

会议决定，免去卜晓英等33人海淀区人民法院人民陪审员职务；任命丁敏等90人为海淀区人民法院人民陪审员。

6月20日，区十六届人大常委会第六次会议，根据区十六届人大常委会第八次主任会议的提请，会议决定：任命吴琢如为北京市海淀区人大常委会办公室主任；任命俞昌吉为北京市海淀区人大常委会研究室主任；任命孙大钧为北京市海淀区人大常委会代表联络室主任；任命白莉为北京市海淀区人大常委会财政经济办公室主任；任命李友成为北京市海淀区人大常委会法制办公室主任；任命郭景玉为北京市海淀区人大常委会教育科技文化卫生体育办公室主任；任命郭少东为北京市海淀区人大常委会城市建设环境保护办公室主任；任命赵德法为北京市海淀区人大常委会农村办公室主任；任命马朝勃为北京市海淀区人大常委会办公室副主任；任命曲波为北京市海淀区人大常委会办公室副主任兼信访办公室主任；任命唐会为北京市海淀区人大常委会研究室副主任；任命张霞为北京市海淀区人大常委会代表联络室副主任；任命张凤敏为北京市海淀区人大常委会财政经济办公室副主任；任命那梅为北京市海淀区人大常委会预算审查办公室主任；任命刘文英为北京市海淀区人大常委会法制办公室副主任；任命莫红涛为北京市海淀区人大常委会教育科技文化卫生体育办公室副主任；任命林志军为北京市海淀区人大常委会城市建设环境保护办公室副主任；任命夏丽为北京市海淀区人大常委会农村办公室副主任。白建平不再担任区人大常委会紫竹院街道工作委员会主任职务，任区人大常委会万寿路街道工作委员会主任。

根据区人民法院院长焦慧强的提请，会议决定：任命劳东燕为海淀区人民法院副院长、审判委员会委员、审判员（挂职一年）；任命李颖为海淀区人民法院民事审判第三庭庭长；任命李红星为海淀区人民法院民事审判第六庭庭长；任命马克力为海淀区人民法院行政审判庭庭长；任命王继延为海淀区人民法院劳动争议审判庭庭长；任命谢东为海淀区人民法院执行局执行一庭庭长；任命沈晋军为海淀区人民法院执行局执行二庭庭长；任命叶舜尧为海淀区人民法院东升人民法庭庭长；任命马千里为海淀区人民法院山后人民法庭庭长；任命李春梅为海淀区人民法院上地人民法庭庭长；任命陈昶屹为海淀区人民法院中关村人民法庭庭长；任命孟凯锋为海淀区人民法院执行局执行一庭副庭长；任命李欣为海淀区人民法院执行局执行二庭副庭长；任命彭文涛为海淀区人民法院执行局执行二庭副庭长；任命杨哲为海淀区人民法院执行局执行三庭副庭长；任命张志富为海淀区人民法院立案庭副庭长；任命谭轶城为海淀区人民法院刑事审判第一庭副庭长；任命李静为海淀区人民法院刑事审判第二庭副庭长；任命樊强为海淀区人民法院刑事审判第二庭副庭长；任命曹晓颖为海淀区人民法院未成年人案件审判庭副庭长；任命黄杨为海淀区人民法院民事审判第一庭副庭长；任命汤民华为海淀区人民法院民事审判第一庭副庭长；任命胡光为海淀区人民法院民事审判第二庭副庭长；任命马潇潇为海淀区人民法院民事审判第二庭副庭长；任命裴悦君为海淀区人民法院民事审判第三庭副庭长；任命王哲为海淀区人民法院民事审判第四庭副庭长；任命王雷刚为海淀区人民法院民事审判第四庭副庭长；任命张璇为海淀区人民法院民事审判第五庭副庭长；任命孔京朝为海淀区人民法院民事审判第六庭副庭长；任命王克鸽为海淀区人民法院民事审判第六庭副庭长；任命李正为海淀区人民法院劳动争议审判庭副庭长；任命王琰为海淀区人民法院劳动争议审判庭副庭长；任命王茜为海淀区人民法院行政审判庭副庭长；任命邹玉玲为海淀区人民法院审判监督庭副庭长；任命陆金伟为海淀区人民法院东升人民法庭副庭长；任命王一凯为海淀区人民法院复兴路人民法庭副庭长；任命王利丹为海淀区人民法院复兴路人民法庭副庭长；任命周志辉为海淀区人民法院山后人民法庭副庭长；任命胡喜辉为海淀区人民法院山后人民法庭副庭长；任命王小云为海淀区人民法院上地人民法庭副庭长；任命李囡为海淀区人民法院上地人民法庭副庭长；任命郭振华为海淀区人民法院中关村人民法庭副庭长；任命张连勇为海淀区人民法院中关村人民法庭副庭长；任命郭晶为海淀区人民法院中关村人民法庭副庭长、审判员；任命刘艳为海淀区人民法院四季青人民法庭副庭长；任命唐铸为海淀区人民法院四季青人民法庭副庭长；任命程侠为海淀区人民法院温泉人民法庭副庭长；任命武祎为海淀区人民法院温泉人民法庭副庭长、审判员；任命曾竞为海淀区人民法院审判员；任命龚莉婷为海淀区人民法院审判员；免去戴国海淀区人民法院民事审判第三庭庭长职务；免去李颖海淀区人民法院中关村人民法庭庭长职务；免去李红星海淀区人民法院民事审判第二庭副庭长职务；免去马克力海淀区人民法院山后人民法庭庭长职务；免去马民鹏海淀区人民法院行政审判庭庭长职务；免去王继延海淀区人民法院民事审判第一庭副庭长职务；免去谢东海淀区人民法院执行局执行一庭副庭长职务；免去沈晋军海淀区人民法院执行局执行二庭副庭长职务；免去马千里海淀区人民法院劳动争议审判庭庭长职务；免去李春梅海淀区人民法院民事审判第六庭庭长职务；免去陈昶屹海淀区人民法院中关村人民法庭副庭长职务；免去丛光海淀区人民法院审判员职务。

7月18日，区十六届人大常委会第七次会议，根据区人民法院院长焦慧强的提请，决定：免去陆军海淀区人民法院审判员职务，免去潘园园海淀区人民法院审判员职务。

根据区人民检察院检察长邹开红的提请，决定：任命白晓晨、曹瑜、金玉婷、孙鹏、王楠（轻罪案件检察部）、王楠（刑事执行检察部）、吴羿、张志婧为北京市海淀区人民检察院检察员；免去尉连东、邱志英北京市海淀区人民检察院检察委员会委员、检察员职务；免去汪承昊、叶衍艳北京市海淀区人民检察院检察员职务。

9月19日，区十六届人大常委会第八次会议，根据区人民政府区长于军的提请，决定：任命戴彬彬为海淀区人民政府副区长。

根据区人民法院院长焦慧强的提请，决定：任命杨德嘉为海淀区人民法院民事审判第五庭庭长；免去范君海淀区人民法院副院长、审判委员会委员职务；免去李来生、张延海淀区人民法院审判员职务；免去殷华海淀区人民法院民事审判第三庭副庭长、审判员职务。

会议决定，接受于军辞去海淀区人民政府区长职务的请求，并报海淀区人民代表大会备案。

会议决定，接受邹开红辞去海淀区人民检察院检察长、检察委员会委员、检察员职务的请求，并报海淀区人民代表大会备案，同时报北京市人民检察院检察长提请北京市人民代表大会常务委员会批准。

根据区人大常委会主任会议提请，决定戴彬彬为海淀区人民政府代理区长。

11月7日，区十六届人大常委会第九次会议，根据区人大常委会主任会议提请，会议决定：免去牛爱忠区人大常委会花园路街道工作委员会主任职务，免去苏国斌区人大常委会香山街道工作委员会主任职务；任命齐明军为区人大常委会北太平庄街道工作委员会主任；任命王曼谕为区人大常委会紫竹院街道工作委员会主任；任命聂俊杰为区人大常委会青龙桥街道工作委员会主任；任命米佳为区人大常委会清河街道工作委员会主任；任命曾涛为区人大常委会八里庄街道工作委员会主任。

11月28日，区十六届人大常委会第十次会议，根据区人民法院院长焦慧强的提请，决定：免去杨海超海淀区人民法院执行局执行一庭副庭长、审判员职务；免去孙凯飞、禹霖华、郭向志、崇俭海淀区人民法院审判员职务。

12月26日，区十六届人大常委会第十一次会议，根据龚宗元的申请，会议决定接受其辞去海淀区人民政府副区长的职务，并报海淀区人民代表大会备案。

（吴向荣）

视察与调研

【概况】 2017年，区人大常委会围绕全区中心工作、常委会重点工作和人大代表、人民群众关心、关注的热点问题，组织常委会组成人员、人大代表开展视察和调研。全年组织开展调研、视察70余次。

（吴向荣）

【刘长利视察宗教工作】 3月22日，区人大常委会主任刘长利一行视察基督教海淀堂和海淀清真寺，并就宗教事务管理工作举行座谈会。刘长利听取基督教海淀堂的发展历史、教会活动安排、教堂事务等介绍，参观海淀清真寺，对清真寺历史沿革、节日活动、来访信教群众相关情况进行了解。在召开的座谈会上，区民宗侨办汇报全区关于全面贯彻落实全国宗教工作会议精神、依法管理宗教事务工作情况；从政策法规、执法力量、宗教活动空间等方面汇报宗教事务工作的情况，并提出今后的工作计划。与会代表对回民公墓、“三自爱国运动”等情况进行询问，对依法管理宗教事务、加强宗教活动场所硬件设施建设、建设好教职人员队伍等方面提出意见。区人大常委会要求区民宗侨办进一步加强对全国宗教工作会议精神的学习，以法治的方式推进全区宗教工作，提高政治敏感性。

（景天）

【区人大常委会领导视察食药安全工作】 4月13日，区人大常委会领导组织部分区人大代表，视察全区食品药品安全工作。副区长刘国圣一同视察。区人大常委会领导一行到中关村二小百旺校区，察看学校食品安全情况，询问食堂、餐厅的硬件设施和原料来源等情况。在海淀区食品药品安全监控中心，代表们查看业务办公室、食品室、化学室等工作室的检测设备，询问监控中心对药品检验，食品安全风险监测，药品、医疗器械和化妆品不良反应监测等的工作流程。在清河街道食品药品监督管理所，代表们了解其承担的宣传、贯彻、实施食品药品等监督方面的政策法规，参与食品药品突发应急事件的应急处理等日常工作。

（景天）

【市人大调研海淀利用腾退空间发展新兴产业工作】 5月3日，市人大常委会副主任柳纪纲一行到海淀，就“疏解非首都功能后腾退空间利用”建议重点督办——发展新兴产业业态进行专题调研。区委书记崔述强等区领导一同调研。调研组到位于中关村西区的鼎好大厦，参观中国国际技术转移中心、创新工场以及太库孵化器，实地察看腾退空间转型升级情况，并听取相关负责人关于各自基本情况、技术转移、创新孵化等情况介绍。在锦绣大地商务在线，调研组参观线上线下一体化、金服中心和结算中心，详细了解市场疏解及转型升级情况，听取锦绣大地批发市场暨电商平台升级方案的汇报。在随后召开的座谈会上，崔述强汇报海淀区围绕“减人、添秤、服务”重点工作格局，举全区之力加快全国科技创新中心核心区建设的情况。柳纪纲对海淀区疏解非首都功能后腾退空间利用相关工作表示肯定，表示市人大将积极宣传推广海淀的优势经验，大力支持海淀的相关工作。

（王佳琪）

2017 年海淀区人大常委会部分视察与调研活动一览表

表 2

时间	地点	主题	参加人员
1 月 6 日	区公安分局执法办案中心	视察区公安分局执法办案工作情况	区人大常委会常务副主任王鲁豫、常委会副主任臧桂武、杨莉，部分人大代表
2 月 24 日	北太平庄街道	调研“开墙破洞”治理等工作	区人大常委会副主任臧桂武
3 月 8 日	区教委	调研区人大常委会重点督办建议件《规范使用义务教育用地，促进各级各类学校发展》办理工作	区人大常委会常务副主任王鲁豫、部分教科文卫体委员会委员
3 月 15 日	田村路街道	调研非首都功能疏解任务指标完成情况	区人大常委会副主任臧桂武
3 月 16 日	北京宏音斋笙管制作技艺典藏馆	调研传统文化传承与发展	区人大常委会常务副主任王鲁豫、副主任杨莉
3 月 17 日	北京实验学校	调研教育事业发展情况	区人大常委会主任刘长利、常务副主任王鲁豫
3 月 23 日	区北部办	调研“一镇一园”开发建设等工作情况	区人大常委会副主任臧桂武
4 月 6 日	区检察院	视察知识产权检察工作	区人大常委会副主任杨莉以及部分常委会组成人员、区人大法制委员会委员
4 月 6 日	区金融办	调研海淀区金融业发展情况及金融办重点工作的开展情况	区人大常委会副主任刘佩金
4 月 7 日	区人力社保局	调研医保改革工作及社会保险基金预算编制使用情况	区人大常委会副主任刘佩金
4 月 10 日	区卫计委	医药分开综合改革和区人大常委会重点督办的“关于尽快加大对社区卫生服务站的扶持力度方面的建议”的办理工作	区人大常委会常务副主任王鲁豫
4 月 13 日	中关村二小百旺校区食堂、区食品药品安全监控中心和清河街道食药监管所	视察海淀区食品安全工作	区人大常委会常务副主任王鲁豫，副主任臧桂武、刘佩金以及部分常委会组成人员，区人大教科文卫体委员会委员和部分区人大代表。区政府副区长刘圣国陪同视察
4 月 28 日	东华软件股份有限公司、清华园胶印厂设计文化园	视察海淀区残疾人就业工作	区人大常委会主任刘长利，区人大常委会副主任臧桂武、杨莉，部分区人大常委会委员、区人大法制委员会委员及区人大代表。区政府副区长王卫明陪同视察
5 月 10 日—11 日	苏家坨镇、四季青镇和香山街道	基层走访	区人大常委会主任刘长利

续表 2

时间	地点	主题	参加人员
5月10日	中国电力工程有限公司	走访调研	区人大常委会副主任杨莉
5月15日	甘家口街道	调研街道人大工作及人口疏解等工作	区人大常委会副主任臧桂武
5月16日	青龙桥街道	调研街道人大工作及非首都功能疏解等工作	区人大常委会副主任臧桂武
5月16日—17日	北太平庄、羊坊店、清华园、中关村街道及上庄镇	调研街镇人大工作开展情况	区人大常委会副主任刘佩金
5月22日	田村路街道	调研街道人大工作开展情况	区人大常委会副主任杨莉。专职委员梁珍陪同调研
5月23日	海淀镇树村棚改项目现场、花园路街道仰源大厦	就议案办理中“棚户区改造与地下空间整治”方面的工作开展视察	区人大常委会主任刘长利、常务副主任王鲁豫、副主任臧桂武，部分常委会组成人员、议案领衔代表、城建环保委委员
5月23日	区国资委	调研国有资本经营情况	区人大常委会副主任刘佩金
5月24日	燕园街道、永定路街道	调研街道人大工作开展情况	区人大常委会副主任臧桂武
5月24日	区财政局、区审计局	调研财政、审计相关工作开展情况	区人大常委会副主任刘佩金
5月25日	上地街道	调研街道人大工作开展情况	区人大常委会常务副主任王鲁豫
5月26日	清河社区卫生服务中心、西三旗社区卫生服务中心	视察社区卫生服务工作	区人大常委会常务副主任王鲁豫、部分人大代表
6月1日	西三旗街道、花园路街道	调研街道人大工作开展情况	区人大常委会主任刘长利、区人大常委会办公室主任吴琢如
6月1日	东升镇	调研人大工作开展情况	区人大常委会副主任臧桂武
6月6日	区法院	视察法院执行机制综合改革推进情况	区人大常委会副主任臧桂武、杨莉，区人大常委会部分组成人员、区人大法制委员会部分委员及人大代表
6月9日	北京海淀凯文学校、车道沟南里社区超市发门店	调研国有资本经营情况	区人大常委会主任刘长利、常务副主任王鲁豫、副主任杨莉、刘佩金及部分人大代表，区政府副区长李长萍陪同调研
6月15日	海淀街道二河开21号院违法建设拆除现场、北太平庄街道罗庄地区	视察议案办理中的“拆违与开墙破洞整治”方面工作	区人大常委会主任刘长利、常务副主任王鲁豫，副主任臧桂武、杨莉、刘佩金，以及部分常委会组成人员、议案领衔代表、区人大城建环保委委员参加视察。区政府常务副区长孟景伟陪同视察
6月19日	南沙河、风格渠、崔家窑水库、团结渠、宏丰渠5条河道	调研海淀区黑臭水体治理情况	区人大常委会副主任臧桂武
6月29日	圣熙八号金五星、双泉堡农民回迁楼、万家灯火市场拆除及绿化美化现场	视察东升镇疏解整治工作情况	区人大常委会主任刘长利、副主任杨莉、办公室主任吴琢如，各镇人大主席
6月29日	田村山全民健身活动场、航空材料研究院文体活动中心和温泉体育中心	就《全民健身条例》《北京市全民健身条例》实施情况开展执法检查	区人大常委会常务副主任王鲁豫及部分人大代表，区政府副区长陈双陪同检查
6月29日	区水务局	了解黑臭水体治理工作情况和水环境总体概况	区人大常委会副主任臧桂武

续表 2

时间	地点	主题	参加人员
7月5日	团结渠与团结渠支渠交叉口、崔家窑水库、南沙河出境考核断面及北沙河	视察海淀区黑臭水体治理工作	区人大常委会副主任臧桂武、部分常委会组成人员、人大代表
7月6日	区环保局	调研了解海淀区环境质量状况、环境保护目标和工作任务完成情况、2017 年环保工作开展情况等	区人大常委会副主任臧桂武
7月12日	慈献寺桥	专题调研 2017 年跟踪督办“北下关地区慈献寺桥下新疆美食城”建议办理情况	区人大常委会副主任臧桂武、杨莉，城建环保办、代表联络室和区政府相关部门负责人，部分市、区人大代表、提出相关建议的代表及代表建议督办监督员
7月13日	大工村循环经济产业园、稻香湖再生水厂	调研海淀区环境保护工作	区人大常委会副主任臧桂武、杨莉、刘佩金，部分常委会组成人员。区政府副区长吴计亮陪同调研
7月19日	北京老年医院、有颐居中央党校养老照料中心、万柳社区卫生服务站	视察“关于加强居家养老支持力度，促进医养结合融合发展”等重点建议落实情况	区人大常委会副主任杨莉、常委会法制办公室人员
7月20日	北坞嘉园小区	调研海淀区住房保障建设等工作情况	区人大常委会主任刘长利、常委会副主任臧桂武、城建环保办公室等相关人员
7月20日	乐家花园	专题调研 2017 年跟踪督办“乐家花园”建议办理情况	区人大常委会副主任杨莉，区政府区长助理温琤，区人大常委会代表联络室、教科文卫体办，区政府办、区教委、区文化委等相关部门负责人，部分代表建议督办监督员以及提出相关建议的代表
8月9日	西北旺镇唐家岭租赁房项目、青棠湾在建项目展示中心和中关村创客小镇项目现场	视察海淀区保障性住房工作	区人大常委会常务副主任王鲁豫，副主任臧桂武、刘佩金和部分常委会组成人员。副区长龚宗元陪同视察
8月10日	区农委	调研海淀区农村集体产权制度改革等工作情况	区人大常委会副主任臧桂武
8月16日	清河街道	调研街道人大工作开展情况	区人大常委会副主任臧桂武、专职委员赵迅、城建环保办公室副主任林志军
8月23日	区市政市容委	调研了解市政市容管理和交通管理等工作情况	区人大常委会副主任臧桂武、专职委员赵迅、城建环保办公室副主任林志军
8月24日	海淀镇	调研了解农村集体经济产权制度改革情况及相关重点工作推进情况	区人大常委会副主任臧桂武
8月29日	区财政局	调研财政相关工作	区人大常委会主任刘长利、常务副主任王鲁豫、副主任刘佩金
9月5日	上庄镇东马坊村、上庄镇社区卫生服务中心、罗家坟村、沙阳路北侧 C 地块教育用、上庄二中	调研基层工作	区人大常委会主任刘长利、常务副主任王鲁豫
9月6日	紫竹院街道	调研街道工作	区人大常委会副主任臧桂武、部分常委会专职委员

续表 2

时间	地点	主题	参加人员
9月8日	海淀医院、区疾控中心	视察卫生工作	区人大常委会主任刘长利、常务副主任王鲁豫、部分常委会组成人员参加视察。区政府副区长刘圣国陪同视察
9月20日	锦绣大地、五棵松北京市摄影器材市场	就议案办理中“有形市场疏解”方面工作开展督办视察	区人大常委会主任刘长利，常务副主任王鲁豫，副主任臧桂武、杨莉和部分常委会组成人员、议案领衔代表、城建环保委员会委员以及部分区人大代表。区政府副区长陈双，发改委、商务委负责人陪同视察
9月21日	中关村创客小镇、白家疃小学、四海孔子书院等	调研基层工作	区人大常委会主任刘长利、副主任杨莉、区人大相关办公室负责人，各镇人大主席
9月25日	中国政法大学	调研高校工作	区人大常委会主任刘长利，常务副主任王鲁豫，副主任臧桂武、杨莉，办公室、代表联络室负责人
10月11日	西北旺镇	督查维稳安保工作	区人大常委会常务副主任王鲁豫
10月13日	北下关街道	督查维稳安保工作	区人大常委会副主任杨莉
10月16日	学院路街道	参加代表联系选民活动	区人大常委会常务副主任王鲁豫
10月19日	区档案局、区图书馆和文化馆	视察安全生产工作	区人大常委会主任刘长利，区人大常委会副主任臧桂武、杨莉，部分常委会组成人员，区人大法制委员会委员
10月20日	上地街道	督导检查地区安保、大气污染防控、共享自行车管理工作	区人大常委会常务副主任王鲁豫
10月22日	西北旺镇	视察中共十九大安保工作	区人大常委会常务副主任王鲁豫
10月24日	玉渊潭农工商总公司	调研集体企业工作	区人大常委会副主任臧桂武
11月2日	四季青镇	调研基层工作	区人大常委会副主任臧桂武
11月8日	东升镇	调研“一镇一园”建设情况	区人大常委会副主任臧桂武、区人大常委会农村办公室主任赵德法、专职委员刘文海等
11月15日	关村大街，中关村前沿技术创新中心内的声智科技、佳格天地、中技知识产权集团等企业及中国科技大学“1+2”平台	视察中关村科学城建设情况	区人大教科文卫体委员会委员、部分常委会组成人员和区人大代表
11月16日—17日	温泉镇、上庄镇和苏家坨镇	调研“一镇一园”建设情况	区人大常委会副主任臧桂武
11月22日	大成顺天府超市、北京汉琨医院建筑工地	检查安全防护工作	区人大常委会副主任刘佩金
11月23日	四季青镇常青村锋尚公寓、香山街道一棵松2号香峰香情小吃店	检查公共安全及消防工作	区人大常委会主任刘长利
11月24日	温泉镇辛庄村、白家疃村	检查安全生产相关工作	区人大常委会副主任臧桂武
12月15日	苏家坨镇社区文体活动中心、温馨家园、七王坟新村农宅	视察基层工作	区人大常委会主任刘长利、各镇人大主席

（吴向荣）

代表工作

【代表工作制度】 制定《海淀区人大代表履职守则》，完善代表履职激励约束机制，加强对代表履职的引导和管理。制定《海淀区第十六届人大常委会组成人员联系区人大代表工作方案》，畅通常委会组成人员与区人大代表的沟通联系渠道。

（吴向荣）

【代表履职培训】 年内，共举办6次代表履职专题讲座，组织和指导人大各街道工委和各镇人大开展集中学习培训活动，实行“代表会前学法”制度，组织新、老代表座谈交流，做好履职“传、帮、带”。保障代表知情知政，组织召开区情通报会、党风廉政建设情况通报会。

（吴向荣）

【代表履职】 年内，区人大常委会开展“代表联系选民月”“代表进社区”等活动，密切代表与选民的联系，畅通民意表达渠道，加强选民对代表的履职监督。433名在任代表中，357人次参加活动，占总人数的82.4%；代表进社区425人次，接待选民6743人次，汇总出425个（件）问题转送区政府办公室供区政府安排2018年为民办实事项目时研究参考。围绕“如何充分发挥代表作用促进地区发展和民生改善”举办专题研讨会，以“学习宣传贯彻党的十九大精神，做好新时代海淀区各项工作”“如何做好人大监督工作”“如何做好我区环境保护工作”为主题，举办3次代表论坛，发挥代表建言献策作用。

（吴向荣）

【代表建议督办】 加强代表建议督办工作，区十六届一次人代会上代表提出的区属职权范围内研究办理的312件建议全部办结。充分发挥代表建议督办监督员作用，通过颁发聘任书、延长聘期到届中、分组对口督办等措施，增强监督员的责任感，并围绕常委会确定的重点督办和跟踪督办建议件，积极开展建议督办检查、调研、座谈等活动。首次尝试类案督办。将加强老旧社区改造监管、规范使用义务教育用地、推进医养融合居家养老模式、加大对社区卫生服务站扶持力度4个方面的建议，作为类案建议进行督办，为承办单位办理类案、常委会督办类案探索做法，积累经验。

（吴向荣）

【服务市人大代表履职】 年内，区人大常委会做好闭会期间海淀团市代表的集中培训、年中活动、集中视察等工作，围绕京津冀一体化、冬奥会场馆建设、养老服务以及核心区建设等内容，分别组织市代表4个代表小组赴外地开展考察调研。做好届末履职总结工作。

（吴向荣）

【街镇人大工作的指导】 组织召开街镇人大代表工作会议，安排全年代表工作，召开联络员工作总结会、业务培训会，提高服务代表履职能力和水平。同时，每季度召开一次镇人大主席联席会议，会前组织视察，先后视察了“疏解整治促提升”、创客小镇建设、社区文化中心等工作，会上学习法律、研究工作、交流经验，推动基层人大工作的开展。

（吴向荣）

海淀区人民政府

2018
北京海淀年鉴

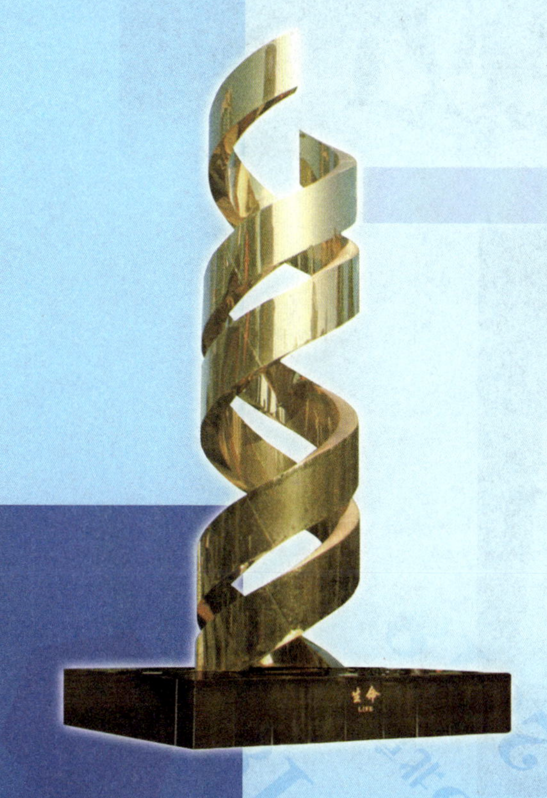

6月9日，第一个社会代理政府采购项目在区政务服务大厅窗口办理进场交易登记（区政务服务办供图）

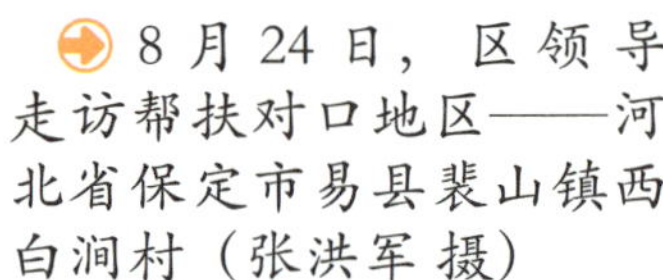

8月24日，区领导走访帮扶对口地区——河北省保定市易县裴山镇西白涧村（张洪军 摄）

8月25日，区政府举办第二届京台青年创新创业大赛决赛（张洪军 摄）

10 月 16 日晚，区领导带队检查十九大安全服务保障工作（王佳琪 摄）

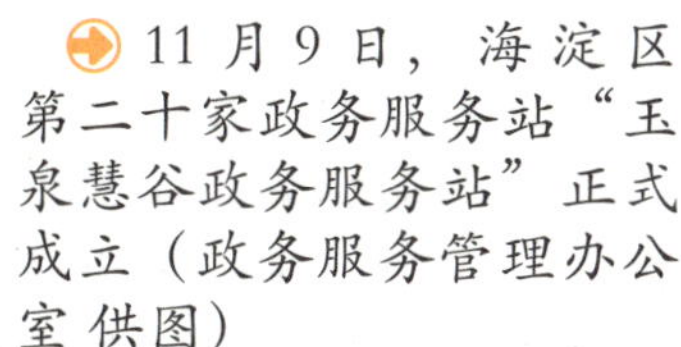

11 月 9 日，海淀区第二十家政务服务站“玉泉慧谷政务服务站”正式成立（政务服务管理办公室 供图）

11 月 9 日，海淀区与新疆维吾尔自治区和田市举行“携手奔小康”签约仪式（王佳琪 摄）

综　述

【概况】 2017年，区政府会议（区政府全体会、区政府常务会、区长专题会）召开73次，研究议题262项；召开区政府全体会1次；召开区政府常务会40次，讨论议题173项；召开区长专题会32次，讨论议题89项。另安排会前学法4次，会前培训1次。召开区政府党组民主生活会、区政府党组会、区政府党组扩大会24次；召开部门座谈会、小范围专题会、工作汇报会、专项调度会等其他会议63次。全年，区领导参加调研、检查、走访慰问等活动200余次。

区政府以建设具有全球影响力的全国科技创新中心核心区为统领，统筹推进疏功能、转方式、治环境、补短板、惠民生、促协同等工作，完成区十六届人大一次会议确定的各项目标任务。

“疏解整治促提升”专项行动 抓住疏解非首都功能这个“牛鼻子”，开展12项专项行动。

非首都功能疏解。严格执行新增产业禁限目录，实现不符合首都功能定位的产业“零准入”。推进低效能产业调整升级，疏解一般制造业企业16家，整治提升市场23家，清理整治“散乱污”企业2775家。建立违法建设治理“五维”标准，拆除违法建设402万平方米。查处占道经营3.1万起，整治无证无照经营4885户、开墙破洞4699处、背街小巷65条。全区常住人口持续保持递减态势。

疏解整治与优化提升同步推进。集中连片推动重点地区综合改造，双泉堡地区成为全市“疏解整治促提升”的典范，二河开、永定河引水渠沿岸环境综合整治成效明显，宝山、魏公村小区等棚户区改造加快实施，功德寺棚户区腾退工作基本完成。出台“留白增绿”工作指导意见，统筹利用腾退空间，新建绿色休闲空间。优化生活性服务业网点布局，规范便民商业网点136处，网点连锁化率达到33.9%，推出便民商业网点电子地图，方便群众随时查询和监督保障群众日常生活需要。

经济发展 地区生产总值比上年增长7%以上，全社会固定资产投资突破1000亿元，第三产业投资快速增长。社会消费品零售额同比增长4.5%左右。区级一般公共预算收入同比增长8%。居民人均可支配收入与经济增长保持同步。万元地区生产总值能耗、水耗下降。

“高精尖”经济结构持续优化。主导产业发展态势良好，高新技术企业总收入预计超过2万亿元，比上年增长10%以上，信息服务业、科技服务业、金融业对经济增长的支撑作用明显。新经济不断涌现，新动能不断积聚，独角兽企业38家，约占全国的25%，新设立科技型企业2.1万家，约占全市的27.3%，人工智能、集成电路设计、云计算、大数据等前沿领域企业快速成长。

中关村科学城建设 年度37项重点任务实现阶段性目标，中关村科学城新的工作格局逐步确立。

重大基础前沿和关键核心技术前瞻布局深入开展。承接科技创新2030—重大项目和国家实验室建设，北京量子信息科学研究院、全球健康药物研发中心落户，石墨烯研究院等建设取得积极进展，引进和支持知名科学家及团队在光电子、新材料等前沿领域加快筹建新型研发平台。完善企业为主体、市场为导向、政产学研深度融合的技术创新体系，关键核心技术实现新的突破，清华大学芯视界量子点光谱传感器、北京大学碳基集成电路等项目产业化加快推进；中科院理化所大型氢氦低温制冷系统打破国外技术垄断，产业化进展顺利；北京协同创新研究院实现92个项目落地转化。

创新空间进一步优化拓展。在科学城南区“腾笼换鸟”，中关村大街改造提升步伐加快，中关村创业大街累计孵化团队1900个，中关村智造大街聚集47家拥有高端核心技术的企业，“一体三园”军民融合创新示范区加快建设，56家军民融合创新型企业入驻。在科学城北区新增创新空间135万平方米，中关村壹号、集成电路设计园等重大项目带动创新要素加速聚集。加强跨区域协同，大力支持北京城市副中心和雄安新区建设，与昌平、延庆等区对接协作。

创新环境明显提升。海淀区在国家首批双创示范基地建设评估中排名首位。国家知识产权示范城区、“质量强区”建设稳步推进，获批筹建中关村知识产权保护中心，驻区单位创制国际标准6项，占全市的50%。中关村大街国际人才社区加快建设，人才服务体系不断完善。海淀基金体系覆盖从天使投资、创业投资到并购重组的全链条，中关村银行成立，上市（挂牌）企业新增80余家，累计1020家。推进国际化发展，中以、中加创新中心加快建设，以中关村一带一路产业促进会为平台，引导和服务一大批企业“走出去”，参与“一带一路”建设。

城市治理 加强宜居环境建设，提高精细治理水平，蝉联全国文明城区荣誉称号。

生态环境质量持续提升。以中央环保督察、北京市环保督察为契机，全面加强生态文明和环境保护工作。实施清洁空气行动计划，完成“无煤化”改造2.6万余户，区域基本实现“无煤化”，淘汰老旧机动车6.7万辆，完成1690台、7341蒸吨锅炉低氮改造，细颗粒物年均浓度56微克/立方米，比上年下降22%。全面升级“河长制”，“水清岸绿”行动计划取得阶段性成果，7条黑臭水体治理全部完成，南沙河水质明显改善，达到年度考核要求。稻香湖再生水厂投入运行，污水处理能力进一步提升。逐步推动生活垃圾分类，形成垃圾终端处理设施建设整体布局，大工村再生能源发电厂运行稳定，餐厨厨余处理厂试运行。完成绿化299公顷。

交通环境逐步改善。西郊线正式通车，地铁6号线西延、12号线、19号线、昌平线南延等轨道交通建设有序推进。翠湖南路等6条主干路建设顺利实施，永泰庄东路北延等道路建成通车，新增通车里程18千米。完成10项疏堵工程，优化调整33条公交线路，新开通4条微循环线路，完成学院路、学清路等区域慢行系统治理，增加停车位6000余个，实施闵庄路等17条道路架空线入地和12万平方米道路大修工程。

构建起以信息流为核心，以“五统一”综合考评为牵引，以协同联动为抓手的具有区域特点的“大城管”工作体系。运行一年多来，区域城市管理问题整体呈下降趋势。

社会民生 增投入、建机制、强供给、优服务、兜底线，以36项区级重要惠民实事为重点，统筹推进社会民生各项工作。

2.2万名失业人员实现再就业，城镇登记失业率控制在1%以下，连续4年获评北京市充分就业区。建设筹集保障性住房6810套，竣工1.5万余套，配租公租房5695套，发放补贴惠及8152户保障家庭；棚户区改造搬迁腾退7000余户；实施清河毛纺北小区新阶段老旧小区综合整治试点，稳步开展既有多层住宅增设电梯工作，完成613台老旧电梯隐患治理。拓展养老服务体系，深化居家养老失能护理互助保险试点，5200多名补助对象完成集体投保，建成29个养老服务驿站。

社会事业持续健康发展。积极探索名校办分校、集团化办学、九年一贯制等办学模式创新，教育人才储备库建设等，新增中小学学位7000余个、幼儿园学位4600余个。实施新优质学校、新品牌学校和潜力学校建设工程，办学品质和办学条件不断提升。医药分开综合改革平稳落地，基层社区卫生服务能力显著提升，门诊量同比增长13.2%，各项监测指标符合改革预期。建立家庭医生签约服务制度，重点人群家庭医生签约率达到市级考核要求。新增10个社区卫生服务中心（站）。国家卫生区创建工作有序开展。国家级医养结合试点工作扎实推进。顺利通过国家公共文化服务体系示范区创建中期督导检查。冬奥会、冬残奥会筹备服务保障工作加快推进，全民健身活动广泛开展，苏家坨镇运动休闲特色小镇成功入选全国试点。

社会治理不断深入。加强网格化工作体系建设，开展多网融合试点。狠抓人文社区建设，形成一批基层社会治理新亮点，全国社区治理和服务创新实验区建设顺利通过民政部中期评估。新增社区服务用房1.8万平方米，建成35个市级“一刻钟社区服务圈”、111个智慧社区。全面开展社区工作减负清理，建立社区工作准入制度，让社区工作人员集中精力面向群众开展社区服务和治理工作。深入开展安全隐患大排查大清理大整治，完成北京市安全生产督查迎检。强化食品药品日常监管，成功创建北京市食品安全示范区。完成中共十九大、“一带一路”国际合作高峰论坛等重大活动服务保障任务。

双拥共建深入开展，妇女儿童、档案史志、民族、宗教、侨务、对台、民防、防震减灾、气象、残疾人事业、对口支援等均取得新的成绩。

重点领域改革 “放管服”改革深入推进。动态更新区级部门行政职权事项清单，编制区、街镇两级公共服务事项清单。清理规范两批共42项区级行政审批中介服务事项，取消调整156项区级非行政许可审批事项。成立区城管委，推动城市管理执法重心下移、力量下沉，强化属地管理。“双随机、一公开”监管实现全覆盖。大力推广“创业会客厅”模式，组织引导更多社会力量进入公共服务领域，在新政务服务大厅设置双创服务区，建立20个政务服务站，建成中关村科学城北区企业加速驿站，网上政务服务大厅试运行。企业登记全程电子化试点范围延伸至外资企业。在全市率先实现公共资源交易平台的整合和运行。推进第二批经营类事业单位改革。

出台国家服务业综合改革试点实施方案、北京市服务业扩大开放综合试点示范区创建方案，两项试点工作加快推进。探索投融资模式创新，引导社会资本进入棚户区改造、生态环境治理、科技产业等领域。完善区国资中心管理体制，组建区保障性住房发展有限公司。财政预算管理改革稳步推进，开展部门三年滚动预算试编工作，加大部门预算公开力度。

农村改革融入核心区发展的态势进一步巩固。海淀区成为全国农村集体产权制度改革试点单位，东升镇、温泉镇完成整建制农转非。“一镇一园”项目取得突破性进展，中关村创客小镇为集体土地建设租赁房试点工作赋予新内涵，得到住房城乡建设部和北京市充分肯定。东升科技园二期等园区建设积极推进。

（郭园园　马帅）

【“疏解整治促提升”专项行动与人口调控工作会议】 3月10日，海淀区2017年“疏解整治促提升”专项行动与人口调控工作会议召开。会议落实中央和市委、市政府关于京津冀协同发展的各项部署要求，围绕全国科技创新中心核心区建设，以“减人、添秤、服务”重点工作格局为支撑，部署海淀区2017年疏功能减人口工作。区委副书记、区长于军总结2016年工作，对2017年重点工作任务进行全面部署。会议强调推进海淀区十二大专项行动。加强“月报”工作，按时报送专项行动进展情况、亮点工作和典型案例。加强与市级部门的沟通对接，推动专项行动的落实。于军与街镇代表签订2017年“疏解整治促提升”专项行动与人口调控责任书。区委书记崔述强指出，“疏解整治促提升”专项行动与人口调控工作作为全区2017年的重点工作，并提出强化党的领导，狠抓责任担当，加强统筹协调，改进方式方法，加强舆论宣传、营造良好氛围5点工作要求。

（钟冷）

【布鲁塞尔葡萄酒大赛组委会与区政府签约】 3月15日，2018（北京·海淀）比利时布鲁塞尔国际葡萄酒大奖赛签约仪式举行，大奖赛组委会与海淀区政府正式签约，海淀获得2018年布鲁塞尔国际葡萄酒大奖赛举办权。大奖赛组委会主席卜度安·哈弗等组委会代表，崔述强、于军等海淀区领导，北京一轻食品集团有限公司领导出席签约仪式。这是已举办24次的布鲁塞尔葡萄酒大奖赛首次在欧洲以外举行，首次走进中国、落户海淀。海淀区的龙徽葡萄酒始于1910年，为中国最早的葡萄酒品牌之一，拥有近百年历史的地下葡萄酒窖、葡萄酒博物馆、中国农业大学葡萄与葡萄酒研究中心、北京国际酒类交易所等资源。

（唐炜）

【国务院督查组到区督查“放管服”工作】 5月11日，国务院办公厅“放管服”改革督查组到海淀，专项督查“放管服”改革工作情况。督查组传达国务院总理李克强关于“放管服”改革和此次专项督查重要批示精神，并介绍专项督查要求。专项督查主要包括落实简政放权措施、推进商事制度改革、完善权责清单制度、加强事中事后监管、改进优化政府服务5个方面情况。督查组到中关村创业大街、甘家口地区居民事务办理大厅实地考察“放管服”改革工作，听取海淀区落实“放管服”改革工作情况汇报，并分组与海淀区各委办局就投资审批制度改革、商事制度改革、行政审批改革、优化政府服务、涉企收费及执业资格改革等内容进行交流。

（钟冷）

【区党政代表团到易县推动对口帮扶工作】 8月24日，海淀区党政代表团到河北省易县推动落实对口帮扶工作。区委书记、区长于军，区人大常委会主任刘长利与保定市委书记聂瑞平、市人大常委会主任马誉峰座谈。在北京市海淀区·保定市易县对口帮扶工作座谈会上，双方分别介绍社会发展、对口帮扶推进以及合作对接有关情况。海淀区发挥优势，开展科技帮扶，促成北京立丰信种苗有限公司与易县正四方牧业有限公司的优质种苗育苗及推广等项目签约；北京雷学金慈善基金会与易县签约捐资助学30名大学生，资助金额约120万元。海淀区5所学校与易县建立结对关系，接收易县20位教师进行研修培训；航天中心医院等医院分别与易县3所医院结对；选派1名处级、2名科级干部到易县挂职。

（钟冷）

【外事工作专题培训班】 9月7日—8日，区外办举办2017年海淀区外事工作专题培训班。区教委、商务委、卫计委、海淀园管委会和财政局5家重点涉外职能部门的主管领导和外事干部，40余所中小学的主管校长和外事干部约100人参加培训。培训内容包括规范因公出访、涉外活动及国际会议的审批办理流程。此次培训邀请北京市政府外事办公室因公出入境管理处副处长吴秀峰、涉外管理处处长谢约、国际处处长李轶分别讲授“北京市因公出国（境）政策解读”“新形势下涉外管理工作要点解读”和“国际会议申办政策解读”。课后，学员参加境外安全应急培训暨演练活动，通过实战演练增强境外领保意识。

（吕晓潆）

【区党政代表团到赤城县推动对口帮扶工作】 11月1日—2日，海淀区党政代表团到河北省张家口市赤城县推动落实对口帮扶工作。海淀区党政代表团到赤城县赤城镇浩门岭村考察贫困村脱贫攻坚情况；在样田乡柳林屯村，听取制种基地、农业科技育苗基地、蔬菜种植示范园、村级扶贫电站4个扶贫产业项目介绍；在赤城经济开发区，察看并仔细了解开发区空间布局、产业布局、功能定位等情况。已落地开发区的德青源金鸡产业扶贫项目投资7亿元，是海淀与赤城扶贫协作的重点项目。在北京市海淀区·河北省张家口市赤城县对口帮扶工作座谈会上，双方分别介绍经济社会发展、对口帮扶推进以及合作对接有关情况。张家口市委副书记刘宝岐希望两地围绕非首都功能疏解，进一步深化产业领域合作，推进农业、旅游、生态等产业以及围绕冬奥会筹办进行深度合作，培育壮大新业态；充分发挥海淀区科技、人才密集的优势，积极推进优质教育、医疗、卫生等资源向贫困地区布局发展，提升贫困地区的公共服务水平。

（钟冷）

【重点地区公共场所外语标识整改工作部署会】 11月30日，召开海淀区重点地区公共场所外语标识整改工作部署会。会议听取中关村智造大街、中关村创业大街、稻香湖景酒店等重点地区公共场所外语标识设置的总体情况汇报，并对上述地区公共场所外语标识整改工作进行部署，将重点对五棵松体育馆、首都体育馆等冬奥赛事举办地开展检查。

（吕晓潆）

【涉外安全形势分析及培训工作会】 12月22日—23日，区外办召开区委外事工作领导小组办公室会议暨海淀区涉外安全形势分析及培训工作会，各成员单位参会。联合海淀国家安全局、保密局、公安分局出入境大队等部门，通过播放警示教育片、案例剖析等形式，进行涉外安全教育培训，不断增强涉外战线各级干部的大局意识、核心意识、安全意识、保密意识，进一步提升应对涉外突发事件的政策水平和处置能力。

（吕晓潆）

【机关事务管理】 年内，区政府机关事务管理处管理和保障服务第一办公区、第二办公区、中关村人才发展中心、招商大厦、新海大厦、八里庄一站式服务大厅、曙光办公中心、综合楼办公区、上地办公中心、田村路办公中心、妇女儿童活动中心、西北旺办公中心、北部文化中心、青龙桥办公中心14个集中办公场所，负责80家处级单位、28家处级以下单位、6700余人的后勤服务保障工作。区机关幼儿园和龙岗路幼儿园完成年度和一级一类幼儿园验收工作。

（杨楠）

【政务信息】 年内，区政府办累计收集、整理信息10000余条，编发《海淀信息》（普刊、专刊）247期，编辑采用信息3143条，区领导批示28条。向市政府办公厅报送信息1160余条、投稿29篇，其中《昨日市情》普刊采用267条、特刊采用18篇，市领导对海淀区上报的信息批示15条。国务院办公厅信息刊物采用2篇，获中央、国务院领导批示2条。其中，国办专报采用1篇、国办要情采用1条。市政府《今日舆情》采用区摘编的舆情信息91条。2017年，海淀区获评“2017

年度北京市政府系统优秀信息工作单位”称号。

（李萱）

【建议提案办理】 年内，区政府办理人大代表建议、政协提案 543 件，涉及主责单位 65 家。其中北京市人大代表建议 34 件（主办、单办 22 件，会办 12 件），北京市政协提案 13 件（主办、单办 5 件，会办 8 件）；海淀区人大代表建议 312 件；海淀区政协提案 184 件。办理海淀区人大议案 1 案。市人大代表建议、政协提案满意（同意）率 100%；区人大代表建议的解决率 52.3%，区政协提案的解决率 51.9%。区人大重点督办建议解决 3 件；区人大和区政府联合跟踪督办建议解决 2 件。区政协重点督办提案解决 7 件，主管区长领衔督办提案解决 7 件。使用办理建议提案专项资金 1800 余万元用于道路改造、公园设施建设等事项，解决一批关系群众切身利益的问题。

（李冰）

【督查工作】 年内，区政府督办市区任务 14 类 563 项，开展实地督查 100 余次，下发督查通知单 110 件，报送海政督报告 99 篇、海淀督查专报 57 篇，督查工作得到市、区领导的高度认可，其中《创新机制 提升能力 真督实查推动重大决策部署落地生根》的典型督查经验做法刊登在《昨日市情》上。出台《北京市海淀区人民政府专业督查暂行办法》。在区政府系统探索建立“以区政府督查室为牵引，新闻媒体为平台，各单位、各部门、各街镇为主体”的媒体反映问题整改工作机制；在督查过程中，注重突查暗访、连续跟踪、追本溯源；在工作落实上下真功、动真格，在难点、热点、焦点问题上啃“硬骨头”。

（于海涛）

【绩效管理】 年内，海淀区全面落实市区绩效管理工作的新要求，深化党政工作统筹，强化党政合一的绩效管理制度，持续优化全区绩效管理考评体系，完成 2017 年度市级行政机关和区政府绩效考评领导述职、市政府绩效考核实地察访核验、市绩效任务等工作。首次组织政府系统述职述廉绩效考评会议，52 家单位行政负责人进行现场述职考评。区委书记、区长、区委副书记、区人大、区政协等区领导，相关区属部门主要负责人，各街镇主要负责人，市政府办公厅有关部门负责人及区人大代表、政协委员、专家学者、基层一线党代表、企业代表等四大类 120 余人进行现场评价。将党建实绩与政府工作相结合，形成党政合一的绩效管理模式。针对不同单位，制定个性化综合考评打分表，做到“一单位一表”，实现差异化考评，同步采取图文形式，在区政府门户网站、微博、微信等平台进行网络直播，向全社会晒出“成绩单”和“问题清单”，增强政府工作的透明度和公信力。

（张海翔）

【政府信息公开】 年内，海淀区被列为国务院基层政务公开标准化规范化试点单位。围绕城乡规划、重大建设项目、财政预决算等 18 个领域，选定 26 家单位开展试点工作。首次邀请人大代表、政协委员列席区政府常务会；围绕“疏整促”“城市管理服务”“环境建设”“科技创新中心、文化中心建设”“保障改善民生”“便民服务”6 个专题设置 15 个开放点，首次举办“政务开放·你我同行”系列开放日活动。邀请市民代表、人大代表、政协委员、专家学者等 700 余人现场体验政府工作；首次对全区 81 家单位政府信息和政务公开工作开展第三方评估；首次建立政府发文合法合规性审查工作制度。全年主动公开政府信息 21522 条，全文电子化率 100%。接受公民、法人及其他组织咨询 5000 余人次。受理政府信息公开申请 2231 件。因信息公开引发行政复议 111 件、行政诉讼 115 件。

（赵振营）

外事 港澳台事务

【概况】 2017 年，海淀区接待外宾来访及大型国际活动 26 场 410 人次。区领导出席外事会见 19 批。指导全区各部门主办、协办外事交流活动 20 余场。审批受理因公出国（境）申请 145 批 465 人次。其中党政干部 97 人次，企事业 267 人次，赴港澳 101 人次。在库保管因公普通护照 894 本、港澳通行证 66 本，证照收缴率继续保持 100%。为 103 家驻区企业办理 APEC 商旅卡 201 张，申办公司行业涉及高新科技、进出口贸易、金融证券、资产投资、房地产开发、文化传媒等，中高层商务人员申办比例近 95%。

（吕晓濛）

【芬兰代表团到访】 2 月 21 日，芬兰前总理、中间党前主席、议会外委会主席马蒂·万哈宁率领代表团一行 4 人到中关村软件园和海淀创业园参观访问。海淀园管委会介绍海淀园的区域发展、主导产业、创新创业环境和国际交流与合作情况，海淀创业园就园区发展简史、当前现状以及行业定位等方面作了介绍。万哈宁主席介绍芬兰在孵化器方面的做法和经验，希望海淀园企业赴芬兰交流，达成更多合作。

（吕晓濛）

【“中东商机”研讨会】 3 月 9 日，海淀区举办“中东商机”研讨会。副区长李长萍出席活动并致辞，阿曼大使、阿拉伯联合酋长国经济部驻华商务处商务专员（全权公使）、沙特大使馆研究员博士以及来自全国的百余家企业代表参加活动。活动旨在帮助中东地区具有领先技术的企业进入广阔的中国市场，促进中国企业与中东地区企业结成更加紧密的商业伙伴关系。

（吕晓濛）

【区领导会见海德堡市代表团】 4 月 19 日，德国海德堡市市长埃卡特·乌尔茨率代表团来访海淀区，区领导崔述强、于军、高念东、李长萍及中关村发展集团、中德科技园负责人会见了到访的客人。双方围绕加强对接交流、推动合作发展进行会谈，共同见证中德科技园与中关村发展集团签约入驻海德堡中德科技大厦。

（吕晓濛）

【美国库比蒂诺市访问团到访】 6 月 5 日，美国加州库比蒂诺市市议员张昭富一行 4 人，到海淀区考察交流，副区长李长萍等接待访问团一行。双方介绍各自市、区发展的基本情况，交流建立友好关系的相关事宜。李长萍表示，海淀是中国的双创高地，有着丰富的教育和文化资源，与库比蒂诺市在科技、文化和教育方面有着广泛的合作交流空间，海淀区将鼓励创业大赛和招商引资等活动走进硅谷，促进双方的优势资源结合。

（吕晓濛）

【“全球首席执行官”走进海淀】 6 月 7 日，美国高盛、美国高通、德国大众、德国戴姆勒、法国施耐德、英国太古、英国渣打、芬兰诺基亚等 18 家全球知名跨国公司首席执行官走进海淀区中关村创业大街，与青年创业者进行对话。北京市人民对外友好协会常务副会长田雁、海淀区人民政府副区长李长萍、区外事办主任王伟丽参加对话会。中关村管委会国际化业务总监曾晓东介绍政府在培育和激励创业公司发展中所发挥的作用。

（吕晓濛）

【首届在京台生就业实习推介会】 6 月 18 日，首届在京台生就业实习推介会在鼎好大厦中关村人才市场举办。推进会由北京市台办指导，海淀区台办组织，北京台资企业协会海淀分会、海淀区中关村人才市场等单位联合承办。推介会邀请 50 家两岸企业进行现场招募，提供超过 400 个实习岗位、600 个就业岗位。岗位覆盖金融、电子科技、软件工程、建筑、法律、医学、心理学、信息与通信工程、计算机科学与技术、新闻传播学、经济学、英语等专业。来自北京大学、清华大学、中国人民大学、北京中医药大学等近 40 所高校的 500 余名优秀人才参与现场招聘活动。

（王彩虹）

【京港青年交流活动】 6 月 29 日，北京市第五十七中学与香港保良局罗氏基金中学开展“纪念香港回归 20 周年，京港青年共奏友谊曲”交流活动。来自香港保良局罗氏基金中学的 50 余名师生到北京市第五十七中学，参观科技教室，体验模拟飞行，了解 3D 打印技术在校园的应用；在学校艺术中心学习制作陶瓷的技艺；与第五十七中学金帆行进管乐团开展音乐交流。

（黄佳佳）

【北京大学与普林斯顿大学暑期课程考察团到访】 7 月 28 日，北京大学与普林斯顿大学组织的暑期课程考察团访问海淀区。考察团由北京大学社会研究中心主任、北京大学“千人计划”讲座教授、美国普林斯顿大学教授、美国国家科学院院士谢宇带队，14 名普林斯顿大学学生和 9 名北京大学学生参加考察。

（吕晓濛）

【马来西亚高等教育部长团到访】 7 月 31 日，马来西亚高等教育部部长伊德里斯·宾·尤索赫一行 14 人访问海淀区，分别到中关村展示中心、创业大街和互联网教育创新中心进行交流和座谈，了解中国的科技创新及互联网教育发展，为海淀区企业与马来西亚的交流搭建桥梁。

（吕晓濛）

【“欢动北京·情聚海淀”海淀行活动】 8 月 7 日，海淀区举办“欢动北京·情聚海淀”国际青少年文化和艺术交流周海淀行活动，副区长刘圣国出席活动并致辞。来自 6 个国家的青少年与中关村学区 7 所学校的 8 个艺术团队以及来自大连市的艺术团队进行文艺会演。国际青少年团队分 3 组到科技文化体验活动场所。在中关村智造大街，国际青少年体验 VR 虚拟现实技术，包括极具未来感的人体工程学座舱、VR 动态驾驶模拟系统、兵马俑现实场景体验等。

（吕晓濛）

【第二届京台青年创新创业大赛决赛在海淀举行】 8 月 25 日，第二届京台青年创新创业大赛决赛在中关村国家自主创新示范区展示中心举行。国台办、市委统战部、市台办、市台联、海淀区有关负责人参加颁奖典礼。来自京台两地 42 个青创团队进入决赛，创业项目涉及互联网、电子商务、文创设计、教育娱乐、人工智能、智能硬件、生物医疗和环保节能等。大赛由北京台资企业协会、北京创业孵育协会、中华创业育成协会主办，创业公社、启迪孵化器、北京远见育成科技孵化器、中关村创业大街、义守大学承办，分北京和台湾两个赛区。初赛和复赛于 3 月和 6 月分别在京台两地举行，其中台湾赛区的复赛吸引近 900 个青创团队参加。复赛后，台湾青创团队已有 4 个项目签署投融资协议，7 个项目计划落地北京。来自台湾的 SETA 先达科技、威捷生物医学股份有限公司分别获得新创组、小微企业组的冠军。

（王彩虹　钟冷）

【毛里求斯执政能力建设研修班到访】 9 月 6 日，毛里求斯基础设施和内陆交通部副常任秘书秘马瓦·帕玛南德带队的毛里求斯执政能力建设研修班一行 18 人到海淀区参观访问。副区长陈双会见研修班学员。双方互相介绍各自情况，并围绕医疗援助、城市建设、人才培训等方面进行交流。会后，研修班全体学员参观海淀区综合行政服务中心，详细了解区政务大厅的功能布局及服务内容。马瓦·帕玛南德赞扬海淀区运用先进的信息化手段提升政务服务水平的措施，表示要与海淀区加强工作交流，互相借鉴，共同推动双方政务水平的不断提高。

（吕晓濛）

【接待布鲁塞尔国际葡萄酒大奖赛组委会代表团】 10 月 12 日—14 日，比利时布鲁塞尔国际葡萄酒大奖赛（简称 CMB）组委会主席卜度安·哈弗、总经理托马斯·科斯托·诺贝尔访问海淀区，就海淀区举办 2018 年第二十五届比利时布鲁塞尔国际葡萄酒大奖赛事宜开展深入交流并进行工作指导。区委书记于军，区委副书记、代区长戴彬彬介绍大奖赛的筹备工作情况。海淀区成立大奖赛筹备工作执委会，确立办赛理念、目标原则及总体布局。北京一轻集团董事长苏志民，陈名杰、陈双等区领导和筹备工作组相关负责人参加会见。

（吕晓濛）

【马来西亚高等教育部秘书长代表团到访】 10 月 20 日，马来西亚高等教育部秘书长诺如尔·爱努尔·穆罕默德博士一行10人访问海淀区。访问团到中关村智造大街和创业大街考察参观，了解北京的科技创新、创业孵化器和青年创业者创业情况，为海淀区企业与马来西亚的交流搭建桥梁。

（吕晓濛）

【美国加州能源委员会代表团到访】 10月30日，美国加州能源委员会一行9人在主席罗伯特·维森米勒的带领下访问海淀区。代区长戴彬彬、副区长李长萍等出席会见活动。双方围绕加州—北京创新中心建设、清洁能源与技术创新基金筹备、能源环保领域技术合作等方面进行深入务实的探讨。中关村大街运营管理公司汇报加州—北京创新中心北京方面的工作进展，加州州长办公室特别顾问戴凡介绍加州基金的推进方案。戴彬彬希望双方按照两国领导人确定的方向积极推进科技创新合作。

（吕晓濛）

【2017年汉语桥——美国校长访华团到访】 11月10日，“2017年汉语桥——美国校长访华之旅”的200余名美国教育行政官员和主流中小学校长到海淀区访问。访问团分组到7所海淀中小学考察参观、观摩多学科课程及特色课间活动、与学校师生座谈互动等。参加北京十一学校的中文项目发展主题分会，交流探讨美国中小学中文项目的未来发展。

（吕晓濛）

【瑞典创新科技交流会】 11月20日，瑞典创新科技交流会在海淀区中关村领创空间举办。瑞典驻华大使林黛安及瑞典外交部官员和驻华使馆参赞共同出席会议。副区长李长萍会见瑞典外交部国务秘书奥斯卡·斯坦斯特罗姆，双方就中瑞之间的科技创新合作进行务实交流，讨论在旅游交通、智慧城市、生物经济、生命科学和新材料等领域的创新合作。

（吕晓濛）

【丹麦驻华使馆代表团到访】 12月5日，副区长吴计亮会见以石波参赞为首的丹麦驻华使馆代表团一行6人。双方围绕生态建设、能源环境治理以及如何培养环保节能领域复合型人才等方面进行深入务实的探讨。双方通过互相学习、互相借鉴，进一步推动了生态文明和绿色发展的交流合作。

（吕晓濛）

【以色列康帕思投资集团代表团到访】 12月6日，以色列康帕思投资集团一行6人在以色列前副总理西尔万·沙洛姆的带领下访问海淀区，区长戴彬彬会见访问团一行。双方围绕建立友好城市关系、中以创新中心建设、中以创新基金筹备和加强创新人才交流等方面进行深入务实的探讨。康帕思投资集团董事长奥南·达贡介绍海淀区与以色列赫兹利亚市建立友好城市关系的进展，表示赫兹利亚市愿意与海淀区成为友好城市，邀请海淀区政府代表团于2018年3月访问以色列并与赫兹利亚市沟通友城协议签署事宜。

（吕晓濛）

【古巴驻华使馆代表团到访】 12月21日，古巴驻华使馆代表团到访，区外办主任王伟丽接待古巴驻华使馆副馆长李兹培一行4人。双方围绕加强交流合作展开建设性的探讨。李兹培建议双方在教育、文化、医疗等方面展开务实合作，如古巴使馆参与海淀区中小学的各国文化推广活动，参加海淀区举办的各类大型活动并与中国企业在生物医疗等方面进行合作。王伟丽表示双方可以通过建立姊妹学校的方式搭建文化交流平台，联系海淀园促成双方企业的务实合作。

（吕晓濛）

政务服务

【概况】 2017年，全区54个政务服务大厅、1700余个窗口、2200余名窗口工作人员办理业务850万余件。其中，区政务大厅全年共接待办事群众65.6万余人次，办理业务54.3万余件，接待调研交流107批次，约1600人，荣获“首都劳动奖状”。

（张成佳）

【公共资源交易平台】 年初，海淀区公共资源交易平台建成并运行。平台采用智能化管理，为市场主体、社会公众和行政监管部门提供公开透明、规范有序的公共资源交易环境，实现公共资源交易平台整合统一运行。实现政府采购和专项工程项目全部进场交易；率先完成交易信息系统的整合建设，实现市区对接互联互通；实现投标保证金收退电子化。全年进场交易项目438个，金额21.8亿元，完成交易项目356个，金额18.7亿元，总中标成交金额16.9亿元，节约资金1.8亿元，资金节约率9.4%，实现平台服务零投诉。制定实施《海淀区街镇小型工程建设项目管理暂行办法》，研发上线信息管理系统，运行项目87个，预算金额4656万元，初步实现小型工程项目规范化、透明化和信息化管理。

（张成佳）

【“政务开放，你我同行”主题政务开放日】 11月1日—10日，海淀区开展“政务开放，你我同行”主题政务开放日活动，邀请市民代表、人大代表、政协委员、专家学者体验政府工作。开放日围绕“疏解整治促提升”、城市管理服务、环境建设、科技创新中心和文化中心建设、保障改善民生、便民服务6个主题，设15个开放点，涉及15个委办局和一个街道办事处。开放日采取请市民看、听市民说、召开座谈会、发放留言册和意见卡等方式，政府运转流程、管事服务过程政务全开放。相关部门负责人与市民面对面交流互动，聆听群众心声，了解公众关切，现场解答问题。海淀区综合行政服务中心自2013年9月成立以来，已入驻29个部门、606个法人服务事项。按照“企业、非企业法人事项进大厅，个人事项下沉下放就近办理”的原则，在全区29个街镇统一设立便民服务中心，建设620个社区服务站，构建起海淀政务服务三级联动服务体系。

（钟冷）

【网上服务大厅上线运行】 12月20日，海淀区网上服务大厅上线试运行，整合全区43个委办局1337个区级事项，各街道99个事项及各镇105个事项，为办事群众提供统一的办事入口；提供网上预约事项 446 个，网上申报事项 359 个，实现市、区两级网上服务大厅事项数据同源，动态更新，办事指南内容规范、标准，实现政务服务“一张网”。

（张成佳）

【政务服务统一监督平台】 年内，区政务服务管理办公室（简称区政务服务办）搭建完成全区政务服务统一监督平台，完成 15 个街镇大厅、6 个专业大厅的音视频接入工作。制定标准的服务数据对接接口，实现灵活的服务数据采集功能，完成监督预警规则设计，初步实现政务服务“看得见、可监督、精管理、智决策”。

（张成佳）

【政务服务与社会服务融合】 年内，区政务服务办会同相关单位，探索政府与社会的新型合作关系，不断深化“创业会客厅”模式。玉泉慧谷政务服务站成立，园区政务服务站达到 20 家，其中创业大街、智造大街、东升科技园、北大科技园等 10 家服务站为企业提供工商注册、股权变更、“五证合一”等政务服务免费代办。园区政务服务站共服务创新创业企业 3500 家，政策咨询和代办服务 5000 余次，其中免费服务 3000 余次。2017 年，区政务服务办共组织“企业服务日”和“公众开放日”活动 12 次，组织园区服务站政企交流活动 9 次、“走进办税服务厅”活动 2 次，参与企业近 500 家、1000 余人次，解决各类问题 600 余件。

（张成佳）

【政务服务第三方暗访测评】 年内，区政务服务办开展政务服务第三方咨询测评活动。政务服务第三方暗访及测评项目重点围绕公众参与式的政务服务评价，以第三方评估方式，通过暗访及问卷调查，从群众角度对窗口服务进行满意度测评，促进海淀区政务服务工作水平的提升。第三方暗访及测评范围包括海淀区专业大厅、街镇便民服务中心共计 53 个大厅，其中街镇便民服务中心 29 个，专业大厅 24 个。评估项目共分为 4 期，第一期于 2017 年 7 月 25 日至 8 月 3 日执行，第二期于 2017 年 9 月 19 日至 9 月 27 日执行，第三期于 2017 年 11 月 10 日至 11 月 30 日执行，第四期于 2017 年 12 月 4 日至 12 月 8 日执行。暗访监测共计完成 220 个样本，满意度调查共完成 4836 个样本。各政务服务大厅平均得分 93.78 分，整体表现较好。第四期得分（96.09 分）较第一期得分（88.48 分）提升 7.61 分。

（张成佳）

【区政务大厅运行管理】 年内，区政务服务办推行窗口服务“五步法”，提升窗口服务规范化水平。聘请 14 名特约社会监督员对政务大厅服务进行监督评议，提出 20 余条建设性意见。通过部门自查、现场巡查、电子监控和社会监督等方式，组织巡查 900 余次、暗访 110 余次，累计发现和整改问题 140 余件，有效促进窗口服务行为、服务效能和服务作风的转变和提升。设立综合窗口探索“一窗式”服务，承接 9 个委办局 44 个委托事项，全年办理委托业务 1293 件。大厅提供免费工商注册代办、文印、自助书吧等 18 项便民服务，税务、工商自助终端办理业务 22.9 万件，服务环境明显改善。

（张成佳）

【窗口行业主题实践活动】 年内，全区政务服务窗口单位开展“服务核心区、窗口展风采”主题实践活动，组织 8 批 200 余名窗口一线人员外出交流学习；举办第二届风采展示大赛，15 家窗口单位近 200 名一线窗口人员参与，开展“十佳群众满意窗口”“十佳岗位服务标兵”“十佳协同服务项目”创建评选活动，弘扬政务服务正能量。编发《窗口》报 36 期，刊登推进“放管服”改革、学习贯彻中共十九大精神进程中窗口人、窗口事相关文章 600 余篇，推送微信 900 余条。

（张成佳）

人事管理

【概况】 2017 年，海淀区政府系统科级及以下公务员 4755 人。录用 141 名应届毕业生、87 名社会人员、27 名大学生村干部、11 名大学生士兵。7495 人参加 2016 年度考核工作，1396 人被评为优秀等次，5827 人被评为称职等次，271 人被评为不定等次，1 人被评为不称职；285 人记三等功，1397 人记嘉奖。全区有事业单位 278 家，编制 28883 名，其中教委所属事业单位编制 19250 名，实有 18714 人；公共委、卫计委所属事业单位编制 6803 名，实有在编 5150 人。事业单位专业技术人员 23625 人，其中教委共有专业技术人员 17691 人，公共委、卫计委共有专业技术人员 4668 人，上述两家单位专业技术人员总数占区属单位总数的 95%。11 月，整合海淀区人才服务中心、海淀区职业介绍服务中心、中关村人才市场，设立海淀区人力资源公共服务中心，为海淀区人力社保局所属相当副处级财政补助事业单位。开展外国人来华许可工作首批试点，为外国人才集中的科研院所、用人单位开通快速通道，建立长效沟通机制，受理申报 1976 件。

（王洋）

【国家级人力资源服务产业园落户海淀】 12 月 21 日，市政府同意在海淀区推进建设国家级人力资源服务产业园。为落实新版北京城市总体规划，推动京津冀协同发展，围绕国家科技创新中心和北京城市副中心建设，北京市人力社保局按照“一区两园”的方式规划建设产业园区，即北京人力资源服务产业园区以及通州园和海淀园。国家级人力资源服务产业园海淀园定位于“高端化+国际化人力资源服务支撑体系”，根据高精尖经济结构需求，发展人力资源服务产业高端形态，打造人力资源服务高端产业集聚区，支持保障全国科技创新中心建设，形成能够参与国际产业合作和高端人才竞争的人力资源服务业发展高地。

（钟冷）

【人才引进】 年内，区人力社保局完成人才引进审核 104 人，新办工作居住证 14816 个，续签 10143 个，信息变更 17071 个。

（王洋）

【军转干部及随军家属安置】 2017年，北京市下达海淀区计划安置军转干部452人，应报到222人，实际报到112人（其中师职1人、团职12人、营以下及技术级99人），进入公务员队伍48人，报到率50.45%。接收2017年自主择业干部2084人，随军家属208人。

（王洋）

【人力资源市场建设】 年内，全区组织各类招聘会116场，参会企业3630家，向社会提供工作岗位15409个，参会求职3.5万人次；构建中关村人才特区百校联盟；组织开展第二届“中关村人才创客大赛”；开展京津冀校园双选会20场，共计600余家次企业参会，吸引优秀毕业生1万余人；举办博士、博士后招聘会2场，吸引60余家次企业参会；与清华大学、北京大学、中国人民大学等院校合作，举办高端人才培养项目5期，实施领军企业家MINI商学研修项目3期，实施战略新兴产业人才提升特训营7期，累计培训重点企业中高层管理人员及技术骨干700余人次。开展公务员培训超市40期，培训近10000人次，同时完成2017年度区军转干部培训、科级领导干部科学发展能力提升培训、面试考官及大学生村干部等委托培训，总计培训学员1190余人。

（王洋）

【人事考试】 年内，区人力社保局完成14项全国性人事考试任务，涉及考点34个，考场1648个，接待考生约14.1万人次。发放各类人事考试证书9019本。组织一级建造师、二级建造师、经济师、注册计量师、一级注册安全工程师等10类审核，审核通过25420人。

（王洋）

信息化城市服务管理

【概况】 2017年，全区网格化融合平台累计受理各类信息173万余条，其中网格案件155万件，走访日志18万条，受理各类城市管理问题56万件，及时率95.71%，结案率97.41%。通过大循环处置问题21292件，小循环处置问题41万件，微循环处置问题112万件；小、微循环占到整个案件总量的98.63%。受理各类企业和群众事务159487件，除咨询类直接回复外，分拣转办119672件，按期办结率100%，满意率65.12%，反馈率82.56%，解决率38.31%；累计上报《区长电话要情》12期，报送《维稳日报》30期，编制《民意诉求档案》780份，办理市长陈吉宁对《市长电话要情》的批示案件17件，协调、处理维稳事件848起，收到群众表扬203件。共接报处置突发事件372起，比上年下降2.9%。其中自然灾害类0起；事故灾难类191起，比上年上升0.9%；公共卫生类12起，比上年上升33%；社会安全类（包括上访、扬言、群体性事件等）169起，比上年下降11.9%。区应急办赴现场协调处置突发事件71次。

（孙焱珠）

【热力管线泄漏事故处置】 1月15日15时30分，海淀南路与彩和坊路交叉口一条DN600热力管线发生泄漏，抢修影响供热面积193万平方米，其中居民约4300户34万平方米，公用建筑约15家单位159万平方米。接报后，市政府副秘书长姜帆，海淀区委书记崔述强、区长于军、副区长龚宗元、区委办主任高念东、副区长吴计亮及相关部门人员赶赴现场指挥处置。16日20时30分，完成管线更换和修复工作，供暖逐步恢复。17日6时，供暖完全恢复，道路回填完毕，交通恢复正常。

（孙焱珠）

【应急委全体会议】 4月20日，区应急委召开全体会议，区应急委各成员单位主要负责人、各街镇应急委主任及应急专家委员会专家出席会议。会议传达市应急委第十三次全体会议及市长蔡奇关于应急管理工作的重要讲话精神，部署2017年全区应急管理重点工作。区委副书记、区长、区应急委主任于军对海淀区2017年工作提出3条要求：全区各部门、各单位、各街镇工作理念要由“治已病”向“治未病”转变；指挥调度要由“各自为战”向“综合统筹”转变；应急演练要由“演”向“练”转变。

（孙焱珠）

【“5·12”防灾减灾日活动】 5月8日—14日，海淀区各部门、各系统、各行业、各街镇围绕“减轻社区灾害风险，提升基层减灾能力”主题，统一开展防灾减灾系列宣传活动。通过发放宣传材料，举办专题展览，组织应急演练、开办专家讲座等贴近群众的主题活动，实现应急宣教培训“进机关、进企业、进部队、进学校、进社区、进农村”，营造全民参与防灾减灾的良好社会氛围。

（孙焱珠）

【中关村热线宣传月活动】 5月10日—26日，区非紧急救助服务中心在全区29个街镇开展中关村热线“96181”宣传月及社区课堂宣传活动。活动现场采取设立咨询台，悬挂宣传横幅，宣传展板，发放宣传资料，开展现场咨询，登记受理群众诉求等形式开展宣传。通过宣传活动强化热线服务群众、服务企业的意识，让更多群众了解区非紧急救助的服务宗旨、工作内容和受理范围，提高热线服务的群体覆盖和社会认同。

（孙焱珠）

【背街小巷整治工作区长专题会】 7月28日，召开研究背街小巷整治工作区长专题会。会议听取海淀区城市服务管理指挥中心关于《海淀区背街小巷环境整治提升三年（2017—2019年）行动方案》（简称《行动方案》）有关事项的汇报。会议决定原则同意《行动方案》。方案要求按照部署启动（2017年7月底前）、全面推进（2017年7月至2019年12月）、长效管理（2019年12月之后）3个阶段推进实施。北部四镇农村地区将参考背街小巷整治提升标准，结合实际情况，开展村容村貌整治提升。

（孙焱珠）

【“海淀区城市管理基础数据建设及更新维护项目”获优秀工程金奖】 9月

11日，在贵阳市召开的中国地理信息产业大会上，由海淀区城市服务管理指挥中心建设的“海淀区城市管理基础数据建设及更新维护项目”获得优秀工程金奖。海淀区城市管理基础数据建设始于2005年，至2017年，已建立基础数据动态更新、“行业监管为主，街镇配合为辅”“主责部门牵头协调”“双向确权”等工作机制，创新扩宽监督员上报、市级最新基础地形图影像图、测绘人员外业巡查、重大投资台账、行业台账属地台账、测绘院专业数据优势、网格案件、卫星遥感、新闻舆情九大数据变化信息来源渠道。海淀区基础数据库采集137万余条有效数据，其中井盖类319092个，立杆108921个，路灯39872盏；划分社区（村）网格643个，万米单元网格10510个；道路2447条，停车场1759个，环境卫生责任区34120块，门楼牌数据36060个，兴趣点44191个。部件权属确认率98%以上。数据成果广泛应用于海淀区网格化城市服务管理系统、网格化图像信息系统等方面，支撑背街小巷、开墙破洞等专项整治工作，为相关委办局及公服企业的工作提供有力支撑。

（孙炎珠）

【程红检查“人物同检”工作保障情况】 10月25日，副市长程红到地铁一号线军事博物馆站，就早高峰地铁“人物同检”工作及社会面防控情况进行检查。随后，程红到区应急指挥车，通过卫星系统与副市长王宁进行视频对话，并通过应急指挥车调取15个重点车站的客流情况。区委书记于军通过视频会议系统与程红对话，就海淀值班值守情况和“人物同检”保障工作进行汇报。

（孙焱珠）

【群众开放日活动】 11月3日，海淀区城市服务管理指挥中心开展群众开放日活动，邀请群众代表、人大代表、政协委员走进区政府热线“96181”受理大厅进行参观交流，零距离感受“96181”热线工作流程。群众代表观看中心宣传片、“96181”宣传展板，中心工作人员通过PPT演示的方式，向群众代表介绍“96181”受理服务范围、受理渠道、拨打方式及案件办理流程。工作人员与群众代表就群众关心的城市管理服务、保障改善民生、便民服务等问题展开交流，听取群众代表的需求和意见建议。

（孙焱珠）

【天然气罐体漏气扩散燃烧事故处置】 12月6日，温泉镇白家疃老马拉面馆院内运输天然气罐体的汽车漏气发生扩散燃烧。17时43分，消防支队迅速控制火势，开展应急处置工作。接报后，区领导于军、戴彬彬、高念东、郑海洋、吴计亮、梁爽赶赴现场指挥处置。现场成立应急指挥部，在专家组专业指导下开展事故处置、交通管控、人员疏散、群众安抚、舆论引导等工作。为防止发生燃气爆燃事故，现场采取喷淋降温措施，使着火点稳定燃烧，待罐内天然气燃尽自行熄灭。12月7日14时40分许，明火熄灭。7日19时，事故车辆及罐体被运往燕山石化基地，无人员伤亡。

（孙焱珠）

【区领导接听“12345”热线】 12月12日，区长戴彬彬、副区长龚宗元带领8个职能部门“一把手”到北京市非紧急救助服务中心“12345”受理大厅参加“听民意　解民忧”接听热线活动，现场受理群众诉求74件次。12月14日，区城市服务管理指挥中心会同政府督查室联合召开区领导接听市政府热线受理案件工作交办会，对受理的74件案件进行集中交办，并展开督查。

（孙焱珠）

【开墙破洞专项整治】 年内，全区完成开墙打洞销账5688处（其中整治销账4699处，拆除违建销账334处，规划销账655处）。在上半年市绩效办中期评估排名为全市第一，年终考评成绩为100分；在全市每月排名中，整治完成量、“三有六无”达标率均居全市前列；在市绩效办、市联席办的检查中，海淀区问题数量相对较少，违法点位上账率、台账准确率、整治工作标准排名前列。

（孙焱珠）

信访

【概况】 2017年，区信访办以打造“阳光信访、责任信访、法治信访”为引领，以开展“责任落实年”活动为抓手，以“保稳定、强基础、促改革”为主线，推进信访工作制度改革、信访法治化建设和信访基础业务建设。信访总量7495件次33867人次，分别比上年增长31.2%和34.6%，信访总量增幅较大，信访形势总体可控。维护全国“两会”、“一带一路”国际高峰论坛、中共十九大等重点时期社会的和谐稳定。

（杨娜）

【信访条例宣传月活动】 5月26日，以“落实信访责任制、推动信访法治化”为主题的信访条例宣传月活动启动。主会场设在金源购物中心南广场，全区各街道、镇分别设立信访宣传站点。活动期间，海淀区共设立32个宣传站点，442个社区放置450块电子显示大屏，滚动发布信访宣传口号，发放宣传材料1.2万份、宣传品4.2万份。

（杨娜）

【信访干部培训班】 6月27日—28日，区信访办举办信访工作培训会，全区各部、委、办、局主管领导和信访干部，各街道、镇主管领导和信访干部200余人参会。邀请市信访办有关处室负责人，分别就《信访条例》、信访工作考核、来信办理基础业务要求、网上信访基础业务规范化、做好来访接待工作、做好信访工作的心得体会等方面进行解析和讲解。培训会总结全区上半年信访总体情况、信访呈现特点、完成的主要工作、存在问题，部署安排下半年工作。

（杨娜）

【基础业务规范专题培训】 7月17日—18日，区信访办举办信访工作基础业务规范专题培训会。全区各街道、镇，区属相关单位主管领导和信访干部120余人参会。邀请区法院信访办主任王志勇就信访工作与基层矛盾化解经验进行介绍。区信访办相关科室分别就来信办理、网上信访基础业务规范、来访接待业务规范化要求及存在的问题进行深入解析。培训会传达第八次全国信访工作会议精神，对全区信访基础业务建设、落实信访工作责任制、推进依法分类处理信访工作诉求、加强信访工作考核、抓好信访干部队伍建设等工作提出要求。

（杨娜）

【矛盾排查】 年内，区信访办开展2次区级矛盾纠纷大排查和12次专项排查，发现63件各类矛盾纠纷和疑难信访案件，化解63件，化解率100%。针对海淀区深入开展“疏解整治促提升”、城市治理、重点领域改革等工作，全区信访系统深入一线调查研究，通过召开现场协调会和信访问题专题研究会等形式，推动解决房屋拆迁、经济纠纷、超范围经营、老旧小区改造、环境污染等一批突出矛盾纠纷，有效化解矛盾。

（杨娜）

【信访积案化解】 年内，区政府安排矛盾纠纷排查化解专项资金1246.78万元，支持解决信访人生活困难、久拖不决的疑难信访积案等。持续加大对属地及有权处理机关的督导力度，严格遵照“三到位一处理”的工作原则开展积案化解工作，化解因预防接种异常反应问题等4起个人信访问题，化解定慧北里房屋腾退、永安东里小区锅炉改造、永金里小区电改和芙蓉里社区东区15号楼电力增容等信访问题。化解市级信访积案11件，信访积案化解率实现100%。

（杨娜）

【领导接待信访制】 年内，区领导共接待群众12批30人次，涉及违法建设扰民、魏北社区征收改造、居民供水困难、残疾人救助、老旧小区配电设备增容、金五星市场商户搬迁补偿、建设施工扰民、国企改制遗留问题等民生领域难题。

（杨娜）

【领导包案制】 年内，区领导坚持“分级负责、分类处置”的工作原则，对涉及面大、群众反映强烈的重点矛盾纠纷，落实区、处两级领导包案制度，实行领导包案“六包”（包调研、包稳控、包协调、包处置、包督办、包巩固）责任制。区、处两级领导共包案63件，田村路街道永金里社区因电力改造烂尾引发的社区管理矛盾问题、兰德华庭小区环境整治问题、北京陶瓷厂平房拆迁问题等重点矛盾得到化解或推进。

（杨娜）

【拓宽信访工作模式】 年内，区政府安排资金350万元为315家单位购买政府公众责任保险。办理区市政市容委、海淀交通支队、海房安泰置业有限公司等26家单位理赔案件44件，理赔金额142.13万元。经保险介入的案件，没有一起转化为信访问题。通过购买服务的方式建立心理咨询和法律服务团队，为全区400余名信访干部进行心理辅导。区信访办与区委党校联合开展调研，形成《打造海淀特色信访智库建设的对策研究》《海淀区处置非正常上访工作机制研究》《海淀区信访工作组织架构研究》《海淀区信访基础性业务规范研究》4份调研报告。

（杨娜）

【信访矛盾多元化解机制】 年内，区信访办坚持信访矛盾多元化解机制，将矛盾化解在基层。区总工会和区人力社保局的劳动争议调解中心、上庄镇白水洼村村级服务站、甘家口街道的微事处理机制、田村路街道的胡国松人民调解工作室、学院路街道的心桥室、万寿路街道的民情窗口等多元化解机制继续发挥作用，使绝大部分矛盾纠纷和苗头隐患化解在基层。

（杨娜）

【网上信访】 年内，区级受理网上信访件2157件，占区级信访总量的28%。在区政府门户网站，书记信箱和区长信箱专栏开放，“海淀区信访综合管理系统”推广上线，信息不断开放共享，实现信访工作与信息化的深度融合，使信访工作更加便民、快捷、高效。

（杨娜）

侨务

【概况】 2017年，区民族宗教侨务办公室（简称区民宗侨办）制作《海淀区涉侨政策法规宣传手册》和《海淀区侨务政策服务指南》宣传册4000余册在全区发放。密切与新侨群体联系，为相关院所归侨侨眷宣讲侨法和侨务政策。贯彻落实国务院侨办《国内为侨公共服务体系建设指导意见》精神，对园区侨务工作进行深入研讨，在海淀留创园设立“侨之家”为侨服务窗口。协助区侨联完成《吸引聚集海外顶尖人才团队建设海外华人院士侨创园的提案》。以协会为载体，加强企业与政府部门的联系，年初组织侨资企业家、侨友联谊会成员到海淀区档案馆参观交流。加强文化交流，走访清华大学统战部，沟通完善侨界人才储备。协调区教委推荐优秀才艺教师参加“中华文化大乐园”意大利米兰营活动，促进中外文化交流和友好合作。建设中关村侨创园，打造品牌活动，形成华侨华人创新创业聚集区。与清华大学统战部、中科院京区党委统战部和海淀园管委会密切合作，拍摄《海淀最具影响力的侨界人物故事》，广发宣传先进事迹，展示华侨华人、归侨侨眷对海淀发展的独特作用和贡献，发挥侨界精英人才的激励和示范作用。全年办理涉侨服务事项412件。

（高燕）

【走访慰问民族宗教侨界困难群众】 春节、端午节、中秋节、开斋节、古尔邦节期间，区民宗侨办为农大附中新疆内高班的孩子们送去牛肉、羊肉和粽子、月饼等慰问品。春节前走访慰问少数民族低保群众、宗教界困难教职人员，发放慰问金17.62万元。春节、“五一”前夕，看望侨界人士。

（高燕）

【第十一届世界华裔杰出青年华夏行】 7月11日，市侨办第十一届世界华裔杰出青年华夏行北京线成员到海淀区走进高科技企业考察交流，国侨办亚洲处副处长刘爱明、市侨办对外联络处调研员马长等领导陪同来访。来自31个国家和地区的近90名华裔杰出青年参观位于中关村软件园的零度智控（北京）智能科技有限公司和博彦科技股份有限公司，现场体验小型无人机航拍，感受虚拟现实技术的实际应用。区民宗侨办副主任刘莉、博彦科技副总裁韩洁接待华夏行成员。

（王斯雅）

【市侨办领导考察车库咖啡和国内院士专家工作站】 10月13日，市侨办领导和科技人才处到海淀区考察中关村创业大街车库咖啡和北京国电龙源环保工程有限公司国内院士专家工作站，并开展座谈交流。

（王斯雅）

重要民生实事

【概况】 2017年，海淀区完成改善群众居住条件、方便市民出行、营造生态宜居环境、提高公共服务水平、提升社区生活便利性、促进社会保障、确保群众生活安全7个方面36件重要实事，并在区政府网站、《海淀报》、为民办实事平台向全社会公布进展情况和落实情况。

（于海涛）

【36件重要民生实事】

一、建设筹集各类保障性住房5322套，竣工5773套；北安河安置房东区、西区项目竣工面积77万平方米指标全部完成；排查修补市场化租赁补贴系统漏洞，持续提升补贴审核发放效率，补贴发放规模稳步扩大。同时，区级公租房租金补贴系统正式上线运行，有效提高公租房租金补贴审核发放效率；优化提升公租房服务监督管理，强化后期动态监管，严查转租、转借、欠缴租金、改变用途等违规行为，强化承租租赁服务，继续做好公租房签约入住和续签、调房退房、室内维修等工作。

二、实施苏州街站一体化、笑祖塔院"城中村"环境整治、树村、魏公村小区等重点项目，棚户区改造和环境整治任务总计完成拆迁改造5006户，超额完成任务。

三、对已纳入自我服务管理工作的老旧小区531个（涉及社区226个，2929栋楼23.1万户，约1825万平方米）在启动首年给予定额或一次性补助，对以后年度考核达标的继续给予奖励。全年政府给予扶持及奖励资金25441733.84元，鼓励有实力的大型物业服务企业拓展老旧小区服务管理业务。按照增量与提质相结合的原则，将35个区级"一刻钟社区服务圈"优化提升为市级"一刻钟社区服务圈"，巩固全区"一刻钟社区服务圈"覆盖率100%的建设效果。

四、完成西北旺南路西延项目建设；完成上庄路南延锦秋老年公寓和香山加油站的拆迁工作，树木伐移工作完成总量的99%；完成并放行板井村路道路建设；完成肖家河周边路网中肖家河南街东段、上河沿东路、上河沿中街道路建设。新增通车里程18.64公里。

五、完成小营西路与安宁庄西路交叉口改造、双清路与荷清路交叉口渠化改造、双清路清华东路公交站站台改造、海淀残联公交站（西向东）挪移改造、北航校园出入口改造、杏石口路佟家坟公交站（西向东）拓宽改造、成府路五道口公交站改造及人行步道完善工程、中关村三小新校区出入口改造及完善慢行系统、西郊线公交接驳万安公墓站改造工程、西郊线公交接驳香山站改造工程10项疏堵工程，有效缓解该地区的交通拥堵状况。组织实施黑龙潭路、羊坊店东路、阳台山路等道路大修工程，完成道路大修总面积5万平方米。

六、完成金庄甲1号路、罗庄中路、清枫华景园东门道路、交大东路四号院外小马路、人大附小东校区西侧路、中关村南一条路、财经东路西侧路、东双贝子坟路、新华联国际南侧路、香格里拉东路、三虎桥社区路、美丽园东侧路、云泉路、神学院西路、朱房北二街、燕清体育公园北侧路、老派出所路、五环辅路肖家河段、百旺商城南侧路、百旺商城北侧路20条无灯道路路灯安装工作。

七、在上地九街与创业北路交叉口、玉虹南街与旱河路交叉口、玉虹北街与旱河路交叉口、友谊路与皇后店中街交叉口、友谊路与辛店南街交叉口5处路口新建交通信号灯，方便车辆和行人安全通行。针对地铁16号线北段开通、三环路公交专用道启用等对周边道路交通流量影响，动态调整周边灯控路口等灯控路口信号灯12处。调整12处群众反映突出点段交通组织，提高路网通行效率。

八、完成学府树中街、学府树北街、朱房路、万寿庄路、万寿寺路等道路施划车位工作，共增加停车位700余个；开展违法停车、货车违法、闯红灯、酒后驾驶等专项整治行动。完成10处新增科技设备。

九、海淀区"无煤化"工作任务涉及21个街镇，经最终确认共涉及26057户住户和各类单位718个点位。一是住户"无煤化"。户内改造工作共完成25727户剩余住户已通过控制使用燃煤实现无煤化。二是各类单位"无煤化"。企事业单位578个点位已基本完成改造任务。村（居）办公场所、公共活动场所和公益设施135个点位已完成改造53处，其余已采取空调供暖等方式实现控煤。农业设施5处已改造完成3处，其余2处已临时通过电暖器供暖。三是住宅节能门窗改造。住宅节能门窗改造工作涉及总户数7566户，已施工完成7510户，完成率99.3%。已实现辖区基本"无煤化"的工作目标。

十、完成大工村餐厨厨余垃圾处理厂工程，完成系统联合调试，正在进行带料调试。接收、分选、生化处理、渗沥液收集及油水分离、除臭等系统运行正常。截至11月底，累计接收处理餐厨垃圾约3101吨，厨余垃圾约2045吨，油水分离设备处理渗滤液量约2555吨。

十一、完成位于苏家坨镇的园林绿化生物质处理站建设，试运营效果良好，现已消纳处理农林废弃物3000立方米。

十二、截至11月底，20条背街小巷的铺装硬化、绿化补植、完善公共设施等环境综合整治全部完成，项目总投入资金8000多万元，达到市级标准。完成路面铺设67015平方米，拆除违建8297平方米，整修开墙打洞79处，外立面粉饰27593平方米，绿化补植32918平方米，拆除、规范广告牌匾905块，架空线梳理43463米，新建雨水管线1636米、雨水口96座、雨水篦子15套，安装庭院灯28套、草坪灯32套、照树灯20套，增设垃圾箱14个，清理卫生死角52571吨废弃物。

十三、认真落实拆违台账，开展违法建设安全隐患大排查、大清理、大整治专项行动和“一山、一水、一线、两街、一镇”六大区域违法建设专项整治；始终对新生违建保持高压态势，发现一起、查处一起、拆除一起；以城乡接合部人口倒挂地区、老旧社区为重点，摸排历史遗留违建。完成400万平方米违法建设拆除工作，核实拆除点位1427处。

十四、利用“大城管”指挥调度平台，统筹协调，联合执法，集中宣传，每周利用城市服务管理周例会通报进展情况，建立健全开墙破洞专项整治工作机制。截至11月20日，全区整治开墙破洞4699处，占2017年台账任务量的136.56%；完成开墙破洞销账5688处（其中整治销账4699处，拆除违建销账334处，规划销账655处），占2017年台账任务量的165.30%。

十五、升级改造凤凰岭自然风景公园、西山国家森林公园、汇通诺尔狂飚乐园等景区的6座公共厕所。

十六、完成树村学校新建工程和北京航天城学校小学部一期工程，新增2520个小学学位。

十七、组织专家下基层12823人次；安排275名基层医疗机构业务骨干到核心医院进修学习，其中包括在区属社区卫生服务中心中选派90名骨干医生到医联体进行为期不少于6周的进修；建成了1个社区卫生服务中心（上地园区社区卫生服务中心）和9个社区卫生服务站均已取得医疗机构执业许可。

十八、实施海淀区公共卫生服务“五进”行动，以口腔疾病防治、城市和农村癌症筛查等重大公共卫生服务项目为载体，不断促进基本公共卫生服务均等化。完成1400人“五癌”高危人群临床检查；在全区开展2017年窝沟封闭预防龋齿项目和学龄前儿童氟化泡沫预防龋齿项目工作，截至11月14日，共完成儿童口腔检查29965人，学龄前儿童氟化泡沫预防龋齿89570人次，牙齿窝沟封闭44210颗，完成全年任务。

十九、紧紧围绕全国文化中心建设总目标，扎实推进第三批国家公共文化服务体系示范区创建工作。一是聚焦设施网络，文化活动阵地不断扩展。街道（镇）综合文化中心、社区（村）级综合文化活动室达标率实现100%。二是加快数字化信息服务平台建设。文化@海淀——海淀公共文化服务数字平台8月正式上线，实现海淀公共文化服务从可多可少、可急可缓的随机状态到标准化、均等化、专业化发展的跨越，提高区域文化供给水平。截至11月17日，注册用户数达8002户，浏览总数达280125次。

二十、传承地域传统文化，组织“海之春”新春文化季；服务核心区企业80万名员工，量身定做中关村国际青年艺术季；成立海淀区全民阅读活动指挥部，全面统筹策划组织海淀区全民阅读活动。遵循“四个有利于”，精心打造属于人民的第十四届海淀文化季。与北京文化艺术活动中心、北京市音乐家协会共同举办第十二届“舞动北京”群众舞蹈大赛暨海淀区第二届群众广场舞达人秀系列活动、第四届“北京之声”首都市民合唱周系列活动暨第二届海淀万人合唱季系列活动。截至11月，中关村系列演出季提供高品质文艺演出820场，“到人民中去”精品演出下基层、星火工程、周末大舞台、夏日文化广场等活动举办公益性文艺演出281场，完成各类培训21.7065万人次，各类文化活动惠及群众582.0431万人次。

二十一、新建120套全民健身工程；建设108片专项场地（10片乒乓球长廊、6片门球场地、92片棋苑）；全年共培训社会体育指导员3000人，其中社会体育指导员2000人，冰雪社会指导员1000人（冰上项目600人、雪上项目400人），为全民健身服务体系提供了坚强的人才支撑。

二十二、按照“疏建结合、保障先行”的思路，推进便利店、早餐网点等生活性服务网点的布局完善和品质提升，引导超市发、幸福超市、首农、物美、便利蜂等品牌连锁企业加大在海淀区布点力度，商业网点连锁化率达到33.9%；发挥社区商业项目资金的扶持引导作用，2017年区财政投入资金4032.8万元，规范提升和新建售菜面积20平方米以上的规范化蔬菜零售网点270个。

二十三、2017年，共推动末端快递服务点建设100家，有效解决“最后一百米”配送难、配送乱现象。一是以规范校园快递服务为切入点，深入推动高校校园快递服务工作的规范有序开展。在快递业务需求非常集中的高校，鼓励第三方企业建立快递末端服务中心，通过布置智能快递柜，形成快件实时投放、移动支付、自主取件、适时提取“一站式”的服务体系。二是综合施策，重点推动社区、写字楼、园区、集中办公区等快递服务设施建设，引导和推动区域分拨中心建设。三是政策引导，保障和加大末端物流资金支持力度和培训力度。

二十四、加大对计划生育家庭的保障力度。一是为海淀区35526户计划生育家庭办理意外伤害保险，其中财政支付类18527户（含农村、城镇低保、失独和伤残家庭4类）50744人，财政支付保费406510元，个人支付类16999户，涉及保费564600元。二是为计划生育特殊困难家庭特扶对象4085人办理2016年度（2016年7月1日至2017年6月30日）居家养老失能护理互助保险。三是为全区4372名70岁以下计划生育失独家庭老人和伤残家庭父母（失独1934人，伤残2438人）办理住院补贴保险，合计保费 437200 元，该保险项目已于 2017 年 7 月 1 日正式生效。

二十五、为符合条件的 1165 名低保、低收入、城镇特困、农村五保人员全额缴纳居家养老失能护理互助保险，支出资金 1532274 元。

二十六、各地区、各系统、各专业志愿者累计上岗 10 万余人次，服务时间 250 万余小时。以品牌项目建设为重点，推动志愿服务常态化发展。持续推进“爱在海淀”系列志愿服务品牌项目。

开展失独、孤寡、空巢老人的精神慰藉工作，主要以社区中空巢、独居、失能和低收入老人为对象，通过社区教育活动、社区主题活动、社交互助小组以及个别入户关怀等活动及服务形式，开展有针对性的服务活动，共开展活动 80 余次，服务 2000 余人次。

二十七、面向社会公开招募服务单位，由街镇和社区进行筛选，为 2000 名有需求的 80 岁以上老人安装配备家庭助浴设备，配发安装过程由各街镇、老年人所在社区及服务单位对接共同完成，全部安装调试完毕。西三旗敬老院现装修完毕，清真餐厅位于地上 1 层，占地 72 平方米，采用家庭式厨房设计，完全独立，可同时容纳 30 位清真饮食习惯的少数民族人员就餐。

二十八、经过初期评估，确定居家康复服务对象 421 人。为符合条件的康复对象建立“海淀区残疾人居家康复服务档案”，制定个性化、人性化服务方案，提供零距离贴心康复服务。肢体残疾人服务内容包括多个方面，每月服务不少于 4 次，每次服务不少于 1 小时；视力残疾人每月服务不少于 4 次，每次服务不少于 1 小时。全年共组织入户送服务 15562 人次。根据抽样评估结果显示，残疾人康复效果有效率达 80%，满意度达到 100%。

二十九、帮助 20953 名城乡劳动力实现就业，完成任务目标的 123.25%，城镇登记失业率 0.98%。一是根据地区就业形势，研究新的就业政策体系。在创业带动就业方面，研究创业人员社会保险补贴、小额担保贷款财政贴息等 7 项政策。在深入推动就业城乡一体化发展方面，研究鼓励农民及农转非人员实现正规就业等 3 项政策。在加大对重点群体帮扶力度方面，研究鼓励高校毕业生和城乡登记失业人员实现正规就业等 3 项政策。二是完成优秀创业项目遴选推荐工作。联合海淀留创园共同推荐 6 家企业参加市级优秀创业项目遴选，北京迪科达科技有限公司夺得 2017 年北京市优秀创业项目第一名。三是开展北京市就业创业先进集体和个人评选推荐活动。鼓励民营企业积极创造就业岗位，稳定职工队伍。四是强化基层就业服务平台规范化建设。明确其工作职责，大力促进城乡失业人员正规就业，提升基层就业服务队伍素质，加强基层就业服务平台就业工作能力。

三十、根据基层手工技能培训需求，开展中国结、服饰裁剪、布艺、手工编织等各类培训共 121 期，培训妇女 3543 人次；扶持培育有前景的农村妇女创业项目 8 个，为 6 个农村妇女创业项目争取到市级农村妇女创新创业项目资金扶持。挖掘培养城乡妇女致富带头人 97 人，开展茶艺师从业资格考证培训 36 期，17 名妇女获得中级茶艺师从业资格证。开设果蔬深加工课程培训农村妇女 60 人，教授果酒酿制、果酱制作等实用技能；开展颈枕制作培训，培养 7 名巧娘手工技能；推荐 6 名巧娘参加北京巧娘高级研修班。推荐 7 名农村妇女参加市妇女发展女带头人女经纪人培训班。培养女性创客 7 人，为 6 名创业者的创业项目提供资金扶持，为 1 名巧娘申请市巧娘培训项目，帮助她们在小微项目上进行创业发展；全年举办各类家政技能培训及业务指导共计 31 期 1160 人次，既有面向全体务工人员的家政服务员岗前培训，又有深入专业的育儿嫂及月嫂培训，还推出了厨艺、编织、家居保洁及家居美化、插花等各类培训，增强家政服务员的全面素质，提高家政服务员服务水平和市场竞争力。

三十一、完成地下空间三年综合整治市级挂账任务。全区完成普通地下室清理 285 处。对全区 30 处面积约 25879.84 平方米普通地下室完成规范改造，探索出普通地下室清退后安全、便民、规范使用的新路子；全面清退关停 51 处挂账民防工程，另关停账外工程 33 处。加强联合执法巡查，防止反弹；在人防工程 60 个防护单元共 240 个点位上安装了视频监控，11 月 29 日组织专家终验合格，已正式投入使用。

三十二、完成 11.9 万个独立感烟报警装置购置及安装，其中区公共委安装 1204 个（主要安装在公立医疗卫生计生机构），教委安装 10869 个（主要安装在公立学校），民政局安装 25339 个（主要安装在公立养老福利机构），街镇共安装 81588 个（主要安装在 60 岁以上户籍老人家庭、社区人员密集场所）。

海淀区共有社区 535 个，建成微型消防站 490 个，覆盖率达 92%，剩余 45 个社区微型消防站正在建设之中。共有消防安全重点单位 1541 家，已全部建成微型消防站，并进行相关培训和拉动演练。

三十三、推动全区 2826 个老旧模拟监控摄像机改造工作，通过统一设计、统一设备招标、统一监理，保质保量完成升级工作，实现公共区域视频监控全高清数字化。建设 1002 路高清摄像机和微卡口（大数据）平台，增加盲区高清覆盖率。通过增补点位建设，增加区域视频监控覆盖密度。

三十四、以大型以上餐饮、学校食堂及餐饮服务单位集中的街区或购物中心为重点，完成 22 个街道 24 个阳光餐饮示范街区的建设，截至 11 月底，已经有 4110 家餐饮单位完成“明厨亮灶”阳光餐饮建设，其中 3348 家餐饮单位上线“海淀阳光餐饮”手机 App。

三十五、进行北部地区生活饮用水自备井井房提升增效改造，完成 60 座现有老旧生活自备井井房改造和 40 台生活自备井消毒设施更换。

三十六、完成公开课培训 210 场，培训 31500 人次；举办应急救护技能取证培训 305 期，取证培训 15250 人次。提高群众避险逃生和应对突发事件的自救互救能力。

（于海涛）

政协海淀区委员会

7月3日，区政协常委会召开重点调研课题开题会（新闻中心 供图）

8月24日，区政协、区委统战部举办第二十九期读书班座谈会（张洪军 摄）

9月5日，区政协召开双周协商座谈会（张洪军 摄）

9月8日，区政协主席会议成员视察中关村软件园（区政协供图）

综　述

【概况】　2017 年，区政协共召开常委会会议 5 次、主席会议 6 次、秘书长会议 4 次、双周协商座谈会 12 次，办理提案 219 件、社情民意信息 72 件。5 月 24 日，十届区政协常委会第三次会议协商决定同意宋国伟等 6 人辞去政协委员职务，增补马龙虎等 10 人为十届区政协委员。12 月 8 日，十届区政协常委会第六次会议协商决定同意齐明军等 5 人辞去政协委员职务，增补王树彦等 12 人为十届区政协委员。截至年底，区政协共有委员 427 人，比上年增加 11 人，常委会组成人员 83 人，与上年相同。有 14 名北京市政协委员。

（石峰）

【第二十九期读书班】　8 月 23 日—25 日，区政协、区委统战部联合举办第二十九期读书班。学习《习近平总书记治国理政新理念新思想新战略》《习近平总书记关于北京工作指示摘编》，以及中共北京市委第十二次党代会及十二届二次全会精神、中共海淀区委十二届五次全会精神。学习市委、市政府主要领导考察海淀的讲话精神。听取中国区域科学协会会长、北京大学等六校京津冀协同发展联合创新中心主任、首都经贸大学副校长杨开忠和市发改委副主任、推进京津冀协同发展领导小组办公室副主任刘伯正关于京津冀协同发展的专题辅导报告。考察北京城市副中心规划馆、怀柔科学城、大运河森林公园、雁栖湖国际会都等，并围绕海淀发展进行深入交流探讨。

（石峰）

【学习贯彻中共十九大精神专题学习报告会】　11 月 2 日，区政协召开全体委员学习贯彻中共十九大精神专题学习报告会。邀请《中国政协理论研究》执行主编、全国政协培训中心客座教授原冬平作题为《以十九大精神为指引，续写政协工作新篇章》的主题报告。

（石峰）

【协商会】　年内，区政协围绕海淀中心工作和政治、经济、文化、社会和生态文明建设中的重要问题，召开协商会 40 次。协助区委制定《关于加强和改进政协民主监督工作的实施意见》，推进政协民主监督的制度化、规范化、程序化。把“中关村科学城与中关村大街发展建设研究”列为常委会重点调研课题，取得阶段性研究成果。

（石峰）

【与各党派团体沟通联系】　年内，区政协坚持政协领导班子集体走访委员和委员单位的制度，加强与委员日常的联系。成立区政协书画院、海淀政协文史馆和区政协老委员联谊会，举办“艺·创核心区”书画展、“喜迎十九大”书画笔会等多种形式的活动。接待葫芦岛市政协、呼和浩特市政协、武汉市武昌区政协、吴忠市政协、三亚市政协、天津市滨海新区政协、盐城市政协、海口市政协、深圳市龙岗区政协、上海市崇明区政协等到海淀考察交流。赴广州、深圳、东莞、上海、苏州、常州、无锡等地考察交流。参与主办“北戴河经济论坛”。出席京津冀协同发展六城市（区）政协合作机制秘书长会。

（石峰）

【委员学习培训】　年内，区政协整合委员服务管理职能，强化服务管理功能。注重加强对委员意识形态的教育，切实增进政治认同、思想认同、理论认同、情感认同。着力抓好委员学习培训。修订委员服务管理办法和履职评价体系。构建委员沙龙、委员讲坛、委员讲堂“三位一体”的学习履职体系。

（石峰）

重要会议

【市政协委员座谈会】　1 月 10 日召开。通报海淀区经济社会发展基本情况、希望通过市政协委员协助呼吁和争取北京市政策支持的事项、区政协十届一次会议提案征集情况，以及超出海淀区事权范围、希望在北京市政协十二届五次会议上提出的提案。围绕人口疏解、建立跨区域产业链等提出意见建议，并现场认领拟在即将召开的市政协全会上呼吁的事项和提交的提案。

（石峰）

【常委会会议】　2017 年，区政协共召开 5 次常委会议，分别为：

第二次会议　3 月 22 日召开。听取区政府 2017 年为群众拟办重要实事、人口调控、功能疏解等有关工作情况的通报；审议并通过《政协北京市海淀区委员会关于反映社情民意信息工作的相关规定》《政协北京市海淀区第十届委员会常务委员会 2017 年工作要点》《政协北京市海淀区第十届委员会 2017 年协商计划》。

第三次会议　5 月 24 日召开。听取关于组建区监察委有关情况的通报。围绕“中关村大街改造提升”进行协商议政。协商决定同意宋国伟等 6 人辞去政协委员职务，增补马龙虎等 10 人为十届区政协委员。审议通过十届区政协各专门委员会及专委会办公室负责人调整名单。审议并表决通过王世松任区政协研究室主任。

第四次会议　7 月 21 日召开。传达北京市第十二次党代会精神，听取区发展改革委关于海淀区上半年国民经济和社会发展情况的通报，听取区委组织部关于中关村人才特区建设工作的通报，并围绕“中关村人才特区建设”协商议政。

第五次会议　9 月 22 日召开。视察海淀区“疏解整治促提升”工作进展情况，并围绕“疏解整治促提升”工作协商议政。听取常委会重点调研课题进展情况的通报。审议通过新修订的《政协北京市海淀区委员会提案工作条例》。

第六次会议　12 月 8 日召开。听取关于海淀区 2017 年党风廉政建设和反腐败工作情况的通报，区委、区政府关于政协提案办理情况的通报。传达区委十二届六次全会精神。审议通过2017年度区政协常委会建议案、《政协北京市海淀区委员会关于加强政协委员履职服务与管理办法》及《政协北京市海淀区委员会关于政协委员履职评价实施细则（试行）》。审议通过《中国人民政治协商会议北京市海淀区第十届委员会第二次会议议程》及日程，审议区政协常委会工作报告和常委会提案工作报告。协商决定同意齐明军等 5 人辞去政协委员职务，增补王树彦等 12 人为十届区政协委员。

（石峰）

【主席会议】 2017 年，区政协共召开 7 次主席会议，分别为：

第二次会议 2016 年 12 月 20 日以网络视频会议形式召开。专题研究主席、副主席、秘书长工作分工有关事宜。

第三次会议 3 月 8 日召开。围绕“医养融合”工作协商议政。听取关于北部地区规划建设和关于海淀区特色小镇建设等情况通报。审议 2017 年常委会工作要点及任务分解、2017 年协商计划及任务分解、2017 年常委会会议和主席会议议题安排；审议通过 2017 年重点督办提案。研究决定召开常委会第二次会议有关事宜。

第四次会议 5 月 10 日召开。听取开墙破洞专项治理工作以及拆除违法建设工作进展情况的通报。审议常委会重点调研课题调研方案、十届区政协各专门委员会及专委会办公室负责人调整、2017 年常委会会议、主席会议会期调整等有关事宜。研究决定召开常委会第三次会议有关事宜。

第五次会议 5 月 22 日召开。审议委员调整和人事任免等有关事宜。

第六次会议 7 月 7 日召开。传达北京市第十二次党代会精神。听取关于环境状况及环境保护工作有关情况的通报。围绕知识产权工作协商议政。研究地区政协委员活动小组调整、第二十九期读书班等有关事宜。研究决定召开常委会第四次会议有关事宜。

第七次会议 9 月 8 日召开。围绕新侨企业创新创业环境、棚户区改造工作、农村产权交易平台建设等协商议政。审议提案工作相关制度。研究决定召开常委会第五次会议有关事宜。

第八次会议 12 月 1 日召开。审议委员调整、常委会工作报告（征求意见稿）、提案工作报告（征求意见稿）、区政协十届二次会议议程（建议）及日程（建议）、2017 年提案和反映社情民意信息工作表彰、2017 年常委会建议案、委员履职服务管理相关制度等。审议通过人事任免有关事宜。研究区政协十届二次会议各环节领导分工及委员分组有关事宜。研究决定召开常委会第六次会议有关事宜。

（石峰）

政治协商

【概况】 2017 年，区政协推进协商民主广泛多层制度化发展，利用议政性常委会会议、议政性主席会议、双周协商座谈会等协商平台，完善专题协商、对口协商、界别协商、提案办理协商等协商形式。以全体会议为龙头，以年度党派团体协商会、年度议政会、议政性常委会会议、议政性主席会议为重点，以双周协商、专题协商、界别协商、对口协商、提案办理协商等为常态的宽领域、多层次、常态化协商议政新格局进一步完善。会同区委、区政府制定政协年度协商计划并以区委文件下发。议政性常委会会议和议政性主席会议由每年 1 次分别增加到 3 次，专题协商会议由每年 1 至 2 次增加到 5 次，协商密度进一步增加。协商议题选择体现宽领域、专业强、接地气，协商议题与协商形式相统一，重视视察调研的基础性作用，做到情况吃得透、问题找得准、建议提得实，协商针对性有效提升。坚持协商于决策之前和决策实施之中，提高协商的及时性。重视协商成果转化运用，完善协商成果报送、采纳、落实和反馈机制，打造协商工作“闭环”，全年提出建议 105 条，形成报告 10 件。

（石峰）

【主席会议协商】 3 月 8 日，区政协第三次主席会议围绕“医养融合”工作协商议政；7 月 7 日，第六次主席会议围绕知识产权工作协商议政；9 月 8 日，第七次主席会议围绕新侨企业创新创业环境、棚户区改造工作、农村产权交易平台建设等协商议政。

（石峰）

【常委会会议协商】 5 月 24 日，区政协常委会第三次会议围绕“中关村大街改造提升”协商议政；7 月 21 日，常委会第四次会议围绕“中关村人才特区建设”协商议政；9 月 21 日，常委会第五次会议围绕“疏解整治促提升”工作协商议政；12 月 8 日，常委会第六次会议协商决定委员调整有关事宜。

（石峰）

【党派团体专题协商会】 7 月 26 日召开。各民主党派、人民团体负责人围绕“中关村科学城与中关村大街发展建设”的主题发言，提出意见建议。

（石峰）

【双周协商】 年内，区政协针对推广冰雪运动、中关村大街改造提升、创新人才服务环境建设、国际化人才社区建设、提升上庄地区基础教育水平、推动宗教活动场所规范化管理、科技成果转化、扩大海淀企业国际化市场、海淀区产业结构优化定位、强化老龄工作管理、推动重大文化项目建设和资源资产专业化市场化运营、推进海淀区博物馆建设等议题，开展双周协商活动。每次活动至少邀请 1 位区委、区政府主管领导出席，参加的委员和专家学者 200 余人次。向区委、区政府报送意见建议 90 余条。

（石峰）

视察与监督

【概况】 2017 年，区政协通过会议监督、专项监督、视察监督、社情民意信息监督等形式丰富民主监督内容，深化民主监督职能。协助区委出台《关于加强和改进政协民主监督工作的实施意见》，从明确监督内容、完善监督形式、规范监督工作程序、健全监督工作机制和加强对民主监督工作领导等方面对政协民主监督工作作出部署安排，在把握政协民主监督性质定位、确定监督议题、实施监督活动、报送和办理反馈监督意见、加强组织保障等方面进行规范和完善，推进了政协民主监督的制度化、规范化、程序化。全年开展视察活动近30次，参加委员400余人次，其中监督性视察10余次，针对政府工作中存在的不足督促改进。

（石峰）

【会议监督】 年内，区政协在常委会会议、主席会议中，增加监督性内容，设置监督性议题，安排监督性发言。常委会会议听取政府为民办实事、区监察委组建情况、国民经济和社会发展情况、党风廉政建设等情况通报，提出监督性意见建议20余条。主席会议听取北部地区规划建设、特色小镇建设、环境保护工作等情况通报，提出监督性意见建议30余条。

（石峰）

【专项监督】 年内，区政协围绕区委、区政府重要决策部署贯彻落实开展专项监督。政协常委会组成人员赴金五星服装综合市场旧址、双泉堡万家灯火市场旧址等地开展“疏解整治促提升”专题视察。政协主席会议组成人员赴二河开、永引渠沿岸、双榆树三街等地开展拆除违法建设、治理“开墙破洞”专项视察。在视察调研基础上，召开监督性常委会会议和监督性主席会议，推动了相关工作开展。

（石峰）

【视察监督】 年内，区政协坚持问题导向，围绕司法改革、环境保护、老旧小区适老化改造、食品药品安全等内容，组织委员实地视察，并在此基础上开展座谈讨论，提出监督性意见建议。

（石峰）

【其他监督工作】 年内，区政协协调推荐10名政协委员担任政府部门的党风政风监督员，加强对政府工作的民主监督。继续加强地区政协委员活动小组建设，召开地区政协委员活动小组工作会议，各地区小组组织视察、调研、座谈、研讨等活动80余次，400余人次参加，为政协委员开展民主监督活动搭建平台。

（石峰）

参政议政

【概况】 2017年，区政协聚焦中关村科学城建设，开展“中关村科学城与中关村大街发展建设”常委会重点调研课题，取得阶段性成果并形成常委会建议案。坚持主席牵头专委会调研制度，围绕发挥新侨作用提升中关村科学城国际影响力、棚户区改造、农村集体经济产权制度改革深入调研，形成调研报告。坚持情况通报制度，在各类会议活动上听取经济社会发展情况等40余次重要事项情况通报，为委员知情明政、更好地参政议政提供帮助。通过议政会、专题座谈会等形式，围绕全区重点工作深入参政议政。加强地区政协委员活动小组建设，扩展参政议政维度。

（石峰）

【议政会】 10月20日，区政协召开议政会。区政协常委会重点课题总执笔人和相关子课题执笔人围绕“中关村科学城与中关村大街发展建设”主题，针对产业结构优化、科研成果转化、创新人才队伍与服务环境建设、“一带一路”产业、法务服务环境建设、医疗卫生服务体系建设、发挥新侨作用、中关村历史文化发展、周边交通效率提升等作阶段性调研成果汇报，并提出意见建议。区政协主席傅首清主持。区委副书记、代区长戴彬彬等区领导出席会议。

（石峰）

【“中关村科学城与中关村大街发展建设”调研】 年内，区政协将“中关村科学城与中关村大街发展建设”作为区政协常委会重点调研课题，建立以1个主题、10个方面、24个领域为框架，全体427名政协委员纳入课题组，各界人士广泛参与的“1+10+24+427+N”调研工作体系，计划用3年完成，为中关村科学城建设发展和中关村大街改造提升工作提供系统、深入、全面的对策建议。组织政协委员和课题组成员赴台湾新竹园区、“珠三角”地区、“长三角”地区以及怀柔科学城、未来科学城和通州城市副中心等地区考察调研。围绕课题召开各类座谈会30余次，开展调研活动30余次。在中关村科学城基础研究、内涵定位、人才政策、服务环境、国际化发展等方面取得阶段性成果，形成年度调研报告，并在此基础上形成政协常委会建议案。

（石峰）

【《北京城市总体规划（2016—2035）》编制建议】 年内，区政协组织召开《北京城市总体规划（2016—2035）》征求意见座谈会，提出7个方面27条意见建议，并向区委常委会作专题汇报。

（石峰）

【地区政协委员活动小组工作】 年内，成立7个镇的地区政协委员活动小组，实现29个街镇全覆盖。增设各街镇行政主要负责人任组长，实行活动报告制度并纳入管理考核。各地区小组围绕社区建设、食品安全、城市管理等方面，开展活动80余次。实现政协工作触角向社会各界延伸、向基层群众延伸，参政议政范围向全国和北京市拓展、向街镇拓展，扩展政协参政议政的维度。

（石峰）

提案和社情民意信息

【提案办理】 年内，区政协协助区委出台《关于加强政协提案办理协商工作的实施意见》，建立区委常委领衔督办、区政府领导牵头督办、区政协领导重点督办、区政协专门委员会对口督办提案的制度，形成提案办理的闭环管理。区政协主席会议专题研究重点提案工作，确定重点提案44件。召开提案委主任会议，专题听取区委办、政府办关于全年提案办理情况的汇报，协商确定16件复查补办和跟踪督办的提案。针对与区委、区政府中心工作和老百姓关注的热点难点问题相关的提案，加强提案者、承办单位的沟通，助推成果转化。全年开展各种形式的提案办理协商30余次。

（石峰）

【社情民意信息报道】 年内，区政协向全国政协和市政协反映社情民意信息72件，被采用15件，被市政协评为信息工作先进单位。加大监督性社情民意信息的搜集报送，报送监督性社情民意信息11件。修订完善《关于反映社情民意信息工作的相关规定》，组建160人的特约信息员队伍，进一步夯实社情民意信息工作的制度基础。

（石峰）

专门委员会

【提案委员会】 年内，征集提案240件，经审查立案219件，其中党派团体提案22件，界别提案3件，委员提案194件，所有提案全部办结。加强提案培训，通过授课、以案代训、邀请委员参加提案办理协商活动等方式，使新委员尽快掌握提案的撰写、提交、签署意见等程序，从提案的分类、作用和办理要求等方面对承办部门进行培训，提高提案质量和办理质量。修订《政协北京市海淀区委员会提案工作条例》《关于提案审查工作的实施办法》《关于加强重点提案工作的实施办法》《关于评选表彰优秀提案工作的实施办法》等制度，巩固和强化提案工作的制度基础。向《海淀政协》杂志和“海淀政协”微信公众号提供优秀提案和办理成效案例，宣传提案办理工作亮点，提案工作宣传报道20余次。

（石峰）

【经济科技委员会】 年内，组织召开双周协商座谈会4次，围绕重点调研课题开展调研32次，专题调研活动5次，走访委员31人次，组织界别活动1次，接待外区调研活动2次。委员参加各类履职活动500余人次。开展中关村科学城基础研究、创新人才队伍与服务建设环境研究、产业结构优化研究、科技成果转化研究4项重点调研。组织政协委员到海淀区循环经济产业园再生能源发电厂、军民融合重点项目、北部特色村镇发展等事关百姓民生和地区热点难点的关键项目和重点单位进行调研，帮助政协委员深入了解全区的工作重点和关注点，便于提出切实可行的意见建议。

（石峰）

【城建城管和环保委员会】 年内，组织双周协商座谈会2次，围绕常委会重点调研课题开展活动5次，结合区领导牵头的调研课题，开展调研活动6次。组织其他各类视察调研活动5次。接待外地政协来访4次。召开界别协商会1次。组织政协委员参加其他活动4次。累计参加各类履职活动政协委员150余人次。组织“中关村大街改造提升”课题组前往昌平未来科学城等地进行调研。围绕“疏解整治促提升”专项整治、棚户区改造等重点工作，组织课题组先后调研树村项目、笑祖塔院项目等。组织共计16名委员分3次参加政府开放日活动，组织4名委员分2次参加经适房、两限房现场摇号活动等。

（石峰）

【教文卫体委员会】 年内，组织视察活动10次，参加政协委员累计200余人次。举办双周协商座谈会3次，收集意见建议40余条。开展中关村科学城医疗服务体系建设、体育休闲体系建设、教育发展和文化建设等重点调研课题4项，其中医疗服务体系建设课题已完成调研报告初稿。组织监督性视察2次，参加政协委员20余人次。完成市政协调研1项、专委会调研1项。组织政协委员对海淀区冰雪项目的开展情况、养老机构医疗护理情况、北部地区教育均衡发展情况、旅游标识系统建设工作、食品药品安全监管工作、区域文化旅游产业发展情况等进行视察。

（石峰）

【社会和法制委员会】 年内，组织召开“强化老龄工作管理、建立健全老龄工作体系”双周座谈会和“中关村核心区知识产权加速创新法务平台”调研协商座谈会。组织委员对海淀区公安执法办案中心、志愿者服务、“一刻钟社区服务圈”建设、残疾人就业情况、司法改革进展等民生和社会治理相关工作进行视察。承担建立中关村核心区法律服务环境建设、社会组织建设和政务服务体系建设3项常委会重点调研课题子课题调研任务；围绕“提升创新空间，疏解人口工作”开展监督性调研。组织委员对社区工作者队伍建设进行调研。指导共青团、青联界召开界别协商座谈会，组织工会界委员视察北斗星通公司，组织妇女界委员视察中关村智造大街。

（石峰）

【学习和文史委员会】 年内，编印《海淀文史选编》第20辑，收录文稿30篇，16万字，增配图片近50幅。组织编撰《玉泉山下四季青》，30万字，近百幅图片，被纳入区委宣传部区情教育丛书。召开“推进海淀区博物馆建设”双周协商座谈会，提出意见建议20余条，并形成专委会提案。承担区政协常委会重点课题关于“中关村文化内涵及外在表达”子课题调研任务，开展各种调研视察、座谈协商等活动15次，形成《中关村大街文化外在标识表达系统研究》调研报告初稿。召开文史研究队伍建设座谈会。完成海淀政协文史馆挂牌工作。举办文史资料征集活动启动暨首捐仪式，现场接受捐赠图书、照片、票证等实物数百件。

（石峰）

【港澳台侨委员会】 年内，承担区政协常委会重点调研课题关于“发挥新侨作用，提升中关村科学城国际影响力”子课题调研任务。组织召开“国际人才社区建设”双周协商座谈会，提出5个方面10余条意见建议。组织政协委员对相关台资企业进行视察。组织政协委员考察航天科技发展。与区人大内司委、区侨联、区民宗侨办、致公党海淀区委5家涉侨单位联合举办“关爱老侨·情暖空巢”——海内外侨胞 e 起过大年活动。接待澳门工商联会考察团。组织召开澳门委员与区旅游委、科学国际旅行社、凯撒旅行社、北京中关村海淀科技金融创新商会负责人座谈会。

（石峰）

【民族和宗教委员会】 年内，组织召开“推动宗教活动场所规范化管理”双周协商座谈会，提出 5 条意见建议。开展关于海淀区宗教教职人员工作生活情况专题调研，完成相关调研报告。参与区政协常委会重点调研课题关于“落实国家‘一带一路’发展倡议，扩大海淀企业国际化市场”的子课题调研。组织政协委员视察基督教海淀堂、龙泉寺、马甸清真寺、民族幼儿园、北京大圆圣慧文化艺术公司等，了解海淀区宗教活动场所规范化管理、民族教育、民族文化发展等基本情况。陪同市政协民族和宗教委员会来海淀调研依法治理民族事务和推动宗教事务纳入社会治理工作情况。参加市区政协民宗委工作交流座谈会。

（石峰）

民主党派

2018
北京海淀年鉴

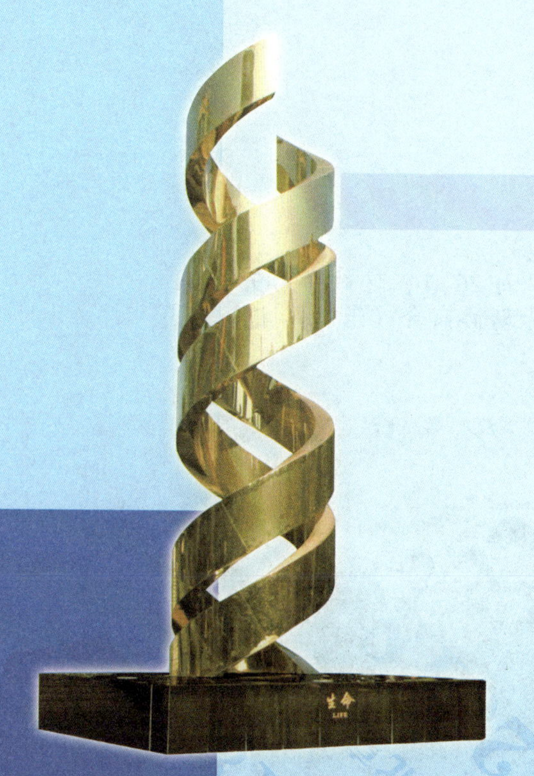

1月11日，澳门工商联会考察团到海淀区考察（王佳琪 摄）

7月7日，由民建海淀区委承办的2017年“互联网＋未来”创新发展研讨会举行（民建区委供图）

7月26日，区政协召开党派团体专题协商会（张洪军 摄）

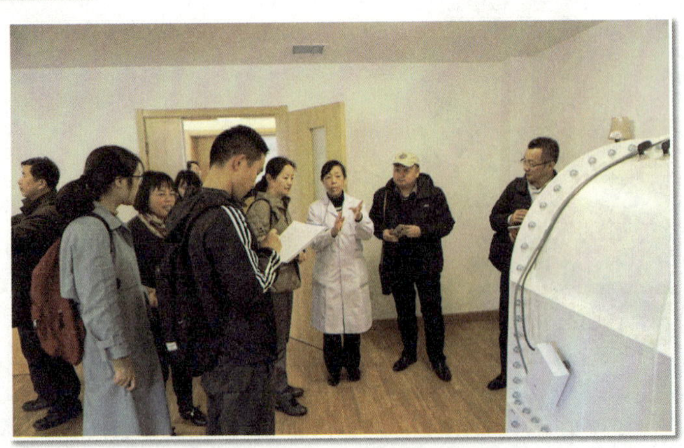

11月1日，民建海淀区委组织课题组专家，到学院路街道调研居家养老工作（民建区委供图）

中国国民党革命委员会北京市海淀区工作委员会

【概况】 2017年，中国国民党革命委员会北京市海淀区工作委员会（简称民革海淀区工委）有22个支部、1038名党员。党员中有全国政协委员3人、市人大代表2人、市政协委员5人（其中常委2人）、区人大代表1人、区政协委员16人（其中常委3人）。

年内，民革海淀区工委开展以下活动：3月26日，举行学习全国“两会”精神报告会，传达全国政协十二届五次会议的精神。7月6日，举行纪念全民族抗战80周年活动，祭扫佟麟阁烈士墓，召开纪念座谈会。9月3日—4日，举办暑期学习班。10月12日—15日，联合通州区工委筹委会组织区工委委员、支部负责人到广东、广西两地开展“不忘初心，砥砺奋进”主题实践教育活动，参观孙中山故居、李济深故居、廖仲恺何香凝纪念馆和广州孙中山大元帅府纪念馆等。

（石军）

【暑期学习班】 9月3日—4日，民革海淀区工委举办暑期读书班，区工委委员、支部委员及中青年骨干80余人参加。国家行政学院经济学教研部教授、博士生导师许正中作了学习习近平总书记“7·26”讲话精神的辅导报告。

（石军）

【学习贯彻中共十九大精神培训班】 12月9日—10日，民革海淀区工委举办学习贯彻中共十九大精神培训班。国家行政学院原科研部主任、院学术委员会委员许耀桐作题为“中国特色社会主义新时代——学习党的十九大报告精神实质”的报告。民革中央联络部二处处长许国跃作题为“如何理解中共十九大对台精神及如何做好民革祖统工作”的报告。

（石军）

【参政议政】 年内，民革海淀区工委在区政协召开的党派团体专题协商会上，作题为“关于加强政务服务体系建设，提高创新主体企业工作效率的建议”的发言。在区政协十届二次全会上，提交“关于在海淀建设中关村智能制造科创中心的建议”“关于规范海淀区住房租赁服务行业的建议”“关于海淀区社会养老机构现状、存在问题与对策”3件党派提案。民革海淀区工委荣获区政协反映社情民意信息工作优秀单位称号，在区统战系统信息工作中获得表彰，报送信息100余条，被采纳30余条。民革海淀区委第十一支部荣获北京市参政议政服务发展同心奖“优秀基层组织”。

（石军）

【社会服务】 年内，民革海淀区工委组织专家团到河北省阜平县黑崖沟村，捐赠并推广使用高效有机肥，提高食品安全、防止土壤退化和水土污染，捐赠价值5万元的芦笋苗、农用通环境监控仪和菌根菌剂等技术产品。组织农业专家参加贵州省毕节市纳雍县产业发展座谈会。“民革中国农科院支部纳雍技术服务站”正式挂牌，举办基层农技人员培训，到安徽省开展“博爱图书”公益助学活动，向阜阳市太和县大庙集镇中心小学、六安市金寨县白塔畈镇项冲村王畈小学捐赠图书3000册，价值总计18万元。在海淀区新外大街3号院举办“法律进社区普法咨询活动”。民革中国农科院支部荣获“民革全国社会服务工作先进集体”称号。

（石军）

中国民主同盟北京市海淀区委员会

【概况】 2017年，中国民主同盟北京市海淀区委员会（简称民盟海淀区委）下属1个基层委员会、3个总支委员会、49个支部，有盟员1619人。盟员中，有民盟中央委员5人（其中常委1人）、民盟北京市委委员9人（其中常委1人）、市人大代表1人、区人大代表2人（其中常委1人）、全国政协委员5人、市政协委员7人、区政协委员13人（其中副主席1人、常委2人、副秘书长1人），有院士1人。

年内，召开主任委员会议5次、全体委员会议3次、调研课题工作会3次。选派百余名中青年盟员参加各类学习班。编发《海淀盟讯》1期、《盟务动态》6期。

年内，民盟海淀区委主要开展以下活动：2月，参加民盟北京市委“不忘合作初心，继续携手前进—— 2017年思想宣传工作会议”及民盟北京市委十一届十九次常委会议。3月，举办“三八”妇女节活动、“世界气象日”活动、普教专委会工作会议。5月，召开高教专委会工作会议，民盟首都师范大学委员会赴北京市盲人学校开展“手拉手、心连心”活动。7月，参加民盟北京市第十二次代表大会、海淀区政协2017年度党派团体专题协商会。8月，举办与民盟牡丹江市委交流联谊活动。10月，组织骨干盟员参加重庆学习班。11月，联合民盟杭州市委调研中关村活动。

（王东旭）

【“手拉手、心连心”共建活动】 5月15日，民盟首都师范大学委员会联合首都师范大学国资处党支部与北京市盲人学校开展“手拉手、心连心”活动。将盲人手杖、图书、发声计算器等专用教具和用品分发给同学们。同学们表演了小合唱、二胡独奏、诗朗诵等文艺节目。最后，大家和盲校同学们共同唱起了《歌声与微笑》。

（王东旭）

【与民盟牡丹江市委交流联谊活动】 8月28日，民盟海淀区委联合民盟牡丹江市委举办交流联谊活动，赴太申祥和山庄国际敬老院参观，并进行座谈交流。民盟牡丹江市委领导介绍牡丹江市经济社会发展的基本情况、地域优势和未来的发展规划，近年来民盟牡丹江市委的盟务工作经验。民盟海淀区委领导介绍海淀区民盟组织的基本概况，交流民盟区委近年来围绕海淀区的中心工作在参政议政、民主监督、参加中国共产党领导的政治协商、社会服务、自身建设等方面的工作情况。与会盟员代表发言，就当前海淀区经济社会的发展形势以及牡丹江市如何在新时期抓住新机遇、实现新发展提出建议。

（王东旭）

【暑期读书班】 9月8日—9日，民盟海淀区委举办暑期读书班，100余名盟员参加。中共海淀区委统战部领导出席并讲话。北京市委研究室副主任余钟夫研究员作中共北京市第十二次代表大会精神解读讲座。民盟北京市委领导作题为“如何做好民盟基层组织工作”的专题报告。与会盟员结合讲座和报告内容，并结合市情、区情，就如何服务于海淀区现阶段工作大局、基层组织如何建设和发展、盟员如何结合各自专业特点参政议政等方面内容进行讨论。

（王东旭）

【参政议政】 年内，有5位盟员出席全国政协十二届五次会议，并提交10余件个人提案。完成区委统战部《立足科技创新中心核心区，夯实海淀区专利保护基础》《关于促进海淀辖区高校专利科技成果转移转化的建议》《加强不可移动文物保护、提高海淀文化表达品质——以中关村大街改造提升为核心》《海淀区学前教育教师队伍状况调研报告》《海淀区健身休闲文化的传播策略研究》《防范城市内涝、局地阵风等气象灾害对海淀区市政建设影响的措施建议》《三社联动助力海淀区社区治理模式创新》7篇调研报告。其中《海淀区学前教育教师队伍状况调研报告》为中共海淀区委、区政府调研关注课题，《立足科技创新中心核心区，夯实海淀区专利保护基础》转化为海淀区政协议政会上的大会发言。报送信息140条，90余条被采用，其中《关于构建专业化创新产业集群提升双创品质和效率的建议》被中央统战部采用，《关于放宽外国留学生在京工作的条件，大力引进优秀外国留学生人才的建议》《关于雄安新区建设过程中对白洋淀水环境保护的若干建议》《关于“一带一路”倡议下的专利保护建议》《进一步完善国家公园体制的几点建议》被民盟中央采用，《关于加强养老助残卡发放过程中对老年人服务的建议》被北京市委、市政府采用，《关于加强未成年人司法行政保护的建议》被北京市政协采用。

（王东旭）

中国民主建国会北京市海淀区委员会

【概况】 2017年，中国民主建国会北京市海淀区委员会（简称民建海淀区委）下属基层委员会3个、支部33个，会员1500人，其中具有大学及以上学历1193人，占会员总数的79.5%；具有中高级职称会员792人，占会员总数的52.8%。会员中，民建中央委员3人（其中常委1人）、民建北京市委委员13人（其中副主委2人，常委4人）、全国人大代表1人、北京市人大代表2人、海淀区人大代表8人（其中常委1人）、全国政协委员2人（其中常委1人）、北京市政协委员12人（其中副主席1人，常委4人）、海淀区政协委员29人（其中副主席1人，副秘书长1人，常委7人）、担任特约职务69人次。其中，研究生12人，具有中高级职称的7人。

年内，编印《海淀民建》4期，编印《民建海淀区委参政议政优秀成果选编》；撰写报送宣传稿件共计157篇，其中70篇被民建中央采用，137篇被民建北京市委采用。开通“海淀民建”微信公众号，编发图文消息89篇。报送信息396篇，85篇被北京市政府、市政协、民建市委、中共海淀区委统战部采用。2017年度被民建北京市委评为网站工作先进集体，被海淀区政协、中共海淀区委统战部评为反映社情民意信息工作先进单位。

年内，组织全体会员学习中共十九大精神。组织100名会员参观“砥砺奋进的五年”大型成就展。组织会员赴西柏坡进行爱国主义教育活动。组织区委委员、基层组织和专委会负责人赴重庆接受民建会史教育。7月7日，2017年“互联网+未来”创新发展研讨会举办开幕式。7月8日，民建海淀区委举办2017年读书班。8月20日，民建海淀区委组织30名会员赴石家庄与民建石家庄市委开展交流活动。

（赵欣）

【参加“纪念‘五一’口号 建设绿色家园”爱心公益植树活动】 4月22日，海淀民建会员参加在门头沟区潭柘寺镇举行的以“纪念‘五一’口号 建设绿色家园”为主题的爱心公益植树活动暨“民建林”揭牌仪式。民建海淀区委参与承办。

（赵欣）

【第五届民建“城市发展论坛”】 6月10日，第五届民建“城市发展论坛”在北京大学英杰交流中心举办，主题是“城市发展与社会治理”，约150人出席论坛。

（赵欣）

【2017年“丰宁助教”活动】 6月12日，民建市委、海淀区委举办2017年“丰宁助教”开班仪式，民建中央社服部、民建北京市委、丰宁县教育局、民建海淀区委负责人以及民建海淀区文教二支部的会员代表和来自丰宁一中的部分老师出席开班仪式。6月12日—16日，丰宁一中老师一行到北京首师大附中、二中、三十五中、一六六中学等学校现场观摩教学，了解北京教育改革的实践情况。“丰宁助教”活动是由民建北京市委主办、河北省丰宁县教育局协办、民建海淀区委文教二支部承办的一项以教师培训、两地教师互帮互学为主要形式的支教助学活动。

（赵欣）

【“科技帮”平台启动】 8月30日，由民建海淀区委和海淀园管委会联手打造的中小企业科技培育服务平台——“科技帮”举行启动仪式。“科技帮”全方位的公共服务平台是由民建海淀区委科技专委会、清华大学委员会、北京大学委员会、中国科学院委员会与中关村科技园区海淀园创业服务中心合作，通过定期召开小型研讨会或专题论坛的形式，为科技型中小企业提供帮助。启动仪式后，“科技帮”开展首期服务活动。民建海淀区委副主委、中科院自动化所赵晓光研究员作“人工智能与机器人”的主题演讲。论坛嘉宾来自民建各基层委员会的技术专家，活动内容涵盖新能源、汽车、医疗、电子等多个领域，70余人出席。

（赵欣）

【高云龙到海淀调研】 9月9日，民建北京市委主委高云龙一行到海淀调研，重点关注海淀区委组织发展、社情民意信息、基层组织活动、社会服务等工作的开展情况，并对民建海淀区委在组织建设、参政议政、社会服务等方面的一些工作举措进行询问。

（赵欣）

【调研居家养老】 11月1日，民建海淀区委主委、中国政法大学教授王玉梅带领“北京市养老供给侧结构性改革”课题组专家，到海淀区学院路街道调研居家养老工作。

（赵欣）

【赴重庆开展爱国主义教育活动】 11月10日—12日，民建海淀区委组织区委委员、基层组织负责人和专委会负责人近30人赴重庆开展爱国主义教育活动，参观中国民主建国会诞生地纪念馆、歌乐山渣滓洞、白公馆、中国民主党派历史陈列馆、中华职业教育社社史陈列馆等。

（赵欣）

【首届两校民建人文论坛】 12月15日，首届两校（中国人民大学、中央民族大学）民建人文论坛暨第三届中国人民大学民建学术论坛在中国人民大学明德主楼举办。本届论坛由民建中国人民大学支部和中央民族大学支部联合举办，论坛的主题是“十九大报告专题研讨”。中国人民大学公共管理学院教授、民建人大支部主委刘太刚以“中国社会的主要矛盾和需求溢出”，民族文化产业发展研究中心主任、民建民大支部主委胥悦红以“‘一带一路’和新疆问题”，北京汇冠新技术股份有限公司副总裁兼战略投资中心总经理张辉以“十九大后我国民办教育的发展及未来走向”，中央民族大学出版社高级编审戴佩丽以“传统文化与民族文化发展”，北京清创科技孵化器有限公司董事长丁华民以“十九大与创新创业发展”，中国人民大学环境学院副教授、民建人大支部副主委王汶以“基于大数据的自然资源审计”，中国人民大学劳动人事学院副教授刘相波以“我国吸引国际人才的制度建设”，中央民族大学继续教育学院培训部主任戴文红以“民族干部培训的若干思考”为主题分别发表演讲。

（赵欣）

【参政议政】 年内，民建海淀区委参加中共海淀区委协商会，协商《海淀区出席北京市第十二届党代会代表候选人初步人选情况》《海淀区政协委员调整和增补情况》《中关村科学城建设和中关村大街的建设》。参加区政协2017年度党派团体专题协商会，《关于促进海淀区军民深度融合发展的建议》作为党派发言。参加区政协3个党派提案答复活动：民政局老龄办办理的“探索高校+社区融合养老新模式的建议”、中关村科技园海淀园办理的“关于中关村CID建设创新型产业集群的有关建议”和“落实京津冀协同发展战略，促进三地中小企业获益的建议”。完成30项调研课题。其中《关于促进海淀区科技企业孵化器发展的若干建议》《将园区生态环境建设费纳入土地开发成本的建议》作为区政协十届二次全会大会党派提案；《关于解决“僵尸车”的建议》作为民建北京市委在市政协第十次议政会发言；《海淀区居家养老服务存在问题》被民建北京市委采用作为市政协十二届五次会议提案；《深入实施创新驱动发展战略　加快全国科技创新中心建设》转化为民建北京市委在中共北京市委暑期学习班书面建议及市政协书面发言；“继续深化‘放管服’改革　切实促进中小微企业减重前行”被民建北京市委列为主委课题；《全面深化科技体制改革措施落实情况调研》作为市政协和市委统战部联合召开的议政会发言材料；《海淀区“高校+社区”融合养老新模式》作为北京市人代会议案；《大力发展智能制造产业以创新支撑供给侧改革》获得北京市民主党派优秀调研报告二等奖。

（赵欣）

【社会服务】 年内，民建海淀区委开展“关爱长者·春风行动”活动68次，覆盖9家养老机构。清河支部被中共北京市委统战部、市人力资源和社会保障局授予“北京市参政议政服务发展同心奖先进基层组织”称号。“民建海淀同心基金”活动继续捐助中国政法大学贫困生，截至2017年，资助贫困学生共168名，资助金额超过100万元。科技专委会联合清华委员会、北大委员会、中科院委员会，专业一支部与金融专委会联合西城律协举办第三届PPP实务论坛。清华大学委员会赴安庆开展交流活动；北京大学委员会赴香河、大厂产业新城参观考察；中科院委员会赴大连开展交流活动；三综支部与张家口桥东支部结对子；中关村支部与西城民建全国工商联支部结对；参加民建京津冀晋蒙鲁六地基层组织交流会；企业委员会参加以海淀区、滨海新区、石家庄市三地民建企业委员会“携手共发展，助推京津冀”为主题的三地企业家之间的交流与合作活动；青年委员会与民建朝阳区青年委员会开展结对活动。

（赵欣）

中国民主促进会北京市海淀区委员会

【概况】 2017年，中国民主促进会北京市海淀区委员会（简称民进海淀区委）有区属基层委员会3个（下属支部13个），区属支部38个，会员1157人。会员中，有民进中央委员7人（其中常委3人）、民进市委委员10人（其中常委4人）、全国人大代表1人、全国政协委员2人（其中常委1人）、市人大代表1人、市政协委员6人（其中常委1人）、区人大代表2人（其中常委会副主任1人）、区政协委员19

人（其中常委6人）、各类特约监察员约20人、长江学者1人。

民进海淀区委全年召开主委会2次、全委（扩大）会2次、暑期读书班暨新会员培训会1次、其他会议8次。组织60余人次参加民进北京市委、北京市社会主义学院、中共海淀区委、区政协、区委统战部组织的各类学习班。

（王玲）

【民进中央领导到海淀调研】 7月21日，民进中央副主席刘新成赴海淀区委开展学习实践活动调研，作题为“不忘合作初心　继续携手前行”的专题讲座。民进海淀区委主委邓佑玲从“围绕主线，建立长效工作机制；丰富学习内容，固化学习成果；加强组织建设，激发基层组织建设活力；集智聚力，参政议政重实效；坚持公益性、实效性原则，广泛开展社会服务工作；学习实践开展以来的体会”6个方面汇报民进海淀区委开展学习实践活动的情况。

（王玲）

【暑期读书班】 8月18日—20日，民进海淀区委在稻香湖酒店举办2017年度暑期读书班暨新会员培训班。区委领导班子成员、区委委员、各基层组织负责人以及部分中青年骨干会员、新会员等130余人参加。培训的主题是“加强自身建设，提升履职能力”。其间，会员围绕“我为什么加入民进，我为民进做什么”主题进行分组讨论和经验介绍。

（王玲）

【“京津冀协同发展，助力雄安新区建设”活动】 12月15日，民进保定市委、天津河北区委和民进海淀区委在北京舞蹈学院召开三地民进组织座谈会。三位主委分别介绍当地的组织结构、参政议政和社会服务工作的情况，围绕三方合作进行交流与探讨。民进海淀区委介绍北航无人机项目与河北省保定市容城县的接洽情况，为全方位、立体式监控白洋淀地区提供技术支持。

（王玲）

【参政议政】 年内，民进海淀区委在区政协十届一次全会上，提交《关于设立“中关村科学城建设法务加速创新平台”的建议》《关于进一步推进中关村科学城北区全面发展的提案》《关于多元化推进海淀区城乡义务教育一体化的建议》3件党派提案，其中《关于设立“中关村科学城建设法务加速创新平台”的建议》被区政协评为优秀提案，7人被评为优秀提案人。作题为“关于中关村法务加速创新平台的建议”大会发言。区政协议政会上，作题为“发挥海淀资源优势、推动京津冀协同发展”的报告。在海淀区党外代表人士培训班和中共海淀区委主要领导与民主党派工商联领导班子集体谈心活动座谈会上，作题为“关于适度恢复‘三山五园’地区京西稻灌溉农业系统助力西山文化带建设的建议”的发言。完成3件重点调研，转化成党派团体专题协商会，同中共海淀区委、区政府领导座谈会以及政协全会上的3个重点发言材料。其中《关于适度恢复“三山五园”地区京西稻灌溉农业系统助力西山文化带建设的建议》入选民进北京市委年度调研报告文集。报送信息60余篇。民进海淀区委被海淀区政协评为反映社情民意信息工作优秀单位，3人被评为优秀信息员。民进海淀区委荣获民进中央“坚持和发展中国特色社会主义学习实践活动先进集体”称号。

（王玲）

【社会服务】 年内，首师大基层委员会，北师大三附中支部、十九中支部的3位会员赴贵州省毕节市金沙县开展支教活动。由民进北京舞蹈学院支部发起的民族美育“彩虹舞蹈教室”第二次教学成果会报演出在北京舞蹈学院举行，由民进北外支部发起的“北京外国语大学—外语教学与研究出版社同乌克兰基辅国立大学、基辅国立语言大学‘一带一路’共建研讨会暨图书捐赠仪式”举行。

（王玲）

中国农工民主党北京市海淀区委员会

【概况】 2017年，中国农工民主党北京市海淀区委员会（简称农工党海淀区委）有支部29个，党员859人。党员中，有农工中央委员2人（其中常委1人）、农工市委委员8人（其中常委4人），市人大代表1人、区人大常委1人、全国政协委员4人、市政协委员1人、区政协委员15人（其中常委3人），国务院参事1人、长江学者1人。

农工党海淀区委被农工党中央评为2011—2016年度“开展坚持和发展中国特色社会主义学习实践活动组织先进集体”，3人被评为优秀党员，5人被评为先进个人。被农工党北京市委评为“2017年度先进集体”。被海淀区妇联评为“海淀区三八红旗集体”。

（胡敏健）

【暑期读书班】 8月11日—12日，农工党海淀区委举办第十二期暑期读书班，区委委员、党员骨干及新党员共50余人参加。副主委段新芳代表区委作“继承光荣传统共创美好未来”的讲座。

（胡敏健）

【参政议政】 年内，农工党海淀区委完成调研课题10篇，其中“积极发挥北京市社区卫生服务机构在‘医养结合’养老模式中的作用”调研获得2016年度北京市民主党派参政议政优秀调研成果一等奖，被选为北京市政协十二届五次大会发言；召开第十期联情会，15家单位党委统战部领导和各基层支部负责人参会，就如何支持民主党派履行参政议政、社会服务等职能进行座谈。《建立京津冀PPP模式大气污染防治基金的政策建议》调研报告获得2016年度北京市民主党派参政议政优秀调研成果二等奖和农工党中央2016年优秀调研报告三等奖。全年上报信息192条，其中“推进农业供给侧结构性改革需要补上农业职业教育短板”“建议严格管理农药生产、流通和使用”“加强进口猪肉兴奋剂药物检测、降低食品安全风险”的建议被中央统战部信息刊物《零讯》采用。“关于统一北京市医疗设备及化学试剂临床应用定价收费标准的建议”得到副市长卢彦的批示。出版《海淀农工》两期。农工党海淀区委被海淀区政协评为2017年度反映社情民意信息工作先进单位。

（胡敏健）

【社会服务】 年内，农工党海淀区委开展“2017（第十届）中国环境与健康宣传周”活动，组织医疗专家22人到房山区青龙湖镇社区开展义诊咨询活动，接诊280余人次。农工党海淀区委与农工党廊坊、廊坊中医院开展“京津冀协同发展交流活动”，邀请廊坊中医院、廊坊市管道局医院科室骨干共25人到西苑中医院参观学习交流，西苑中医院科室主任参加，开展科室对接。举办第二十七届“国际科学与和平周”主题义诊活动，组织近30名医疗专家到昌平区流村镇高崖口村开展专家讲堂健康宣传活动，为当地村民进行测量血糖等健康检测以及专家义诊等活动。由廊坊职业技术学院、农工党海淀区委、农工党廊坊市委联合举办的“教师创新创业理念”培训班在廊坊职业技术学院举行。围绕教师创新创业理念、创新创业驱动新路径等方面内容，为200余名教师进行授课、指导。

（胡敏健）

中国致公党北京市海淀区委员会

【概况】 2017年，中国致公党北京市海淀区委员会（简称致公党海淀区委）有支部19个，党员706人。党员中，有致公党中央委员6人（其中常委2人）、全国政协委员5人、致公党北京市委委员10人（其中常委3人）、市人大代表1人、市政协委员3人（其中常委2人）、区人大代表3人（其中常委1人）、区政协委员19人（其中常委4人）。1人获第十一届“宁夏青年五四奖章”及2017年“全国向上向善好青年”。1人获得“金牌主播”全国百优奖项。

（李冬妮）

【专题教育】 4月18日，致公党海淀区委召开“不忘合作初心，继续携手前进”专题教育活动动员大会，海淀区委党员约100人参加。4月25日，北京市人大常委会副主任、致公党北京市委主委闫傲霜出席致公党清华大学支部“不忘合作初心、继续携手前进”专题教育活动。清华大学副校长薛其坤院士出席。致公党海淀区委组织基层支部负责人赴重庆学习，组织党员参加海淀区委统战部延安学习班和致公党北京市委秦皇岛学习班。

（李冬妮）

【参政议政】 年内，致公党海淀区委在区政协十届一次会议上，提交党派提案《关于海淀区垃圾处理问题的建议》《关于新农村建设中旧村改造的几点建议》，作题为“关于提升海淀城市管理执法服务水平的建议”的大会发言。《关于海淀区垃圾处理问题的建议》被区政协评为2017年度优秀提案，4人被评为2017年度优秀提案人，2人被评为优秀信息员。

在市政协十二届九次议政会上，作题为“以‘三城一区’建设为抓手，推进全国科技创新中心建设”的大会发言，此发言被《前线》杂志采用。在区政协议政会上，作题为“发挥京津冀大学科技园联盟优势，助力中关村大街建设”的大会发言。在全国政协第五十四次双周协商座谈会上，围绕“国际科技合作与大科学计划”建言献策，在致公党中央经济委员会召开的专家座谈会上，围绕发展碳汇林业进行研讨。

清华大学公共管理学院教授巫永平参加致公党中央“加快供给侧结构性改革，促进实体经济健康发展”调研。清华大学水利系教授安雪晖参加致公党中央“长江非法采砂对长江经济带健康发展的影响”和“边境地区经济社会发展情况”调研。北京林业大学生物学院院长林金星参加致公党中央“国际科技合作与大科学计划”调研。北京大学支部赵进东院士参加“充分发挥科技类民办非企业单位在全面创新改革中的积极作用”专题调研。中国致公画院常务副院长纪连彬参加致公党中央“文化走出去”调研。报送信息60余条，其中《“一带一路”让知识产权先行》等14篇信息获得致公党北京市委2017年度优秀社情民意信息。

（李冬妮）

【社会服务】 年内，致公党海淀区委参加致公党中央精准扶贫专题座谈会，参加致公党中央对口四川开展脱贫攻坚民主监督工作研讨会，孙津、安雪晖、黄桂林、林金星、陈绍江、马一德、朱道林、刘奇志、韩薇被聘任为专家团成员。为宁夏捐赠一万册图书。中国农业大学支部参加农业大学与怀柔区的校地合作项目，两人到琉璃庙镇和喇叭沟门满族乡挂职。海淀二支赴通州关爱中心慰问，中央民族大学支部、清华大学支部、第五支部、北医支部、北科大支部到北京智光特殊教育培训学校进行助学活动。

致公党海淀区委与海淀区侨联、区外办、区侨办、海淀创业园、中关村归国留学人员在海淀创业园开展第六期“创业中关村·助创政策宣讲解读会”活动。组织6名党员医疗专家赴毕节市七星关区人民医院开展“致福送诊”活动。

（李冬妮）

九三学社北京市海淀区委员会

【概况】 2017年，九三学社北京市海淀区委员会（简称九三学社海淀区委）有基层委员会5个、支社（小组）55个，成员1850人。成员中，有九三学社中央委员7人（其中主席1人）、九三学社市委委员14人，全国人大代表1人、市人大代表1人、区人大代表4人、全国政协委员6人、市政协委员9人、区政协委员28人，有院士2人。

年内，组建咨询委员会、科技委员会、教育委员会、医药卫生委员会、城建环保委员会和农林委员会。全年组织青委会、老龄委和妇委会活动12次。出版《海淀九三》4期、老龄委专刊1期，"海淀九三"微信公众号发文65篇，向九三学社北京市委网站供稿195篇。举办"德赛讲堂"和"走基层、讲科普、送服务"活动。年内，九三学社海淀区委被九三学社中央列为"社员之家"平台推广试点单位。

（赵国春）

【首届九三学社京蒙生态保护及发展论坛】 5月8日，九三学社海淀区委与九三学社呼和浩特市委在内蒙古呼和浩特举办首届"京蒙生态保护及发展论坛"。9位专家分别从生态建设走向生态文明、湿地保护制度与政策、加强京蒙生态保护与治理协调等方面进行专题发言。

（赵国春）

【基层干部和中青年骨干学习班】 9月22日—23日，九三学社海淀区委举办2017年基层干部和中青年骨干学习班，共100余人参加。传达市领导考察海淀的讲话精神，并介绍海淀区经济社会发展情况；九三学社中央组织部对新修订的《九三学社章程》进行解读。

（赵国春）

【首届九三学社"三农"论坛】 11月13日，九三学社海淀区委与中国农业科学院、九三学社北京市农林委员会主办首届"三农"论坛。论坛围绕实施乡村振兴战略，以"休闲农业发展与对策"为主题，重点针对休闲农业发展、切实推进农业供给侧改革等问题开展参政议政活动，助力国家"三农"工作发展。

（赵国春）

【参政议政】 年内，九三学社海淀区委在区政协十届一次全会上，提交《发挥海淀高端引领作用，促进机器人产业发展》《关于进一步加强海淀区农业文化遗产保护与利用的建议》《关于提升海淀区文化创意产业发展水平的建议》3件党派提案和1篇大会发言。完成"海淀区大数据产业发展现状调研""海淀区人工智能产业发展现状及对策建议""海淀区先进制造服务业发展现状调研及对策建议""海淀区新型科研机构发展现状及相关建议"4个调研课题。"海淀区先进制造服务业发展现状调研及对策建议"被列为中共海淀区委重点调研课题。编报信息76篇，被采用59篇。九三学社海淀区委获九三学社中央"2013—2017年度参政议政先进集体"奖，22名社员被九三学社中央评为"2013—2017年度参政议政先进个人"。九三学社海淀区委被海淀区政协评为反映社情民意信息工作先进单位，2人被评为优秀信息员。

（赵国春）

【社会服务】 年内，九三学社海淀区委走进昌平区康陵园村和北京外国语实验学校举办气象灾害预警和防御科普知识讲座，500人参加。中国农科院委员会在贵州毕节建立专家工作站，致力于推动毕节农业科技创新工作。西苑医院委员会与四川省广元市达成帮扶意向，支持该市中医院重点学科建设。海淀第六综合支社连续两年开展农民工子弟中学"蒲公英中学"助学活动。中国农业大学委员会的"科技助农示范小院"、北京邮电大学委员会的太阳村"传知识、献爱心、送祝福"活动，获北京高校"心桥工程"优秀项目称号。海淀医院支社参与"义诊进家门"专家义诊活动。

（赵国春）

台湾民主自治同盟北京市海淀区工作委员会

【概况】 2017年，台湾民主自治同盟北京市海淀区工作委员会（简称台盟海淀区工委）有3个支部，盟员77人。盟员中，有全国人大代表1人、全国政协委员2人（其中常委1人）、市政协委员4人（其中政协副主席1人、常委兼副秘书长1人）、区人大代表1人（常委1人）、区政协委员8人（其中常委1人、副秘书长1人）。

全年组织盟员参加海淀区统战部组织的"统一战线大讲堂"1次、各类培训班8次、报告会7次、座谈会3次和领导干部读书班3次，盟员累计参加学习培训108人次。

（曾军）

【参政议政】 年内，台盟海淀区工委在区政协十届一次会议上，提交党派团体提案2件、委员个人提案7件，报送信息100篇，提交政协理论文章、各类心得体会10余篇，提交《失能老人居家养老护理需求的调查和分析》《打造科普型现代农业教育示范园的可行性研究》两项党派团体调研报告。《加强全科医生队伍建设，促进社区医疗体系发展》被区政协评为2017年度优秀提案，1人被区政协评为2017年度优秀提案人，被区政协评为反映社情民意信息工作突出贡献单位，3人获区政协反映社情民意信息工作优秀信息员称号，台盟海淀区工委获区统战系统信息工作优秀单位一等奖，1人被评为海淀区统战系统信息工作优秀领导者，1人被评为海淀区统战系统优秀信息工作者，台盟海淀区工委获台盟中央2017年地市级参政议政先进集体称号。

（曾军）

【社会服务】 年内，台盟海淀区工委为"助梦起航"爱心助学捐款1500元；为"城乡手拉手"帮扶对象——温泉镇敬老院的10位五保户老人每人捐助500元慰问金。组织盟员与台生台商开展春季植树，组织老年支部盟员到顺义国际鲜花港参观郁金香花展，组织盟员和部分在京台湾学生烘焙月饼、参观农业基地、观看纪录片，喜迎中秋佳节。重阳节组织老盟员参观三元食品工业园，承办"同心筑梦，聚力台盟——台盟北京市委第九届'同心杯'（挑战No.1）活动"。

（曾军）

人民团体

2018
北京海淀年鉴

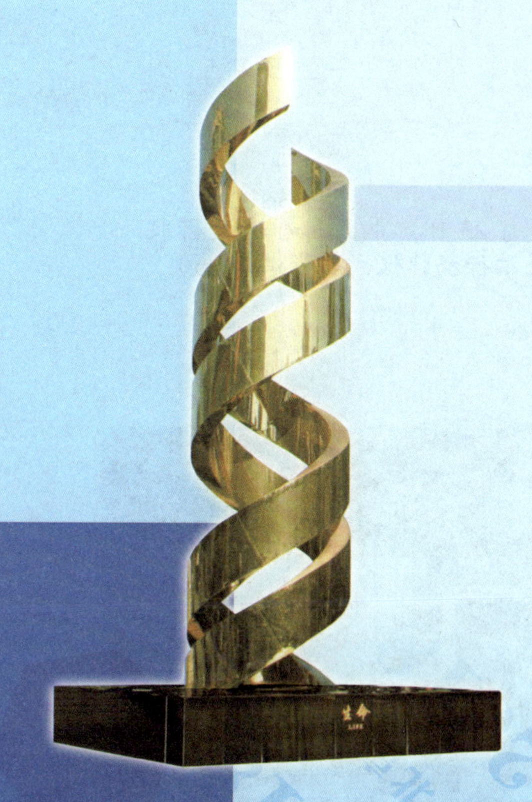

1月7日，中关村U30 2016年度优胜奖颁奖（新闻中心 供图）

4月20日—23日，区工商联组织部分政协工商联界别政协委员、企业家代表赴广西百色举办理想信念教育实践活动（区工商联 供图）

7月23日，中关村智造大街联合工会举行揭牌仪式（张洪军 摄）

8月12日，2017华裔子弟故乡行北京海淀夏令营闭幕（高政 摄）

11 月 11 日—12 日，区科协在温泉体育馆举办全区青少年科技创新大赛（步平 摄）

12 月 17 日，侨界创新发展产业联盟成立（冀敏 摄）

团区委组织青少年志愿活动（团区委供图）

海淀区总工会

【概况】 2017年，北京市海淀区总工会（简称区总工会）下属海淀工人文化宫、海淀职业介绍所、海淀区职工服务（帮扶）中心3家直属事业单位。全区现有工会组织合计8326家，工会会员25万余人，其中区总工会直属基层工会120家，有专职工会干部590人，兼职工会干部8742人左右。

（胡文欣）

【“五一”国际劳动节暨表彰大会】 4月25日，海淀区在海淀工人文化宫举行庆祝“五一”国际劳动节暨表彰大会。区四套班子领导以及来自全区各行各业的劳模代表、职工代表和各级工会工作者出席大会。2017年，1人获全国五一劳动奖章，2个班组获全国工人先锋号称号，3家单位获首都劳动奖状，15人获首都劳动奖章，6个班组获北京市工人先锋号称号。

（胡文欣）

【学习考察】 4月25日—26日，区总工会组织60余名承担建会任务的基层工会专职副主席、工会服务站站长和工会专职社会工作者到朝阳区双井街道总工会学习考察，听取双井街道总工会在开展工会会员个性化服务方面所做的工作和建会工作经验介绍，并就工作中存在的问题进行探讨交流。

（胡文欣）

【第二十五届海淀区职工艺术节】 4月27日至10月30日，第二十五届海淀区职工艺术节以“凝心聚力核心区·匠心共筑中国梦”为主题，50家单位的4000余人参加。区总工会在各基层工会开展活动的基础上，相继举办职工摄影大赛、书画大赛、歌手大赛、舞蹈大赛等赛事。

（胡文欣）

【精准扶贫】 5月18日，为贯彻落实区委、区政府精准扶贫工作要求，完成好“一对一”帮扶工作任务，区总工会主动与温泉镇杨家庄村党支部对接，共同研究如何帮助农民解决樱桃滞销难题。同时，予以杨家庄村30万元用于支持杨家庄村樱桃采摘季的宣传和销售工作。

（胡文欣）

【“乐·伴——暖心伴考”爱心送清凉】 6月7日—8日高考期间，区总工会组织羊坊店街道总工会、区环卫中心工会分别在玉渊潭中学和八一中学考点开展“乐·伴——暖心伴考”爱心送清凉活动。在考点校区门口，志愿者服务团队向候考家长们提供热茶水、矿泉水、扇子、休息马扎、报刊等物品。

（胡文欣）

【区工会第十六次代表大会】 10月29日—31日，海淀区工会第十六次代表大会在稻香湖景酒店召开，来自全区各行各业的303名工会代表参加大会。大会总结海淀区工会过去五年的工作，研究确定今后五年海淀区工会的工作目标和工作任务，选举产生第十六届海淀区工会领导机构，其中胡淑彦为海淀区工会第十六届委员会主席，牛爱忠、姚绍霞、马廷波为海淀区工会第十六届委员会专职副主席，许爱民、杨冬梅、刘勇为海淀区工会第十六届委员会兼职副主席。

（胡文欣）

【第二十九届职工“长春杯”越野赛】 11月11日，在圆明园遗址公园举办“不忘初心·牢记使命”第二十九届海淀区职工“长春杯”越野赛，5000余名职工参赛。参赛职工和赛事规模均超往届。比赛分为全民健身组和竞赛组，经过激烈角逐，教育工会夺得竞赛组团体冠军，东升镇总工会获团体亚军，羊坊店总工会、四季青镇总工会获团体季军。

（胡文欣）

【工会政策宣讲会】 11月29日，区总工会和区地税局联合举办工会政策宣讲会。区未建会的35家百人以上高新技术企业代表，各税务所、街道总工会和海淀园工会相关负责人参加会议。通过宣讲会，参会企业对工会政策有了更加深刻的认识，为依法组建工会组织，使用好工会经费，更好地为职工服务打下坚实基础。

（胡文欣）

【采购项目评审会】 12月14日，区总工会举行“把海淀的问候带回家”慰问礼包集中竞价采购项目评审会，区总工会评审组成员出席评审会，备选供应商代表参加评审会，纪检干部全程列席会议。评审小组审核了3家备选供应商的文件材料，分别听取了供应商的介绍并就细节问题进行了询问。经综合评议，评审小组确定此次集中竞价采购项目的成交供应商为北京家乐福商业有限公司中关村广场店。

（胡文欣）

【“走基层”调研】 12月21日，区总工会主席胡淑彦，党组书记、副主席牛爱忠分别带队开展“走基层”调研活动，走访调研羊坊店街道总工会、曙光街道总工会和北斗星通公司工会，了解一线工会干部的工作和生活情况以及工作中的重点难点问题。

（胡文欣）

【慰问帮扶】 年内，区总工会开展送温暖、慰问、临时救助等活动，发放各类资金137万元。开展金秋助学专项活动，救助困难职工家庭就学子女22人，发放助学金84300元。开展临时应急救助12人次，发放救助金15.5万元。开展“把海淀问候带回家”和“情系职工，温暖到家”慰问活动。向全区489名劳动模范发放慰问金及困难帮扶慰问金199万余元。

（胡文欣）

【就业援助】 年内，海淀职介所开展各类型招聘活动，拓宽就业渠道。7家企业赴南宁市、柳州市参加2017年“全国工会就业援助月”专场招聘会。与区人社局、区妇联联合举办4场“春风行动”专场招聘会。组织28家用工单位赴呼和浩特市参加2017年“京津冀蒙跨区域促进就业创业”招聘会。联合区人社局、区工商联举办4场“民营企业招聘月”专场招聘会。全年举办招聘会116场，1556家单位参会，提供就业岗位50163个，9055人参会，3043人达成就业意向。

（胡文欣）

【组织建设】 年内，区总工会以海淀重点创新创业特色街区——中关村智造大街为试点，区总工会与东升镇总工会、中关村智造大街联合党委和智造大街公共服务平台联合成立中关村智造大街联合工会，利用移动互联网技术与数字化平台有机结合的方式发展会员、开展活动、有针对性地开发订制服务项目，不断吸引大街企业员工加入工会组织。全区新建工会948家，发展会员24159人。

（胡文欣）

【工资集体协商】 年内，全区工资集体协商数据库覆盖企业4471家，覆盖职工总数243495人，签订集体合同企业4077家，覆盖职工203457人，完成率为91.2%；签订工资专项合同企业3877家，覆盖职工200301人，完成率为85.3%；数据库覆盖百人以上企业386家，覆盖职工15万余人，签订集体合同企业310家，覆盖职工12万余人，完成率为80.3%；签订工资专项合同企业349家，覆盖职工14万余人，完成率为89.49%。

（胡文欣）

【权益维护】 年内，区劳动争议调解中心共受理案件583件，其中调解成功445件，涉及群体案件9件，为职工挽回经济损失575万元。开展法律服务进社区活动10次，参与人数200余人次。

（胡文欣）

共青团海淀区委员会

【概况】 2017年，海淀区有团员27274人，基层团组织2944个，其中团委124个，团工委27个，团总支157个，团支部2636个。区机关、街道（镇）、企事业单位等直属团组织565个。在基层团组织中，包括村（居）团支部73个，社区团支部217个，学校团组织2379个，机关事业团组织275个，“两新”团组织3909个（非公有制企业团组织3793个，新社会团组织116个）。全区有专职团干部40人，兼职团干部1294人。希望工程北京捐助中心海淀区工作站全年筹集款物24万元，捐助青少年210人次。

2017年，海淀团区委被评为“2013—2016年度首都社会治安综合治理（平安建设）先进集体”。2个基层团组织被评为北京市五四红旗团委，1个基层团支部被评为北京市五四红旗团支部，2人获北京市优秀团干部称号，1人获北京市优秀团员称号。

（寇同碧）

【海淀区未成年人保护委员会】 2017年，海淀区未成年人保护委员会有成员单位36家、街镇未委会29家。区未委会深入社区开展星光自护、青春红丝带等品牌活动154场次，辐射青少年8427人次。

（寇同碧）

【海淀区青年联合会】 2017年，海淀区青年联合会（简称海淀青联）设有团体会员组，科学教育组，经济金融组，公共管理组，文艺体育组，解放军政法组，医药卫生组和民族、宗教、民主党派组，归国留学、华人、华侨9个界别组，委员总数428人。海淀区青联之友联谊会、各系统联谊会和地区青年联谊会是海淀青联的外围组织。年内，海淀青联组织开展“走进系列”委员交流活动，并引导委员会员参与捐资助学、城市志愿服务等社会公益活动。

（寇同碧）

【北京市海淀区志愿服务联合会】 2017年，海淀区志愿服务联合会共有团体会员320余家。社区志愿服务示范站109家，其中市级示范站34家、区级示范站75家，建立第三批首都学雷锋志愿服务站（岗）40家。全区志愿者累计上岗10万余人次，服务时间250余万小时。截至年底，海淀区通过验证的注册志愿者83万余人，占全市注册人数的21%；注册志愿服务团队1万余个，占全市的16.7%；登记志愿服务项目2.3万余个，占全市的17%。2017年，海淀区志愿服务联合会吉祥物“小志”在“学雷锋志愿服务”主题公益广告及中国志愿服务卡通人物形象征集活动中获卡通人物形象类作品优秀奖，海淀社区志愿日活动在2016年宣传推选学雷锋志愿服务“四个100”先进典型活动中被推选为最佳志愿服务项目。

（寇同碧）

【“创业军机处”活动】 年内，团区委组织开展“创业军机处”活动。活动采取“一对一”方式精准帮扶创业企业，为青年创业团队提供拓宽思路、克服瓶颈、加强交流多元互动平台。邀请优秀创业青年，与相关政府监管部门、投资机构、企事业单位和科研院所开展面对面交流，共同就创业团队的思路与困境进行探讨，对接优势资源，并通过多元化宣传推广及持续性动态跟踪服务，为创业团队提供更加精准化、个性化的深度创业支持。全年共举办41期，服务来自大数据、“互联网+”、智能硬件、工业4.0、智慧教育等各个领域的创业团队40个，创业青年60余人。

（寇同碧）

【社区青年汇建设】 年内，团区委组建海淀区青少年社会组织发展支持中心社区青年汇项目部，进一步规范社区青年汇建设运营，并根据区委、区政府“减人、添秤、服务”要求，对全区92家社区青年汇进行布局优化调整。开展“助力冬奥　寻梦青春”定向越野迎冬奥主题活动、“旧物换新生　珍惜爱家园”环保主题活动、“阳光青春　助力科技”科技创新教育体验活动、“青春喜迎十九大　不忘初心跟党走”红色之旅主题活动、“圆梦义利”海淀社区青年汇总干事团建体验活动、“走向2022　三山五园行”凤凰岭徒步全民健身主题活动、“登高庆重阳　献礼十九大”重阳节传统文化体验等品牌活动。海淀社区青年汇全年开展社会服务项目及组织活动2000余次，服务团员青年43000余人次。

（寇同碧）

【非公有制企业团建】 年内，团区委为巩固非公有制企业团建工作成果，优先推动在企业规模大、从业青年多、社会关注度高的非公企业建立团的组织，活跃团的工作。新增建团组织210家。截至年底，海淀区共有非公有制企业团组织3909家。

（寇同碧）

【预防青少年违法犯罪】 年内，团区委依托海淀区青少年权益创新研究基地，聘请彩虹之家人生导师，定期联系试点街镇、社区青年汇，围绕重难点个案，进行研究探讨，帮助基层共同推进。完成重点青少年个案41例，开展小组活动26场，覆盖664人次。在重点地区社区青年汇、商务楼宇等青少年聚集场所以及大学生、中职中专、技术学校开展以“拒绝毒品诱惑”为主题的禁毒教育和“青春红丝带”预防艾滋病教育活动24场，发放宣传手册、纪念品等宣传材料，覆盖青少年5427人次。寒暑假期间，在海淀五彩城星光自护总校和92家社区青年汇组织开展“儿童防溺水、反暴力侵害、青少年心理健康、火场逃生”等主题课程130场，覆盖青少年3000余人次，遍及所有社区青年汇制定完善全年法治副校长工作计划，全年开展“平安假期，与法同行”“走进法律殿堂”等法治教育系列活动605场，覆盖所有中小学校，提升重点青少年法治意识。联合区教委、区检察院等单位，开展海淀区家庭教育大讲堂活动，通过讲授法律知识构建良性亲子沟通、营造和谐家庭关系，引导家长重视青少年的法治教育。

确定海淀法院为“海淀学区教育基地”，特聘海淀法院未审庭庭长为海淀学区教育顾问，开展模拟法庭、微课堂等主题“法治护航课程”。海淀工读学校法治教育基地作为北京市首批法治文化建设示范基地，打造“一校一特色”法治教育品牌。团区委获得“首都社会治安综合治理”“北京市未成年人保障工作”先进集体称号。

（寇同碧）

【未成年人司法保护】 年内，海淀区合适成年人和社会调查工作贯穿公检法各阶段，刑事案件社会调查公安阶段实现京籍和非京籍100%全覆盖。开展合适成年人年度培训，覆盖90%以上人员。全年24名合适成年人到场为涉诉未成年人提供服务476人次。结合海淀实际，联合公安、检察院、法院、司法局、教委、民政等部门出台《海淀区涉诉未成年人观护帮教工作运行管理办法（试行）》和涉诉观护帮教工作流程图。动员人大、政协、青联、驻区单位等社会各方力量，建立餐饮企业、科技企业、社会组织等不同类型的区级综合性涉诉未成年人监督考察实体基地12处，全年考察帮教涉诉未成年人40多人。

（寇同碧）

【生活困难家庭青少年精准帮扶】 年内，团区委根据实际，研究制定《2017年海淀共青团助力生活困难家庭青少年精准帮扶工作青春助跑服务计划项目方案》。整合统战部、权益部、基层部、志愿服务联合会、街镇团（工）委、社区青年汇、社会组织等征集青少年项目，建立区级“生活困难家庭青少年精准帮扶工作项目库”。依托各方力量，为有需要的青少年提供免费、专业的课程辅导、就业创业辅导、心理咨询等多种服务。与中国青年政治学院合作，开展困难家庭青少年社会工作专题研究，形成《“困难家庭青少年精准帮扶需求研究与对策”调研报告》。全年，海淀区共开展2个市级项目、12个区级项目，涉及学业辅导类、就业创业类、解困救助类、成长发展类、个案帮扶类，覆盖870余人次，共40万余元用于开展帮扶工作，其中包含权益工作创新试点经费6万元。捐资助学181名大中小学青少年，共计20.2万元。街乡级项目29个，涉及学业辅导类、解困救助类、成长发展类，共覆盖430余人。

（寇同碧）

【海淀区志愿服务项目大赛】 年内，团区委以“志愿新时代、共建核心区”为主题，开展海淀区志愿服务项目大赛。大赛分为项目初审、立项培训、项目实施、走访指导、中期培训、路演答辩环节。街镇社区、委办局、驻区高校、中小学校、高新企业、社会组织等众多志愿团体162个志愿服务项目报名参赛，涉及社会建设类、城市治理类、文化繁荣类、科技创新类、生态环境类、其他服务六大服务类别。专家和评委通过对项目的可行性、影响力、可持续性、创新性、志愿者参与等方面进行考核，选拔出30个项目入围复赛，并通过对项目实地走访指导，帮助优化项目内涵，提高项目服务品质。大赛评选出13个获奖项目，包括一等奖1个、二等奖2个、三等奖3个、优秀奖4个、单项奖3个。同时推选优秀项目参加北京市及全国参加志愿服务项目大赛。

（寇同碧）

【“书香海淀·悦读青春”读书活动】 年内，团区委依托“海淀青年”微信公众号，开展“书香海淀·悦读青春”系列读书活动。活动以“赏读经典”为主题，以每个月为周期，通过“线上报名”“好书认领”“潜心阅读”“众乐共享”4个环节开展活动。截至年底，活动共开展8期，参与活动500余人次。

（寇同碧）

【志愿服务品牌项目】 年内，团区委开展“邻里守望　爱在海淀”系列志愿服务品牌项目。联合区教工委、区残联等部门开展“推进残疾预防　健康成就小康”全国助残日主题宣传暨残健共融文化活动、残疾儿童手拉手庆“六一”和“温情暖夕阳”敬老志愿服务活动，服务覆盖“温馨家园”32家、敬老院30家。深化“海淀社区志愿日”系列志愿服务项目，开展“迎新送暖”“弘扬传统文化”“学习雷锋”“绿色环保”“青春奉献”“关爱七彩童年”等特色主题活动，组织法律、科普、文化、教育、心理、卫生、环保等专业志愿者走进基层、走进社区、走进家庭，弘扬“奉献、友爱、互助、进步”的志愿精神。

（寇同碧）

海淀区妇女联合会

【概况】 2017年，海淀区妇女联合会（简称海淀区妇联）下属海淀区妇女儿童活动中心、海淀区三八家务服务中心2家事业单位和海淀区家庭教育研究会1个法人社团。有区直机关、教育工委、公共委、国资委、民主党派（民建合在其中）、工商联、金秋集团（非公企业）7个妇工委，1个区级工会女职工委员会，设有区域女性人才联谊会、女领导干部联谊会、女司法工作者联谊会、中小学女校长联谊会、台港澳侨胞姐妹联谊会、女教授联谊会、女村长女书记联席会、女企业家联谊会、女医务工作者联谊会、中关村核心区女企业家沙龙10个女性联谊组织。有街道妇联22个，镇妇联7个，行政村、社区妇联647个。

完成街镇妇联换届选举工作，选举同级党政领导班子中的女性领导为各街镇妇联主席，正科实职为专职妇联副主席。镇、街道共选举产生889名执委，执委中妇女占到60%。打破行政隶属、身份限制和行业分割，构建起立体化、开放式、全覆盖的区域化工作新格局。

加强对妇女思想政治引领工作，把迎接、宣传、学习、贯彻中共十九大作为2017年妇联工作的主线，以“巾帼心向党·喜迎十九大”为主题，邀请中共十九大女性党代表开展中共十九大精神宣讲活动。弘扬社会主义核心价值观，以“承家风、继家训、传家教”为主题，开展寻找“海淀最美家庭”活动。在党政机关开展“清风满家”活动，举办“信纸传真情”最美家书征集活动和“云中锦书，感受家书之美”家书诵读会。

联合相关单位研究制定《海淀区家庭教育五年计划》，并开展相关宣传。以家长学校为阵地持续推动实施早期教育“蓓蕾工程”，鼓励幼儿园和社区（村）家长学校结对，共同开展公益的早期教育免费指导与服务。建立15个综合性儿童之家，开展儿童之家负责人业务轮训，实施预防儿童伤害项目，为儿童之家拨付专项建设经费和活动经费，配备玩具、图书、安全产品。进一步加大与社会组织的合作，借助社会组织家庭教育专业力量，实施“儿童安全互动课程进社区”项目、“芳在社区——智美家庭成长营地”项目、《家庭公约》项目。印发1.3万份“保护儿童　远离伤害”知识学习册、2万份国学经典读物、3000份家庭预防儿童伤害教育台历，发放到海淀区社区、村、家庭，帮助家庭学习预防儿童伤害的知识，倡导中国优秀传统文化。

深化维权维稳工作。组织开展《中华人民共和国反家庭暴力法》《中华人民共和国妇女权益保障法》《中华人民共和国民法总则》等法律法规宣讲，全年共举办普法讲座222场，普法宣传活动113次，798人参与法律宣传和法律咨询，受益群众25234人。与女童保护基金合作开展女童保护项目，深入社区、村开展女童保护公益讲座，普及女童保护知识。开设心理咨询室，从源头上预防化解婚姻家庭纠纷。举办“喜迎十九大　家家保平安——讲述我家的平安故事”平安家庭宣讲活动，通过典型家庭事迹宣传，促进形成人人参与、共创平安的良好局面。2017年，海淀区妇联系统累计受理群众来信来访来电共126件，未出现一例越级访和极端信访事件。

加强基层组织建设，推进示范“妇女之家”创建活动，在商务楼宇设立多家“示范妇女之家”，推选市级“示范妇女之家”13个、区级29个，为示范站点拨发2万元定向活动经费，探索在拓展服务的有效途径，并突出凝聚、关爱、文化交流等功能方面开展各类活动。

完成《海淀区妇联关于构建“互联网+妇联”工作格局的研究报告》《海淀区0～3岁婴幼儿早期教育的现状与需求调研报告》等调研报告。获全国妇女宣传舆论阵地建设先进单位称号。

（唐馨玲）

【“恒爱行动——百万家庭亲情一线牵”公益活动】 1月—4月，区妇联响应市妇联活动号召，在“海淀女性”微信平台发布公开招募“爱心妈妈”的公告，发起“原来是你温暖了我的冬天”为新疆和田地区孤残儿童编织爱心毛衣的公益活动。140名“爱心妈妈”们经过2个多月的编织，为孤残儿童编织170余件毛衣、毛裤、手套和帽子。

（唐馨玲）

【“三八”维权周主题活动】 3月6日，由海淀区妇联主办的“建设法治中国·首善之区　巾帼维权志愿者在行动”“三八”维权周主题活动在海淀区妇女儿童活动中心举行。区维权协调组相关成员单位领导、各街镇妇联主席、社区巾帼亲情服务队代表以及律师代表共计120余人参加。会上，区司法局、区妇联为第二届“海淀区巾帼维权公益律师之星”律师颁发荣誉证书，对获得首批“示范巾帼亲情服务队”称号的30支队伍进行表扬，并为“巾帼亲情服务队”授队旗；海淀区检察院未检处检察官作女童保护专题讲座。

（唐馨玲）

【杨柳到海淀调研】 3月16日，全国妇联书记处书记杨柳一行先后来到北京市海淀区中关村智造大街和中关村创业大街，就海淀区妇女高新企业创业情况进行调研。在参观快制中心实验室、神州泰科、创业会客厅、车库咖啡和联想之星等企业后，杨柳肯定创业大街为创业者们提供的良好生态环境，指出要借助公益广告、微信平台等手段加大对女性优秀创业者的宣传，注重发挥她们的示范引领作用，还要依托首都高科技资源，建立更多的儿童科普教育基地，让孩子们与高科技零距离接触，培养对科技知识的兴趣。

（唐馨玲）

【2016年妇女儿童发展规划指标监测统计】 4月，完成2016年妇女儿童发展规划指标监测统计，其中区党代会、区人大代表、区政协委员中的女代表、女委员分别占46.7%、35%、31.9%，村民委员会成员中女性比例达到31.5%，居民委员会成员中女性比例达到83.7%；镇、街道领导班子中女干部配备率分别达到94.7%和100%，处级女干部比例达到28.9%。城镇单位就业人员女性占41%，女性接受再就业技能培训合格率94%，建会企业集体合同签订率80%。户籍人口孕产妇共死亡1例，婴儿和5岁以下儿童平均死亡率分别为1.67‰和2.04‰；婚前医学检查率8.32%。学前三年毛入园率达到97%。义务教育毛入学率100%，巩固率100%。参加养老、失业、医疗保险的女性比例分别是42.6%、43.6%和45.1%；体育生活

化社区个数200个，城镇社区服务社区数654个。

（唐馨玲）

【2017海淀“最美家庭”揭晓】 5月11日，区妇联在中国人民大学学生活动中心举办“云中锦书，感受家书之美——2017海淀‘最美家庭’揭晓活动”。活动表彰徐颖等400户家庭“海淀最美家庭”，其中2户家庭获“全国最美家庭”称号，22户家庭获“首都最美家庭”称号。活动通过首都“最美家庭”代表以及“海淀最美家庭”代表分享自己家人之间书信以及名人家书，弘扬中华传统文化，加强家庭文明建设，让真善美的风尚在家庭中传扬。全国最美家庭：王蒙一家庭、冯来刚家庭。首都最美家庭：陈宇家庭、李志良家庭、卢玉英家庭、程锦萱家庭、李玲家庭、刘宁家庭、祁苒家庭、李美萍家庭、张莉莎家庭、王强家庭、牛玉锐家庭、郭利川家庭、行秀娟家庭、王蒙一家庭、卞海虹家庭、荆晶家庭、任朝霞家庭、王秀元家庭、张爱华家庭、金星家庭、权继梅家庭、冯来刚家庭。

（唐馨玲）

【“冰雪少年”训练营活动】 6月2日，区妇联“冰雪少年”训练营开营，来自全区近百个“最美家庭”的6～12岁小营员参加滑冰普及课程。小营员代表向全区少年儿童发出积极学习冬奥知识、传播奥运精神、热心宣传参与冰雪运动、助力冬奥的倡议，提升海淀区冰雪运动氛围和水平。区妇联为小营员们颁发“冰雪运动小使者”荣誉证书，并向全区广大家长发出“爱的陪伴”倡议，号召“每天放下手机一小时，陪伴家人是最好的爱”，希望家长能够用更多的时间和爱陪伴孩子们快乐成长。

（唐馨玲）

【第十一届海淀区商业服务业、家庭服务业女职工技能竞赛】 7月13日，第十一届海淀区商业服务业、家庭服务业女职工技能竞赛活动在海淀区妇女儿童活动中心举办。竞赛分为技能竞赛、工艺展示和互动体验3个环节，其中技能竞赛设有商品创意竞赛和茶艺比赛两个项目，工艺展示环节设有手缝布艺制作、创意毛线编织、甜品烘焙和手工泥塑4个项目，共有20人参加技能竞赛和工艺展示。手缝布艺、毛线编织和手工泥塑是区妇联常年开展的培训项目，区妇联通过对城乡妇女进行手工技能培训，促进妇女自主创业、灵活就业，此次的参展选手全部是由区妇联、区妇女儿童活动中心推选的优秀手工艺从业者。

（唐馨玲）

【发展中国家官员参观海淀区妇女儿童活动中心】 7月14日，来自11个国家及国际组织的13位发展中国家官员，在区妇联主席车苇歆等人员的陪同下，参观海淀区妇女儿童活动中心。来宾观看了中心一层多功能厅正在举办的第八届社区小教员京剧比赛，随后参观中心开设的舞蹈、模特小教员培训等课程，亲自体验书法和厨艺课程，对中国的文化赞叹不已。

（唐馨玲）

【街镇妇联换届选举完成】 7月16日至8月31日，各街镇召开妇女代表大会，完成街镇妇联换届选举工作。选举新一届街镇妇联执委920人，其中专职妇女工作者占40%，其他各界妇女代表占60%。各街镇妇联主席均由同级党政领导班子中的女性领导兼任，29名专职副主席由正科级干部担任，64名兼职副主席由辖区单位女性负责人、非公经济组织和社会组织女性负责人担任。

（唐馨玲）

【女童保护知识讲座项目启动】 7月—9月，区妇联启动“守护童年　呵护希望”女童保护知识讲座项目。海淀区妇联在辖区内的13个街道和社区举办女童保护知识讲座，邀请中国少年儿童文化艺术基金会（女童保护基金）的专业志愿者讲师为儿童及其家长普及相关知识，传授自我保护技能，共有400余名家长和孩子参加讲座。讲座现场还为到场的每个家庭发放《“女童保护”防性侵手册》和《平安护万家——日常生活安全常识60则》读本等宣传材料。

（唐馨玲）

【中韩女性“花艺技能创新应用示范推广项目”培训班】 8月7日—11日，由区妇联、区妇女儿童活动中心承办的2017年中韩女性“花艺技能创新应用示范推广项目”培训班在京举办。本次培训由北京市妇联指导，北京市外国专家与外国人就业事务中心、韩中文化经济友好协会支持，旨在通过引进韩国花艺技能培训体系，帮助女性提升创业就业技能，同时增进中韩两国妇女在女性发展等诸多领域的交流与合作。该项目已连续4年被列入北京市年度引进国外技术、管理人才项目计划。本次初级培训班结合海淀区科技、文化、教育的背景和特点，主要面向创业女性开办。

（唐馨玲）

【区第十七期处级女干部培训班】 11月22日—24日，由海淀区委组织部、区妇联、区委党校联合举办的海淀区第十七期处级女干部培训班开班。全区各系统、各部门处级女领导干部170人参加培训。本次培训为期两天半，围绕女领导干部领导力的提升设置课程，采取理论教学和现场教学相结合的方式，力求达到内容丰富多样且贴近女干部的实际需求。在理论课程方面，北京市知识产权法院副院长、全国妇联兼职副主席宋鱼水，清华大学教授唐少杰，中国地质大学特聘教授王薇华，国家行政学院教授董明分别为学员们讲授“十九大精神宣讲”“哲学：智慧与方法”“她幸福”“女性领导艺术”等优质课程；在现场教学环节，学员们参观考察北京市唯一以讲述葡萄酒文化为主题的博物馆——北京龙徽葡萄酒博物馆，了解葡萄酒制作的工艺以及龙徽品牌的历史，学习葡萄酒文化知识。

（唐馨玲）

【区第十三次妇女代表大会】 12月7日—9日，海淀区第十三次妇女代表大会举行。区妇联作题为“不忘初心、勇担使命，团结带领全区妇女为建设‘全国科技创新中心核心区’而努力奋斗”的工作报告。全国妇联联络部、北京市妇联、海淀区相关领导出席大会开幕式。大会审议通过车苇歆代表海淀区妇联第十二届执行委员会所作的工作报告，选举产生 97 名海淀区妇联第十三届执行委员会委员。在随后召开的海淀区第十三届妇女代表大会第一次执行委员会议上，选举产生 23 名执行委员会常委以及区妇联新一届领导班子。

（唐馨玲）

海淀区科学技术协会

【概况】 2017 年以来，海淀区科学技术协会（简称区科协）提出：海淀区要大力发展思想产业、核心区机器人产业的建议，受到市、区级领导的重视。发挥专家建议平台，开展“中关村科学城创新文化研究”“海淀小微湿地布局和建设研究”“中关村核心区军民融合创新生态体系建设研究”“驻区高等院校在中关村科学城建设中的作用发挥模式研究”等课题。举办“院士专家一席谈”。开展多种全区性科普活动。举办主题为“科普惠农　科技惠民”第 19 届“科普之春”。组织街镇科普专兼职人员参加北京市社区科普工作者能力提升计划培训班。推进中科协校园 e 站工作在海淀落地。举办北京科技周海淀主场活动。举办近 200 场面向全区的科普文化讲堂。举办全区青少年机器人大赛、青少年科技创新大赛、2017 世界机器人大赛北方区选拔赛暨京津冀地区青少年机器人邀请赛。

（步平）

【第三十七届北京青少年科技创新大赛】 3 月 25 日—27 日，第三十七届北京青少年科技创新大赛在怀柔区举办。海淀区科协组织海淀区各代表队参加，共获得中学项目一等奖 25 项、二等奖 35 项、三等奖 20 项，小学项目一等奖 8 项、二等奖 10 项、三等奖 3 项，少年儿童科学幻想画项目一等奖 7 项、二等奖 11 项、三等奖 21 项，科技实践活动项目二等奖 4 项、三等奖 3 项，科技辅导员项目二等奖 2 项。

（步平）

【第十九届“科普之春”海淀主场活动】 4 月 15 日，区科协在上庄镇堉荟沅种植中心举办北京市“科普之春”海淀主场活动。第十九届“科普之春”的主题为“科普惠农　科技惠民”。海淀主场有近 300 个家庭参加活动。活动现场在设定的区域内可体验翻土，学打埂做畦、施肥，了解绿色蔬菜，可体验传统风筝的制作、组装试飞无人机等，还可与人工智能机器人进行互动。全程有工作人员讲解相关科普知识。

（步平）

【海淀科技周主会场活动】 5 月 19 日，主题为“科技强国・创新圆梦”的 2017 年度北京市科技周海淀主场活动在北京市海淀区中关村智造大街开幕。本次科技周活动由北京市海淀区科学技术协会主办，中关村智造大街协办。活动以“智创未来”为主题，包含智能医疗、智能花园、VR 体验、无人机、智能家居等主题，共计 20 余家单位前来参展。展览期间，通过互动体验、机器人表演、3D 现场打印、现场咨询以及展板等多种形式向参观的公众开展科普宣传。

（步平）

【北京市公园科技展示周】 5 月 21 日—22 日，主题为“绿意满园，幸福生活”的 2017 年北京市公园科技展示周在北京植物园举行。本次活动由北京市公园管理中心、北京市科学技术委员会主办，北京市植物园、海淀区科学技术协会、北京市科普基地联盟承办。来自北京市属公园系统、科技公司以及天津、河北等地的 30 余家单位参展。通过展板、实物、现场咨询等多种方式向市民开展科普宣传。以公园系统为主的展区，集中展示榫卯、度量衡等古代中国技艺、公园的特色文创产品、动植物养护等科普内容。以海淀区科协策划的科技公司为主展区集中展示 3D 打印、机器人、日化科普、科技思维等内容。参展项目互动性强，各单位将科技成果科普化，并开发出适合互动的实物、模型、仪器、多媒体等进行游戏互动，吸引力强。

（步平）

【中关村核心区科技工作者智慧火花、创意创新成果展示会】 5 月 26 日，区科协在紫竹院公园举办中关村核心区科技工作者智慧火花、创意创新成果展示会，传播科技创新文化。现场吸引观众达 3 万余人，北京电视台整点新闻报道，人民网等百余家媒体报道，间接受众千万人次。

（步平）

【2017 世界机器人大赛北方区选拔赛暨京津冀地区青少年机器人邀请赛】 8 月 1 日—2 日，由区科协组织的 2017 世界机器人大赛北方区选拔赛暨京津冀地区青少年机器人邀请赛在清华附属中学永丰学校举行。来自全国各地的 70 多支中小学生队伍展开对抗，最终优胜队伍将晋级 8 月 23 日在北京举行的世界机器人大会 robocom 挑战赛和 11 月在深圳举办的 MakeX 机器人挑战赛国际总决赛。

本届赛事中，京津冀青少年机器人设计海淀邀请赛主题为“攻城大师”，比赛使用联盟赛制，并分为自动控制、手动控制和强化改装冲刺 3 个赛段，提高参赛选手的参与感和比赛的强对抗性与高观赏性。比赛引入赛事主持人解说，同时进行线上直播。海淀外国语学校的 8 名学生最终获得季军和最佳技术报告奖。

（步平）

【2017 北京“科普之夏”海淀主场活动】 8 月 24 日，由区科协、海淀街道办事处共同举办的主题为“科技文化促发展　科学普及惠民生”的 2017 北京“科普之夏”海淀主场活动在万柳华联商场广场举行。大家医联医生集团、自然博物馆、北京植物园、科普中国网、一众科技等 20 余家科普资源单位参加。活动包含健康科普、人工智能、科普大篷车、科技动手做 4 个环节。活动现场还举办全民科学素质有奖知识问答。

（步平）

【全国科普日海淀主场活动】 9 月 22 日，由区科协组织举办的 2017 全国科普日海淀区主场活动在上庄镇上庄家园社区广场举办。北京大学口腔医院科普大篷车、北京市疾控中心健康教育科普大篷车、同仁医院科普大篷车——爱眼大巴、摇杆地球科普大篷车、中生代归来——自然博物馆科普大篷车、流动天文馆等科普设施纷纷出动，现场为社区居民普及健康、科技小知识。口腔医院和同仁医院的医生们为社区居民讲解牙齿护理、眼睛保护的知识，并现场进行口腔及眼睛的健康检查。天文馆现场教居民使用天文望远镜，并为居民普及天文知识。自然博物馆带来恐龙化石标本，并向居民普及远古时期古生物知识。北京市疾控中心展出健康知识展板，并为居民发放健康知识手册。此次活动受益500余人，发放科普宣传折页、手册1000余份，展出科普展板100多块。

（步平）

【全区青少年科技创新大赛辅导教师培训班】 10月25日—26日，区科协举办青少年科技创新大赛辅导教师培训班，对全区各专业辅导教师进行培训，共有80多名相关领域科技教师参加。

（步平）

【“创意创新新成果，聚焦中关村科学城”科技展示会】 11月4日，由区科协主办的“创意创新新成果，聚焦中关村科学城”科技展示会在北京植物园举行。此次展示会吸引现场观众上万人，北京电视台、人民网等50多家媒体报道，间接受众达百万人。

（步平）

【海淀区青少年科技创新大赛】 11月11日—12日，区科协在温泉体育馆举办全区青少年科技创新大赛。大赛以“发现 创新 责任”为主题，集中展示海淀区中小学各类科技活动优秀成果。共有1万余名青少年参加，遴选出123项优秀项目晋级北京市赛。

（步平）

【2017年“院士专家企业一席谈”】 11月30日，海淀园管委会与区科协共同举办2017年“院士专家企业一席谈”，以促进院士、专家与园区企业对接，为园区企业引进高端智力资源搭建平台。此次“一席谈”邀请清华大学计算机系吴建平院士与孙增圻教授现场作主题报告，并为企业发展答疑解惑，园区30余家企业到现场与院士专家互动。

（步平）

【第十七届海淀区青少年机器人竞赛】 12月9日—10日，区科协在五棵松体育馆举办海淀区青少年机器人竞赛。大赛吸引全区中小学生210支队735人报名参赛。本届赛事的竞赛项目包括机器人综合技能比赛、机器人创意比赛、FLL机器人工程挑战赛、VEX机器人工程挑战赛、WER工程创新赛、机器人智能工程挑战赛。最终，每个项目评出一等奖1名、二等奖2名、三等奖3名。

（步平）

海淀区归国华侨联合会

【概况】 2017年，海淀区归国华侨联合会（简称区侨联）有19个街道侨联组织及海淀园1个园区侨联组织。区侨联获北京市侨联理论研究和调查研究优秀成果二等奖、海淀区调查研究工作优秀调研成果三等奖。

（张静波）

【群众文化活动】 4月—12月，区侨联与区人大内司委、区政协港澳台侨委员会、区民宗侨办、致公党海淀区委、区委统战部、区文明办、区文化委、区体育局共同举办“海淀区第六届新侨乡文化节”系列活动，开展“健步走+”、侨界家庭亲子营、侨界家庭厨艺比赛、“创业杯”卡丁车个人计时赛、迎冬奥冰壶体验赛、羽毛球团体赛、“不忘初心”书画笔会等活动21次，参与侨界群众3050人次，丰富侨界群众文化生活。组织侨界群众参观“砥砺奋进的五年”大型成就展。开展航天科工三院、贝家花园等参观调研活动。组织10户侨界家庭参加第十三届海淀公园插秧节活动。与区委宣传部、区文学艺术界联合会、区文化委、区文明办、区作协等单位合作，举办8期“百川汇海”作家大讲堂品牌活动，吸引侨界群众1000人次参加，北京电视台、新华网、腾讯等多家媒体进行报道。

（张静波）

【侨界创新发展产业联盟成立】 12月17日，举办侨界创新发展产业联盟成立仪式。相关领导及侨界人士300余人出席。该产业联盟整合驻区科研院所、高等院校、园区侨企、区内行业协会等区域资源，搭建活动与交流平台，推动政产学研用高度互动、深度结合、协同创新、合作发展，推动科技成果转化，凝聚新侨创新创业力量，激发新侨的创新潜能和创业活力，服务双创发展和中关村科学城建设。

（张静波）

【参政议政】 年内，区侨联为侨界政协委员和侨联委员履职搭建活动平台。在海淀区政协十届一次全会上，提交团体提案1份、界别提案3份、侨联政协委员个人提案10份，办理政协委员提案1件。加强调研工作，围绕“一带一路”倡议开展调研，探索侨联在“一带一路”建设中发挥桥梁纽带作用，该课题被列入北京市侨联重点调研课题和海淀区政协“一带一路”重点调研课题系列；围绕“居住区停车自治模式”开展调研，为即将出台的《北京市机动车停车管理条例》的执行提供科学方案和理论依据，该课题被市侨联作为团体提案上报市政协。全年报送提案、信息、舆情等共计70余件（条），内容涉及核心区建设及海淀政治、经济、社会、文化建设等多方面内容。

（张静波）

【海外联谊】 年内，区侨联发挥海外顾问和委员的桥梁纽带作用，在他们的促成下，接待美国联邦储备委员会顾问、美国加利福尼亚州库柏蒂诺市前市长、美国密歇根州AARP协会董事局主席及法国交通部前部长、欧洲国际文化交流促进委员会执行主席来访，推进核心区对外交流合作。拓展海外工作，加强与海外侨领和侨团的联系，接待2017意大利—中国贸易发展促进会“一带一路”经贸考察团、“华诞中国·亲情北京——2017年海外侨胞故乡行”嘉宾来访。承办“亲情中华·远方的惦念——2017华裔子弟故乡行”北京海淀夏令营，共有来自英国、美国、韩国等13个国家的营员33人。

（张静波）

【服务新侨及归国留学人员】 年内，继续开展“海归驿站”品牌活动，举办6期“创业中关村·助创政策宣讲解读会”、2次“创业中关村·侨海企业创业交流会”，吸引新侨和海归创业者1500余人次参加。走访小微留创企业100余家，帮助15位海外人才、7家企业落户中关村创办企业。依托“侨界创新联盟”，举办“创业中关村·侨海企业创业行”活动，组织40余家留创企业赴7省进行项目考察对接，促成3家企业分别在上海、南京创办分公司，为服务企业产业化发展搭建平台。组织“书香侨海·一起悦读”线上线下读书分享互动会25场，新侨、海归及海外侨胞共3500人次参加。

（张静波）

【维护侨益】 年内，区侨联开展“心贴心　送温暖”工程，将入户走访慰问活动制度化，及时了解侨界群众的困难和需求，联系有关部门帮助他们排忧解难。全年入户走访慰问及通过开展活动集体慰问共计430人次，发放慰问品、慰问金22.56万元。推进侨界空巢老人社区互助会建设，在精神层面关爱侨界空巢老人，举办“关爱老侨·情暖空巢”——海内外侨胞e起过大年活动，营造“侨之家”暖心氛围。区侨联法律援助中心接待来访来电涉侨法律咨询，提供专业法律援助服务，及时做好矛盾化解和维稳工作。按照“法律六进”的要求，开展法律服务下基层，向侨界群众发放《侨务法律法规政策问题100答》等法律宣传册300份，接待法律咨询60人次。

（张静波）

北京市海淀区工商业联合会

【概况】 2017年，北京市海淀区工商业联合会（简称区工商联）有会员1800余户。会员单位法人代表中，有区人大代表8人、区政协委员37人。有团体会员10个，分别是北京中关村海淀科技金融创新商会、海淀区户外广告行业协会、海淀区种子商会、海淀区饮食服务行业协会、海淀区商业联合会、北京市海淀区停车服务行业协会、中关村上市公司协会、中关村卓越高成长企业创新联盟、闪联信息产业协会、中关村多媒体创意产业园。有基层商会14个，分别是苏家坨镇商会、西北旺镇商会、田村路街道商会、清河街道商会、学院路街道商会、青龙桥街道商会、上地街道商会、中关村街道商会、西三旗街道商会、马连洼街道商会、八里庄街道商会、温泉镇商会、紫竹院街道商会、曙光街道商会。有园区商会2个，分别是留学人员创业园商会、中关村翠湖科技园商会。有行业商会5个，分别是医药业商会、文化创意产业商会、传统服务业商会、中介服务业商会、互联网教育商会。有联谊会1个，即青年企业家联谊会。

组织非公经济人士学习中共十九大以及《中共中央　国务院关于营造企业家健康成长环境弘扬优秀企业家精神更好发挥企业家作用的意见》。组织企业家赴广西百色开展理想信念教育实践主题活动。配合区纪委举办“把握‘亲’‘清’关系，促进企业健康发展”主题论坛。开展“坚定理想信念，做廉洁企业和廉洁企业家”承诺签名。33位企业家撰写“讲企业廉洁故事，建立‘亲’‘清’政商关系”征文。在基层商会领导班子培训班上，邀请区委组织部负责人就如何开展好非公党建工作进行专题讲解。“七一”前夕，组织党员企业家到顺义区焦庄户村参观地道战遗址。配合市工商联做好北京市非公经济组织党建示范单位（31家）和“党员驿站”示范点（12家）推荐工作。组织青年企业家参加全国年轻一代民营企业家理想信念报告会，听取中共中央政治局常委、全国政协主席俞正声在会上的重要讲话。组织青年企业家联谊会赴河北省赤城县参观平北抗日根据地纪念馆。年内，区工商联引导会员企业开展精准扶贫活动。

（张雪松）

【参政议政】 年内，区工商联参加区委党外代表人士协商会，参与海淀区重大政策、重要工作的协商议政。开展“海淀区产业疏解与提升专项研究”课题。《共享单车停放秩序管理进行研究工作》形成专题报告。在区政协十届一次会议上，作题为“提升科技创新软环境，助力核心区建设”的大会发言，得到区领导的关注。获得市委统战部2016年度北京市工商联系统参政议政优秀成果一、二等奖。

（张雪松）

【服务区域经济发展】 年内，区工商联与河北省赤城县工商联签订友好合作协议，为企业与当地进行项目合作搭建平台。接待十堰市工商联。保持与天津滨海新区、北辰区以及河北省承德市、赤城县等地区商会或政府招商部门的沟通与联系，为企业拓宽发展空间。组织会员企业赴台湾开展交流与合作，与骅讯电子企业股份有限公司签订为期10年的战略合作协议书。与市外商投资服务中心合作，成立“民营企业对外发展服务基地”。

（张雪松）

【会员服务】 年内，举办第四届非公企业创新产品发布会，滴滴、闪联、爱奇艺、汉王等16家非公企业发布新技术和新产品。成立会员服务委员会，建立政企有序沟通的长效机制。妇女工作委员会打造维护女企业家合法权益服务平台，举办养生健康讲座。陪同全国工商联到海淀进行双创工作调研，推进知识产权仲裁工作，中介服务业商会被市司法局评为“2017年北京市人民调解工作先进集体”。全年发放问卷350余份，广泛收集企业在降本增效、劳动关系、军民融合等方面遇到的问题和诉求。举办军民融合政策解读会。与市、区有关部门合作举办残疾人保障金政策解读会。举办“企业与我共命运，我与企业共成长”演讲比赛及展演活动，柳林稻香开镰节活动。全年编发会刊4期，更新信息180余篇，微信公众号受众近 1000 人。被推荐为全国工商联信息直报点，被区政协评为信息工作突出贡献单位。

（张雪松）

【组织建设】 年内，区工商联举办新一届执委培训班，成立参政议政、社会服务、会员服务、精神文明建设、女企业家 5 个专门委员会。配合市工商联换届工作，考核推荐 39 位代表人士当选新一届北京市工商联执委，12 名企业家当选为北京市工商联兼职副主席、副会长。举办基层商会领导班子培训，130 余名商会成员参加。参与全国工商联优秀“四好商会”评选工作。青年企业家联谊会召开换届大会，产生新一届领导班子，修改《联谊会章程》等制度。

（张雪松）

【原工商业者工作】 年内，区工商联帮助原工商业者解决生活困难，为原工商业者发放临时困难补助 10 万余元，走访慰问原工商业者 5 人次。

（张雪松）

法　治

2018
北京海淀年鉴

2月22日，海淀区政法工作会议召开，部署年度工作（新闻中心 供图）

4月25日，海淀区部署“一带一路”国际合作高峰论坛安保维稳工作（新闻中心 供图）

4月，区检察院举办“万柳法治思辩”案例研讨会（姚辉 摄）

7月5日，北京市海淀区人民法院专家咨询委员会成立（李森 王一凡 摄）

8月28日，区司法局举行公证宣传月暨纪念《中华人民共和国公证法》颁布12周年主题宣传活动（区司法局供图）

8月30日，区检察院启航工程启动（姚辉 摄）

10月31日，区法制办和区工商分局联合召开行政案件问题研讨会（单辉 摄）

政法委与综治

政法委工作

【概况】 2017年，全区政法系统贯彻落实中央和市委、区委决策部署，为海淀区经济社会健康发展做出贡献。

安保维稳。确保中共十九大和“一带一路”国际合作高峰论坛期间的安全稳定，完成全年重大活动和敏感时期安保维稳任务。开展“4·15”全民国家安全教育日活动。推进社会稳定风险评估工作，保障一批重大政策、重要项目的实施。妥善处置群体信访聚集活动，海淀区安保维稳工作受到市有关领导高度评价。

平安建设。推进“平安大街”创建活动，加强立体化社会治安防控体系建设，落实重大决策社会风险评估机制。提升平安建设科技化水平，加强人脸识别设备、物联网报警装置建设。开展违法建设、治安秩序、消防安全、安全生产、违法经营、违法群租房等专项整治，海淀区群众安全感、满意度连续16个季度位居城六区第一名。

司法改革。强化检察机关审前主导作用，完善以诉讼为主导、捕诉紧密衔接的提前介入侦查机制，继续优化检察官人员结构，建立健全检察长审核、复议复核案件办理机制。推进涉检信访改革，努力破题“基本解决执行难”，推行“三全五化”执行机制。建立“速裁法官+人民调解员+法官助理+书记员”的新型速裁团队运行模式，海淀多项改革成果被《人民日报》等媒体报道。

司法服务保障。区公安分局破现案量、现案破案率继续保持全市第一，侦破非法吸收公众存款重大敏感案件，受到公安部通报表扬。区检察院受理审查逮捕、起诉案件7044件8829人，批捕、提起公诉5505件6552人，办案量居全市第一。区法院受理各类案件85101件，同比上涨35.7%，法定审限内结案率达到99.8%。区司法局深入开展法治宣传教育，完成法律援助案件10389件。区民政局不断拓展养老服务体系，加强完善双拥优抚工作，服务保障能力获得新提升。

政法队伍建设。加强理想信念教育，推进“两学一做”学习教育常态化制度化，开展具有政法特色的“党徽闪耀践忠诚 党旗飘扬保平安”主题活动，推出和树立一批全国、北京市级先进英模。推进社会组织党组织“两个覆盖”工作。贯彻中央八项规定和市、区有关规定，坚决抵制“新四风”的十种表现，营造风清气正的环境。

（朱亮）

【“一带一路”国际合作高峰论坛维稳安保动员誓师大会】 4月25日，海淀区召开“一带一路”国际合作高峰论坛维稳安保动员誓师大会。会议向公安、武警、治安志愿者、城管、交警、民兵、护路员、保安员8支队伍授旗，区委、区政府、区人大、区政协有关领导及委办局、街镇主要领导，公安、武警、安保人员350人出席会议。会议指出，高峰论坛维稳安保工作的重要性，要求各街镇、各部门、各单位增强责任感紧迫感，坚决落实落细各项维稳安保任务，做好安全保卫和反恐防恐工作，努力为高峰论坛胜利召开做出应有贡献。

（朱亮）

【中共十九大维稳安保工作动员誓师大会】 9月13日，召开海淀区中共十九大维稳安保工作动员誓师大会。区相关领导、区委政法委各单位主要领导以及委办局、各街镇主管领导、企事业单位，基层一线群众代表共390余人参加。会议部署海淀区中共十九大维稳安保工作。公安海淀分局、海淀治安志愿者代表作发言。

（朱亮）

【学习贯彻中共十九大精神宣讲团政法委会场宣讲会】 11月29日，召开海淀区学习贯彻中共十九大精神宣讲团政法委会场宣讲会。会议为政法系统党员干部作学习贯彻中共十九大精神宣讲专题报告。区委政法委、区综治办、区流管办等全体干部，区政法系统各单位政治处主任、组宣科科长，以及各律所党支部书记等共120余人参加。

（朱亮）

社会治安综合治理

【概况】 2017年，海淀区社会治安综合治理工作围绕中关村科学城建设和“减人、添秤、服务”重点工作格局，把握疏解非首都功能的总体要求，坚持专治治理与系统治理、综合治理、依法治理、源头治理相结合，以防风险、解难题、补短板、治乱点、强基础、压责任为重点，聚力抓好各类风险防控、聚力抓好隐患乱点治理、聚力抓实基层基础建设，健全完善立体化信息化社会治安防控体系，提升预测预警预防各类风险的能力，提高社会治安综合治理工作的信息化、社会化、智能化、法治化、规范化水平，为建设全国科技创新中心核心区创造安全稳定的社会环境。全区群众安全感始终保持较高水平，第三季度首次位居全市16区首位。

年内，海淀区被首都综治委授予“首都社会治安综合治理优秀区”称号。海淀区社会治安综合治理办公室被首都综治委授予“2013—1016年度首都社会治安综合治理先进集体”称号，被北京市未成年人保护委员会授予“2015—2016年度北京市未成年人保护工作先进集体”称号。

（刘鑫）

【社会治安综合治理重点工作调研】 2月—10月，区综治办组织区综治委各成员单位和各街镇综治委，围绕社会治理创新、立体化社会治安防控体系建设、治安重点地区专项治理、矛盾纠纷排查化解、特殊人群和流动人口服务管理、综治基层基础建设等重点工作，结合部门职责任务和区域实际情况，开展调查研究，探索全面深化平安海淀建设的创新途径，形成一批优秀调研成果。共提交调研报告54篇（成员单位32篇，街镇22篇）。其中，“海淀区强化社区警务工作团队建设的调研和思考”被评为2017年首都综治工作重点调研课题一等奖。

（刘鑫）

【综治工作先进典型表彰宣传】 3月—11月，围绕2013—2016年首都社会治安综合治理（平安建设）先进集体先进工作者评选表彰宣传工作，结合海淀综治工作实际，多节点、多层次、多形式宣传全区综治工作先进典型，展示中共十八大以来平安建设突出成绩，营造“尊重创新、学习典型、弘扬正气”的浓厚氛围。先后开展以“新理念引领新航程”为主题的“我身边的平安故事”系列宣传活动、“平安北京建设宣传”系列征集活动、网络推荐宣传活动等，用群众通俗易懂的语言讲好新时期的“综治故事”。共有10个先进集体和22名先进个人受到首都综治委表彰。其中，推荐的海淀法院王志勇获“全国社会治安综合治理先进工作者”荣誉称号。

（刘鑫）

【全国第二届平安中国微电影微视频征集活动】 4月—8月，区综治办组织区综治委各成员单位和各街镇综治委，参加中央政法委、中央综治委共同举办的“全国第二届平安中国微电影微视频比赛”。共收到参赛作品87部，其中微电影20部、微视频67部。经征集初评、部门推荐和专家终评，上地街道报送的微视频作品《奔波，只为守望平安的梦想》被评为“全国十大微视频”，并获“优秀摄影奖”。

（刘鑫）

【社会治安重点地区整治】 4月—11月，区综治办针对西三旗、上地、花园路等地区存在的入室盗窃、黄赌毒、号贩子等突出治安问题，组织开展1个社会治安问题突出街镇重点挂牌督办①和5个市级挂账②、6个区级挂账③、29个街镇级挂账④的社会治安重点地区综合整治。在整治过程中，通过完善属地牵头协调、职能部门主责、相关部门联动、条块互相结合的工作模式，建立健全全面排查、综合挂账、监测通报、专项督导、考核验收等工作制度，实现重点地区的突出问题得到有效治理，整治效果得到持续巩固，全部达到销账标准。

（刘鑫）

【城乡接合部重点地区公共安全隐患问题综合整治】 4月—12月，围绕“疏解整治促提升”专项行动，由区综治办牵头开展全区16个市级挂账⑤、16个区级重点关注⑥城乡接合部重点地区公共安全隐患问题综合整治工作。在保持原有高位协调综合整治指挥体系的同时，坚持按照“一村一策”的原则，持续开展违法建设、治安秩序、消防安全、安全生产违法行为、违法经营、环境卫生、食品药品安全、违法出租房屋8项专项整治，实现重点地区各类公共安全隐患明显消除，治安、生产、经营秩序明显好转，群众居住生活环境明显改善。16个市级挂账重点地区共拆除违法建设973处83.6万平方米，拆除出租大院83个22万平方米，拆除侵街占道违法建设18899平方米，整改消防隐患162处，清理卫生死角1688处，实现疏解流动人口62851人。

（刘鑫）

【基层综治中心规范化建设】 4月—12月，对照综治工作中心建设内容和标准，推进全区街镇级、社区（村）级基层综治中心建设，重点在建好流管站、巡防站、警务室、监控室、矛调室“两站三室”和完善制度机制上进行规范。6月，在羊坊店街道综治工作中心召开现场会，由试点街镇、社区（村）进行经验交流发言和工作创新亮点展示。截至年底，全区29个街镇综治中心已实现规范化运营。413个社区（村）（社区358个，村55个）达到规范化建设标准，实现60%以上社区（村）综治工作中心规范化运营的工作目标。

（刘鑫）

【社会面防控】 年内，区综治办以“一带一路”国际合作高峰论坛和中共十九大维稳安保工作牵引，坚持底线思维、首善标准，组织区综治委成员单位和各街镇，动员部署各类群防群治力量15.7万余人做好社会面防控网络，加大安全生产、消防隐患、寄递物流、“低慢小”航空器等重点行业的检查力度，加强社会矛盾纠纷多元调解和特殊人群服务管理，实现坚决防止发生危害国家安全和社会稳定的重大政治事件、坚决防止发生重大暴力恐怖事件、坚决防止发生大规模群体性事件和重大个人极端事件、坚决防止发生重大公共安全事件“四个坚决防止”的工作目标。

（刘鑫）

【立体化社会治安防控体系建设】 年内，区综治办制发《关于进一步加强海淀区立体化社会治安防控体系建设的若干措施》，提出“遵循五项原则、组织三步实施、推进八网建设、完善七项机制、落实四项保障”的整体工作框架，重点对推进社会面治安防控网、推进视频图像信息防控网、推进单位内部和重点行业防控网、推进城乡社区（村）治安防控网、推进重点人群治安防控网、推进校园和科技园区治安防控网、推进互联网治安防控

---

① 西三旗街道。

② 西三旗地区、紫竹院地区、上地地区、大钟寺地区、花园路地区。

③ 曙光地区、东升地区、中关村西区、绿谷雅园地区、新兴桥北地区、香山买卖街周边。

④ 北京科技大学西门周边、北新社区西平房区、清华大学东北门、北大口腔医学院周边、文慧园路、田村社区平房区、北洼路466医院周边、西二旗北路周边地区、百度周边、金源购物中心、中央党校南门、五棵松及301医院周边、海龙周边、煤厂街、科贸大厦周边、航天中心医院周边、北太平庄桥、肿瘤医院周边、地铁16号线马连洼站周边、小马厂、空军总医院周边、北大校内社区、香山路部分路段、上庄镇上庄家园西路、韩家川八局周边、杏石口路与旱河路交叉口辅路、地铁16号线北安河站、白家疃西路、西小口地铁站出口。

⑤ 肖家河社区、西玉河社区、树村、大地市场生活区、祁村、辛庄村、高里掌、小营村、东马坊村、西小营村、永定河引水渠沿岸（四季青段）、魏南社区、笑祖塔院地区、圆明园东里社区、朱房村、韩家川村。

⑥ 明光村社区、半壁店第二社区、福缘门社区、马北路1号院社区、宝山村、西山村、双新村、西冉村、冷泉村、永丰屯村、屯佃村、上庄村、西埠头村、功德寺地区、四顷地地区、香山第一社区。

网、推进护路护线治安防控网“八网建设”进行谋划，明确工作责任。通过完善社区（村）三类可防性案件发案通报、会商、约谈等工作机制，每月组织高发案社区（村）属地街镇、派出所召开案情分析会商会等措施，实现全年社区（村）三类可防性案件发案达历史最低，总发案仅1261件，同比下降43.9%，万人发案比3.6。

（刘鑫）

【“雪亮工程”建设】 年内，区综治办按照“雪亮工程”建设总体要求，推进公共安全图像信息系统的建设联网应用。开展图像信息系统高清化改造，共改造模拟视频监控点位3456个，实现全区公共区域图像信息系统100%高清化。在前期建成高清视频监控点位2212个的基础上，新建高清视频监控点位344个，实现区内重点区域主要道路、重点部位和场所的视频图像监控点位全覆盖。建设完成图像联网共享平台，共整合接入重点社区图像40470路，实现重点社区社会治安整体情况的有效监控。

（刘鑫）

【“平安大街”创建活动】 年内，区综治办以中关村大街、长安街等区级平安大街创建为示范路，落实路段长制和综治工作责任制，开展治安秩序、交通秩序、环境秩序整治，加强电子巡更等物技心防建设。通过示范路带动各街镇属地区域内“平安大街、平安大道”的创建活动，形成以点带线、以线带面的层层示范效应，形成共商共建共治共享的综治工作格局。

（刘鑫）

【铁路沿线安全隐患整治】 年内，区综治办结合“疏解整治促提升”专项行动，针对区内铁路沿线存在的非法建筑、私堆乱放、行人破坏护网、违规穿行铁路等安全隐患，组织专职护路联防队伍等力量，持续对京广高铁吴家场路段、大台线锦绣大地物流港至龚村路段、西长线路段等铁路沿线开展专项治理。共拆除违章建设10余万平方米，消除铁路安全隐患8处，取缔违法出租房屋157间(包括库房)，清理垃圾、杂草等易燃物品20吨，建成护路联防工作站2个。

（刘鑫）

流动人口和出租房屋管理

【概况】 2017年，海淀区流动人口和出租房屋管理委员会办公室（简称区流管办）超额完成违法群租房整治工作全年任务，完成基层流管员队伍的交接工作，完成中共十九大安保和安全隐患大排查、大清理、大整治工作，理顺人口调控工作职责。

（刘彦芝）

【理顺人口调控工作职责】 1月—8月，区流管办建立“疏整促”工作双台账。完成专项行动主责单位和各街镇“两本台账”汇编工作。台账涵盖全部十二大专项行动，涉及主责单位25家，工作台账（方案）29项/套，涉及点位7700余处，涉及人口29万余人。各督导组围绕专项任务、重要点位，开展巡回督导和实地检查74家次，保证各专项行动按职责分工、定量指标和时间节点同步推进落实。8月，按全区“疏整促”和人口调控工作体制的调整，人口调控工作明确由区发改委牵头，督导组撤销，区流管办原承担的督导组服务保障工作和人口调控牵头任务至此完成。

（刘彦芝）

【基层流管员队伍交接】 4月，区流管办完成全区基层流管员队伍由流管部门向公安部门的移交。交接前实有在岗流管员2844人，自愿转接合同关系的2658人，接收率达到流管员队伍实有人数的93.46%。

（刘彦芝）

【中共十九大安保工作】 10月，区流管办召开中共十九大安保维稳工作决战决胜阶段动员部署会。做好中共十九大安保和“安全隐患大排查、大清理、大整治”工作（简称“三大”整治工作）。发挥流管委优势，围绕中共十九大安保工作，协调区公安分局等部门全面开展实有人口信息核对专项工作。通过狠抓组织发动、机制建设、工作落实等关键环节，对全区实有人口逐人采集，实现对人、房、地、事、物、组织等要素的掌控；结合全市“三大”整治工作，把出租房屋安全隐患尤其是楼房群租房排查作为确保流动人口安全稳定的重点，要求各街镇、派出所围绕出租房、自建楼、地下空间等安全隐患突出的地点，全面排查隐患，建立台账，明确责任人和整改时限。全区未出现流动人口和出租房屋重大安全事故；严格落实双带班要求，确保第一时间处置突发情况。

（刘彦芝）

【群租房治理】 年内，区流管办与区房管局共同牵头，成立区、街镇两级联席会议，打造党委领导、政府统筹、专业执法部门参与的群租房整治工作联合指挥、协同发力平台。采取条块结合、两线调度，培训先行、精准摸排，滚动挂账、进度通报，三方核验、强化督查，巩固后端、遏制反弹等一系列调度推进措施。全年共发现并纳入违法群租房整治台账2924户7416间，全部整治完毕，超额完成市下达的全年整治1400户的任务指标，工作总量及进度均名列全市第一。

（刘彦芝）

法治政府建设

【概况】 2017年，北京市海淀区人民政府法制办公室（简称区法制办）发挥法制机构参谋助手作用，统筹规划推进力度，研究部署依法行政工作，开展年度依法行政考核，组织区政府常务会前学习大气污染防治法、民法总则的时代精神与中国特色等4次学法讲座；会同区司法局、组织部、北京大学举办“法治思维与法治政府建设”专题培训，培训150余人，与中国人民大学合作开展区政府重大行政决策相关理论和制度的构建，指导协助相关部门依法行政工作，全年共办理区领导批示的依法行政申请案件48件。加强合法性审查工作，全年审查区属委办局报送规范性文件征求意见稿145件，提出法律建议320余条；区政府全年制发行政规范性文件9件，各委办局报备行政规范性文件 13 件；办理市政府法规、规章出台征求意见工作 11 件，办理区长参加市政府有关会议背景材料 7 件。开展行政规范性文件清理工作，共清理以区政府名义制发的现行有效的行政规范性文件共 105 件，保留 72 件，废止 33 件。区属各部门清理文件共 458 件，保留 329 件，废止 129 件。审核海淀区城管执法监察局报送强制拆除违法建设 35 件。区政府法律顾问提供法律服务事项共计 912 次，参与区政府行政诉讼 50 件、民事诉讼 2 件，参与行政复议案件 286 件，出具法律意见书 93 份，参加会议 44 次，书面答复、修改法律协议、咨询等事项 214 件。组织全区行政执法部门开展行政执法信息服务平台培训和新进入行政执法岗位的人员公共法律知识培训考试。抽选 80 余本行政执法案卷进行评查，经清理确认，区属执法委办局梳理出执法主体 41 个，受委托执法组织 10 个；区政府及 29 个街镇梳理出执法主体 30 个。全年共受理行政复议案件 420 件，办理区政府应诉案件 378 件，同比下降；受理行政调解案件 19785 件，调解成功 12533 件。

（于淼　张少民）

【复议案件问题研讨会】 3月9日，区法制办召开行政复议案件问题研讨会。会议邀请北京市政府法制办复议案件办理处、北京达晓律师事务所、北京尚公律师事务所参加研讨。区法制办复议科及复议案件承办人参加。会议主要讨论两个问题：一是研讨政府行政主体与律师事务所签订的协议是否属于政府信息。二是讨论行政复议案件法律文书送达的有关问题。经讨论认为，政府行政主体与律师事务所签订的协议是政府行政单位在履行职责过程中制作或者获取的信息，属于《政府信息公开条例》调整范围。法律文书送达应以直接送达、邮寄送达方式为主，以留置送达、公告送达方式为辅，在穷尽其他方式不能送达的，应当公告送达。如果对是否送达事实认定不清，申请人与被申请人均无以举证的，应进行有利于申请人的推定。

（于淼　张少民）

【区政府法律顾问座谈会】 3 月 9 日，区法制办在区政府法律顾问单位和律师事务所召开2017年度法律顾问工作座谈会。区法制办提出：围绕 2017 年海淀区政府重点工作中涉及法制办具体承办的“拆除违建”“开墙破洞”“疏解创新”等工作对各律所提出要求，要深入了解政府工作重点、特点以及面临的工作难点，立足发挥自家专业特长，主动作为，体现法律顾问的价值；结合海淀实际，对工作中的难点以及长期存在的问题开展针对性的专项调研，为政府 2017 年整体工作提供有力法律保障；同时区法制办主动为法律顾问深入政府工作搭建平台，加速发展。

（于淼　张少民）

【行政案件问题研讨会】 3 月 22 日，区法制办与区工商分局召开关于《中华人民共和国广告法》（简称《广告法》）实施后相关法律条款适用的研讨会。会议邀请市工商行政管理局法制处、广告处的相关负责人参加研讨。研讨会上，区法制办复议科重点介绍近两年来以海淀区工商分局被申请人的行政复议案件基本类型和案件中涉及“广告绝对化用语”等问题处理情况。区工商分局的工作人员围绕新《广告法》实施后，执法中遇到的投诉举报案件新问题、新情况进行汇报。与会各方就案件中涉及一些事实认定、执法流程及法律适用的判断方法、认定依据、责任承担以及行政复议应诉中争议处理等问题进行探讨。

（于淼　张少民）

【政府法制工作培训会】 5 月 4 日—5 日，区法制办举办 2017 年海淀区政府法制工作培训会。全区各街镇、委办局共计 80 余家单位，200 余人参加。培训会上，区法制办对 2016 年行政复议、诉讼、行政处罚、规范性文件审核及法律顾问合作共赢等话题进行交流；海淀区人民法院行政庭和中国政法大学教授分别就行政执法中常见问题、司法审查注意事项及信息公开工作业务方面的理论和实务进行讲授。此次培训还通过设立课程满意度调查及培训内容需求调查表吸收学员的反馈意见，促进以后培训课程的合理调整。

（于淼　张少民）

【行政复议案卷被评为市优秀卷】 5 月，北京市政府法制办组织开展全市行政复议案卷评查工作，评查对象包括市、区两级政府和 21 个市政府部门，评查结果分优秀、合格、不合格 3 个层次，并将评查结果作为年度依法行政考核评比依据。区法制办依据《北京市复议案卷评查标准》和《北京市行政复议案卷评分细则》，做好案卷评查准备工作，确保行政复议案卷的文书格式、复议程序、实体内容以及正副卷装订高质量。这次行政复议案卷评查与文书评选采取全面普查与重点评查相结合，案卷评查与复议决定文书评比同步开展。在全市 55 个市级复议部门和 16 个区政府共抽取行政复议案卷 141 卷进行评查与评选。经案卷评查组审查和国务院法制办、市高院、4 个中级人民法院等相关专家组评选，海淀区参加评查的 4 个案卷被评为优秀卷，1 份行政复议决定书被评为优秀文书。

（于淼　张少民）

【行政执法信息服务平台应用培训】 6 月 7 日，区法制办组织全区行政执法部门开展行政执法信息服务平台培训。全区各执法部门负责平台管理的工作人员共计 80 余人参加。此次培训由市法制办平台负责人对平台各个功能模块、使用流程进行讲解，平台设计公司技术人员现场演示操作，并为参加培训人员解答常见问题。

（于淼　张少民）

【“法治思维养成与法治政府建设”专题培训】 6 月 12 日—17 日，海淀区联合北京大学法学院培训中心举办第四期处级领导干部“法治思维养成与法治政府建设”专题培训。70 余名主管法制工作的领导干部参加。培训采取理论授课、现场答疑、实地参观等方式进行。其间，中央党校、北京大学和人民大学的知名专家学者，以及长期代理行政案件的一线律师，就习近平总书记系列重要讲话、中国法治当前面临的重大问题、民法总则、重大行政决策程序、领导干部行政履职法律风险防范和孔子智慧与传统文化等内容进行解读，现场对学员提出的涉法涉诉、行政决策等工作中遇到的疑难问题进行解答，参观北京雁栖湖APEC会展中心，并组织培训结业考试。

（于森 张少民）

【司法建议规范管理服务工作会议】 6月30日，区法制办围绕落实北京市第四中级人民法院就规范社区居委会推荐公民代理的司法建议书召开专题会议。区社会办、区民政局及相关街道和社区居委会人员参加。会上，社区居委会和街道针对司法建议书涉及的情况作了说明，详细介绍社会居委会在此方面的主要做法和存在的困难。区社会办和区民政局从各自职责角度，对当前社区如何做好服务社区居民工作，处理好服务到位和规范管理提出改进建议。

（于森 张少民）

【举办加强与改善行政执法示范培训】 7月10日—13日，海淀区在怀柔举办加强与改善行政执法示范培训，海淀区各街镇办公室主任、各委办局法制科科长（负责依法行政科室负责人）80余人参加此次培训。培训主要采取理论授课、现场答疑方式进行。其间，区法制办通报2016年市、区两级依法行政考核情况，部署2017年市、区两级依法行政考核工作，区依法行政考核组成员单位分别对2017年区依法行政考核指标逐一作以说明和解答；人民大学、政法大学、市委党校的知名专家学者，长期代理行政案件的律师，以及经常参加一线执法的基层干部，就法治政府建设、重大行政决策程序、信访与履责、拆迁常见问题，以及沟通的方法和艺术等内容进行解读和答疑；组织结业考试。

（于森 张少民）

【行政调解工作座谈会】 7月20日—21日，由区法制办牵头召开行政调解工作座谈会。邀请市政府法制办复议应诉调解指导处，西城区、朝阳区、丰台区、密云区政府法制办的相关负责人参会。会上，区法制办讲述自2007年设立海淀区行政调处接待室至2017年3个阶段所取得的成绩及面临的挑战，并围绕行政调解的范围和主体及政府法制机构定位等问题提出行政调解工作的难点和重点。区法制办复议科介绍海淀区行政调解工作的现实情况及所面临的问题。参会人员结合各区情况就上述问题阐述各自观点、经验并提出问题。

（于森 张少民）

【推进依法行政领导小组会议】 7月20日，海淀区召开2017年推进依法行政领导小组会议。会议通报海淀区2017年上半年依法行政工作开展情况，以及下半年依法行政工作安排。区法制办、区编办、区卫计委等部门负责人对推进依法行政、加强行政执法方面工作作汇报。明确2017年推进依法行政、加强法治政府建设的工作任务和分工。

（于森 张少民）

【区政府常务会前学法】 7月24日，海淀区政府在第二十四次常务会前，组织学习民法总则的时代精神与中国特色，由中国人民大学法学院教授主讲。区政府领导班子全体成员和区委、区政府有关部门，各镇政府、街道办事处主要领导参加。

（于森 张少民）

【行政复议和行政调解工作培训】 8月30日—31日，海淀区举办加强行政复议与行政诉讼、行政调解工作培训会。区各街镇、各委办局主管领导，以及行政复议与行政诉讼相关科室办案人员，共160余人参加。培训主要采取理论授课、现场答疑、分组讨论方式进行。政府法制办处长庞雷以行政调解若干内容为题，围绕行政调解基础知识、实践操作及北京市开展行政调解工作要求，立足于解决行政调解认识困惑，运用大量实际案例深入浅出讲解。海淀区法院行政庭副庭长黄志勇以当前行政诉讼热点及变化为题，围绕行政机关执法常见问题，从实体、程序、法律适用、取证、执法合理性与合法性等方面，结合海淀区发生的行政案件以案说法。授课后分3个组围绕行政复议案件审理、行政应诉配合、行政调解工作展开等方面进行讨论，讨论中每个参训单位都发表了意见和建议。

（于森 张少民）

【重大行政决策工作培训】 9月11日—12日，海淀区开展重大行政决策培训，并对部分委办局重大行政决策案例进行评析，涉及重大行政决策较多的13家区属委办局主管领导及业务科长30余人参加。人民大学教授向与会人员介绍重大行政决策提出的背景意义，重点讲解重大行政决策概念及重要程序以及基层政府开展此项工作面临的重点难点。在案例评析环节，专家组对海淀区6例重大行政决策案例进行点评。

（于森 张少民）

【行政执法岗位人员培训】 9月，区法制办组织新进入行政执法岗位的130余人开展公共法律知识培训会。培训邀请中国政法大学法治政府研究院教授、中国政法大学行政法学研究所所长为参训人员讲授行政处罚法及行政强制法相关内容。区法制办相关领导对本区行政执法现状进行介绍，并对执法程序和执法文书作了讲解。

（于森 张少民）

【重大行政决策程序研究】 11月10日，区法制办组织召开“基层人民政府重大行政决策程序”课题研讨会。国务院法制办政府法制研究中心、北京市政府法制办出席并提出中肯意见建议。会议还邀请北京大学法学院教授、中央财经大学法学院教授作为专家研提意见，区政府办、区发改委、区财政局等18个部门主管领导参加研讨。

（于森 张少民）

【行政复议集中审理工作会议】 11月16日，海淀区召开加强行政复议集中审理工作会议。区工商分局、区公安分局、区质监局、区地税局、区人力资源和社会保障局、区农委等相关负责人以及区法制办复议科人员参加会议。会议首先介绍海淀区2009年6月率先成立行政复议工作委员会以来的工作情况。然后，参会各单位分别汇报本单位复议机构建设与开展行政复议工作情况，包括作为被申请人的复议案件数量、类型，以及作为复议机关受理复议案件的数量、类型和特点，并围绕完善行政复议委员会集中复议权工作开展讨论，提出一些建设性的意见和建议。

（于森　张少民）

【“12·4”国家宪法日主题讲座】 12月1日，区法制办组织区法律顾问单位和有关专家，面向本区各行政执法单位开展“12·4”国家宪法日法制宣传活动。区法制办与嘉观律师事务所共同举办“12·4”国家宪法日主题讲座，全区各执法单位60余名法制工作者参加。

（于森　张少民）

【复议与应诉制度建设】 年内，区法制办针对近年来海淀区行政复议案件数量不断增加，应诉工作任务更加繁重的情况，加强行政复议与应诉工作制度建设，注重用制度规范行政复议与应诉工作秩序。推行复议接待“三定”（定时间、定人员、定责任）制度，固定接待人接待复议申请人。制度要求坚持依法文明接待行政复议申请人，对符合受理条件的，要准确办理受理材料；对不符合复议条件的，加强解释、劝导，维护文明复议窗口形象。推行复议案件周研讨制度，区法制办每周组织召开复议案件研讨会，加强行政案件办理指导，针对案件焦点问题集思广益。对案情较简单复议案件40天作出复议决定，对案情较复杂的案件确定是否召开“案审会”或“听证会”。该制度促使办案人对案件会前认真准备，深入了解案情，提出需要集中研讨的问题，确保案件审理按照法定时限有序进行，杜绝超期作出复议决定的问题发生。推行案件办理动态登记制度，对每个复议案件从受理、审理到作出复议决定，再到复议决定被诉，办理过程中是否补正、是否延期、是否中止、是否重新处理、是否涉诉、是否上诉等每个重要环节仔细记录在案，便于随时了解掌握案件办理情况，确保案件办理不断挡、不延误。推行应诉案件登记提示制度，指定专人统一登记应诉案件，并将案件分发给承办人，严格履行交接签字手续。应诉登记负责人每周将要提交《答辩状》与证据、开庭或谈话的事项利用板报展示，及时提醒办案人按照时间节点做好应诉准备，避免延时提交案件证据或延误出庭应诉等问题发生。

（于森　张少民）

【依法行政申请案件办理】 年内，区法制办除通过行政调解、行政复议、行政诉讼等渠道维护公民的合法权益外，试图通过向政府提交依法行政申请方式解决其涉及的行政争议或矛盾纠纷等问题。对区领导批示“由法制办承办”的依法行政申请案件，区法制办研究确定由法制办复议科具体办理，复议科在行政复议和行政应诉工作任务重及办案人员少的情况下，采取周工作案件例会、制发协助调查函、召开相关单位联调会等措施，及时作出《依法行政申请答复》。2016年，海淀区法制办承办94件由区领导批示的依法行政申请案件，主要涉及村务公开、土地所有权争议、撤销规范性文件、依法安置、要求出庭、申请听证、停止违法施工、查处拆迁行为等事项。上述94件依法行政申请案件中，因申请人不服《依法行政申请答复》，以区政府为被告提起行政诉讼11件（其中一审6件、二审5件），向市法制办提起行政复议5件，全部审结，区政府无一案件败诉。截至2017年年底，区法制办承办59件由区领导批示的依法行政申请案件，已办结49件，10件正在办理。其中，申请人因不服答复提起行政诉讼3件，向市法制办提起行政复议7件。

（于森　张少民）

【行政执法案卷评查】 年内，区法制办采取4项举措，组织各执法部门案卷评查员对近一年度已自评的案卷开展集中评查工作。根据市政府法制办案卷评查工作要求，各执法部门应当对本部门已结案案卷进行评查。区法制办提前要求相关执法部门开展自评，并集中组织案卷评查员培训，按照评查标准对各执法部门已评过的案卷再次评查；通过分组定任务形式，开展交叉互评。评查人员从主体、程序、事实、证据、定性及适用法律、处罚、执行、文书规范、装订等多方面逐条逐项开展评查，标准统一、形式统一，确保评查工作客观公正；坚持每卷必查，不留死角。本次评查涉及80余本卷宗，每卷均有2位以上评查人员进行评分，评查完毕后，区法制办还将对案卷进行复核。对评查中出现的问题，及时进行点评，提醒评查人员遇到类似问题的处理办法，真正做到以查促纠、以纠促改的目的；不断总结，提高完善。各执法部门以此次评查工作为新的起点，总结案卷中容易出现的问题和薄弱环节，加强案卷制作的学习，严格按要求办理，促进本区办案质量和办案水平提高。

（于森　张少民）

【邀请区人大代表、政协委员列席政府常务会议】 年内，海淀区首次邀请区人大代表、政协委员，列席（第四十一次）政府常务会，审议《海淀区2018年政府工作报告（报审稿）》《海淀区2017年预算执行情况和2018年预算（草案）的报告（征求意见稿）》《海淀区2017年国民经济和社会发展计划执行情况与2018年国民经济和发展计划（草案）的报告》。会上，各位代表委员就议题内容提出意见建议。

（于森　张少民）

公安

【概况】 2017年，海淀公安分局以中共十九大安保为中心，分局党委成立领导小组，构建“一室一部十二组”的责任体系，班子成员表率落实“四个在一线”。实战中，创新警卫运行和路线勤务模式，实行区段化管理，增配移动警务终端，依托扁平化勤务指挥系统应用，实现警力点位的全程感知、指挥调度的双向互动，完善改造增建重点区域安保技防设施，运用科技元素提升安保效能和指挥科技水平。通过全国“两会”、“一带一路”高峰论坛、建军90周年纪念活动和国庆等重大安保任务的检验磨合，完善安保体系。中共十九大期间，投入警力2.5万人次，组织发动群防群治力量

17.5 万人，查获上访人员 101 人，圆满完成中央领导和代表安全警卫任务 340 场次。落实强化首长住地外围警卫控制，完成中央领导活动、中央全会等重大安全保卫勤务 5484 场次，出动警力 12.3 万人次。

以预测预警预防各类风险为着眼点，深化反恐防控体系建设，抓获违法人员 67 人，捣毁邪教窝点 19 处。重视大人流区域的反恐防恐工作，提升大中商场、市场、影剧院、医院和公园防范处置突发事件能力。应用科技信息化于公共安全基础，公共区域探头全部高清化。对涉众型经济案事件和突发事件，采取事前预警防范、事中现场处置和事后疏导稳控方式，处置 460 批 1.4 万人次群体性事件，重点时期群体访预警率 100%。协助外省市查控涉访群体 2 万人次。

落实公安执法规范化建设，优化调整内设机构，推进侦审一体化改革，侦查部门职责转变基本完成，深入开展认罪认罚从宽试点工作，推进以审判为中心的诉讼制度改革。命案破案率 100%，涉黑涉恶案件线索查证率 100%，重大敏感案件快侦快破率 100%，八类严重暴力犯罪案件破案率 92.2%。打击经济犯罪保持高压态势，完善行刑衔接警税协作机制，追缴经济损失 21.1 亿元。强化派出所基础性地位支撑性作用，进行“两队一室”警务改革，社区可防性案件同比下降 40%。依托打防管控一体化工作模式，落实专项安保期间超常规管控，强化行业场所、危险物品和大型活动的监管。以街面点位为重点，加大社会面治安秩序清理整治力度，实行武装巡逻、街头巡逻警务站、视频巡控、携犬巡逻和联勤设卡等多警种多层次的联动合成防控模式，街头刑事警情同比下降 9.7%。“110”报警总量 22.78 万件，比上年下降 2.5%。刑事案件立案 2.08 万起，比上年下降 6.6%。破获刑事案件现案 12074 起，刑事拘留 5560 人，行政拘留 10924 人，逮捕 2789 人，起诉 4065 人，强制戒毒 161 人，收容教育 26 人。刑事拘留和行政拘留人员总量双提升，破现案总量和现案破案率持续上升，获得“少发案提升群众安全感，多破案增强群众满意度”的良好社会效果。

构建分局党委、局属单位两级从严治党主体责任管理体系，出台《党风廉政建设和反腐败任务分工及责任分解工作方案》和《党风廉政建设责任制考评办法》，创新运用“一本一册”，抓实主体责任，进行问题约谈问责。坚持“三会一课”制度，发挥党支部和党员的先锋模范作用。保障民警执法尊严，维护民警执法权益 115 件，处理侵犯民警执法权益人员 143 人。推树“全国公安楷模”黄文祝和“全国百佳刑警”陈旭等模范典型。召开新闻发布会 15 次，运用双微警务，展示海淀公安工作和队伍建设成效。通过“一折两册”侦审一体化培训、“百人教导队”教官团队和警察训练营等多种方式，培训民警 3 万余人次。

2017 年，海淀公安分局第四次获全国优秀公安局称号，分局人口管理大队获全国优秀公安基层单位荣誉称号，分局推进执法办案管理中心建设工作组立集体一等功，民警黄文祝获全国公安系统二级英雄模范称号，民警解放获首都劳动奖章。

（钱军熙）

【反恐处突演练】 3 月 2 日，海淀公安分局在老年医院组织反恐处突演练。市医管局、区卫计委、市局内保局和老年医院领导及 56 家医院的安保负责人参与观摩演练。演练分为逐级上报、控制现场、疏散人员、抓获嫌疑人和排查隐患等环节，各参演单位配合流畅，人员疏散快速有序。

（钱军熙）

【“11·01”专案二号行动】 3 月 31 日，海淀公安分局协同区国税稽查部门，以集群战役形式，对 109 家公司开展“11·01”专案二号行动。捣毁虚开增值税发票窝点 71 个，收缴涉案增值税发票 1000 余份，价税合计 7 亿余元，税额 1 亿余元。缴获电脑、银行 U 盾、手机、公司营业执照、公章、经营账本和工商税务资料等作案工具，刑事拘留 110 人。

（钱军熙）

【接管基层流管站】 4 月 1 日，海淀公安分局正式接收基层流管站 566 个，制定实施《海淀区基层流管站和流管员队伍管理办法》和考核指导意见，完成原有 2658 名流管员的合同转接，新招录 1072 人，全区流管员配备率 3.33‰。

（钱军熙）

【禁毒教育基地揭牌】 6 月 24 日，海淀区禁毒办联合中关村国家自主创新示范区展示交易中心，在海淀公共安全馆举行禁毒教育基地揭牌仪式。市禁毒办公室、区禁毒委、公安分局、综治办、区委宣传部、卫计委、中关村国家自主创新示范区展示交易中心、禁毒办领导，街镇禁毒工作者，禁毒志愿者及社会各界群众参加。基地设有仿真毒品展示区、微电脑吸毒血液显示模型展示区、毒品吞噬体验区、禁毒法律法规投影区、禁毒视频和虚拟展馆展示区。首次引进禁毒 VR 互动体验设备，让体验者 360 度环绕了解毒品知识，并录制了全市第一部 3D 立体成像禁毒微电影。

（钱军熙）

【“滤网行动”专项工作】 7 月 25 日，海淀公安分局接网民报案：利用手机浏览网页时被他人窃取个人身份信息。结合近期大量网民反映的情况，分局迅速开展追踪分析，摸清秘密抓取访客手机号码等个人信息的黑色产业链。发现类似网站 332 家，共泄露公民个人信息达 40 余万条。9 月 5 日，被公安部列为部督案件。分局在全国 19 个省市开展落地核查工作，26 家网站涉案，抓获 453 名违法犯罪嫌疑人，其中刑事拘留 79 人，取保候审 1 人。起获涉案网站作案用台式电脑 41 台、笔记本电脑 12 台和手机 34 部。

（钱军熙）

【劝返境外在逃嫌疑人】 10 月 10 日，海淀公安分局“猎狐行动”劝返一名境外在逃嫌疑人。经查，朱某某（男，1979 年 3 月出生）于 2014 年 1 月—5 月期间，利用职务便利侵占公司财产 84 万余元，后潜逃至日本。分局经侦支队多次与朱某某隔空通话宣讲政策，通过其亲属持续规劝，促使朱某某回国投案自首。

（钱军熙）

【涉外事件处置】 11月19日，海淀公安分局接报展春园西路蓟鑫大厦停车场有人打架，互殴双方为北京科技大学学生和北京语言大学泰国籍留学生。经审查，4名泰国籍学生因涉嫌故意伤害被刑事拘留，4名中国学生被行政拘留。

（钱军熙）

【养犬管理】 截至12月31日，全区共办理登记年检犬9.2万条，收缴无证犬和流浪犬2650条，查处违规养犬行为1200起，查处各类举报130件，发放各种宣传材料10万余份，悬挂横幅2000余条。

（刘水）

【群体性事件防范处置】 年内，海淀区发生群体性事件460批次，同比上升6%；1.4万人次，同比下降30.8%。未发生影响重大案事件。提前化解群体性事件63件，刑事拘留11人，行政拘留170人，行政警告3人，罚款3人。

（钱军熙）

【推进侦审一体化改革】 年内，海淀公安分局在优化职能配置基础上，除未成年人案件外，其他刑事案件由办案单位一办到底，推行办案单位主办民警与法制民警捆绑作战的“2＋1”工作模式。建立派驻检察室、律师会见、部分刑事案件速裁办理和“执法办案中心＋派出所案管组”双闭环同步运行等新机制。

（钱军熙）

【认罪认罚审判标准认定】 年内，海淀公安分局与区检察院、法院、司法局会商研讨，明确认罪认罚案件的审判标准，并在法制收案及案件审核过程中予以贯彻。完成盗窃、故意伤害、危险驾驶等罪名认罪认罚案件审判982起。协同区检、法、司首创“48小时全流程流转”程序，启动该程序审结案件25起。

（钱军熙）

【“两队一室”警务改革】 年内，海淀公安分局32个户籍派出所和2个治安派出所完成“两队一室”改革工作。派出所设社区警务队、打击办案队和综合指挥室，依托社区网格划分和社区警务室“7×24”小时工作机制，116个社区警务室全天候零距离服务群众。

（钱军熙）

【电信诈骗防范】 年内，海淀公安分局组织“千人大宣讲”和“警企联动护航企业发展”等系列防电信诈骗宣传活动，举办讲座1398场，受众45万余人，发放光盘1万张，宣传材料11万份。指导银行网点成功堵截诈骗73件，群众避免经济损失1020万元。立电信诈骗案3661起，比上年下降17.9%；被骗金额3291万元，比上年下降92.4%；抓获犯罪嫌疑人289人，比上年上升23%；破案244起，比上年上升99%。

（钱军熙）

【毒品犯罪严打】 年内，海淀公安分局抓获涉毒人员1856人，刑事拘留279人，缴获毒品7729.642克。破获1起公安部级、2起市局级和6起区级毒品目标案件。协调抽调9名专职人员充实禁毒办，推动区政府通过《禁毒专职社会工作人员队伍规范化建设方案》，建立禁毒教育基地，组织禁毒宣传活动48场，制作宣传板900余块和LED显示屏300余块，面向放假学生举办禁毒宣传讲座33场、禁毒夏令营4次。被市政府评为区级优秀禁毒委。

（钱军熙）

【行业场所管理】 年内，海淀公安分局落实专项安保期间超常规管控措施，出动警力6.1万人次，检查行业场所5.5万家次，刑事拘留137人，行政拘留741人，大额行政罚款68家，停业整改92家。

（钱军熙）

【危险物品管制】 年内，海淀公安分局对危险物品从业单位专业培训10次，会同其他单位联合检查33次，收缴管制刀具32把、刀具58把、枪支154支、枪状物203把、各类子弹4198发、弩7把、迫击炮弹4枚和手雷1枚，刑事拘留34人，行政拘留20人。

（钱军熙）

【养犬执法检查】 年内，海淀公安分局登记年检犬1.6437万条，收缴无证犬和流浪犬2650条，查处违规养犬行为831起，答复人大代表建议和政协委员提案3件，组织630个社区（村）成立养犬自律协会。

（钱军熙）

【外国人管理】 年内，海淀公安分局检查293个社区的外国人3921人，检查215家宾馆的外国人登记信息2.1万条。处置涉外案事件17起，处置境外记者采访活动1起。查处“三非”案件559起，查处“违住”类案件1337起。刑事拘留外国人24人，行政拘留外国人63人。

（钱军熙）

【克隆出租车整治】 年内，海淀公安分局针对克隆出租车案件，开展两个波次专项打击，刑事拘留17人，直保1人，行政拘留5人。

（钱军熙）

【火灾防控】 年内，海淀公安分局火灾“四项指数”稳中有降。全区实际发生火灾380起，同比下降29.9%；直接财产损失434万元，同比下降29.2%；受伤3人，同比增2人；未发生亡人火灾事故，同比净减3人。开展夏季消防检查、平安行动、高层治理、冬春防控、“三大行动”等火灾防控战役，严密排查3255件隐患问题，已整改销账3108件，整改率95.5%。检查单位3万家，整改隐患3.8万处，下发责令改正通知书2.2万份，“三停”单位183家，查封单位577家，罚款1574.85万元，行政拘留125人。

（钱军熙）

【治安安全隐患排查】 年内，海淀公安分局开展4轮风险隐患排查，依托“日日清”“周周清”工作机制，出动各类力量10.2万人次，对地下空间、群租房和出租大院集中清理整治63次，检查出租房屋10.8万余间，摸排重点出租房屋6700余户，发现整改隐患2591件，拆除违法建设260万平方米，腾退房屋140万平方米，关停无照商铺、三合一经营出租房557家，处罚出租房主2102人，行政拘留51人。建立完善“6+N”常态化打防管控工作机制，16个市级挂账和16个区级城乡接合部治安复杂地区全部摘牌。

（钱军熙）

【视频巡控设备升级】 年内，海淀公安分局对三级视频巡控平台和模拟探头进行高清数字化升级改造，并新建高清数字探头。全局视频巡控平台已全部升级为高清平台，构建“全方位、多视角、立体化”社会治安防控“天网”。

（钱军熙）

【便民服务】 年内，海淀公安分局实行“特事特办、急事急办、常事快办、延时加办”的户政便民服务措施，受理外地申报材料4687份，审核办理落户手续 11.37 万人次、临时身份证1.73万人、边境地区通行证4219人、军人身份证5820人、楼门牌411件。受理出入境证件申请43.75万件，推出微信支付结算业务，完成赴台通行证电子化改版，完成北部分中心受理点建设工作。

（钱军熙）

·案例选辑·

【破获杀人案】 2016年12月13日，海淀公安分局接赵某某（男，1987年1月出生）报案：其妻、岳父、岳母和妻弟4人自8月底从家离开后至今未归，疑似被侵害。经调查，初步认为赵妻等人可能被害，赵某某及其侄子姚某某（男，1995年8月出生）有重大作案嫌疑。在掌握证据基础上，2017年3月4日，在海淀区和河北省廊坊市分别将二人抓获。次日，经犯罪嫌疑人指认，在廊坊市找到其掩埋的4具被害人尸体，现场起获作案工具。

（钱军熙）

【破获合同诈骗案】 4月13日，海淀公安分局接民生银行报案：该行航天桥支行行长张某涉嫌犯罪。经侦查，张某（女，1980年3月出生）伙同他人利用职务之便，采取伪造理财合同和银行印章，与客户签订《理财产品转让协议》，骗取165名客户理财资金30亿余元。刑事拘留张某等10名嫌疑人，冻结账户9.6亿元，查封房产19套，扣押珠宝首饰、文玩、名表、唐卡和汽车等物品，共计约13亿元。

（钱军熙）

【破获“5·05”电信诈骗案】 5月5日，海淀公安分局通过分析“办学电信诈骗”警情，发现北京万喜基业教育咨询中心等4家公司涉嫌以免试保过为由，对报考消防工程师或一级建造师的考生实施电信诈骗。10日，抓获犯罪嫌疑人50人，其中刑事拘留30人，取保1人。起获大量账单、话术和培训资料等证据材料。涉及事主1000余人，涉案金额5000余万元，核破电信诈骗案件20余起。

（钱军熙）

【抓获制贩假证嫌疑人94人】 7月23日，海淀公安分局经3个月侦查，基本摸清以孟某某（男，1977年1月出生）为核心的大型制贩假证假章团伙情况，遂组织5个抓捕组，对该团伙在京49名主要成员进行秘密抓捕。派出3个抓捕组，赴浙江省温州市、江苏省连云港市和河南省周口市抓捕同伙。共抓获涉案人员94人，打掉制贩假证假章团伙19个，捣毁窝点19个，起获各类假证10.07万余本、假章1.17万余枚、空白假增值税发票2160张和制假设备116台。经审查，刑事拘留42人。

（钱军熙）

【破获入室盗窃案】 10月17日，海淀公安分局接事主报案称被盗现金2000元和金银首饰合计20余万元。经连续3个昼夜的调查走访和视频追踪，20日在丰台区将犯罪嫌疑人岳某某（男，1960年9月出生）抓获，经DNA串并核破海淀、顺义和大兴等区入室盗窃案件4起。

（钱军熙）

【抓获环境污染嫌疑人5人】 10月21日，海淀公安分局接市水务局报称，小月河暗沟出口处有大量化粪池污物。经对污染物周边1000米范围内摸排，确定嫌疑车辆及活动轨迹。23日，刑事拘留涉嫌环境污染罪的冯某某（男，1950年4月出生）等5名犯罪嫌疑人。

（钱军熙）

检　察

【概况】 2017年，海淀区人民检察院（简称区检察院）打造“卓越型、法治型、创新型、内涵型”现代新型基层检察院，各项工作取得新进展。全年共受理审查逮捕案件3410件4335人，批准逮捕2305件2775人，不批准逮捕1092件1544人；受理审查起诉案件3634件4494人，提起公诉3200件3777人，不起诉398件527人。区检察院司法办案量位居全市第一。

监督公安机关立案11件13人，监督撤案30件35人。建议行政执法机关向公安机关移送涉嫌犯罪案件44件50人，督促立案25件29人。加强刑事案件审查，纠正漏捕49人，追诉漏犯60人，追诉漏罪113起。强化侦查活动监督，向公安机关发出纠正违法通知书7份，发出检察建议12件。加强刑事审判监督，对49份刑事裁判文书中存在的漏引错引法条、刑期起止日有误等技术性差错，提出纠正意见后均已得到裁定更正；对认为确有错误的一审刑事判决提出抗诉11件，二审法院已改判4件；对已经生效的刑事裁判提请抗诉2件，法院已改判1件。加强刑罚执行监督，开展看守所日常巡视检察237次，针对各类违法违规问题发出纠正违法通知书42份，针对各类不规范问题发出检察建议58件。受理羁押必要性审查案件82件，审查后发出变更强制措施建议书82件，其中78件获采纳。开展监外执行罪犯脱漏管专项检察，核查纠正监外执行罪犯脱漏管5人，监督撤销缓刑收监执行3人。强化刑事申诉检察，审结刑事申诉案件7件，刑事赔偿案件10件。加强民事诉讼监督，审结案件81件，提请抗诉3件，提出再审检察建议1件，法院已改判1件；对法院执行程序违法提出检察建议22件，对审判程序违法提出检察建议11件。加强行政诉讼监督，审结案件9件，对行政非诉执行案件中存在的问题，向区法院发出类案监督建议 1 份。区检察院在全国检察机关“基层民事行政检察工作推进年”专项活动中获评“先进基层检察院”称号。

履行检察机关作为国家和社会公共利益代表人的法律职责，完成公益诉讼试点任务，共受理案件线索56件，发出诉前检察建议 7 件，提起诉讼 1 件。通过行政公益诉讼和民事公益诉讼，为国家挽回经济损失400余万元，督促恢复被破坏的基本农田200余亩。

深化司法体制综合配套改革。分两批择优遴选20名检察官计人员额，优化检察人员结构。落实“谁办案谁负责、谁决定谁负责”的要求，将一般案件的不批捕、不起诉和附条件不起诉决定权下放给检察官，突出检察官办案主体地位，目前，检察官决定案件数量已占全院办案总量的 80%。建立健全检察长审核、复议复核案件办理等机制，强化对检察官办案的监督制约。发挥检察官联席会议作用，研究个案问题以及类案中的法律适用问题，统一司法裁量标准。加强检委会对检察官办案的指导监督，完善上会案件议题过滤机制、实体审查制度、议事议案决策程序和汇报考核标准，提升检委会议事议案质量。建立检察官履职目标责任体系，明确应当完成的岗位职责目标及工作标准，配套建立检察官、检察辅助人员业绩评价实施细则，强化检察官的责任担当。完善案件集中管理，实行随机分案，从源头上防控人情案和关系案；通过流程监控对案件实施全程、动态、实时监督，确保案件规范办理。完善反向审视工作制度，组织对不捕案件、捕后不诉案件、撤回起诉案件等进行复查，分析存在的问题，制订解决方案，促进案件质量提升。

推进以审判为中心的诉讼制度改革。强化检察机关审前主导作用。完善以公诉为主导、捕诉衔接的提前介入侦查机制，全年共提前介入侦查案件 120 件。加强司法标准体系建设，牵头组织召开区公检法联席会，制定诈骗类案件、侵犯公民个人信息类案件等类罪证据指引，明确证据采信和实体适用规则。强化检察机关庭审指控犯罪的主体作用。加强检察官公诉能力培养，提高当庭询问讯问、示证质证、辩论能力和出庭应变能力。贯彻直接言词原则，注重与鉴定人、侦查人员以及有专门知识的人的庭前沟通，确保庭审指控顺利进行。全年证人出庭 41 件 46 人，被害人出庭 30 件 30 人，鉴定人出庭 9 件 9 人，侦查人员出庭 9 件 12 人。

配合国家监察体制改革。实现职务犯罪侦查人员的整体转隶。成立职务犯罪检察部，受理审查原区检察院反贪局侦查终结案件 23 件，探索与监察委员会建立联席会议、信息共享、线索互转等制度，加强检察机关与监察机关之间的衔接与配合，形成打击职务犯罪合力。提升专业化办案能力，整合检察机关多年来办理职务犯罪积淀的各类检力资源，以案例为基础，以专业化为引领，探索制定《职务犯罪案件证据审查指引》，建立 10 个大类80个小项的取证问题索引电子数据库，为办案提供指引，确保职务犯罪办案质量。

探索涉检信访处置从办事模式到办案模式的转变，规范案件排查、预警、笔录制作、备案等事项，将重大疑难信访积案化解纳入检察官业绩考核，强化检察官首办责任制。完善信访接待联动机制，加强部门间信息共享与协调处置，在涉众型案件办理中，通过共享情报信息，制定联合处置预案，加强舆情信息收集引导，强化释法说理，妥善处理大规模聚集信访 53 批 930 人次。借助市委政法委第三方平台等社会资源，引入心理咨询师等社会力量，参与调解、公开审查、联合接访，形成信访工作合力。推进律师参与化解和代理涉法涉诉信访案件工作，与区司法局达成合作协议，每天安排值班律师在检察服务大厅提供法律咨询，参与涉检信访问题处置，代理刑事申诉案件等服务。全年律师接待来访群众法律咨询 21 人次，参与缠访、缠诉案件矛盾纠纷化解 12 件。

（付强　徐云）

【邹开红带队走访驻区高科技企业】 2月17日至3月3日，区检察院检察长邹开红带队先后走访清华紫光、新浪、小米、微软等多家企业，了解海淀区高科技企业的发展情况和司法需求，加强检企共建，提高履职水平。年内，区检察院入选全国首届“守望正义——群众最满意的基层检察院”。

（付强　徐云）

【“3·15”保护知识产权法制宣传活动】 3月中旬，区检察院利用“互联网+”的宣传方式开展“3·15”保护知识产权法制宣传活动。通过制作动画片《一个假货的自述》及微视频作品《国际消费者权益保护日》，用生动形象的语言、图文并茂的方式介绍区检察院知识产权保护工作机制，并揭示潜在的消费陷阱和法定维权途径。

（付强　徐云）

【“关注儿童保护、净化成长环境”主题公众开放日活动】 5月27日，区检察院举办“关注儿童保护、净化成长环境”主题公众开放日活动。区人大代表、特约监督员、区团委领导、区未委会各成员单位代表、北大附中教师代表以及媒体代表共计30余人应邀参加。与会嘉宾在未检部检察官的讲解下，参观海淀区检察院未检文化长廊，了解区检察院未检工作的职能、模式与工作成效。参观结束后，集体观看最高检未检工作宣传片——《呵护未来，以国家的名义》以及北京市检察院未检工作宣传片——《为了儿童的利益》。

（付强　徐云）

【法律援助工作站成立】 7月3日，区检察院检察服务大厅挂牌成立法律援助工作站，由区法律援助中心每天安排 1 名值班律师常驻检察机关提供第三方法律服务，全面参与涉检信访矛盾纠纷化解工作。值班律师提供 4 类法律服务：常规法律服务类，如提供法律咨询、代写涉检法律文书、协助申请法律援助等；涉检信访矛盾化解类，如协助做好缠访、闹访群众涉及案件的法律辨析、以案说理工作，参加重大疑难信访案件的法律论证等活动，并提出法律意见或建议；对接检察业务类，如参加案件公开审查、公开答复，在认罪认罚从宽制度改革试点中，为自愿认罪认罚的犯罪嫌疑人、刑事被告人提供法律咨询、程序选择、申请变更强制措施等法律帮助，对检察机关定罪量刑提出意见，取保候审犯罪嫌疑人签署认罪认罚具结书应当有值班律师在场；其他法律服务类。

（付强　徐云）

【邀请市、区人大代表观摩黑客类案件庭审专题检务公开活动】 7月26日，区检察院针对被告人吴某、闫某涉嫌非法控制计算机信息系统罪一案，邀请6位市、区人大代表参加专题检务公开活动，到海淀区人民法院观摩庭审。庭审活动由北京法院直播网、北京法院审判信息网进行同步图文直播，北京电视台等媒体记者跟庭采访。

（付强　徐云）

【“万柳法治思辩”案例研讨会】 8月4日，区检察院以“诈骗类及相关财产犯罪疑难问题研究”为议题举办“万柳法治思辩”案例研讨会。邀请刑法学家张明楷教授出席，全院共计200余人参加会议。会议围绕日常司法办案中遇到的诈骗类及相关财产犯罪问题的研讨展开。张明楷教授在解答具体案件和法律问题的基础上，就诈骗类共同犯罪的责任划分、法条竞合的罪名选择、侵财类犯罪中占有权的理解、共享经济模式下犯罪的认定等诸多疑难复杂问题进行了深入细致的点评和讲解。

（付强　徐云）

【人才“启航工程”】 8月30日，区检察院召开人才“启航工程”启动仪式。“启航工程”旨在发挥检察业务专家、检察业务骨干等检察人才的传帮带作用，遵循人才成长规律，根据个人特点为新招录人员量身打造培养计划，引导青年检察人员走上快速发展轨道。此次参加该工程的包括2016年—2017年招录人员共54人，采取老师带教和自主学习相结合的方式，即为每名新招录人员确定两名带教老师，一名是新招录人员所在处室资深检察干警，主要负责相关工作岗位技能的带教；另外一名是区检察院检察业务专家、检察业务骨干等检察人才，主要负责理论、实务研究等内容的带教。同时，鼓励学员成立班委会，自主开展学习交流、公益活动等。

（付强　徐云）

【首例“从业禁止建议”提出】 12月26日，由区检察院提起公诉的邹某某强奸、强制猥亵案获判，法院判决确认区检察院指控邹某某犯强奸罪、强制猥亵罪的事实清楚、证据确实充分、指控罪名成立，并采纳区检察院提出的量刑建议和“从业禁止”建议。最终，法院以强奸罪判处被告人邹某某有期徒刑9年，以强制猥亵罪判处被告人邹某某有期徒刑4年，决定执行有期徒刑12年6个月，剥夺政治权利2年；禁止被告人邹某某自刑罚执行完毕或者假释之日起5年内从事与未成年人相关的教育工作。本案被告人邹某某曾是被害人的高中老师，后成为被害人的家教老师，利用职业便利实施犯罪，为防止被告人邹某某再次利用职业便利实施犯罪，区检察院提出“从业禁止建议”，获得法院认可。该案系北京市首例针对性侵未成年人的被告人宣告“从业禁止”的案件。

（付强　徐云）

【“公益课堂进校园”志愿服务】 12月，区检察院行政检察部“公益课堂进校园”志愿服务项目获2017年海淀区志愿服务项目大赛十佳项目第二名。“公益课堂进校园”志愿服务项目立足检察职能，将专业性、知识性、互动性、趣味性相结合，通过组建公益课堂专业讲师团，进入海淀区中小学校开展公益宣讲，以生动活泼的形式为学生们介绍检察职能、公益诉讼、环境保护、垃圾分类等知识，提高广大中小学生对公益保护的认识。

（付强　徐云）

【行贿犯罪档案查询预约办理系统完成升级】 12月，区检察院对行贿犯罪档案查询预约办理系统完成升级并开始试运行。2014年6月，区检察院自主研发行贿犯罪档案查询预约系统，该系统有效缓解案件查询压力，缩短业务办理周期，方便查询申请单位。为更好地服务辖区企业，海淀区检察院对行贿犯罪档案查询预约办理系统进行系统升级，实现网上申请和网络打印一体化。

（付强　徐云）

法　院

【概况】 2017年，北京市海淀区人民法院（简称区法院）有案件总量103597件，其中受理各类案件85101件，比上年增加22367件，上升35.7%；审结、执结85587件，比上年增加18689件，上升27.9%；未结18010件，比上年减少486件，下降2.6%。其中，审结刑事案件3305件，比上年上升31.93%；审结民事案件30351件，比上年上升25.3%；审结商事案件18239件，比上年上升35.62%；审结知识产权案件11031件，比上年上升63.05%；受理各类行政案件1050件，比上年下降15.9%；执结案件21361件，比上年上升17.25%；申诉、再审等其他案件审结3305件，比上年上升27.01%。

审判工作。依法打击计算机网络犯罪，“卫某某等非法获取计算机信息系统数据案”入选最高检察院第九批指导性案例；审结全市首例民政部门申请撤销未成年人养母监护人资格案；首创全国法院少年审判异地合作机制，成为中国刑诉法学会少年司法委员会在全国法院系统首设的研究基地。审结杨某某等841人诉北京城建四建设工程有限公司劳动争议案、秦某等诉北京泰跃房地产开发有限责任公司商品房预售合同纠纷案等民商事案件；针对部分民事案件证据简单、争议不大、时效性强等特点，调整审判格局，新设民商事速裁法庭，加快此类案件的流转速度；探索司法修复社会关系的有效模式，打造“2+2+2家事审判专业团队”，引入3名北京师范大学心理学专业人士参与心理疏导。以服务创新驱动发展，以裁判宣示知产保护规则，快手直播诉小看视频案、YY直播网剧《盗墓笔记》案等知识产权典型案件，规范影视剧市场、网络直播平台等领域的传播行为；引入知识产权“技术调查官”参与案件审理，探索审判与技术的深度融合；在全市首试知识产权全流程信息化审判，45分钟高效审结6件速裁案件；深化知识产权审判“三合一”试点改革，联合区检察院、区公安分局共同召开研讨会，同期发布知识产权审判“三合一”典型案例，形成对知识产权全方位的司法保护；在中国互联网大会发布《大数据与知识产权司法保护现状及展望调研报告》。

执行工作。开展集中执行专项行动，执结北京化工大学申请执行腾退案等多起急难险重案件。开通全市法院首个微信服务公众号“北京海淀法院诉讼和执行服务号”，畅通当事人“联络法官”“提供办案和执行线索”“提出投诉建议”的渠道；在执行局设执行办公大厅，便利群众集约办理执行业务，实现当事人“走进一个厅，事务一站清”。解决涉诉信访案件，丰富具有海淀特色的“一个制度、二个理念、三项原则和多种方法”信访工作经验，高效处理群众来信来访涉及的问题；成立国家司法救助委员会，发放司法救助款200余万元，实现对特定困难群众的帮扶。

基本完成四项基础性司法改革要求，将入额法官基本配置至审判一线工作；建立专业法官会议制度，邀请60名各领域专家，组成全市基层法院首家专家咨询委员会；全面推行执行机制“三全五化”改革，新设执行指挥办公室统筹共性事务性工作；开发执行精细化管理系统，实现财产线索一键跨库查询及案件难易程度智能排序；构建以“绿色通道”为核心的执行联动机制；在今日头条App等发布失信被执行人名单；探索“48小时全流程速裁”认罪认罚从宽制度，新设速裁案件办公区；将10年以下有期徒刑案件纳入试点范围；与区司法局合作，为每一名认罪认罚案件的犯罪嫌疑人、被告人指定法律援助律师；探索“纠纷多元化解”社会治理新模式，建立“速裁法官+人民调解员+法官助理+书记员”的新型速裁团队运作模式，化解纠纷1万余件；与国家知识产权局“12330”维权机构下属的3家调解组织建立合作，调解三类知识产权案件；尝试建立律师调解制度，与人大代表、政协委员共同“组队”，共促纠纷化解。

年内，区法院有35篇案例被国家级案例丛书采用，6篇案例在全国优秀案例分析评选中获奖，蝉联全国一等奖，三等奖以上获奖数量居全国基层法院之首。中标并完成部级、市级等各类重点课题，发表核心期刊论文多篇，在全国法院系统第二十九届学术讨论会等征文比赛中获得多个奖项。

年内，成立温泉（金融与清算）人民法庭，主要负责审理银行借款纠纷、企业间借贷纠纷、民间借贷纠纷等金融类民事案件。该法庭系全市仅有的两家之一的金融法庭。

年内，区法院获“北京市先进法院”称号，民六庭、执行二庭均获评第十届“北京市法院先进集体”；院长助理、民三庭负责人李盛荣，刑一庭庭长游涛均获评第三届“北京市审判业务专家”；1名干警被评为“北京市优秀青年人才”；4名干警获第三届“北京市模范法官”称号；5名干警获第十届“北京市先进法官”称号；2名干警获第十届“北京市法院先进工作者”称号；5名干警被评为全市“法官审判业务标兵”；2名干警被评为全市“书记员业务标兵”。

（林挚　陈晨）

【民商事速裁审判庭成立】 1月，区法院民六庭从交通事故专业化审判庭转型为民商事速裁审判庭，横向上与刑事速裁、行政速裁呼应，纵向上与多元调解衔接，构建起“诉讼前端分流化解大批简单纠纷，法官后端审理疑难复杂纠纷”的审判工作新格局。该庭全年审结案件10116件。

（林挚　陈晨）

【“三全五化”执行机制改革】 2月16日，区法院召开执行机制改革动员部署大会，启动执行机制改革。“三全五化”执行机制改革以“全面机构改革优化资源配置”“全程信息化支撑精细管理”“全方位联动疏通执行梗阻”为重点，着力提升执行工作信息化、精细化、团队化、集约化、规范化。市高院党组书记、院长杨万明进行专门批示，《人民日报》《人民法院报》进行整版、专题报道。

（林挚　陈晨）

【综合审判业务公众号“审判前沿”开通】 3月17日，区法院开通运营全市基层法院首个综合审判业务公众号——“审判前沿”，展示区法院丰硕学术成果；同时，“审判前沿”编辑部组建翻译团队，翻译域外最新司法案例及前沿学术文章，《人民法院报》对此进行整版宣传报道。

（林挚　陈晨）

【《2007年至2016年海淀区人民法院审结网络犯罪案件情况调研报告》发布】 3月29日，区法院召开新闻发布会，发布《2007年至2016年海淀区人民法院审结网络犯罪案件情况调研报告》。该报告介绍近10年来区法院审结的322件网络犯罪案件的特点和趋势，并总结归纳审理中的难点和对策。

（林挚　陈晨）

【“北京海淀法院诉讼和执行服务号”开通】 4月25日，区法院开通“北京海淀法院诉讼和执行服务号”，并在其中嵌入北京法院首个微信小程序——海淀法院审判执行工作联络平台，旨在通过信息技术的创新，服务当事人，便捷法官工作，实现“双便利、双高效”。

（林挚　陈晨）

【教学实践基地共建协议签订】 6月23日，区法院与北京交通大学法学院举行教学实践基地共建协议签约仪式，并签署共建协议。9月14日，区法院与中央财经大学法学院举行合作共建签约仪式，签署共建教学实践基地协议。

（林挚　陈晨）

【全市首家基层法院专家咨询委员会成立】 7月5日，区法院举行专家咨询委员会成立大会，成立全市基层法院首家专家咨询委员会，首批聘请60名来自知名高校、知名企业的专家参与法院共治。其中，技术类专家的设立在全市法院尚属首例。

（林挚 陈晨）

【区法院受邀参加中国互联网纠纷解决机制高峰论坛】 7月18日，区法院受邀参加中国互联网纠纷解决机制高峰论坛，并联合中国互联网协会调解中心发布《大数据与知识产权司法保护的现状及展望调研报告》。

（林挚 陈晨）

【《北京市海淀区人民法院关于充分保障律师诉讼权利的若干规定》出台】 10月21日，为推动法律职业共同体建设，充分保障律师诉讼权利，区法院公布并试行《北京市海淀区人民法院关于充分保障律师诉讼权利的若干规定》。

（林挚 陈晨）

【《民商事案件辅助人员办案指南》发布】 11月6日，区法院编纂并发布《民商事案件辅助人员办案指南》，促进法官规范办案。相关信息获市高院党组书记、院长杨万明批示。

（林挚 陈晨）

【区法院受邀参加全国法院刑事案件认罪认罚从宽制度试点工作推进会】 11月9日—10日，在全国法院刑事案件认罪认罚从宽制度试点工作推进会上，区法院以视频汇报的形式向全国人大、“两高三部”、全国试点法院的参会人员及部分专家学者介绍区法院“认罪认罚案件全流程速裁程序”试点经验，受到一致肯定及好评。

（林挚 陈晨）

【区法院成为首家中国刑诉法学会少年司法专业委员会在法院系统的研究基地】 11月23日，区法院举行“中国刑诉法学会少年司法专业委员会研究基地”揭牌仪式，区法院成为该委员会在法院系统设置的首家研究基地。

（林挚 陈晨）

【少年法庭首次实现异地合作】 11月23日，区法院少年法庭与上海市长宁区人民法院少年法庭签署“缔结友好审判庭”协议，开启少年法庭在全国法院的首次异地合作。

（林挚 陈晨）

【陈昶屹获评“CCTV 2017年度法治人物”】 12月4日，区法院中关村法庭庭长陈昶屹受邀参加由司法部、全国普法办和中央电视台共同主办，中央电视台社会与法频道承办的“宪法的精神 法治的力量”——CCTV 2017年度法治人物评选活动及颁奖典礼，并作为全国法院系统唯一代表，获评“CCTV 2017年度法治人物”。陈昶屹获评“全国模范法官”“全国优秀法官”“我最喜爱的好法官”，当选共青团北京市第十四届委员会副书记、北京市第十五届人大代表。

（林挚 陈晨）

【全国法院首个“微信自主立案平台”上线】 12月25日，区法院召开微信立案新闻发布会，正式上线运行全国法院系统首个微信立案服务平台。“微信自主立案平台”是区法院基于落实司法为民、提升工作效率、实现服务升级采取的新举措。

（林挚 陈晨）

【司法公信力评估指标体系构建】 年内，区法院探索以三级130项量化指标构建司法公信力评估指标体系，有效监测司法活动运行状态，客观量化评估改革渐进效果。

（林挚 陈晨）

·案例选辑·

【“天价拖车费”案件】 1月13日，区法院依法审结原告汽车救援服务公司诉被告北京某科技有限公司合同纠纷一案。

汽车救援服务公司诉称，2015年10月23日22时30分，经海淀交通支队黄庄大队调配，对位于海淀区杏石路口东的由北京号牌的大货车引发的严重交通事故进行救援、拖车以及清理现场。救援期间，共计派出救援车3辆、200吨吊车1辆、75吨吊车1辆、钩机1部、货车5部、高低板车1辆、人员6人到达现场，对事故现场进行清理、救援、托运等。托运过程中，车辆残骸从拖车上掉落，又调配1辆75吨吊车进行救援。其在将事故车辆运送至指定停车场后，告知北京某科技有限公司应支付的费用为12.87万元，北京某科技有限公司以费用过高拒绝支付。北京某科技有限公司辩称，监控视频中显示汽车救援服务公司派出现场救援车辆、人员与原告主张的救援车辆、人员形式、数量不一致，存在重复计费问题。

区法院经审理后认为，原告为被告提供清障救援服务，被告应支付相应对价，但清障施救费属于中央定价项目及北京市定价目录之外的项目，在本市属于市场调节价。区法院认定原告主张收费数额不合理，并酌情确定被告支付原告31685元施救费。案件宣判后，双方当事人并未提出上诉，案件于1月29日生效。

区法院向北京市物价局发送司法建议，建议其完善本市公路车辆救援服务收费政策，对公路救援服务实行政府指导价或政府定价，统一规范收费项目，制定收费标准，以推动区域经济持续健康发展。

（林挚 陈晨）

【于某诉不服北京大学撤销学位决定案】 1月17日，区法院依法审结于某诉不服北京大学撤销学位决定案。

于某诉称，其于2013年7月获得北京大学博士学位。2015年，北京大学作出《关于撤销于某博士学位的决定》，认定其在校期间发表的一篇学术论文存在严重抄袭，决定撤销于某博士学位，收回学位证书。于某认为北京大学作出的决定在实体上和程序上均存在错误，应当予以撤销。

区法院经审理后认为，相关法律法规虽然未对撤销博士学位的程序作出明确规定，但撤销博士学位涉及相对人重大切身利益。因此，北京大学在作出《关于撤销于某博士学位的决定》时，应当遵循正当程序原则，在查清事实的基础上，充分听取于某的陈述和申辩，保障于某享有相应的权利。本案中，北京大学在作出撤销决定前未充分听取于某的陈述和申辩，作出的《关于撤销于某博士学位的决定》有违正当程序原则。最终判决撤销北京大学于2015年1月9日作出的《关于撤销于某博士学位的决定》。

案件宣判后，北京大学不服并提出上诉。2017年6月6日，北京市第一中级人民法院作出终审裁判，驳回上诉，维持原判。

该案涉及知名高校，案件发酵时间长，社会关注度高。本案的裁判再次强调了“正当程序”的价值，以司法裁判和法律说理的方式重申了司法机关对于《中华人民共和国行政诉讼法》中“正当程序”的认知和立场，具有良好的裁判指引作用。该案入选“2017年度人民法院十大民事行政案件”，并被推荐参评“2017年推动法治进程十大案件”。

（林挚　陈晨）

【全国基层法院首例引入知识产权“技术调查官”案】 4月19日，区法院公开开庭审理原告汉王科技股份有限公司（简称汉王公司）诉被告北京新国人智慧科技股份有限公司（简称新国人公司）计算机软件著作权转让合同纠纷，来自北京知识产权法院的陈晓华作为技术调查官参与案件审理。该案系全国基层人民法院首次在知识产权案件审理中引入“技术调查官”制度。

汉王公司诉称：2016年11月14日，原被告签订《软件授权合同》，约定：被告在其产品中付费使用原告的手写识别核心软件，合同有效期三年，被告需要向原告支付使用费150万元，其中第一笔款项为50万元，约定2016年12月15日前支付。但被告逾期未支付上述50万元，后经催促，被告明确表示不会履行合同约定的付款内容，被告行为严重违反合同约定，损害原告的合法权益，故诉至法院，要求：1. 判令解除双方签订的《软件授权合同》；2. 判令被告支付原告违约金30万元；3. 判令被告赔偿原告损失476500元；4. 判令被告承担本案诉讼费用。

新国人公司辩称，不同意原告的诉讼请求。原告提供的DEMO版测试软件不符合被告公司的技术需求，识别率不符合技术规格要求，不适用高通MSM8939的64位系统，缺乏技术使用说明书，导致被告无法直接部署开发，产品无法如期上市。

庭审中，法官指导各方围绕着涉案软件是否符合双方合同约定内容、合同违约责任主体认定等焦点问题进行了举证质证和辩论。因为本案涉及计算机软件的专业技术问题，故在法官就案件基础问题进行询问后，将专业问题的询问移交给技术调查官陈晓华，陈晓华就DEMO软件与SDK文件的概念区别、高通MSM8939处理器的技术特性、涉案软件在华为P9上的测试环境等问题向双方当事人进行询问。此后，在合议环节，技术调查官陈晓华结合其计算机专业特长，提供详尽的技术分析建议，并根据审理需要提供书面报告。

5月12日，双方达成调解意见后，原告汉王公司撤诉。

（林挚　陈晨）

【非法获取计算机信息系统数据案】 区法院于2017年6月6日依法审结卫某某等非法获取计算机信息系统数据案。

2017年2月16日，区法院受理被告人卫某某等非法获取计算机信息系统数据罪一案。公诉书称，2016年6月—9月，被告人卫某某等利用违规登录、查询、下载的方式，侵入B网络技术（北京）有限公司“C”系统，获取该计算机信息系统中存储的客户数据用于牟利，违法所得共计人民币37260元。公诉机关提请法院依照非法获取计算机信息系统数据罪进行定罪量刑。

法院经审理认为，被告人卫某某等违反国家规定，侵入计算机信息系统获取计算机信息系统中存储的数据，情节特别严重，其行为已构成非法获取计算机信息系统数据罪，应予惩处。检察院指控被告人卫某某、龚某、薛某某犯有非法获取计算机信息系统数据罪的事实基本清楚，证据确实充分，指控罪名成立。对于其中一名辩护人发表的无罪辩护意见，法院认为，根据《中华人民共和国计算机信息系统安全保护条例》第一章第七条规定“任何组织或个人，不得利用计算机信息系统从事危害国家利益、集体利益和公民合法利益的活动，不得危害计算机信息系统的安全”，被告人所实施的行为违反了前述规定，侵犯了非法获取计算机信息系统数据罪保护的客体，所以法院不采纳相关的无罪辩护意见。该案明确超出授权范围使用账号、密码登录计算机信息系统属于侵入计算机信息系统的行为；侵入计算机信息系统后下载其储存的数据可以认定为非法获取计算机信息系统数据。

案件宣判后，被告人服判息诉，未提出上诉。2017年6月20日，案件生效。

该案入选最高人民检察院第九批指导性案例。根据该案例撰写的《网络犯罪实证分析——基于北京市海淀区人民法院2007—2016年审结网络犯罪案件情况的调研》刊载于《法律适用》2017年第17期上。

（林挚　陈晨）

【北京城建四建设工程有限公司劳动争议群体性案件】 8月29日，区法院审结原告杨光福等841人起诉被告北京城建四建设工程有限责任公司（简称城建四公司）的系列劳动争议案件。

该案除一案在审前撤诉外，其余840案原告的诉讼请求高度集中、统一。以杨光福案为例，杨光福主张，2007年城建四公司与其他单位进行资产重组，2008年—2009年，城建四公司误导职工买断工龄，与1086名员工解除劳动合同。后城建四公司资产重组协议经诉讼程序予以解除，故职工安置方案也应自然解除，城建四公司与职工解除劳动合同应视为无效。另外，杨光福还要求城建四公司向其分配2005年之后的股份分红。

该案当事人众多且涉及民生权益保障，且存在三方面特点：一是累诉情形普遍存在，85%的原告曾与城建四公司有过劳动争议诉讼；二是历史背景复杂，涉及多年前的企业重组改制；三是维稳压力巨大，部分原告此前曾多次上访和聚集维权。

区法院成立“城建四专案工作组”，组成5人合议庭，于6月26日—30日集中开庭，8月29日进行公开宣判。9月6日，其中806名原告提出上诉，2017年12月，北京市第一中级人民法院作出终审裁判，驳回上诉，维持原判。

（林挚　陈晨）

【全市首例民政部门申请撤销未成年人养母监护人资格案】 10月25日，区法院依法审结申请人北京市西城区民政局与被申请人李某申请撤销监护人资格纠纷一案。

北京市西城区民政局诉称，李某是孤儿小芳（未成年人，化名）的养母、监护人。在收养小芳期间，李某和同居男友王某与小芳共同居住生活，李某与王某对小芳进行长期、经常性的殴打、辱骂。同时，由于李某对小芳未尽到监护和保护义务，导致小芳多年以来遭受王某、李某之子辛某性侵，给小芳的身体及精神造成严重损害，故向法院申请撤销李某对小芳的监护资格，在没有合适人员和单位担任监护人的情况下，申请指定西城区民政局为小芳的监护人。

区法院经审理认为，李某作为监护人，长期对小芳实施辱骂、殴打、强迫劳动等严重侵害被监护人身心健康的家庭暴力行为；且因其怠于履行监护职责，致使小芳多次遭受王某及辛某暴力侵害而处于危困状态，确属依法应撤销其监护人资格的情形。西城区民政局下属的西城区救助管理咨询站作为临时庇护机构，自2016年10月起对小芳积极履行了庇护照料职责。最终，区法院判决撤销李某监护人资格，指定北京市西城区民政局为小芳的监护人。该案适用特别程序审理，一审终审，宣判当日案件已生效。

该案系全市首例民政部门作为申请人要求撤销未成年人养母监护人资格的案件、全市首例检察机关出庭支持起诉的涉未成年人民事案件，亦是全市首例法院判决指定民政部门担任未成年人监护人的案件。

（林挚　陈晨）

司法行政

【概况】 2017年，海淀区司法局（简称区司法局）下辖海诚、求是、国信3家公证处，海淀区法律援助中心以及海淀区阳光中途之家。有街镇司法所29个，配备司法助理员125人。管理律师事务所422家，执业律师4560人。现有行业性、专业性人民调解组织79个，人民调解员680人。有公证从业人员138人，其中公证员49人，公证员助理50人，其他辅助性人员39人。

年内，区司法局履行法治宣传教育、人民调解、社区矫正和安置帮教、律师、公证、法律援助6项职能。以学习宣传贯彻中共十九大精神为核心，以深入推进“两学一做”学习教育常态化制度化为抓手，坚持党建带队建促业建，全面推进机关党的思想、组织、制度、作风建设。

落实“七五”普法规划，制发《关于完善海淀区国家工作人员学法用法制度的实施意见》，举办第四期海淀区领导干部“法治思维与法治政府建设”专题培训班。开展针对青少年群体法治宣传活动。在商务楼宇中开展“依法经商、诚信经商、知法懂法、乐业海淀”主题普法活动。发挥“三团一报一平台”普法品牌作用，“法之声以案释法宣讲团”开展“法治海淀、精彩故事”宣讲活动；“律之韵法治艺术团”扶持5个街镇成立分团，举办“法润海淀、律动舞台”巡演活动20余场；“海之源普法志愿团”1400余名普法志愿者深入村居开展主题宣传活动。编辑发放“百姓法律生活读报”12期120万份。“海淀微说法”微信公众平台推送120期、360余条普法内容，实现“掌上普法”。实行“谁执法谁普法，谁主管谁负责”普法责任制。以“法律十进”为抓手，全年开展法治宣传教育主题活动9300余场（次），发放宣传材料370余万份，受众340余万人（次）。

全区人民调解组织全年排查纠纷41901件，预防纠纷6520件；共调解案件19332件，调解成功18071件，占调解总数的93.48%，涉及当事人45574人，涉及金额14191.8万元；达成协议17692件，调解成功达成协议率97.9%，司法确认193件。举办“疏解整治促提升　法律十进七五行”主题普法1400余场（次），在29个街镇设立“专项人民调解工作室”，调解矛盾纠纷898件，成功率达97%。

完成法律援助案件10389件，为当事人挽回经济损失8000余万元。海淀区办理律师类许可、备案审批事项1619件，其中，律师行政许可业务285件，备案服务、各类证明等1334件。完成律师事务所年度考核工作，同时为4400余名律师换发新版律师执业证书。年内，3家公证处办理公证事项12.4万件，其中国内公证52282件，涉外公证70918件，涉港澳公证472件。

2017年，区司法局被中华全国妇女联合会授予“全国维护妇女儿童权益先进集体”称号，获评“北京市司法行政系统先进集体”。国信公证处被授予“全国知识产权公证服务示范机构”。羊坊店街道人民调解委员会主任、司法所所长刘嘉嘉获“全国模范人民调解员”称号。

（周凤红）

【“法之声普法宣讲团”培训】 2月20日，区法宣办举办海淀区“法之声普法宣讲团”宣讲稿件培训会，来自海淀区“法之声普法宣讲团”普法进社区（村）团队的24名成员参加为期半天的培训。培训围绕宣讲稿件撰写这一主题，由来自中国煤矿文工团的老师讲解宣讲稿件撰写的要求与技巧，结合每位宣讲团成员提交的宣讲稿件进行逐一点评和指导。与会人员结合宣讲稿件中存在的问题进行讨论，并就开展普法宣讲的意义、目的进行座谈交流。

（周凤红）

【农民工被拖欠工资发放】 5月24日，在北京义联劳动法援助与研究中心举行农民工群体性案件执行款发放仪式，39名农民工共拿到自己的工资共计526310元。

（周凤红）

【中国法学会到区调研社区矫正用警问题】 6月7日，中国法学会的6名调研组成员到海淀区社区矫正中心开展实地调研北京市社区矫正用警问题。调研组参观矫正中心功能院区，了解海淀区矫正报到宣告、教育培训、心理测评等工作流程。并与市、区领导召开专题座谈会，司法所所长、矫正干警、社区服刑人员代表参加调研座谈会。参会成员就社区矫正干警配备的合理性、干警配备比例等问题展开讨论。

（周凤红）

【第七届“司法行政在身边”主题开放日】 6月10日，区司法局在北京中关村1+1大厦广场举办“司法行政在身边”主题开放日活动。活动在北京市柳沈律师事务所设立1个主开放点，活动现场开展中关村科技创新企业知识产权法律服务对接咨询会，现场16家企业与北京市柳沈律师事务所初步达成知识产权法律服务合作意向。在主会场设立司法行政业务门型展架11个，内容为介绍业务、发展概况和窗口服务指南。29个街镇司法所设分开放点，同步开展宣传活动，邀请12名人大代表、政协委员、特约监督员，多家电视台、报纸等媒体记者参加。

（周凤红）

【领导干部法治专题培训班举办】 6月12日—16日，由区委组织部、区司法局、区法制办联合主办的“2017年海淀区领导干部法治思维养成与法治政府建设专题培训班”开班，72名处级领导干部学员参加。培训主要围绕法治国家、法治政府、法治社会建设以及领导干部法治思维的养成等内容，设置习近平总书记系列讲话精神解读、腐败形式特点及治理腐败对策、法治思维、法治政府实施纲要及法律文化建设等课程。

（周凤红）

【“海淀区公共法律服务中心”建设启动】 8月，启动“海淀区公共法律服务中心”实体平台建设，中心占地面积3200平方米，对外服务大厅600平方米，融合法治宣传、法律援助、律师、公证、人民调解、司法鉴定等职能，服务和满足区域建设和群众法律需求。中心推进装修改造、制度规章、信息化、形象宣传4方面工作。建立法律服务案例库，编写完成经典案例358个。

（周凤红）

【公证法颁布12周年主题宣传】 8月28日，公证宣传月暨纪念《中华人民共和国公证法》颁布12周年主题宣传活动在海淀剧院门前举行。公证员就遗嘱、继承、赠予、委托等公证事项进行现场咨询解答，接待群众约50人次。

（周凤红）

【律师参与调解工作创新研讨会】 11月2日，区司法局、海淀区律师协会联合举办律师参与调解工作创新研讨会，相关领导和专家及海淀区100余名律师事务所负责人参加。海淀区司法局、海淀区律师协会向参会的律师事务所负责人发放《为中国特色主义新时代保驾护航　深入开展律师调解业务倡议书》，倡议海淀区各律师事务所贯彻落实中共十九大报告精神，按照最高院和司法部有关要求落实工作措施，推进各项工作。海淀区司法局介绍海淀区支持和引导海淀区律师行业围绕中共十九大报告中有关依法治国的整体战略部署，落实律师调解试点工作任务的整体设想。

（周凤红）

【司法行政干部法治专题培训班】 11月16日—17日，区司法局举办海淀区司法行政干部法治专题培训班，90余人参加培训。区保密局和中央党校政法教研室教授分别以“增强保密意识，自觉维护国家安全和利益”“坚持党的全面领导，全面推进法治政府建设”为主题进行专题培训。

（周凤红）

【“12·4”国家宪法日系列宣传活动启动】 12月5日，区法宣办、区委宣传部、区司法局联合在海淀工人文化宫举办“12·4”国家宪法日系列宣传活动启动仪式。区法治宣传领导小组各部委办局主管领导、法宣负责人，各街镇主管领导、宣传部部长、司法所所长，普法志愿者和群众代表共计300余人参加。部署海淀区“12·4”国家宪法日系列宣传活动方案，对60个“海淀区普法示范社区（村）”进行表彰，并展演法治艺术团创作的普法舞台剧《法宝2017》。

（周凤红）

【“疏解整治促提升”专项行动法律保障】 年内，区司法局在香山公园、紫竹院公园、海淀公园开展“周末普法嘉年华”活动，举办“疏解整治促提升　法律十进七五行”主题普法1400余场（次）。选拔30名律师、10名公证员组建“法律服务团”，提供专门法律建议48件，办理现场公证167件。在29个街镇设立“专项人民调解工作室”，调解矛盾纠纷898件，成功率达97%。在魏公村北小区等改造项目重点区域建立55个“法律援助示范联系点”，法律援助律师全程参与法律咨询、文书起草、调查取证和诉讼工作，为320余名当事人提供法律援助。

（周凤红）

【法治宣传教育】 年内，区司法局落实“七五”普法规划，制发《关于完善海淀区国家工作人员学法用法制度的实施意见》，举办第四期海淀区领导干部“法治思维与法治政府建设”专题培训班。开展针对青少年群体法治宣传活动455场次，惠及中小学生近13.7万人次。在60家商务楼宇中开展“依法经商、诚信经商、知法懂法、乐业海淀”主题普法。发挥“三团一报一平台”普法品牌作用，“法之声以案释法宣讲团”开展“法治海淀、精彩故事”宣讲活动309场。“律之韵法治艺术团”扶持5个街镇成立分团，举办“法润海淀、律动舞台”巡演活动20余场，繁荣海淀法治文化。“海之源普法志愿团”1400余名普法志愿者深入村居开展主题宣传活动、法治讲座、法律咨询6600余场次。编辑发放《百姓法律生活读报》12期120万份。“海淀微说法”微信公众平台全年推送120期、360余条普法内容，实现“掌上普法”。实行“谁执法谁普法，谁主管谁负责”普法责任制，以“法律十进”为抓手，开展法治宣传教育主题活动9300余场（次），发放宣传材料370余万份，受众340余万人（次）。

（周凤红）

【法律援助】 年内，区司法局完成法律援助案件10389件，为当事人挽回经济损失8000余万元。“148”法律服务电话咨询、网络咨询、接待来访等共计4.5万余人（次）。开展认罪认罚从宽制度试点，引导法律援助律师对犯罪嫌疑人、被告人进行全程法律帮助，参与量刑协商，推动法律援助律师在场签署具结书等。推动刑事法律援助全覆盖，召开刑事法律援助全覆盖律师培训会，加强同人民法院、检察机关和公安机关的联系沟通，强化刑事法律援助的通知指派、回访反馈、检查监督等制度，严格律师团准入退出机制，加强刑事法律援助全过程监管。开展专项维权服务活动，对妇女、残疾人、未成年人、军人军属、老年人和农民工等开展专项法律援助宣传活动52场（次），接待群众法律援助咨询解答7800余人次，受理指派法律援助案件550余件。建设法律援助服务品牌，形成受援人数据库体系、案件管理体系、数字归档体系、质量评估体系、"12348"法律援助服务专线体系、就近申请体系等法律援助"六大特色运行体系"。海淀区法律援助值班律师制度被中央电视台新闻频道、《人民日报》、《法制日报》以《关注改革最后一公里·聚焦值班律师》《法律援助值班律师"北京模式"形成》等为题报道、刊载。

（周凤红）

【律师监管和指导】 年内，海淀区有律师事务所422家，律师4560人。办理律师类许可、备案审批事项1619件，其中律师行政许可业务285件，备案服务、证明等1334件。完成律师事务所年度考核工作，同时为4400余名律师换发新版律师执业证书。以区委、区政府名义制发《海淀区关于推行公职公司律师制度工作的实施方案》，成立海淀区推行公职公司律师制度工作领导小组，推动公职公司律师制度，启动备案审核工作落实"放管服"改革任务，清理许可审批权力清单，精简律师业务办理材料，对律师事务所的办公场所情况、合伙人情况及日常管理情况进行"双随机"抽查检查。举办2017年度律师事务所行政主管业务培训。开展律师行业"整体提升年"专项活动，出台"律所管理十不准"和"律师执业十不准"规范，强化执业规范、律师党建和行业惩戒，推动海淀律师行业持续健康发展。组织开展村居公益法律顾问活动，全区80家律所、309名律师与地区655个村居委会签约，提供法律咨询9537人次，举办法律讲座2130次，发放宣传资料345778份，代写法律文书592份，提供法律意见和建议1739条，服务村居百姓276612人（次）。

（周凤红）

【公证办理】 年内，全区有公证从业人员138人，其中公证员49人，公证员助理50人，其他辅助性人员39人。3家公证处办理公证事项12.4万件，其中国内公证52282件，涉外公证70918件，涉港澳公证472件。开展"规范执业行为 提升公证公信力"教育整顿活动，针对遗嘱、继承、委托及强执公证检查，开展公证处自查互查320余人（次），查卷6万余件；抽查26次，查卷5000余件。区司法局与市局、公证处签署责任书，所有执业公证员与公证处签署承诺书，固化责任落实。开展公证便民利民工作，为70岁以上老人及重度残疾人免费办理遗嘱公证199件，免收费用105508元；协助当事人核实有关情况290人次；网上受理公证2102件，网上办理公证2034件；上门提供公证服务159人次，服务群众905人；修订《海淀区公证机构财务管理办法》，印发《海淀区公证机构重要事项汇报制度》，编印《海淀区公证业务规范汇编》及《海淀区公证论文调研集》。

（周凤红）

【人民调解】 年内，全区人民调解组织排查纠纷41901件，预防纠纷6520件；调解案件19332件，调解成功18071件，占调解总数的93.48%，涉及当事人45574人，涉及金额14191.8万元；达成协议17692件，调解成功达成协议率97.9%，司法确认193件。发放人民调解案件补贴39.8万元。扶持行业性、专业性人民调解组织发展，有行业性、专业性人民调解组织81家。协调区财政专项资金，将行业性、专业性人民调解案件补贴纳入人民调解案卷补贴范围。加强诉调对接，推进诉前调解工作，对113名诉前人民调解员登记造册并发放聘书，建立"北京市海淀区诉前人民调解委员会北铁调解室"，面向全区招募海淀法院诉前调解室人民调解员。继续开展人民陪审员试点工作，与海淀法院陪审员办公室开展座谈和交流，组织开展人民陪审员综合素质培训会，推进人民陪审员试点工作。

（周凤红）

【社区矫正】 年内，区司法局通过排查走访、强化工作衔接、进行教育、开展帮扶救助、加强应急值守等措施，确保元旦、春节、全国"两会"、"一带一路"国际高峰论坛等特殊时期"两类"人员稳定。推进监所视频会见视频帮教工作，在区阳光中途之家运用社区矫正指挥中心系统，建成区级视频会见室。规范开展社区服刑人员接收、社会调查、居住地核实、走访、教育等日常工作，接收社区服刑人员217人，解除270人，在管社区服刑人员323人；新接收安置帮教人员438人，解除585人，在管安置帮教人员2639人。阳光中途之家组织社区服刑人员开展集中初始教育7期、分类教育49期、解矫教育12期，培训社区服刑人员1120人（次）。实行电子监管，加大监管力度。全区向新接收社区服刑人员和重点人员佩戴电子监管腕表共计230块。建立社区评议优秀等级制度，组织社区评议17804次，评议卷宗4451卷。组织社区服刑人员在北京一品香山观光园、北京御林农耕观光园等区级社区服务基地开展社区服务12期。

（周凤红）

·案例选辑·

【母亲离婚后为儿子改姓案】 2009年6月14日，关某与徐某（女）协议离婚，双方约定：六岁的儿子关某某随徐某生活，关某每月支付抚养费1000元。离婚后，关某离开北京，到外省市做生意。徐某多次找关某，要求其支付儿子的抚养费，但是关某一直以暂时无能力、等以后有钱再支付为由拒绝，同时也不看望关某某。2012年年初，徐某与黄某结婚，关某某随母亲与继父黄某一起生活，黄某没有小孩，将关某某视为自己的亲生骨肉，父子相处融洽。2013年6月，徐某将关某某的名字改为黄某某。2014年春节，关某回到北京，多次与徐某交涉将孩子的姓氏改回来，但是徐某均予以拒绝。关某向法律援助中心求助，将徐某起诉至法院，要求抚养关某某并将孩子的姓氏改回来。

庭审中，双方围绕徐某是否有权更改孩子的姓氏、关某是否有权抚养关某某、关某是否有权探视关某某展开辩论。法官对双方进行调解。在法官主持调解下，经征求孩子的意见，黄某某恢复为关某某，关某某仍然由徐某抚养，在不影响关某某学习的情况下，关某每月享有两次探视关某某的权利。

（周凤红）

【管道破裂纠纷案】 2016年11月，田村路街道玉海园五里社区居民反映，本楼4层、5层之间的暖气管破裂，导致1~4层家中卫生间没有暖气，冬天无法洗澡。居民们多次找过热力和物业公司均未能解决，希望调委会进行调解，尽快恢复供暖。

接到调解申请后，玉海园五里社区人民调解委员会第一时间联系热力公司，了解到，更换损坏的暖气管道工程并不大，但需要4层住户的配合。此前，4层和5层住户已经私下沟通过数次，就责任和赔偿问题争执不下，导致4层住户拒绝配合更换暖气管道，从而影响全楼供暖。

2016年11月25日，人民调解员联系4层房主李某某（女）得知，4层房屋刚装修好，楼上改装暖气造成吊顶污损且一直拒绝清理；这次要更换暖气管需要拆除并重新安装吊顶，必然导致密封不严，需要楼上承担误工损失。

社区人民调解员首先安抚4层李某某。经过劝说，李某某同意配合对暖气管道进行更换，但要求对方赔偿1500~2000元经济损失费。调解员继续联系楼上住户王某某。最终，在调解委员会主持下双方达成协议：楼上王某某向楼下李某某支付1000元经济补偿，楼下李某某同意配合热力公司对暖气管进行维修和更换。

（周凤红）

军　事

3月27日，区民防局在枫丹实验小学进行民防应急安全教育（区民防局 供图）

9月22日，区武装部在训练基地进行民兵集训（王兰波 摄）

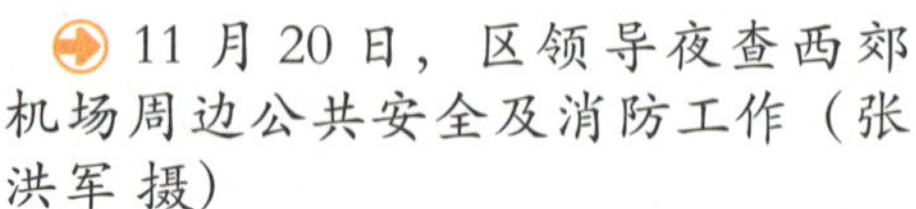

11月20日，区领导夜查西郊机场周边公共安全及消防工作（张洪军 摄）

人民武装部

【概况】 2017年，中国人民解放军北京市海淀区人民武装部（简称区武装部）以中央军委主席习近平强军思想为指导，以深化国防和军队改革为主线，围绕实现党在新形势下的强军目标，按照北京卫戍区党委“举旗铸魂、聚焦打赢、厉行法治、强基固本、创新推动、坚强班子”的工作思路和区委、区政府的决策部署开展工作，改革创新，完成年度各项工作任务。

（曹志刚）

【民兵整组】 年内，区武装部按照中央军委关于做好战备和实战化训练的系列指示要求，结合“平时能应急、战时能应战”这一职能使命，树立战斗力标准，坚持把提高应急应战能力作为最现实、最紧迫的任务。推进民兵整组改革任务，构建以应急队伍为主体、专业队伍为骨干、特殊队伍为补充的新型基干民兵力量体系。坚持依法按纲施训，围绕“三个联合”职责要求，采取措施，加强战备训练，开展基础性训练和使命课题演练，组织实弹射击训练，提高应急应战能力。

（曹志刚）

【重要时节安保执勤任务完成】 年内，区武装部适应就业形式多样化新形势和城市人口流动性强的特点，发挥民兵预备役部队在维护社会稳定中的特殊作用，在重大节日、重要会议、重大活动期间，组织民兵应急分队执勤维稳、应急备勤。全国“两会”等重要时段和重大节日期间，组织民兵，采取重点目标守护、重要地段巡逻、在岗应急备勤、参加单位维稳等形式，配合公安和武警部队维护社会治安。

（曹志刚）

【党管武装制度】 年内，区武装部贯彻市委《关于加强新形势下首都民兵预备役部队建设的意见》、北京市议军会和党管武装工作会议精神，把党管武装工作纳入核心区经济社会发展规划，纳入区委、区政府议事日程，纳入财政预算项目，纳入全民教育培训体系，纳入岗位目标考评范围，纳入党政法规配套建设。围绕贯彻落实强军目标重大战略思想，集中研究党管武装、国防后备力量建设和拥军优属等工作，坚持过好“军事日”，研究制定支持军队改革和建设的具体措施。

（曹志刚）

【应急应战能力提升】 年内，区武装部加强应急方案预案体系建设。坚持在经济建设中充分考虑国防动员要求，在基础设施建设中落实战时防空要求，在科技建设中兼顾军事信息化建设需要，全区五环内防空警报系统覆盖率和鸣响率实现“双百”目标。依法按纲施训，围绕“三个联合”职责要求，采取措施加强战备训练，开展基础性训练和使命课题演练，抓好应急分队、高炮分队、网络分队建设，提高应急应战能力。组织机关干部岗位培训，参加卫戍区组织的人武干部集训和军事资格认证。

（曹志刚）

【兵员征集】 年内，区武装部适应征兵工作面临的新形势，改进征兵宣传的形式和内容，采取传统方法手段和网络、微信等新媒体宣传相结合的方式开展宣传发动工作，调动青年大学生携笔从戎积极性，主动到院校走访慰问争取支持，完成新兵征集任务，大专以上学历青年占新兵总数的96%。

（曹志刚）

【双拥工作】 年内，区武装部拓展“驻海淀、爱海淀、建海淀”教育实践活动形式和内容，动员组织驻区部队和民兵预备役官兵，参加和支援地方经济社会建设，做好扶贫帮困、助学助教、医疗扶持、支援新农村建设等工作，承担抢险救灾等急难险重任务，以实际行动支持和参与地方建设，深化军政军民团结。为驻区部队官兵服务，为基层官兵排忧解难，协调区人力社保局和双拥办等单位，组织随军家属专场招聘会，做好军人子女入学入托协调工作。

（曹志刚）

【军民融合】 年内，区武装部贯彻军民融合发展重大战略思想，充分发挥区域资源优势和国防动员系统的桥梁纽带作用，开展双拥共建活动。贯彻落实《关于全面加强服务中央单位和驻区部队工作，促进区域融合发展的意见》，探索军民融合发展新途径，推进经济、科技、教育、人才等领域交流合作，发挥中关村军民融合军地对接平台暨军方联络处作用，启动中关村军民融合创新学院，发布中关村军民融合评价标准体系，军民融合发展成果显著，赢得军地好评，新华网、人民网、中国军网等媒体进行报道。

（曹志刚）

人民防空

【概况】 2017年，海淀区民防局（简称区民防局）以《中共中央、国务院、中央军委关于深入推进人民防空改革发展若干问题的决定》为指导，以“准军事化”建设为主线，以“争创全国一流民防”为目标，完成各项工作任务。围绕打造国际一流的和谐宜居之都、疏解非首都功能与民防工作的契合点，落实《关于深入推进海淀区人民防空改革发展的实施方案》。

（张全升）

【“三练一鸣”专业训练】 年内，区民防局开展民防队伍训练、群众疏散演练、跨区拉练外训和警报试鸣等工作，改革组训模式，确保训练人员、时间、内容、效果“四落实”。组织全局人员参与特种救援训练、防汛演练；组织首都师范大学、枫丹丽舍实验小学推进社区人防疏散示范点活动；按照京津冀协同发展思路，完成通信电台京津冀跨区指挥通信联通训练及野营集中训练。

（张全升）

【地下空间综合整治】 年内，区民防局根据京津冀一体化总体要求，根据《非首都功能疏解与人口调控总体工作方案》和《人防工程综合整治工作专项实施方案》，召开联席会议，建立联动工作机制。清理关停部分人防工程，疏解人口5261人，其中挂账内工程清退3780人，账外工程清退1481人。

（张金升）

【人防工程科技创安】 年内，区民防局推进人防工程科技创安工程与“智慧海淀”深度融合，参与海淀区“十三五”时期信息化发展规划的调研论证，完成60个防护单元240个点位视频监控点建设，为海淀区社会治安防控提供技术保障。

（张金升）

【“民防进社区”】 年内，区民防局继续推进“民防进社区”工作，启动马连洼等5个社区的试点建设。重点加强兰园小区等5个社区民防工作站建设以及茉莉园等5个小区人防疏散标志建设；高标准完成小牛坊村精准扶贫建设任务，共发放4500余份人民防空和应急防护宣传材料。

（张金升）

【人防工程管理】 年内，区民防局编制《海淀区民防局2017年公用人防工程维护保养明细表》，对全区人防工程进行维护维修，人防工程战备效能得以加强，未发生人防工程安全责任事故。开展“安全生产大检查”、“今冬明春火灾防控”、“2017年夏季消防检查”、“安全生产月”、“可燃物清理”、安全生产检查“百日筑安”行动、地下有限空间安全生产检查、消防安全“大排查、大整治、大宣传、大培训”等专项检查活动，累计出动413组，检查人员1854人次，签发执法文书258份，拆除隔断，恢复原结构工程，拆除小房间，确保人防工程安全。根据《海淀区民防局人防工程防汛应急预案》，完善《人防工程防汛方案和应急预案》，修订包括《人防工程事故应急预案》《海淀区民防系统突发事件总体应急预案》在内的应急预案。组织“2017年海淀区人防工程防汛应急抢险队抢险演练”活动，提高队伍快速反应、处置突发汛情的能力。

（张金升）

【民防执法检查】 年内，区民防局出动执法人员305人次，累计执法110次，对未经批准擅自使用人防工程的单位和个人进行严肃查处，行政处罚8起，罚款18万元，清退人员320人。受理信访案件66件，办结率100%，受理非紧急救助案件487件。

（张金升）

【民防宣传教育】 年内，区民防局继续打造主题宣传、阵地宣传、媒体宣传、网站建设“四位一体”的宣教工作体系。开展“国际民防日”、“5·12”防灾减灾日宣传周、“9·17”全民国防教育日、“安全生产月”社会宣传活动。海淀区人民防空展馆等宣教基地接待7批次260余人次学习考察交流和现场教学培训。在《中国国防报》《中国人民防空》《人防信息》《华北民防》《北京民防》《海淀报》和海淀有线电视台等媒体发表民防信息20篇，依法公开信息270条。

（张金升）

【防空防灾基础设施建设】 年内，区民防局对3G应急指挥车进行升级改造，增加4G通信传输设备，应急指挥功能更加完善；完成3处高点监控系统升级改造和10处基层指挥所结建项目审报，对22处高点监控系统进行日常维护，保证所有高点监控系统正常运行；新装4台和更新2台警报器，更换85台警报遥控终端，对111处防空警报器进行加电测试和维护。研究制定街道、镇防空袭方案模板，形成区、街镇、社区（村）三级配套的防空方案体系。

（张金升）

中关村国家自主创新示范区核心区

6 月 15 日，中关村西区“创客健康家园”揭牌（王荣新 摄）

6 月 27 日—29 日，市经济信息化委与海淀区政府承办中关村（海淀）软件嘉年华（新闻中心供图）

7月23日，中关村科学城智能制造创新周开幕（张洪军 摄）

8月24日，驻区5家企业项目入选首批国家级制造业“双创”平台试点示范项目（市经济信息化局 供图）

9 月 25 日，2017 中关村创新创业季——中国创新先锋 20 强榜单发布（张洪军 摄）

12 月 24 日，北京量子信息科学研究院在中关村软件园成立（中关村软件园 供图）

12 月 29 日，中关村军民融合产业园与 5 家企业签署战略合作协议（海淀园 供图）

年内，区重点企业中科寒武纪科技公司研发的智能芯片（王佳琪 摄）

综　述

【概况】　海淀园为中关村国家自主创新示范区（简称示范区）“一区十六园”总体布局的核心区，是中关村科技园区的发源地，是中关村战略性新兴产业策源地，是中关村人才特区、国家级科技与文化融合示范基地、国家级科技金融创新中心。

2017年，海淀区有上市、挂牌企业1004家。其中境内A股企业126家（主板48家、中小板24家、创业板54家），占全市的41%，占全国的4%；“三板”挂牌企业720家，占全市的45%，占全国的6%；“四板”挂牌企业89家，占全市的39%；境外上市企业69家。园区企业总收入2.16万亿元，同比增长17%，占示范区的40%。地均产出率约为140亿元/平方千米，劳均产出率约为181万元/人。

海淀区规模以上工业企业实现工业总产值2057.8亿元，位列全市第三、城六区第一，同比年增长16.2%，高于全市11.7个百分点。在规模以上工业总产值中，高技术制造业产值占比65.8%。规模以上工业销售产值2001.7亿元，同比增长14.7%。规模以上工业企业实现出口交货值172.2亿元，同比增长69.2%。从行业看，六大产业的工业总产值同比增速“四升二降”，电子信息、装备、消费品、生物医药产业上升，基础与新材料、能源生产和供应产业下降。工业总产值排序在行业首位的是电子信息产业，实现工业总产值1173.5亿元，占海淀区工业总产值的比重为57.0%，同比增长30.1%，拉动工业总产值提升14.4个百分点。装备产业实现工业总产值654.6亿元，同比增长3.0%。基础与新材料产业实现工业总产值92.2亿元，同比下降11.8%。消费品产业工业总产值61.3亿元，同比增长4.6%。生物医药产业工业总产值49亿元，同比增长14.8%。能源生产和供应产业总产值27.2亿元，同比下降0.4%。

国家级高新技术企业保有量超过8992家。独角兽企业数量达38家，约占示范区的一半，总估值近约1200亿美元，其中7家独角兽企业实现上市。在海淀园规模以上高新技术企业中，符合新经济特征企业占73%，新经济企业总收入占到园区纳统企业总收入的76%，高于全国平均水平43个百分点。

2017年度，北京市科技奖评选出获奖项目195项，海淀驻区单位主持完成的89个项目分获一、二、三等奖，占北京市获奖项目总数的46%。其中海淀驻区单位获一等奖13项，占一等奖项目的59%；二等奖26项，占二等奖项目的51%；三等奖50项，占三等奖项目的41%。

（程晓荷）

【中关村U30 2017赛季开幕】　3月26日，中关村U30 2017赛季在京拉开帷幕。中关村U30由中关村科技园区管理委员会、团北京市委、北京市海淀区人民政府主办，以“青春、创造、未来、发现、助力、成就”为主题，从百余位报名者中优选而出的30位青年创业者通过分场竞演的方式参与角逐。本赛季设立基业长青创投基金，在未来30年，由30位具有基业长青基因的企业家，每年推选30位具备成功创业潜质和基业长青能力的30岁左右的青年创业者，为其提供全方位的创业指导和服务。中关村U30还将面向海内外优秀企业家、知名投资人发起“创业导师时间众筹计划”。向参与计划的每位创业导师众筹“创业者辅导时间”，每年付出2个小时，给入选年度中关村U30的青年创业者（或创业团队）面对面辅导交流，解答创业困惑。

（钟冷）

【第二届中关村人才创客大赛】　3月，第二届中关村人才创客大赛启动。大赛以“创新创业成就未来”为主题，在全国设立17个大赛区35场比赛，报名参赛团队超过4000支，参与学生近10万人次，覆盖中关村人才特区百校联盟成员高校80余所、香港地区高校及创业示范高校近百所及创业团队近万支。各类创业项目3000余个，投资机构40余个，参与对接孵化器20余个。7月15日，第二届中关村人才创客大赛全国总决赛开赛。经过角逐，凡米科技有限公司的凡米智能芯片项目、普诺思博团队的服务机器人通用智能平台项目分获实践组、创意组一等奖。

（蔡宇行　钟冷）

【“中关村指数2017”发布】　9月15日，由中关村创新发展研究院和北京方迪经济发展研究院共同编制的“中关村指数2017”发布。“中关村指数”由创新创业环境、创新能力、产业发展、企业成长、辐射带动、国际化6个分项指数组成，包括14个二级指标和38个三级指标。指数以2008年为基期，基期数为100，已连续发布5届。报告显示：2016年中关村综合指数为466.9，比上年提高67.2。6个分项指数中，创新能力指数339.9，较上年提高23.2；产业发展指数320.5，较上年提高29.7；辐射带动指数409.6，较上年提高51.3；企业成长指数510.6，较上年提高72.9；创新创业环境指数642.3，较上年提高111.6；国际化指数565.8，较上年提高132.2。中关村增加值占北京市生产总值的25.1%，对北京经济增长的贡献率达39%，成为引领北京转方式、调结构、促发展的核心动力。

（钟冷）

【海淀园独角兽企业创新指标】　年内，海淀区有独角兽企业38家，其中7家实现上市。38家独角兽企业的内部研发经费达67.42亿元，占海淀园企业内部研发总经费的5.8%；企业申请专利数6727件，占15.8%；企业专利授权数2723件，占12.7%；占新经济企业总收入的76%，占符合新经济特征企业的73%。独角兽企业名单见下表。

2017年海淀区独角兽企业一览表

表3

序号	品牌名称	企业名称	所属领域	估值（亿美元）
1	滴滴出行	北京嘀嘀无限科技发展有限公司	交通出行	560
2	今日头条	北京字节跳动科技有限公司	新媒体	200
3	神州专车	神州优车股份有限公司	交通出行	35.5
4	快手	北京快手科技有限公司	文化娱乐	30
5	魔拜单车	北京摩拜科技有限公司	交通出行	26
6	ofo 共享单车	北京拜克洛克科技有限公司	交通出行	26
7	Face++	北京旷视科技有限公司	人工智能	25
8	商汤科技	北京商汤科技开发有限公司	人工智能	25
9	金山云	北京金山云网络技术有限公司	云服务	21.2
10	美菜网	北京云杉世界信息技术有限公司	电子商务	20
11	VIPKID 大米科技	北京大米科技有限公司	互联网教育	15
12	纳恩博	纳恩博（北京）科技有限公司	交通出行	15
13	春雨医生	北京春雨天下软件有限公司	大健康	15
14	百望云	百望股份有限公司	云服务	11.2
15	DoTC United Group	艾维邑动（北京）信息技术有限公司	企业服务	10.9
16	便利蜂	北京便利蜂连锁商业有限公司	电子商务	10
17	比特大陆	北京比特大陆科技有限公司	互联网金融	10
18	36氪	北京协力筑成金融信息服务股份有限公司	新媒体	10
19	寒武纪科技	北京中科寒武纪科技有限公司	人工智能	10
20	云鸟配送	北京云鸟科技有限公司	物流	10
21	知乎	北京智者天下科技有限公司	社交	10
22	有利网	北京弘合柏基金融信息服务有限责任公司	互联网金融	10
23	车易拍	北京巅峰科技有限公司	汽车交通	10
24	转转	北京转转精神科技有限责任公司	电子商务	10
25	出门问问	北京羽扇智信息科技有限公司	人工智能	10
26	腾云天下	北京腾云天下科技有限公司	大数据	10
27	作业帮	小船出海教育科技（北京）有限公司	互联网教育	10
28	Geo 集奥聚合	北京集奥聚合科技有限公司	大数据	10
29	网易有道	北京网易有道计算机系统有限公司	互联网教育	10
30	apus group	麒麟合盛网络技术股份有限公司	软件应用	15
31	智米科技	北京智米科技有限公司	智能硬件	10
32	小米	小米通讯有限责任公司	智能硬件	已上市
33	美团点评	北京三快在线科技有限公司	电子商务	已上市

续表 3

序号	品牌名称	企业名称	所属领域	估值（亿美元）
34	爱奇艺	北京爱奇艺科技有限公司	文化娱乐	已上市
35	易鑫金融	北京易鑫信息科技有限公司	互联网金融	已上市
36	趣分期	北京快乐时代科技发展有限公司	互联网金融	已上市
37	融 360	北京金融世纪信息技术有限公司	互联网金融	已上市
38	朴新教育	朴新教育科技集团有限公司	互联网教育	已上市

【京津冀协同发展】 年内，海淀区加强各地分园建设，推动跨区域协同发展。根据“一区多园”工作统筹，海淀区与延庆区、中关村管委会、中关村发展集团合作，共建长城脚下的创新家园。推进秦皇岛分园建设，中关村 e 谷、海淀留创园在分园建立运营的科技孵化器入孵企业近 100 家，为分园打造创新创业环境，培育创新创业力量。落地分园的千方科技、恒业世纪等项目发展势头良好。先后组织轨道交通、智慧城市、园区运营领域园区企业赴雄安新区实地考察，与京雄直通车对接，为园区企业参与新区建设提供前期服务。

（程晓荷）

【中关村智造大街】 年内，中关村智造大街入驻率达 95%以上。聚集芯视界、分音塔科技等 47 家拥有高端核心技术的企业。初步形成 93 家国家级众创空间（占北京市的 55%），105 家市级众创空间（占北京市的 49%），67 家创新型孵化器（占北京市的 70%），19 家大学科技园、149 家集中办公区的创业服务体系，总孵化面积达 260 万平方米，形成由集中办公区、创新型孵化器、创客小镇、专业园区等不同载体构成的能够满足创业企业不同发展阶段需求的双创生态体系，在首批全国双创示范基地评估中名列第一。

（程晓荷）

【拓展创新发展空间】 年内，海淀园发布《海淀区一般性制造业调整退出奖励资金办法》。调整退出 16 家一般制造业企业，清理整治 2775 家区级“散乱污”企业，为转型升级释放新空间。完成以中关村大街为主轴，中关村科学城南区为重点的高端创新要素导入工作。腾退中关村大街科贸电子城等 36.2 万平方米存量空间，创新要素进驻中关村前沿技术创新中心、国际人才创投大厦等 20 万平方米改造空间；建设中以、中加创新中心和京港澳青年创新中心；智能制造创新中心——金隅智造工场、小米科技园、中关村集成电路设计园、中关村生命园三期、轨道交通产业创新园等取得进展；中关村移动智能服务创新园取得阶段性成果；中关村软件园、翠湖科技园、永丰产业基地、东升科技园等现有园区产业指导、更新改造升级。完成金隅智造工场、西区原津乐汇、中发电子、鼎好 B 座等准产业园区（空间）的产业规划及产业导入工作。西三旗智能制造创新中心——金隅智造工场明确园区租金价格体系、项目入驻联审机制以及相应的配套政策，中国电动汽车百人会平台项目完成签约。中粮科创小镇在中关村科学城北区打造基于人工智能和物联网产业的科技+文化+生态的产业系统，将中关村软件园的产业链条向北延伸，形成产业发展战略腹地，满足居住、娱乐、生活各项配套需求。

（程晓荷）

园区服务与管理

【概况】 2017 年，海淀园重点推进科学城建设，由海淀区政府、中关村管委会牵头组建中关村科学城专项办。建立针对重点任务（项目）的高位高频调度机制（月报机制、简报机制）。园区设立中关村科学城工作组，负责统筹协调园区中关村科学城科技创新工作。组建中关村科学城规划编制小组，筹备组建中关村科学城共建联席会，中关村科学城 37 项重点任务（项目）取得良好成效。

（程晓荷）

【创业期科技型企业集中办公区认定】 2 月 7 日，中关村科技园区海淀园管理委员会发布公告，认定北京燕园众筹网络技术有限公司（北大创业众筹孵化器）、北京京东绿安会展服务有限公司（农林生物产业创业孵化器）等 11 家机构为“海淀区创业期科技型企业集中办公区（第六批）”。10 月 25 日，中关村科技园区海淀园管理委员会发布公告，认定北京中源瑞盛投资有限公司（锐胜微赢创业孵化器）、校际空间（北京）科技孵化器有限责任公司（校际空间科技孵化器）等 14 家机构为“海淀区创业期科技型企业集中办公区（第七批）”。

（程晓荷　钟冷）

【中关村人才特区百校联盟揭牌】 3 月 18 日，中关村人才特区百校联盟揭牌授牌仪式暨第二届中关村人才创客大赛启动仪式在中关村人才市场举行。全国 50 余所高校的负责人及中关村示范区 20 余家企业、机构的代表等参加。联盟由中关村人才市场发起，以培养创新创业人才为目标，通过构建全国大学生就业创业实践平台，为实施创新驱动发展战略、促进经济增长提供更为有力的人才智力支撑，为全国高校双创教育交流合作提供平台。

（蔡宇行）

【“藤蔓计划”留学生实习基地揭牌】 3 月 23 日，中关村一带一路产业促进会“藤蔓计划”留学生实习宣讲会暨招聘会在对外经济贸易大学举行。中关村示范区30余家企业设台招聘，“一带一路”沿线国家的500余位留学生参加。“藤蔓计划”留学生实习基地同时揭牌。“藤蔓计划”旨在通过汇聚国际留学生人才、对接中关村企业实习培训，为各方响应国家“一带一路”倡议提供必要的国际人才支撑。“藤蔓计划”提出“百千万”目标，即在未来5年超过100家企业在“一带一路”发展中直接获益；超过1000名国际生与企业建立紧密的工作或者合作关系；超过1万名国际生直接参与到“藤蔓计划”中。

（蔡宇行　梁冰）

【推动区域合作暨发展地方会员会】 3月24日，中关村电子商会推动区域合作暨发展地方会员启动大会在北京中国知识产权培训中心举行，来自全国各地的政府、企业、媒体代表共计150余人参会。大会探讨信息产业未来发展方向以及社会组织在企业发展中的作用；组织地方电子信息化建设优秀企业家及地方政府主管电子信息化建设的领导共同探讨中关村与地方共同推进区域合作相关事宜。

（丁旭）

【“藤蔓计划”对接活动】 6月7日，中关村一带一路产业促进会“藤蔓计划”对接活动暨北京外国语大学留学生就业实习专场招聘会在北京外国语大学举行。百度、三峡集团等近30家知名企业参与专场招聘会。对接活动的主题是“创新科技改变中国，藤蔓使者架桥‘一带一路’”，为在华留学生与中国高新技术企业与机构的对接搭建平台，为中国科技型企业寻找国际化人才。北京外国语大学的200余名留学生以及其他院校的留学生参加本次宣讲会和现场对接活动。

（钟冷）

【创业会客厅“互联网+”线上平台开通】 9月，创业会客厅外籍人才服务窗口正式开通，为外籍人才提供出入境咨询受理、创新创业服务、人才计划咨询等相关服务，打造快捷、高效、优质的一站式外籍人才创新创业服务平台。线上平台汇聚海尔、百度、英特尔等20家国内外大企业的创新需求，与纳什空间、3W咖啡、氪空间、车库咖啡、北京大学创业训练营等20余家众创空间达成合作，联想集团、掘金集团等100余家专业创新创业服务机构入驻。创业会客厅以及上地双创服务中心全年提供咨询服务超过3000次，达成服务900余次。创业会客厅是在中关村创业大街上打造的一站式创新创业服务平台，为创业企业提供工商、财税、知识产权、人力资源等300余项专业服务。创业会客厅试点“三证合一、一照一码、五证合一”，“三证合一、一照一码”注册服务开展试运行并在全区推广。

（程晓荷）

【国际化人才社区建设】 年内，海淀园制定并印发中关村大街国际人才社区建设实施方案。“中关村外籍人才服务窗口”在中关村创业大街挂牌成立。实施国际化人才培训计划，“藤蔓计划”被科技部纳入“国家‘一带一路’科技人文交流项目行动计划”，30余家企业为180名留学生提供实习机会。

（程晓荷）

【中关村创客小镇建设】 年内，473个创业团队通过入驻申请，配租房屋2273套。签约众创空间工位65个，办公面积1972平方米。完善人才服务体系。新增5家院士站，“三站”建站总数达102家，累计进站院士79人次。

（程晓荷）

【新增26名“高聚工程”人才】 年内，中关村“高聚工程”支持人员公示名单发布，共44人入选，其中海淀区26人，占59%。从人才类别来看，在“高聚工程”下设的五类人才（创业人才、创新人才、投资家、领军企业家、创新创业服务领军人才）中，入选人数均超过半数，其中4名“创新创业服务领军人才”、5名“领军企业家”中4人来自海淀。截至年底，累计248人入选“高聚工程”，占示范区的67%。

（程晓荷）

【多个项目获资金支持】 年内，海淀区多个项目获中关村国家自主创新示范区一区多园协同发展支持资金，包括：中关村翠湖科技园获中关村生态园区建设专项资金817万元；健康智谷大健康产业园、中关村智造大街等4家园区获中关村特色园区和创新社区建设专项资金587万元；兴华工业园废旧厂房改造、瑞萨半导体闲置厂房改造等5个项目获中关村示范区存量土地及空间资源盘活改造专项资金1000万元。完成2016年度园区企业人才公租房租金补贴梳理工作，对326家企业给予人才公租房租金补贴金额4700余万元。开展2017年园区企业人才公租房需求意向登记工作，与海淀区住保中心进行沟通协调，完成2017年第一批房源的配租工作，拟为108家企业配租1000余套人才公租房。

（程晓荷）

【重点企业服务体系优化】 年内，海淀园启动“五证合一、一照一码”改革，推进科技创新和军民融合专项改革工作。蔚来汽车、北京建工资源等77家企业落地海淀。完成10类322项海淀区服务企业内容清单梳理工作。遴选并调整2017—2018年度海淀区服务重点企业600家。

（程晓荷）

【完善高层次人才服务体系】 年内，海淀园制定海淀区企业高级管理人员奖励暂行办法。打造“海英人才”品牌，协同各相关委办局开展公租房配租、子女教育和落户、政策培训、人才沙龙等延伸服务；完成北京市优秀人才培养资助、“教授级高工”直通车、国务院特殊津贴、“海聚工程”等多项申报、推荐；全区“千人计划”“海聚工程”“高聚工程”累计入选人数分别为1147人、349人、248人，在全市各区排名居首。

专业园区建设

【概况】 2017年，海淀区有专业园区10个、大学科技园19个，其中国家级13个，占北京市国家大学科技园的 86.7%；留创园 21 家；拥有以联想、百度等为代表的国家高新技术企业 8992 家，中关村高新技术企业数量为 11728 家。17 家企业入选“2017 中国人工智能创新公司 50 强”。

海淀区智能制造创新中心——金隅智造工场、小米科技园、中关村集成电路设计园、轨道交通产业创新园等取得进展。中关村移动智能服务创新园取得阶段性成果。推进永丰产业基地、东升科技园等现有园区产业指导、更新改造工作。中关村军民融合创新示范区建设稳步推进，四季青军民融合产业园、北理工军民融合创新园、玉泉慧谷信息安全产业园 50 余家人工智能、虚拟仿真、信息安全等军民融合产业领域企业入驻园区。

（程晓荷）

【北京实创高科技发展有限责任公司】 年内，北京实创高科技发展有限责任公司实现公司资产总额为 236.14 亿元，净资产 19.74 亿元，其中归属母公司净资产 19.15 亿元；2017 年实现总收入 42.63 亿元，实现利润总额 21066 万元，净利润 17977 万元，上缴税费 40589 万元。

（孙燕艳）

【北京海淀科技园建设股份有限公司】 2017 年，公司下属控股公司有北京德成置地房地产开发有限公司、北京德成兴业房地产开发有限公司、北京盛世翌豪房地产经纪有限公司、中关村青创（北京）国际科技有限公司。4 月，与北京中关村大街运营管理股份有限公司共同出资成立中关村青创（北京）国际科技有限公司和“中关村京港澳青年创新创业中心”，被市、区两级政府列入“中关村科学城”以及“海淀区双创示范基地”重点项目。与山东济宁经开区签署战略合作协议，围绕节能环保、新能源汽车零部件产业园、科创基地、配套教育以及医疗养老等开展全方位合作。11 月下旬，承接第二十一届京港洽谈会科技创新专场活动并正式揭牌。年内，公司主要承担西北旺新村综合开发和冠城大通百旺府的开发建设，实现开复工面积 242458 平方米，完成销售面积 24702 平方米。

（程建华）

【北京实创科技园开发建设股份有限公司】 2017 年，公司所属园区签约入驻企业 440 家，从业人员约 6.23 万人。入驻企业实现总产值约 688.22 亿元，实现税收总额约 54.1 亿元。平均产出强度 3.22 亿元/万平方米，其中购地企业产出强度为 2.92 亿元/万平方米，加速器企业产出强度为 8.06 亿元/万平方米。开复竣工面积 164.55 万平方米，其中复工项目面积 127.13 万平方米，竣工项目面积 37.42 万平方米。新签约重点企业 6 家，购（租）房面积 2.81 万平方米。形成以导航与位置服务、移动互联网与下一代互联网、云计算、集成电路设计、生物医药、新能源新材料及能源环保六大优势产业为主的产业格局。六大产业板块企业 403 家，从业人员 6.01 万人，企业总产值 675 亿元，实现税收 51.8 亿元。园区总收入上亿元的企业共有 48 家，实现总收入 680.3 亿元，实现税收 49.66 亿元。超 10 亿元的企业 17 家（航天电子、华为、纵横机电、用友软件、恒泰艾普、航天恒星、高能时代、北斗星通、大唐电信、发那科等）。入选“十百千工程”的企业 14 家，入选“瞪羚计划”的企业 31 家。上市企业共有 23 家，实现总产值为 355.62 亿元。入驻企业累计获得授权专利 82622 件。累计获得软件著作权数 3625 件，同比增长 35%。累计获得国家发明奖 117 个、国家科技进步奖 297 个、全国科技大会奖 102 个、国家重大成果奖 55 个、省部级以上重大科技成果奖 1709 个，国家认定企业技术中心 40 个，建成对外服务公共实验室平台 13 个，建成科技企业加速器约 112.17 万平方米。

（陈天鹏）

【中关村软件园】 2017 年，中关村软件园新入园企业 109 家，总数累计达 641 家，其中上市企业 58 家（含分支机构），国家规划布局重点软件企业 23 家，“十百千工程”企业 26 家，中国软件百强企业 15 家，入选“瞪羚计划”企业 35 家，收入过亿元企业 66 家。新增从业人员 0.91 万人，累计 7.31 万人；产值（总收入）2094.4 亿元，增长率为 15.1%；利润 194.3 亿元，增长率为 9.6%；申请知识产权 4651 件，累计拥有 36971 件，其中授权专利 3563 件，累计拥有 22813 件；发布新产品、新技术 90 项，累计 326 件；累计 25 人入选中组部“千人计划”；1 人获国务院特殊津贴，累计 16 人；累计 16 人入选“青年千人”；累计 1 人入选“长江学者”；4 人入选北京市“海聚工程”，累计 25 人；2 人入选中关村“高聚工程”，累计 19 人；3 人入选“科技北京领军人才”，累计 10 人。投入研发经费 36 亿元，同比年增长 17.6%，累计共 241 亿元。11 月 17 日，《互联网周刊》公布 100 家 2017 科技孵化企业排行榜，北京中关村软件园孵化服务有限公司排名第一。北京厚德科创科技孵化器有限公司、北京北达燕园科技孵化器有限公司等共 26 家企业荣登排行榜。

（张蕾）

【中关村军民融合产业园】 2017 年，中关村军民融合创新示范区建设逐步深入，四季青军民融合产业园、北理工军民融合创新园、玉泉慧谷信息安全产业园基本完成装修改造，50 余家人工智能、虚拟仿真、信息安全等军民融合产业领域企业入驻园区；依托军民融合产业园，搭建公共对接服务平台。对 44 家企业的军民融合预研补贴给予 2550 万元资金支持，对 4 家军民融合公共服务平台给予 155 万元资金支持。组织举办第四期中关村核心区军民融合高端人才培训班，初步探索军民融合“海淀模式”。

（程晓荷）

【中关村虚拟现实文化教育产业园揭牌】 1 月 11 日，在第二届中国虚拟现实产学研大会暨中关村虚拟现实空间新年论坛上，中关村虚拟现实空间（Strong VR）的加速器项目——中关村虚拟现实文化教育产业园揭牌。产业园位于上地信息产业基地，占地面积近 6000 平方米，拟选取 VR 行业更为垂直的方向，即“VR+文化/教育”开展孵化加速服务，将初期孵化延伸至企业发展加速期，提供更为全面的创业服务。

至年底，入孵团队10家，其中国家高新技术企业2家，中关村高新技术企业2家，孵化面积4000平方米。孵化项目涉及虚拟现实教育培训、游戏开发、文化遗产、工业仿真等诸多领域。

（孙燕艳）

【深度学习技术及应用国家工程实验室成立】 3月2日，深度学习技术及应用国家工程实验室揭牌仪式在百度大厦举行。实验室由清华大学、北京航空航天大学、中国信息通信研究院、中国电子技术标准化研究院等联合共建，着重搭建深度学习、计算机视觉感知、计算机听觉感知、生物特征识别、新型人机交互、标准化服务、知识产权七大平台，从研究突破、产业合作、技术成果转让、人才培养等方面提升中国人工智能领域整体竞争力。百度公司向实验室开放深度学习必需三大资源——计算资源、算法资源和大数据资源以及产业前沿的深度学习课题。

（张蕾）

【北京石墨烯产业创新中心落地】 4月11日，北京石墨烯产业创新中心授牌仪式在中国航发北京航空材料研究院举行。北京市政府和中国航空发动机集团联合发起设立北京石墨烯技术研究院有限公司，注册地址在翠湖科技园，注册资金10亿元，设立石墨烯产业创新中心。

（蔡宇行　梁冰）

【中国科学院大学创新创业学院成立】 4月18日，中国科学院大学创新创业学院成立大会在玉泉路校区举行。学院由中兴通集团、赛伯乐投资集团、三盛宏业投资集团与中国科学院大学合作共建，依托中科院科技、教育、人才优势，整合社会优质资源，形成一套有针对性的教学体系，建立跨学科协同创新的教育孵化平台，培养具备创新精神和创业能力的优秀人才，吸引社会资本深度参与，促进科技成果转移孵化，形成开放式创新创业生态系统，服务创新型国家战略。3家企业向创新创业学院捐赠1亿元。

（张蕾）

【工业互联网研究院成立】 5月20日，“先进制造·AI未来”主题论坛暨第一届人工智能与先进制造论坛在中关村国际创客中心举行。北京创业公社投资发展有限公司（创业公社）和北京智汇社创新科技有限公司（智汇社）宣布联合创立工业互联网研究院，同步启动工业互联网产业孵化项目。研究院是中关村首家工业互联网研究院，是国内首个由企业发起的工业互联网研究院，旨在推动工业互联网研发创新、平台发展、应用示范和产业培育。

（梁冰）

【中科院科技产业化网络联盟成立】 5月26日，中国科学院科技产业化网络联盟成立大会暨中国科学院科技产业网启动仪式举行。联盟由中国科学院联合120余家机构发起成立，由中国科学院控股有限公司（国科控股）主管，旨在用大数据、互联网的技术手段，解决科技成果转移转化中科研机构与社会、企业迫切需求之间信息不对称的问题。其线上平台中国科学院科技产业网同时启动运行。产业网作为科技成果转化的综合服务平台，以中科院所属各科研院所可转移的技术为依托，以企业、社会、公众需求为导向，汇集各种技术成果、项目、技术升级改造、知识产权等信息，吸引技术创新型企业、投融资机构、中介服务机构等，服务于企业、研究院所、社会之间的合作，促进科技成果转化落地。

（梁冰）

【中关村东升科技园三期项目范围腾退基本完成】 6月19日，中关村东升科技园三期（京昌路楔形绿地棚户区改造）项目范围内腾退搬迁工作基本完成。中关村东升科技园三期项目范围为东至京藏高速，南至健德桥，西至小月河，北至竹溪园小区南侧规划路，总面积约77.54公顷。2015年8月，该项目正式启动腾退工作，2016年上半年完成范围内宅基地和集体非宅的腾退搬迁，随后进行剩余部分国有单位的腾退工作，回迁安置房工程土方、基坑支护、地基处理施工组织设计和各专项方案编制完成。中关村东升科技园总占地面积4.53平方千米，总建筑面积300万平方米。园区分三期开发，一期开园7年，园区入驻企业200余家；二期正在建设阶段；三期规划完成。全部建成后，企业总量将达上千家，从业人员超过10万人。

（钟冷）

【农业物联网联合实验室成立】 7月7日，农业物联网联合实验室成立仪式在中国电子技术标准研究院举行。实验室由软通动力信息技术（集团）有限公司、中国农业大学等10家单位共同发起成立，是国内该领域首个产学研用单位相结合的开放性、公益性服务平台。实验室通过提供技术研究、标准咨询、方案设计、项目对接、战略咨询等服务，促进会员之间的信息共享和互惠互利，提升整体竞争力，推动制定农业物联网国家标准和行业标准，承担并参与国家农业物联网重大项目以及国际标准化工作。

（张蕾）

【第二届北京国际医学工程大会暨产品与技术交易博览会举行】 10月13日—14日，第二届北京国际医学工程大会暨产品与技术交易博览会在中关村医学工程转化中心园区举行。中关村医学工程转化中心是在国家食药监总局和市政府支持下，由北京食药监局、中关村管委会、海淀区政府共同推动挂牌成立的生物医药和大健康产业创新服务平台。大会围绕“推动医学工程发展，提升医学创新能力”为中心，分别就细胞与干细胞临床研究与应用、肿瘤基因组与病理诊断、智能医疗机器人、泌尿生殖医学转化、慢性病管理创新药物研发及创新机制、中医药创新精准医疗调控等国际医学与临床应用前沿技术的热点问题展开对话和研讨。

（程晓荷）

【北京量子信息科学研究院成立】 12月24日，加快建设北京量子信息科学研究院工作座谈会在中关村软件园召开。市政府和中科院、军事科学院、北京大学、清华大学、北京航空航天大学共同签署《北京量子信息科学研究院建设合作框架协议》。研究院瞄准世界量子物理与量子信息学前沿和国家在量子信息技术等领域的战略急需，整合北京地区现有量子物态科学、量子通信等领域骨干力量，形成以国际一流科学家为核心的结构稳定、学科全面的研究梯队，在理论、材料、器件、通信与计算等基础研究方面取得世界级成果，推动量子技术实现基础研究、应用研究、成果转移转化、产业化等环节的有机衔接。

（张蕾）

【中关村军民融合产业园战略合作协议签署】 12月29日，中关村军民融合产业园举行战略合作签约仪式，与5家企业签署战略合作协议，分别在媒体、科技、知识产权、信息安全、大数据等专业领域开展合作。与中国财富传媒集团股份公司合作，通过“多媒介传播平台”共同发起“中关村军民融合产业园区行动计划”活动，组织“军民融合名人面对面”系列访谈，每年举办“军民融合四季青论坛”；与中关村巨加值科技评价研究院合作，通过“标准化体系平台”共同打造国内第一个“第四代产业园”，形成一套可复制的标准化体系等；与中关村知识产权研究院合作，通过“知识产权平台”共同成立知识产权银行，为高新技术企业提供服务；与深圳市永佳天成科技发展有限公司合作，通过“软件开发平台”共同成立四季左邻科技有限公司，从事软件技术开发与服务业务，为园区提供运营服务；与北京亚艾元软件有限责任公司合作，通过“大数据网络信息服务中心及电子商务平台”收集与分析军民融合大数据，建立智库研究中心，为企业提供最新的信息资源服务等。

（程晓荷　钟冷）

【寒武纪公司在雄安成立全资子公司】 12月，北京中科寒武纪科技有限公司全资子公司——雄安寒武纪科技有限公司注册成立，注册资本1亿元，注册地位于雄安新区容城县。公司经营范围为集成电路设计，计算机软件、计算机科技、信息科技、智能化科技领域内的技术开发、技术服务、技术转让，计算机系统集成，计算机软件开发，计算机软件、硬件设备及辅助设备的销售，从事货物及技术的进出口业务等。

（程晓荷）

产业与企业发展

【概况】 2017年，海淀园产业发展战略重点为云计算、移动互联网和下一代互联网、空间与地理信息、集成电路设计、生物医药、新能源新材料、节能环保及文化与科技融合等“6+1”战略性新兴产业细分领域。核心区以两大重点功能区（中关村科学城和北部生态科技新区）建设为重点，实施产业领航、创新聚变、创业光合、创想圆梦、全球联动五大工程，建立新技术新产品推广应用、重点企业动态监测和服务、园区乡镇联动服务、产业有序转移与共享、楼宇经济投资促进五大机制，全面建设富有竞争力的政策环境、值得企业信赖的法治环境、营造包容创新的人文环境三大软环境。

（程晓荷）

【中关村国家自主创新示范区展示交易中心】 2017年，中关村国家自主创新示范区展示交易中心（简称展示交易中心，由展示中心、会议中心和海淀安全馆三部分组成）完成“2017全国双创周”北京会场、“ASFC·尖兵之翼第八届中国无人机大会暨展览会”、“中关村（海淀）软件嘉年华”等活动的场地准备、布展协调、外围保障和接待任务。展示中心以“加快建设全国科技创新中心，打造中关村示范区升级版”为主题，展示中关村在人工智能、数据与信息安全、生物健康、新材料、智能制造、智能交通、节能环保、3D打印、集成电路、“互联网+”十大领域的360余家企业的前沿创新成果570余项，接待中央和国家机关、省、市领导，外国政要，企业，军队和学校等参观团体989批近8万人次。接待360个团体和散客3.5万余人次。会议中心2017年1月入选北京地区中央党政机关会议定点单位和北京市行政事业单位会议定点单位，全年完成928场近7万人次的会议服务保障工作。1人获“2017年全国科普讲解大赛”二等奖，2人分获“北京市防震减灾系统科普讲解比赛”二、三等奖，2人分获“区地震局科普讲解比赛”一、二等奖，2人获“北京市优秀科普使者”称号。

（彭志生）

【百度发布DuerOS智慧芯片】 3月30日，在2017 DuerOS智慧芯片战略合作发布会上，百度在线网络技术（北京）有限公司发布DuerOS智慧芯片。产品与英国ARM公司、紫光展锐和上海汉枫电子科技有限公司合作，构建包括度秘大脑、语音解决方案、通用模组在内的三层结构，搭载DuerOS对话式人工智能操作系统，赋予芯片DuerOS“可对话”的核心功能，可广泛用于智能玩具、蓝牙音箱、智能家居等多种设备。

（张蕾）

【百度推出音频转文本应用】 3月，百度硅谷实验室（SVAIL）推出一款网页式语音转录应用SwiftScribe，改变完全依赖人工的速记行业现状。该技术借助于百度新一代深度语音识别系统Deep Speech 2，将音频文件转为文本，转化效率较人工速记快1.67倍。用户可在PC端打开SwiftScribe网页应用，选取wav和mp3格式的文件上传，系统即马上进行处理，时长1分钟的音频文件可以在30秒内转换完成。用户还可使用键盘快捷键进行加快播放、后退和添加换行符等操作，处理完成后，需人工调整大小写、标点及部分拼写细节即可快捷、准确地完成音频转换。SwiftScribe可处理1小时内的音频文件，音频转换服务免费对外开放。

（张蕾）

【推出国内首款灵云智能外呼机器人】 4月，北京捷通华声科技股份有限公司推出国内首款灵云智能外呼机器人。机器人可主动外呼电话，通过先进的灵云语音识别、语义理解技术，能够准确“听懂”客户的疑问，针对性地作出回答，实现复杂的多轮对话，具有欠款催缴、信息提示、回访调研等多种功能，应用于银行、保险、互联网金融（P2P）、快递、房地产等领域的10余家大型企业。

（张蕾）

【中关村（海淀）软件嘉年华】 6月27日—29日，由市经济信息化委与海淀区政府承办的中关村（海淀）软件嘉年华在中关村国家自主创新示范区展示中心举行。中关村（海淀）软件嘉年华是第二十一届中国国际软件博览会的重要活动之一，以“软件点亮智慧生活”为主题，将软件作为核心，通过展示人工智能、大数据、云计算等具有前沿性、突破性技术的“黑科技”科技创新成果，全面展现海淀布局“高精尖”软件产业生态。通过展演、体验、竞赛等多种互动方式，让参观者体验国内外软件产业的最新成果。软件嘉年华设置未来展区、智生活展区、神秘岛展区、创客工坊区四大主题互动展区，腾讯、小米、滴滴等约200家科技企业参加展示。

（王佳琪）

【国内首个人脸识别登机系统启用】 6月28日，百度在线网络技术（北京）有限公司携手中国南方航空股份有限公司在南阳姜营机场启用国内首个人脸识别智能化登机系统，实现“刷脸登机”。在系统管理下，乘客可在安检时出示机票，通过1∶1的人脸认证技术进行身份比对，确认信息并将图像信息录入数据库中；登机时，通过1∶N的人脸识别技术，将乘客信息与库中的信息进行核对，确认登机信息。系统使用人脸识别技术，对乘机人的个人信息在多个环节反复查验和比对，确保乘机人的身份真实可靠；采用多重安全加密措施，能有效杜绝旅客个人信息的外泄；能为航空公司节省人力资源，减少登机口服务人员的数量。

（蔡宇行）

【3家企业入选全球最具突破性品牌】 6月，全球领先品牌咨询公司Interbrand发布2017全球最具突破性品牌榜单（Break Through Brands of 2017），中国海淀园3家企业入选，分别是滴滴出行（北京小桔科技有限公司，出行类）、ofo（北京拜克洛克科技有限公司，出行类）、Face++（北京旷视科技有限公司，人工智能类）。

（张蕾）

【北斗RDSS短报文终端首次应用飞机试飞】 10月10日—14日，北斗卫星导航系统首次在国产商用ARJ21-700飞机103架机上进行测试试飞，试验取得成功。试飞中，北京华力创通科技股份有限公司按照相关国际民航标准及中国民航有关技术标准要求，依托ARJ21-700平台，完成北斗短报文功能试飞验证、机载北斗卫星导航接收机功能和性能试飞验证以及基于北斗的地基增强系统实现I类精密进近的性能试飞验证，提供的北斗RDSS短报文终端利用北斗短报文功能进行通信和监视，实现北斗导航系统在民用航空领域的产业化应用，为北斗导航系统在国际民航标准化、应用推广、测试认证方面获取大量实验数据。

（张蕾）

【张学工团队项目入选“人类细胞图谱计划”】 10月16日，“人类细胞图谱计划”首批拟资助的38个项目公布，清华大学张学工团队负责的项目入选，是唯一一个由中国科学家承担的项目。计划是由Facebook创始人马克·扎克伯格和妻子普莉希拉·陈成立的CZI（Chan Zuckerberg Initiative）基金会发起并资助，通过全世界优秀的生物学家、病理学家、内外科医生、计算机科学家、统计学家等共同讨论提出的国际合作项目，致力于建立一个健康人体所包含的所有细胞的参考图谱。计划自2016年10月启动以来，从全球范围内征集的近500个项目中专业评审出38个项目，涵盖大脑、免疫系统等方向。张学工及其团队关注单细胞转录组分析中特有的问题，针对单细胞测序数据的归一化、差异分析、聚类和有效表示等方面开展工作。

（蔡宇行）

【重大项目落地】 年内，海淀区对接国家重大科技计划，推动重大项目落地。承接科技创新2030—重大项目和国家实验室建设，北京量子信息科学研究院、全球健康药物研发中心落户，石墨烯研究院等建设取得进展，引进和支持知名科学家及团队在光电子、新材料等前沿领域加快筹建新型研发平台。铁科院投资1.89亿元建设全国首个城轨检验验证平台。中科富海大型氢氦低温制冷系统项目作为中国自主研发的首台万瓦级液氢温区低温制冷设备，各项指标取得突破，产品正式进军国际市场。中科寒武纪研发并产业化全球首款人工智能处理器、能够“深度学习”的“神经网络”处理器芯片，成为全球AI芯片领域首个独角兽企业。北京协同创新研究院在美国硅谷、中国香港设立分院，联合多所国际高校，系统开展具有世界领先水平的“高精尖”技术研究，建成柔性电子、先进材料、先进制造、水处理技术、能源材料与系统5个国际协同创新实验室，实现108个项目成果转移转化，吸引社会总投入近12亿元。

（程晓荷）

【大数据领域】 年内，海淀园以数据堂、百分点和腾云天下等新兴企业为“发力点”，搭建大数据综合服务平台。百分点作为中国唯一大数据及人工智能企业，入选亚太地区大数据厂商TOP25榜单。成立北京大数据产业投资基金、博雅盛景大数据基金、信息安全产业基金，完成北京大数据产业投资基金首期出资6500万元、TOP产业基金（二期）资金1500万元、信息安全产业基金1760万元、博雅盛景大数据基金首期出资800万元拨付工作。支持北京大数据研究院建设与运营，推进北京大数据研究平台政府和社会资本合作项目，完成该项目第一年支持经费1250万元资金拨付工作。开展《海淀区促进大数据发展三年行动计划（2018—2020年）》编制工作。

（程晓荷）

【集成电路设计】 年内，紫光展讯研发的16纳米工艺的LTE多模芯片，测试达到稳定量产水平。支持并跟踪领军企业、潜力企业，重点支持前沿项目的研发，推动核心技术突破。重点协调推进松果智能手机芯片、紫光展讯通信芯片等具有关键核心技术的创新研发及产业化。继续在企业流片或掩膜版制作、加大研发投入、搭建平台等方面配套支持。中关村集成电路设计园2017年年底竣工。中关村芯园公共技术服务平台申报工业和信息化部“芯火平台”，重点布局IP领域的合作服务资源。

（程晓荷）

【基础前沿和应用技术研究】 年内，海淀园承接科技创新2030—重大项目和国家实验室建设。北京量子信息科学研究院、北京大数据研究院成立。中国科技大学“1+2”平台与国科量子“星地广域量子通信网络北京管控枢纽”建设完成。推动网络空间安全国家实验室筹建。北京精准医疗与健康研究院与4位诺奖获得者签约分别设立研究中心。中关村新材料前沿技术研究所、全球健康药物研发中心、中科大北京研究院、石墨烯研究院等一批新型研发平台建设取得阶段性成果。

（程晓荷）

电子信息产业

【概况】 2017年，海淀园电子信息产业继续保持良好发展态势，实现总收入1.16万亿元，同比增长17.5%，总量占园区的70%。新材料、新能源和节能环保总收入1888亿元，同比增长10.1%。高端制造产业总收入505亿元，比上年增长9.9%，成为拉动园区经济发展的三大引擎。

海淀园围绕计算机视觉、深度学习、语音识别形成集群式突破，在共享出行、金融支付和安保领域形成深度交融。百度和数码大方分别获批筹建国家工程实验室，佳讯飞鸿与北交大共建智能科技研究院，小米发布首款自主研发中高端芯片“澎湃S1”，成为全球第四家手机、芯片自研“双全”企业。寒武纪研发全球首款人工智能处理器和全球首个商用能够“深度学习”的“神经网络”处理器芯片，跻身“独角兽”行列。百度宣布开放自动驾驶技术平台并发布“Apollo”新计划。制定《海淀智能制造创新中心三年行动计划（2018—2020年）》。推进金隅智造工场围绕智能汽车、增材制造、新能源等领域建设智能制造创新中心，支持京城尚德智造产业园建设新材料智能制造创新中心，神舟软件搭建航天智能制造服务平台，数码大方搭建“互联网+”协同制造云服务平台。

（程晓荷）

【小米自主研发芯片发布】 2月28日，核心区企业小米公司发布定位中高端的自主研发手机芯片—“澎湃S1”，小米成为继苹果、三星、华为之后，全球范围内有同时生产芯片和手机能力的第四家企业。“澎湃S1”芯片由小米和联芯共同设计完成，采用八核设计（A53架构，小核心频率1.4GHz，大核心频率2.1GHz），所配的图形处理器则为MaliT860M P4，主频速度为800MHz，采用整合基带，支持Cat.6。“澎湃S1”为14位双核ISP处理器，具备可编程的Modem，可通过OTA进行算法升级；支持VoLTE高质量音视频通话；支持芯片级防范伪基站；具备自研高铁模式，让用户在高速移动中也可流畅使用网络。“澎湃S1”自有安全机制，能够防止信息泄露及网络诈骗。首批“澎湃S1”芯片已量产并搭载同时发布的小米5c手机。

（钟冷）

【龙芯中科公司发布4款新一代国产芯片】 5月9日，中关村海淀园企业龙芯中科公司在京正式发布龙芯1H、龙芯2K1000、龙芯3A3000/3B3000四款新一代国产芯片，其中龙芯3A3000/3B3000芯片采用自主微结构设计，是目前国产CPU中单核SPEC实测性能最高的芯片之一。

（郑雪）

【国内首个80纳米“万能存储器”核心器件研制成功】 5月23日，北京航空航天大学电子信息工程学院与中科院微电子所集成电路先导工艺研发中心联合团队经过三年攻关，成功制备国内首个80纳米自旋转移矩—磁随机存储器器件（STT-MRAM），器件性能良好，相关关键参数达到国际领先水平。该器件完全采用可兼容传统CMOS集成电路的工艺方法和流程，具备向产品化、产业化转移的条件，可应用于大型数据中心、各类移动设备。

（郑雪）

【首款四通道GNSS宽带射频芯片发布】 6月2日，在第八届卫星导航学术年会上，北京合众思壮科技股份有限公司发布中国首款四通道GNSS宽带射频芯片——“天鹰”。“天鹰”芯片满足单颗射频芯片实现多模多频高精度信号处理的需求，大幅度降低射频电路的尺寸、功耗及成本，适应市场对于无人机、ADAS汽车辅助驾驶系统，以及便携式高精度定位接收机的需求。

（郑雪）

【工业互联网云平台全球发布】 6月15日，工业互联网高峰论坛举行，由中国航天科工集团打造的工业互联网云平台INDICS面向全球发布。INDICS平台自2015年6月15日上线运行以来，注册企业数达到近80万家，其中境外企业3000多家，中小微企业占比超过90%，私营企业占比超过90%，与线下实际分布一致；线上协作需求发布约1000亿元，协作成功约400亿元；业务运行过程嵌入云平台企业1500余家，设备接入云平台6000余台，成为全球已知嵌入企业数和接入设备数最多的云平台。

（郑雪）

【小米生态链成全球最大智能硬件平台】 6月28日，小米公司宣布，小米生态链成为全球最大的智能硬件平台，基于小米MIOT平台的联网设备总量突破6000万台，在地域分布上遍及全球，日活跃设备数超800万个，日处理设备量超过300亿次，小米通用智能模块累计出货量超过950万个。

（郑雪）

【世界首款手机AI芯片发布】 9月2日，华为公司在德国柏林IFA2017大展上举办全球新品发布会，正式发布麒麟970芯片，这是世界首款带专用人工智能元素的手机芯片。麒麟970芯片采用台积电10纳米工艺，在不到100平方毫米的狭小体积内集成55亿个晶体管。

（郑雪）

【世界首个集成自由电子光源芯片研制成功】 9月4日，清华大学电子工程系研制出集成自由电子光源的芯片，在国际上首次实现无阈值切伦科夫辐射，是中国科学家率先实现的重大理论突破，加速了自由电子激光器小型化进程。

（郑雪）

【紫光工业云引擎平台发布】 9月20日，紫光集团及旗下新华三集团在北京举行发布会，发布紫光工业云引擎平台UNIPower，作为业界首个智能制造公共服务平台，服务于工业企业的转型升级，助推中国制造2025快速落地。紫光集团的工业云引擎平台可有效地带动海淀区从“芯”到“云”的产业布局，在工业云和智能制造等相关领域打造工业云生态联盟，共同服务于产品的转型升级。

（郑雪）

【首款量子通信云安全一体机发布】 9月27日，国科量子通信网络有限公司（简称量子网络）与中科曙光联合研发的全球首款基于量子通信的云安全一体机QC Server在北京发布，这是继中国在量子保密通信科研领域走在世界前列后，在应用和支撑领域的一次全球领先。

（郑雪）

【工业大数据产业应用联盟成立】 12月14日，工业大数据产业应用联盟成立大会在北京召开。联盟由联想集团和中国电子技术标准化研究院携手众多行业骨干企业共同发起，旨在推动构建工业大数据产业技术创新链，为工业大数据技术在各个行业的深度融合与落地提供涵盖技术、平台、标准等多方面服务在内的能力支撑体系，推动中国工业转型发展。

（郑雪）

国防科技工业

【国内首台多轴耦合转子动力学实验平台建成】 4月5日，中科院工程热物理研究所储能研发中心设计并建成中国首台多轴耦合转子动力学实验平台，在研究所毕节分所暨国家能源大规模物理储能技术（毕节）研发中心调试完成，各项指标均达到或超过设计指标。

（郑雪）

【北斗高精度原子钟获科技进步奖特等奖】 年内，在2016年度国家科学技术奖励大会上，北斗二号卫星工程获科技进步奖特等奖，中国航天科工二院203所作为北斗二号卫星工程核心载荷星载原子钟的研制单位，研制的高精度原子钟达到世界一流水平，实现关键技术自主可控，成为本次国家科技进步奖特等奖获奖单位之一。

（郑雪）

基础与新材料产业

【国内首套高温宽带材料电磁参数校准系统建成】 4月5日，中国航天科工集团二院203所建立国内首套高温宽带材料电磁参数校准系统，其测量准确度高、测量频率宽，能够满足高温环境的测试需求，形成高温宽带电磁参数校准能力。

（郑雪）

【北京石墨烯产业创新中心成立】 4月11日，北京石墨烯产业创新中心授牌仪式在中国航发航材院举行。北京石墨烯产业创新中心引导开展石墨烯前沿技术、石墨烯应用技术和石墨烯产业技术发展，发挥地方政府产业引领示范和国家科研院所的技术优势，打造军民融合发展典范，立足京津冀协同发展。

（郑雪）

汽车与交通设备产业

【新能源汽车国家大数据联盟成立】 7月18日，新能源汽车国家大数据联盟成立大会在北京举行，联盟推进大数据挖掘分析、大数据应用模式、大数据标准化研究，统筹整合、开发利用新能源汽车数据资源，为政府、企业和公众提供高品质数据服务。联盟秘书处为新能源汽车国家监测与管理中心，即北京理工大学电动车辆国家工程实验室。

（郑雪）

【中关村智联轨道交通运营产业联盟成立】 8月18日，在中关村管委会和海淀园管委会的指导下，由神州高铁、佳讯飞鸿、和利时、千方科技、北京交通大学等海淀区轨道交通领军企业和高校联合发起成立的中关村智联轨道交通运营产业联盟在京召开成立大会。联盟以“顺应国家战略，依托区域优势，整合行业资源，促进共同发展”为宗旨，打造一个“技术+市场+资本”的科技创新服务平台，通过打造轨道交通产业集聚区、强化全产业链资源整合等路径，实现抱团发展。

（郑雪）

【百度成立100亿元自动驾驶基金】 9月21日，百度公司宣布成立一支规模为100亿元的自动驾驶基金“阿波罗基金”。阿波罗计划是百度向汽车行业及自动驾驶领域合作伙伴提供的软件平台，对外公开一套完整的软硬件和服务体系，包括车辆平台、硬件平台、软件平台、云端数据服务等部分，开放环境感知、路径规划、车辆控制、车载操作系统等功能的代码或能力，提供完整的开发测试工具。

（郑雪）

生物与医药产业

【概况】 2017年，全球健康药物研发中心完成政府和社会资本合作（PPP）项目审批及运营团队组建工作；北京脑科学与智能技术研究院完成选址，7个科研团队完成注册并开展初期研究。由清华大学研发、北京品驰医疗设备公司生产的脑起搏器完成在“一带一路”国家的首例临床植入；纳通医疗集团在芬兰正式建立研发中心，并购3家德国骨科企业。

（蔡宇行）

【真核生物基因组取得重大突破】 3月15日，天津大学、清华大学、华大基因的中国科学家在真核生物基因组设计与化学合成方面取得重大突破，完成4条真核生物酿酒酵母染色体的从头设计与化学合成，打破非生命物质与生命的界限，开启“设计生命、再造生命和重塑生命”的进程。

（郑雪）

【甲型肝炎灭活疫苗通过预认证】 12月28日，由海淀园企业北京科兴生物制品有限公司生产的甲型肝炎灭活疫苗（孩尔来福）通过世界卫生组织（WHO）预认证。该疫苗于2002年上市，是中国使用量最大的甲肝灭活疫苗，在京津沪苏免疫规划中广泛使用，是继葛兰素史克公司之后全球第二个通过WHO预认证的产品。

（程晓荷）

装备制造产业

【佳讯飞鸿智能科技研究院成立】 5月26日，佳讯飞鸿智能科技研究院揭牌仪式在北京交通大学举行。该研究院目前设立5个研究方向：移动与宽带互联技术，轨道交通安全与物联网技术，智慧指挥调度技术，云计算、大数据与人工智能技术以及信息技术军民融合。

（郑雪）

【国际首台10MW级压缩空气储能集成实验与验证平台启动调试】 5月27日，中科院工程热物理研究所储能研发中心暨国家能源大规模物理储能技术研发中心自主设计研发的10MW级压缩空气储能集成实验与验证平台完成所有设备的安装及各设备的单独调试，启动整体系统的联合调试。该实验平台是目前国际上容量最大、功能最全、测量范围最宽的压缩空气储能集成实验与验证平台，具备容量大、寿命长和安全性高等特点。

（郑雪）

【5家企业项目入选首批国家级制造业双创示范平台项目】 8月24日，工业和信息化部公布2017年制造业双创平台试点示范项目入选名单。全国共有90家企业的117个项目被确认为全国首批国家级制造业双创示范平台，北京市10家企业围绕双创平台+要素汇聚、+能力开放、+模式创新、+区域合作4个领域申报的14个项目被评为首批制造业双创平台试点示范项目，占12%。其中包括北京小米科技有限责任公司、中国铝业公司、中国船舶工业集团公司、北京树根互联技术有限公司、智慧神州（北京）科技有限公司5家驻海淀区企业。

（钟冷）

【机器人研究中心成立】 9月14日，德国西门子集团宣布与清华大学（西门子全球“知识交流中心”高校之一）共同成立北京先进工业机器人联合研究中心。该研究中心专注于机器人相关技术和产品的研发，包括整合机械、电子、类人机器人和人工智能技术在机器控制中的应用等。

（郑雪）

【液氦温区低温制冷机通过验收】 10月18日，中国科学院理化技术研究所自主研发成功的首台全国产化250W液氦温区制冷机在河北省廊坊市通过专家验收。中国液氦温区大型制冷机从设计、制造到稳定运行的技术与能力得到提升，填补中国液氦温区大型氦低温制冷机制造技术的空白，满足国家航空航天、大科学装置等战略领域的高技术发展需求。

（郑雪）

经济信息化建设

【概况】 年内，海淀园实现公共服务区域免费无线网络全覆盖，2797个区域与市级无线网络认证系统无缝对接，共享网络资源；完善政务云平台、政务光缆和办公平台建设，通过调整项目建设模式、优化项目管理等手段，节约投资成本6130万元。截至年底，政务云平台部署71家单位141个业务系统，敷设政务光缆总长度3085.74千米，接入区属单位1110家，部门办公系统增加至88个。

（程晓荷）

【大数据分析与应用技术国家工程实验室揭牌】 3月21日，大数据分析与应用技术国家工程实验室揭牌仪式暨大数据分析与应用技术创新论坛在北京大学举行。实验室由北京大学牵头，中国科学院数学与系统科学研究院、北京奇虎科技有限公司、北京嘀嘀无限科技发展有限公司、中山大学、中国信息安全研究院等单位共同参与，旨在建设大数据分析技术研发与应用试验平台，培养和汇聚大数据分析技术研发与应用高端人才，为推动国家大数据分析与应用的技术进步和产业发展提供技术支撑。

（蔡宇行）

【“信用海淀”网站上线试用】 4月7日，“信用海淀”网站上线试用。网站可以在线提供信用信息“一站式”查询、行政许可和行政处罚信息公示、信用动态、信用承诺、信用申诉、信用地图、联合奖惩、重点领域信用、信用服务和信用讲堂等功能服务。“信用海淀”网站与北京市信息资源管理中心实现数据对接，汇集海淀区企业数据40余万条，逐步实现企业登记注册信息同步。收录海淀区“双公示”数据信息共计约17万余条。“信用海淀”网站与信用服务机构合作，接收企业信用评级、企业征信等业务申请3975件，完成企业信用等级备案2468家，于每年的11月发布本年度的企业评级结果，为公众提供查询企业评级结果信息。

（程晓荷）

【“智慧海淀”建设】 年内，海淀区建成全国第一家区级政务云平台。以政府购买服务方式建成区政务云平台并首批参与全国“云计算服务安全审查国家标准应用试点工作”。开通运行云服务器426台，存储172台，部署70余个委办局的178个应用系统；率先建成北京市区级政务光缆专网。海淀区政务光缆专网铺设总长度1200余千米，实现区、街、居三级网络全覆盖。以政府购买服务和引导企业自筹资金两种方式，实现无线网络对政府公共服务区域、科技园区服务区域、社区公共服务区域、商业服务区域、交通场站服务区域5类2678个区域的全覆盖，并向公众免费开放。推进4G网络建设，4G基站数达到2000个，海淀区4G信号有效覆盖率提升至97%；推进光纤改造工作，对全区的光纤进行大规模改造，累计完成率94%。

（程晓荷）

【资源管理系统上线】 年内，区经信办开通海淀区资源管理系统。全区各有关单位可以通过资源管理系统，向经信办提出政务云平台、VPN账户、数字证书、政务外网、短信平台、邮箱账户、800M入网申请、域名申请、部门OA服务9种软硬件资源的网上申请。加快办理效率，做到审批过程可查询，审批结果可管理。

（程晓荷）

【信用体系建设】 年内，海淀园建设完成“信用海淀”网站和全区统一的公共信用信息共享交换平台，首次归集北京市20余个委办局掌握的海淀区各类市场主体信用信息6100余万条，初步实现市级公共信用信息数据资源在海淀区公共信用信息共享交换平台上落地。在安全生产、医药卫生、中介服务、司法公信等重点领域方面诚信建设中，海淀区连续6个月在北京市区域信用环境状况监测中排名第一。

（程晓荷）

【“互联网+城市治理”】 年内，海淀园建成网格化社会服务管理信息化系统，实现社会管理和社会服务信息的资源整合、共享应用和空间可视化，搭建区市政市容环境监控指挥系统，实现对全区所有环卫车辆道路作业情况、区内垃圾楼、垃圾处理厂等环卫设施的远程监管，建成覆盖全区、统一规范的市政市容地理信息数据库，掌握全区道路空间分布情况和道路面积总量，以试点方式，建设地下综合管线信息管理系统，推动地下管线信息一体化管理，扩大公共安全视频监控覆盖面，实现重要区域24小时全天候图像监控服务，新增森林火情预警监测、老旧电梯故障预警等。

（程晓荷）

【民生服务信息系统】 年内，海淀园建成区综合行政服务中心信息化系统、房屋全生命周期系统、人力社保信息化系统、民生综合信息管理与服务平台，实现让信息多跑路，让群众办事少跑腿。推进智慧教育、智慧卫生、智慧社区、街镇项目等一批民生服务项目建设。

（程晓荷）

交流与合作

【概况】 2017年，海淀园管委会强化与全球高端创新资源的对接，开放创新国际化水平不断提升，打造国际化服务平台——“环球商机”系列活动，落实国家“一带一路”倡议和《中关村核心区促进企业国际化发展三年行动计划》，推进国际产能合作。举办品牌活动“环球商机”37场、2017中关村（海淀）软件嘉年华、2017年“双创周”、“2017年创响中国北京站”、2017全球知商高峰论坛等活动。“双创季”活动吸引来自32个国家的770家机构进行路演和展示，取得29项成果。海淀园管委会与威拓国际联合举办“中东商机”研讨会；与德国慕尼黑工业大学联合主办“环球商机——中欧携手 共赢未来”论坛；联合威拓国际共同举办“环球商机——非洲商机研讨会”；举办“环球商机系列活动之南非科技园区投资商务对接会”。

推进海淀园秦皇岛、溧阳、齐河、赤峰、丹江口5个分园建设，与延庆区、昌平区、门头沟区对接，做好内蒙古自治区赤城县和河北省易县产业帮扶、科技帮扶工作。联合中关村管委会筹划建设雄安新区中关村科技园。

中关村一带一路产业促进会覆盖企业242家，与沿线25个国家进行对接，45家企业在“一带一路”沿线国家设立分支机构。中关村创客小镇与伊朗孵化器运营机构建立战略合作伙伴关系。新增意大利咨询公司事务所知识产权海外维权援助站点。

（蔡宇行 程晓荷）

【托马斯北京研究院成立】 2月4日，托马斯北京研究院成立典礼在北京航空航天大学举行。研究院以2013年诺贝尔生理学及医学奖获得者——美国国家科学院、美国国家医学院、美国文理学院院士 Thomas C.S ü dhof（托马斯·聚德霍夫）教授命名，由北京市、北京航空航天大学、托马斯教授三方共建。北京航空航天大学与托马斯教授签署合作协议；研究院围绕中枢神经系统损伤修复这一世界难题，发挥多学科交叉的优势，在病理生理学、生物材料修饰与制备技术、修复机理等学科领域展开研究。

（蔡宇行）

【中以创新花园合作协议签署】 3月20日，在以色列总理商业创新论坛上，举办中以双方商业与科技项目的签约活动。海淀园管委会、中关村软件园、以色列商会及以色列施拉特有限公司共同签署《关于在以色列、中国设立创新花园的合作协议》。中以创新花园汇聚中以两国创新要素，促进创新要素与产业资源融合，推动以色列技术转移与海淀区的产业提升。

（梁冰）

【“藤蔓计划”推出】 3月，中关村一带一路产业促进会推出针对在华留学生的“藤蔓计划”，这是中国首个服务高新技术企业及机构的“一带一路”国际人才计划项目。“藤蔓计划”以“实习对接、考察交流、精准派送、创业支持”的形式，为中国科技型企业找到适合“一带一路”发展的国际化人才，快速融入“一带一路”建设；让“一带一路”沿线国家的年轻人近距离感知“创新科技改变中国”的巨大效应，达到“藤蔓使者架桥一带一路”目的；通过“藤蔓使者”在“一带一路”创新中心的创业孵化，深入推动企业与“一带一路”沿线国家的经贸合作。

（钟冷）

【海淀园企业帮扶易县签约】 4月17日，由海淀区发展改革委、海淀园与河北省易县政府共同组织的海淀区政企来易产业合作对接座谈会在易县举行。海淀园北京德青源农业科技股份有限公司、北京三聚绿能科技有限公司、北京嘉博文生物科技有限公司等企业的代表参加，涉及现代农业、光伏能源等领域。8月24日，北京市海淀区、保定市易县帮扶对接项目签约仪式在易县举行。

（程晓荷）

【廊坊·中关村软件园人才与产业创新基地启动】 5月16日，廊坊·中关村软件园人才与产业创新基地启动仪式在廊坊市举行。基地位于廊坊市广阳区新朝阳商务中心，总面积近5万平方米，分为公共服务区、企业办公区、高端交流区，特别开辟“创业服务驿站”和“创业学院”。创新基地主要围绕云计算、移动互联、大数据、智能硬件四大高端产业，着力打造创新交流平台、创新人才平台、科技金融平台、双创服务平台、智慧办公平台，共建京津冀人才创新高地。基地已与40余家机构开展合作洽谈，16家公司入驻运营。中关村互联网文化创意产业园廊坊园同日揭牌成立，24家文化创意、科技创新、军民融合类高新技术企业确定入驻。

（张蕾）

【中关村对话硅谷科技金融周活动】 5月26日，中关村对话硅谷科技金融周在中关村创新中心举行。来自中关村相关单位的领导和中美两国科技金融界领军人物以及创新创业群体，结合人工智能、物联网和智能制造等话题进行交流。在为期一周的活动中，中关村与硅谷围绕创新驱动、中美协同创新和资本全球化等议题展开一系列对话。

（蔡宇行）

【2017京津冀协同创新发展峰会】 6月10日，北京中关村信息谷资产管理有限责任公司、北京易财金咨询有限公司承办的2017京津冀协同创新发展峰会在中关村软件园举行。国家发展改革委、市推进京津冀协同发展领导小组办公室、市经济和信息化委、中关村管委会、中关村发展集团以及保定市、承德市政府，来自京津冀的企业家、知名学者等200余人参加。峰会是第二十届中国北京国际科技产业博览会的重要分会，主题为“协同发展，创新融合”，聚焦“创新驱动发展”“京津冀协同发展”等重大国家战略，设有主题演讲、圆桌对话、专题讨论等多种形式，“对话京津共建：京津协同，创新发展”“对话智造保定：智能制造助推京津冀产业转型”“对话生态承德：京津冀协同，加速生态共建共享”。举行天津滨海—中关村科技园入驻企业签约仪式，以太资本、北京爱康维健医药公司、北京盛世光明软件公司等10余家投资机构和企业签署入驻园区协议。

（张蕾）

【中芬创新企业合作委员会成立】 6月29日，在中芬商业峰会上，举行中芬创新企业合作委员会成立启动仪式并召开第一次会议。芬兰总理西比莱、经济事务与就业部副部长古泽森出席启动仪式并发表主旨演讲。4月，中国商务部和芬兰经济事务与就业部签署《关于在中芬面向未来的新型合作伙伴关系框架下成立中芬创新企业合作委员会的联合声明》。中关村发展集团股份有限公司、诺基亚公司分别担任该委员会中方和芬方主席单位。委员会由中芬经济界领先企业代表组成。12月1日，中芬创新企业合作委员会第二次会议在芬兰赫尔辛基诺基亚总部基地召开。

（张蕾）

【南宁—中关村协同创新合作交流会】 7月25日，由南宁市政府主办的2017南宁—中关村协同创新合作交流会在中关村软件园举办，主题为“创新驱动　合作共赢”。中软国际有限公司、北京领创精准医疗公司、北京市工业设计研究院有限公司、树根互联技术有限公司等信息技术、生命健康领域的企业家和专家分别作主题演讲。南宁市科技局、市投促局等部门与中关村示范区重点意向合作企业就优惠政策、服务环境等问题展开互动交流。

（张蕾）

【滴滴出行与Taxify合作】 8月1日，滴滴出行宣布与欧洲、非洲地区移动出行领军企业Taxify达成战略合作。滴滴出行通过投资以及智能交通技术研发等方面的协作，支持Taxify在多元市场进行更深度的市场拓展和技术创新。Taxify作为欧洲和非洲地区成长最快的移动出行企业，其出租车和私家车共享出行服务网络遍及欧洲、非洲、西亚的中心城市，包括匈牙利、罗马尼亚、波兰、波罗的海三国、南非、尼日利亚、肯尼亚等18个国家，拥有超过250万用户。

（蔡宇行）

【中关村软件园大讲堂走进廊坊】 8月31日，由廊坊市科技局、北京中关村软件园发展有限责任公司主办的中关村软件园大讲堂——走进廊坊·中关村软件园人才与产业创新基地专场活动在廊坊市举办。至年底，中关村软件园大讲堂共举办10期，主题分别为“2017年度创新创业政策宣传与解读系列活动”“走进南宁：物联推动变革　机器驱动世界”“互联网与软件知识产权保护新政策解读与实务”“超乎魔法! IBM GCG 敏捷和简化之路”“时空大数据的崛起：英国大数据的现状和发展”“打开艺术之门——摄影技巧”“创新驱动　知识产权助力科技企业发展”“中国花鸟画鉴赏”，558家企业的1145人参加。

（张蕾）

【京洽会3个项目落户海淀】 9月5日，在第九届投资北京洽谈会上，15个重大投资项目现场签约，签约金额251.8亿元。其中，3个重大项目落户海淀园。河北省的东旭光电集团有限公司投资石墨烯新材料总部基地项目，主要涵盖石墨烯LED节能照明项目、面向“煤改电”市场的石墨烯电热技术项目等。上海蔚来汽车有限公司设立北京蔚来能源科技有限公司和北京蔚来汽车销售服务有限公司，分别作为其在京的研发总部和运营总部，总投资超过20亿元。河南龙城集团有限公司成立北京龙成慧能科技有限公司，致力于煤炭分质利用技术研究和推广，推动煤炭清洁高效利用。

（蔡宇行）

【第六届TSquare技术大会】 9月8日，北京中关村软件园发展有限责任公司、汤森路透北京运营中心中国区在中关村软件园联合举办e起飞翔——智讯成金第六届TSquare技术大会，主题为“飞速演变的金融科技”。大会设立人工智能分论坛，首次采用线上同步直播方式，让线上观众与清华大学交叉信息学院、中航证券、阿里金融云、北京理房通支付科技有限公司等国内金融智能领域内知名的企业家和专家学者互动交流。

（张蕾）

【北京先进工业机器人联合研究中心成立】 9月13日，清华大学—西门子先进工业机器人联合研究中心签约仪式在苏州举行。清华大学相关院系的教师代表和西门子公司管理人员、技术人员等参加。中心由清华大学与德国西门子股份公司共同成立，专注于机器人相关技术和产品的研发，包括整合机械、电子、类人机器人和人工智能技术在机器控制中的应用等。

（蔡宇行）

【中英物联网圆桌讨论会】 11月14日，由英国国际贸易部、英国驻华使馆、北京中关村软件园发展有限责任公司、中关村物联网产业联盟联合在中关村软件园举办中英物联网圆桌讨论会，近40家中英方企业、机构的上百名代表参加会议。7家英国企业就高端传感器、芯片设计、物联网、车联网、智能家居、智慧能源等领域项目进行路演。

（张蕾）

【2017中关村论坛】 12月7日，由科技部火炬中心、中关村管委会、海淀区政府支持，中关村海淀园管委会指导，中关村“一带一路”产业促进会主办的“2017中关村论坛——‘一带一路’上的中关村”在北京举行。本次论坛包括1个主论坛和3个平行分论坛。主论坛主题为“创新 智能新经济”，平行分论坛的主题分别为“新经济发展论坛暨2017年盛景全球创新大奖”“‘一带一路’上的中关村”“人工智能与产业变革”。科技部、中共中央对外联络部，巴基斯坦、哈萨克斯坦、立陶宛等国驻华使节和欧盟中小企业中心、哈萨克斯坦中国贸易促进会、柬埔寨王国嵘德集团的代表，海淀科技企业、中介组织的代表及专家等200余人参加。论坛以海淀科技企业为坐标，探讨“一带一路”倡议在与沿线国家自身发展战略相互融合的形势下，如何通过金融服务来合理有效地配置资源，全面发挥科技创新对“一带一路”沿线国家建设的支撑引领作用，推动沿线国家联合交流，打造创新共同体，将“一带一路”建成创新之路，让创新成为推动经济社会发展的重要力量。包括国内外专家演讲、中关村创新创业青年英豪榜发布、中关村前沿科技企业和全球优秀创新创业对话等活动。

中关村“一带一路”产业促进会会员单位达79家，覆盖企业242家，与“一带一路”沿线25个国家进行对接，成为海淀企业国际交流合作平台和政府服务企业参与“一带一路”建设的示范平台。

（蔡宇行　程晓荷）

【百度与华为达成战略合作】 12月21日，百度与华为宣布进行战略合作，双方围绕中国市场和用户体验，在自然交互、人工智能开放平台和生态、内容与服务、各类智慧终端开展深度语音和图像合作，强化人机自然交互；针对AR场景化创新，双方以“技术革新+硬件落地”的“软硬结合”形式建立AR生态。

（蔡宇行）

【海淀区与中科院北京分院科技创新战略合作签约】 12月28日，海淀区政府与中科院北京分院全面科技合作座谈会暨科技创新战略合作签约仪式举行。围绕科技成果转化体制机制创新、科研资源体系及平台建设、综合性科技成果产业化基地、科技金融布局及科技创新人才培养5个方面开展一揽子、全方位合作。中科海淀科技创新综合体首个项目启动建设；信工所、自动化所、微生物所等研究所共同谋划布局，设立科技成果转化基金。清华大学的量子点光谱芯片技术取得重大突破，中科院首台万瓦级氢氦低温制冷系统打破国外技术垄断，进军国际市场。铁科院建设全国首个城轨检验验证平台取得有效进展。

（程晓荷）

【海兰信签约全球最大油运公司】 年内，北京海兰信数据科技股份有限公司与全球最大的邮运公司National Iranian Tanker Company（简称NITC伊朗国家油轮公司）签约，为其下属船队船岸信息一体化提供全球通信运营服务，即47套整体VSAT加装及通信运营业务。该项目是海兰信打造“Hi-Cloud”全球智能航海引领者的样板工程。

（蔡宇行）

园区投融资

【科技产业空间优化基金成立】 3月，由北京实创高科技发展有限责任公司、北京实创科技园开发建设股份有限公司和联想控股成员企业弘毅投资联合发起设立的海淀科技产业空间优化基金在市工商局注册。北京海淀科技产业空间优化基金中心（有限合伙）是该基金的运营单位，经营范围为非证券业务的投资、投资管理、咨询。基金总规模300亿元，首期规模50亿元，主要用于优化园区乃至核心区的产业空间，通过资金引导，吸引企业入驻，扶植产业发展，改造翻新，业态调整，管理提升等。

（孙燕艳）

【百信银行获银监会批复】 8月21日，中信百信银行股份有限公司筹备组收到《中国银监会关于中信百信银行股份有限公司开业的批复》，同意中信百信银行股份有限公司开业。百信银行由中信银行与百度在线网络技术（北京）有限公司合建，其分别认购百信银行14亿股、6亿股普通股股份，入股比例为70%、30%。

（蔡宇行）

【泛互联网产业基金成立】 12月15日，由中国人寿集团携手百度公司组织的泛互联网产业基金成立，总规模140亿元，中国人寿认缴56亿元。该基金是支持实体经济发展、加强高科技“互联网+”领域资产配置的一项长期股权投资基金产品，重点投资泛互联网领域，包括移动互联网、人工智能、互联网金融、消费升级、“互联网+”等中后期项目。

（张蕾）

【StrongVR 融资 3.3 亿元】 年内，中关村虚拟现实空间（StrongVR）通过采用垂直筛选、垂直孵化、免费服务、简化流程等模式聚集 VR 产业，为 VR 创业者提供一个垂直、高效、贴心的孵化平台。入孵团队 100 家，从创办初期的 5 家增长至 100 余家，包括国家高新技术企业 4 家、中关村高企 2 家、金种子企业 3 家；孵化面积从 780 平方米拓展至近 2000 平方米；融资总额累计达到 3.3 亿元。孵化项目涉及虚拟现实教育培训、主题娱乐、游戏开发、建筑可视化、军事航天、医疗应用、工业仿真、环幕投影、力反馈等诸多领域，逐步形成企业初创、加速、发展的产业生态链。

（孙燕艳）

【原始创新基金体系】 年内，“北京市自然科学基金——海淀原始创新联合基金”年度规模 2400 万元，完成拨款支持项目 55 项。协同创新母基金达 12 亿元，设立子基金 8 只，募资超 16 亿元。设立中科院科技创新母基金、北航长鹰军民融合与先进制造基金、推动设立北理工京工弘元基金，加快各领域优秀科技成果落地转化。中关村并购母基金募集至 119 亿元。联合设立投贷联动为特色的丝路云和基金、支持设立智能制造产业基金、丹晟华海基金。投资项目 8 个，拟投资总额 17.1 亿元，立项项目 4 项。

（程晓荷）

【原始创新联合基金】 年内，海淀园联合北京协同创新研究院、商汤科技公司等技术转化机构、企业与北京市自然科学基金共同设立“北京市自然科学基金——海淀原始创新联合基金”，以核心区经济发展需求引导区域原始创新。联合基金合作期 5 年（2017—2021 年），基金总规模 1.2 亿元，其中海淀区出资 5000 万元。联合基金申报项目 372 项，其中重点专题 55 项、前沿项目 317 项。支持项目 55 项，其中重点专题 11 项、前沿项目 44 项。

（程晓荷）

【海外创新发展和双创支持基金体系】 年内，海外创新母基金总规模 50 亿元，完成 10 个项目投资。设立中关村创业大街创新创业基金，筹备设立中关村双创母基金。形成 40 余只基金、总规模 580 亿元的“海淀创新基金系”。

（程晓荷）

【首只建材行业产业基金落户海淀】 年内，由中国建材集团有限公司与中国保险投资基金共同发起设立的北京中建材产业发展基金（有限合伙）完成工商注册和税务登记，落户海淀区。中建材基金的出资人为中国建材集团、中保投基金和中建材产业基金管理有限公司（中国建材集团间接全资子公司），总规模 800 亿元，其中首期资金为 160 亿元，初期 60 亿元资金到账。

（蔡宇行）

中关村西区

【概况】 2017 年，中关村西区有楼宇 75 座，驻有单位 8000 余家。2017 年新增入驻企业 1786 家，从业人员约 10 万人。有科技研发类、科技金融类、文化创意类、中介服务类、教育培训类和商业类 6 种产业形态。是以技术创新与科技成果转化和辐射为核心，以高端人才服务、科技中介服务和政府公共服务为支撑的创新要素聚集功能区。

（郭佳）

【服务西区企业活动】 6 月，中关村西区办（简称西区办）举办 2017 年“创响中国”中关村西区双创科技成果展览展示周活动，展出 100 多件前沿科技产品。吸引来自全国各地的 1000 多人次前来参观。《北京日报》《法制晚报》《海淀报》及新华网、中青网等媒体对展示周内容进行了相关报道。6 月 15 日，海淀医院首个“创客健康家园”在中关村国际创客中心正式揭牌，海淀医院针对西区创业者开辟“就医绿色通道”。全年举办创新企业的人力资源管理、女性创业者访谈、创业心理辅导、法律咨询、知识产权讲座、西区创业成果展示周等 9 场主题活动，参与人数 2000 余人。继续开展《西区故事》采编工作，印发 10000 册《西区故事》，免费向西区内各单位发放。

（郭佳）

【整合空间资源】 年内，西区办加大西区空间腾退力度。完成压缩亿世界电子市场、光耀东方地下广场等市场和商业面积 11.4 万平方米，压缩商户 2308 家，减少 9023 人。开展对鼎好、广安中海、硅谷等电子市场的联合执法 20 余次。

（郭佳）

【创新要素集聚】 年内，航天云网众创空间在海兴大厦落地运营，猪八戒网旗下的“八戒工厂”入驻亿世界六层；中发展集团引进的豪威电子落户创业大街；蔚来汽车、ofo 入驻理想国际大厦。7 月，“中关村京港澳青年创新创业中心”在创富大厦正式挂牌运营。

（郭佳）

【环境提升】 年内，西区办制定《西区景观照明提升规划方案》，对创业公社、中关村广场双螺旋雕塑、中钢连廊、创业大街以及新中关、欧美汇、食宝街等夜景照明进行深化设计并组织实施。《西区园林绿化和小尺度环境规划》完成初步制定，《西区交通治理方案》编制工作进展顺利。按照一级一类标准，做好西区环境卫生、园林绿化、道路养护等环境管理建设工作。

（郭佳）

【安全检查】 年内，西区办会同消防、城管、防火办、安办等部门对西区 75 栋建筑楼宇展开检查 200 余次，消除安全隐患 1000 余个，包括列入“三合一、高风险密集场所重大安全隐患台账”的 62 个挂账点位全部销账。清理物流仓储库房 757 间，3 万余平方米。

（郭佳）

功能区建设

2018
北京海淀年鉴

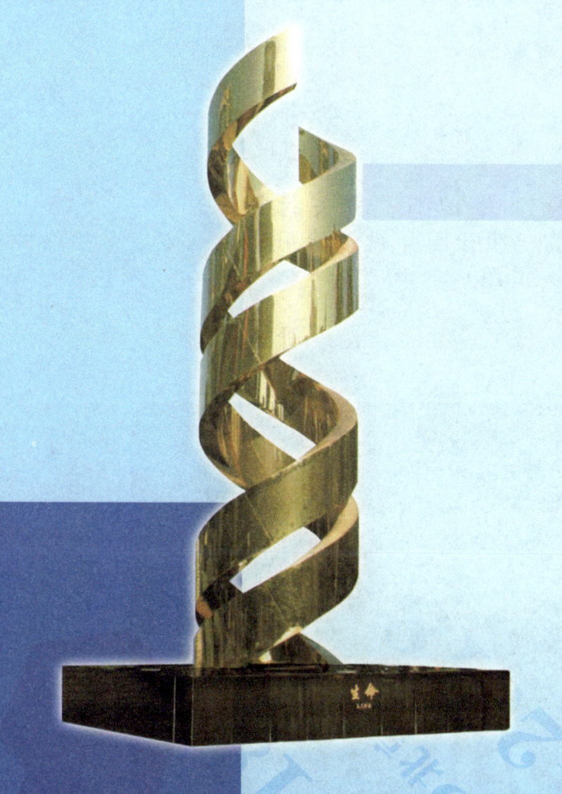

1月，北部文化中心项目获“中国建筑鲁班奖”（韩雨华 摄）

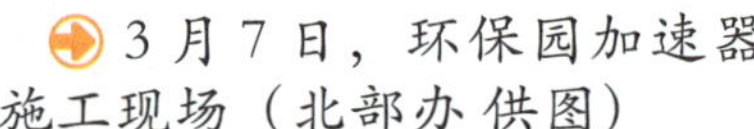

3月7日，环保园加速器施工现场（北部办 供图）

11月12日，中关村创客小镇一期开园并投入使用（北部办 供图）

11月28日，永玉路（永丰东环路北延）建成通车（北部办 供图）

年内，永丰科技企业加速器二区分布式光伏屋顶电站正式并网发电（北部办供图）

北安河安置房（韩雨华摄）

大工村再生能源发电厂（韩雨华摄）

中关村1号获全国第一批健康建筑称号（韩雨华摄）

中关村科学城

【概况】 2017年，中关村科学城指挥部固定资产投资项目总计38个，开工项目28个，实际完成投资100.43亿元。其中，玉渊潭地区分指挥部固定资产投资项目10个，计划投资17.97亿元，实际完成投资6.8亿元；东升地区分指挥部固定资产投资项目为3个，计划投资26.42亿元，实际完成投资35.42亿元；中知学地区分指挥部承建15个项目；四季青镇固定资产投资项目5个；北下关地区分指挥部社会固定资产投资项目为大柳树路2号铁科院办公区科研业务用房（1#、2#、3#）1项，项目总投资6.87亿元。

【玉渊潭地区分指挥部】 年内，玉渊潭地区分指挥部固定资产投资项目10个，计划投资17.97亿元，实际完成投资6.8亿元。阜石路仁和商务楼项目计划投资4200万元，完成楼内地面及防水、内外幕墙等专业施工，完成产值3291.73万元。阜石路东商务楼项目计划投资2450万元，二次结构完成，电梯、冷却塔及锅炉等专业施工，完成产值3260.34万元。阜石路敬老院项目计划投资1150万元，完成电气设备、电梯专业施工，完成产值1526.93万元。宝联项目计划投资4800万元，完成立项核准等手续，完成拆迁、市政水、电管线移改。西南饭店改造项目计划投资1.9亿元，进行机电安装等施工，完成投资5273.59万元。中裕花园项目计划投资6600万元，正在办理考古勘探手续。五路居回迁安置房项目完工，但存在设计、施工变更，项目完工后仍发生投资，实现投资22973万元。玲珑巷又一村回迁安置房项目计划投资3.05亿元，项目申报施工许可证。半壁店拆迁项目计划投资3亿元，腾退承租户面积5.17万平方米，占总建筑面积的92%。五路居站货场铁路职工住房项目（外联项目）计划投资8亿元，项目取得建设规划条件，土地预审及项目立项批复。

（孟欣）

【东升地区分指挥部】 年内，东升地区分指挥部固定资产投资项目为3个，计划投资26.42亿元，实际完成投资35.42亿元。中关村东升科技园二期项目一级开发项目申请土地一级开发成本审计，审计单位进行一级开发成本审计材料整理。项目产业用地城市设计与导则由于高度局部调整，报市规委审核，完成高度局部调整公示。代征绿地集体房屋腾退基本完成。大市政工程中贺家村路及后屯东路基本完工。回迁安置房项目取得出让合同等前期手续，正在办理回迁房及幼儿园规划许可证。东升科技园三期（京昌路楔形绿地）项目实施方案通过区棚改办联席会审查。阜外医院和清华东路小学搬迁腾退。回迁安置房、幼儿园项目奠基，开展施工前期准备工作。学院路科技园项目腾退工作基本完成，回迁安置房工程竣工。

（李珠峰）

【中知学地区分指挥部】 年内，中知学地区分指挥部承建15个项目。北京大学2个项目（肖家河教工住宅）完成总投资9.23亿元，总建筑规模88.8万平方米（其中地上62万平方米、地下26.8万平方米）。肖家河教工住宅回迁房完工入住、教师住宅楼正在进行主体结构施工；实验设备2号楼项目位于北京大学校内，总建筑面积2.18万平方米，总投资8.52亿元，内部结构施工。清华大学4个项目：八家教职工住宅项目位于东升镇八家村，建筑面积76.92万平方米，总投资35.89亿余元，主体结构封顶；南区宿舍楼二期项目位于清华大学清华园，建筑面积3.7万平方米，总投资1.83亿元，主体结构封顶；法律图书馆位于清华大学校内，总投资1.53亿元，完成结构封顶；生物医学馆项目位于清华大学校内，总投资2.86亿元，进行结构施工。中国农业大学2个项目：植保楼项目位于东校区，总投资1.69亿元，施工进度是结构封顶二次结构；图书馆位于西校区，总投资2.86亿元，施工进度是主体结构施工。中国人民大学3个项目，总面积16.86万平方米（创意产业院建筑面积6.6万平方米、教学科研楼建筑面积6.56万平方米、集体宿舍楼建筑面积3.7万平方米），总投资9.3亿元，施工进度是正在进行结构施工。北京舞蹈学院学生综合宿舍楼项目，建筑面积2.89万平方米，总投资1.9亿元，施工进度是内部装修及收尾工作。中国科学院信息化大厦项目位于保福寺桥，建筑面积6.73万平方米，总投资8.52亿元，施工进度是结构施工。北京航空航天大学北区集体宿舍楼和食堂项目位于北京航空航天大学校内，总投资6.37亿元，施工进度是正在结构施工。北京科技大学新建工程实验基地项目位于学院路30号内，建筑面积1.4万平方米，总投资8391万元，进行基础施工。北京大学医学部综合游泳馆项目位于学院路38号，总建筑面积2.2万平方米，总投资2.08亿元，进行基础施工。

（熊疆）

【四季青地区分指挥部】 年内，四季青镇固定资产投资项目5个，分别为香山一期安置房项目、双新村整体改造、宝山村整体改造、玉泉新村一期B地块项目、西郊汽配城改造项目（其中玉泉新村一期B地块项目经区发改委研究不再纳入固投平台进行调度，西郊汽配城改造项目由中关村科学城指挥部直接调度），投资任务54.5亿元。由于推进难度大，规划建设手续进展缓慢，上述项目2017年度未完成投资任务。香山一期安置房项目：完善祁家村C地块设计方案，5月5日，香山一期安置房项目获市政府批复。设计方案由区规划分局审核。道路红线调整工作、规划钉桩完成。双新村、宝山村整体改造项目：完成双新村整体改造实施方案细则编制，通过区政府专题会审议。入户工作完成63%，签约12户。推进双新村绿地调整工作，宝山村取得北京市规土委《关于海淀区四季青镇宝山地区整体改造调整方案有关规划意见的函》，项目控规调整工作基本完成。棚改实施方案通过区长办公会审议，12月底启动村民搬迁腾退工作。

（王雪）

【北下关地区分指挥部】 年内，北下关地区分指挥部社会固定资产投资项目为大柳树路 2 号铁科院办公区科研业务用房（1 号、2 号、3 号）1 项。项目总投资 6.87 亿元，总占地面积 15.3 万平方米，总建筑面积 7.8 万平方米。主体建筑地上 6~8 层，地下 2~3 层，包括认证检测试验基地、科研试验基地、机电一体化测试基地及附属设施等。1 号、2 号楼完成地下结构施工，3 号楼完成二次结构施工。

（张捷）

【西三旗地区分指挥部】 年内，西三旗地区分指挥部完善产业规划。以集中连片的建设模式，按片区为单位规划细分产业方向，确定“两带”“五区”的建设布局。对现有产业空间进行分类整理，按照“腾笼换鸟”（即旧厂改造）和“凤凰涅槃”（即拆旧重建）两种建设形式，布局 98.5 万平方米建筑规模的特色园区。在建金中心引入以金隅启迪孵化器为代表的优秀创新创业平台和以康力优蓝机器人为代表的人工智能领域龙头企业；在金隅智造工场引入以中国电动汽车百人会为代表的未来汽车领域高端交流平台；推动中关村智能制造创新中心高端医疗装备产业园规划落地。在 14 个楼宇进行地毯式排查，排查企业 457 家，其中异地纳税企业 22 家，异地经营企业 22 家。走访金隅程远、佰能电气、科创动力、五星啤酒等企业，协调咨询有关部门，帮企业出谋划策，以优质服务维护好地区存量企业税源稳定。

（周天）

中关村大街

【概况】 2016 年 8 月，北京市海淀区中关村北部地区开发建设委员会办公室加挂北京市海淀区中关村大街建设办公室牌子（简称区大街办），为中关村大街改造提升工作的牵头单位和办事机构。区大街办主要负责统筹推进中关村大街的开发建设和环境整治工作。中关村大街（一期）改造提升范围：南起白石新桥，北至清华西门，全段总长 7.2 千米；横向拓展至沿街视野范围以内的区域。中关村大街改造提升工作聚焦“科技风、创新路、国际范”目标定位，提升环境、完善功能、补齐短板，将中关村大街打造成为区域创新发展主纵轴，发挥示范引领与辐射带动作用。

（韩雨华）

【环境提升】 年内，区大街办落实“疏解整治促提升”十大专项行动，基本实现重点区域“清零”目标。完成视觉系统、西区综合交通治理、户外广告控制性规划等方案编制。完成西区重点区域夜景照明美化提升、黄庄小区外立面美化，拆除大街沿线绿化隔栏 4000 米。推进沿街楼顶户外广告拆除工作。启动万寿寺棚户区搬迁、推进延庆寺搬迁，为“留白增绿”创造更多空间支撑。同仁堂外立面改造、海龙科贸天桥改造等取得资金评审手续，友谊社区北楼、九龙商务中心等节点景观绿化完成施工招投标。静态交通治理、街道家具集成、夜景照明美化等各项工作有序推进。

（韩雨华）

【存量空间调整】 年内，区大街办聚焦原始创新策源地和自主创新主阵地功能定位，累计清退低端业态 41 万平方米；聚焦创新主体、创新要素，推进中以创新中心、中加创新中心、京港澳青年创新创业中心等一批高端众创平台落地与运营。引入达闼科技、中科寒武纪等高科技公司落户，塑造前沿技术创新中心、智能硬件创新中心等一批主题楼宇。完成翠宫饭店收购工作及中海园电子市场、科贸大厦部分楼层等“腾笼换鸟”，为创新发展提供更多空间载体。

（韩雨华）

【增量空间建设】 年内，区大街办建成资本大厦，签约北京国际大数据等 20 余家企业。完成国防科技园一期招商工作，构建以复杂信息系统国家重点实验室为代表的三大科技创新平台，推进军民融合协同创新。卫通大厦竣工，大钟寺方恒国际商业中心、融汇大厦等进入收尾阶段，首体冰坛项目开工建设，农科院国际交流中心、魏公村老旧小区改造、中关村南大街 11 号院、西苑操场升级改造、中关村东区等一批项目稳步推进。

（韩雨华）

中关村科学城北区

【概况】 中关村科学城北区泛指海淀区百望山以北的所辖区域，俗称山后地区，其范围南至马连洼北路及山脊线，北与昌平区接壤，东至京包路，西与门头沟区隔西山相望，包括西北旺、温泉、苏家坨和上庄 4 个镇、62 个行政村。

2017 年，中关村科学城北区实现开复工面积 485 万平方米，其中新开工面积 60 万平方米，竣工面积 205 万平方米，完成投资 357 亿元。

（韩雨华）

【土地供应】 年内，翠湖科技园 D21、D22 项目 4 宗住宅用地挂牌成交，实现供地收入 71.14 亿元。亮甲店 7 宗地块（含居住用地、F1 住宅混合公建用地、文化设施用地）挂牌成交，实现供地收入 129.75 亿元。

（韩雨华）

【村庄腾退安置】 年内，北部办印发《关于调整中关村科学城北区征地补偿指导价的通知》；区委常委会审核通过《关于调整中关村科学城北区宅基地腾退补偿安置标准以及近期村庄腾退计划》。徐各庄村累计腾退院落 120 个，完成 98%。西玉河村累计腾退院落 413 个，完成 98%。故宫北院区涉及的崔家窑自然村腾退任务全部完成。推进在施安置房项目建设，在施面积 34.7 万平方米。北安河安置房项目顺利入住。

（韩雨华）

【园区建设和产业发展】 年内，中关村软件园、永丰产业基地、翠湖科技园三大园区开复工项目达 31 个，开复工面积达 369 万平方米。其中，中关村壹号获全国第一批健康建筑称号，央行数据中心、建行数据中心、国开行数据中心等项目陆续竣工投产，农行数据中心、腾讯总部、联想二期等项目进行室内外装修和收尾工作。全年13个项目竣工，释放产业空间135万平方米。

（韩雨华）

【一镇一园建设】 年内，北京协同创新园、温泉创客小镇二期、西北旺镇X5地块项目取得控规批复；西北旺镇021公租房项目部分楼座结构封顶，创客小镇一期开园并投入使用。

（韩雨华）

【城市配套设施建设】 年内，唐家岭路完工，邓庄南路基本完工；永丰东环路北延交通设施工程基本完成；翠湖东路具备通车条件，翠湖南路进行综合管线施工及路床施工；杨家庄定向安置房配套小学等6个项目进行前期手续办理。海淀北部能源中心项目热网管道累计完成3600米。

（韩雨华）

“三山五园”历史文化景区

【概况】 2017年，“三山五园”建设办公室（简称三山五园办）落实北京城市总体规划，以“两带三区多节点”为整体空间结构，把“三山五园”地区定位为国家历史文化传承的典范地区和国际交往活动的重要载体。开展海淀区分区规划研究编制工作，开展生态修复、城市修补的“双修”行动计划，挖掘历史文化内涵，展现海淀独特的文化气质，构建人文活力型城市形态。依托“三山五园”核心地位，串联西山永定河文化带和大运河文化带周边历史空间，衔接中关村大街和京张铁路沿线文化资源，通过系统实施“三山五园”及相关片区的古文物遗址保护、近现代文化资源挖掘、非物质遗产活化等工作，重现历史风貌，传承创新文化，恢复大尺度绿化空间，形成文化、科技、生态的特殊表达；构建以创新文化、古都文化为引领，红色文化和京味文化为特色的四大文化体系，促进以清华大学、北京大学、中关村特楼为代表的近代教育科技文化等多元文化的整体提升；促进传统文化的保护传承、精细化管理、展示体验与传播，促进圆明园、颐和园等历史数字景区建设，推动形成覆盖全区的文物数据管理平台；完善非物质文化遗产保护、传承、管理体系。

（马佳琳）

【功德寺棚户区改造项目启动】 7月27日，位于玉泉山下的海淀镇功德寺棚户区改造项目启动。作为本市2017年棚户区改造实施项目，腾退范围包括玉泉山以东、香山路以南、京密引水渠以西、玉泉山路以北区域，以及厢红旗北侧、玉泉山路南侧部分区域。涉及居住人口约2万人。截至年底，腾退700户，腾退集体产业9万平方米，腾退任务完成90%。功德寺安置房项目取得规划条件，设计方案基本完成。

（钟冷）

【香山地区整体改造】 年内，三山五园办完成香山一期祁家村安置用地控规研究；编制香山四王府沿山村庄改造规划设计方案，配合推进研究审批工作；配合推进香山中心区控规研究，完善区域配套设施，提升城市公共服务功能。

（马佳琳）

【两园之间节点研究】 年内，三山五园办开展挂甲屯、水磨等重要节点功能提升和城市设计研究，拓展创新发展及服务空间。基本完成一亩园地区拆迁腾退，开展圆明园大宫门地区历史景观复原研究，再现重要节点历史风貌。

（马佳琳）

【玉泉山周边环境整治】 年内，三山五园办完成约7万余平方米现状建筑拆除清理，腾退空间优先用于“留白增绿”和公共服务设施完善。推进功德寺地区村庄拆迁腾退，完成搬迁安置房控制规划研究批复工作。完成园外园生态提升工程一期、二期绿化建设，实施三期工程建设。编制景观整合设计方案，获市政府批复，实施后续绿化提升工程。完成重点地区历史水系恢复方案研究，开展水系生态修复工程。对重要道路空间开展综合整治，达到“环境整洁、设施完备、秩序良好、景观提升、管理到位”的整治标准。完善道路交通系统，提升通行能力。

（马佳琳）

经济监督管理

2018
北京海淀年鉴

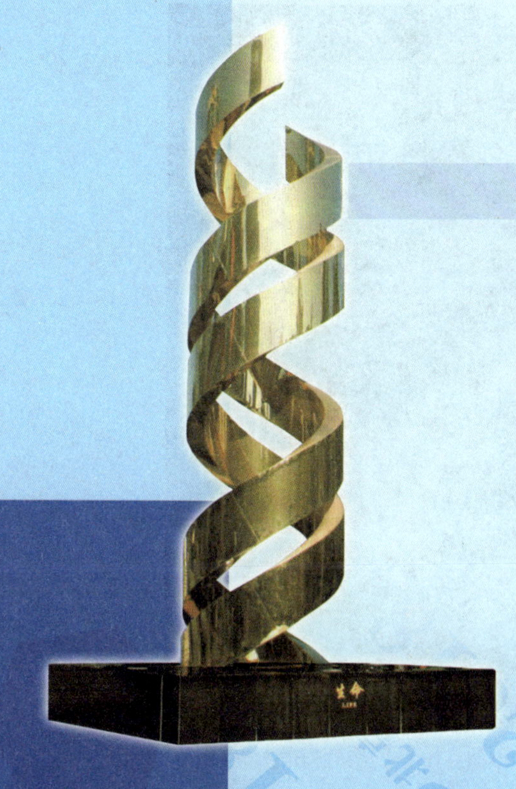

3月14日，海淀街道司法所、食药所、工商所联合在城乡仓储超市开展“3·15”消费者权益日大型宣传活动（田峰 摄）

7月，区统计局启动“统计法制宣传月”系列活动（张琳 摄）

8月，区审计局现场审计功德寺棚改项目（张慧 摄）

11月10日，区质监局开展城乡接合部假冒伪劣产品执法检查活动（区质监局供图）

12 月 2 日，第九届全球 PE 北京论坛在海淀举办（王佳琪 摄）

12 月 12 日，区国资委部署海融达与昊海建设重组工作（王晓莹 摄）

12月19日，中关村并购峰会在海淀举办，发布2017中关村并购成就奖（张洪军 摄）

12月22日，区国资委检查雪花冷冻箱厂疏解整治工作（工业公司 供图）

经济社会发展与经济调控

【概况】 2017年，海淀区发展改革委员会（简称区发改委）牵头承担市、区重点任务41项，其中市、区决策性督查任务34项，专项督查任务7项，全部完成。区政府投资建设项目安排正式项目116项、尾款项目394项、储备项目245项。正式项目区级总投资717.33亿元，当年资金总需求109.74亿元，其中安排市级资金5.32亿元、区级资金92.87亿元、北部地区重点项目建设资金11.55亿元。正式项目当年拨付政府资金101.58亿元，完成率92.56%。其中，市级资金拨付19.59亿元，完成率368.23%；区级资金拨付76.04亿元，完成率81.88%；市级统筹北部重点项目建设资金5.95亿元，完成率51.52%。通过推进政府投资，一批关系经济和社会发展的项目完工并投入使用或基本建成，政府投资项目形成推进一批、建设一批、投产使用一批的良性循环。

区发改委参与区委、区政府重点工作任务——国家服务业综合改革试点工作，推荐百度网讯申报并获批第二批国家企业双创示范基地。

（王励翔）

【《海淀区"十三五"时期产业发展及空间布局规划》发布】 9月15日，区发改委编制的《海淀区"十三五"时期产业发展及空间布局规划》（简称《规划》）发布。《规划》是在京津冀协同发展战略、首都"四个中心"新定位下，以全国科技创新中心核心区建设为统领，按照"减人、添秤、服务"重点工作格局，落实北京加强全国科技创新中心建设总体方案和区"十三五"规划纲要，结合《北京城市总体规划（2016年—2030年）》、市十二次党代会精神等相关内容，对构建"高精尖"经济的产业结构和优化提升产业发展空间布局的统筹谋划和专项规划。

（王励翔）

【国民经济和社会发展年度目标】 2017年，海淀区国民经济和社会发展的预期目标是：地区生产总值增长7%以上，区级一般公共预算收入增长8%，城乡居民人均可支配收入与经济增长同步；高新技术产业总收入增长10%；城镇登记失业率控制在1.5%以内；人口规模控制在北京市下达任务以内；空气中细颗粒物年均浓度、单位地区生产总值能耗和水耗降幅完成北京市下达任务。

（王励翔）

【国民经济和社会发展5项任务】 2017年，海淀区国民经济和社会发展的主要任务：聚焦京津冀协同发展，瘦身健体"疏功能"；聚焦"高精尖"经济结构，增强发展新能力；聚焦放管服改革创新，优化环境"降成本"；聚焦城市建管水平，提升品质"补短板"；聚焦群众幸福获得感，优化服务"惠民生"。

（王励翔）

【国民经济和社会发展完成情况】 2017年，海淀区国民经济和社会发展的实际完成情况：全区实现地区生产总值5942.8亿元，按不变价增长7.3%；社会消费品零售额实现2309.6亿元，同比增长4.4%；全社会固定资产投资1005.7亿元，同比增长15.3%；区级公共财政预算416.9亿元，同比增长8%；城乡居民人均可支配收入71986元，同比增长7.4%；万元地区生产总值能耗下降5.71%；城镇登记失业率0.95%。

（王励翔）

【"疏解整治促提升"专项行动】 年内，区发改委研究制定《海淀区推进京津冀协同发展2017年重点任务》。定期召开联席会议，执行北京市新增产业的禁止和限制目录。研究制定《海淀区2017年"疏解整治促提升"专项行动与人口调控工作方案》和《海淀区2017年下半年"促提升"工作实施方案》。根据建设宜居海淀的目标，结合人口基数、人口倒挂、居住房屋、就业人口、经济贡献、重点任务等因素建立测算模型，按统计口径分解街镇人口调控指标，研究制定各街镇2017年人口调控指标分解方案。突出产业疏解、功能疏解对人口调控的牵动作用，确保完成年度人口调控目标任务，保持全区常住人口持续递减态势。

（王励翔）

【雄安新区建设影响专题研究】 年内，区发改委开展"雄安新区对海淀发展的影响及对策分析"专题研究。研究成果《设立雄安新区对海淀发展的影响及对策建议》以专报形式报送区领导决策参考，建立雄安新区中关村科技园的建议被市委采纳；在《北京调研》2017年第5期刊发《海淀如何支持雄安新区建设》。

（王励翔）

【统筹全区对口支援】 年内，区发改委围绕北京市考核7个方面，推动相关部门、街镇、企业落实相关工作任务。制定、印发海淀区东西部扶贫和对口支援工作实施方案（2017—2020年）、2017年工作计划等文件；成立海淀区东西部扶贫协作和对口支援工作领导小组，统筹、领导、部署、落实全区相关工作，领导小组办公室设在区发改委。组织紫竹院街道、东升镇、海淀镇等5个街道，6家企业与结对地区5个贫困乡镇（农场）、6个贫困村完成结对签约。安排援助资金800万元（内蒙古自治区敖汉旗200万元、新疆维吾尔自治区和田市200万元、湖北省丹江口市400万元），全部拨付受援地区。海淀区的对口支援工作成绩突出，成为全国先进典型。

（王励翔）

【高技术专项管理】 年内，区发改委完成148家企业的232件高技术备案。完成国家发改委、市发改委7个专项110个项目的推荐工作，涉及总投资86亿元。为39家企业拨付政府补助资金4亿元。开展高技术项目验收46件，其中组织北京市工程实验室及工程研究中心创新能力建设项目验收12件。

（王励翔）

【价格监督检查】 年内，区发改委完成电力价格、教育收费、医药价格收费、机动车停车收费、涉企价格收费、商品房销售价格行为、汽车销售市场价格行为、节假日和重大活动期间的价格专项检查。按照上级的统一部署和要求，开展机动车检测、限塑、景区门票、粮食等价格专项检查。全年检查企事业单位、个体工商户5377户，查处价格违法案件117件，经济制裁总金额41.63万元。办理国家、北京市“12358”价格举报平台和非紧急救助系统三级举报平台价格投诉和举报、信访3766件，为群众挽回经济损失4.8万余元。受理停车场明码标价备案113件，受理并办结“12345”非紧急救助平台和“12358”价格举报平台停车场举报案件936件，行政处罚案件22件，处罚金额共16100元，现场检查停车场、重点约谈相关管理人员约25次，现场检查30余次；受理电商类价格举报案件120件，行政处罚案件4件，处罚金额12万元。

（王励翔）

【价格管理】 年内，区发改委以日报、周报、旬报、月报、节假日报等形式开展全天候价格监测工作，完成监测简报40余篇。完成民办学历教育学费、住宿费标准审批2户。对18所公办幼儿园进行价格备案。为一所公办校办理《教育收费公示审核表》；完成非学历收费标准备案62户；办理民办幼儿园备案14户；对全区12家占道停车场进行机动车收费标准核准工作；推行大型活动停车计次收费，在“桃花节”“红叶节”期间，对香山地区周边地区2个占道停车场实行机动车停车计次收费；完成77家2016年度北京市行政事业性收费统计工作，完成1家回迁安置房成本审核及价格制定工作；完成8家区属游览参观点年度价格数据监测管理，汇总上报各单位门票价格执行情况。

（王励翔）

财　政

【概况】 2017年，海淀区一般公共预算收入672.0亿元。其中区级一般公共预算收入完成416.9亿元，比上年增长8.0%；一般公共预算支出完成645.2亿元，同比增长8.8%。一般公共预算结转下年继续使用的资金26.6亿元，结余结转资金规模较上年继续下降，区级一般公共预算收支平衡。结合“放管服”工作要求，区财政局制定《关于进一步改进作风、提高效能、优化环境、提升服务经济发展工作质量的实施意见》，提出在海淀区实现“服务零距离，程序零障碍，质量零差错，监管零缺位”的总体目标。

（李思宇）

【国库集中收付制度改革】 年内，除区公共委所属7家公立医院及个别涉及转企改革的事业单位之外，区属预算单位全部纳入国库集中收付管理制度改革；7月1日，区财政局正式实施国库业务电子化改革第一阶段试点工作，财政资金的运行效率和使用效益得到提高。

（李思宇）

【扶持“高精尖”经济发展】 年内，区财政局拨付核心区自主创新和战略性新兴产业发展专项资金14.4亿元，落实国家各项税收优惠和收费减免政策，合计减免退税逾1000亿元，促进企业快速成长。区域产业结构升级加快，财政收入平稳增长，加快推进创新驱动发展。

（李思宇）

【“疏解整治促提升”专项行动资金保障】 年内，区财政局围绕疏解非首都功能、保障服务民生、推进三大功能区建设、改善区域环境等重点任务要求，建立“市级引导、区级投入、镇级助力”的资金投入模式。拨付市、区、镇三级财政资金56.7亿元，重点保障笑祖塔院、一亩园等棚户区改造，拆除违建、开墙破洞、背街小巷和城乡接合部的环境整治。

（李思宇）

【宜居生态环境建设保障】 年内，区财政局筹措资金38.3亿元，推进“无煤化”和燃气锅炉低氮改造等节能工作，基本实现辖区“无煤化”。安排拨付11.2亿元资金，维护城市公园绿地生态环境，推进平原造林、“园外园”、小微绿地和景观道路等城市绿化景观建设。拨付水系治理资金1.4亿元，支持南沙河流域、崔家窑水库湿地生态水系建设等项目。

（李思宇）

【推动区域科技文化发展】 年内，区财政局设立海淀区文化创意产业投资引导基金、公开征集文化等项目。拨付资金1.3亿元，用于基本公共文化服务项目、基层公共文化服务人才队伍建设等。安排智慧海淀专项资金3.3亿元，用于信息基础设施、民生服务、城市治理、政务服务等方面，提高全区信息化建设水平。拨付资金0.3亿元，支持基层科普行动、科普惠农兴村和社区科普计划，保障科技中心、公共安全馆运行。

（李思宇）

【教育经费保障】 年内，区财政局拨付教育经费首次突破100亿元，用于区属幼儿园、中小学校教育教学发展，支持驻区单位办园、民办园发展，深化与高校、科研院所合作，解决中小学学位不足问题并不断提高学校办学品质。

（李思宇）

【民生事业全覆盖保障】 年内，拨付社会保障和就业资金99.5亿元，支持就业、养老、残疾人以及困难群体事业，保障人力资源和社会保障管理事务、民政管理事务。落实各项就业政策，海淀区城乡居民基础养老金水平位居全市第一。医疗卫生与计划生育支出25.2亿元，保障公立医院、基层医疗卫生机构正常运转和承担公共卫生服务，推进海淀医院、北医三院等区域医联体建设，落实城乡居民医疗保障待遇。保障性安居工程支出45.5亿元，通过趸租农民富余安置房、散租社会存量房等多种方式筹集公租房房源；发放公租房、廉租房租金补贴、自主购房货币化补贴资金及配售房源异地安置补偿费。

（李思宇）

【预算绩效管理】 年内，区财政局扩大财政支出事前绩效评估范围，部门预算核减资金1.3亿元，约占评估资金总额的32.3%；对63个部门的689个项目开展绩效跟踪，涉及预算资金101.7亿元；邀请44名区人大代表参与52个项目的绩效评价工作，做到全程监督的闭环管理。修订《海淀区预算管理绩效考核实施细则》，提高预算管理整体效能。

（李思宇）

【预决算监督】 年内，区财政局配合人大常委会选定的5家区属预算单位全过程参与其2018年部门预算编制、预算初步审查等工作。建立“试点单位—人大专门委员会—财政部门”点对点联络机制。出台《关于海淀区镇级人民政府做好财政预算信息公开的通知》，明确镇政府可参照区级政府公开要求，公开政府预算报告、预算草案、“三公”经费等内容。除6家保密单位外，所有使用财政拨款的各部门向社会公开2017年部门预算和2016年部门决算，主动接受社会监督，打造“阳光财政”。

（李思宇）

【政府采购交易】 年内，区财政局完成政府采购金额45.9亿元，其中205家预算单位开展竞价采购，采购金额约为4.1亿元，节约财政资金20%左右。

（李思宇）

【债务管理机制】 年内，区财政局拟定政府性债务风险应急处置预案，完善区政府债务管理相关制度、办法，成立领导小组，逐步建立政府债务规范管理的长效机制。截至年底，区政府负有偿还责任的债务余额为119.5亿元，债务余额全部为规范的政府债券债务，保持在北京市批准的年度债务限额以内。

（李思宇）

【行政事业单位内控建设】 年内，区财政局推进全区行政事业单位内控建设，包括114家一级预算单位在内的452家单位完成2016年度内控报告的编报工作。

（李思宇）

税　务

国家税务

【概况】 2017年，区国税局累计登记纳税人426796户，其中处于开业状态270143户，占登记户数的63.30%；非正常状态52777户，占登记户数的12.37%；非正常注销状态41150户，占登记户数的9.64%；注销状态62726户，占登记户数的14.69%。组织各项收入1539.43万元，同比减收17.7万元，下降1.1%。其中，税收收入1509.52万元，同比减收20.21万元，下降1.3%；中央级税收入库1013.57万元，同比减收124.73万元，下降11.0%；地方级税收入库495.95万元，同比增收104.52万元，增长26.7%。区国税局获“全国文明单位”称号，1人获全国“五一”劳动奖章，1人获首都劳动奖章。

2017年海淀区国税收入统计表

表4　　单位：万元

项　　目	本年累计完成	上年同期累计完成	增减额	增减%
总　　计	15394274	15571285	−177011	−1.1
一、税收收入合计	15095209	15297275	−202066	−1.3
其中：税收收入（不含营改增）	11051275	12453068	−1401793	−11.3
其中：中央级收入	10135688	11382959	−1247271	−11.0
其中：地方级收入	4959521	3914316	1045205	26.7
地方级收入（不含营改增）	3467017	2157820	1309197	60.7
1.增值税	6427432	5092719	1334713	26.2
2.消费税	41530	41101	429	1.0
3.营业税	0	82571	−82571	−100.0
4.企业所得税	8358373	9824486	−1466113	−14.9
5.个人所得税	22710	16839	5871	34.9
6.城市维护建设税	35227	39266	−4039	−10.3
7.车辆购置税	185229	180225	5004	2.8
8.印花税	24708	20068	4640	23.1

续表 4

项　　目	本年累计完成	上年同期累计完成	增减额	增减%
二、其他收入	299065	274010	25055	9.1
稽查入库	72687	51228	21459	41.9
自查补税	18632	38874	-20242	-52.07

（缪静）

【纳税服务】　年内，区国税局多管齐下，多举措优化税收营商环境。推广网上办税，网厅业务总量达 112 万户次，网上办税率达到 88.75%。推广票 e 送业务，4.1 万家企业在线领购发票 1800 余万份。研发自助申报软件，缓解手工申报压力，单次申报可节约 19 分钟。推广微信取号，单户平均办税等候时间下降 18.1%，为纳税人累计节省时间超 1 万小时。提供精细化政策支持，举办纳税人辅导学校 40 场，辅导纳税人 1.6 万余人。推动出口退税便利化，取消纸质资料流转，累计为出口退税企业节约等待时间 320 天。通过“银税互动”向辖区内 134 家中小企业提供 12.04 亿优惠贷款，其中 109 家小微企业获得优惠贷款 2.79 亿元。

（缪静）

【税收宣传】　年内，区国税局以“知民意、察民情、办民事、解民忧”为己任，走访税户 61 次。探索“海淀国税在线”直播，近 5 万人获得线上辅导；开通“海淀税务”今日头条号，阅读量突破 80 万人次；拍摄《追踪 72 小时》税案情景剧，在北京电视台播出后引发强烈反响；制作《税娃》公益广告，获得两项全国大赛优秀奖。信息被《国办要情》11 次采用，新闻被中央电视台 3 次播发，工作被《北京日报》等地方核心媒体 13 次报道，动态被《中国税务报》等专业刊物 35 次刊载。

（缪静）

【税收风险管控】　年内，区国税局引入“人脸识别”技术手段，在新户报到等 5 个环节中启用“人脸识别”设备 39 台，累计阻断 7158 户次，消除“人证不符”隐患。完成风控核查 3.2 万户，风险命中率 94.61%，累计入库税款 69.93 亿元，风控成效全市瞩目。建立税务工商信息共享机制，比对筛选出有税务登记、无工商注册的风险企业 361 家，风险命中率达 100%，新型虚开手段被及时纳入风控视野。

（缪静）

【依法治税】　年内，区国税局受理重大税务案件 77 件，追缴税款 32.5 亿元，罚款 5593 万元。召开重大税务案件审理会 4 次，审议案件 22 起。涉及行政诉讼案件 7 起，行政复议事项 6 起。完成全国税收执法大督察、走逃（失联）企业税收管理专项执法督察、日常税收执法督察等工作，累计对 20 大项 48 小项内容开展执法督察。

（缪静）

【税务稽查】　年内，区国税局税警联合，开展“十月风暴”专项行动，锁定高风险集中办公区 106 个，高危疑点企业 9258 家，高风险自然人 2375 名，约谈调查企业 2 万余家，虚开团伙和违法企业得以“定向清除”。开展“11・01”专案二号行动，联合稽查干部、公安干警，抓捕 132 人，入库税款 1.1 亿元。资产损失专项检查入库税款 2.7 亿元，医药行业专项整治自查补税 2055 万元。

（缪静）

【税收征管改革】　年内，区国税局实施征管改革，设立专业风险防控所，确保风控“有队伍、有抓手、有平台”。调整改造 3 个重点税源管理所，3168 家重点税源企业贡献 84.1%的税收。完成玲珑路办税服务厅与地税第四税务所贯通改造，海淀税务联合体规模扩大。

（缪静）

【货物和劳务税管理】　年内，区国税局全面推开“营改增”工作，举办 18 场“营改增政策培训会”，累计培训 1 万户次。加强增值税专用发票快速反应日常管理，采集失控发票 22 万份，涉及企业 1 万余家，专项治理发票虚开虚抵挽回税收损失 1.2 亿元。做好各项减免退税审核工作，办理各类退税累计 3.2 万户次，金额 66 亿元，确保纳税人应享尽享。

（缪静）

【企业所得税管理】　年内，区国税局完成 2016 年度汇算清缴工作，入库所得税金额 249.58 亿元。建立所得税风险防控体系，开展所得税后续管理任务 40 批次，推送风险企业 3759 家，补缴税款 9.3 亿元。

（缪静）

【税收优惠落实】　年内，区国税局实现税收减免 981.87 亿元，比上年增长 21.9%，高新、小微优惠政策覆盖面达到 100%。办理出口退税 15.39 亿元，比上年增长 37.5%。“营改增”实现减税 85.12 亿元，98.4%的试点企业实现税负下降或者持平。

（缪静）

【大企业和国际税收管理】　年内，全区非居民税收入库 88.67 亿元，比上年增长 20.48%，再创历史新高。加强境外税收风险管理，开展 2017 年境外所得申报、境外承包工程、受控外国企业、企业境外上市等相关税收风险分析及应对，企业补缴税款 524.92 万元，滞纳金 37.11 万元。加强“走出去”企业服务与管理，与区地税局联合组织“发挥税收职能　服务‘一带一路’”座谈会，听取并回应“一带一路”企业诉求。

（缪静）

【进出口税收管理】　年内，区国税局推进跨境服务业务增值税零税率政策全面落地，实现免抵税额 7.3 亿元。对一类企业采取预约服务，自受理一类企业申报之日起，3 个工作日内办结出口退（免）税手续。对二类、三类企业全面推行无纸化申报，累计申报退税5610户次，退税金额达9.9亿元。

（缪静）

【个体集贸税收管理】 年内，区国税局组织个体集贸税收入库4195.92万元，与区内职能部门协同联动，落实“疏解整治促提升”工作任务，清理整顿不符合首都功能定位的集贸市场，全年疏解有形市场9个、摊位1431个，注销市场外个体工商户724户。

（缪静）

【车辆购置税管理】 年内，区国税局累计征收完税车辆7.79万辆，较上年下降8.08%；完成税收收入18.62亿元，同比增长3.8%。持续落实税款减征政策，共减征车辆2.2万辆，减征税款7512.45万元。

（缪静）

【“营改增”5周年政策效应分析】 年内，区国税局对海淀区“营改增”实施5年以来的税制改革效应进行深入研究。经测算，5年间，在20.37万户处于开业状态的“营改增”试点纳税人中，98.2%的试点纳税人税负下降或者基本持平，总体税负下降43.4%，5年累计减税316.9亿元。

（缪静）

地方税务

【概况】 2017年，区地税局累计完成各项税费收入787.5亿元，同口径增幅14.2%；累计完成税收收入729.5亿元，同口径增长16.8%；一般公共预算收入累计完成436.6亿元，同口径增长13.0%。组织教育费附加、地方教育附加、文化事业建设费、外商投资企业土地使用费、残疾人就业保障金、工会经费等非税收入58.0亿元，比上年减收6.5亿元，减幅10.06%。

2017年海淀区地税收入统计表

表5

项目	本期（亿元）	增减额（亿元）（同口径）	增减（%）（同口径）
各项税费收入	787.5	98.8	14.2
地方公共财政预算收入	436.6	49.6	13.0
一、税收收入	729.5	103.3	16.8
其中：中央级	342.4	46.4	16.0
1.改征增值税	7.0	–0.7	–9.6
2.企业所得税	105.7	8.8	9.1
3.个人所得税	449.1	69.1	18.2
4.资源税	0.04	0.01	14.6
5.城市维护建设税	46.6	3.3	7.7
6.房产税	42.6	12.4	40.9
7.印花税	17.8	1.3	8.1
8.城镇土地使用税	3.0	0.2	7.9
9.土地增值税	32.3	20.9	182.6
10.车船税	0.10	0.08	672.8
11.耕地占用税	0.2	–0.2	–53.2
12.契税	15.4	–11.8	–43.3
13.营业税	9.9	–72.9	–88.1
二、非税收入	58.0	–6.5	–10.1
1.教育费附加收入	20.0	1.4	7.8
2.地方教育附加	13.3	1.0	7.8
3.外商投资企业土地使用费	0.09	–0.02	–17.9

续表 5

项目	本期（亿元）	增减额（亿元）（同口径）	增减（%）（同口径）
4.文化事业建设费收入		-0.02	-100.0
5.税务部门罚没收入	0.1	0.06	105.9
6.残疾人就业保障金	15.8	-9.7	-38.0
7.工会经费	8.6	0.8	10.0

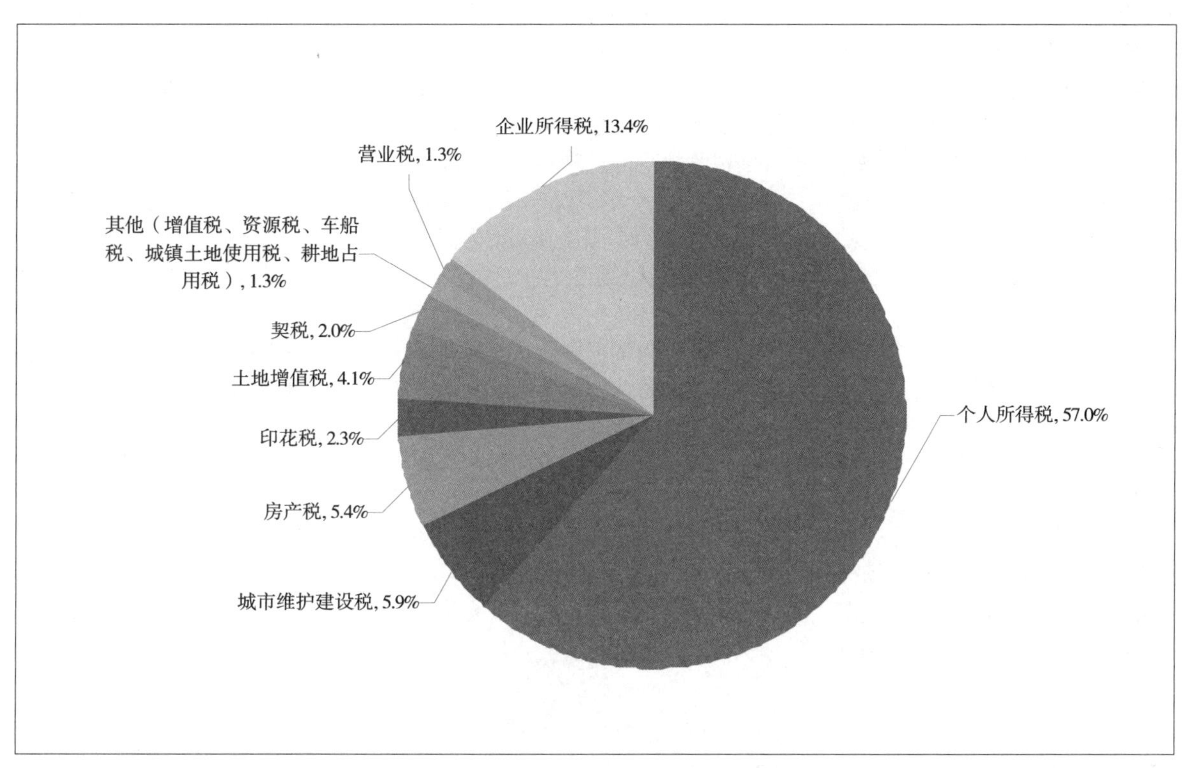

2017 年海淀区地税局税收收入比重图

（郝俊强）

【营业税改征增值税】 年内，区地税局做好与区国税局的数据交换与工作交接。开展二手房交易和个人出租房屋的增值税代征工作，保证两项工作较“营改增”前，征收机关不变、征收场所不变、征收流程不变。全年办理存量房转让 19291 套，缴纳增值税 62983 万元，免征增值税 239846 万元。

（郝俊强）

【税收政策落实】 年内，区地税局专项开展大学科技园、科技企业孵化器、国家体育场馆、大型客机制造企业、物流企业、租赁服务业的房产税、土地使用税优惠政策落实情况的全面梳理，对应当享受优惠政策的纳税人进行点对点告知、一对一讲解，保障优惠政策切实落地。2016 年度企业所得税汇算清缴，小型微利企业减免企业所得税 6448.58 万元；享受研发费加计扣除政策企业 622 家，本期加计扣除金额为 410752.22 万元，涉及加计扣除项目 2732 项，比上年增加 1145 项。办理房产税减免备案 17 户，税额 1488 万元；房、土税困难性减免审批 3 户，税额 1272 万元；契税单位减免、不征审批 157 笔，税额 6508.07 万元，个人契税减免 12402 笔，税额 7.68 亿元。

（郝俊强）

【税种管理】 年内，区地税局优化税种管理，加强个人所得税管理，完成 256 条非京籍购房资格人员的个人所得税缴纳情况核实。加强企业所得税优惠事项后续管理。落实残疾人就业保障金征缴工作。完成土地增值税税源摸底，优化规范清算流程，完成土地增值税清算项目 10 个，入库税款 22.35 亿元，自 2014 年邀请第三方参与土增清算以来，审核完成 45 个项目，审增税款 3.74 亿元。落实二手房缴税网上预审，完成网上审核 12384 份，占存量房受理总数的 66%，通过率 90%。12 月 1 日，水资源税开征。

（郝俊强）

【纳税服务】 年内，区地税局推出“免填单”服务，涵盖 3 类、82 种表证单书、152 项业务，使用率达 88.7%。提供“一站式办税”服务，解决新户报到来回跑问题。梳理“金三”上线后的全市第一份厅所业务分工，确定 208 项全区通办的进厅业务和 68 项税源所业务。与区国税局联合在今日头条开通“海淀税务”政务头条号，阅读量接近80万次。持续升级微信服务，发布微信199期共计796条图文信息，在微信平台引入人工智能客服系统，实现智能语音实时交互，回答正确率为91.4%。

（郝俊强）

【税收征管】 年内，区地税局加强税务登记管理，制定国家税务总局金税三期系统问题反馈机制。落实国地税合作事项，在税收征管、风险应对、欠税管理上深度合作。欠税管理力度，清欠税款及滞纳金1422万元。税收债权保护申报。二手房及个人出租房屋增值税代征，派驻人员进入国税办税服务厅，强化自然人代开发票管理。推动《北京市税收征收保障办法》的落实，提升综合治税能力。

（郝俊强）

【大企业税收服务与管理】 年内，区地税局举办“发挥税收职能 服务‘一带一路’”座谈会，与20家“走出去”企业进行座谈，国地税现场提供政策解读。举办“深入了解企业需求，服务区域经济发展”座谈会，邀请主管区领导、区财政局等单位负责人以及50家辖区内极具代表性的央企、总部企业、世界500强企业的财务负责人参与座谈，收集整理各类意见建议141条。

（郝俊强）

【国际税收管理】 年内，区地税局发现北京市第一例“反向利用”财税字〔1995〕98号文件的易车案件，完成结案并入库个人所得税9654万元。召集北斗案件联审会，对反避税程序进行合法性审核；组织开展外国演出团体和外籍演员个税核查、常设机构税收风险核查、外籍人员8项补贴核查等多项核查工作。对非居民企业所得税源泉扣缴进行后续管理，分析查找案源。开展涉税证明检查及后续管理工作。

（郝俊强）

【税务稽查】 年内，区地税局配合稽查“市级全覆盖”的工作部署，将考核指标层层分解，落实到科，责任到人。检查136件，其中立案检查64件，调查核实72件。查结141件，其中立案检查69件，调查核实72件。查补税滞罚合计1.58亿元，入库税滞罚合计1.7亿元。开展历史积案清理，清理完成28件2017年度之前的立案案件。完成清理欠税案件3件，入库税滞罚近1900万元。持续开展打击发票违法检查，检查发票违法案件85件，相关案件查补税款2572万元。

（郝俊强）

【税务执法督察】 年内，区地税局开展税收执法大督察和日常税收执法督察，对18个基层税务所进行督察，核查企业21580家次及其案卷资料，核查个人税收案卷资料48358份，补缴入库税款645.9万元、滞纳金133万元。加强内部控制建设，对新开征税费和重大税政调整开展税费风险防控反向评估工作。借助专业力量，外聘第三方持续开展财务审计和基建审计。税务执法督察工作被国家税务总局评为税收执法大督察工作成绩突出的集体，获得总局通报表扬。

（郝俊强）

金融服务管理

【概况】 2017年，区金融办承担市、区政府折子工程、重点任务15项，受理并办理人大代表建议、政协委员提案15件，建议提案办理满意率100%。截至年底，海淀区各类金融机构及分支机构3057家，同比增加131家，增长4.5%。其中法人金融机构新增93家，总数1359家。全区金融业增加值547.3亿元，同比增长6.7%，在全区GDP的占比为9.3%。

（欧阳小沛）

【银行业】 年内，海淀区驻区银行机构及其网点总数827家，占全区金融机构总数的1/3。年末，区域银行存款余额29125亿元，同比下降1.91%；区域期末银行贷款余额8492亿元，同比增长17.39%。银行业存贷差为20633亿元，银行业存贷比为29.16%，同比存贷比高4.8个百分点。

（王立生）

【股权投资】 年内，海淀区股权投资机构累计1278家，同比增长7%；其中股权投资管理机构675家，同比增长6%，占全市股权投资管理机构总数（1389家）的48.6%；披露金额的管理资本量累计5064.85亿元，同比增长20.5%，占全市（17838.26亿元）的28.4%。企业发生1281起股权融资案例，同比增加713起，同比增长125.53%，占全市股权融资案例总数的44.08%，占全国的12.63%。披露金额股权融资案例获投金额为3495.89亿元，同比增长128.92%，占全市股权融资总额的71.84%，占全国的28.52%。

（李文娟）

【互联网金融】 年内，区金融办开展互联网金融、交易场所、代币发行融资专项整治工作。督促网贷平台整改，分5批次发放网贷信息中介机构事实认定整改通知书116份，占全市（377份）的30%；配合市金融局、人行营管部推进代币发行融资与虚拟货币交易平台清理整治工作，分3批对辖区13家平台进行约谈，建立工作信息报送机制，编制《海淀区虚拟货币交易场所整治工作动态》专报9期。加强同业交流，强化互联网金融品牌影响力，支持举办中国互联网金融论坛2017暨《中国互联网金融年报2017》发布仪式、2018中关村互联网金融论坛暨第五届普惠金融论坛等。支持蚂蚁金服设立北京蚂蚁佐罗科技有限公司，推动趣店和融360旗下简普科技在美国纽约证券交易所上市。

（张国兴）

【上市挂牌企业】 年内，海淀区上市、挂牌企业净增79家，现存上市、挂牌公司总计1004家（“四板”不含孵化板）。其中境内A股企业126家（主板48家、中小板24家、创业板54家），占全市的41%，占全国的4%；“三板”挂牌企业720家，占全市的45%，占全国的6%；“四板”挂牌企业89家（不含孵化板），占全市的39%；境外上市企业累计达69家。按12月31日收盘价计算，境内A股126家上市公司总市值达2.98万亿元，“三板”挂牌企业总市值达3000亿元。

（闫明霞）

【小额贷款】 年内，海淀区批准设立16家小额贷款公司，占全市（126家）的12.7%；注册资本金总额42.55亿元，占全市（165亿元）的25.79%；累计发放贷款83.03亿元，占全市（265亿元）的31.3%；贷款余额42.8亿元，占全市（165亿元）的25.94%。其中网络小额贷款公司6家，占海淀区（16家）的37.5%；注册资金总额23.4亿元，占海淀区（42.55亿元）的54.99%；累计发放贷款48亿元，占海淀区累计发放贷款（83.03亿元）的57.81%；贷款余额18.4亿元，占海淀区贷款余额（42.8亿元）的38.1%。

（段浩杰）

【融资担保】 年内，海淀区有融资性担保公司17家，注册资本总计169.3亿元，其中国有持股7家。融资性担保业务担保金额期末数359.96亿元，比上年增长6%，非融资性担保业务担保金额期末数700.95亿元，比上年下降44%，担保业务担保金额合计期末数1847.38亿元，同比下降23%。担保业务收入16.84亿元，同比下降9%，担保业务利润14.99亿元，同比下降10%，净利润8.83亿元，同比下降19%，所得税6.09亿元。

（徐超）

【金融功能区建设】 年内，金融功能区聚集效应显现。中关村西区金融机构498家，同比增加16家。其中股权投资机构总数达到320家，占西区金融机构总数的64.26%。互联网金融机构总数达到71家，占西区金融机构总数的14.26%。西直门外地区聚集金融机构175家，同比增加12家。其中传统型金融机构达到96家，占54.86%，吸引56家银行、15家证券类机构、25家保险公司、2家财务公司落户。

（黄晓）

统　计

【概况】 2017年，海淀区统计局（队）实施“1+2+3+6”战略[①]，提升“统筹献计、服务决策”的能力和水平。局（队）获“首都文明单位”称号和“全市优秀统计分析评比一等奖”“全市统计系统第六届体育节总成绩第一名”等，蝉联区绩效管理先进单位“四连冠”。编发各类统计分析报告140篇，被《中国信息报》采用7篇，北京市委办公厅采用2篇，区内媒体、杂志刊发90篇。获区领导批示135篇次；报送经济信息近200篇，向北京市统计局和海淀区委、区政府报送并被采用的经济信息分别为119篇和98篇。完成主动公开信息210余条，发布数据指标300余个，对各需求方提供数据100万余笔；编印《区情手册》1.5万册，编印《2017 海淀统计年鉴》、《2016 海淀统计专报汇编》、《海淀统计》期刊等统计资料4500余册；编发“统计海报”手机报21期；丰富“海淀统计”微信公众号内容，增设数据库选项，研发微信动态表情包，被国家统计局和市统计局微信平台转发，在全国范围推广。

（程丹　李文玉）

【春节燃放烟花爆竹情况调查】 春节期间，区统计局为了解2017年春节期间海淀区居民燃放烟花爆竹情况及安全燃放烟花爆竹管理工作宣传情况，开展海淀区居民春节期间燃放烟花爆竹情况调查。了解海淀群众在春节期间烟花爆竹实际燃放情况、群众对燃放烟花爆竹的管理认知情况，还着重关注北京市烟花爆竹安全管理政策影响，调查结果显示：超九成被访居民2017年春节期间没有燃放烟花爆竹。88.74%的被访居民表示在居住地能见到关于安全燃放烟花爆竹的宣传信息。

（程丹　李文玉）

【居民供暖情况满意度调查】 2月—3月，海淀统计局（队）开展“2017年海淀区居民供暖情况满意度调查”。调查在29个街道、镇开展，产生870个调查样本。调查结果显示：城市集中供暖/区域热水锅炉供暖是当前供暖的主要方式；90%以上被访者对冬季供暖质量表示满意；“21℃～25℃”在平均供暖温度和期望的平均供暖温度中排在首位；“温度不高”是供暖存在的首要问题。

（程丹　李文玉）

【群众安全感调查】 6月、12月，海淀统计局（队）为准确客观地反映海淀区群众对当前社会安全状况的评价，在全区开展2017年上、下半年海淀区群众安全感调查。调查在29个街道、镇中开展，调查对象为年龄在18～70周岁且在海淀区居住半年以上的居民。调查样本在全区范围内随机产生，每个街道、镇上、下半年都随机抽取100个样本，成功完成调查5800个样本。调查内容主要包括群众对海淀区当前安全状况的感受、影响群众安全感的主要因素、群众对居住区域治安状况评价等方面。调查结果显示：群众安全感水平呈逐年上升趋势，街面见警率水平在90%以上，比上年有显著提升；“个人信息被泄漏”在影响群众安全感的原因中排在首位；“被诈骗”和“盗窃”问题在不法侵害和周边违法犯罪问题中居首；“流动人口太多”被认为是影响社会治安的最主要因素。

（程丹　李文玉）

【居民绿色出行现状调查】 6月下旬，海淀统计局（队）在全区开展“海淀区居民绿色出行现状调查”。调查采取一次性电话调查的方式，选取年龄在18～65周岁之间、在海淀辖区居住半年以上的居民作为调查对象，调查样本为800个。调查结果显示：超90%

① “1+2+3+6”战略：以“构建助力核心区建设的现代统计调查体系”为目标，以“数据集成共享中心”和“数据监测评价中心”两个中心建设为抓手，努力做好“统计改革发展”“区委区政府中心工作”“社会大众需求”3个服务，全面推进六大系统建设，不断提升“统筹献计、服务决策”的能力和水平。

的被访者支持绿色出行；超 80%的被访者日常最主要交通方式采取绿色出行方式；公共交通工具车内人多、拥挤仍是阻碍被访者选择“绿色出行”方式的最主要原因；近 90%的被访者看好共享单车发展；超 70%的被访者使用并了解共享单车；单车停放区域不规范阻碍交通是被访者普遍反映的问题。

（程丹　李文玉）

【非公经济和中小微型企业发展状况调查】 8 月，海淀统计局（队）在全区组织开展非公经济和中小微型企业发展状况调查。调查对象是北京市具有非公性质的企业法人单位和中小微型企业法人单位。涉及海淀区 1.5 万家企业，完成有效填报 711 家。调查以 2016 年度基本单位库为样本框，采用分层等距抽样方法。非公经济按照年度行业增加值比重确定非公企业行业样本量；中小微型企业按照行业户数确定样本量。调查内容为 2017 年 1 月—6 月企业经营情况、企业融资情况、企业创新情况、企业用工情况以及政策影响情况 5 个大的方面。调查采取网络调查和填报纸介质问卷两种方式。调查结果显示，企业改善的主要措施是“开源节流，降低企业综合成本”；提高竞争力的主要途径是“提高产品质量和服务”；创新活动取得的最大成效是降低生产经营成本；政府实施的相关政策取得一定效果。

（程丹　李文玉）

【营商环境调查】 8 月，海淀统计局（队）对海淀区企业营商环境进行调查。调查主要包括开办企业环境、用工和人才环境、对外贸易环境、法律环境、投融资环境、纳税环境、公共服务平台与政策扶持环境、经营环境等几个方面内容，采用企业联网直报的调查方式，调查范围为海淀区范围内纳入北京统计联网直报系统的具有限额以上规模的企业法人单位，包括规模以上工业、有资质的建筑业、限额以上批发和零售业、限额以上住宿和餐饮业、房地产开发经营业。规模以上服务业法人单位及金融业单位，完成有效样本 7525 个。调查结果显示，企业对营商环境总体满意度超九成，大部分企业认为海淀区注册审批环节简洁，报税等经营相关事项办理手续便捷，多数企业不存在用工紧缺现象。但竞争力不足、针对企业出台的扶持政策力度不够以及企业融资难等问题仍较突出，融资困难、用地难、享受优惠政策偏少等问题困扰企业发展，对企业的政策帮扶和支持需要进一步加强。

（程丹　李文玉）

【“疏整促”专项行动“回头看”摸底】 9 月 1 日—15 日，海淀统计局（队）在全区 40 个疏解整治地区组织开展“回头看”摸底调查，每个调查点调查 25 人，全区总调查样本 1000 个。调查以重点挂账地区为主要监测评价对象，以解决居民期盼为出发点，以加快海淀区“疏解整治促提升”专项行动中群众的期盼落到实处为目的，主要针对全区各项疏解整治提升任务是否存在死灰复燃现象、腾退空地规划利用是否符合群众生产生活需求、百姓出行购物环境是否改善以及在哪些领域还需要加大宣传等问题开展调查。

（程丹　李文玉）

【全面二孩政策落实民意调查】 10 月下旬，海淀统计局（队）组织开展 2017 年海淀区全面二孩政策落实民意调查。调查采取计算机辅助电话访问（CATI）方式，在全区范围内随机选取年龄 22～45 岁在海淀区居住半年以上、具备生育二孩条件的被访者作为调查对象，共调查有效样本 800 个。调查结果显示：具备二孩生育条件的被访者有 45.1%愿意生育二孩，主要以 31～35 岁妇女为主，60%为企事业单位人员；愿意生育二孩的被访者中，80%打算在 4 年内生育；愿意生育二孩的主要原因是让孩子有伴，利于孩子在集体环境中成长；不愿意生育二孩的主要原因是养育孩子压力过大、时间精力不够。

（程丹　李文玉）

【统计信息技术系统建设】 年内，海淀统计局（队）以“智慧海淀”建设为依托，推进面向统计数据、调查对象、行政管理 3 个平台建设。建设面向需求用户的“集成共享平台”。参与海淀区政务大数据共享平台建设，建立海淀区宏观经济数据指标体系，探索数据共享机制；建设面向调查对象的“业务管理平台”。建设海淀区统计常规业务智慧调查系统，打造适用于全区需要的通用型调查平台。配合做好北京市农村统计信息平台运行、保障工作，建设面向行政管理的“智能办公平台”。完善和推广移动办公系统，借助区经信办的技术力量，对移动办公 App 和微信服务号进行功能升级。建设财务预算管理系统，对全年预算申请情况进行公示，建设固定资产管理系统，明确部门和个人的职责，对资产入库、分配、调动、划拨、报废等工作进行电子化管理。

（程丹　李文玉）

【人口综合监测评价指标体系建设】 年内，海淀统计局（队）为科学评判全区人口变动趋势、实现人口调控精准化，依托人口动态监测台账、人口抽样调查、移动通信大数据、卫星遥感影像资料等，结合部门数据，初步探索搭建具有海淀特色的“五位一体”人口综合监测评价指标体系。该体系统筹整合人口动态监测台账、人口抽样调查数据、移动通信大数据、卫星遥感影像资料、政府其他部门数据 5 类数据资源。

（程丹　李文玉）

【“五位一体”记账服务体系建成】 年内，海淀统计局（队）将手机、电脑、平板电脑、电话“四位一体”的记账服务体系，成功升级为手机、电脑、平板电脑、电话、微信“五位一体”体系。使用微信系统记账，可兼容非安卓系统，并兼容所有的智能手机，避免系统必须捆绑某款手机和某个系统，减少对终端的依赖。微信系统录入简单，方便，且满足个性化需要。可以直接通过智能手机客户端与住户分享收支数据。海淀统计局（队）制定《手机管理手册》《手机厂家服务条款》《通讯运营商协议》。制定《手机记账调查员手册》，要求调查员严格遵守工作流程图，明确对记账户信息的保密义务。

（程丹　李文玉）

【网上消费统计】　年内，海淀统计局（队）为了解商家和居民的网上消费活动，开展海淀网上零售额的研究测算工作，着重通过电商平台“大数据”应用，有效反映线下企业和个人企业网上销售；以电商平台大数据开展互联网消费监测。

（程丹　李文玉）

【禁烟控烟调查】　年内，海淀统计局（队）为了解北京市禁烟条例实施以来海淀区居民的吸烟现状以及居民对控烟的态度和建议，开展禁烟控烟专项调查。调查采用计算机辅助电话调查（CATI）方式成功完成调查样本800个。调查结果显示：被访者中现在不吸烟的有667人，占83.37%，禁烟控烟成效明显；北京市禁烟条例实施以来，92.38%的被访居民对于海淀区控烟工作表示满意，仅有7.62%的被访居民表示不太满意和不满意。被访居民对海淀区控烟提出的建议排名前三的分别是“加大相关法律控制力度”“提高烟草税”和“大力宣传控烟条例”，分别占34.25%、20.38%和19.50%。

（程丹　李文玉）

【居民环保意识调查】　年内，海淀统计局（队）使用创新统计调查业务的信息化系统平台，开展“2017年海淀区居民环保意识”调查，完成调查样本1200余个。调查采用网上调查的方式，手机App端、微信端、PAD端和网页端多采集入口录入。调查结果显示：居民用水用电环保意识较强，超60%的被访者洗手使用洗手液时会关闭水龙头；六成的被访者在家或办公场所短暂离开时会熄灯；一次性用品使用情况有待提升，超70%的被访者去超市或便利店购物时会使用塑料袋；在外就餐时，近40%的被访者会选择使用一次性餐具；超60%的被访者每天都订外卖或者每周订一次以上。

（程丹　李文玉）

【微信公众号平台升级】　年内，海淀统计局（队）从3个方面进行了平台升级：新建调查系统实现微信平台功能升级。“海淀统计”微信平台将原有板块进行规划整合，创新开发出“在线调查”模块，以“统计常规业务智慧调查系统”为载体，面向广大调查对象开展微信在线调查，完成“群众安全感调查”和“海淀居民环保意识调查”两项调查任务。整合原有模块实现微信平台内容升级。“海淀统计”微信在原有模块基础上，改版扩容。将原有的“工作动态”“数据服务”“统计知识”3个模块进行删减整合，改版为“数据服务”“统计服务”“在线调查”3个新模块。结合统计工作优势实现微信平台服务升级。“海淀统计”微信将原有“数据服务”模块改版整合后，创新开发出“数据库”栏目，将2014年以来的年度数据和月度数据进行分类、梳理、发布，同时提供分年度、分专业、分指标的数据搜索和查询功能，涉及工业、商业、固定资产投资等领域11项专业指标、近千条数据，提升用户获取数据的便利性，

（程丹　李文玉）

【质量强区战略市民质量满意度调查】　年内，海淀统计局（队）采用计算机辅助电话调查（CATI）方式，对2030名18～70周岁且在海淀区居住或工作半年以上的居民开展民意调查。调查内容涉及食品、电子电器和日用消费品的质量情况，购物场所、旅游景点、社区服务设施环境质量以及基础设施质量等与市民生活息息相关的内容。调查结果显示：海淀区居民质量安全满意度调查获得海淀区被访者普遍的支持与关注，满意度高达98.13%。在产品质量方面，食品农产品满意度最高，为81.72%；在基础设施建设方面，被访者对电梯、儿童游乐场所的游艺设施等公共设备的安全性和水电煤气供应的稳定性、可靠性的满意度均超过九成，分别为92.61%和95.92%；在公共服务质量方面，购物场所、旅游景点的环境及服务质量满意度高，分别为95.42%、96.65%。

（程丹　李文玉）

【新能源汽车购买意愿和使用情况调查】　年内，海淀统计局（队）在全区开展“海淀区居民对新能源汽车购买意愿和使用情况调查”。调查采取计算机辅助电话访问（CATI）方式，选取年龄在18～65周岁、在海淀辖区内居住半年以上的居民作为调查对象，调查有效样本800个。调查结果显示：虽然新能源汽车目前不是被访者绿色出行中的主要选择，但在已经购买新能源汽车的居民中，大部分的居民因节能环保选择购买新能源汽车，也有一部分由于“燃油车摇不上号/新能源车不限购”而选择购买新能源汽车，且影响购买的主要因素是“充电不方便和续航里程短”。

（程丹　李文玉）

【涉农居民生活水平调查】　年内，海淀统计局（队）启动海淀区涉农居民生活水平调查。海淀区涉农居民生活水平调查在7个镇进行，调查对象为海淀区7户镇内抽中的农村常住户，以住户为单位，按照现住地确定。既包括农业户籍住户，也包括非农业户籍住户。调查内容主要包括住户家庭成员及劳动力从业情况、住房和耐用消费品拥有情况、居民家庭现金和实物收支情况、居民家庭食品和能源消费情况、家庭经营和生产投资情况等。调查频率为季度和年度调查，调查始点为2017年12月1日，调查有效期至2019年6月。

（程丹　李文玉）

质量技术监督

【概况】　2017年，海淀区质量技术监督局（简称区质监局）实施“双随机一公开”检查制度，开展双随机行政执法检查680起，纳入双随机抽查的企业5462家，组织计量、产品、标准等5项专项双随机检查。办理行政处罚案件389件，比上年增长122%；行政检查2283起，比上年增加26%。受理企业、用户和消费者电话、来信、来人咨询4760人次，受理申诉和举报案件共1601件，案件办结率为100%。受理许可及相关事项3631件，跨区受理占45.3%。

（刘彦君）

【质量强区建设】 年内，区质监局委托区统计局开展2017年海淀区实施质量强区战略市民满意度调查，满意度98.13%，比上年提高1个百分点。修订中关村质量奖管理办法，启动第七届中关村质量奖评选，树立质量标杆。1家企业获北京市政府质量管理奖，2家获提名奖。对符合区域功能定位的“高精尖”企业加强定向服务，通过问卷调查、调研走访等方式梳理企业的质量核心需求，瞄准需求靶心，提供精准服务。组织250余家企业开展质量管理、“标准引智大讲堂”培训。强化舆论宣传。“质量月”和“品牌日”活动期间制发活动方案，在辖区主要路段通过公益广告牌、硬质横幅和灯杆旗等开展主题宣传，营造人人关心质量的社会舆论氛围。

（刘彦君）

【标准创新】 年内，区质监局开展标准化助力海淀区全国科技创新中心核心区建设策略研究。制定《标准化助力全国科技创新中心核心区建设工作方案（2017—2020）（草案）》和《标准化助力海淀区全国科技创新中心核心区建设专项资金管理办法》。引导企业开展标准创新创制，区内26家单位的46个标准获北京市标准制修订资金补助，占补助总额的36.9%。落实企业标准备案改革，研究制定《企业产品标准事中事后监管工作方案》，实现企业标准备案和执行标准自我声明公开的平稳过渡和有效衔接。加快“标准化+”与品牌建设的深度融合，使标准成为品牌建设的重要支撑，推进标准化试点项目建设发展。北下关社区居家养老服务业标准化试点项目顺利通过验收，北京市首个软件与信息服务领域的国家级标准化试点项目——北京软件交易所通过预评审。在海淀区牵头组织首个“中国品牌日”宣传活动。

（刘彦君）

【产品质量监管】 年内，区质监局加强对生产许可证获证企业事中事后监管。与区经信部门共享121家“散乱污”企业名单，梳理获证企业信息。对中关村海龙、科贸、鼎好电子市场及周边进行联合执法检查，形成监管合力，淘汰落后产能。纳入工业许可证管理企业39家，5年下降67%。开展煤炭、建筑涂料、车用尿素等生产企业专项治理。对辖区内注册的1家煤炭生产企业、16家建筑涂料、1家汽油清洁剂、2家车用尿素溶液生产企业进行实地核查，掌握企业生产经营现状，做到底数清、情况明。经过整治区内无煤炭生产加工企业。将产品质量安全工作纳入区政府绩效管理考评，制定《2017海淀区工业产品质量安全重点监管目录》。对180家高风险产品生产企业实施重点监管，开展货车、消防、学生装、电器等产品专项执法检查。产品监督抽查合格率为98.3%，区域未发现产品质量安全事故。

（刘彦君）

【计量监管】 年内，区质监局将39家单位纳入重点能源计量监管范围，促进节能减排。加大对辖区内加油站、商场超市、集贸市场、制造计量器具获证企业的检查力度；开展检验检测机构计量认证监督检查；开展香山红叶节计量专项执法，净化旅游环境；推进计量基础数据清洗工作，提高数据质量。

（刘彦君）

【特种设备安全监管】 年内，区质监局开展大型游乐设施隐患排查、极端天气和暑汛期特种设备安全检查、中共十九大前特种设备安全大检查、特种设备百日筑安行动、行政许可后续监督检查、气瓶充装单位专项整治、供暖用特种设备安全检查、特种设备安全隐患大排查大清理大整治等专项行动8次。全区未发生特种设备事故。破解特种设备超期未检难题。在开展检验提醒和催检工作的同时，加大执法力度。深入电梯安全隐患治理。完成731台高风险电梯安全隐患治理任务，完成率为100%。配合推进既有多层住宅增设电梯试点工作，落实市质监局“三通一免”政策，依法、受理和办理电梯开工告知。全年214部电梯开工建设，31部通过验收投入使用。以中关村西区为重点，试点建设电梯物联网，一期150台电梯项目通过验收并投入使用，二期项目全面启动。创新行政许可审批。针对特种设备使用登记、开工告知主动开展审批流程再造，将办理事项前移至区行政服务窗口，服务保障民生，完成771台、6811蒸吨承压锅炉低碳燃烧器改造。协同相关部门对北京大学第三医院、都景苑社区、毛纺北小区开展“机械式立体停车库”建设研究，解决乱停车问题。

（刘彦君）

【计量监督检查】 年内，区质监局完成强检计量器具60917台（件）。开展全区燃气表项目产品质量监督抽查工作，开展血压计检定装置等多项技术改造，提升技术保障能力。特检所完成特种设备检验41495台（套）。

（刘彦君）

安全生产监督管理

【概况】 2017年，海淀区安全监管局（简称区安监局）以压减事故总量为目标，按照全市安全生产“推进四化进程、建设三个体系、筑牢双基”的总体部署，推进“党政同责、一岗双责、失职追责”安全生产责任体系向基层延伸，坚持“四不两直”和“全链条”“全过程”检查的方式，整合行政执法资源。开展安全生产风险隐患排查治理工作，建立风险和隐患点建立分级分类台账，为1021户城乡困难居民家庭安装燃气安全辅助设备和独立式烟感火灾探测报警装置；完成2017年市级下达海淀区安责险投保率达7.4%的工作任务。“疏解整治促提升”、“散乱污”治理、开墙破洞专项治理市级挂账任务完成率100%，城乡接合部重点地区安全生产违法行为专项整治市、区两级挂账任务完成率均为100%。推进“一企一标准一岗一清单”编制工作，建立安全风险评估企业台账644家，完成3家应急管理示范试点企业创建工作；完成生产安全事故应急指挥部燃气爆燃事故应急演练、重大危险源“一对一”预案桌面推演等各类应急演练80余次。完成全区28家加油站贯标改造工作。完成“一带一路”高峰论坛、中共十九大等重大活动保障任务53次。

（高宏丽）

【加油站贯标改造】 1月19日，区安监局参加北京众生石油有限公司两家加油站进行贯标改造验收。全年完成20余家加添站贯标改造。

（李欣雷）

【机动车维修企业职业危害专项整治】 1月起，区安监局针对机动车维修企业调漆室和清洗喷枪工作场所职业危害开展专项治理行动。进行工程防护措施落实情况检查97家次，对3家企业进行突击检查排毒柜升级改造情况，下达《责令限期整改指令书》及《行政（当场）处罚决定书》各1份。6月初，通过市安全监管局聘请的验收。

（赵双琳）

【烟花爆竹销售管理】 春节期间，全区设置23家烟花爆竹零售网点（五环内8家、五环外15家），比上年减少58家，下降71.6%。累计销售烟花爆竹3245箱，减少18122箱，同比下降86.2%。区安全监管局执法检查销售网点674家次，出动人员820人次，出动车辆301车次，发现排除隐患58处，全部整改。

（李欣雷）

【危险化学品管理】 年内，区安监局推行危险化学品网上许可，向75家危险化学品经营单位发放危险化学品经营许可证，对9家易制毒化学品经营单位发放备案证明。3月1日至6月1日，区安监局对海淀区易制毒化学品企业销售的重点易制毒化学品种类、流向、用途、销售数量进行专项督查。8月—12月，开展易制爆危险化学品专项整治工作。

（席晓敏）

【“渣土堆”安全隐患治理】 4月14日至5月25日，区安监局执法人员对“渣土堆”进行督查。执法人员对京新高速东侧“渣土堆”隐患整改问题进行跟踪整治，下发通知，召开会议，协调、督促海融达公司、上庄镇政府和国土海淀分局等单位开展消隐工作。“渣土堆”完成渣土削方20.46万立方米，消隐工作完成。

（王毅）

【“散乱污”企业安全生产联合检查】 5月17日，区安监局联合区政府督查室，组织区发改委、区经信办和学院街道办事处等单位，对学院路街道部分上账生产经营单位进行安全生产联合检查。联合检查组对生产经营单位安全生产规章制度及现场安全管理情况进行检查。对检查发现的安全隐患下达责令限期整改指令书。5月18日，海淀区安全监管局联合区政府督查室、区发改委、区综治办、区旅游委和海淀镇政府等相关单位，对海淀镇功德寺地区进行安全生产联合检查。

（王毅）

【全国安全生产月宣传咨询日活动在海淀举办】 6月16日，以“全面落实企业安全生产主体责任”为主题，以燃气安全知识宣传为主要内容的安全生产宣传咨询日活动在海淀区曙光文化广场举行。活动由北京市安监局、全国安全生产月活动组委办（国家安全监管总局宣教中心）、北京市城市管理委员会、北京市公安局消防局和海淀区人民政府主办，北京燃气集团有限责任公司承办。安全生产宣传咨询日活动通过丰富直观的内容，形式多样的宣教方式，让每一名参与人员都认识到安全的重要性，提高全民安全生产意识，营造“安全生产月”活动的浓厚氛围。

（王蕊）

【“安全生产月”活动】 6月，为全国第十六个安全生产月活动。区安监局在全区开展安全生产月活动，44万余人参加安全月的各项活动。开展《中共中央关于推进安全生产领域改革发展的意见》宣贯培训工作，对600余名安全管理人员进行培训。开展“双百工程”，组建海淀区安全生产检查专家组，深入小微企业指导、检查安全生产隐患，服务企业300家，服务社区4个，查找隐患990处。

（高宏丽）

【百日“筑安”行动联合执法检查】 8月8日—9日，区安委会办公室组织区旅游委、区质监局、海淀消防支队、属地街道等部门对重点地区开展联合执法。针对督查中发现的问题，各执法部门下达行政执法等文书，按照程序处理，督促企业按时限、标准进行整改，按照程序处理，及时整改消除安全隐患。

（王毅）

【“12·06”火灾事故处置】 12月6日，温泉镇白家疃西口附近的一个出租院内发生着火事故，区安监局调查后，初步认定为液化天然气卧式储罐和车载储罐发生泄漏着火。事故发生后，消防队员紧急出动，采取冷却储罐的同时保证火焰稳定燃烧。至次日储罐火焰燃烧殆尽，吊装事故储罐至安全地带，事故处置完成，处置过程中没有发生次生衍生事故灾害。

（刘瑭）

【兼职安全生产巡查员队伍建设】 12月，区安监局向各街镇印发《北京市海淀区安全生产委员会办公室关于在海淀区设立行政村、社区兼职安全生产巡查员的通知》，为全区80个行政村和577个社区设立兼职安全生产巡查员1314人，完成2017年市政府安全生产绩效考核任务。

（王毅）

【专项整治】 年内，区安监局协调区市政市容委推进油气输送管道安全隐患整治，落实经费1253.61万元，完成4处油气输送管道隐患整治工作。完成机动车维修企业工作场所职业危害、陶瓷生产和耐火材料制造企业粉尘危害、汽车整车制造和汽车零部件生产企业尘毒危害、金属制品企业职业卫生贯标行动等专项治理工作，对28家涉爆粉尘企业排查，排除涉爆粉尘企业3家，督促2家陶瓷生产企业完成涉及粉尘浓度超标的设备设施的改造；开展非煤矿山、易制毒、易制爆化学品和危险化学品道路运输4项专项督查，检查企业64家。

（高宏丽）

【安全执法监察】 年内，区安监局加强对有限空间、危化企业、工业企业的日常安全监管，采取“四不两直”对地下有限空间作业日夜巡查、督查。

开展“蓝天行动”，对烟花爆竹商业零售摊位、易制毒易制爆化学品经营单位、体育运动项目经营单位、商业零售经营单位、建筑施工单位等重点行业和领域的专项执法监察行动。

（高宏丽）

【行业企业标准化达标培训】 年内，区安监局加强对行业企业标准化工作的协调指导，组织三级达标标准化培训会8场，培训企业727家；岗位达标培训25次，培训企业1600家；完成三级达标企业430家，微型企业1644家。

（高宏丽）

【企业安全生产培训】 年内，区安监局联合安全生产专业培训机构，开展企业负责人（法人）及安全生产管理人员安全生产教育培训工作。面向全区重点企业，从事生产经营活动非央企市属国有企业（不含特种作业人员、煤矿、非煤矿山、危险化学品、烟花爆竹、燃气等企业）的董事长、总经理（或法定代表人）和专（兼）职安全管理人员，培训1200人次。

（王蕊）

审　计

【概况】 2017年，海淀区审计局开展审计及专项审计调查项目33个，整改金额55947万元，出具审计报告和专项审计调查报告34篇，提出审计建议104条，被采纳审计建议73条，被审计单位制定整改措施37项，促进建立健全规章制度7项，提交审计专题、综合性报告和信息简报139篇，被批示采用审计信息92篇，向社会公告审计结果及整改情况17项。参与审计署和北京市审计局组织保障性安居工程等相关审计工作。

在北京市审计系统评选优秀审计项目和计算机案例评选活动中，《北京市海淀区养老机构建设管理运营情况专项审计调查》被评为“2017年度区审计局优秀审计项目”。

（乔捷）

【政策落实跟踪审计】 年内，区审计局按季度开展4个阶段的政策措施落实情况跟踪审计。重点聚焦“疏解整治促提升”专项行动情况，对违法建设拆除等10项市级专项任务及两项区级任务完成情况进行审计。政策落实跟踪审计在推进企业污染治理等各专项任务落实方面发挥了监督作用。

（乔捷）

【预算执行审计】 年内，区审计局推进区级政府全口径预算的全覆盖监督，将公共财政预算、政府性基金预算、国有资本经营预算全部纳入审计范围，实现全口径预算监督全覆盖。按照不低于区属一级预算部门20%覆盖面的要求，检查16家单位预算执行效果和存量资金管理使用情况，加强对贯彻中央八项规定精神和国务院“约法三章”情况的审计。

（乔捷）

【自然资源审计】 年内，区审计局探索自然资源审计模式。对温泉镇主要领导干部开展自然资源资产离任审计，推动领导干部认真履行自然资源资产管理和生态环境保护责任。审计工作中加强探索谷歌地球、GIS等信息技术审计方法，为推广利用影像资料开展资源审计积累经验。在2016年全面摸清四类自然资源资产底数基础上，突出水环境相关项目的审计工作，以水资源管理和利用、河道治理工程、污水处理和水环境改善以及相关资金使用的合规性为重点开展审计调查。

（乔捷）

【专项审计调查】 年内，区审计局完成区人大交办的区教委基本建设、修缮、安防专项资金管理使用情况的专题询问审计工作。按照中小学、幼儿园和其他部门等不同类型，重点审计修缮、安防项目138个，涉及资金总额2.6亿元。延伸40个项目实施单位，发现和剖析项目在申报、审批、基本建设程序履行等环节的问题及成因，为区人大评估资金绩效提供了参考依据。落实中央关于深化国有企业和国有资本审计监督要求，对工业公司、中海投2家区属国有企业开展审计，重点审查企业资产负债损益的真实合法效益情况，关注结构调整和风险管控情况，推动企业完善治理、提高效益。

（乔捷）

【经济责任审计】 年内，区审计局根据区委组织部委托，对10家区属行政事业单位和国有企业，15位主要领导人员开展任中和离任经济责任审计，重点审查领导干部贯彻执行经济法律法规、市区重大决策部署落实情况、遵守廉洁从政规定、“三公经费”等行政成本支出和厉行节约情况。

（乔捷）

【政府投资审计】 年内，区审计局开展棚户区改造等460余个项目的跟踪审计和竣工决算审计，重点关注建设程序履行、招标投标管理、土地利用和征地拆迁、概预算控制等情况，纠正基本建设程序和资金使用方面的问题，促进投资项目规范管理、资金安全使用。优化审计管理模式和对中介审计机构的监管措施，坚持审计报告联审制度，与区财政局、发改委共同对竣工决算审计报告进行审核批复，提高报告审核的严谨性和工作效率。批复建设项目竣工决算报告55份，建设项目送审金额76.31亿元，通过审计核减节约财政资金16.24亿元，平均审减率为21.28%。

（乔捷）

【审计结果公开】 年内，区审计局公开预算执行审计工作报告、16家单位部门预算执行审计报告及审计发现问题整改报告，加大财政资金使用单位预算执行审计的公开力度，丰富审计公开的内容和形式，以公开促规范、促整改。加大审计整改督办、报告、通报工作力度，推动审计整改的闭环管理，督促被审计单位健全管理制度，建立长效机制，从源头上防范问题发生，确保审计整改取得实效。

（乔捷）

国有资产监管

【概况】 2017年，海淀区人民政府国有资产监督管理委员会（简称区国资委）直接监管企业 15 家。截至年底，区属国有及国有控股企业资产总额 2184.7 亿元，所有者权益 619.3 亿元，归属母公司所有者权益 445.8 亿元。实现营业总收入 553.5 亿元，利润总额 53.2 亿元，上缴税费 36.4 亿元。

2017 年区国资委直接监管企业一览表

表 6

序号	企业名称	企业简称
1	北京市海淀区国有资产投资经营有限公司	海国投（国有独资企业）
2	北京海淀置业有限公司	海淀置业
3	北京实创高科技发展有限责任公司	实创高科
4	北京海开房地产有限责任公司	海开
5	北京翠微集团	翠微
6	北京海融达投资建设有限公司	海融达
7	北京中海投资管理有限公司	中海投资
8	北京西农投资有限责任公司	西农投资
9	北京市海淀区工业公司	工业公司
10	北京绿海能环保有限责任公司	绿海能
11	北京实创科技园开发建设股份有限公司	实创股份
12	北京海淀科技金融资本控股股份有限公司	海科金
13	北京市海淀区保障性住房发展有限公司	海保发
14	北京海房投资管理有限公司	海房投资
15	北京通联实业公司	通联实业

说明：2017 年，北京昊海建设有限公司重组并入北京海融达投资建设有限公司，不再纳入国资委一级监管；新组建一级监管企业北京市海淀区保障性住房发展有限公司

（孙彦艳）

【北京市海淀区国有资产投资经营有限公司】 2017 年，公司实现营业收入 357 亿元，实现利润总额 39.7 亿元，资产总额超过 1300 亿元。国投集团拥有全资企业 16 家、控股企业 17 家、参股企业 21 家，托管单位 1 家，注册资本 70 亿元。

完成布鲁塞尔葡萄酒大赛落地海淀、“加州—北京创新中心”落户中关村、中关村京港澳青年创新创业中心正式运营等工作。推动龙徽酒文化产业园落户海淀。公司组建智享出行公司，实现闲置自行车的回收利用，推动智慧、绿色海淀建设；组建中技科技服务公司，筹备收购石家庄汇融农商行。完成 50 亿元三峡海淀基金组建工作，组建 20 亿元华宏海泰基金、20 亿元中创教育基金，推动 1500 亿元中关村并购基金项目落地，完成 3 家上市公司项目投资工作。参与北京石墨烯研究院、清华健康基金、北航军民融合基金等项目，推动高校优质科研成果落地海淀。

与张家口市对接，推动张家口市“中关硅谷城建设”，占地面积超过 1100 亩。支持锦绣大地公司在涿州市建立农产品批发基地。作为主发起人，联合京津冀三地大型国企和民营企业共同设立的京津冀票据交易中心完成在天津、河北布点工作。

聚焦核心产业，以创新推动核心产业规模化成长。三聚环保公司加强技术、管理、市场、商业模式等多层次创新，超级悬浮床稳定运营，加速推进劣质重质油品悬浮床加氢技术的推广应用；公司生物质秸秆综合利用项目进入实施阶段，河南拓农、通化秋硕、爱放牧（兴安盟） 项目正式落地。完成研发中试基地建设，首次实现用于生产清洁柴油和石脑油的新型催化剂的中试放大，在用户 140 万吨/年规模生产装置上成功应用。加快推进脱硫净化相关产品及服务的国际工业应用推广和海外营销工作，完成巨涛海洋石油服务有限公司（简称巨涛海洋）40%股权收购工作，成为巨涛海洋控股股东。大庆联谊公司销售各类产品 25 万吨，实现销售收入 15 亿元。破产重组工作进展顺利，完成龙油股份、龙化成品油储运的收购工作。

立足海淀教育资源，深耕教育产业。凯文国际教育与英超豪门曼城足球俱乐部签约，联手打造北京凯文曼城足球学校，将世界顶级青训体系引入中国，创办具有凯文烙印的足球特色校。海淀国际教育投资与厦门翔安区教育局签订合作协议；与清华附中、加州大学伯克利分校达成项目合作，共同成立教师学院，开展加州大学伯克利分校大学预科项目。

拓展新兴领域，持续推动地产板块升级转型。海南官塘学院小镇项目实现2个月20亿元的销售业绩。推动产业转型，确立由单纯的住宅开发销售向产业地产运营升级的发展战略，通过地产来搭建平台，植入教育、旅游、养老、文化、金融等产业方式，实现企业转型升级。

服务中小企业，科技金融产业驶入发展快车道。中关村中技“五位一体”服务模式得到业界认可，正式运营三年来累计约为500余家中小微科技型企业进行投融资服务，提供96.1亿元的资金支持。海科融通公司在银行卡收单服务、技术创新、新业务拓展等领域取得进步，代理商规模发展到9000余家，商户发展到500余万家，银行卡收单交易额突破1万亿元，交易规模位列行业前5名。互联网金融中心与张家口市桥东区政府、济南高新区管委会签署合作协议，张家口分中心正式落户张家口高新技术产业园·北方硅谷高科新城，济南分中心正式落户济南高新区。众信金融根据新监管政策的要求调整业务及平台发展战略，通过直销银行、交易所合作、消费金融等业务模式创新，实现平台的升级转型。

酒店服务转型进入快车道。组建北京稻香·深潜体育文化传播有限公司、北京稻香湖景商贸有限公司。稻发公司完成营业收入18795万元，同比增长14.4%，经营利润率同比增长2.1%，酒店每间可供房收入同比增长12.5%。

创新融资模式，有效规避债务风险。海国鑫泰主体评级上升为AAA，境外评级BBB+，公司在资金市场信用进一步提升。

2017年海国投集团成员企业一览表

表7

	企业名称	企业性质	持股主体	持股比例	所属行业
全资企业16家	北京市海淀区海阔咨询公司	全民所有制	海国鑫泰	100%	商务服务业
	北京市海淀区钢管厂	全民所有制	海国鑫泰	100%	制造业
	海南电南科技发展总公司	全民所有制	海国鑫泰	100%	专业技术服务业
	北京市金凯旋出租汽车公司	全民所有制	海国鑫泰	100%	道路运输业
	北京国泰阳光投资管理有限公司	有限责任公司	海国鑫泰	100%	商务服务业
	北京永济财富投资管理有限公司	有限责任公司	海国鑫泰	100%	商务服务业
	北京市海淀区水利水电工程公司	全民所有制	海国鑫泰	100%	土木工程建筑业
	北京兴海体育场馆经营管理有限公司	有限责任公司	海国鑫泰	100%	体育业
	北京海淀水务有限责任公司	有限责任公司	海国投	100%	水的生产和供应业
	北京信茂房地产开发有限公司	有限责任公司	海国投	100%	房地产业
	北京常兴海广会展有限责任公司	有限责任公司	海国投	100%	商务服务业
	北京鑫泰锦绣投资有限公司	有限责任公司	海国投	100%	商务服务业
	北京鑫泰汇海房地产开发有限公司	有限责任公司	海国投	100%	商务服务业
	贝伦钢结构建设工程有限公司	有限责任公司	海国投	100%	房屋建筑业
	北京中关村中技知识产权服务有限公司	有限责任公司	海国投	100%	商务服务业
	北京国鑫资本管理有限公司	有限责任公司	海国管	100%	商务服务业
控股企业17家	八大处控股集团有限公司	有限责任公司	海国投	51%	商务服务业
	北京海淀科技发展有限公司	有限责任公司	海国投	40%	科技推广应用服务业
	北京稻香湖投资发展有限责任公司	有限责任公司	海国投	73.72%	商务服务业
	北京海淀鑫泰世纪文化发展有限公司	有限责任公司	海国投	70%	文化艺术业

续表 7

	企业名称	企业性质	持股主体	持股比例	所属行业
	北京海贷金融信息服务有限公司	有限责任公司	海国投	80%	其他金融业
	北京海国投物业管理有限公司	有限责任公司	海国投	80%	房地产业
	北京香山双新房地产有限公司	有限责任公司	海国投	70%	房地产业
	海国通泰（张家口）中关科技谷建设有限公司	有限责任公司	海国投	65%	房地产业
	北京鑫泰世纪置业投资有限公司	有限责任公司	海国投	80%	商务服务业
	北京海淀国际教育投资有限公司	有限责任公司	海国投	40%	商务服务业
	北京鑫泰能源股份有限公司	有限责任公司	海国投	41%	电力能源业
	北京智享出行科技发展有限公司	有限责任公司	海国投	80%	交通运输业
	北京众信金融信息服务有限公司	有限责任公司	海国投	49%	其他金融业
	北京海鑫百思特房地产开发有限公司	有限责任公司	海国投	51%	房地产业
	北京海鑫恒泰贸易有限公司	有限责任公司	海阔咨询	60%	批发和零售业
	北京普路达国际贸易有限公司	有限责任公司	海淀钢管厂	55%	批发和零售业
	北京龙徽国际酒文化创意产业有限公司	有限责任公司	海国投	50%	文化、体育和娱乐业
参股企业21家	石家庄汇融农村合作银行	股份合作制	海国鑫泰	9.995%	金融业
	中国技术交易所有限公司	有限责任公司	海国鑫泰	17.86%	商务服务业
	神州高铁技术股份有限公司	股份有限公司	海国投	12.46%	科技推广应用服务业
	京津冀协同票据交易中心股份有限公司	股份有限公司	海国投	15%	货币金融服务
	北京石墨烯技术研究院有限公司	有限责任公司	海国投	5%	新材料制备
	北京石墨烯研究院有限公司	有限责任公司	海国投	11%	新材料制备
	北京天润典当有限公司	有限责任公司	海国投	15%	货币金融服务
	北京市绿化隔离地区基础设施开发建设有限公司	有限责任公司	海国投	12.80%	房屋建筑业
	北京地铁十号线投资有限责任公司	有限责任公司	海国投	1.37%	商务服务业
	北京地铁四号线投资有限责任公司	有限责任公司	海国投	19.62%	商务服务业
	北京海开房地产股份有限公司	股份有限公司	海国投	14%	房地产业
	中科软科技股份有限公司	股份有限公司	海国投	16.69%	科技推广应用服务业
	北京银行股份有限公司	股份有限公司	海国投	0.49%	商务服务业
	北京科技风险投资股份有限公司	股份有限公司	海国投	10.75%	商务服务业
	北京锦绣大地农业股份有限公司	股份有限公司	海国投	2.73%	农、林、牧、渔业
	华融中关村不良金融资产交易中心股份有限公司	股份有限公司	海国投	15%	货币金融服务
	北京鑫泰小额贷款股份公司	股份有限公司	海国投	40%	其他金融业
	北京中关村大街运营管理股份有限公司	股份有限公司	海国投	15%	商务服务业

续表 7

	企业名称	企业性质	持股主体	持股比例	所属行业
	北京绿海能环保有限责任公司	有限责任公司	海国投	8%	环保产业
	北京海泰资本管理有限公司	有限责任公司	海国管	40%	商务服务业
	北京海淀科技园建设股份有限公司	股份有限公司	海国投	41%	房地产业
托管单位	北京市海淀区老干部休养所	服务业	事业单位		

（魏增）

【北京中海投资管理有限公司】 2017年，中海投资公司受托管理的海淀区创投引导基金、海淀园引导基金、股权直投基金、文创引导基金四大类政策基金，共计46只，总规模392.21亿元。

股权直投基金受托管理。以《海淀区战略新兴产业技术路线图及三年行动计划》为指导，重点在移动互联网和下一代互联网、云计算、集成电路设计、节能环保、生物工程与新医药、导航与位置服务等领域投资一批技术水平国际国内领先的“高精尖”项目和商业模式创新项目，吸引一批全球范围内拥有科技成果和商业模式创新的人才或团队到核心区创业，推动海淀区战略新兴产业的发展。

引导基金受托管理。对接整合区域内高校和科研院所的资源，完成1.2亿元海淀区文化创意产业引导基金的设立，重点支持和引导各类投资主体向区内文化产业初创期和成长期企业进行投资。

股权直投基金累计投资企业103家，全部注册海淀区；引导基金项下基金累计投资企业494家，其中注册在海淀区企业218家。股权和引导基金项下，96家企业获得国家或区域技术认定（国家高新技术企业67家，中关村高新技术企业73家），22家企业实现挂牌上市（“新三板”、创业板、中小板等），58人被认定为高端人才（院士1人，千人计划10人，海聚12人，高聚13人，海英22人），与投前对比，被投企业新增加就业1.12万人，新增知识产权1423项。政策基金投资效果越发显现。

（王博）

【北京海淀科技金融资本控股集团股份有限公司】 2017年，海科金实现资产总额60.32亿元，比上年增长29%；负债总额31.34亿元，比上年增长35%；净资产29亿元，比上年增长23%，归母公司净资产24.58亿元，比上年增长32%。实现经营收入9亿元；实现利润总额2.32亿元，比上年增长17%，完成年度考核指标的106%；实现净利润15849万元，实现归属于母公司的净利润11891万元，比上年增长5%，扣除非经营性资产和收益的净资产收益率为6.16%，完成年度考核指标的103%。海科金提取5.3亿元的风险拨备金，累计为股东创造经营收益11.49亿元，扣除其他股东的收益，海科金股东7年累计获得经营收益9.81亿元。

年内，进一步聚焦科技金融主业，四大平台联动发力，注册资本金顺利增至18.79亿元，子公司注册资本金有不同比例的增加，科技金融生态效应明显。

债权融资平台。中海淀科技担保公司注册资本金增至10亿元，加入北京市融资担保联盟，实现营业总收入1.62亿元，在保余额54.17亿元，比上年增长12.69%；其中科技文创企业在保余额31.48亿元，占比58.11%，在保户数占比76.34%。鑫泰小贷公司累计发放贷款8.5亿元，贷款余额3.7亿元；海汇典当公司累计放款5567万元，贷款余额3100万元，净资产收益率26.43%。

股权投资平台。创投板块有投资企业16家，累计投资额约3.72亿元，实现投资收益10215.74万元，整体浮盈约4.68亿元，整体收益率120.18%，年化收益率（单利）为21.07%；在投企业6家，Pre-IPO企业2家，“新三板”企业1家；天使投资累计投资项目7个，投资总额96万元，成功退出2个项目，税前收益254.5万元，清算1个项目，再投项目4个，再投投资总额57万元，其中新投项目1个。

资产管理平台。中海鑫资管公司形成以北京地区交易活跃的住宅，有租金收益的写字楼，优质企业股权，流动性好、评级高、收益适中的交易所债券三类核心资产为标的，以私募基金为依托，在资产端和资金端同时形成合理规范的资产管理业务布局。注册资本金成功增至5亿元，实现收入4173万元，利润2321万元，净资产收益率达到7.29%。

辅助类平台。中海金仓成功引入战略投资者，注册资本金增至3333.33万元。平台新增项目金额31亿元，项目余额超5亿元，新增注册用户近6000人，估值达16666.65万元；海科融信物流公司实现收入4.7亿元；海金保理公司注册资本金成功增资至3亿元，全年累计放款8.57亿元，年末实现保理资产余额6.39亿元，比上年增长97%。全年实现收入4729万元，比上年增长82%。实现净利润1655万元，比上年增长106%。

孵化器。中关村生物医药园作为生物医药专业孵化器，年内入驻企业102家，孵化企业56家，集中办公区入孵企业11家，吸引落地投资总额9.04亿元；累计吸引千人计划13人，海聚工程人才12人。累计4家企业获国家一类新药临床批件（其中1家已获得三期批件），3家获得三类医疗器械产品注册证，2家完成产业化转移，3家“新三板”上市，生物园初步搭建早期创业、成长期、成熟期三类企业梯队。

（齐海龙）

【国有企业改革】 年内，区国资委出台《关于全面深化区属国资国企改革的意见》，确定今后一段时期区属国资国企深化改革的总体要求、主要目标和具体路径措施。组建北京市海淀区保障性住房发展有限公司，推动区内保障性住房建设与管理工作。北京昊海建设有限公司重组并入北京海融达投资建设有限公司，不再纳入一级监管。

（孙彦艳）

【国有企业经营发展】 年内，海淀置业运营中关村创业大街，与30余家大企业、50余所高校院所、数百家第三方机构紧密合作，发起成立大企业开放创新联盟，承办“2017创响中国北京站”、全国双创周北京会场暨中关村双创季系列活动。中关村互联网教育中心与美国企业开展战略合作，拓展互联网国际创新网络。海科金增加注册资本金5亿元。中海投资增加注册资本金2亿元。区属国企发起设立2.2亿元中北梦基金、5.7亿元中海双创基金、40亿元产业基金、7亿元国鼎实创基金，形成涵盖种子、天使、VC、PE和并购等全阶段的投资链条。海国投搭建“评—保—贷—投—易”五位一体知识产权金融生态圈，海科金构建债权、股权、资管、辅助四大金融服务平台。实创公司发起设立的海淀科技产业空间优化基金收购上地时代大楼和倪氏海泰大厦南裙楼共3.6万平方米。区国资中心收购翠宫饭店6.9万平方米。年内，国资委系统整治开墙破洞项目358处，拆除违法建设5.4万平方米，新生违法建设零增长。海开完成笑祖塔院拆迁。翠微与乐嗨直播等平台合作，打造京城首家网络直播百货店；引进盒马鲜生，与“新零售”企业合作。超市发连锁新开10家门店，总店数151家，连续9年荣获“北京十大商业品牌”荣誉称号。实创股份推进翠湖、永丰两大组团20个地块的一级开发，G、H地块入库补充协议签订，万科、中粮、中铁建摘牌交地，D21、D22住宅地块实现挂牌，中关村壹号30万平方米房产建成。海融达完成市政基础设施、园林绿化、水务项目、道路大中修、“无煤化”等60余项建设任务。

（孙彦艳）

【国有资产监督管理】 年内，区国资委出台《规范区属国有企业土地房屋出租管理工作的指导意见（试行）》，要求区属国企房产资源优先用于区委、区政府确定的重点行业、重点产业以及重点企业的经营活动，并对国企房屋出租年限、安全责任落实等提出规范性要求。出台《关于在深化区属国有企业改革中坚持党的领导加强党的建设的实施意见》和82条具体落实措施，对区属一级监管企业章程、党委会议事规则及“三重一大”制度进行修订，将党组织审议作为董事会、经理层决策重大问题的前置程序，把加强党的领导和完善公司治理体系统一起来。与区属一级监管企业签订经营业绩考核责任书、社会管理综合治理责任书，对国有资产保值增值、安全运营等各项任务进行分解落实。层层签订党风廉政建设监督责任目标责任书。组织召开一级监管企业董事会工作述职报告会，完成8家企业董事会换届，调整董监事人员38人；新聘任委派外部董事10人，实现一级监管企业外部董事的全覆盖，初步解决企业董事会与经理层人员高度重叠问题。完成国有企业薪酬专项审计。开展安全生产隐患大排查大清理大整治，区属企业全年未发生重大安全生产事故。

（孙彦艳）

出入境检验检疫

【概况】 2017年，海淀检验检疫局（简称海淀局）检验检疫出入境货物16940批，比上年增长23.1%；货值17.89亿美元，比上年增长21.7%。检验进口工业品15119批，比上年增长23.9%，货值17.25亿美元，比上年增长21.5%（其中进口医疗器械10909批，比上年增长36.3%，货值12.36亿美元，比上年增长28.8%。）；出口工业品10批，货值68.17万美元；检验检疫出入境动植物产品和食品1811批，比上年增长18.8%，货值6243万美元，比上年增长24.3%。检出进口工业品不合格227批次，金额453.76万美元，均实施退运或索赔。继续推进无纸化通关。完成2017年度出口食品风险监测计划，完成“进出口饲料及饲料添加剂安全风险监控计划”。

（李素琴）

【进口商品退运】 3月，海淀局对从美国进口的5台止鼾机进行检验，发现其未获得医疗器械注册证，根据《医疗器械监督管理条例》对上述货物出具《检验检疫处理通知书》，作退运处理。这是呼吸机类产品纳入法定检验以来，北京局首次对该类产品进行退运处理，涉及金额2522.8美元。在通州马驹桥镇华新绿源环保产业发展有限公司拆解车间，海淀局人员对20台不合格进口高压灭菌器实施监督销毁处理，货值157226美元。

（李素琴）

【证书快递服务】 8月15日，海淀局试行“证书快递”服务。国药前景、东方锦泰等企业足不出户即可领到检验检疫签发的证书，该举措进一步延伸窗口服务，实现企业足不出户申报领证一站到底， 彻底解决“服务企业最后一公里”问题。

（李素琴）

【辖区出口食品分级分类监管】 年内，海淀局开展辖区出口食品分级分类监管模式，优化检验程序，服务贸易便利化。对辖区全部出口食品生产企业进行分级；对辖区全部出口食品进行分类；对全部出口食品生产企业和产品按照分级分类结果制定相应的监管措施。在出口食品检验工作中采取验证放行、抽样放行和检验放行等不同的放行方式，加快出口食品检验通关速度，在保证质量安全的前提下，达到精准监管、科学监管的效果。

（李素琴）

【进口医疗器械检验监管】 年内，海淀局开展“提升进口医疗器械检验监管工作”，促进进口医疗器械产品质量不断提升。

（李素琴）

【行政协查规范】 年内，海淀局规

范行政协查流程，制定出海淀局内部可操作的行政协查操作步骤和流程图，将行政协查工作规范化、制度化、程序化。协助北京海关缉私局行政协查64份单证，协助外地食药监局、市场监督管理局、公安局等部门行政协查14份单证。

（李素琴）

【无纸化通关】 年内，海淀局组织召开进出口企业代表、代理报检公司企业无纸化通关工作宣贯培训会。对无纸化申报企业进行一对一电话指导，协助企业做好相关信息上传，及时解决企业在备案申请、单证流转中的问题；以“全国无纸化系统”信息作为分拨单据的依据，建立分拨台账，确保每单无纸化信息去向可追溯；严格按照随附列表落实无纸化工作要求。

（李素琴）

【出口食品风险监测】 年内，海淀局承担总局《2017年度国家出口动物源性食品安全风险监测计划》14个样品，均按计划抽检送样，反馈的检测结果13个样品合格，1个样品超过行动水平。按要求对相关情况进行调查，形成调查报告。相关结果上报主管处室，并通报地方政府相关部门。完成“进出口饲料及饲料添加剂安全风险监控计划”。结合日常检验检疫工作开展进出口饲料及饲料添加剂安全风险监控工作，严格按照监控计划实施。采集样品送检6批次，检测结果无不合格情况。

（李素琴）

【出口食品企业“逐一帮扶”行动】 年内，海淀局在摸清辖区出口食品企业质量管理和认证情况基础上，重点帮扶新备案的出口食品企业。北京华都酿酒食品有限责任公司上半年首次开展向美国出口白酒业务，海淀局向该企业详细解读美国食品安全现代化法新发布的配套法规，应对美国新法规要求，帮助企业产品顺利出口；做好企业对外推荐注册备案工作。利用检验检疫系统与相关国家的沟通交流平台，推荐辖区内优质企业对外注册备案。

（李素琴）

食品药品监督管理

【概况】 2017年，海淀区食品药品监督管理局（简称区食药局）以创建食品安全示范区为引领，推进“阳光餐饮”工程建设和提升无证餐饮整治，完成各类专项整治任务，辖区食品药品安全形势稳步提升。海淀区在市政府对食品药品安全工作绩效考核中取得城区第一名的成绩，区食药局获2013—2016年度北京市食品药品监督管理系统先进集体、2017年度全国食品药品案件查办工作先进集体荣誉称号。

（毛娟）

【食品安全示范区创建】 2016年12月，海淀区向市食药安委正式申报创建北京市食品安全示范区，2017年10月通过创建考核验收。区食药局开发“海淀阳光餐饮”手机App，全区4118户餐饮单位实现“阳光餐饮”，占全区餐饮单位总数的57.9%，5条街（区）通过验收被评为“北京市阳光餐饮示范街（区）”，3322户餐饮单位上线“海淀阳光餐饮”手机App。推荐的北京超市发连锁股份有限公司超市发蓝润店等3家超市全部通过“放心肉菜示范超市”审核，超市发蓝润店获得全国首家“放心肉菜示范超市”牌匾。整治无证餐饮3197户，超额完成全年任务量的143%。

（毛娟）

【全国“双安双创”现场会点位观摩】 11月28日—29日，全国“双安双创”现场工作会在北京召开，海淀区中关村食宝街、超市发蓝润店作为现场观摩点位，代表北京市迎接中央领导、相关部委领导、各省主管省长以及食药监管部门主要领导的现场观摩。区食药局向与会代表展示“海淀阳光餐饮”App和超市发蓝润店推广的“二维码收银追溯系统”“农超对接”等工作成果。

（毛娟）

【食品药品检测】 年内，区食药局取得66个食品检验项目的资质认定许可。抽检各类食品药品样品22764个，在食品生产、流通（含市场）、餐饮等环节抽验21884个，其中统一风险监测样品6925个，合格率为99.51%；在药品、保健食品、化妆品、医疗器械等环节抽验880个，合格率为99.89%。完成1318份药品（其中严重药品不良反应报告65份）、830份医疗器械、61份化妆品的不良反应报告评价，报告评价完成率和及时率均为100%。

（毛娟）

【食品药品监管】 年内，区食药局推进药品、医疗器械生产企业和经营企业GMP、GSP认证工作，受理食品药品各类行政许可11485件，审核发证10520户。10家药品生产企业、199家医疗器械企业通过GMP认证，504家药品经营企业、1556家第三类医疗器械经营企业通过GSP认证。强化分级分类管理，在全市系统率先完成食品生产企业风险分级工作，全区10家规模以上食品生产企业全部通过HACCP体系认证。加大对辖区质量风险较高、两年内因违法违规情况被立案查处或发生过抽检不合格的药品生产企业以及不良事件发生率较高或举报投诉较多的医疗器械生产企业的监督检查力度。强化退出机制，对不具备经营条件或失联药械经营企业进行强制清退，公告注销医疗器械经营企业106家、药品零售企业19家，通过高压监管促使企业主动注销许可证98家。坚持实施“最严厉处罚”，不断强化执法办案和“行刑衔接”工作力度，实施食品药品类行政处罚1955件，罚没款金额3359万余元，移送公安机关案件11件。

（毛娟）

【专项整治】 年内，区食药局完成元旦、春节、端午等重要节令期间常规整治，常规整治与“错峰执法”“飞行检查”“明察暗访”等非常规监管方式相结合，针对春季学校开学等重点时段，以及畜禽鲜蛋产品、水产品、“五毛食品”等开展多次专项抽检及综合整治，重点开展针对城乡接合部零售药店、互联网经营医疗器械、生产无菌和植入性医疗器械、保健食品欺诈和虚假宣传等专项整治，切实加固“食药安全防火墙”。

（毛娟）

烟草专卖与管理

【概况】 2017 年，北京市海淀区烟草专卖局（海淀烟草公司）资产总额 104866.55 万元，比上年增加 6032.65 万元，提高 6.1%；净资产为 101417.95 万元，比上年增加 6323.41 万元，增长 6.65 %；固定资产净值 5218.58 万元；流动资产 99446.76 万元。全区有效持证户 3715 户，正常经营户 3328 户。移送公安局大要案 13 起，移送工商局无证经营案件 5 起，指定管辖 1 起；抄备检察院大要案 13 起，案件移送、抄备率达到 100%。审核行政处罚案件 317 起，审查行政处罚案卷 270 本，参加市烟草专卖局组织案卷评查 1 次，参评案卷 12 本。

（杨亮）

【查获“3·15”网络贩烟案】 1 月—3 月，区烟草局联合门头沟区、西城区、石景山区烟草专卖局以及当地公安部门破获一起以安徽籍胡某某、山东籍许某某为首的跨区贩卖卷烟网络案件。捣毁卷烟窝点 21 个，查扣涉案车辆 4 辆，查获中华（软）、中华（硬）、白沙（硬）等卷烟总计 170.7 万支，案值 106.1 万元，抓获涉案人员 23 人，刑事拘留 3 人，行政处罚 18 人。

（杨亮）

【查获“4·19”网络案件】 1 月—4 月，区烟草局、公路局、大兴区烟草专卖局以及当地公安部门破获一起以福建云霄籍何某某为首的物流环节寄递卷烟网络案件。捣毁卷烟窝点 6 个，查扣涉案车辆 2 辆，涉案物流场站 5 个，查获中华、ESSE、南京等卷烟总计 104.28 万支，案值 112.821994 万元，抓获涉案人员 11 人，刑事拘留 3 人，行政处罚 4 人。

（杨亮）

【查获“7·14”违法卷烟网络案件】 2 月—7 月，区烟草局联合西城、石景山、大兴、房山、门头沟烟草局以及辖区公安部门破获一起以河南籍祝某为首的跨区贩售违法卷烟网络案件。捣毁卷烟窝点 25 个，查扣涉案车辆 2 辆，查获白沙（和天下）、ESSE、长城等卷烟、雪茄烟总计 107.66 万支，案值 117.18 万余元，抓获涉案人员 26 名，刑事拘留 4 人，行政处罚 22 人。

（杨亮）

【烟草专卖经营】 年内，辖区累计完成销量 92726 箱，完成年销量计划的 95.97%，比上年减少 3694 箱，降低 3.83%；实现税利 71009.14 万元，毛利 62985 万元，比上年减少 412 万元，下降 0.65%；实现单箱销售额 33946 元，比上年增加 1141 元，增长 3.48%。其中，一类烟增加 586 箱，增长 2.67%；二类烟增加 1639 箱，同比增幅为 10.56%；三类烟减少 2311 箱，同比降幅为 5.14%；四类烟减少 1370 箱，同比降幅为 13.68%；五类烟减少 2234 箱，同比降幅为 57.89%。销售重点品牌卷烟 83487 箱，减少 4463 箱，同比降幅为 5.08%；重点品牌销量占比 90.04%，占比下降 1.18 个百分点。销售细支卷烟 8511 箱，比上年增加 2936 箱，增长 53%。销售低焦油卷烟 23176 箱，比上年增加 71 箱，增长 0.31%。累计销售中南海品牌 7735 箱，比上年减少 279 箱，下降 3.48%。累计销售中华 3119 箱，比上年减少 272 箱，下降 8.01%。

（杨亮）

【烟草市场监管】 年内，区烟草局查处违法案件 452 起，其中 5 万元以上大要案 37 起，查获违法卷烟 1144.33 万支，依法刑拘 10 人、判刑 7 人。查获假私烟 408.53 万支，比上年上升 70.17%。其中查获假烟 129.74 万支，比上年增长 146.68%；查获走私烟 278.79 万支，比上年增长 48.70 %。查办“以我为主”的网络案件 3 起。开展为期一个月的“蓝盾二号”集中打击工作，查办涉烟违法案件 116 起，其中 3 万元以上大要案 10 起，查获违法卷烟 207.93 万支，总案值 154.18 万余元，其中查获假烟 32.73 万支，标值 44.19 万元；查获走私烟 67.79 万支，案值 45.65 万元；查获真烟 107.41 万支，案值 64.34 万元，取缔无证户 4 个，移送公安部门 2 人，刑拘 2 人。

（杨亮）

【烟草行政许可】 年内，区烟草局办理各类行政许可 2244 件，其中新办行政许可 619 件，变更行政许可 120 件，延续行政许可 864 件；停业 23 件；恢复营业 7 件；补办 5 件，歇业 152 件；注销 454 户。全区有效户 3715 户，正常经营户 3328 户。

（杨亮）

【预警处理】 年内，区烟草局内管派驻办调研待拆迁零售户 190 户，传递至专卖部门共计 15 份市场信息单，向营销部门发布信息共计 138 条，涉及超量零售户 72 户、外流户 238 户。内管协同专卖稽查队检查走访外流户共计 63 户，查处一般案件 4 起，查获违法卷烟共计 179 条。截至年底，向营销传递《改进建议书》18 份，向专卖传递《问题反馈函》16 份。

（杨亮）

工商行政管理

【概况】 2017 年，海淀工商分局持续扩大商事制度改革的各项成果，优化营商环境。启动无证无照经营“一查二限三铲”全环节治理模式，取缔无证无照经营 4885 户，完成全年任务的 325.67%。辖区全年新设市场主体 3208 户，比上年增长 36.22 %。其中，内资企业 3069 家，增长 41.82%；外资企业 50 家，增长 35.14%；个体工商 89 户，减少 42.41%。实有市场主体 292464 户，同比下降 0.18%。其中内资企业 249560 家，增长 5.10%，注册资本总额 44875.42 亿元，增长 43.36%；外资企业及代表机构 5449 家，下降 0.35%，注册资本总额 3909.42 亿元，增长 12.66%；农民专业合作社 37 户；个体工商户 37418 户，减少 25.23%。

调查开墙打洞住宅内经营主体 2086 户，完成处置 1996 户，其中取缔其中无证无照经营1325户，关停有照主体671户。配合区政府关停金五星建材市场等有形市场7个，腾退面积12.41万平方米；引导科贸电子城等有形市场压缩面积约5700平方米。取缔城乡接合部重点地区无证无照商户573户，完成24个市级挂账的“散乱污”主体整治。

（郭洁）

【国家商标局驻中关村办事处】 2017年，国家商标局驻中关村办事处参与商标注册和管理改革工作，提升窗口服务水平服务创新发展，加强中关村注册大厅监督指导工作，提升注册大厅服务水平，确保商标注册便利化各项措施在中关村注册大厅贯彻落实。截至年底，中关村注册大厅收文58471件。为北京市场主体办理变更、续展、转让等业务开通绿色通道。参与中关村知识产权巡讲季（第五季），在巡讲季期间，办事处邀请商标局地理标志处、审查管理一处、国际审查三处专家举办集体商标证明商标、商标审查准备、商标马德里国际注册3个专题讲座，中关村企业、产业联盟和中关村代理机构约500人参加培训。支持中关村中小微企业创业政策宣讲活动，邀请商标局质管处两次宣讲商标政策，派出工作人员4次宣讲商标政策，参加宣讲人员约2000人。参加中关村商标品牌众扶工作小组，成为众扶活动主要支持单位。先后对TD产业联盟、中国半导体照明联盟、汉能控股、利亚德、北汽福田、中关村软件园、京东方、小米、联想、京东等10多家中关村知名企业进行调研帮扶。

（张炜炜）

【“五证合一、一照一码”登记制度改革】 2016年9月26日至2017年1月底，北京全面实行“五证合一、一照一码”企业登记制度改革。区工商分局办理“五证合一、一照一码”的企业52984家，其中新设立企业13016家，占全市的16.62%；变更企业39968家，占全市20.11%。

（郭洁）

【查获侵犯注册商标专用权商品】 2月15日，根据商标权利人阿尔塞拉公司授权的知识产权代理机构所提供的线索，区工商分局对位于海淀区西直门北大街甲43号4层的某公司及其位于通州区台湖镇光联工业园8A的加工工厂进行检查，查获带有“ulthera”标识的超声刀仪器显示器3台及仪器机架6个，执法人员对上述商品采取扣押的行政强制措施。

（郭洁）

【户外广告监管】 2月18日，区工商分局制定《2017年户外广告专项整治方案》，更新户外广告重点道路区域分级分类标准，将日常巡查、违法户外广告查办与重大活动保障相结合，完成对全国“两会”、高峰论坛等重大活动的保障工作。9月29日，印发《户外广告监管应急预案》，规范分局户外广告应急处置工作流程，10月13日成功组织首次演练。

（郭洁）

【企业简易注销登记改革】 3月20日，区工商分局核准北京市首家企业简易注销登记申请，该企业同时也成为首户依工商总局简易注销指导意见、持司法机关强制清算裁定办理简易注销登记的企业。截至年底，海淀分局共办结企业简易注销登记193家。7月1日试点开展个体工商户简易注销改革，截至年底，办结个体户简易注销登记1256家。

（郭洁）

【市场专项整治】 4月12日，区工商分局对北京市锦绣大地农副产品批发市场进行商标侵权和虚假广告专项检查。检查市场内商户的进货台账，要求销售的商品与进货台账相一致，留存进货商家的营业执照、商标注册证复印件等证明材料；检查该市场内商户销售的品牌畜禽、鲜蛋产品和水产品是否与进货厂家签订销售合同，销售数量是否与进货数量一致；检查市场主办单位是否定期对市场内商户的进货台账进行检查，对未检查或检查不严格的要求市场主办单位立即整改。

（郭洁）

【外资企业登记全程电子化试点】 4月19日，区工商分局正式启动外资企业设立登记全程电子化试点，引入法律服务机构，同步实现工作程序的可行性和法律风险的可控性。4月25日，海淀工商分局发出全国首份外资企业电子营业执照。截至年底，2618家内外资企业取得电子营业执照。

（郭洁）

【企业登记全程电子化试点工作】 年内，区工商分局依托“互联网+”，简化审批流程，优化政务服务，为2618家内外资企业取得电子营业执照。与区政府联合上报的《海淀区企业登记全程电子化的率先探索与实践》被国务院办公厅采用并获国务院领导批示。在第二届全国行政服务大厅典型案例展示活动中获“信息化优秀”称号。

（郭洁）

【企业信用体系建设】 年内，区工商局加快企业信用体系建设，企业、个体工商户年报率分别达到91.97%和87.7%。优化信用出证服务，累计出具企业信用信息证明1746份。

（郭洁）

【商标侵权查处】 年内，区工商局严厉打击商标侵权、违法广告、合同欺诈、假冒伪劣等行为，其中“海贼王”商标侵权案件罚款2937.03万元。该案为全市首例查处互联网商标侵权违法行为的大案要案。

（郭洁）

【功能疏解业态升级】 年内，区工商分局以从严执行《禁限目录》为基础，通过海淀区禁限目录联席会工作机制，推广“流转式”工作模式应用，与环保局等行业主管部门协同开展工作。截至年底，通过业务流转模式服务企业31家次，规范涉及禁限目录登记申请3029家次（含名称申请）；疏解商品交易市场9户；新设个体工商户1071户，比上年下降40.70%；完成个转企登记419户，比上年增长47.02%；海淀区个体户存量31489户，比上年下降19.68%，企业存量占市场主体总数的89.54%。

（郭洁）

【商品质量检测】 年内，区工商分局加强市场内商品质量检测工作，按照规范流程做好商品质量抽检，对于经营涉及人民群众健康和生命财产安全的商品市场加大抽检力度和频率。全年组织工商所在居然之家、集美建材、科贸、金五星、五道口服装市场、玉泉东、爱普奥特莱斯等市场内抽检儿童家具、水龙头、马桶、服装、建材以及电子产品及其配件 161 组。

（郭洁）

【重点领域监管】 年内，区工商分局在对类金融企业的监督管理工作中，按照工商企业大数据、部门信息大数据和社会共治大数据 3 个维度，对辖区内 10272 家类金融企业开展定向抽查，对检查中发现存在问题的 5349 家企业列入企业经营异常名录。探索类金融企业监管模型，形成一套行之有效的监管模式。对 80 余家从事金融服务的公司开展摸排，立案 40 件，结案 13 件，罚没款 220.78 万元。

（郭洁）

【虚假登记处置】 年内，区工商分局加强处理市场准入工作中的虚假登记现象。启动身份认证系统，在登记全程电子化程序中，增加新任法定代表人、股东身份实名认证环节。制定《撤销行政许可审批程序规定（试行）》，明确撤销许可的启动、调查、会商、核审、决定环节，使执法人员在办理撤销许可案件时有章可循。健全行刑衔接机制，建立依法移送通道，对提交虚假材料的代办机构和代理人员，一经发现不再接收其材料；对有伪造公章等涉嫌刑事犯罪的行为，通过检察院向公安移送 3 件 6 人。2017 年 1 月 1 日起至年底，登记类诉讼案件共 90 件，同比减少 40%。

（郭洁）

【工商信息服务】 年内，区工商分局完成数据质量检测 11 期，累计检测 69 次，疑似问题数据 2134 条，数据质量修改正确率 100%。为区商务委、区金融办、区公安局、区经信办、区民政局、区台办、区地税局、区投促局等 14 家单位提供服务，累计数据下载 236218 条；为区地税局提供海淀区全部开业和吊销企业数据 416922 条。做好综治工作信息的报送和提炼。累计向区综治办报告综治信息 27 篇，会同办公室报告优秀综治新闻报道线索 2 条、综治新闻作品 2 部，“平安·印象”征文 4 篇、“平安·瞬间”摄影作品 2 幅，拍摄综治微视频 1 部。

（郭洁）

消费者权益保护

【元旦期间消保维权】 1 月 5 日，区消协加强对促销活动的监管，防止经营者利用打折、抽奖、让利、返券、赠送等促销活动和虚假广告误导消费者；处理好消费纠纷，及时、高效地解决消费争议，及时做到苗头早发现、事态早控制、问题早解决，防止形成现实危害；加大消费者权益保护的宣传力度，提高消费者的自我保护意识，强化对重点监管地区商品经营者的宣传教育。

（郭洁）

【“诚信服务承诺单位”活动】 3 月 3 日，区消协召开“诚信服务承诺单位”启动会。通过消协、行业协会推荐和企业自荐相结合的方式，确定 9 家“诚信服务承诺单位”候选企业。

（郭洁）

【消费教育】 3 月 15 日，开展纪念“3·15”国际消费者权益日系列宣传活动。发挥工商社区工作站、消费争议快速解决绿色通道的作用，以宣传活动、消费课堂活动为主要形式。

（郭洁）

【维权环节前置】 年内，区消协加强消费预警和消费维权信息披露。制定《消保维权风险防控日历》，提升重要时点消保维权风险监测预警能力。在“3·15”、开学季、“双 11”等重要节点前，约谈投诉量较大的网络交易平台企业。

（郭洁）

区属工业管理

【概况】 海淀区工业公司（简称工业公司）是海淀区国资委出资和监管的全民所有制企业，有所属企业 22 家，其中国有及国有控股企业 10 家、集体企业 10 家、挂靠管理企业 2 家，部分从事工业生产制造，部分出租经营房地资产。2017 年，工业公司企业营业收入 8934 万元，实现利润 1205 万元，同比增长 10.3%，实现净资产收益率 5.27%，成本费利润率完成 15.42%。

2017 年海淀区工业公司所属企业一览表

表 8

序号	企业名称	企业性质	企业注册地址
1	北京砂轮厂	国有企业	海淀区清河三街 99 号
2	北京市海佳利企业管理中心	国有企业	海淀区车道沟南里 A 楼商业楼一层
3	北京京海联实业开发股份公司	国有企业	海淀区北四环中路 283 号 2 幢（不含地下）
4	北京市海淀八一湖旅社	国有企业	海淀区玉渊潭公园北侧东钓鱼台甲 1 号
5	北京市海淀区铸钢厂	国有企业	海淀区白家疃村东口
6	北京市海淀区水泥厂	国有企业	海淀区北安河乡寨口

续表 8

序号	企业名称	企业性质	企业注册地址
7	北京海工物业管理有限公司	国有企业	海淀区东王庄小区 33 号楼 6 层
8	北京领先饮食品有限公司	国有企业	海淀区太舟坞 408 号
9	北京六一生物科技有限公司	国有控股企业	丰台区科兴路 7 号 701 室
10	北京市康而富商贸中心	国有控股企业	昌平区科技园区中兴路 10 号
11	北京市华都换热设备厂	集体企业	大兴区黄村镇芦城创新路 9 号
12	北京市海淀区机电设备厂	集体企业	海淀区南海淀 23 号
13	北京长城节能锅炉厂	集体企业	海淀区苏家坨镇柳林村
14	北京市第二皮鞋厂	集体企业	海淀区新街口外大街文慧园南路 2 号
15	北京市雪花冷冻箱厂	集体企业	海淀区阜外半壁店 77 号
16	北京风机二厂	集体企业	海淀区西三旗东路
17	北京中安电子集团	集体企业	海淀区东王庄小区 33 号综合楼 6 层
18	北京汽枪厂	集体企业	海淀区青龙桥西街 67 号
19	北京海淀电子医疗仪器厂	集体企业	海淀区三才堂
20	北京国友实业总公司	集体企业	海淀区双榆树东里 10 号楼院内
21	北京市工控计算机有限公司	挂靠企业	海淀区五道口东王庄甲 1 号
22	北京第一机床电器厂有限公司	挂靠企业	海淀区中关村大街 32 号

（李涛）

【2DE 国家重大科学仪器项目通过验收】 4 月，工业公司控股企业北京六一生物科技有限公司（简称六一生物公司）与上海交大合作的 2DE 国家重大科学仪器项目通过科技部与教育部的联合验收。六一生物公司主要承担该项目中的 IEF 电源、PAGE 电泳系统，包括 PAGE 电泳仪、PAGE 电源、血糖仪等研发任务，形成 4 种型号产品，其中部分上市销售，形成 6 项知识产权成果，任务目标全部如期实现；PAGE 电泳系统的产业化实施正式开展。

（李涛　刘平）

【国有企业改革】 年内，工业公司从落实供给侧结构性改革方针着眼，研究处置所属企业中的“僵尸企业”，初步形成“瘦体强身”工作方案，确定拟减少企业的数量和目标。以加强党的领导作为完善企业治理的关键，党建工作纳入工业公司章程，修订“三重一大”民主决策制度和党委会议事规则并严格执行，“三重一大”事项交党委会决策，重要事项如人事任免、重大合同均采取党委委员投票表决的方式决策，发挥“把方向、管大局、保落实”作用，提高经营决策的政治站位。

（李涛）

【雪花厂天下城市场疏解】 年内，工业公司所属雪花冷冻箱厂（简称雪花厂）厂内开办的天下城小商品市场在上年度实现关停的基础上，2017 年度全面完成疏解。承租厂区的市场主办方及商户均与雪花厂就补偿问题达成一致，签订腾退补偿协议彻底退出厂区。雪花厂厂区转型升级工作同步推进，与中国行为法学会廉政行为研究会形成合作意向。以雪花厂为代表，工业公司所属各企业年内均按要求完成“疏解整治促提升”工作任务，共计整治开墙破洞 12 处，清理无证无照承租商户 2 家，拆除违法建设 3600 平方米。

（李涛）

【合作办学项目引入】 年内，工业公司所属铸钢厂、长城节能锅炉厂与为明教育集团合作办学项目正式签约落地。合作双方发掘利用两厂目前空置的工业大院和老旧厂房资源，合力打造优先面向海淀区招生的国际化学校，项目符合禁限目录要求。

（李涛）

农业与农村建设

2018
北京海淀年鉴

9月27日，区国资委查看聂各庄敬老院“煤改电”工程现场（于春利 摄）

年内，温泉镇果园实现公园化（温泉镇 供图）

休闲现代农业

年内，城乡接合部重点地区西埠头村整治后新建的村民活动场所（田峰 摄）

农 业

【概况】 2017年，全区农村集体总资产1509亿元，净资产为597亿元，农村集体经济总收入118.5亿元，净利润15.7亿元，农民人均收入32643元。农田面积5.1万亩（3400公顷），其中菜粮果面积4.1万亩（2733.3公顷），主要集中在北部四镇。蔬菜播种面积9419亩（628公顷），总产量1764万千克，总收入3877万元，分别比上年下降13.2%、26.9%、49.6%。果品产量461.99万千克，产值6073.69万元，分别比上年下降12.9%、14.23%。其中，主栽树种樱桃产量74.6万千克，产值3439.7万元，分别比上年下降26.88%、7.13%。粮食播种面积0.6万亩（400公顷），产量208.2万千克，分别比上年下降16%、22%。

（侯进）

【北京西农投资有限责任公司】 2017年，北京西农投资有限责任公司实现营业收入8180万元，利润总额4400万元。拥有6家直属单位和2家合资企业。完成凤凰岭公园地质灾害隐患治理、景区生态厕所、智能厕所建设、贝家花园南大房功能区域的整体改造、贝家花园园区山路改造等工程项目，提高景区硬件水平和接待能力。举办凤凰岭第四届新春游园会、第十七届杏花节系列活动、凤凰岭第二届茶道文化节、凤凰岭第三届户外运动大会、贝家花园系列沙龙活动、“海淀中法文化论坛”之“葡萄酒文化之旅”、贝家花园红色旅游线路、话剧《贝家花园》等文化旅游活动。其中，凤凰岭第四届新春游园会接待游园人数10万余人次；话剧《贝家花园》上演后，观看人数达1000余人次，受到人民网、北京电视台、《劳动午报》等10余家中央及地方媒体的报道宣传。完成生态林养护工作。配合开展“无煤化”工作，完成“煤改电”电力变压器普查及增容选址以及辖域内195户的入户测绘工作，协同居委会完成电力改造及采暖设备入户安装；聂各庄敬老院启动运营和服务的完善整改工作，完成燃煤锅炉“无煤化”改造工作。

（黄弈雄）

【农事节庆活动】 5月20日，区农委在上庄镇首农庄园举办以“春风醉十里，樱桃妆海淀”为主题的海淀区第十七届樱桃文化节，包括画扇面、品鉴会及樱桃评比等活动。9月23日至10月8日，在紫云台香草园等4个农园区举办“尝果品鲜‘稻’海淀，采摘赏景‘绘’生活”为主题的海淀区第十六届金秋采摘节暨第三届美丽田园体验季。其间，开展绘画曹氏风筝、钓螃蟹、割水稻、采摘农产品等体验活动。

（侯进）

【农村系统落实党风廉政建设责任制情况专项检查】 8月3日—4日，区农委开展2017年度海淀区农村系统落实党风廉政建设责任制情况年中专项监督检查工作，成立专项检查工作组，赴苏家坨镇、温泉镇、四季青镇、玉渊潭农工商总公司进行监督检查。

（侯进）

【村级干部培训】 8月14日—15日，区委农工委举办2017年海淀区农村基层党组织书记轮训班，农村系统基层党组织书记280人参加学习。9月6日—7日，区委组织部、区委农工委举办2017年海淀区农村基层干部培训班，84个行政村的村党组织副书记和村级组织后备干部240余人参加培训。11月15日—17日，区委农工委与区委社工委联合举办海淀区社区（村）“两新”组织专职党建指导员培训班，海淀区农村系统130余人参加培训。

（侯进）

【“绿色农业”政务开放日】 11月7日，区农委在四季青镇一品香山农业观光园开展以“绿色农业”为主题的政务开放日活动，邀请市民、人大代表、政协委员等30余人走进农业园区，参观了解海淀绿色农业的发展情况。

（侯进）

【农业好品牌好把式申报】 年内，海淀区申报淀玉京西稻、四季青大樱桃等4个北京农业好品牌；申报上庄镇魏万和等6位北京农业好把式。申报樱桃、草莓等6个品种为《2017年全国名特优新农产品名录》，四季青樱桃、凤凰岭樱桃被选入《2017年全国名特优新农产品名录》。

（侯进）

【农产品安全监管】 年内，区农委抽取生产基地和农产品批发市场样本1094个送检，检测合格率99.83%。农产品生产基地和批发市场进行1万个样本的快速检测，合格率98%。上报25家企业16154.7吨农产品进行无公害认证，实现全区农产品无公害覆盖率达到60%以上。海淀区农产品质量安全综合质检站取得农产品质量安全检测机构考核合格证和检验检测资质认定计量认证证书，正式承揽海淀区农产品质量安全检测任务。

（侯进）

【农业标准化基地管理】 年内，区农委规范农业标准化生产管理，备案复核农业标准化生产示范基地58个。其中，新增标准化基地14个，复核通过的44个。

（侯进）

【休闲农业星级园区建设】 年内，海淀区申报北京周家巷农业发展有限公司等3个北京市三星级休闲农业园区，全区累计有20个北京市级以上休闲农业与乡村旅游星级园区，其中全国五星3个、四星4个。

（侯进）

【政策性农业保险】 年内，全区政策性农业保险总保费169.53万元，参保农户219户次，参保面积4393亩（292.9公顷）。理赔亩数1838亩次，赔付农户104户次，赔款130.45万元。拨付区级保费补贴67.8121万元。

（侯进）

【动物免疫】 年内，全区畜禽重大动物疫病累计免疫351569头（只）次。其中禽类高致病性禽流感累计免疫141144只次，偶蹄动物口蹄疫疫苗累计免疫99270头（只）次，猪高致病性蓝耳病累计免疫10925头次，猪瘟累计免疫56621头次，小反刍兽疫累计免疫4075只次，羊布病累计免疫4825只次，犬狂犬病累计免疫34709条。重大动物疫病强制免疫率达100%。

（侯进）

【动物卫生监督】 年内，区农委检疫各类动物37163头（只），驻场官方兽医室监督换证动物产品13799吨；检查被监管单位761家次；执行行政处罚53起（其中一般程序21起、简易程序32起），上缴罚没款共计318858.44元；处理群众举报25起；查扣不合格饲料59千克，没收不合格兽药9种共计195瓶（支）；监督扑杀布病阳性牛9头、H7N9抗体检测阳性禽9186只；收集暂存处理病死动物45.76吨；办理兽医师执业证81个。

（侯进）

【养殖业】 年内，海淀区畜禽总存栏49311头（只）。其中，猪散养户54户，存栏10614头；牛散养户26户，存栏1448头；羊散养户140户，存栏3808只；养禽户535户，存栏31143只；养其他畜39户，存栏2298只。

（侯进）

【渔业】 年内，全区水产养殖水面为31.1公顷，养殖户数23户，有花白鲢、草鱼、青鱼、鲤鱼、鲫鱼、罗非鱼、甲鱼等10余个品种，养殖模式以垂钓为主。组织执法检查61次、联合执法4次；发放《水产养殖质量安全告知书》《依法健康养殖承诺书》各23份；处理群众举报20起。销毁地笼140米（13个）、粘网6个（约110米）。送检养殖水产品30个鱼样，快速检测40个鱼样，检测结果符合国家规定标准。制定渔业环境监测实施计划，设置监测点5个，检测面积7.33公顷，占总养殖水面的25%，监测35次。监测内容包括水温、溶氧、酸碱度、总磷、总氮、亚硝酸盐、非离子氨、COD 8项指标，检测数据在国家规定的各项指标范围内。

（侯进）

【蜂业】 年内，海淀区实有养蜂户12户，蜂群574群，生产普通蜂蜜13050千克，巢蜂100千克，王浆185千克，花粉200千克，蜂胶11千克，蜂蜡300千克，实现收入40.5万元。

（王晓宇）

农村经济

【概况】 2017年，海淀区农村集体资产总额1509亿元，比上年增长10%；净资产597亿元，比上年增长13.3%；集体经济总收入118.5亿元，比上年增长10.7%。

（陈子权）

【“三资”管理考核评价】 年内，区农经站对2016年度农村集体“三资”管理考核评价结果进行通报，结合2017年度全区农经工作重点，修订和完善考核评价指标体系和考核方式，制定《海淀区农资委2017年度“三资”管理考核评价工作方案》，优化考核指标，丰富考核维度，强化考核导向作用，完成2017年度全区农村“三资”管理考核评价工作。

（陈子权）

【农村集体经济组织产权流转交易制度建设】 年内，区农经站学习大兴、丰台等区经验，征求各有关方面意见，起草《关于建立海淀区农村集体经济组织产权流转交易市场的实施意见（试行）》和《海淀区农村集体经济组织产权流转交易管理办法（试行）》，经两次区农资委全会讨论报请区长专题会审议。

（陈子权）

【镇村两级集体经济组织审计】 年内，区农经站首次对村级集体经济组织审计工作开展质量抽查。对审计发现的问题全面梳理，促进整改措施落实到位。对2015—2016年征地补偿款管理使用情况开展专项审计，通报解决存在的问题。

（陈子权）

【农村集体财务管理】 年内，区农经站制定《海淀区农村集体经济组织财务公开检查工作方案》，指导各镇开展全面自查，每镇选取2个村共14个村进行重点抽查。

（陈子权）

【农经统计及信息化管理】 年内，区农经站完成2016年度的年终统计分析及2017年各季度报表工作，确保上报数据及时、准确、真实、完整；编撰完成《2016年度海淀区农村经济数据汇编》；对农村“三资”平台集体资产管理、经济合同管理、收益分配管理等模块数据进行更新核查，组织各乡镇（总公司）信息化管理人员对乡镇（总公司）及村相关数据进行备份，完成农经平台的升级改版工作。

（陈子权）

【农村集体产权制度改革】 年内，经北京市推荐、农业部与中央农办批准，海淀区成为全市唯一的全国农村集体产权制度改革试点单位。开展村级组织账务分离试点，在温泉镇完成村委会与村股份社账套分设。应对城市化进程中土地承包关系变化问题，完成土地承包经营情况调查报告，提出整建制农转非后集体农用地经营管理办法、农田流转奖励补贴办法等配套政策。推进四季青镇镇级产权制度改革。

（侯进）

【农经业务培训】 年内，区农经站组织各类培训6次，培训内容包括法律、财务会计、审计、股份社规范管理、资本运营、农经统计、信息化管理、公文写作等多个方面，培训人次1167余人。

（陈子权）

新农村建设

【概况】 年内，区农委印发《2017年海淀区新农村建设重点工作任务分解方案》，市新农村建设重点工作涉及海淀区的23项任务按时完成，在优化区域功能布局、着力提升农村经济社会发展水平，推行绿色生产方式、增强农业可持续发展能力，加大农村改革力度、激活农业农村内生发展动力，持续推进农民增收、保持农村和谐稳定4个方面取得新成果。

（侯进）

【美丽乡村建设】 年内，区农委采取调查问卷方式，详细了解村庄基本情况、困难问题，建立村庄数据库、问题库。深入镇村实地查看、入户座谈，征求镇村领导班子与村民意见，掌握村庄发展现状、村民实际需求和建设意愿。制定《海淀区贯彻落实乡村振兴战略推进美丽乡村建设专项行动计划（2018—2020年）》《海淀区2018年美丽乡村建设工作方案》《海淀区村庄准物业化管理试点工作方案》。选定温泉镇白家疃村、温泉村，苏家坨镇西小营村、柳林村和上庄镇罗家坟村、东马坊村、梅所屯村7个村作为海淀区美丽乡村建设试点村庄，各镇初步编制村庄环境整治和美丽乡村建设实施方案。

（侯进）

【农转非】 年内，全区农转非3044人，其中整建制农转非2682人，征地农转非327人，大中专学生农转非20人，投靠亲属农转非7人，其他农转非8人。东升镇马坊村、西北旺镇东北旺村和东玉河村、温泉镇白家疃村和高里掌村、上庄镇西马坊村6个村实现整建制农转非。西北旺镇六里屯村、海淀镇树村和青龙桥村等村正在办理整建制农转非相关手续。

（侯进）

【农村基础设施管理】 年内，区农委联合区相关部门组成农村基础设施工作联合检查组，每季度检查镇、村农村基础设施运行和维护管理情况，累计检查村庄192村次，区、镇、村投入农村基础设施养护资金共计5848.1万元，农村基础设施管理村民满意率达到99.01%，农村基础设施运行基本正常。

（侯进）

【城乡一体化建设】 年内，区农委汇总上报海淀区城乡接合部建设三年行动计划完成情况，核实补充海淀区一道绿隔地区暂保企业、市属国有企业的相关数据，梳理一道绿隔地区在建拟建集体产业项目情况、城乡接合部改造专项任务相关数据，确定西苑操场地区环境整治及综合改造项目和门头、振兴2个重点村安置房项目（新增建设指标）的实施主体，会同区相关部门帮助四季青镇、东升镇、海淀镇制订统筹规划方案。

（侯进）

【农村地区早期防空洞治理】 年内，区农委会同区民防局、北部办、区建委（房屋鉴定）和温泉镇、西北旺、苏家坨镇政府，部署实施2017年防空洞隐患治理及应急处置工作。承办国务院安委会第一巡查组转来的内容为海淀区西北旺镇冷泉村南羊坊77号危房申请解决的安全生产举报案件，提出解决方案报请区政府批示后，雨季安排危房户临时搬离，全部8户进行先期周转。完成白家疃村和韩家川村新增危房的勘测鉴定工作。根据防空洞治理现状，与区财政局共同对防空洞治理资金管理暂行办法进行修订。

（侯进）

【集体土地上的企业整治】 年内，区农委对79家不符合首都功能定位、违法建设多、劳动密集效率低的农村集体土地上的企业进行整治，涉及建筑面积15.26万余平方米，外来人口1.22万人，完成比率占全年任务量的170.85%。

（侯进）

【新农村建设创新项目推荐】 年内，区农委推荐海淀区2017年北京市社会主义新农村建设创新及重点项目14个，其中试点示范项目1个，村镇环境建设项目9个，都市农业发展项目3个及深化改革创新项目1个。

（侯进）

【农村地区“无煤化”改造】 年内，区农委通过“煤改电”、“煤改气”、连接周边热源、液化石油气下乡、节能门窗改造等方式，开展住户和各类单位“无煤化”工作，基本实现辖区“无煤化”的工作目标。其中，住户“无煤化”工作户外共建设65个热力场站，铺设热力和燃气外管线375千米，安装变压器320余台，铺设电缆70余万米；户内为26000余户住户安装清洁能源设备，实现正常供暖，包括非高压自管户22000余户，高压自管户3000余户，他类住宅1000余户。单位“无煤化”工作涉及700余个点位，其中驻区部队、市区属事业单位和企业单位等578个点位，村集体公共服务场所近140个点位，农业设施5处，通过煤改清洁能源等方式实现“无煤化”。饮食、洗浴、住宿等服务单位以及出租大院、公寓、“六小门店”或无证无照单位通过拆除燃煤设施等方式实现“无煤化”。液化石油气下乡工作，全年新增液化气使用住户1004户；为全区30124户户籍住户（含农村地区住户和部分城镇居民住户）提供市区补贴的优惠液化石油气121465瓶，实现全区炊事气化全覆盖。住宅节能门窗改造工作，根据村民自愿的原则，对北部四镇2017年“煤改清洁能源”范围内的住宅进行节能门窗改造，完成改造7462户。

（侯进）

商贸服务业

2018
北京海淀年鉴

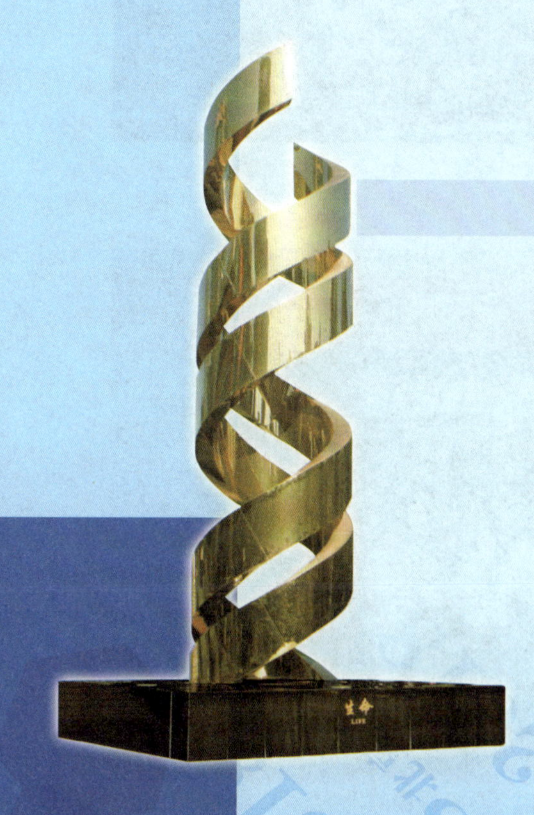

5月28日，海淀区举行2018（北京·海淀）比利时布鲁塞尔国际葡萄酒大奖赛新闻发布会(新闻中心供图)

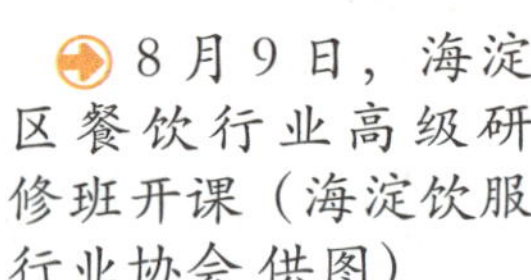

8月9日，海淀区餐饮行业高级研修班开课（海淀饮服行业协会供图）

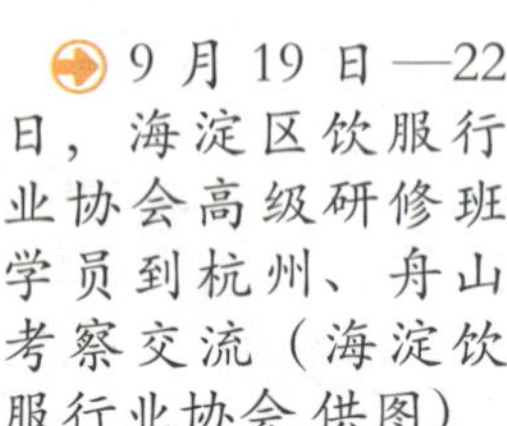

9月19日—22日，海淀区饮服行业协会高级研修班学员到杭州、舟山考察交流（海淀饮服行业协会供图）

10月11日，市食品药品监督管理局在玉泉路超市发店检查（超市发供图）

10月28日，翠微大厦股份有限公司开展敬老爱老公益活动（翠微大厦 供图）

商业服务业

【概况】 2017年，海淀区商务委围绕区域功能定位和疏解非首都核心功能建设，不断提升区域商业品质，优化商务环境，实现市场消费总额6269.7亿元，同比增长11.1%，占北京市市场消费总额的26.4%。其中服务性消费3960.1亿元，同比增长15.5%，占全市的32.4%；实现社会消费品零售总额累计2309.6亿元，同比增长4.4%，占全市的19.96%。完成进出口总额2108.7亿元，同比增长12.6%，超出全年计划任务198.7亿元；完成出口总额724.6亿元，同比增长27.4%，超出全年计划任务124.6亿元。

疏解整治促提升。完成市政府折子任务整治提升市场7家，区政府折子任务整治提升市场23家，涉及摊位2907个，从业人员10033人。2014年—2017年累计整治提升市场241家，涉及摊位约3.2万个，从业人员约16.1万人，累计拨付财政补助奖励资金2.8亿元。

生活性服务业品质持续提升。新建和改造蔬菜零售网点40个，零售网点累计达176个；完成100个生活性服务业网点的建设工作，其中菜篮子网点50个，末端物流网点50个。商业网点连锁化率达到33.9%，实现菜篮子、便民早餐等基础便民服务社区全覆盖。成立“蔬菜联采联盟”，与周边7个地市，约26.7万公顷基地建立合作关系，开展“蔬菜保供应 平价惠民生”活动；推出便民商业网点电子地图，成为全市推广示范典型。

稳增长调结构。发展型消费（文化教育、健康医疗、娱乐通信）、改善型商品消费（智能穿戴、运动休闲、体验消费）、便民服务业（线上线下、超市、便利店）增长较快，服务性消费占总消费的65%，住餐业零售额同比增长11%。以互联网为主的科学研究、技术服务、地质勘查业和信息传输、计算机服务及软件业，同比增长36.27%和67.95%。建筑业吸收合同外资36亿美元，占比（吸收合同外资和占比为商务部外资系统约定俗成表述）47.65%。1家企业被认定为全国外贸综合服务企业（全国仅4家），2家企业被认定为全市外贸综合服务企业，全区具有规模以上服务贸易企业（年出口10万美元以上）近1500家，形成中关村软件园、中关村东升科技园、清华科技园、中关村永丰产业基地、中关村环保科技园、中关村玉渊潭科技商务区六大服务贸易示范基地。完成服务外包及软件合同备案登记证书制发4200余份。服务外包产业处于全国领先地位，有瑞友科技、利达智通、新聚思等10余家“服务外包百强成长型企业”，文思创新、软通动力、博彦科技、海辉软件、中讯计算机5家企业多次入选全国“服务外包十大领军企业”。拥有驻区总部企业1052家，占全市的26.3%，其中跨国公司地区总部14家。筹备2018布鲁塞尔国际葡萄酒大奖赛，完成西班牙瓦拉多利德的接旗仪式及首次国内新闻发布。

“放管服”改革。精简行政审批及备案事项5项，全面清理行政审批中介服务事项，取消酒类经营者备案、汽车品牌经销商备案、二手车评估鉴定机构审批等事项，外资审批和外国投资者并购境内企业由审批改为备案，企业申报材料减少50%，办理时限缩短3～5天。

（李哲）

【北京市海淀饮服行业协会】 2017年，北京市海淀饮服行业协会下设餐饮、洗浴、美容美发、旅店、清真、摄影彩扩、洗衣、商场购物中心8个专委会，有注册会员企业700余家。年内举办第15届中关村国际美食节和餐饮行业高级研修班；建立海淀区劳动人事争议基层调解组织；与安徽省安庆市餐饮行业协会、西班牙中西美食文化交流协会签订共建友好协会战略协议；获中国烹饪协会颁发的“中国餐饮30年优秀社团奖”称号。

（李利）

【海淀区物资回收公司】 2017年，海淀区物资回收公司下属4家全资子公司：北京市开源技贸总公司、北京市颐顺达物资经营公司、北京市海苑商务服务中心、北京市五棵松物资收购站，控股北京市开源物业管理股份有限公司。

2016年—2017年物资回收公司经营情况统计表

表9

项目	2016年	2017年	同比增长（%）
总收入（万元）	5160.1	6435.2	24.7
净收入（万元）	5027.7	5331	6
费用支出（万元）	4344.8	3378	–22.3
利润总额（万元）	749.9	1942	159
净利润（万元）	562.8	1454	158.4
税金（万元）	493.4	1129	128.8
投资收益（万元）	185.3	219	18.2
资本保值增值率（%）	103	105	2

按照区政府《海淀区推进生活垃圾分类工作方案》要求，海淀区物资回收公司负责建立全区低值再生资源回收体系，建设29个街镇回收站，开展低值再生资源、有害垃圾和大件垃圾分类回收。成立低值再生资源回收体系建设工作领导小组，对接5个街道，调研分析网点建设、数据统计、低值再生资源产量，为推进低值再生资源回收工作提供决策依据。

开拓废纸销售渠道，销售废纸4000余吨，实现销售收入近600万元。与定慧东里、八里庄北里街道开展“整洁家园”活动，回收废旧物资700千克，发放环保购物袋200个。完成区财政国有资产报废10.9万件，分拣加工废铁370.1吨、废旧电子产品347吨、其他废旧物资310.9吨。

（肖洁）

【**北京翠微集团**】 北京翠微集团为海淀区国资委直属全民所有制企业。2017年，集团推进企业资本运营，实现投资收益7049万元，其中理财产品收益6646万元。出资1000万元，联合北京中海创金投资管理有限公司、海淀区国有资本经营管理中心设立“中海双创二期基金”。

2016—2017年北京翠微集团经营情况统计表

表10

项目	2016年	2017年
总资产（万元）	578671	580237
负债（万元）	269255	258642
净资产（万元）	111029	117762
少数股东权益（万元）	198387	203833
销售额（亿元）	59.81	51.00
利润（万元）	17755	23887

（刘慧）

【**北京翠微大厦股份有限公司**】 2017年，公司资产总额突破50亿元，总市值35.6亿元，年销售总额近57亿元，拥有翠微百货、当代商城、甘家口百货三大商业品牌，7家大型百货商场，被商务部评为“2017年绿色商场创建单位”，旗下门店蝉联“北京市优质服务商店”称号。

应对商业新形势，加快推进生活中心门店体系转型建设，扩大适销品牌集合度。引进Tommy Hilfiger、MK、拉夫劳伦POLO等138个成熟热销品牌。完善餐饮、健身、新零售配套项目，功能业态经营面积近5万平方米，累计品牌145个。开展营销活动13次，举办海洋生物展、潘卡足球等12项体验式营销活动，与88个优质品牌联袂打造系列“品牌日”主题营销，其中翠微集团第20届购物节实现销售4.62亿元，同比增长9.84%。

持续探索“实体零售+互联网”智能商业模式，线上线下服务融合，“翠微e生活”App上线。

丰富会员活动形式，成立会员活动基地，深化花枝管家、陪购顾问、服务进社区等特色服务。组织健步走、科普讲座、亲子采摘、舞蹈秀、动感单车PK赛等会员活动近900场。

（陈天昊）

【**北京海淀置业集团有限公司**】 2017年，公司实现营业收入34.69亿元，比上年增长3.02%；利润总额1.88亿元；净资产收益率5.50%；流动资产周转率2.28次；上缴税金1.98亿元，上缴国有资产收益2337万元。

优化创业服务功能。中关村创业大街参与创新创业政策起草工作，向政府部门报送研究报告及信息326次；升级创业会客厅服务，开通“中关村外籍人才服务窗口”；建立“中意众创空间”，为中意两国企业提供跨境孵化、资源对接、创新培训等服务。中关村网教为入驻企业提供创业导师、政策扶持、人才引进、资源对接与融资服务，举办24期“和高手一对一”活动，帮助50家企业申请房租补贴900万元，为34家企业招聘员工151人，促成7家企业和8个项目获得融资，总额3.3亿元；与中关村创客小镇合作成立“互联网教育创客中心”，入驻机构20家。

聚集高端创新要素。创业大街建成国内首个全球创新社区，与全球20余个国家的50余家国际机构建立合作网络，开展30余场国际合作活动，入驻5家创业服务机构及来自3个国家的5个国际创业公司和团队。拓展大企业渠道资源，与50余家大企业建立合作，开展活动联办、联合孵化、联合投资等活动13场；硬派空间累计入驻企业58家，有在孵项目13个。中关村网教引进优质教育企业，加速器入驻互联网教育企业53家，互联网教育—未来工场国际孵化器引进新项目18家，成功毕业17家，其中3家入驻加速器。

升级科技服务品牌。举办“2017创响中国北京站”、全国“双创周”北京会场暨中关村双创季等活动，吸引10余个国家和地区的创业公司、知名企业、高校院所、创服机构、社会组织等。

资本运作。搭建创业投资平台，推进“海置基金”“中关村双创基金”“京育基金”的设立工作，参与中海投发起设立的“中海双创二期基金”。

零售经营超市发连锁新开门店12家，打造首家“海淀社区商业e中心”。

实施分业态管理，按照生鲜超市、生活超市标准，调改3家店铺，盈利提高18%以上。与罗森公司合作，开设6家便利店。尝试“超市+”新运营模式，提供个性化会员服务。华光商厦开辟特惠生鲜果蔬特价街，每天提供低于市场价的民需商品15种；开展便民活动30余次，外出送货2400余次。

非首都功能疏解。治理“开墙破洞”点位325个。腾退调整网点36个，面积24233平方米，疏解人口1374人。腾退临建房和草桥7号院，面积12790平方米，涉及人口820人、商户74家、房间115间。拆除违建82处，面积11884平方米，完成8处地下空间使用续期工作。

房产运营。新签、续签合同259份，年租金增加1428万元。收购食品楼5层房屋、中技大厦6处小业主房产，面积2268.5平方米。完成九间房副食商店及粮店宿舍、魏公村青青菜店、魏公村综合商场、北太平庄西苑电器服务中心等房屋腾退安置工作，面积近4000平方米。完成房屋安全鉴定收尾工作，投入资金3000余万元。超捷物业完成35项维修工程。

安全生产。开展应急疏散演练、安全生产大讲堂活动，培训经营商户1500余人。开展安全生产检查和隐患排查治理，检查经营单元16870家次。创新管理方式，委托专业公司进行安全风险评估，清除事故诱因；落实安全生产责任保险制度，集团公司及全资控股企业全部投保，承租人及经营单元投保352家。启动餐饮经营单元燃气自动切断阀安装工作，防止和遏制安全生产责任事故。

推进解决历史遗留问题。垫付4000余万元完成土地出让手续，启动永定路24号院居民权证办理工作；紫竹院项目土增税纠纷案收回600万元债权；泛亚执行案再次收回一套房屋；中湾国际1601号房屋清理工作启动法律程序；国控经贸收回碧水家园房屋建筑安全鉴定费用。

2017年北京海淀置业集团有限公司投资企业一览表

表11

序号	企业性质	企业名称
1	全资企业	北京中海拓科技发展有限公司
2	全资企业	北京海物博科贸有限公司
3	全资企业	北京国控经贸有限责任公司
4	全资企业	北京中关村互联网教育科技服务有限责任公司
5	全资企业	北京中关村创业大街科技服务有限公司
6	全资企业	北京超捷物业管理有限公司
7	全资企业	北京海置创投科技服务有限公司
8	全资企业	北京消夏园餐厅有限公司
9	全资企业	华光商厦有限责任公司
10	全资企业	北京海淀剧院有限责任公司
11	控股企业	北京超市发连锁股份有限公司
12	控股企业	北京海置第一太平戴维斯物业服务有限公司
13	控股企业	北京海置科创科技服务有限公司
14	参股企业	北京市中关村小额贷款股份有限公司
15	参股企业	北京稻香湖投资发展有限责任公司
16	参股企业	嘉事堂药业股份有限公司
17	参股企业	北京海开房地产股份有限公司
18	参股企业	北京首汽（集团）股份有限公司
19	参股企业	北京禾谷园连锁经营有限公司
20	参股企业	北京商悦科贸有限责任公司
21	参股企业	北京泛亚房地产开发有限公司
22	参股企业	武夷山市北京山庄有限责任公司

（高炳波　耿玉姣）

【北京超市发连锁股份有限公司】 公司为区属国有企业。2017年，超市发参与以“超市发”命名的“海淀消费品牌节”等交流活动。适应北京商业变化，拓展商业网点，秉持“五种业态　一张餐桌　不同门店　一种温暖”立足社区的经营定位，新开连锁店15家，其中直营店9家、加盟店6家，累计达148家。改造朗秋园店、科学城店、万寿路店、半壁店店 4 家超市，收回南翠店、林萃路店 2 家超市自营重新开业。获北京十大商业品牌金奖、全国“3·15”诚信单位、中国连锁业员工最喜爱公司称号。公司累计有金牌店长 25 人、全国十佳金牌店长 4 人。

创新业态，分层服务。按照分业态管理模式和不同年龄层的客群设置综合+食品超市、生活超市、生鲜+社区超市 3 个业态管理模式，通过业态定位完成客层迭代，蓝润店通过调整，25～35 岁客群已占到 50%。执行样板店业态标准规范，右安门店、科学城店、林萃路店毛利均在 18%以上。生鲜业态店果菜组销售同比提升 50.83%，毛利增长 61.51%；生活超市业态店毛利率 17.37%，同比提升 2.55 个百分点；综合业态店客单价 72.99 元，同比增加 5.71 元。连锁店整体销售比上年增长 1.77%，毛利同比增长 12.9%。与日本罗森公司采用加盟合作方式，将原有社区超市进行便利店改造及“分割店”形式，开设花园路店、万柳店、羊坊店店 3 家便利店。推进社区商业 e 中心业态，以“生鲜+服务”为原点，展开“8+N”服务项目，首家海淀商业 e 中心在半壁店开业。

超市发利用数据分析，实现线上、线下多渠道提升竞争力，为消费者提供质优平价的商品和全渠道的服务，提升消费体验、提供个性化的会员服务，实施实体会员向电子会员转换。通过对会员数据的分析对线上客群提供更精准的营销。实现电子会员管理，升级会员 1.1 万余人，吸引新会员 5.24 余万人，电子会员销售额达到 1370 万元。与百度、美团、饿了么、京东等外卖平台合作，共上线 120 家，线上经营产品 2558 种，商圈服务半径增加 2～3 千米，尤其是面积 1000 平方米左右的门店，商圈半径扩大一倍。开展经营管理类培训 5 期，组织小刀手、果菜捆扎等专业技能培训。

推进大肉、果蔬追溯体系建设。超市发蓝润店、夕照寺店通过北京市放心肉菜示范店验收，其中蓝润店成为全国首家挂牌单位，9 家连锁店通过海淀区规范化清真专柜验收。以蓝润店为试点，完成对二维码生产日期追溯系统开发，更新 53 家连锁店程序，对现场制售商品增加二维码，收银小票体现生产日期、保质期，发现过期商品系统自动报警。国家食药监局组织各省市领导到蓝润店参观学习。

全新营销模式。超市发将“果菜、生鲜、日配”三大类设定为核心竞争力品类，推进果菜、大肉、禽类、水产的自营+品牌联营，拓展生鲜、果菜基地的直采领域和范围，增加面包、寿司、酱卤热食、沙拉、果汁、鲜切水果等现场制售产品。帮助菜农销售滞销果蔬 20.4 万千克，实现销售 177.4 万元。

（赵燕玲）

【中关村电子商会】 2017 年，中关村电子商会拥有会员近 300 家，涵盖电子行业的生产、贸易和服务全产业链，以及金融信息、科技研发、房地产开发等众多领域。召开中关村女企业家座谈会。围绕商会转型及建设中关村新电商平台的主题，剖析行业发展现状及未来趋势，就商会及实体企业共同转型提出建设中关村新电商平台的设想。组织中关村电子市场安全隐患排查，排查硅谷、广安中海、利康金桥 3 个市场。定期开展人员培训，开展消防、安全逃生演练，提高全员安全技能。组织会员单位参加第三届北京社会公益汇活动。科技服务进社区作为商会公益项目，开展文化惠民、科技普及、智能体验、亲子教育、心理培训、志愿服务孵化机制等系列活动。

（丁旭）

【中关村科技服务进社区活动】 3 月，中关村电子商会在万寿路街道永定路社区、青龙桥街道西苑挂甲屯社区举办中关村科技服务进社区系列活动。商会邀请联通、佳能、小米等厂商的服务团队现场教授“如何在日常生活中防范电信诈骗”的实用技巧，讲解手机摄影、照片编辑、影印设备的正确使用方法。志愿者解答光纤宽带入户、IPTV 机顶盒等电信公司产品疑问。小米志愿者现场演示智能手机日常使用及维护保养方法。以小米电子血压计，结合手机 App，使用户体验了高科技电子产品结合互联网大数据给健康便利生活带来的质的飞跃。共 80 余人参加。

（丁旭）

【第十五届中关村国际美食节】 5 月 27 日，由北京市商务委员会指导、北京市海淀区商务委员会支持、海淀饮食服务协会主办的第十五届中关村国际美食节在稻香湖景酒店开幕。美食节以“领时尚·享品质·悦生活”为主题，包括美食美酒嘉年华、房车葡萄酒展、有机农夫市集、精品美食展卖、葡萄酒系列主题活动、美食进社区、网络美食节、商场购物中心美食推广等活动。美食节历时近 5 个月，受访企业超过 100 家，带动销售收入 3.56 亿元，同比增长 13.1%。参与餐饮经营企业 340 家，消费者近 240 万人次。同时，网络美食节达成交易 101 万笔，实现销售总额 6062 万元；在稻香湖景酒店举办的美食制售现场，吸引消费者 5 万余人，10 家餐饮企业实现销售收入 15 万元。

（李利）

【阳光餐饮工程】 5 月，区政府联合北京金和网络股份有限公司搭建海淀阳光餐饮平台。海淀模式阳光餐饮可实时查看商家后厨，自主选吃放心店家，通过信息阳光、过程阳光、评价阳光，让消费者充分知情、主动参与、明白消费。金和网络公司累计研制 App 达 122 万个，聚合出“海淀阳光餐饮”“正品 O2O 商城”“绥化电商”等平台，是海淀重大科技原创成果之一。阳光餐饮是北京市政府的民生实事项目，中关村食宝街作为北京市首批“阳光餐饮示范街”，已完成挂牌仪式。

（丁旭）

【餐饮行业高级研修班】 8 月—9 月，海淀饮食服务协会举办以“抓管理·优岗位·增效益”为主题的餐饮行业高级研修班。培训内容为日常管理技能实践与演练、餐厅（门店）营运管理实务、总经理三项修炼、餐饮定位之道、盈利复制模式五大课程，配合北京杨记兴实地考察和赴杭州、舟山特色企业考察。60 余家餐饮企业的近千人次参加。

（李利）

对外经济贸易

【概况】 2017年，海淀区新批外商投资企业282家，吸收合同外资101.89亿美元，实际利用外资24.91亿美元，比上年增长31.97%；完成进出口总额2108.7亿元，比上年增长12.6%，占北京市的9.6%，超出全年计划任务198.7亿元；完成出口总额724.6亿元，比上年增长27.4%，占北京市的18.3%，超出全年计划任务124.6亿元。区商务委受理外贸企业资金申请项目3000余个，申请市级资金1.08亿元，拨付区级奖励资金1998万元。联系走访重点企业150余家，1家企业被认定为全国外贸综合服务企业（全国仅4家）。

（李哲）

【主办第五届软件与信息服务国际企业对接会】 5月30日，2017智慧服务峰会暨第五届软件与信息服务国际企业对接会在京举行。本次对接会由北京市商务委指导，区商务委主办，市服务外包企业协会、区服务外包企业协会等协办。对接会以“商业新未来，认知与体验”为主题，重点讨论在大数据、“互联网+”、人工智能和云计算等新技术带动下，科技创新如何帮助企业更好地满足消费者的需求，实现转型升级。来自日本、印度、波兰等国家以及国内行业组织和买家参会。对接会为快递企业、通信企业、商业流通企业、金融业、饮食服务企业和信息服务企业搭建国际业务交流的平台，推进软件与信息服务业的国际化进程，实现服务外包企业与行业用户的对接，直接促成项目落地，以技术换取订单，实现双赢。

（李哲）

【服务业扩大开放】 年内，区商务委出台《海淀区创建北京市服务业扩大开放综合试点示范区工作方案》，重点推动科技服务、互联网和信息服务、金融服务、文化教育服务等领域，贸易投资自由化、便利化措施落地。北京市服务业扩大开放综合试点5个示范项目中的“全国首家创客中心”“全国首款居家养老失能护理互助保险”两个项目落地海淀。

（李哲）

【总部经济】 年内，海淀区对接47家央企总部，梳理央企投资、合作项目90个，促进央企项目在海淀落地；申请拨付2017年总部企业奖励资金3514.42万元。海淀区有总部企业1052家，跨国公司地区总部14家。2016年，总部企业实现区级税收121.35亿元，占全区公共财政预算收入的31.4%。（2017年数据尚未公布）

（李哲）

【类金融管理工作】 年内，区商务委梳理海淀区类金融企业管理规范，借鉴自贸区先进经验，优化审批手续和流程，新增4家典当企业和1家商业保理企业。开展非法集资专项检查，检查典当企业100余家次。

（李哲）

旅游业

2月1日，北京凤凰岭自然风景公园举行新春游园会（崔蕊 摄）

6月17日，北京植物园举办“我们的红楼梦”纪念大会（刘红丽 摄）

6月21日，区旅游委在五棵松饭店举行旅游行业消防演习（区旅游委供图）

7月11日，专家在北京植物园检查文物（古爽 摄）

8月23日，海淀区参加北京国际商务及会奖旅游展览会（刘玉奎 摄）

10 月 28 日，凤凰岭自然风景公园举行“凤凰于飞　一生相随”金婚夫妇相聚凤凰岭公益活动（崔蕊 摄）

10 月，旅游景区地质灾害隐患工程治理项目通过验收（区旅游委 供图）

综 述

【概况】 2017年，海淀区有住宿业607家，包括社会旅馆538家，星级饭店69家（其中五星级9家、四星级25家、三星级28家、二星级7家）；旅行社20家；A级旅游景区21家；乡村旅游市级民俗村2个，接待户100户，特色业态7家。有旅游咨询站（点）16个，其中圆明园咨询站、北部旅游咨询中心为海淀区咨询中心自管站。景区咨询站14个，分别是：颐和园咨询站、北京植物园咨询站、香山公园咨询站、中央广播电视塔咨询站、紫竹院公园咨询站、玉渊潭公园咨询站、凤凰岭自然风景区咨询站、太平洋海底世界博览馆咨询站、鹫峰森林公园咨询站、北京龙徽博物馆咨询站、大觉寺咨询站、北京汇通诺尔狂飙乐园咨询站、阳台山公园咨询站、百望山森林公园咨询站。

（李思佳 陈伟平）

【景区地质灾害隐患治理】 2月，2家景区的5处地质灾害隐患点（凤凰岭自然风景公园4处、大觉寺1处）治理工程开工建设，6月底完工，工程总投资452万元。经过夏季汛期，消除山石崩塌、滑坡等地质灾害隐患，改善了景区生态环境和安全性能。10月，工程通过区旅游委验收。

（黄廷虎 温力宏）

【旅游产业发展】 年内，海淀区旅游发展委员会（简称区旅游委）围绕全国科技创新中心核心区建设，以“最美山水海淀、科技创新之城”为主题，打造“三山五园”皇家园林游、中关村科教研学游、西山历史文化游、稻香湖亲子休闲游四大旅游品牌，旅游行业发展稳步推进。研究稻香湖旅游度假区提升规划、大西山民宿旅游总体规划和典型村落的详细设计、“三山五园”重点旅游线路提升规划，首次梳理完成“三山五园”区域旅游资源及文化资源。征集旅游服务设施建设、旅游新业态及产业融合发展、提高旅游服务标准等项目28个，涉及总投资2.22亿元；确定10个支持项目，支持资金984万元。

（黄廷虎 温力宏）

【旅游宣传】 年内，区旅游委建立“海淀旅游党建”微信公众号，运用网络、报刊、电视等多业态宣传推广“旅游+”主题，推出“北京画卷”主题特刊海淀专版、“整合资源、优势互补，海淀旅游探寻融合发展之路”专版，旅游宣传效果显著。

旅游景点

【星级饭店、旅游景区（点）】 2017年，海淀区辖域内共有旅游星级饭店69家，A级旅游景区（点）21家。

2017年海淀区旅游星级饭店、旅游景区（点）统计表

表12

旅游星级饭店	数量（家）	旅游景区（点）	数量（家）
五　星	9	AAAAA	1
四　星	25	AAAA	7
三　星	28	AAA	9
二　星	7	AA	3
一　星	0	A	1
合　计	69	合计	21

（李思佳）

【21家A级旅游景区（点）名录】

1.颐和园（AAAAA）
2.圆明园遗址公园（AAAA）
3.北京植物园（AAAA）（内有曹雪芹纪念馆、卧佛寺）
4.香山公园（AAAA）（含碧云寺）
5.中央电视塔（AAAA）
6.玉渊潭公园（AAAA）
7.紫竹院公园（AAAA）
8.凤凰岭自然风景公园（AAAA）
9.太平洋海底世界（AAA）
10.鹫峰国家森林公园（AAA）
11.百望山森林公园（AAA）
12.西山国家森林公园（AAA）
13.北京西山大觉寺（AAA）
14.北京龙徽葡萄酒博物馆（AAA）
15.汇通诺尔狂飚运动休闲乐园（AAA）
16.皇家菜博物馆（AAA）
17.大钟寺古钟博物馆（AAA）
18.上庄翠湖农业观光园（AA）
19.阳台山自然风景区（AA）
20.稻香湖公园（AA）
21.蘑法森林（A）

（李思佳）

【区属注册公园】 2017年，海淀区有区属注册公园35家。

海淀区区属公园列表

表 13

序号	公园名称	建成时间	所在街镇	所属单位
1	圆明园遗址公园	1900年1月	青龙桥街道	海淀区政府
2	会城门公园	1956年1月	羊坊店街道	海淀区园林绿化局
3	元大都城垣（土城）遗址公园	1965年1月	花园路街道	海淀区园林绿化局
4	玲珑公园	1988年1月	八里庄街道	海淀区园林绿化局
5	翠微烟雨公园	1990年6月	羊坊店街道	北京市园林绿化有限公司
6	碧水风荷公园	1991年7月	清河街道	海淀区园林绿化局
7	上地公园	1994年1月	上地街道	上地街道办事处
8	中华世纪坛公园	2000年6月	羊坊店街道	北京市园林绿化有限公司
9	中关村广场	2002年7月	海淀街道	海淀区园林绿化局
10	阳光星期八公园	2003年9月	万寿路街道	海淀区园林绿化局
11	海淀公园	2003年9月	万柳地区	海淀区园林绿化局
12	燕清文化体育公园	2003年9月	清河街道	海淀区园林绿化局
13	翠湖湿地公园	2003年9月	上庄镇	海淀区园林绿化局
14	马甸公园	2003年11月	花园路街道	海淀区园林绿化局
15	百旺公园	2005年9月	马连洼街道	海淀区园林绿化局
16	清河翠谷公园	2006年9月	清河街道	海淀区园林绿化局
17	长春健身园	2007年5月	海淀街道	海淀区园林绿化局
18	温泉公园	2007年5月	温泉镇	海淀区园林绿化局
19	玉东郊野公园	2008年5月	四季青镇	四季青镇政府
20	丹青圃郊野公园	2008年5月	四季青镇	四季青镇政府
21	五棵松奥林匹克文化公园	2008年7月	万寿路街道	海淀区园林绿化局
22	王庄公园	2008年9月	学院路街道	海淀区园林绿化局
23	东升八家郊野公园	2009年4月	东升镇	东升乡政府
24	金源娱乐园	2009年7月	曙光街道	海淀区园林绿化局
25	巴沟山水园	2010年5月	海淀街道	海淀区园林绿化局
26	美和园公园	2012年11月	清河街道	海淀区园林绿化局
27	北极寺公园	2012年11月	花园路街道	海淀区园林绿化局
28	北坞公园	2013年5月	四季青镇	海淀区园林绿化局四季青镇政府
29	南长河公园	2013年5月	紫竹院街道	海淀区园林绿化局
30	小营公园	2013年6月	西三旗街道	海淀区园林绿化局
31	厢黄旗公园	2013年7月	上地街道	海淀区园林绿化局
32	中央电视塔公园	2013年8月	甘家口街道	海淀区园林绿化局
33	荷清园	2014年7月	清华园街道	海淀区园林绿化局
34	车道沟公园	2014年10月	曙光街道	海淀区园林绿化局
35	田村城市休闲公园	2015年	田村街道	海淀区园林绿化局

（庞晓岚）

【颐和园】 国家AAAAA级旅游景区。2017年接待游客1571.62万人次，营业收入3.75亿元。完成匈牙利总理欧尔班·维克托夫妇一行参观游览等外事任务，完成北京市代市长陈吉宁假日工作检查等接待任务10余次。获第三届“全国旅游服务质量标杆单位”、北京市“五四红旗团委”称号和“服务中央和北京市外事任务保障”一等奖，被评为北京市安全生产标准化二级达标单位。颐和园耕织图水操学堂获“全国青年文明号”称号；听鹂馆饭庄获海淀饮服协会2016最佳特色经营奖，获五钻级酒家复评认证和国家钻级酒家示范店称号。

旅游安全管理。举办“6·16”安全生产咨询宣传日暨北京市水上交通安全应急演练、“海淀区多种形式消防队伍比武竞赛”和“关注消防、平安你我”主题“119”消防安全日宣传活动，整治东宫门广场周边环境。开展旅游市场执法，抓获黑导游6人，查扣黑车1辆，处罚4名私自改变行程的导游。

文化建设。参与北京冬奥组委宣传片拍摄；接受北京联合大学“北京老字号与旅游商品协同创新发展研究”项目组实地访谈；出版《颐和园史事研究百年文选》，该书分为园林变迁、人事物迹、近代海军建设、戊戌变法4部分，收录论文44篇；“慈禧太后——颐和园文物精选展”在美国宝尔博物馆开展；举办“梦幻黄山 礼仪徽州”摄影展和第六届“傲骨幽香”梅花、蜡梅迎春文化展等12项展览；举办2017年部分国家机关昆明湖10千米健身跑、健步走等文化活动4项；组织《“山湖清韵”颐和园匾额楹联浅读》读书分享会。

（王祈）

【圆明园遗址公园】 2010年10月9日，圆明园遗址公园被国家文物局评为全国首批国家考古遗址公园之一。现已形成以皇家园林遗址为基础、爱国主义教育为主题、自然山水景观为特色的遗址公园。2017年累计接待游客800.59万人次，门票收入8495.49万元，经营收入2582.9万元，营业总收入首次突破1亿元。

年内，完成圆明园大宫门遗址三期考古发掘工作，考古发掘面积2200平方米；完成如园遗址二期考古，考古挖掘2000平方米；完成紫碧山房遗址考古，挖掘面积2000平方米。完成黄土露天区域花草种植29449.8平方米。获捐“圆明园”三字戳记砖4件、青砖和砖雕约500块。完成27箱9415件文物的档案核对，完成37件石刻文物修复和铜镏金象首的3D扫描。圆明园管理处被评为北京市档案工作优秀测评单位。

举办爱国主义订单式服务11场、仪式类活动13场、参观实践11场、公益类活动11场、户外活动14场，1.5万人接受爱国教育。微信公众号粉丝数突破70万。举办新春游园会、第二十二届踏青节、第二十二届荷花节和金秋节等旅游文化活动。

（鲁紫鹃）

【北京植物园】 2017年，北京植物园共接待游客253.03万人次，门票收入767.93万元。完成党和国家领导人接待任务8次。举办《改变世界的中国植物》大型纪录片开机暨北京世园会形象大使推选活动启动仪式。

被中国植物园学术年会授予植物园行业最高奖项——年度中国最佳植物园“封怀奖”；获第九届中国花卉博览会科技成果奖银奖2项、铜奖5项、优秀奖5项，展品奖金奖5项、银奖3项、铜奖14项、优秀奖4项；获第十一届中国（三亚）国际热带兰花博览会单株单元竞赛1金1银1铜。“认识市花——月季”项目获全国科技活动周暨北京科技周主场最受公众喜爱科普项目；“专家带您识花草”项目获“北京市科普基地优秀活动展评赛”二等奖；通过安全生产标准化二级达标和北京市重点实验室复核考核；“一种碎木片染色方法及应用”被授予专利权。9项课题获北京市公园管理中心年度科技进步奖，其中二等奖5项、三等奖4项。出版英文版《2017国际海棠登录簿与名录》；完成《北京植物园在西山文化带中的作用》《北京植物园的价值作用及存在问题》调研报告，出版《十方普觉寺》，撰写多篇卧佛寺科普文章。

完成植物引种、定植及9种8万余株植物的繁殖任务，输出植物30种1万余株。完成919株杨柳树雌雄株鉴定及28株杨柳树砍伐工作，对245株杨柳树雌株注射飞絮抑制剂，新植无絮柳树48株。

基础设施建设。完成樱桃沟厕所改造、展览温室设备改造工程；预备温室兰花室、雨林室改造，喷灌系统升级工程，游客中心整体改造提升工程；完成碑林保护二期工程、碧桃园亭子落架维修工程、杨树区木平台维修、杨沫小院房屋维修、孙传芳墓周边房屋维修、盆景园班部及周边环境治理。

植物引进保护。从德国、中国新疆等地引进331个种和品种，从荷兰、中国湖北等地引进月季等植物263个号。首家实现“绿色无污染”植物保护自然生态场所建设，以设置诱木、树环、桃潜叶蛾诱、梨小食心虫捕器、槐小卷蛾诱捕器及释放害虫天敌等科学环保方式，降低害虫虫口数量。

文物保护。制定《北京植物园可移动文物及藏品、露陈文物管理保护规定》，制作露陈文物分布图，确立4类31处重点保护文物。推进梁启超墓、王锡彤墓等区级及以上文保单位监控设施安装，更新卧佛寺监控系统，完成曹雪芹纪念馆碑林、西环路、龙教寺区域监控设施安装及电子巡更点设置，对文物实行全时段监控。确定北京植物园2018年—2020年文物保护项目，启动文保规划修编工作。

文化创意。研发具有曹雪芹纪念馆人文属性、红楼梦中生活美学设计理念及植物园特色人文系列、植物系列产品14类50余款。推进第二家文创商店建设。

科普活动。举办“绿意满园，幸福生活”北京市科技周暨中心游园会；特色科普课程通过“园林科普津冀行”活动走进张家口市两所小学；科学课程“叶子的秘密”入围北京市教委“2016—2017北京市初中开放性科学实践活动”项目。开展专题科普活动

40余次，服务游客5.5万余人次，免费发放科普图书1000余本、宣传折页3万册，草木香囊、特色植物冰箱贴等产品3800余份。完成植物科学绘画、植物手工绘画两项展览。

文化活动。举办第十三届兰花展、第二十九届北京桃花节暨第十四届世界名花展、第九届精品君子兰展、植物科学绘画展、第二十五届市花展等展览和“茶亦醉人何必酒　品茶说茶听茶事”文化活动、“我和春天有个约会——名家读诗汇”活动、“女人如花　花茶飘香”品茶活动、“筑梦西山，守艺非遗”暨京津冀非遗嘉年华活动。

（刘东来）

【香山公园】 2017年，香山公园接待游客208.39万人次，实现收入5980.74万元。5月26日，启动互联网售票。全年销售电子票20.545万张，收入228.56万元。完成接待任务16次。完成香山寺景区开放工程、香山寺配套基础设施及绿化等19项市政府重点任务。香山公园“红叶探秘”科学探索实验室、“香山公园节能减排技术应用与示范”两个项目通过验收；举办第十二届新春登高祈福会、第十五届香山山花观赏季等16项特色活动；开展“低碳新生活，环保我参与”“观鸟不‘关’鸟”等7项科普教育；举办“铭记历史　圆梦中华”京津冀三地红色文化展览、“千年香山皇家御园”北京香山主题摄影展黄山站等9项展览展陈活动。《碧云寺历史文化价值挖掘与应用研究》《香山静宜园二十八景导览讲解技法研究》《公园体验型科普项目发掘实践和效果评价研究》分获北京市公园管理中心科技进步一、二、三等奖，《香山公园在西山永定河文化带中的作用及对策》获北京市公园管理中心2017年优秀调研报告奖。实施《黄栌景观林养护技术规程》（DB11/T1358—2016），实施古树复壮和红叶保育工程。协助北京电视台、《北京晚报》等媒体完成拍摄、采访活动。香山公园碧云寺被市台办评为首批北京市对台交流基地。

（王奕）

【北京凤凰岭自然风景公园】 2017年，公园接待游客98万人次，总收入2395.66万元。举办第四届新春游园会、第十七届杏花节、第二届茶道文化节、第四届冬季城市越野赛等活动；举办第十四届海淀文化节系列活动之“凤凰于飞　一生相随”第五届金婚夫妇相聚凤凰岭大型公益活动，弘扬“百善孝为先”的传统孝道文化，服务金婚老人50余对、家属及游园群众2000余人次。

（刘峥）

【翠湖国家城市湿地公园】 翠湖国家城市湿地公园位于上庄镇，规划总面积157.6公顷，以人工湿地景观为特色，B区、C区部分区域对社会预约开放，开放区域面积36.2公顷，占公园总面积的1/4，其中水域面积18.3公顷、陆地面积17.9公顷。2017年6月，被评为北京市环境教育基地、北京园林绿化科普教育基地。全年接待游客29140人。

公园基础设施和生态环境建设。种植各种树木920株，栽植花卉800平方米。新建游客服务站，完成园路改造、化粪池改造、排水管铺设、公共座椅安装、围挡维修、泵房管线调整、鸥圈除锈、木制品刷漆等基础设施维修改造项目80项。挂放白蛾诱捕器4台、黑光灯4台、黄板约1200张，投放诱木12处、异色瓢虫卵1.8万枚、周氏啮小蜂寄生蛹1200枚、管氏肿腿蜂8万头。

开展春、秋季鸟类环志工作。环志鸟类1347只，其中春季首次环志到银喉长尾山雀、家燕、苇鹀，秋季首次环志到日本松雀鹰、普通朱雀、珠颈斑鸠、普通秧鸡。与北大山水自然保护中心合作，开展水华治理实验；与北京市排水监测总站合作，每月采集、检测公园各水域水样，持续开展物种调查研究。组织开展“湿地科普知识进校园”等科普活动14次，活动主题涉及鸟类、植物、两栖爬行动物、蝴蝶等内容。

园内繁育黑天鹅9只、银鸥5只、苍鹭160余只、野生雁鸭类50余只，救助苍鹭幼鸟2只、喜鹊幼鸟1只、鸽子3只、苍鹭1只、鸿雁1只、黄尾鹂1只。

全年观测到鸟类17目49科220种，观测及环志新增鸟类12种。园内湿地鸟类87种（占全国湿地鸟类的31.7%，占北京湿地鸟类的66.2%），其中国家一级重点保护鸟类7种（黑鹳、金雕、黑颈鹤、丹顶鹤、遗鸥、大鸨、褐头鹎），国家二级重点保护鸟类33种（白鹈鹕、白琵鹭、大天鹅、小天鹅、白额雁、鸳鸯、鹗、黑鸢、凤头蜂鹰、雀鹰、松雀鹰、日本松鹰、苍鹰、白腹鹞、白头鹞、白尾鹞、普通鵟、大鵟、毛脚鵟、红脚隼、红隼、燕隼、蓑羽鹤、白枕鹤、灰鹤、鸡尾鹦鹉、东方角鸮、雕鸮、花田鸡，鹊鹞、游隼、赤腹鹰、灰脸鵟鹰等4种是年内新增鸟类），北京市一级重点保护鸟类14种，北京市二级重点保护鸟类87种；园内有繁殖记录的湿地鸟类有苍鹭、黑天鹅、黑水鸡、小䴙䴘、疣鼻鸭、绿头鸭、斑嘴鸭、冠鹤、灰雁、鸿雁、黄苇鳽、普通翠鸟、白胸苦恶鸟等10余种。观测记录到鱼类4目9科20种，两栖动物1目6科8种，爬行动物2目4科9种。观测到原生、栽植湿地高等植物439种（分属96科313属，年内新增16种植物），其中国家一级重点保护野生植物2种（银杏、水杉），国家二级重点保护野生植物2种（野大豆、莲），北京市二级保护野生植物7种（芡实、黑三棱、花蔺、假稻、茭白、连翘、桔梗）。

（德秋子）

【中央电视塔】 2017年，中央电视塔接待游客41.09万人次，总收入11430.82万元。推出草坪婚礼项目，接待婚礼39场次。开发“CCTV小记者”体验课程。引进微生活会员系统，开通会员功能及微信商城功能。举办首届汽车主题文化节、“地球一小时”全球性公益活动。联合举办第二十二届攀登中央电视塔大赛暨京津冀登塔挑战赛。中央电视塔空中观景旋转餐厅通过国家五钻级酒家复评。获2017年北京文化消费品牌榜十大文化消费地标提名。

（许丽丽）

【玉渊潭公园】 2017年，玉渊潭公园接待游客712.5万人次，总收入4196.03万元。完成玉渊春秋东南部景区景观改造工程；举办以“花开玉渊潭 报春第一枝”为主题的第二十九届樱花文化活动；开展“走出健康，走出幸福”户外低碳健步走、2017海峡两岸武术系列交流、以“加强湿地保护修复，提升绿色空间质量”为主题的第五届“北京湿地日”宣传活动。

（王智源）

【海淀公园】 2017年，海淀公园接待游客125万人次，公园被评为北京园林绿化科普教育基地。

年内，新建双桥诗韵景点，对存放于大慧寺的双桥寺石碑进行仿制，邀请顾太清和奕绘后人金适教授题写“双桥诗韵”景点名称，详细介绍清代第一女词人顾太清的生平和诗词文学造诣；从东门新修二级园路180米直达景点，建成200平方米铺装广场，种植崂峪苔草5000余平方米，再现当年田园景观。种植花卉105个品种24万株，面积3900平方米，引进种植结缕草2000余平方米和马鞭草等节约型地被1000余平方米。举办文化和宣传活动31个，其中海淀公园插秧节、收割节，社会反响热烈，参与游客数千人次；百姓周末大舞台累计演出49场，观看游客达2万人次。

（赵晨轩）

【百望山森林公园】 2017年，公园接待游客202.18万人次，门票收入325.62万元。公园面积244.6公顷，主峰海拔210米，森林覆盖率95%。建有特色景观——“绿色文化碑林”，主题碑刻达1000余通。是首都生态文明宣传教育基地、北京市中小学生社会大课堂基地、爱国主义教育基地。开展绿化养护管理，修枝清枯127.2公顷，抚育除草160公顷，对2013年以来人工播种更新和自然落种萌芽的山桃、山杏、栾树、栓皮栎、黄栌等幼苗进行抚育管理174.6公顷；栽植乔木686株、花灌木752株、地被植物0.26公顷，种植扶芳藤7300株、地锦520株，完成立体绿化994米；改造白莱涧景观0.05公顷，种植花灌木84株、鸢尾和崂峪苔草0.06公顷，设置自然置石步道2条、大块置石9处。继续实施“绿色文化碑林”建设，完成《万物的心》《岳阳楼记》等碑刻48块；新建主题为“儿时山林”——自然寻踪步道，全长350米，含竹木平台1处、跷跷板1个、独木桥1座。铺装栈道70米，安装木栅栏50米。编制《百望山森林公园森林经营方案（2018—2022）》，举办“弘扬生态文明，建设美丽中国”系列文化活动。获“中国森林氧吧”、“网友喜爱的山水风景区”、北京市科普基地（2017—2019年）荣誉称号。

（何慧敏）

【紫竹院公园】 2017年，公园接待游客882万人次，总收入928万元。“微官网”微信公众平台正式上线。开展“普及冰上运动，快乐冬季健身”活动，“竹知识讲座”“昆虫讲座”“观鸟活动”等暑期科普活动11次。受邀参加国际竹藤组织（INBAR）在菲律宾驻华大使馆开展的植竹活动，栽植金镶玉竹100余株并提供技术指导；举办“一带一路·由木而发”展览、第一届欢乐冰雪季开幕、“‘5·12’国家赈灾减灾日宣传义诊”等主题活动。接待牙买加竹产业发展培训班、国际竹藤组织等参观交流4次。协助北京市旅游委开展大运河文化带旅游资源普查及规划调研。

（黄苗苗）

【大钟寺古钟博物馆】 2017年，博物馆接待游客5.2万人次，总收入34.23万余元。开展永乐大钟架力学结构监测工作，完成永乐大钟及钟架彩绘保护加固方案的申报和审批。与国家博物馆合作对大兴铁钟和兴隆寺铁钟进行化学保护，与清华大学艺术博物馆签订《馆际合作框架协议》。完成北京市文物局鉴定委员会对馆内49件（套）藏品的文物鉴定工作。通过AAA级旅游景区复核。上线大钟寺古钟博物馆VR（虚拟现实）项目；出版专著《诗韵钟声》《觉生史话》《古钟掌故》。举办第十三届“钟王杯”大学生志愿者讲解比赛和“闻钟赏月”雅集等3项活动。完成“大学生博物馆微视频大赛”拍摄任务，获一等奖；接待《中华文明探源》摄制组、《兰海说成长》节目组采访拍摄；《馆长说：古韵钟声大钟寺》节目在北京电视台播出。

（徐明）

【北京龙徽葡萄酒博物馆】 2017年，博物馆接待参观28500人次、会议活动288场。6月10日，配合区国资委举行第二届“国企开放日”社会公益活动，内容包括学习葡萄酒酿造工艺，介绍企业文化、古老酒窖文化等，当天接待游客280余人。

（董纳霞）

【汇通诺尔狂飚运动休闲乐园】 2017年，乐园接待游客30万人次，总收入约650万元。举办“TNF100北京国际越野跑挑战赛”和“腾讯特步企鹅跑”两项大型活动。申报通过“运动休闲小镇”项目，打造综合性有氧运动乐园。

（王子轩）

【北京鹫峰国家森林公园】 2017年，公园接待游客10万人次，总收入90万元。举办梅花节、彩叶节等活动；与北京林业大学联合举办“2017年首都高等学校第十四届越野攀登赛”，31所首都高校参加；通过北京市旅游质量等级评定委员会对AAA级旅游景区质量等级复核。

（张鹏）

【经书文物鉴定】 1月12日，北京植物园邀请首都博物馆鉴定委员会、市文物鉴定委员会专家，对682函经书进行抽样鉴定。经鉴定，乾隆大藏经，明正德、万历年间刻本等经书文物确定为明清时期文物，具有较高的文物与文献价值。2月，邀请北京市文物鉴定委员会委员对曹雪芹纪念馆铜器、瓷器等50余件馆藏物品进行鉴定。经鉴定，部分馆藏物品为清道光、光绪年间物品。

（刘东来）

【第六届“傲骨幽香”梅花、蜡梅迎春文化展】 1月24日至2月4日，第六届“傲骨幽香”梅花、蜡梅迎春文化展在颐和园耕织图景区水操学堂举行。展出颐和园梅花、蜡梅树桩盆景及反季节开花的玉兰、牡丹、桂花等传统花卉10余个品种近200盆，首

次引入鄢陵精品蜡梅盆景30盆。共接待游客6.5万余人次

（王祈）

【北京植物园第十三届兰花展】 1月25日至2月11日，北京植物园举办第十三届兰花展。本届兰花展以"兰花，探索之旅"为主题，展出各种兰科植物150余种近万株，其中"达尔文兰"和"魔鬼石斛"均为首次展出。展览分为"万象更新""千秋万代""岸芷汀兰""兰花故事""兰花精品""兰花科普"6个展区，首次推出扫码识兰花活动。

（刘东来）

【玉渊潭公园第二十九届樱花文化活动】 3月17日至4月14日，玉渊潭公园举办第二十九届樱花文化活动。活动以"花开玉渊潭　报春第一枝"为主题，园内可供观赏樱花30余个品种2400余株。其中杭州早樱受气温影响，提前10余天开花，成为继2002年以来花开最早的一年。公园首次以网络直播形式开展樱花"专家导赏"讲解10余场，受益群众数万人。

（王智源）

【北京植物园第二十九届北京桃花节】 3月25日至5月7日，北京植物园举办第二十九届北京桃花节暨第十四届世界名花展。本届花展以"花漾时光——时光荏苒，桃花依旧"为主题，分为球根花卉、草本花卉、花坛花卉3个展区，展览面积2万余平方米，总用花量150万株。桃花节期间接待游客118.74万人次。

（刘东来）

【"风华清漪——颐和园藏乾隆文物精品展"】 3月29日至6月29日，由颐和园与南宁博物馆共同承办的"风华清漪——颐和园藏乾隆文物精品展"在南宁博物馆举行。展览以"风华清漪"为主题，设"仁山智水""勤民深意""式扬风教""绝世风雅"4部分，展品93件（套），全面展现乾隆时期清漪园的园林陈设和历史风貌。

（王祈）

【《改变世界的中国植物》大型纪录片开机】 4月17日，《改变世界的中国植物》大型纪录片开机启动仪式在北京植物园举办，同时启动世界园艺博览会形象大使推选活动。市政府党组成员、北京世园会执委会副主任夏占义，市政府副秘书长赵根武及北京世园会全球合作伙伴代表等参加仪式。开机仪式上介绍了世园会的筹备情况及推选形象大使的重要性。

（宋强）

【《2017国际海棠登录簿与名录（英文版）》出版】 4月，北京植物园《2017国际海棠登录簿与名录（英文版）》出版。该书由国际海棠品种登录权威专家、北京植物研究所主任郭翎担任主编，中国林业出版社出版，收录目前已知海棠品种名称（包括异名和商业指称）约1200条，标注育种者、育成时间、参考文献等信息。该书是国际海棠品种登录工作的基础资料，利于海棠新品种命名与登录工作的开展。

（宋强）

【水质净化试验】 7月初至9月底，香山公园与北京京华清源环保科技有限公司合作，对眼镜湖、月牙河两处湖面实施水质净化试验。经处理，两处试点湖面透明度明显提升，氨氮含量、总磷含量、叶绿素含量有所降低。

（梁洁）

【京津冀三地红色文化展览开幕】 7月13日，"铭记历史　圆梦中华"京津冀三地红色文化展在香山公园双清别墅举行。展览由香山公园、周恩来邓颖超纪念馆、西柏坡纪念馆联合主办。展览整合三地经典红色文化，展出图片200余幅，设立展板60余块。北京电视台、《北京晚报》等20余家媒体召开现场新闻发布会，展览持续至12月。

（姚江）

【紫竹院公园第二十四届竹荷文化展】 7月18日至8月6日，紫竹院公园联合紫竹院街道共同举办第二十四届竹荷文化展暨紫竹院地区第八届民族文化节。活动以"竹影幽幽·荷韵芬芳·民族文化·汇聚紫竹"为主题，推出惠民文化活动4项、主题展览2个、科普文化活动5场。文化节期间接待游客92.27万人次。

（黄苗苗）

【世园会选用北京植物园2000余株野生花卉】 8月，经英国谢菲德大学教授詹姆斯·希契莫夫团队和北京市园林绿化局负责人调研，确定北京植物园培育的金莲花、山罂粟、珠果黄堇、大花剪秋萝、紫斑风铃草、唐松草类、委陵菜类等野生花卉2000余株，将用于2019年世园会展示。

（宋强）

【北京市首批对台交流基地授牌】 9月1日，北京市举行首批对台交流基地授牌仪式。香山公园碧云寺、台湾会馆、中国人民抗日战争纪念馆、湖广会馆、北京历代帝王庙5家单位被市台办评为首批北京市对台交流基地，被授予"北京市对台交流基地"牌匾。

（纪洁）

【百望山公园旅游厕所改造】 9月1日至10月10日，百望山森林公园实施旅游厕所改造提升建设。安装移动厕所13处共32个厕位，为5处固定厕所配置服务设施126件，安装空调18台、热水宝16套、芳香器12个、卫生纸盒12个、皂液器30套、感应水龙头26个、烘手器12个。

（何慧敏）

【第五届"北京湿地日"主题宣传活动】 9月17日，玉渊潭公园举行第五届"北京湿地日"主题宣传活动，列入首批市级湿地名录的玉渊潭东湖湿地同时揭牌。活动以"加强湿地保护修复，提升绿色空间质量"为主题，现场放归野生鸳鸯8只。

（王智源）

【大钟寺古钟博物馆VR项目上线】 9月29日，大钟寺古钟博物馆VR项目上线，包括博物馆展厅导览和古钟文化视频两部分。观者可视频欣赏编钟演奏、游览尚未开放的空间。引入VR项目在博物馆行业尚属一种较少的突破形式。

（徐明）

【陈吉宁检查中秋国庆假日工作】 10月2日，北京市代市长陈吉宁检查颐和园中秋国庆假日工作。北京市政府秘书长李伟，办公厅党组副书记、常务副主任王芳，北京市旅游委主任

宋宇，北京市公园管理中心主任张勇及颐和园园长刘耀忠、党委书记李国定陪同。主要在北宫门后山沿线一带，石舫、长廊、九道弯等处，检查公园监控、售票情况、卫生间保洁等。

（王祈）

【周敦颐一千周年诞辰活动】 10月—11月，圆明园管理处开展“濂溪之脉，千年之约”——周敦颐一千周年诞辰系列活动。周敦颐，又名周元皓，北宋五子之一，是宋朝儒家理学思想的开山鼻祖，著有《周元公集》《爱莲说》《太极图说》《通书》，所提出的无极、太极、阴阳、五行、动静、主静、至诚、无欲、顺化等理学基本概念，是构成理学范畴体系的重要内容。活动期间，举办现场教学、手抄《爱莲说》、《爱莲说》千人诵读活动、圆明园杯《爱莲说》辩论赛、周敦颐一千周年诞辰文化讲座和周敦颐作品座谈会。活动历时将近两个月，社会各界广泛参与，取得了良好的效果。

（鲁紫鹍）

【慈禧太后——颐和园文物精选展】 11月10日，“慈禧太后——颐和园文物精选展”在美国宝尔博物馆开展，出展文物80件（套）、126件，其中一级文物4件、二级文物17件、三级文物34件。活动持续至2018年3月11日。

（王祈）

【第四届冬季城市越野赛】 12月30日，凤凰岭自然风景公园举办第四届凤凰岭冬季城市越野赛。该项赛事由专业户外运动团队设计赛道，吸引世界各地顶级越野跑选手700余人参与。

（刘峥）

旅游设施建设

【香山寺配套基础设施工程】 4月10日至10月8日，市财政投资341.38万元，实施香山寺配套基础设施及绿化项目建设。工程包括：改扩建原有卫生间，建筑面积148.63平方米；新增第三卫生间2间，新做无障碍坡道达到AAA级标准；整治买卖街周边环境。

（梁洁）

【《北京市海淀区国家登山健身步道规划》通过评审】 4月，《北京市海淀区国家登山健身步道规划》（简称《规划》）通过专家评审。该《规划》是区旅游委借助北京市建设旅游休闲步道的契机，打造的海淀西山历史文化带重点旅游项目。规划构建五大主题步道环线，包括：凤凰岭佛教禅修步道，长20千米；鹫峰拓展科普步道，长52千米；温泉养生健康步道，长38千米；香山皇家养生步道，长18千米；西山森林生态步道，长12千米。其中，75千米西山登山步道已被纳入市级步道规划体系初稿。

（黄廷虎）

【百望山森林公园雨洪综合利用项目完工】 5月至11月20日，百望山森林公园开展雨洪综合利用建设，修建雨洪调蓄泵站3座、雨洪存储蓄水池1座，铺设输水管线1500米，有效增强园区雨洪收集、雨水调蓄与利用。

（何慧敏）

【碧云寺票房厕所改造】 5月16日至9月27日，北京市公园管理中心投资178.01万元改造碧云寺票房厕所。工程包括：改扩建原有卫生间，由98平方米扩建至112.96平方米；屋面挑顶修缮，更换门5樘、窗9扇、洁具18套；室内重新装修，安装新风系统1套，新敷设电缆455米，新做主配电箱1台，新做第三卫生间1间，添配自然山石104吨，恢复绿化100平方米等，达到AAA级标准。

（梁洁）

【旅游公共服务项目通过验收】 5月，区旅游委协调相关单位对“四季青及香山地区旅游公共服务项目”提升工程进行竣工验收。该项目投资967.38万元，在四季青及香山地区建设完成265处旅游标识系统，由北京正阳基业科技有限公司组织施工。升级改造凤凰岭自然风景公园、西山国家森林公园等景区的6座公共厕所；完善稻香湖休闲旅游度假区域标识标牌系统。

（黄廷虎　温力宏）

【百望山森林公园森林防火阻隔系统项目竣工】 10月，百望山森林公园森林防火阻隔系统工程竣工，设计安装指示牌和警示牌161块，覆盖园区6条主要道路。

（何慧敏）

【景区公厕升级改造】 10月底，完成海淀区政府重点督察项目、为民办实事工程——凤凰岭、西山森林公园、汇通诺尔狂飚乐园景区内6座公共厕所的升级改造工作。按照区政府督查室“周督、月查、月反馈”的要求，每月上报实施情况，进行项目监管和督办。区旅游委拨付资金124万元，提升景区厕所文化建设。

（黄廷虎　温力宏）

旅游活动

【2017海淀旅游资源推介会】 3月31日，2017海淀旅游资源推介会在中关村展示中心举行，来自区域内旅游企事业单位、重点合作单位及媒体代表百余人参会。推介活动以“最美山水海淀　科技创新之城”为主题，以时尚TED演讲、雅乐表演、朗诵、动漫小视频等方式现场推介海淀旅游资源，推出全媒体矩阵，实现同北京电视台、北京人民广播电台、《北京日报》、北广传媒、搜狐网的全面合作。推介活动重点宣传“三山五园”皇家园林游、中关村科教研学游、西山历史文化游、稻香湖亲子休闲游四大板块，以TED演讲方式加二维码形式对海淀旅游官方微信公众号进行推广；以香山雅乐表演方式展现“三山五园”厚重的皇家风范和文化底蕴；以主题演讲方式对中关村科教研学游资源进行推介；清华大学建筑学院郭黛姮教授介绍“数字圆明园”的研发历程和最新旅游应用成果；以朗诵形式介绍稻香湖亲子休闲活动；以动漫小视频《借山居》演示海淀特色旅游资源。

（于文艳）

【参加第十三届海峡旅游博览会】 5月12日—14日，由国家旅游局、福建省人民政府主办的2017第十三届海峡旅游博览会在厦门举行。博览会包括第十三届海峡旅游博览会+2017中国（厦门）国际休闲旅游博览会、2017海峡两岸及港澳地区名导论剑、“一对一”买卖家对接会等活动。区旅游委组织区域内1家（田妈妈蘑法森林）旅游企业参展，通过播放宣传片、发放宣传资料、扫码关注赠礼品等活动，宣传海淀“三山五园”皇家园林游、中关村科教研学游、西山历史文化游、稻香湖亲子休闲游等旅游资源，提升海淀旅游品牌形象。

（于文艳）

【旅游咨询“五进”活动】 5月—9月，海淀区旅游咨询服务中心在北京旅游集散中心、华润五彩城商场广场、马连洼街道梅园社区、海淀街道阳春新纪元社区、北京外国语大学等地，以“最美山水海淀·科技创新之城”为主题，开展5次咨询活动。接待市民、游客4700余人次，免费发放宣传资料7700余份，宣传推广海淀旅游资源和旅游产品。

（陈伟平）

【2017海淀研学旅游资源推广活动】 5月—11月，2017海淀研学旅游资源推广活动在兰州、济南、西安、南京举办。活动由区旅游委、当地旅游局支持，世纪明德、科学国际旅行社主办。推广活动以“魅力海淀科教游”为中心，展示海淀区领先全国的高科技产业和教育文化资源优势，推广复制研学旅行的“海淀模式”。北京、甘肃、山东、陕西、江苏的上百家旅游企业和教育文化机构代表现场交流与洽谈。

（于文艳）

【稻香湖亲子休闲游】 6月1日，“稻香湖亲子休闲游”《1039慧旅行》海淀专题节目线下活动在稻香小镇举行。内容包括：体验蘑菇种植，插秧劳作，学习湿地知识，森林寻宝。该活动由北京交通广播《1039慧旅行》节目进行线上宣传，微信推广累计20万用户。

（于文艳）

【参加北京国际旅游博览会】 6月16日—18日，2017北京国际旅游博览会在国家会议中心举行。旅博会秉承“交流、合作、发展、共赢”的理念，吸引80余个国家和地区，28个省、市、自治区的近千家旅游机构、旅游企业和特邀买家参展。区旅游委组织4家企业参会，接待咨询近5000人次，发放旅游宣传资料1万余份，获得组委会设立的“最佳设计奖”。

（于文艳）

【圆明园第二十二届荷花节】 6月26日至8月20日，圆明园举办以精品荷花为主题的第二十二届荷花节。推出精品荷花展以及荷花品种基地展，古莲、王莲、睡莲观赏区。开展“荷塘悦色　印象圆明”摄影大赛、公众考古、“荷花之旅”直播、“圆明园传习所”活动直播、水上观荷、圆明园历史文化大讲堂、荷文化展、荷花美食等主题活动。

（邱静）

【“香山奇妙夜”活动】 7月14日至8月，由区旅游委支持、香山公园管理处主办的2017“香山奇妙夜”在香山公园拓展教育基地举行。此次活动每周3期，共开办13期，每期约30个家庭参加。该活动属于中关村科教体验游系列之一，以自然科考的体验方式传播自然、生态、历史、文化资源，带领亲子家庭走进香山，体验天人合一的神奇与美丽。

（于文艳）

【中关村科教旅游特色夏令营之“悦读之旅”】 7月15日，2017中关村科教旅游特色夏令营之“悦读之旅”活动在国家图书馆启动。该活动由区旅游委支持、北京国图书店有限责任公司主办，是海淀旅游品牌活动之一。此次活动约有50个家庭100余人参加，包含参观“从《诗经》到《红楼梦》——那些年我们读过的经典”展览、“左琴右书”、“时光印记——活字印刷体验”和“‘VR诵经典’虚拟阅读”4个环节。

（于文艳）

【首届“稻香湖杯”北京市国际象棋棋士赛】 8月5日，2017年首届“稻香湖杯”北京市国际象棋棋士赛在稻香湖景酒店举行。该赛事由区旅游委支持、北京弈乐园教育咨询有限公司主办。比赛分为二级棋士组、三级棋士组、四级棋士组、五级棋士组、六级棋士组、七级棋士组、八级棋士组、九至十级棋士组、十一级棋士及以下9个组别。各组别分别进行七轮、五轮比赛，比赛时限设为每方25分钟、每步棋加5秒和每方20分钟、每步棋加5秒两个时限。共有400位小棋手参赛。除常规赛事外，增加选手与专业运动员及专家间的趣味竞赛答题环节，丰富活动内容。

（于文艳）

【清音雅乐音乐季】 8月20日，由区旅游委支持、香山公园主办的2017“三山五园”皇家园林之清音雅乐音乐季活动在香山公园举行。舞台以玉华岫景区山林为背景，利用大殿前台阶延伸搭建，借以书案、宝椅、屏风主视觉烘托皇家气派和艺术氛围。演出以传统民乐为主，配以茶道演绎、插花表演，同时推出七夕专场，邀请海淀区比利时布鲁塞尔葡萄酒大奖赛组委会合作，游客赏雅乐、品红酒，享受中西文化碰撞的激情。该活动是海淀旅游品牌之一，共举办4场，约150余人参与。

（于文艳）

【第十四届“北京礼物”旅游商品大赛海淀区初赛】 8月23日，第十四届“北京礼物”旅游商品大赛海淀区初赛在北京紫玉饭店举行。共有15家企业110余件作品参赛。北京国图书店作品“翰墨书香中小学生便携式习字用具”获一等奖。

（于文艳）

【北京国际商务及会奖旅游展览会】 8月23日—24日，由区旅游委、励展旅游展览集团主办的2017北京国际商务及会奖旅游展览会在北京举行。区旅游委组织6家会奖旅游企业参展，与上百家国内外行业进行业务洽谈，宣传推介海淀区的优质会议与奖励旅游资源、特色主题旅游资源。

（于文艳）

【中医养生季】 9月8日，由区旅游委支持、香山公园主办的“三山五园”文化体验项目之中医养生季活动在香山公园玉华岫景区启动。受邀嘉宾、游客及媒体约80余人次参与。通过中医讲座、多媒体及实物展示、现场互动的方式，将传统文化、中医文化与山地游园紧密结合。

（于文艳）

【参加广东国际旅游博览会】 9月8日—10日，广东国际旅游博览会在中国进出口商品交易会琶洲展馆举行。55个国家和地区参展，接待约50万人次。展会期间，区旅游委开展多项宣传活动，包括现场设置香山奇妙夜微景观和数字圆明VR实景体验，加盖6个海淀特色景观邮戳的明信片邮寄等。

（于文艳）

【“最美山水海淀　科技创新之城”摄影展】 9月18日，由区旅游委、北京翠微国际旅游有限公司支持，北京中澳环宇国际影视文化传媒有限公司主办的“最美山水海淀　科技创新之城”摄影系列活动启动。摄影展围绕“汇山聚水　美丽海淀”“文化荟萃　人文海淀”“高科技点亮智慧生活”“行摄自然创新海淀”4个主题，展现海淀丰富的旅游资源。来自市、区500余名摄影爱好者参与，征集摄影作品2000余件。10月，在中华世纪坛影像艺术空间2号展区北京国际摄影周上展出。通过网络平台线上参与活动4000余人次，线下15万人次参观展览。

（于文艳）

【圆明园金秋节系列文化活动】 9月26日至10月31日，圆明园举办2017金秋节系列文化活动。推出精品菊展、圆明园传习所主题课程体验、圆明园大讲堂、圆明园成人礼、首届圆明园电影季、圆明园遗址寻踪摄影大赛、小马识途亲子定向越野等系列活动。

（邱静）

【参加第六届北京国际旅游商品及旅游装备博览会】 10月27日—29日，第六届北京国际旅游商品及旅游装备博览会在中国国际展览中心（静安庄馆）举办。区旅游委组织部分企业携50余件旅游商品参展，包括第十四届“北京礼物”旅游商品大赛海淀赛区获奖作品，向社会传递海淀绿色、科技、人文正能量，获博览会“优秀组织奖”。

（于文艳）

【大美西山文化旅游资源推介会】 10月28日，由区旅游委支持、北京凯撒国际旅行社主办的大美西山文化旅游资源推介会在海淀西山开幕。活动当日恰逢重阳节，部分中老年徒步爱好者及北京电视台等媒体60余人参与，全面展现“健身+摄影+文化”的设计，该活动于当晚在北京卫视新闻频道《都市晚高峰》进行专题报道。

（于文艳）

【“百望山自然科普游”线下活动】 11月4日，“百望山自然科普游”《1039慧旅行》海淀专题节目线下活动在百望山森林公园举行。活动包括各亲子家庭对动植物的认知，了解中草药的提取概念，感受植物的生命特征，学习地理知识等。通过北京交通广播《1039慧旅行》节目及微信进行招募及宣传，微信推广累计10万名用户。

（于文艳）

【参加成都国际旅游展】 11月29日至12月3日，2017成都国际旅游展在四川省成都市国际会展中心举行。展会期间，区旅游委安排抽奖活动，发放印有“海淀旅游”LOGO的定制奖品“拓印·最美海淀”，赠送西山彩叶和“醉美·海淀——来自大美山水的问候”明信片。

（于文艳）

【《御仙都·千年味道》演出】 年内，由北京市2016—2017年旅游产业发展引导资金贷款贴息补助的《御仙都·千年味道》大型美食体验剧接待“一带一路”国际论坛盛会，多次接待国际少年夏令营和东南亚、欧美的旅行团，共计演出300余场。该剧由中国饭店协会副会长、世界中餐业联合会副会长、中国“一带一路”美食旅游联盟主席、凯瑞御仙都皇家菜博物馆馆长行红智创作，著名导演于敏执导，公司200余名员工出演。《御仙都·千年味道》大型美食体验剧以中国皇家膳食历史文化为线索，以御仙都皇家菜博物馆为平台，以弘扬中华传统饮食文化文明为主线，以保护、传承御膳制作技艺史实故事为背景，以游人宾客现场品鉴、点赞餐饮文化为互动，精心打造的一台文化与餐饮契合的体验性原创剧目。全剧分“周秦珍馐遗韵”“汉唐盛世筵风”“宋元羊馔当红”“明清食味巅峰”4幕，穿越中国饮食文化三千年。年初，对部分剧目和细节进行创新、改版和完善，增加京剧系列节目、江南特色采茶舞，并用舞台剧目形式展示皇家名菜狮子头的做法，再现乾隆千叟宴、母后寿宴等场景。

（于文艳）

旅游行业管理

【假日旅游服务保障】 1月20日，海淀区假日旅游工作领导小组组织50家成员单位主管领导和20家A级旅游景区负责人参加2017年“春节”“两会”假日旅游工作协调部署会。海淀公安分局、海淀交通支队、青龙桥街道、圆明园管理处、凤凰岭自然风景公园分别汇报假日旅游工作准备情况。中共十九大期间，严密保障第二十九届香山红叶观赏节，检查、排除代表驻地200米范围内涉旅单位的安全隐患；节假日期间组织提供咨询、发放宣传册和维护秩序安全工作多项志愿者服务活动。

（刘蕊）

【美食体验剧补贴工作完成】 3月底，区旅游委完成对海淀区AAA级旅游景区皇家菜博物馆大型美食体验剧《御仙都·千年味道》的贴息补贴拨付工作，73万元全部用于演出项目的改版编排、服装道具购置。

（黄廷虎）

【“一企一标准、一岗一清单”编制工作】 4月13日，区旅游委召开旅游行业“一企一标准、一岗一清单”编制工作推进会。区安监局、20余家星级宾馆及中介机构负责人共40余人参会。区旅游委部署“一企一标准、一岗一清单”编制工作的目标任务、工作职责、方法步骤、时间节点。各旅游企业及安全生产中介机构就目前编制工作进展情况、存在问题、下步计划作发言。区安监局对编制工作提出具体要求。该项工作始自4月，截至7月30日，13家企业全部完成编制。

（李思佳）

【旅游安全演练】 5月11日，区旅游委在颐和园文昌院举办“旅游景区反恐防暴和消防安全演练”活动。海淀公安分局、市公园管理中心等部门和20家A级旅游景区代表参与活动，区反恐办进行现场指导。演练分为反恐防暴处置队形演练、对持械暴徒伤人事件快速处置演练、对景区内可疑爆炸物安全处置演练、突发火灾处置演练4个部分。5月25日，区旅游委在凤凰岭自然风景公园举办夏季防汛、用电安全工作部署会，20家A级旅游景区代表参会并观摩旅游景区防汛及应急处置演练。

（李思佳 刘蕊）

【旅游经济形势分析】 6月，区旅游委运用数据统计、实地调研、问卷调查、大数据分析的手段，对稻香湖旅游休闲度假区域、研学游主要目的地和大西山历史文化带等重点区域、重点时段的经济形势进行监测及运行分析。

（黄廷虎）

【专项资金支持项目绩效跟踪完成】 6月底，区旅游委对“新兴相声会馆”“跨界合作——环保、科技、物联网技术进酒店”2个2016年区旅游各项资金支持项目进行绩效监管跟踪，发现有整改资金使用进度滞后、使用不规范等现象。

（黄廷虎 温力宏）

【旅游景区水上应急救援演练】 7月18日，区旅游委在玉渊潭公园西湖水域举行“2017年海淀区旅游景区水上应急救援演练”。区应急办、甘家口街道办事处、区域内A级旅游景区代表共40人到现场观摩。50余名参演人员就突发雷雨、大风恶劣天气、游船动力系统故障、游客意外落水、快艇意外漏油事件等科目进行演练。活动结束后，参演人员在码头为游客介绍救生衣穿戴方法、水上遇险求救办法、游览注意事项，普及水上安全知识。

（刘蕊）

【景区评定】 8月2日，海淀区旅游景区质量等级评定委员会到“田妈妈蘑法森林”开展旅游景区等级评定工作。依照中华人民共和国国家标准《旅游景区质量等级的划分与评定》与《旅游景区质量等级管理办法》，评定委员会评定“田妈妈蘑法森林”为国家A级旅游景区。

（刘蕊）

【香山红叶观赏季服务保障】 10月11日，区旅游委在香山街道召开“第二十九届香山红叶观赏季园外综合服务保障部署会”。香山公园、海淀交通支队、公安海淀分局、市交通委执法六队、香山街道等成员单位领导参会并汇报红叶季服务保障工作筹备情况，海淀区副区长吴计亮到会讲话。作为牵头单位，区旅游委负责组织协调、数据汇总、信息报送等工作；针对旅游市场秩序中突出存在的“四黑”乱象，协调开展专项执法检查，加大检查旅行社电子行程单的落实情况，对违规行为加大查处力度，规范旅游市场；协调解决旅游投诉；协调公安、交通和城管等部门联合执法，重点整治植物园南门周边、卧佛寺门区等点位违章停车、黑车、黑停车引导、无照游商等行为。

（刘蕊）

【卢彦检查香山红叶季保障工作】 10月13日、28日，北京市副市长卢彦一行检查香山红叶季综合保障工作。北京市公园管理中心主任张勇，海淀区代区长戴彬彬、副区长吴计亮以及各成员单位主要领导陪同检查。实地查看香泉环岛—买卖街—香山公园—煤场街路线，检查香山公园门区服务接待、秩序管控、交通疏导、应急预案、安保工作以及双清别墅大人流疏导情况，要求在香山红叶季期间加大秩序管控，应对周末高峰，加强创新管理，做好协同联动，提高政治站位。

（李思佳）

【景区用地整改问题督办】 11月底，区旅游委会同国土资源局海淀分局、区城管执法监察局，对上报基础信息的14家A级旅游景区、2家采摘园和2个民俗村的景区用地整改问题进行督办。

（黄廷虎 温力宏）

【28个旅游专项资金项目确定】 12月底，区旅游委完成2017年海淀区促进旅游专项资金项目申报评审工作。该项目由区旅游委面向社会征集项目28个，涉及总投资额2.2亿元。评审支持项目10个，支持资金984万元，重点支持区域内旅游服务设施建设、旅游新业态及融合发展、提高旅游服务标准和促进旅游行业协会机构发展。

（黄廷虎 温力宏）

【《海淀旅游发展报告（2016—2017）》完稿】 年内，海淀区旅游委完成《海淀旅游发展报告（2016—2017）》（初稿）。报告围绕“三山五园”、大西山、稻香湖、科教旅游目的地和都市农业等重点旅游区域和特色小镇、大数据、研学旅游、旅游衍生品等领域，对海淀旅游业发展进行阶段性总结分析，提出对海淀旅游业创新发展的建议，即围绕以中关村国家自主创新示范区核心区建设为统领，发挥产业功能作用，坚持以产业发展需求为导向、以产业融合和科技创新为抓手，不断提高旅游经济发展质量与效益，实现旅游业在区域经济发展中稳增长、扩内需、调结构、惠民生的预期目标。

（黄廷虎 温力宏）

【旅游投诉管理】 年内，通过北京市旅游委“12301”服务网络、区非紧急救助服务中心和区旅游委投诉电话，区旅游委受理各类投诉311件。其中，242件来自“12345”非紧急救助中心政府热线，45件来自“12301”旅游热线，接听电话投诉24件。与酒店住宿业相关投诉207件，占66.6%；与景区相关投诉50件，占16%；其他投诉54件，占17.4%。

（李燕炜 秦书奎）

【规范旅游市场秩序】 年内，区旅游委成立执法检查科和旅游市场秩序治理整顿工作领导小组，以规范旅游市场。开展对颐和园、香山公园、圆明园等热点旅游景区周边联合执法检查25次；不间断治理散发小广告、黑导游、黑票提、黑商店、黑旅游车等乱象，依法拘留黑导游及扰序人员187人，查扣黑车211辆，检查导游180余人，检查旅行社和网点71余家，收缴非法小广告2万余张，查处无照游商650余起。对涉嫌违法违规的旅游企业和导游依法立案20余起；完成假日旅游、“香山红叶节”和中共十九大等重大活动各项保障和市场秩序整治工作。完成安全隐患“三大”专项行动检查。

（刘芳芳）

城市建设与管理

2018
北京海淀年鉴

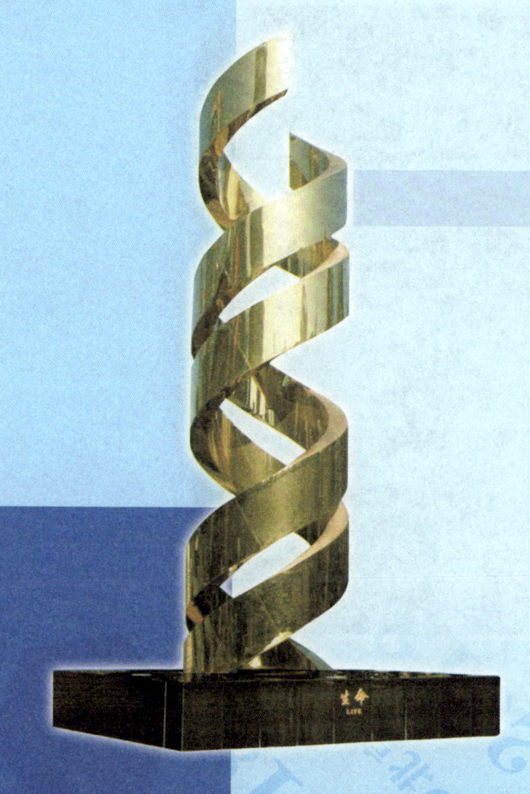

1月15日，海淀南路热力管道抢修现场（新闻中心 供图）

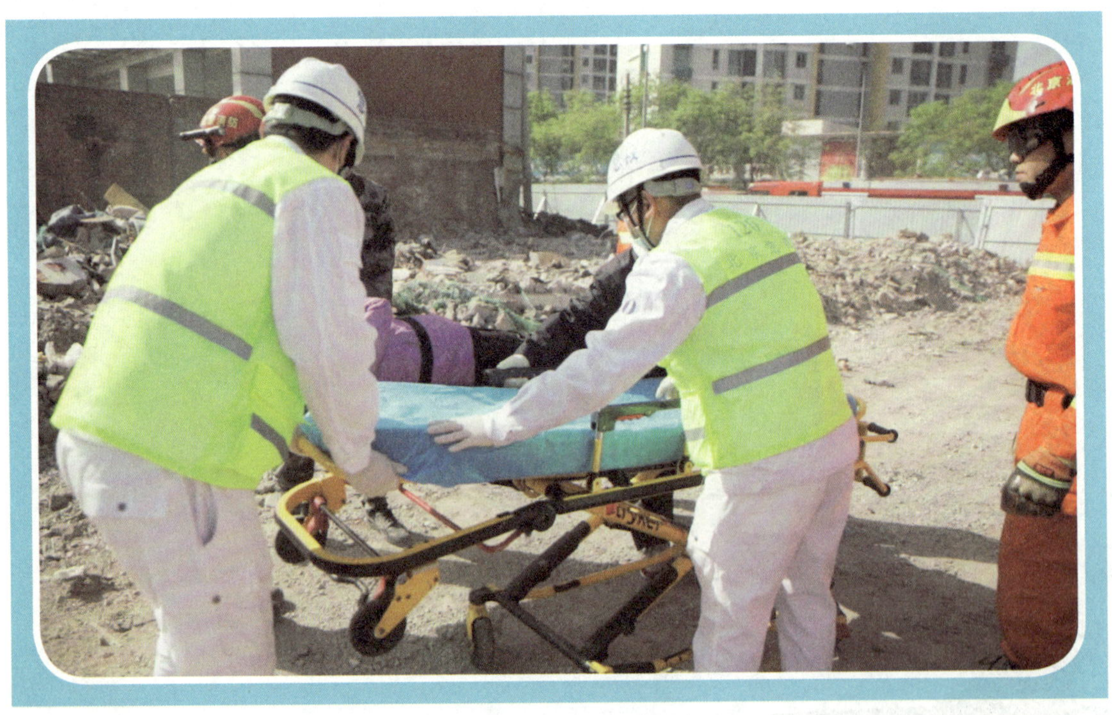

4月20日，区地震应急指挥部在上地东二路拆迁现场组织综合演练（区地震局 供图）

5月1日，京昌路楔形绿地棚户区改造项目回迁安置房奠基（田峰 摄）

6月21日晚，环卫工人清淘雨箅子，应对暴雨极端天气（新闻中心 供图）

6 月，区房管局检查设备设施（区房管局供图）

7 月 18 日，区房管局对妙云山屋脊漏雨进行抢修（区房管局供图）

8 月 29 日，区查处违法建设办公室组织拆除西北旺镇韩家川村违法建设（侯祎飞 摄）

8月，永泰庄东路北延道路竣工（区住建委 供图）

9月底，牡丹园东里老旧小区加装电梯工作完成（田峰 摄）

10月17日，区应急指挥中心检查全区监控路口状况（张洪军 摄）

12 月 12 日，明光村微型消防站建成（张洪军 摄）

12 月 30 日，北京现代有轨电车西郊线正式运营。图为运营前进行的空车测试（田峰 摄）

治理后的南沙河玉河橡胶坝段（白杨 摄）

规 划

【概况】 2017年，区规划分局致力于改善城乡环境，协调“三山五园”地区环境整治，推进基础设施建设，优化路网和轨道交通线路，研究海淀城市建设发展与规划。配合《北京城市总体规划（2016—2035年）》，优化区域空间布局；完善协作规划平台制度，解决城乡规划建设中的问题和困难；强化城市设计约束功能，促进建筑与地区环境相融合；探索“多规合一”实施路径，推进规划融合。

区规划分局全年核发建设项目申报574件，同比增长4.36%。核发建设项目选址意见书总用地面积10.05公顷，核发建设用地规划许可证总用地规模94.61公顷，核发建设工程规划许可证总建设规模280.06万平方米。建筑物名称核准8件，审批整治不规范道路26条。继续深化“放管服”改革，推进规划行政审批改革，大幅缩短审批周期。

（代韧　张帆）

【海淀新功能定位】 9月27日，中共中央国务院批复同意《北京城市总体规划（2016—2035年）》（简称《总规》）。《总规》对海淀区的功能定位为：具有全球影响力的全国科技创新中心核心区，服务保障中央政务功能的重要地区，历史文化传承发展典范区，生态宜居和谐文明示范区，高水平新型城镇化发展路径的实践区。

（代韧　薛露露）

【规划监督检查】 年内，区规划分局配合完成400万平方米的拆违任务，完成361件规划认定，对525处10.68万平方米的违法建设出具规划认定并及时回复。检查单位33家，拆除违法建设1302平方米，停产停业1家单位。加强规划配套公共服务用地、交通设施、绿地的实施管控，配合参与笑祖塔院、二河开21号院的疏解整治工作，同步推动建成区域停车设施、商业配套、公共服务等回归规划用途。

（代韧　张帆）

【轨道交通线网加密】 年内，区规划分局开展轨道交通线网加密工作研究。形成加密线网，增加与昌平、丰台、西城、石景山等各区的联系。按照研究方案，截至2025年，海淀线网规模为188千米，线网密度达0.52，将有效缓解地区交通拥堵压力。

（代韧　张帆）

【空间优化】 年内，区规划分局推进棚户区改造，完成香山祁家村、宝山村、功德寺、董四墓、树村8号产业用地的规划调整，提供建设用地158公顷，地上建筑227万平方米。完成苏家坨镇、西北旺镇、温泉镇集体产业一镇一业规划调整工作，总建筑规模约74万平方米。完成地铁山后线永丰站、稻香湖站车辆段一体化控规审批工作，总建筑规模10万余平方米。

（代韧　张帆）

【规划服务】 年内，区规划分局办理田村路39号R2二类居住用地项目、永丰产业基地（新）HD00-0401-0146地块R2二类居住用地配建“公共租赁住房”、京昌路楔形绿地项目回迁安置房等项目规划设计方案审查28件，总建筑规模486万平方米。

（代韧　张帆）

【“开墙破洞”点位认定】 年内，区规划分局制定《开墙破洞专项整治规划事项查询工作办法》，成立整治工作小组，配合“开墙破洞”认定点位3450处，涉及20个街镇，到现场认定400余处。

（代韧　张帆）

【无名路整治】 年内，区规划分局牵头成立海淀区“无名路和不规范道路名称清理”工作小组，梳理全区404条无名路和不规范道路，发现有名无牌道路71条、无名无牌道路210条。完成21条无名道路的命名工作。

（代韧　张帆）

【协作规划管理试点工作】 年内，区规划分局组织召开4次协作规划平台会议，围绕空间资源集约统筹、公共服务设施完善、公共空间品质提升、城乡一体和产城融合进行沟通协调，推动“三山五园”地区和中关村科学城地区重点区域的功能疏解规划调整。

（代韧　张帆）

【“两图合一”[①]工作】 年内，区规划分局开展“两图合一”区级细化工作，有序衔接城市总体规划和土地利用总体规划。会同区国土分局，邀请专业技术团队编制校核方案，申请资金支持。其阶段性成果已于年内提交市规划国土委。

（代韧　张帆）

【“三山五园”利用规划】 年内，区规划分局加强“三山五园”历史文化景区香山、玉泉山等周边地区环境整治和利用规划，推进违法建设拆除和村庄搬迁腾退，推进故宫北院区、中国佛学院等重点文化项目规划建设。加快开展园外园工程研究，完善颐西路、金河路方案设计，逐步实现重要地区历史景观风貌和大尺度绿化空间建设。

（代韧　张帆）

【重点项目城市设计】 年内，区规划分局推动城市设计研究与后续审批改革有效衔接，将城市设计导则成果纳入规划审批文件和土地出让条件，强化城市设计引导对建设实施的管控指导。完成中关村东升科技园二期、学院路科技园、玲珑巷土地一级开发等项目的城市设计，建筑面积约137万平方米。

（代韧　张帆）

【地名、建筑物名称核准】 年内，区规划分局核对8个建筑物名称、33条道路名称。8个建筑物名称为：明信家园、兴泉商务楼、中关村资本大厦、冠辉商务楼、双裕东楼、双裕西楼、丰锦苑、华瞰墨园。33条道路名称为：皇后店东路、晾果厂路、清湾路、尚清路、向山路、索家坟滨河路、西兆路、五路居路、五路居南街、颐慧佳园路、颐慧佳园东路、五福路、徐庄路、五路居北街、厂西门南路、

① “两图合一”：规划部门的城乡规划图和国土部门的土地利用图合一。

厂西门中街、环山村路、林风二路、四道口南一街、四道口南二街、图景嘉园路、西冉西街、西冉中街、德顺北街、德顺南路、西冉东街、羊坊店南小街、什坊院环路、木楼西小街、木楼北小街、永丰南路、连桥二街、永玉路。

（代韧　薛露露）

房地产开发

【概况】　2017年，全区完成社会固定资产投资1005.7亿元，比上年增长15.3%，其中房地产开发投资289.3亿元，比上年增长6.4%。建筑业总产值1835.4亿元，比上年增长13.9%，其中竣工产值604.3亿元，比上年增长0.7%。建筑业房屋施工面积6559.4万平方米，比上年下降5.1%。房地产业房屋施工面积1109.2万平方米，比上年增长4.4%。其中，住宅542.4万平方米，比上年增长5.8%；办公用房153.2万平方米，比上年增长6.6%。房屋新开工面积171.1万平方米，比上年下降12.9%；竣工面积134.8万平方米，比上年增长13.5%。其中，住宅面积59.9万平方米，比上年下降9.2%；办公用房面积41.4万平方米。商品房销售面积31.8万平方米，比上年下降48.1%；商品房销售额192.1亿元，比上年下降30.9%。

全区施工现场456个，施工面积1700万平方米，比上年增长9%。其中一般建筑工程392个，建筑面积1665万平方米。区住建委主责的全社会固定资产项目80项，年度计划投资117.95亿元，占全区的12.68%。完成投资148亿元，完成率125.5%。推进113项重大项目和55项重点前期项目建设，中铁永兴永丰基地G、H地块等项目开工，实现投资520.8亿元，完成率105%。笑祖塔院、魏公村等棚户区改造项目实现突破，功德寺、双新、宝山等项目启动，改造及拆迁腾退7000余户。建设筹集保障房6810套，完成年度任务的145%，竣工（含基本建成）保障房1.6万套。推进清河毛纺北小区老旧小区综合整治试点，完成9栋楼本体节能改造，加装电梯31部。节能改造农宅7462户，完成市级任务的136.2%。全覆盖监管456个施工现场、1700万平方米，检查2269个次，整改隐患6787处，行政处罚430起。处理非紧急救助服务中心平台案件3502件，受理群众来信843件，接待信访群众247起423人次。处理依申请信息公开361件，主动公开政务信息517条。

（徐建　张红叶　李晓磊）

【北京海开房地产集团有限责任公司】　2017年，集团公司实现利润7590.17万元，比上年下降62.72%。其中归属母公司所有的净利润5458.37万元，净资产收益率6.2%，主营业务利润率74.49%，获利息倍数5倍。

北理工装修项目。完成消防设计审核意见书、公开招标工作及开工许可证，进入施工阶段。

唐家岭创业园（盛景创业园）项目。2月17日，取得唐家岭产业项目盛景创业园重新立项的批复及市规委的方案复函。11月，完成唐家岭产业项目盛景创业园住宅楼、公建、小市政工程、绿化园林等施工任务。

凤凰岭土地一级开发整理代建项目。地块内设计综合完成市规划国土委审批，取得批复；凤凰岭项目道路规划及管线规划完成市规划国土委审批，取得批复。

黄金海岸培训中心项目。完成黄金海岸培训中心的企业公司制改革、章程变更及各项手续办理。完成项目委托设计咨询单位的招标及合同签订工作。

农研中心遗留问题。4次约谈丰泽公司负责人，2次正式发函，推进历史遗留问题的解决；明确账务情况，形成相关法律意见。下半年，农研中心处于停业状态。

冷泉项目。完成冷泉村委会委托管理协议签订。

笑祖塔院棚改项目。历时一年两个月，基本完成项目实施方案确定的各项工作，签约562户住宅户，补偿金额28.89亿元，其中非宅签约4户，补偿金额8.72亿元。项目累计支出26.12亿元，其中补偿款支出25.07亿元（非宅补偿支出7.42亿元），其他支出0.96亿元。签约安置房套数880余套，拆除面积6.8万平方米（含非住宅及违法建设面积），涉及流动人口约9000人。项目累计完成管理费收入近9000万元，支出2800余万元。在册地上房屋全部完成拆除。

（王智）

【全市第一部老楼加装电梯完成】　4月，区住建委牵头实施牡丹园东里3号楼老楼加装电梯试点工程。该楼位于海淀区北土城西路，1989年建成，2013年开始节能综合改造，产权单位为北京城建集团有限责任公司，地上6层、地下1层（半地下），共6个单元，84户居民。电梯试点工程由北京城建集团下属物业单位北京城承物业公司负责建设，9月22日完成全部6部加装电梯的验收工作，成为全市第一幢老楼电梯加装。3号楼是北京市和海淀区加装电梯的试点项目，在资金筹集、规划设计、绿色施工、电梯运营等方面，依靠房屋开发商——国企集中力量解决，形成可复制的经验模式。

（琚亚平）

【房地产企业资质审核】　年内，区住建委对房地产企业新设立事项核定20家，暂定级延续审核25家，暂定级升四级核定3家，四级资质延续审核28家。地区有有效房地产开发企业（指资质在有效期内。无效是指资质已过期，但尚未注销也不续期的企业）194家，其中一级资质14家、二级资质6家、三级资质7家、四级资质120家、暂定资质47家。

（张杨）

【15个商品住宅项目开工入市】　年内，区住建委完成新开工商品住宅项目11个，实现开工44.15万平方米；新入市商品住宅项目4个，实现入市6.52万平方米。

（张杨）

【招标发包备案548项】　年内，区住建委办理招标备案和直接发包备案

548项，投资总额218亿元。其中，招标备案499项，包括建安125项、装修109项、市政77项、监理158项；直接发包备案49项，包括施工直发包13项、监理直发包36项。

（张华勇）

【施工许可办理184项】 年内，区住建委办理施工许可证184项，总投资88.2亿元，建设面积253.45万平方米。其中，房建工程31项、建设面积179.1万平方米；装修工程136项、建设面积74.35万平方米；市政工程17项、道路及各种综合管线总长3.29万米。

（张华勇）

【工程竣工验收备案117项】 年内，区住建委办理工程竣工备案项目117项，建筑单体262个。其中，房建66项，建筑面积252万平方米；装修30项，建筑面积24万平方米；市政工程21项，造价3.7亿元。

（卞丽宏）

【商品住宅项目备案3项】 年内，区住建委完成商品住宅建设方案备案3项，建筑规模47.53万平方米：田村路39号R2二类居住用地项目，建筑规模2.52万平方米；北部地区整体开发永丰产业基地（新）HD00–0401–0062、0166、0158地块二类居住用地项目，建筑规模26.797万平方米；北部地区整体开发永丰产业基地（新）HD00–0401–0146地块R2二类居住项目用地（配建公共租赁住房）项目，建筑规模18.217万平方米。配建配套公共服务设施：社区卫生站320平方米，社区管理服务用房700平方米，老年活动站400平方米，托老所1600平方米，社区助残服务中心400平方米。

（卞丽宏）

【安全生产许可证办理131项】 年内，区住建委办理安全生产许可证131件，其中准予许可104件、不予许可27件。首次申请6件，延期不审查85件，延期审查28件，延期审查重新核定3件，重新核定9件。

（卞丽宏）

【新注册房建工程257项】 年内，全区新注册房建工程257项，建筑单体833个，面积450万平方米。其中市政工程15项，建筑单体66个，总投资2.14亿元。验收竣工房建工程125项，面积311万平方米。

（张红叶）

【重点建设项目】 年内，全区重点建设项目113项，年度计划投资496.61亿元，占全区的50.45%，比上年增加49.29亿元，增长11%。完成投资520.8亿元，完成年度计划的105%。

（李晓磊）

【绿色建筑标准建设】 年内，区住建委联合北部办、规划分局对北部中关村集成电路设计园南、北地块和中国气象科技园总部基地地块的绿色建筑确定星级标准。督促、引导C4C5公租房、C2棚改安置房、北安河安置房等项目落实绿色社区技术指标。完成10个项目的绿色建筑设计方案预评审，建筑面积约125万平方米。其中，二星级8个项目，三星级2个项目。

（孙剑锋）

【建筑节能备案】 年内，区住建委办理建筑节能专项验收备案177项，收缴建筑节能与发展新型墙体材料专项基金（12项）1030.49万元，收缴散装水泥专项资金（12项）46.07万元。

（孙剑锋）

【建设筹集保障房6810套】 年内，区住建委建设筹集保障性住房6810套，完成年度市级任务的145%。竣工（含基本建成）保障性住房1.6万套。

（张莹）

【棚户区改造】 年内，海淀区完成棚户区改造和环境整治5006户，涉及人口50141人，拆除建筑面积33万平方米。其中，树村项目腾退806户，涉及人口13149人，拆除建筑面积15.38万平方米，实现投资44.94亿元；笑祖塔院"塔中村"环境整治项目拆迁腾退464户，涉及人口7380人，拆除建筑面积5.3万平方米，实现投资18.9亿元；魏公村小区项目拆迁1273户，涉及人口3759人，实现投资12.11亿元；苏州街一体化项目实现投资4.92亿元；西钓鱼台住宅危改小区项目拆迁158户，涉及人口486人，拆除建筑面积0.65万平方米，实现投资5.26亿元；清河镇危改小区项目拆迁26户，涉及人口130人，拆除建筑面积0.282万平方米，实现投资4.15亿元；一亩园项目腾退33户，涉及人口100人，实现投资15.16亿元；京昌路楔形绿地棚户区改造项目疏解人口3000人，实现投资29.66亿元；抗震加固项目实现改造1935户，涉及人口4837人，拆除建筑面积11.26万平方米，实现投资1.57亿元；功德寺项目腾退311户，涉及人口10000人，实现投资4亿元。

（吴雪松）

【征收拆迁】 年内，海淀区完成征收拆迁腾退住宅4681户、非住宅105户，建筑面积51.57万平方米。其中，腾退项目完成住宅2670户、非住宅69户；遗留项目完成住宅710户、非住宅2户，协议搬迁项目完成住宅15户、非住宅28户；征收项目完成住宅1286户、非住宅6户。

（高传辉）

【老旧小区改造试点】 年内，区住建委开展老旧小区综合整治试点项目，对清河毛纺北小区实施"菜单式"改造模式，在原有楼本体节能改造、管网改造和小区环境综合整治基础上，增加养老服务设施、立体停车设施、加装电梯等改造内容。该小区建于20世纪90年代初，占地面积5.6万平方米，总建筑面积6.4万平方米，有楼房9幢，62个单元，902户居民。完成9栋楼本体基础类节能改造，加装10部电梯。

（琚亚平）

市政基础设施建设

【概况】 2017年，在全区456个施工现场中，有地铁工程26个标段，建筑面积30万平方米；市政工程38个，5.53万延长米。永泰庄东路北延、西三旗南路、永丰东环路北延、双清路三标、板井路、香泉路建成通车，新增通车里程18.64千米。完成市政府绩效督查的10条道路缓堵建设任务；翠湖南路等6项主干路顺利施工。全市首条有轨电车西郊线通车运行，增加通车里程8.8千米；京张高铁一标、二标、清河站的占地拆迁基本完成。地铁6号线西延工程海淀区段车站、区间全部进场施工。地铁16号线工程除下穿左岸公社、苏州街站东南象限外（方位），其余车站及区间已进场施工。地铁19号线一期工程重点解决北极寺占地、远望楼占地和海淀置业的拆迁问题。地铁昌平线南延工程完成施工招标，启动拆迁。推进地铁12号线拆迁。

（徐建　张红叶　李晓磊）

【北京海融达投资建设有限公司】 北京海融达投资建设有限公司是北京市海淀区国有独资公司。2017年，公司承担建设项目114项，其中正式项目60项，储备项目54项。区住建委项目38项（正式29项、储备9项），区城市管理委员会项目13项（正式5项、储备8项），水务项目19项（正式6项，储备13项），园林项目40项（正式16项、储备24项），“煤改电”正式项目4项。全年全社会固定资产投资任务32.92亿元，涉及固定资产投资建设项目60项。其中，区住建委35项，投资24.04亿元；区城管委1项，投资0.76亿元；水务12项，投资5.36亿元；园林11项，投资2.46亿元；“无煤化”1项，投资0.3亿元。截至年底，公司实际完成投资43.31亿元，其中区住建委项目投资26.46亿元，园林项目投资1.60亿元，水务项目投资2.51亿元，区城管委项目投资0.37亿元，“无煤化”项目投资12.29亿元，投资完成率131.32%。开展前期工作226项，完成行政审批203项。完成26个非宅拆迁，征地约29.7公顷，拆除房屋面积1.24万平方米，树木伐移约4.5万棵。完成北安河东路、肖家河南街（东段）、上河沿东路、上河沿中街、板井村路、双清路、香泉路、定慧寺东路、永泰庄东路北延，实现通车里程8.23千米（包括5条支路通车2.83千米）；绿地建设17.4公顷；完成3项清淤任务，清淤总量18.85万平方米，河道治理土建工程10.28千米；道路大修面积13.53万平方米，完成5项疏堵改造、70.80千米慢行系统建设和20条道路的路灯建设。

新开工5个项目：西二旗西路市政道路建设；苏家坨经济适用房代征地，中国银行代征地绿化工程，人大附小西侧绿地景观提升工程；一亩园积水点占地拆迁工程，沙阳路至上庄产业园污水管线工程；交通疏堵改造工程及交通设施完善项目，慢行系统完善工程，路灯完善工程；空气源热泵集中供暖、地源热泵集中供暖、燃气锅炉房集中供暖项目、集中供暖外电源项目。

完工6个项目：北安河东路、肖家河南街（东段）、上河沿东路、上河沿中街、板井村路、双清路、香泉路、定慧寺东路、永泰庄东路北延等市政道路建设；人大附小西侧绿地景观提升工程，富力桃园北侧绿地工程；空气源热泵集中供暖、地源热泵集中供暖、燃气锅炉房集中供暖项目；双清路大修工程、羊坊店东路大修工程、阳台山路大修工程；安宁庄东路与安宁庄前街交叉口疏堵工程、万柳中路与万柳华府北街交叉口疏堵改造工程、小营西路与安宁庄西路交叉口疏堵改造工程、双清路公交港湾改造工程、双清路与荷清路路口疏堵改造工程；慢行系统完善工程、路灯完善工程。

（郭欣）

【双清路与荷清路路口疏堵改造工程】 2016年11月开工，2017年5月完工。项目位于海淀学院路街道，主要建设内容包括道路工程、交通工程。由北京海融达投资建设有限公司负责建设，北京市时代市政工程有限公司施工，北京市市政专业设计院股份公司设计，北京路建工程监理有限责任公司监理。

（郭欣）

【双清路大修工程】 2016年11月开工，2017年5月完工。项目位于海淀区学院路街道，南起中关村东路，北至清华东路，平交中关村东路、荷清路、清华东路，下穿城铁13号线，与京包铁路平交，是北四环、北五环之间连接东西向的重要通道之一。道路全长610米，大修面积1.31万平方米。主要建设内容包括道路工程、交通工程、排水工程。由北京海融达投资建设有限公司负责建设，北京市时代市政工程有限公司施工，北京市市政专业设计院股份公司设计，北京路建工程监理有限责任公司监理。

（郭欣）

【双清路公交港湾改造工程】 2016年11月开工，2017年5月完工。项目位于双清路（中关村东路—荷清路路段）。主要建设内容包括道路工程、交通工程。由北京海融达投资建设有限公司负责建设，北京市时代市政工程有限公司施工，北京市市政专业设计院股份公司设计，北京路建工程监理有限责任公司监理。

（郭欣）

【羊坊店东路大修工程】 2016年11月开工，2017年7月完工。道路位于海淀南部羊坊店街道，南起中裕世纪大酒店，北至复兴路。道路南北走向，依次与北蜂窝中路、北蜂窝路、会城门东路及会城门路平交。规划等级为城市支路，全长1093.48米，大修面积9489平方米。主要建设内容包括道路工程、交通工程、排水工程。由北京海融达投资建设有限公司负责建设，北京市时代市政工程有限公司施工，苏交科集团股份有限公司设计，北京路建工程监理有限责任公司监理。

（郭欣）

【永泰庄东路北延工程】 3月开工，6月完工。道路南起永泰庄北路，北至西三旗南路，西侧为中关村东升科技园，东侧为清河污水处理厂。道路全长1252米，红线宽30米，设计车速40千米/小时，规划等级为城市次干路。主要建设内容包括道路工程、交通工程、照明工程、绿化工程、雨水工程、征地及拆改移工程。工程投资10348.81万元，由北京海融达投资建设有限公司负责建设，中壤建设股份有限公司施工，北京市市政专业设计院股份公司设计，中科金石（北京）工程咨询有限公司监理。

（郭欣）

【上河沿中街工程】 4月开工，10月完工。道路西起肖家河西路，东至上河沿东路，道路全长 334 米，红线宽 20 米，设计行车速度 30 千米/小时。主要建设内容包括道路工程、交通工程、排水工程（雨、污）、照明工程、绿化工程、给水工程、基坑支护工程、拆改移工程、征地及地上物补偿。由北京海融达投资建设有限公司负责建设，北京创安利市政建设（集团）有限责任公司施工，北京市市政专业设计院股份公司设计，北京正宏监理咨询有限公司监理。

（郭欣）

【人大附小西侧绿地景观提升工程】 4 月开工，10 月完工。项目位于西四环东侧，西四环与蓝靛厂路交叉口的东南角，总面积 79374 平方米。主要建设内容包括绿化工程、庭院工程、拆除工程、灌溉工程、电气工程。由北京海融达投资建设有限公司负责建设，北京市新海园林工程有限公司施工，北京市海淀园林工程设计所设计，北京燕波工程管理有限公司监理。

（郭欣）

【定慧寺东路工程】 4 月开工，11 月完工。道路南起五路居南街，北至板井村路，全长 810.54 米，红线宽 30 米，设计车速 40 千米/小时，规划等级为城市次干路。工程投资 4772.34 万元。主要建设内容包括道路工程、交通工程、排水工程（雨、污）、照明工程、绿化工程、拆改移工程及拆迁工程。由北京海融达投资建设有限公司负责建设，北京市时代市政工程有限公司施工，北京冠亚伟业民用建筑设计有限公司设计，北京中建协工程咨询有限公司监理。

（郭欣）

【北安河东路道路工程】 4 月开工，11 月完工。北安河东路位于北安河定向安置房项目的西边界（苏家坨镇），是周边路网中主要的南北向交通干线。道路全长 866.54 米，红线宽 40 米，设计速度为 40 千米/小时，规划等级为城市次干路。沿线新建跨河桥一座，主要建设内容包括道路工程、桥涵工程、交通工程、雨水工程、给水工程、照明工程、绿化工程、拆改移工程、征地及地上物补偿。工程投资 4361.02 万元。由北京海融达投资建设有限公司负责建设，北京政平建设投资集团有限公司施工，中国市政工程东北设计研究总院有限公司设计，北京中建协工程咨询有限公司监理。

（郭欣）

【上河沿东路工程】 5 月开工，10 月完工。上河沿东路南起肖家河南街，北至肖家河中街，道路全长 379 米，红线宽 20 米，设计行车速度 30 千米/小时。主要建设内容包括道路工程、交通工程、排水工程（雨、污、中）、照明工程、绿化工程、给水工程、基坑支护工程、拆改移工程、征地及地上物补偿。由北京海融达投资建设有限公司负责建设，北京创安利市政建设（集团）有限责任公司施工，北京市市政专业设计院股份公司设计，北京正宏监理咨询有限公司监理。

（郭欣）

【双清路工程】 5 月开工，11 月完工。项目南起清华西路，北至北五环路上清桥桥下，全长 2.62 千米，红线宽 50 米，设计行车速度 40 千米/小时。规划等级为城市次干路。主要建设内容包括道路工程、交通工程、照明工程、绿化工程、雨水工程、污水工程、上水工程、征地拆迁补偿、天然气工程。工程投资 11099.51 万元。由北京海融达投资建设有限公司负责建设，北京城建道桥建设集团有限公司、北京久安建设投资集团有限公司和北京东方华辉市政工程集团有限公司施工，北京市市政专业设计院股份公司设计，北京华建项目管理有限公司、北京四方工程建设监理有限责任公司和北京四方工程建设监理有限责任公司监理。

（郭欣）

【肖家河南街（东段）工程】 5 月开工，11 月完工。项目西起肖家河东路，东至圆明园西路，规划等级为城市次干路。道路长 446.47 米，红线宽 21 米，设计行车速度 40 千米/小时。主要建设内容包括道路工程、交通工程、排水工程（雨、污、中）、照明工程、绿化工程、给水工程、基坑支护工程、拆改移工程、征地及地上物补偿。由北京海融达投资建设有限公司负责建设，北京城建一建设发展有限公司施工，北京市市政专业设计院股份公司设计，北京正宏监理咨询有限公司监理。

（郭欣）

【富力桃园北侧绿地工程】 5 月开工，12 月完工。项目位于海淀区东侧边界，西三旗建材城东路福利桃园小区以西，地铁 13 号线以南，与昌平区接壤。绿化面积 11.06 万余平方米，最长宽度 33 米，最长长度 400 米。主要建设内容包括绿化工程、庭院工程、喷灌工程、电气工程。由北京海融达投资建设有限公司负责建设，北京市新海园林工程有限公司施工，北京市海淀园林工程设计所设计，北京中建协工程咨询有限公司监理。

（郭欣）

【阳台山路大修工程】 6 月开工，7 月完工。项目位于海淀西北侧苏家坨镇，道路东西走向，起点与北安河路相交，终点通往阳台山自然风景区，全长 1.92 千米，规划等级为城市支路。大修路段起点位于北安河路，终点位于铁路西北环路西侧，全长 1085 米，大修面积 1.29 万平方米。主要建设内容包括道路工程、交通工程、排水工程。由北京海融达投资建设有限公司负责建设，北京市时代市政工程有限公司施工，西安长安大学工程设计研究院有限公司设计，北京路建工程监理有限责任公司监理。

（郭欣）

【空气源热泵集中供暖工程】 6 月开工，10 月完工。属海淀区“无煤化”（空气源热泵集中供暖）项目，共涉及 4 个镇、7 个街道的 23 个社区，供暖户数 7013 户，供暖面积 149.32 万平方米。主要建设内容包括热泵集成系统、设备基础及支架、热力外管网工程、市政配套工程、户内采暖、分户热计量及无煤化智能监控中心系统。由北京海融达投资建设有限公司负责建设，山东阿尔普尔节能装备有限公司及北京城建二建设工程有限公司联合体施工，中冶京诚工程技术有限公司设计，北京致远工程建设监理有限责任公司监理。

（郭欣）

【地源热泵集中供暖工程】 6月开工，10月完工。属海淀区“无煤化”（地源热泵集中供暖）项目，共涉及3个街道、7个村庄的居民，供暖面积126万余平方米。主要建设内容包括地能采集系统、热泵集成系统、热力外管网工程、市政配套工程、户内采暖、分户热计量等。由北京海融达投资建设有限公司负责建设，恒有源科技发展集团有限公司及北京市市政四建设工程有限责任公司联合施工，泛华建设集团有限公司设计，北京兴电国际工程管理公司监理。

（郭欣）

【“无煤化”分户项目】 6月开工，10月完工。“分户煤改电”户内设备改造项目分为空气源热泵、地热源热泵、蓄热式电暖气3种形式以及节能门窗改造，涉及6个镇、13个街道，总户数10082户，完成节能门窗改造户数7585户。

（郭欣）

【上庄桥主体结构完工】 7月，上庄桥主体工程完工，完成桥面铺装及湿接缝、防撞墩、防水等附属结构施工，正在进行石材栏杆和人行步道施工。新建的上庄桥位于上庄镇南沙河东部、上庄水库与南沙河之间，长175米，宽60米，双向4车道。工程于年初开工建设，由北京海融达投资建设有限公司承建，北京致远工程建设监理有限责任公司监理，总投资1.4亿元。4月，东半幅完成交通导行，实现通车；7月，完成西半幅桥梁梁体吊装。上庄桥是上庄路的关键节点，能缓解北部地区的交通拥堵。

（郭欣）

【燃气锅炉房集中供暖项目】 7月开工，10月完工。海淀区“无煤化”（燃气锅炉房集中供暖）项目，涉及香山街道第一、二社区的公主坟、西营、煤厂街、新营、北辛村、东宫、峒峪、北营、南营、北上坡、买卖街、杰王府、南辛庄、一棵松和北正黄旗15个片区，分东、西区两个供热片区，供热面积59.24万平方米。由北京海融达投资建设有限公司负责建设，东区由中国建筑一局（集团）有限公司施工，西区由南通四建集团有限公司施工，北京蓝图工程设计有限公司设计，北京恒达诚信工程咨询有限公司及中科金石（北京）工程咨询有限公司监理。

（郭欣）

【板井村路工程】 7月开工，11月完工。道路西起西四环路，东至定慧寺东路，规划等级为城市次干路，道路全长1203.36米（实际实施长度797.36米），红线宽30米，设计车速40千米/小时。主要建设内容包括道路工程、交通工程、排水工程（雨、污）、照明工程、绿化工程、拆改移工程及拆迁工程。工程投资4764万元。由北京海融达投资建设有限公司负责建设，北京市时代市政工程有限公司施工，北京冠亚伟业民用建筑设计有限公司设计，北京中建协工程咨询有限公司监理。

（郭欣）

【路灯完善工程】 8月开工，11月完工。项目涉及财经东路西侧路、罗庄中路、美丽园东侧路、中关村南一条等20条道路，全长5.16千米。主要解决无灯路周边居民照明需求。由北京海融达投资建设有限公司负责建设，北京路明路灯电气安装有限公司、北京创安利市政建设（集团）有限责任公司施工，北京城市虹光照明科技有限公司设计，中科金石（北京）工程咨询有限公司监理。

（郭欣）

【香泉路道路工程】 10月开工，10月完工。道路西起香山四号停车场、东至香泉环岛，全长1.5千米，红线宽30～40米，规划等级为城市次干路，设计车速40千米/小时。其中，香山四号停车场至香山南路段红线宽30米，采用一幅路形式。机动车道一上一下，机非混行。两侧人行步道各宽3米。香山南路至香泉环岛段红线宽40米，采用两幅路形式。机动车道一上一下，机非混行。两侧人行步道各宽3米。工程投资23778.12万元。主要建设内容包括道路工程、交通工程、排水工程（雨、污、中）、照明工程、绿化工程、拆改移工程、征地拆迁工程。由北京海融达投资建设有限公司负责建设，北京市城远市政工程有限责任公司施工，北京城建设计发展集团股份有限公司设计，北京致远工程建设监理有限责任公司监理。

（郭欣）

【慢行系统完善工程】 10月开工，11月完工。慢行系统完善工程包含学清路、学院路、西土城路3个片区，共23条道路，全长27.2千米。涉及地区涵盖中国地质大学、北京航空航天大学、北京科技大学等高校。主要建设内容包括道路工程、交通工程。由北京海融达投资建设有限公司负责建设，北京市时代市政工程有限公司施工，中国华西工程设计建设有限公司设计，北京路建工程监理有限责任公司监理。

（郭欣）

【安宁庄东路与安宁庄前街交叉口疏堵工程】 11月开工，11月完工。项目位于海淀清河地区，安宁庄前街与安宁庄东路交叉口处200米范围。主要建设内容包括道路工程、交通工程。由北京海融达投资建设有限公司负责建设，北京市时代市政工程有限公司施工，北京国道通公路设计研究院股份有限公司设计，中科金石（北京）工程咨询有限公司监理。

（郭欣）

【万柳中路与万柳华府北街交叉口疏堵改造工程】 11月开工，11月完工。项目位于海淀东南部，西北三环北侧，万泉河路以西。主要建设内容包括道路工程、交通工程。由北京海融达投资建设有限公司负责建设，北京市时代市政工程有限公司施工，北京冠亚伟业民用建筑设计有限公司设计，北京路建工程监理有限责任公司监理。

（郭欣）

【小营西路与安宁庄西路交叉口疏堵改造工程】 11月开工，11月完工。项目位于海淀东北部，周边有安宁庄和韵佳园，美和园东、西区等多个人口密集的场所。主要建设内容包括道路工程、交通工程。由北京海融达投资建设有限公司负责建设，北京市时代市政工程有限公司施工，北京国道通公路设计研究院股份有限公司设计，北京路建工程监理有限责任公司监理。

（郭欣）

公用事业和市政设施管理

【概况】 2017年，区市政市容委（海淀区交通委员会）管养城市道路682条，长度580.6千米，面积993.5万平方米。审批占掘路行政许可122件、41813米，其中办理维修、勾头类小型掘路审批22件。实施应急道路抢修67起次，修复道路1580米。完成1423件区级疏堵工程。完成47座C级桥梁设施定期技术检测、364座不明产权的桥梁确权工作。完成20条无灯道路的路灯安装，总长度约6000米，安装配套路灯（含灯具）210套，铺设电缆6760米。

（李青）

【地面公交系统专项规划编制】 3月，区市政市容委完成《海淀区地面公交系统专项规划》，梳理海淀区公交线网和公交场站的现状：有常规公交线路268条、夜班线路15条、多样化线路45条。常规公交线路总长约3377.3千米，单条线路长度集中在8~30千米。区内公交场站83个，包括枢纽站1个、中心站3个、首末站71个、保养场1个、停车场7个。分析存在的困难：一是公交线网整体服务水平低；二是公交线网结构不合理，短距离公交线路少；三是永久公交场站缺口大，临时场站稳定性差；四是专用道总量不足，且未施划至路口。提出近远期公交线网调整和公交场站建设计划：一是线网调整优化策略方面：1.识别公交服务盲区，提高公交覆盖；2.识别大O–D对，提高出行便捷性；3.梳理线网层次，改善线网结构；4.梳理线路走向，降低重复系数。二是公交场站方面：近期计划重点建设公交场站18个，其中枢纽站3处、保养场1处、首末站14处。

（李青）

【北医三院立体停车库项目完工】 5月23日，北医三院立体停车库项目开工建设。该项目是《海淀区鼓励社会力量增加停车设施供给资金奖励办法》实施后的第一个开建项目，由中和润车科技发展（北京）有限公司投资、建设、运营，2018年5月11日验收合格。原址车位从30个增加到281个，极大地缓解了院内车位不足问题，进一步解决花园北路就医造成道路拥堵的难题。

（李青）

【海淀区交通运行监测分中心竣工】 5月，由区交通委承建的海淀区交通运行监测分中心（TOCC）项目竣工，通过专家评审验收，可经OA办公系统进行使用。该项目是根据市交通委《关于加快推进城六区交通运行监测分中心建设的函》的要求，由区经信办“智慧海淀”提供建设资金建设的。该项目整合全区交通相关数据资源，实现数据统一管理与维护，通过分析研究，为交通管理、运营、服务等层面科学决策提供数据支持，提升全区交通系统的运行效率、服务水平。

（李青）

【停车资源普查信息发布】 截至5月，海淀区共有停车位65.6万个，其中居住小区车位24.9万个、单位大院车位4.0万个、公共建筑车位27.8万个、占道车位1.2万个、混合区域车位6.2万个、公共停车场车位1.1万个、其他类型车位0.4万个。以夜间停车需求数量89万个推算，全区居住区夜间停车缺口23.4万个。普查工作于2015年10月开始，由市政市容委配合市交通委进行。

（李青）

【《海淀区“十三五”时期交通发展规划》完成】 6月，区市政市容委完成《海淀区“十三五”时期交通发展规划》，从编制背景、总体思路、主要任务及重点措施、规划实施保障4个方面对区交通发展进行阐述，7月正式发布。规划明确，“十三五”时期在公交发展力度、道路建设改造、停车设施供给方面提升发展速度，实现交通精细化管理，完善绿色出行体系。为保证规划落地，提出加强组织领导、完善配套保障、落实监督考核和强化公众参与四大保障措施。细化“十三五”时期的任务内容，制定详细的任务分解，明确责任单位和协办单位，力争在“十三五”末各项指标如期实现。

（李青）

【五棵松停车场试运营】 7月31日，市投资建设的单体最大的公共停车场——五棵松地下停车场开通试运营，停车场总车位2679个，每小时收费6元。五棵松地下停车场坐落于海淀区五棵松桥东北角，南邻301医院，东北方向挨五棵松体育馆，是市投资建设单体最大的公共停车设施，约7.84万平方米。停车场地下分为2、3层，总建筑面积约13.83万平方米，总车位2679个，前期开放一半。停车场设有3对进出口，车主可从西四环辅路及复兴路辅路、玉渊潭南路进入停车场，出口均位于停车场北侧，车主出场后可通往西四环、西翠路及玉渊潭南路。停车场设置1条人行通廊、两条行车通廊与301医院地下车库相通。停车场在本市首次应用AGV泊车机器人系统，输入车牌号就能找到车。

（钟冷）

【交通综合整治】 7月—10月，区市政市容委开展强化校园周边交通安全百日整治行动。在治理停车秩序上，做好上、下学高峰时段维护，引导学生家长有序停放车辆，研究个性化解决措施。以海淀实验小学为例，制订在学校北侧岭南路增划200个停车位的方案，将放学时段预留部分车位给学生家长免费停放作为停车管理特许经营招标前置条件，规范接送学生车辆停车秩序。深入挖掘校园周边路外停车资源，引导家长前往停放。通过牵线人大附中分校和双安商场，将接学生车辆引入商场内部车场停放，缓解校园门前停车难题。在完善交通设施方面，以限时单行、站台迁移、组织调整等为主要手段，先后为北大附小、海淀实验小学厂洼校区等学校实施上下学门前单行措施，减少车流交织；在中关村三小万柳校区，将原有万泉庄路与圣化寺路交叉口东进口，万柳中路与万泉庄路交叉口北进口、西进口由原有全天禁止掉头措施调整为上下学高峰时段禁止掉头，在缓解高峰时段拥堵的同时改善平峰时段交通运行效率。另外，对杏石口路海淀外国语实验学校进行综合组织调整：一方面将海淀残联公交站台和佟家坟公交站台移站工作纳入疏堵改造工程，通过占用部分绿化及路侧边沟，迁移和拓宽公交站台，一并完善慢行系统建设，有效减少公交车进出站和机非混行对校园门前交通的影响；另一方面积极协调属地街镇、村委会，对学校东门和西门道路调整为单行，一并完善相关交通指示标志，实现区域微循环，交通拥堵状况得到明显改善。该行动由区领导任组长，10个委办局和29个街镇为成员，通过整治实现“事故少、秩序好、道路畅通、群众满意”的目标。

（李青）

【西郊线交通接驳配套工程】 9月24日至10月23日，海淀区自筹资金90万元，完成西郊线万安公墓站、香山站公交接驳设施建设。主要建设内容包括新建公交站台、拓宽改造人行步道系统、夜间指路指示等项目。

（李青）

【铁路道口架空线入地工作启动】 12月21日，区市政市容委启动属地管理铁路监护道口架空线入地工作。区交通委对全区9处铁路监护道口进行排查，鹫峰道口、阳台山道口、白水洼道口、双槐树道口、南平庄2号道口、旱河路道口列入架空线入地计划。

（李青）

【有轨电车西郊线开通】 12月30日，北京首条现代有轨电车西郊线正式开通运营。西郊线位于海淀区境内，西起香山站，东至巴沟站，全长9385米，设香山站、植物园站、万安站、茶棚站、颐和园西门站、巴沟站6座车站，在巴沟站实现与地铁10号线换乘。西郊线是连接主城区与香山地区的专用轨道，定位以旅游、休闲、观光为主，可达南水北调纪念园、颐和园、北坞公园、玉泉郊野公园、万安采摘园、北京植物园等风景名胜区，被誉为“最美”西郊线。西郊线全列车由5个模块铰接组成，车长32.35米，整车为100%低地板有轨电车，方便各类人群乘坐；车辆两侧各设置2个单扇门和4个双扇门，以满足双向性和特定的车站配置。海淀区政府及市公交集团等单位合作，完成周边道路、驻车换乘停车场、公交场站、公交港湾、站前广场、自行车停车场等110项接驳设施建设，其中完成9条接驳道路建设；驻车换乘停车场5处，提供停车位1100余个；公交场站3个。新建燕房线饶乐府、顾八路、阎福路、星城、阎村站5座过街天桥，与京周路接驳，解决周边居民出行问题。

（钟冷）

【道路养护】 年内，区市政市容委对双清路、羊坊店东路、阳台山路等7条道路进行大修，大修面积12万余平方米。完成区管45.78万平方米道路的中小修养护。

（李青）

【区域道路慢行系统建设】 年内，区市政市容委对学院路、学清路、北土城路、魏公村、颐和园周边地区的区域慢行系统实施治理，结合双清路、黑龙潭路的大中修工程，完成林业大学北路、成府路等30余条区属道路共70余千米的自行车道及步道综合整治工作。

（李青）

【挖潜增6000个停车位】 年内，区市政市容委联合各街镇，大量减少驻区单位停车设施建设，在四季青镇、上地软件园、中关村街道、用友软件园、圆明园管理处、北医三院地区增加车位6000个。根据《海淀区鼓励社会力量增加停车设施供给资金奖励办法》，预计发放补助资金800万元。较大的停车公司开展错时停车，对周边居民开放错时停车位457个。

（李青）

【占道停车电子收费试点】 年内，区市政市容委在中关村地区、上地地区、羊坊店路等10条路的1390个车位开展占道停车电子收费试点工作。由时代市政工程有限公司进行上线运营管理。

（李青）

【公交线路调整】 年内，区市政市容委推进公交线网的开、调、延工作，新开公交线路5条：专75路、专79路、专85路、专98路、320路；调整公交线路21条；撤销公交线路12条：84路、305路、617路、609路、699路、特5路、特18路、99路、717路、429路、562路、592路。

（李青）

【共享单车管理】 年内，区市政市容委与辖区12家共享单车企业签订《共享单车管理承诺书》，建立区交通委、相关部门、属地街镇与运营单位的联络对接机制，成立海淀共享单车业务平台。联合区交通、交管、城管及属地街镇不定期约谈共享单车企业，重点点位常态化督导。规划公共区域非机动车停放区设置，研发试点电子围栏规范停车，通过科技手段引导规范停车。

（李青）

【供暖工作】 年内，区市政市容委按照供热供气应急保障机制，处理各类供热问题，做好供热纠纷矛盾排查调处，推进燃气管线占压隐患整治，按计划推进车耳营村“煤改气”项目、香山燃气锅炉房集中供暖项目、清河外接热源改造项目和中关村三才堂外接热源改造项目。中关村三才堂外接热源改造项目已完工。

（李青）

市容环境

【概况】 2017年，海淀区城市管理委员会（简称区城市管理委）围绕首都中心城区功能定位，以全国科技创新中心核心区建设为统领，聚焦“减人、添秤、服务”，推进城市管理改革研究，提升辖区城市管理水平和交通统筹力度。区城市管理委共承担77项任务，主要集中在重点地区环境提升整治、疏堵点改造项目等城市精细化管理和交通综合管理方面。

（李青）

【《海淀区“十三五”期间生态文明建设规划》完成】 1月22日，由区城市管理委编制的《海淀区“十三五”期间生态文明建设规划》通过区政府常务会审议。5月3日，通过区委常委会审议。

（李青）

【重点时段环境保障】 3月初全国“两会”期间，区城市管理委对代表驻地、沿线道路加大环保力度，出动车辆4433台次、人员12148人次，对道路进行“洗、扫、冲、收”组合作业，对31座公厕进行保洁维保。5月4日—16日，2017年高峰论坛期间，出动人员91395人次、车辆12426车次，用水量91108.6吨，检查人员2815人次。

（李青）

【市容环境案件处理】 年内，区城市管理委共受理非紧急救助中心案件8323件，办结7509件，占90.22%；退回959件，占9.78%。涉及道路破损、供暖、停车、大工村冒黑烟、城中村拆迁遗留问题案件同比增加1291件，增长15.5%。其中，大工村问题268件，占3.22%；拆迁遗留问题增长151件，占1.81%；其他案件基本持平。第三方上报案件5417件，其中市级案件3142件，应处置数2275件（含2016年部分整改案件到期截止点为2017年），处置数2035件。案件涉及垃圾箱暴露垃圾、道路养护盲道中断及破损、立杆损坏等问题，占比分别为61.6%（1402件）、24.4%（556件）、2.6%（60件）；市级案件涉及路灯、立杆检测门、公交站亭等问题，占比分别为73.1%（2297件）、17.3%（544件）、12.7%（298件）。网格巡查案件2723件，较上年增加520件，增长19.10%；涉及架空线线缆不规范、道路破损、暴露垃圾等问题，其中架空线问题增加726件，占26.67%；道路问题301件，占11.05%，与同期基本持平；垃圾问题减少486件，占17.8%。

（李青）

【农村地区垃圾密闭化专项整治】 年内，区城市管理委在农村地区开展环境卫生整治、清理积存垃圾活动，纠治死角309处，清理生活垃圾500余吨、建筑垃圾1.5万余立方米，区级补助预算经费2013万元，拨付1691万元。

（李青）

【城乡接合部环境整治】 年内，区城市管理委在城乡接合部32个重点地区开展环境整治活动。清理卫生死角4764处，清理暴露垃圾（含建筑垃圾）5.63万吨，拆除违规广告牌匾278块，新增环卫收纳设施344个，新修和改建公厕5座，清理非法小广告108.44万张。

（李青）

【公厕改造及整改】 年内，区城市管理委对全区1121座固定公厕、29座移动厕所实施公厕分级分类管理，改造厕所18座，整改公厕4座，分别为清河街道2座、北太平庄街道1座、西北旺镇1座。

（李青）

国土资源管理

【概况】 2017年，北京市国土资源局海淀分局（简称国土海淀分局）完成年度任务指标。根据供地计划，海淀区建设用地供应总量97公顷，实际完成供地117.52公顷，完成率121.15%。其中，保障性安居工程已供应39.22公顷，完成计划的217.89%；商品住宅用地38.5公顷（含共有产权房用地8.48公顷），完成计划的154%，位列全市第二名；产业用地实现供地10.62公顷。经营性用地供应42.77公顷，规划建筑规模88.38万平方米，土地出让收入394.19亿元，排名全市第三，经营性用地的供地面积和土地成交价款均创历史新高。健全不动产登记管理体系，接待群众40余万人次，受理登记业务110366件，颁发权利证书83914本，代市财政收缴非税收入近1.64亿元。建设不动产登记电话咨询平台，日接听量约300个。设计不动产登记中心服务一体化大厅管理平台，含智慧服务平台、对外服务系统、行为数据分析可视化系统。建设疏解拆违土地再利用平台，打造“一张图”特色版。接收各类信访1454件次。获国土资源部“全国国土资源行政复议行政应诉工作中成绩突出的单位”称号；国土海淀分局土地执法监察队获“全国国土资源执法监察工作先进集体”称号。海淀区辖区面积43076.87公顷，土地利用现状面积详见表14。

2016年北京市海淀区土地利用现状汇总表

表14　　　　单位：公顷

地类	面积
耕地	1963.23
园地	2494.67
林地	10315.11
草地	45.83
城镇村及工矿用地	24596.88

续表 14

地类	面积
交通运输用地	1582.17
水域及水利设施用地	1650.88
其他土地	428.10
总计	43076.87

（毕建伟）

【土地规划】 7月，市规划国土委部署“两图合一”成果区级校核深化工作，国土海淀分局承担现状校核任务，以《北京市“两图合一”现状校核技术指南（试行）》为指导，完成校核工作。年内，开展海淀区土地利用总体规划调整完善方案的编制工作，12月20日通过市规划国土委专家评审会。

（毕建伟）

【建设项目用地预审】 年内，国土海淀分局办理建设项目用地预审31件，涉及土地面积221.87公顷（其中占用耕地13.77公顷），会商、函复用地意见44件。完成唐家岭地区、北坞村两个土地综合整治整改项目的动态维护，推进新增耕地验收入库；完成海淀区颐和园和圆明园之间村庄棚改安置房（一期）、上庄再生水厂（一期）、永丰产业基地（新）C0地块土地一级开发等建设项目的动态维护，保障重点项目用地需求和手续办理。推进解决金剑工程、上庄路、七王坟村集体产业用地，地铁16号线车辆段等重点项目的土地规划问题。落实“放管服”改革，取消自有用地预审，延长自2015年后出具的预审意见有效期，将耕地占补平衡审查等事项后移至征地之前。

（毕建伟）

【土地征占】 年内，国土海淀分局受理8个项目的征地及农转用审核工作，面积141.60公顷，拟征收集体土地123.89公顷，拟收回国有土地17.72公顷；取得征占地及农转用批复5件，批准用地面积31.05公顷，批准161名农转非人员安置，落实征地补偿款26349.07万元；办理征地结案3件，结案面积24.22公顷。推进北安河定向安置房（西区、东区）、东升镇、苏家坨镇的征占地手续办理。制定《海淀区征地转非人员安置补助费使用情况清理工作方案》，对海淀区近年来落实情况进行全面清理，完成工作报告上报。

（毕建伟）

【土地整理】 年内，国土海淀分局完成123.26公顷新增耕地的验收入库，其中唐家岭及北坞村土地综合整治项目新增耕地113.31公顷，周家巷村土地复垦项目新增耕地9.95公顷。完成5个镇28个村的56块基本农田标志牌、宣传牌的设立；签订34份市区、区镇、镇村耕地保护目标责任书。印发《海淀区镇政府及国有农场耕地保护责任目标考核办法》《关于进一步加强海淀区已划入永久基本农田温室及种植大棚规范管理的通知》，编制《年度基本农田温室及种植大棚使用管理责任书》，其中镇与村签订责任书18份，村和承包户签订102份；完成《海淀区关于贯彻落实〈北京市规划和国土资源管理委员会关于进一步做好中央4号文件贯彻落实工作有关意见的函〉的实施意见》的征求意见工作。

（毕建伟）

【土地供应】 年内，海淀区建设用地供应总量97公顷，完成117.52公顷，完成率121.15%。其中，商品住宅用地38.5公顷（含共有产权房用地8.48公顷），完成计划的154%；完成中船重工（北京）科研管理中心、腾讯研发楼、仁创砂产业园等产业用地供应，实现供地10.62公顷。加强对市局系统249宗项目用地监管，共巡查监管、监测上传186次，发放通知书31份；对部系统246宗项目用地进行监管，监测上传230次，发放通知书162份。

（毕建伟）

【土地市场交易】 年内，国土海淀分局完成翠湖D21/D22项目、亮甲店1号2号地项目、玲珑巷0711–653地块、四道口住宅小区等挂牌及供应工作，建设用地面积42.77公顷，其中商品住宅用地38.5公顷（含共有产权房用地8.48公顷），回迁安置房用地2.75公顷，商服用地1.52公顷。建筑规模88.38万平方米，其中商品住宅规模74.2万平方米，回迁安置房规模5.5万平方米，商服规模8.68万平方米，成交金额约270亿元。提前完成市政府下达的商品住宅用地供应任务，完成计划的154%；共有产权房完成106%，供地面积、供地收入均创历史新高。

（毕建伟）

【土地储备开发】 年内，国土海淀分局完成翠湖D21/D22项目一级开发，通过成本审核。完成翠湖科技园D21地块和D22地块入库，土地面积27.21公顷，建筑面积42.45万平方米，补偿款46.34亿元。完成北京大学口腔医院选址、速8酒店扩建项目收储任务，收回国有土地使用权。完成道路移交830.2平方米、绿地移交约8.68公顷。

（毕建伟）

【地籍管理】 年内，国土海淀分局完成土地变更调查监测图斑核查及利用现状数据库变更（图斑401个，总面积307.88公顷）、遥感监测图斑核查（图斑222个，总面积292.81公顷）；完成海淀区地籍区（子区）划分，实现宗地编码规范化；核实133块“百万亩造林”工程用地情况，面积786.39公顷，变更图斑27块，面积51.98公顷；发放农垦国有土地使用权确权证，开展开发区土地集约利用更新评价。完成土地权属审查168件，涉及面积361.86公顷，其中征地前土地权属审查42件、占地6件、供地95件、延期25件。

2016 年海淀区土地利用变化情况统计表

表 15 单位：公顷

地类	年初面积	年末面积	年内减少面积	年内增加面积	净变化量
耕地	2014.38	1963.23	56.69	5.54	–51.15
园地	2527.93	2494.67	33.90	0.64	–33.26
林地	10349.47	10315.11	71.80	37.44	–34.36
草地	47.06	45.83	1.23	0	–1.23
城镇村及工矿用地	24480.12	24596.88	23.04	139.80	116.76
交通运输用地	1559.35	1582.17	3.67	26.49	22.82
水域及水利设施用地	1664.35	1650.88	14.94	1.47	–13.47
其他土地	434.21	428.1	6.23	0.12	–6.11
总计	43076.87	43076.87	161.56	174.78	0

（毕建伟）

【不动产登记】 年内，不动产登记中心接待群众约 40 余人次，受理登记业务 110366 件，颁发不动产权利证书 83914 本，代市财政收缴非税收收入近 1.64 亿元。开展不动产登记存量数据整合，完成外业测绘 10342 幢、外业调查 37947 幢，通过市、区两级质检；接收 13995 卷市级档案，清查 150 万卷存量档案；受理业务 325 件，现场咨询 1380 余次，电话来访 1500 余个。

（毕建伟）

【土地执法监察】 年内，国土海淀分局违法用地立案 244 宗，立案率 100%，履职到位率 97.2%，宗数整改到位率 78.1%，面积整改到位率 82.6%。落实《扣减违法用地违法建设重点区政府土地收益暂行规定》，需拆除整改的 86 宗，到位 70 宗，整改率 93.2%（按占地面积计算），通过扣减拨付市级验收。落实 2009 年—2016 年 1164 宗违法用地查处整改，到位 631 宗，基本到位 35 宗。完成高尔夫球场整治“回头看”工作，未发现违规行为。开展浅山区违法用地普查，34 宗违法占地建房项目（占地面积 5.16 公顷）整改到位 22 宗。启动大棚专项整治，1725 栋问题大棚全部整改到位。开展存量小产权房普查工作，未发现新建或续建的小产权房项目。

（毕建伟）

【能源资源】 年内，国土海淀分局开展对矿泉水开采企业的年检、水源水检测工作，抽查完成企业水源水年检工作。开展地热开发利用年检工作，上传 12 家单位数据至国土资源部统计数据系统。组织 6 家地热采矿权单位、3 家矿泉水开采单位进行矿业权人勘查开采信息公示系统填报工作。海淀区探明储量的固体矿产资源 2 种，其中无烟煤约 45476 千吨，泥炭约 3500 千吨。地热开发利用单位 10 家，矿泉水开采企业 3 家，均经营状况稳定，矿业权权属无争议。

（毕建伟）

【地质灾害防治】 年内，国土海淀分局成立汛期突发性地质灾害应急领导小组，印发《海淀区 2017 年度汛期地质灾害防治工作方案》和《国土海淀分局 2017 度汛期突发地质灾害应急工作预案》，制定防汛工作预案。排查地质隐患点，修订 41 处地质灾害隐患点应急避险疏散方案，发放防灾明白卡，明确 17 名防灾群测群防员的职责。发布地灾气象预警 7 次，其中蓝色 3 次、黄色 4 次。开展防灾减灾宣传活动及应急演练。推进苏家坨镇七王坟南沟泥石流等地质灾害隐患点工程治理工作。

（毕建伟）

【拆违土地再利用研究】 年内，国土海淀分局开展《海淀区疏解拆违土地再利用》研究。制定研究方案，建立空间管理台账，测绘 643 个拆违疏解地块，面积 1390.2 公顷，建筑面积 881.7 万平方米，涉及 7 个镇、21 个街道，建立疏解拆违土地再利用信息系统。

（毕建伟）

【耕地占补】 年内，海淀区耕地占补平衡比例达 100%。国土海淀分局落实补充耕地指标 29.77 公顷，缴纳耕地开垦费金额 892.98 万元。

（毕建伟）

房屋管理

【概况】 年内，海淀区房管局（简称区房管局）构建海淀特色“大住保”体系，形成多主体供给、多渠道保障、全范围覆盖的住房保障机制，全年新增备案保障家庭 5757 户，筹集保障房房源 12800 余套，提供公租房房源 1619 套、共有产权房房源 431 套，累计面向 9100 户保障家庭发放各类补贴。完成“疏解整治促提升”任务，完成普通地下室清理 285 处，推进清理后普通地下室规范利用；清理整治直管公房转租转借 65 处。拓展房屋全生命周期系统建设，完成既有建筑物数据动态采集系统建设。培育和发展住房租赁市场，加强房地产经纪机构监管。

（沈鑫）

【北京海房投资管理集团有限公司】 北京海房投资管理集团有限公司（简称集团公司）为国有独资公司，区国资委一级监管企业。2017 年有 6 家下属企业。

直管公房管理。集团公司管理区属直管公房总建筑面积167.19万平方米。其中，住宅楼房343处，面积159.87万平方米，住宅平房2023.5间，面积3.31万平方米；非住宅楼房20处，面积2.17万平方米，非住宅平房908.5间，面积1.83万平方米。完成直管公房部分大、中修工程工作，完成10幢直管公房共10278.84平方米屋面防水工程。

疏解整治工作。拆除房屋5770.2平方米，疏散人口438人。封停开墙破洞13处1508.52平方米，拆除彩钢板房屋及违法建筑10处2109.82平方米。封停“三合一”“多合一”人员密集出租房12处9185.36平方米。

产权房屋收购。收购3套红联南村5号楼爆燃事故受损的私人产权房屋。

小区改造项目。清河毛纺北小区，总建筑面积6.42万平方米，投资约1.97亿元，涉及基础类、自选类改造项目，完成投资9212.96万元。其中基础类改造项目包括楼体节能改造、小区环境改造，自选类改造项目包括增设外挂电梯改造、增设机械立体车库、电力增容改造、增加老年服务驿站。西翠路沙窝路口等9个棚改项目，占地面积81780.8平方米，投资57.79亿元，完成项目评估、拆迁、拆除及测绘公司招投标。实施既有多层电梯增设项目，投资约1.58亿元，完成80部电梯的综合管线改移及70部电梯的施工和安装，完成投资7000万元。中关村大街改造总面积约5万平方米，城市公共服务设施全长7.2千米。实施友谊社区项目监理、施工招投标，中科大厦、中发大厦、公共服务设施提升改造项目设计方案。二里庄煤库改造项目，建筑面积约1.2万平方米，需改造面积约8000平方米，附属建筑面积约4000平方米，计划投资6000万元，已完成投资2981.21万元。

供暖工作。供热公司管理锅炉房32处，供暖面积313.73万平方米。应急接管锅炉房2处，应急接管供暖面积13.76万平方米。低氮改造28处燃气锅炉房，更换锅炉本体48台、燃烧机头31台、控制柜61台。建立知春里、二里庄、车道沟供热服务大厅。

经营管理。北京市海淀区医养结合服务中心暨北京市海淀区计划生育特殊家庭养老服务中心在文慧园11号楼揭牌运行。与北京丹溪堂中医门诊部就双榆树南里二区甲一号中医养服务项目签订房屋租赁意向书。综合治理管辖的77处地下空间，与一家医养服务企业就红联南村1号楼地下空间签订租赁协议。

投资管理。联合北京文投控股有限公司、北京中海投资管理有限公司、浙江金利华电气股份有限公司成立北京文华海汇投资管理有限公司，发起“北京文华创新股权投资基金”。联合中科院行管局、中科科技创新发展研究院，促进未来星空计划、肺笛等高科技创新项目成果转化。

公租房散租房源管理。至年底，有散租房源465套，在住326套，待配139套，产权人违约10户。全年资格报审247人次，续签合同323套次。配出房源31套次，换房、退租97套次。完成51个批次的网上配租工作。

（宁乡）

【物业动态监管系统上线】 4月1日，海淀区物业动态监管系统正式上线。该系统汇总项目建设信息、企业基本信息、项目管理信息、公维资金使用情况、矛盾纠纷处理情况等信息，集成化展示全区的物业服务。截至年底，有902家物业企业登录系统，772个项目填报信息数据。

（李春然）

【信息化建设】 4月，海淀区公共租赁住房租金补贴系统正式上线运行，并生成2015年12月至2017年3月市区两级补贴明细16394笔。推进海淀区房屋全生命周期管理系统三期项目、海淀区市场化补贴系统开发建设。三期系统内共有建筑物图元259981个，其中24956个图元来源于房屋全生命周期系统，235025个图元为比对影像图、国普数据后新绘制的房屋图元。

（胡梦岫）

【住房补贴发放】 6月6日至11月22日，区房管局、财政局、审计局、人力社保局、北京市资金管理中心海淀管理部组成联合小组，在全区范围内开展住房补贴常态化管理检查工作，纠错50余处，涉及职工936人，金额2006.96万元。为539家单位办理住房补贴审核及事项变更备案，涉及3322人，金额1.05亿元。

（李翔宇）

【既有多层住宅增设电梯试点工作实施意见发布】 7月3日，海淀区发布《关于本区2017年既有多层住宅增设（适老化）电梯试点工作的实施意见》（简称《实施意见》），覆盖全区29个街道（镇），这是北京市首个老楼加装电梯的试点推广方案。按照《实施意见》，老楼加装电梯主要由社会单位负责出资安装，居民按照“谁使用、谁付费”的原则有偿使用。为降低居民在后期使用环节的负担，海淀区扩大财政补贴范围和比例，单部电梯最高可享受70万元的补贴，形成“政府引导、业主自愿、免费安装、有偿使用”的“海淀模式”。

（钟冷）

【保障性住房房源筹集】 年内，区房管局打造“绿色居住区”概念，推行保障房项目住宅产业化和试点实施装配式装修。新增东升镇和苏家坨镇两个地块约9.5公顷集体土地用于建设租赁房。收购青棠湾、中关村西三旗科技园公租房项目6201套，以及京粮田村路43号和北部地区1片区西郊农场东部局部地块（北区）定向安置房项目4618套房源，趸租北安河富余回迁安置房2000余套。

（谌业美）

【保障性住房配租配售】 年内，区房管局完成海淀区第15批公共租赁住房意向登记、配租摇号、选房工作，提供房源927套，选房配租853套。完成第16批公共租赁住房意向登记，提供房源294套；完成面向海淀非京籍无房职工配租燕保·温泉家园公租房意向登记，提供房源127套；完成海淀区中铁碧桂园共有产权住房项目（第一批次）网申工作，提供房源431套；海淀区公共租赁住房实时配租平台上线房源 271 套。

（刘娟）

【保障性住房租金补贴】 年内，面向 9100 户保障家庭发放各类补贴。向 4418 户家庭发放公租房租金补贴，向 2948 户家庭发放市场化租赁补贴，向 240 户家庭发放廉租租金补贴，向 107 户经适房及两限房家庭发放购房货币补贴，向 1387 户创客人才公租房承租家庭发放租金补贴。

（张颖）

【保障性住房资格审核】 年内，区房管局受理保障性住房新申请家庭 6788 户，通过市级备案新申请家庭 5757 户。完成各类资格复核 16496 户次，其中海淀区第 15 批公租房意向登记家庭资格复核 1946 户；市级公租房配租资格复核 452 户；公租房合同到期资格复核 3482 户；廉租实物住房合同到期资格复核 148 户；社会存量房源配租资格复核 304 户；实时配租资格复核 560 户；经适房、限价房家庭网签前复核超一年再复核 60 户；选房家庭无法录入合同的二次复核 276 户；经适房、限价房家庭购房补贴核对复核 107 户；公租房调房家庭资格复核 16 户；约谈终止家庭资格复核 26 户；创客人才公租房配租审核及复核 2218 户；海淀区公职人员周转房配租审核及复核 881 户；区征收办拆迁购房家庭协查 25 户；燕保·温泉家园公租房项目剩余房源面向海淀区备案家庭和“新北京人”进行了“快速配租”网上登记，相关科室复核海淀区备案家庭 2615 户，并将已登记“新北京人”需复核家庭 3380 户上报市级统一复核。

（史周青）

【公有住房出售备案】 年内，区房管局为 224 家单位出售公有住房备案，共 3246 户（套），计 27.44 万平方米。其中房改售房备案 2758 套，计 24.01 万平方米；房改调房备案 488 套，计 3.43 万平方米。

（李翔宇）

【售后公房维修资金监管】 年内，区房管局审核 61 家市、区属产权单位使用维修资金的申请，涉及金额 1041.04 万元，主要用于屋面防水、电梯维修、污水管和生活水箱改造。同意北京同方物业管理有限公司支取售房款及专项维修资金 20.21 万元。监管售房款及专项维修资金缴存 224 家单位，资金数额为 39320 万元。

（李翔宇）

【新建商品房销售监管】 年内，区房管局受理商品房预售许可初审 6 件，监管金额 22 亿元。新建商品房销售金额 210 亿元。召开房地产调控工作例会 4 次，报送经济分析简报 12 次，新建商品房市场监测情况 52 次。

（曹晓玮）

【房产实测绘备案】 年内，共受理并办结实测绘成果备案业务 56 件，建筑面积约 188 万平方米。包括初始测绘备案 50 件，变更测绘备案 6 件。在办理实测绘备案业务中落实“疏整促”工作要求，严把非住宅和平房类房屋拆分测绘审核。

（曹晓玮）

【存量房（二手商品房）交易服务】 年内，区房管局受理购房资格审核申请 5501 件；窗口办理房源核验 4942 件，后台受理房源核验 14835 件，自行成交 4065 套，网签注销 705 件，监管资金 287.27 亿元。办理司法协助 79 件，网签信息查询 3607 件。咨询接待 3 万人次。

（刘宇思）

【房地产经纪机构监管】 年内，区房管局办理经纪机构备案 8 件，变更 68 件，注销 18 件，办理分支机构备案 51 件，变更 371 件，注销 13 件，发放人员信息卡 616 张。与从事存量房交易的房地产经纪机构签订落实调控政策承诺书。查处经纪机构违法群租行为，检查中介机构门店 506 处次，约谈负责人 496 人次，注销备案资质 7 家；责令主要房地产经纪机构对网上房源信息进行自查整改。

（吴琼）

【物业管理】 年内，区房管局登记注册物业服务企业 544 家，物业服务合同备案项目 1421 个，其中居住类项目 650 个、非居住类项目 771 个，计 10287.04 万平方米。受理住宅专项维修资金使用业务 473 笔，审核维修资金 9390.6 万元，审减资金 2496.6 万元，审减率 21%。解决 115 个小区 178 栋楼房屋漏水和外墙裂缝渗水问题，181 栋楼 298 部电梯的安全隐患，13 个小区消防、安防和供水设备恢复正常。完善矛盾纠纷调处措施，构建“四方机制”①物业管理平台。处理信访案件 78 件，投诉平台案件 144 件，参与物业类城市管理综合考核评价案件退件、延期、转办审核 400 余件，重点矛盾纠纷调处 16 件。

（李春然）

【老旧小区自治管理】 年内，区房管局指导 531 个试点老旧小区（涉及 226 个社区、2929 栋楼、23.1 万户，约 1825 万平方米）以统一委托、自管会、大院式、居民自治、志愿者服务队等管理模式启动自我服务管理工作。

（李春然）

【普通地下室清理整治】 年内，海淀区完成普通地下室清理 285 处，超额完成任务。为推进该项工作，区房管局施行 5 项措施：建立清理整治台账，明确任务时限，对接属地街镇，补录动态监管系统信息，联合市住房城乡建设委、国家机关事务管理局合力推动清理进程。在 20 个有清理整治任务的街镇中，已有 14 个开始进行清理后专项工作，完成规范改造的普通地下室 30 处，计 2.59 万平方米。区房管局协助区城市管理指挥中心推进普通地下室 209 个视频监控点位安装工作，依靠网格化图像信息系统平台，加强对地下空间出入人流监管力度。该项工作涉及 14 个街道、39 个社区，在全市首次实现利用视频智能监测技术监管普通地下室人流情况。

（曹翊坤）

① “四方机制”：积极发挥社区党支部基层党建作用，搭建以社区党支部为首，业主委员会、物业服务企业和业主的“四方”平台，畅通社区各主体之间的沟通壁垒，形成社区多元主体之间互利互助、互信互解的良好氛围，逐渐瓦解物业矛盾纠纷形成的温床。

【直管公房管理】 年内，区房管局完成直管公房转租转借清理整治 65 处，提前超额完成年度任务。着力建立直管公房规范管理长效机制，制定修缮工作流程，完成 2017 年度修缮审核工作。

（董菲菲）

【城镇房屋安全检查】 年内，区房管局检查房屋总面积 9929 万平方米（其中物业 7719 万平方米、自管 2187 万平方米、私房 23 万平方米）、电梯 16775 部、二次供水水泵 6316 台、避雷系统 31749 个。检查城镇私房 1947 户 15370 间。汛期检查平房 4433 间次、楼房 2247 幢次、院落积水 4 处、平房房屋漏雨 21 间、楼房房屋漏雨 42 幢，抢修苫盖 38 间，疏通排水 4 处，报修 42 次。对危险房屋、老旧平房区域、物业管区域检查 3429 处次，向自管房单位和个人发放消除房屋安全隐患通知书 200 余份。检查安全生产单位 3117 家次，发现问题隐患 329 项，整改隐患 305 项。

（王璐　范海玲）

【房屋安全鉴定】 年内，区房管局配合棚户区改造、人员密集场所安全防范、住宅专项维修资金使用、直管公房修缮、农村房屋危改等房屋安全鉴定工作，出具鉴定报告 573 份。

（徐卫）

【房屋管理行政执法】 年内，区房管局开展执法检查 2631 次，完成行政处罚案件 549 件，“12345”投诉举报立案 23 件，发放责令改正通知书 64 份，行政处罚金额 156 万元。

（卢杨）

【信访与信息公开】 年内，区房管局接待群众来访 150 批次 442 人次，其中集体访 11 批次 255 人次；局领导接访 13 批次 138 人次。受理群众来信 966 件，咨询投诉平台投诉案件 23440 件，接听咨询电话 48613 个。受理依申请政府信息公开 77 件，包括物业管理类 43 件、房屋登记类 6 件、房屋改革类 3 件、中介租赁类 2 件、住保 2 件、其他类 21 件。组织实施房管领域重点矛盾纠纷排查 4 次，上报重点矛盾纠纷 7 件。

（高欢）

【房屋档案管理】 年内，区房管局形成房屋档案 21598 卷。其中，房屋登记类档案 10983 卷，住房保障类档案 5879 卷，房屋管理类档案 900 卷，文书类档案 3694 卷。房屋档案总量 165038 卷，完成数字化加工并入库档案 160415 卷。

（林昭昭）

城管执法监察

【概况】 2017 年，海淀区城市管理综合行政执法监察局（简称区城管执法监察局）行使 12 个方面 402 项行政处罚权和 7 项行政强制措施、3 项行政检查职权，同时行使海淀区查处违法建设办公室和海淀区综合执法协调办公室的职权。完成城管执法年制改革工作，城管执法重心下移至各街镇，负担综合执法、综合监管、综合协调、综合服务职能。成立交界地区（环海淀）执法协调小组，联动消除执法盲点。查处违法行为 15 万余起，罚款 1961 万元；拆除违法建设 413 万平方米，其中既存违法建设 402 万平方米，新生违法建设 11 万平方米，涉及 19 万人；处理举报案件 21.3 万余件，比上年下降 37.2%。办理案件移送接收 75 件，依法公开举行行政处罚听证会 2 场。完成重要节日、重大活动及大型社会活动保障任务 83 次。

（王淑凤）

【“驻队律师”试点工作】 1 月，区城管执法监察局在直属一、直属二、海淀街道、羊坊店街道、清河街道、温泉镇 6 个执法监察队开展“驻队律师”试点活动。制定《海淀城管执法监察局驻队法律顾问实施方案（试行）》《海淀城管执法监察局驻队法律顾问管理考核办法（试行）》。该活动为执法队伍提供专业法律服务、法制培训，监督和规范执法工作；协助开展群众法制教育，处理与当事人、政府部门和司法机关的法律事宜。参与重大、复杂、疑难、突发事件的处理。驻队律师随队参与执法 26 次，研讨疑难案件 143 件，提供法律咨询 225 件，审核合同文本 73 份，参与宣传活动 21 次。

（王淑凤）

【控违拆违工作会】 3 月 3 日，海淀区召开控违拆违工作会。副区长梁爽作“2017 年控违拆违及环境整治工作报告”，西三旗街道以“负重拼搏攻坚克难为智能制造创新基地建设保驾护航”、四季青镇以“查短板、找差距、促整改——以疏解整治促城市提升”为题作表态发言。区长于军围绕控违拆违工作、当前城市管理形势、执法体制改革和建设宜居城市等内容提出相关要求。海淀区 33 个委办局及部门主要领导，29 个街镇行政主要领导、主管领导及城市管理科室负责人，海淀城管执法监察局机关全体人员及直属队、督察队、各执法监察队副科以上干部参加。

（王淑凤）

【城管执法体制改革完成】 9 月 30 日，672 名执法人员下沉到各街镇，实现城管执法重心向执法一线的下移；完成 26 个街镇城管执法队办公设备类固定资产、车辆及附属设施类固定资产无偿划转、划出工作，标志城管执法改革工作基本完成。

（王淑凤）

【交界地区占道经营整治联动执法启动】 11 月 16 日，经海淀城管执法监察局倡议，海淀、西城、朝阳、丰台、石景山、昌平、门头沟 6 区城管执法监察局在中华世纪坛召开“疏解整治促提升”专项行动交界地区占道经营整治联动执法启动仪式，成立首都辖区交界地区（环海淀）执法协调小组，通过“美边丽界 · 共同缔造”世纪坛宣言，以“保障城市良好秩序、解决群众环境困扰、促进社会和谐稳定”为目标，建立统一协调、相互协作、快速高效的执法工作机制，有效治理交界地区环境秩序类违法行为。市占道经营整治联席办、16 个区和 4 个特定地区城管执法监察局领导，海淀区北太平庄街道、西城区德胜街道主要（主管）领导，环海淀交界地区街镇执法队领导参加启动仪式。

（王淑凤）

【《城管来了》首映】 12月27日，微电影《城管来了》在中国电影资料馆首映。该电影以2017年度“北京榜样”、海淀区城管执法监察局马连洼街道执法队副队长苏晋达为原型，围绕其首创的“拆违7：3工作法”，即70%的时间用于沟通，30%的时间用于拆除，突出展现海淀区疏解非首都功能、治理“城市病”、提升群众获得感的故事，生动展示出“有高学历、有执行力、有亲和力，群众喜爱”的新时代城管形象。《城管来了》微电影和原创歌曲，在国内均属首创。市城管局、海淀区相关领导、专家嘉宾、影片主创、媒体记者、城管队员、社区群众等共计200人参加首映仪式。

（王淑凤）

【街面秩序治理】 年内，区城管执法监察局开展露天烧烤及消夏露天餐饮经营场所各项治理整顿的“雷霆行动”“雷霆二号行动”，重点治理无照经营、违反“门前三包”规定、露天烧烤与焚烧、黑车、黑停车场等18类街面环境秩序问题。查处占道经营类违法行为31883起，完成任务量的278.5%，罚款369.25万元；180处市、区两级重点点位占道经营类举报量同比下降47.62%。查处露天烧烤类案件85起，罚款10.87万元；露天焚烧类案件44起，罚款0.77万元。

（王淑凤）

【占道经营“动态清零”】 年内，区城管执法监察局（区查违办）开展“两街两区”占道经营示范“动态清零”行动。加大对中关村智造大街、中关村大街、万柳地区和玉泉山核心控制区的巡查力度，实行违法行为即时发现、即时处理、即时清零；运用联合执法机制，杜绝出现流动商贩经营新场所。创建全市首条占道经营整治“动态清零”示范大街——中关村大街；8个街镇实现占道经营违法行为“动态清零”。

（王淑凤）

【专项执法行动】 年内，区城管执法监察局开展多项专项执法行动。利用视频监控、非现场执法、多部门联合布控等方式加强对施工工地和渣土运输的日常管理和动态管控，查处案件1310起，罚款1315.35万元。查处违反餐厨垃圾管理行为337起，罚款76.60万元；治理违规户外广告牌匾和非法小广告，拆除违规户外广告牌匾28110块，报送非法小广告停机号码7907个，查处非法小广告1624起，罚款123.18万元；规范“门前三包”单位20360家；治理“僵尸车”造成的环境秩序和交通管理问题，通过告知自行清理“僵尸车”227辆，依法拖移217辆；开展停车管理专项执法工作，立案查处60起，罚款16.35万元；查处燃气安全类违法行为140起，罚款22.34万元。

（王淑凤）

【违建治理攻坚行动】 年内，区城管执法监察局（区查违办）按照“拆当其时，拆当其用，拆其所害”的思路，强化“1+2+N”①拆违联动机制，治理“三区三道”②区域内的违法建设，开展“一山、一水、一线、两街、一镇”③六大区域以及其他地区违法建设专项治理，创建无违法建设地区行动。开展违法建设安全隐患“大排查、大清理、大整治”专项行动、“散乱污”“背街小巷”、“开墙破洞”、“大棚房”以及“浅山区”④等涉及违法建设治理专项行动。拆除既存违法建设1854处402万平方米，超额完成市折子任务；拆除新建违法建设794处11万平方米。办理新生违法建设案件106件，实现新生违建“零增长”。

（王淑凤）

【违建治理“五维”评判标准创建】 年内，区城管执法监察局创建违法建设治理的“五维”评判标准，即是否拆出一片绿，是否拆掉一批高耗能高污染高排放产业业态，是否消除一批安全隐患，是否拆出弥补城市功能短板和创新发展所需空间，是否增强群众获得感。“五维”评判标准，实现拆与建的统一，数量与质量并重考核的工作标准，成为北京市各区违法建设治理工作的重要参考。

（王淑凤）

【“四公开一监督”⑤考核评价体系完善】 年内，区城管执法监察局（区城管执法协调办）成立由城管、公安、交通和区城市服务管理指挥中心人员组成的区级联合督导组，实施“月检查、月曝光、月排名”，将“四公开一监督”纳入区政府绩效考核。派发《监管通知单》4067份，解决问题3700个；市级监管通知单反馈率100%，整改率93%。

（王淑凤）

【城市管理案件处理】 年内，区城管执法监察局受理“96310”城管热线案件47514件，及时率99.97%，结案率89.32%；受理区非紧急救助服务系统案件17024件，及时率、结案率均为100%；受理区网格化社会服务管理融合平台案件137418件，及时率97.6%，结案率99.99%；受理区指挥中心上报类案件11262件，及时率

① “1+2+N”拆违联动机制：“1”是指街道办事处、镇政府牵头组织，“2”是指城管部门强力执法、公安部门强力保障，“N”是指消防、工商、食药、环保、城管委、建委、税务、水务局、园林局等相关部门协调配合。

② “三区三道”:农村地区、城乡接合部地区、“三山五园”地区，河道（河道两侧）、廊道（高压走廊）、通道（道路、社区通道、主要干道及铁路沿线）。

③ “一山、一水、一线、两街、一镇”：“一山”是指玉泉山中心控制区域，“一水”是指永定河引水渠（海淀段）河道两岸管理区域，“一线”指中关村大街沿线区域，“两街”是指海淀街道和燕园街道辖区，“一镇”是指海淀镇行政管辖区域。

④ “浅山区”：海拔高程在100米至300米的浅山丘陵地区。北京市共涉及西部和北部的海淀、丰台、石景山、门头沟、房山、昌平、平谷、怀柔、密云9个区的81个乡镇、街道，总占地面积2363平方公里。

⑤ “四公开一监督”：“四公开”即一是公开城市管理责任部门清单；二是公开责任部门的执法职责和查处标准；三是公开责任部门的城市管理网格化机制及责任人；四是公开责任部门“月检查、月曝光、月排名”的城市管理执法数据。“一监督”即在市委、市政府的领导下，在市城管执法协调领导小组的指导下，在市监察局及相关部门的协同下，市、区两级城管执法协调办责成环境秩序联合督导检查组和城管督察队负责具体实施，监督各区（县）政府、地区管委会、职能部门、执法部门城市管理工作履职情况，充分发挥综合监管作用。

71.22%，结案率 83.42%；处置信访案件 959 件，接待来访 128 人次。

（王淑凤）

【“公众城管”建设】 年内，区城管执法监察局邀请高校学生、人大代表、群众代表走进城管生活，传播城管文化；发挥“志愿北京”平台作用，组织“城市文明加油站”志愿服务活动 1200 次，参与志愿者 3.5 万人次。

（王淑凤）

电力供应

【概况】 2017 年，国网北京海淀供电公司（简称供电公司）负责海淀地区 430.77 平方千米范围内的电网规划建设、运行管理、电力销售和 80.56 万客户的安全供电服务。负责 10 千伏架空线路 240 条，总长度 1785 千米，10 千伏电缆线路 1123 条，总长度 4577 千米。完成供电量 144.95 亿千瓦时，比上年增长 4.26%；完成售电量 138.67 亿千瓦时，比上年增长 4.56%；累计线损率 5.67%；实现利润 7.43 亿元。全年安全生产无事故，累计安全生产长周期 4188 天。完善“互联网+电力营销服务”体系建设，应用末端融合 App，提升低压可视化抢修能力，实现计量抢修线上业务全覆盖。完成接电 103.47 万千伏安，业扩报装线上报装率达 96%。受理客户投诉 154 件，比上年下降 42.11%。

（李丹丹）

【特殊供电任务】 年内，供电公司应对异常天气和突发事件，启动应急供电 32 次。度夏期间，地区电网负荷达到 345 万千瓦，再创历史纪录。推动政治供电常态化，完成中共十九大、全国“两会”、“一带一路”高峰论坛等政治保电任务 104 项，累计保电 303 天。未发生大面积停电事故，未发生六级及以上安全事件。

（李丹丹）

【电网建设】 年内，供电公司开展 110 千伏及以上电网项目规划前期任务 16 项。落实东埠头等 5 个变电站站址，推进配套 2022 年冬奥会首体 110 千伏输变电工程选址工作。取得规划意见书、立项核准及环评批复 15 项，批复建设用地 9868 平方米，电力隧道 6557 米。作为北京市“十三五”轨道交通配套电力设施“一体化”共建变电站，北安河 110 千伏输变电工程首个取得站址规划意见书及线路规划条件。竣工投产航天城扩建配套切改工程，完成四家庄 220 千伏送电等工程前期建场任务。与海淀区政府签署《关于建设国际一流配电网合作框架协议》，电力配套资金扶持提高至 4 亿元。

（李丹丹）

【电力安全生产】 年内，供电公司构建一张网（安全监督网）、一个中心（安全监控中心）、二级巡检（主业、产业巡检组）的全天候监督新模式；建立“无计划、不工作”“无探头、不工作”的作业理念。累计巡检作业现场 913 个，实现生产作业现场巡检 100%覆盖。查处违章问题 77 项，发出违章通知单 37 张。排查治理问题隐患 52 项。

（李丹丹）

【配网故障管控】 年内，供电公司持续提升配网设备和输电通道精益化运维水平，重点防范外力和用户内部故障，加强输电线路护线巡查，配网故障率同比下降 78%，年化故障率在北京公司排名第二。提升配网智能化水平，配网架空线路百公里故障次数由 4.21 下降到 2.13，全区自动化覆盖率实现 100%。

（李丹丹）

【“煤改电”工程】 年内，供电公司完成全口径“煤改电”工程，新增变压器 163 台，容量 62915 千伏安，10 千伏线路 62 千米，涉及 34 个村 9893 户居民。

（李丹丹）

【电能替代工作】 年内，供电公司推进充电设施建设，完成 7 项公交充电桩外电源建设，改造居民小区充电设施配套电源 726 个，新建充电站 22 座、充电桩 270 台。与市公联公司就五棵松地下停车场达成充电桩建设合作意向。实现电能替代 3.2 亿千瓦时。

（李丹丹）

【线损建设】 年内，供电公司推进同期线损系统建设，构建起以同期线损[①]为抓手的“线损意识”，累计线损率 5.67%，优于年度指标 0.60 个百分点。

（李丹丹）

【电费回收】 年内，供电公司落实“一户一策”电费催收工作机制，收回陈欠电费 99.22 万元，当年底应收电费余额 47 万元，电费回收率达 100%。

（李丹丹）

环境保护

【概况】 2017 年，海淀区环保局以治理大气、水和土壤污染为重点工作，完成年度各项约束性指标和重点任务。区域空气中细颗粒物（PM2.5）浓度为 56 微克/立方米，比上年下降 22.2%；京密引水渠、土城沟、清河和长河 4 个地表水监测断面稳定达标，南沙河水质经治理由劣Ⅴ3 类转变为Ⅴ类；主要污染物二氧化硫、氮氧化物、化学需氧量和氨氮排放总量分别比上年下降 89%、15%、6.8%和 3.7%。全年受理信访案件 5738 件，处理率、及时办结率达到 100%。承接 2 件人大建议、2 件政协（党派）提案。

（王东）

【大气污染防治工作调度会】 3 月 9 日，海淀区大气污染防治工作调度会召开。会议通报 2016 年中央环保督察组督查、环境保护部 2017 年一季度空气质量专项督查等情况，播放海淀区大气污染防治中存在问题的视频短片，部署下步工作。会议要求各部门、街镇按照“抢前抓早”、采暖季结束即全面开施的原则，加快落实治理措施。区农委、发改委、环保局、经信办牵头做好散煤

---

① 同期线损：针对传统线损计算供售不同期的问题，通过信息技术手段，使供、售电量达成同步所进行的线损计算。

治理、燃气锅炉低氮改造、“散乱污”企业清理整治等重点减排工程，实现“早完成、早投运、早见效”。

（王东）

【19项中央环保督察整改任务完成】 4月25日，成立中央环境保护督察海淀区整改落实领导小组，下设办公室（简称整改办），区环保局梳理中央第一环境保护督察组反馈的督察整改意见，监督落实整改任务。至年底完成19项整改任务，完成率86.4%，其余3项正在推进（其中2项完成时限为2018年年底前，1项为2020年底前）。

（王东）

【环境宣传教育】 6月5日，区环保局联合海淀园管委会、东升镇政府在中关村东升科技园举办“绿水青山就是金山银山 绿色发展共筑中关村科学城”主题活动。公布《海淀区2016年环境状况公报》。新华网、北京电视台、《北京日报》媒体报道区环保工作50次。通过微博、微信发布环保政策、工作动态、绿色生活小贴士等信息，推送微博、微信近300条，阅读量达6.6万人次。

（王东）

【《海淀区2016年环境状况公报》公布】 6月5日，区环保局发布《海淀区2016年环境状况公报》（简称《公报》）。《公报》显示，2016年海淀区PM2.5年均浓度为72微克/立方米，较上年下降10%，超额完成北京市下达的下降5%的任务目标；全区水环境质量持续改善，清河、京密引水渠、土城沟3个水质考核断面水质达到考核要求，长河断面水质提前达标，水质综合达标率同比提升8个百分点；全区主要污染物二氧化硫、氮氧化物、化学需氧量和氨氮排放总量分别较2015年下降8.5%、3.55%、4.11%和2.6%，超额完成年度总量减排目标；全区辐射环境质量保持稳定，生态环境状况良好。

（王东）

【海淀区首张排污许可证颁发】 7月4日，区环保局向北京上庄燃气热电有限公司颁发排污许可证，这是由国家排污许可信息系统生成的海淀区首张具有国家统一编码的排污许可证，首次核发的排污许可证有效期确定为3年。排污许可证载明企业涉及排污的所有相关信息，要求企业按证排污，开展自行监测，建立台账、定期报告和信息公开制度。通过排污许可证，企业可全面了解需要履行的义务，环保部门依证监管工作正式进入实施阶段。

（王东）

【市环保督察案件办结】 8月30日至9月29日，北京市第二环境保护督察组进驻海淀区进行环境保护督查。其间，接收群众信访案件829件，包括来电797件、来信32件，其中26件重点案件在第三方现场核查基础上，增设复查工作，均按期办结。提交调阅文件资料52项118卷2389份。

（王东）

【饮用水源保护】 9月11日，区环保局、水务局、卫计委联合印发《关于进一步加强饮用水水源保护工作的通知》，强化街镇监管职责，建立健全水源保护区联络机制。制定《海淀区镇级集中式饮用水水源地清理整治方案》，会同区水务局、卫计委和相关街镇对水源三厂提供的污染隐患清单进行排查。区环保局完成辖区4个镇级集中式饮用水水源地环境状况评估，评估结果显示水质均能达标，未出现超采现象。

（王东）

【环评准入】 年内，区环保局环保审批窗口接待咨询6000人次，网上退回218次，受理环保审批272项，其中许可项目169项（13个报告书项目，156个报告表项目），梳理登记表备案项目3989项，及时办结率达100%；验收建设项目355个。制定海淀区控制排污许可证实施方案，发放上庄燃气热电有限公司、北京北冶功能材料有限公司、中国石化润滑油有限公司北京分公司3个排污许可证。取消开具环保守法等证明、建设项目竣工环保验收监测和调查两个事项；发布网上备案微信操作详解，实行“三免一即时”[①]的审验新举措。

（王东）

【环境监测】 年内，区环保局加强重点区域、流域和行业监管，完成环境质量监测、污染源监测、信访监测、应急监测等任务，提供环境质量状况以及污染物排放的精准数据。海淀区细颗粒物（PM2.5）年均浓度为56微克/立方米，比上年下降22%，较2013年下降42.9%，为城六区最好水平；二氧化硫（SO_2）年均浓度为8.5微克/立方米，比上年下降29.4%；可吸入颗粒物（PM10）年均浓度为82微克/立方米，比上年下降5.7%；二氧化氮（NO_2）年均浓度为48.5微克/立方米，比上年下降16.4%。监测河流10条（段），总长79千米。京密引水渠、昆玉河、长河、土城沟、清河上段、清河下段、万泉河、小月河8条河流水质达标，占监测总长度的81%，比上年上升8.1%。南沙河、永定河引水渠上段河流水质未达标，主要污染物指标为氨氮、总磷、化学需氧量，属于有机型污染。监测湖泊6个，水域面积427万平方米。昆明湖和团城湖水质达标，占监测水域面积的52.2%。八一湖、玉渊潭湖、圆明园湖、紫竹院湖水质未达标，主要污染物指标为化学需氧量、生化需氧量和总磷。区域内声环境质量基本稳定，空气、水体、土壤中的放射性水平与上年比无明显变化，属正常环境水平。

（王东）

【机动车污染防治】 年内，区环保局检查机动车114万辆（其中重型柴油车9.5万余辆），淘汰老旧机动车6.74万辆。检查加油站2056家次，抽测192家次，处罚7家，罚款金额77万元；完成55座年销售汽油5000吨

---

① “三免一即时”：1.针对位于商场、办公楼内，对环境影响较小的制售冷热饮项目以及营业面积在100平方米以下的纯手工组装项目，免去验收监测环节；2.针对提供正餐服务的餐饮类登记表项目，餐厨污水经隔油池处理后排入市政，最终排入城镇污水处理厂的，项目在投入试营业后，验收环节将免测污水；3.对于只办理名称变更，并持有工商部门出具的变更企业名称核准通知书的建设单位，免去了现场勘察的环节，办理该类项目的企业和个人可直接进行网络填报，由窗口人员进行即时审批。

以上加油站的在线监控安装任务。

（王东）

【工业大气污染防治】 年内，区环保局清理整治“散乱污”企业234家；完成中国航发北京航空材料研究院、北京人铁报印刷厂、北京首汽腾迪汽车销售服务有限公司等单位的环保技改工程；削减挥发性有机物122吨。

（王东）

【扬尘污染控制】 年内，成立以副区长吴计亮为组长的重点区域扬尘防控工作领导小组，加大统筹调度和督查考核力度。建立街镇降尘月度通报制度，住建、环保、城管、市政市容等部门开展“每周行动日”专项行动，全面落实绿色施工和6个百分百（施工工地周边100%围挡、物料堆放100%覆盖、出入车辆100%冲洗、施工现场地面100%硬化、拆迁工地100%湿法作业、渣土车辆100%密闭运输）要求。全区综合降尘量控制在6.6吨/月·平方千米，优于8吨/月·平方千米的年度指标。

（王东）

【空气重污染应急】 年内，海淀区启动空气重污染预警12次，其中蓝色预警5次、黄色预警4次、橙色预警3次。空气重污染期间，全区各单位、街镇第一时间启动应急响应，落实工地停工、机动车停驶、工业企业停限产等措施，发挥“削峰”“降速”作用，有效缓解不利影响。

（王东）

【水污染防治】 年内，区环保局摸排辖区35条主要河流和39条小沟渠排水口，建立街镇属地分类的污染源和排口台账，形成水污染源追根溯源总报告及各街镇分报告；完善地表水环境管理体制，编制《街镇地表水断面水质评分细则》，出台《海淀区水环境区域补偿办法》，开展61个街镇地表水考核点位定期监测；核查83家加油站防渗漏设施，改造21家加油站。

（王东）

【环境噪声监测】 年内，海淀建成区有噪声网格测点136个，达标网格数96个，达标率72.1%；区域环境噪声平均值为54.3分贝（A），达到国家55分贝的限值要求。海淀建成区交通噪声监测路段60条，达标路段33条，达标率55.0%；道路交通噪声平均值为70分贝。

（王东）

【土壤污染防治】 年内，区环保局下沉重点区域执法力量，签订《海淀区重点监管企业土壤污染防治工作目标责任书》，印发《关于将土壤污染源纳入海淀区网格化管理工作的通知》。完成17家关停退出企业地块的污染筛查和4个镇级饮用水水源地保护区的环境调查；确定8个农用地土壤污染状况详查单元，布设22个点位，划定12家重点详查企业。

（王东）

【污染物减排】 年内，区环保局推进无煤化、燃气（油）锅炉低氮改造以及老旧机动车淘汰，巡查监管5家污水处理厂及新建稻香湖再生水厂。辖区内主要污染物排放总量持续削减，二氧化硫、氮氧化物、化学需氧量和氨氮排放量分别为248吨、9155吨、3395吨和247吨，较2016年分别下降89%、15%、6.8%和3.7%，完成市政府下达的年度减排任务。

（王东）

【危险废物监管】 年内，区环保局按月上报固废监管月报。动态更新监管台账；网上审核210家危险废物产生单位的注册信息、培训40家重点工业企业；执法检查30余家考核单位，完成市级主管部门对辖区内危险废物规范化考核。

（王东）

【辐射环境安全监管】 年内，区环保局联合海淀公安分局开展常态化联合执法、定期专项巡查，对辖区50家放射源单位、528枚放射源、422家射线装置单位、1194台射线装置实施全程监管。依法对15家辐射单位的违法行为给予行政处罚，罚款金额27万元。受理辐射项目许可、放射性同位素备案事项90件，验收11件；辐射安全许可证审批89件。

（王东）

【环保执法监管】 年内，区环保局围绕“两散”、工业企业污染、“三烧三尘”面源污染、餐饮汽修、重型柴油车和非道路移动机械等重点领域开展22项专项执法，加强春季以及2017—2018年秋冬季大气污染治理的攻坚行动，落实“双随机”抽查制度。查处环境违法行为1593起，查封违法排污设施63起，移送涉嫌环境污染犯罪3起，罚款金额1783万元。

（王东）

【排污费征收】 年内，区环保局对辖区内污染源和污染物排放种类、数量进行摸底调查，加大国控、市控和区控源的监察排查，及时更新污染源台账。登记排污费收费单位4600家，征收排污费4045万余元。

（王东）

2017年海淀区河流水质状况一览表

表16

水体名称	规划水质类别	现状水质类别	达标状况
京密引水渠	Ⅱ类	Ⅱ类	达标
昆玉河	Ⅲ类	Ⅲ类	达标
长河	Ⅲ类	Ⅲ类	达标
土城沟	Ⅳ类	Ⅲ类	达标

续表 16

水体名称	规划水质类别	现状水质类别	达标状况
清河上段	Ⅳ类	Ⅲ类	达标
永引上段	Ⅲ类	Ⅳ类	未达标
南沙河	Ⅳ类	劣V_3类	未达标
清河下段	Ⅴ类	Ⅳ类	达标
小月河	Ⅳ类	Ⅳ类	达标

2017 年海淀区湖泊水质状况一览表

表 17

湖泊名称	规划水质类别	水质类别	达标状况
昆明湖	Ⅲ类	Ⅲ类	达标
八一湖	Ⅲ类	Ⅳ类	未达标
团城湖	Ⅱ类	Ⅱ类	达标
玉渊潭湖	Ⅲ类	Ⅳ类	未达标
圆明园湖	Ⅲ类	Ⅳ类	未达标
紫竹院湖	Ⅲ类	Ⅳ类	未达标

（王东）

园林绿化

【概况】 2017 年，海淀区投入 2.98 亿元，完成绿化建设 132.67 公顷，其中新增绿地 28.05 公顷，改造绿地 104.62 公顷；新植树木 47.51 万株、草坪 33.4 万平方米。全区森林覆盖率 35.61%，林木绿化率 40.51%，绿地率 48.83%，城市绿化覆盖率 52.24%，人均绿地 36.46 平方米，人均公园绿地面积 13.19 平方米（人均绿地、人均公园绿地均按 2017 年年末常住人口计算）；注册区属公园 35 家，面积 1016.25 公顷，其中市级精品公园 19 家。

2017 年，海淀区创建花园式社区 2 个、花园式单位 3 家。4 家单位被评为“首都全民义务植树先进单位”，3 家单位被评为“首都绿化美化先进单位”，2 个社区被评为“首都绿化美化花园式社区”，3 家单位被评为“首都绿化美化花园式单位”。

（周宇　庞晓岚）

【全民义务植树】 3 月 31 日，全国政协机关干部 400 余人，在东升镇双泉堡楔形绿地建设工程项目种植树木 1600 余株。4 月 1 日，组织开展以“弘扬生态文明，建设美丽海淀”为主题的首都第三十三个义务植树日活动，区四套班子领导和区机关、企事业单位及社会团体 200 余人在东升镇双泉堡楔形绿地建设工程项目参加植树活动，当日全区参加植树人数 16.06 万人，植树 6.08 万余株，动土 7.25 万立方米，养护树木 145 万株，设宣传咨询点 310 个，出动宣传车 67 辆，发放宣传材料 28.73 万份，出动绿色小信使 1.2 万人，悬挂宣传标语 563 幅。在上庄镇双塔村设置社会义务植树接待点，接待市民 200 人，植树 600 株；在海淀公园开展为期 3 个月的社会抚育劳动尽责活动，接待市民 110 人，清理林下可燃物 1200 平方米。在长春健身园、玲珑公园和元大都城垣遗址公园开展树木认养活动，市民 200 余人次认养树木 56 株。推进城乡手拉手，全区结成 4 对子，投入 35 万元，植树 1.5 万株。全年全区组织 400 余家单位，16 万余人参加全民义务植树活动，新植树木 19 万株，以 18 种尽责方式折合树木 80 万株。

（庞晓岚）

【中关村森林公园建成】 7 月 25 日，历经 2 年建设的中关村森林公园全部完工，并免费对市民开放。中关村森林公园是在腾退的唐家岭村旧址上建设的，分为 4 期建设，北邻航天城，南接中关村软件园，总占地面积 287.7 公顷。公园分东、中、西三部分：东部以唐家岭村拆迁地为主，包括绿岛识林、老街印象、乡村童趣等景点；中部以唐家岭村菜地为主体，包括森林乐动、水木临风等景点；西部以土井村拆迁地为主体，包括古井槐荫等景点。

（庞晓岚）

【园外园生态环境提升工程一期建成开放】 年内，项目建成开放。项目位于玉泉山和颐和园之间，东邻颐和园西围墙，南至金河路，西北方向紧邻玉泉山路，面积 72.8 公顷，投资 1.89 亿元。以遗产保护为基础，修复生态、梳理文脉。恢复历史水田，辟出借景视廊，再现“御苑—水乡—田园”的历史氛围。主要设有稻浪流香、苇岸桑林、春苗绣野、社林丰歌、玉峰塔影、长河浮金、三朝遗想、御道斜阳8个景点。项目于2015年3月开工建设，新增水稻田10公顷，恢复水面11.2公顷，种植乔灌木3.5万株，地被植物及草坪45万平方米。

（杨颖）

【园外园生态环境提升工程二期建成开放】 年内，项目建成开放。项目包括环玉泉山、妙云御香、茶棚、中坞4个片区，总面积182.33公顷，投资4.25亿元。以再现西北郊“御苑—水乡—田园”的整体历史风貌为目标，按照“保护、恢复、传承”的理念，以水为脉，恢复稻田，体现农耕、民俗等区域文化。项目于2015年12月开工建设，新增水稻田5.3公顷，恢复水面6公顷，种植乔灌木12.3万株、地被植物及草坪96万平方米。

（杨颖）

【街镇“四个一”绿化美化工程】 年内，海淀区实施街镇“四个一”绿化美化工程（各街镇每年重点打造一处公共绿地、一处道路绿地、一处立体绿化和一处居住区绿化工程），新建改造苏家坨镇旅游路、中关村街道知春公园、学院路街道学清苑社区、琨御府屋顶绿化等绿地41公顷，其中道路绿地8.05公顷、公共绿地22.97公顷、居住区绿化7.9公顷、立体绿化2.08万平方米。

（庞晓岚）

【森林健康经营示范工程】 年内，海淀区完成苏家坨镇车耳营村山区生态公益林健康森林经营项目200公顷，其中割灌12万平方米，扩堰7.04万穴，补植4.98万株，修建作业步道1.49万延米。

（史一然）

【生态林管护】 年内，海淀区纳入生态林地补偿机制政策林地面积7008.46公顷，其中一级林地132.27公顷、二级林地1331.21公顷、三级林地1592.73公顷、四级林地1387.69公顷、五级林地2564.56公顷。落实生态林地补偿机制政策，因新生违章建筑、征占用林地、养护不到位等问题扣减政策资金1913.38万元；拨付政策资金29985.44万元。完成生态林抚育2666.67公顷，整形修剪88.56万株，补植补造5.14万株，病虫害防治喷药封干167.71万株、刮除病斑1.6万株、饵木诱杀1488处，林地浇水3012.73公顷191.62万株，林木涂白2105.4公顷140.91万株，清理林地垃圾1673吨，施肥838.13公顷。

（史一然　刘君）

【农村街坊路绿化】 年内，海淀区纳入农村街坊路管理绿地涉及7个镇、49个村，面积101.6万平方米。开展各镇自查及农村五项基础设施抽查，完成街坊路绿化实际管护情况评定，依照评定结果拨付区级管护资金243万余元。

（刘君）

【重大活动花卉布置】 年内，海淀区投资2511.21万元，布置花卉工程近7.6万平方米，其中在中关村大街、长春桥路、万寿路、北坞村路等7条重点道路和紫竹桥、长春桥2处重要桥区布置地栽花卉面积4.06万平方米；在莲石东路中央隔离带、四环路隔离带等11处布置花钵花卉6432组2.25万平方米、木质组合花钵7252平方米，花钵外花卉种植面积5688平方米。

（张玲）

【森林防火】 年内，海淀区层层签订森林防火责任书1万余份。投入资金1665万元，新改建升级苏家坨镇、北林大实验林场、西农投资公司3个分指挥部的森林防火指挥分中心，增加9路高清视频监控系统；在沿山地区修建蓄水池6个2000立方米，加固香山后侧防火路护栏和边坡；修缮防火路、瞭望塔、检查站；更新防火物资器材，购置一批水枪、风力灭火机、灭火弹和照明灯；购置专业森林消防车辆22辆。加强与森警部队、区公安消防支队的协调联动，森警机动支队65人驻防北林大实验林场。发布红色预警1次6天、橙色预警3次21天，全年无火情火警。割除隔离带和清理林下易燃物120公顷；巡逻检查1200余次，检查单位180家，出动车辆2400车次，下发隐患通知书80余份。海淀区森林防火指挥部被评为北京市森林防火工作先进单位。

（朱禄）

【林木有害生物防控】 年内，海淀区设置美国白蛾、春尺蠖、双条杉天牛、白蜡窄吉丁等23种虫害区级监测点680个，在29个街镇、307个社区（村、公园）监测到美国白蛾成虫5621头，幼虫危害林木415株。推行以生物防治、物理防治为主的绿色防控措施，释放周氏啮小蜂、管氏肿腿蜂、异色瓢虫等有害生物天敌4亿余只；完成春、夏、秋三季飞机防治作业150架次，累计防控面积1.5万公顷；完成以美国白蛾3代幼虫为主的林木有害生物普查和防治。

（刘君）

【林政执法】 年内，区园林绿化局接报警情120起，其中涉林警情59起、野保警情21起、火情报警3起、救助22起、非管辖15起。办结涉林行政案件9起，责令恢复林地原状面积1.27万余平方米。开展野生动物联合执法检查行动，规范野生动物经营场所经营秩序；开展官园文玩市场和小月河“鸽子市”专项整治联合执法行动，清查花鸟市场、集贸市场13处，检查摊位52家。

（朱禄）

【林政行政许可】 年内，区园林绿化局受理行政许可553件，发放许可证396件，接待咨询2000余人；审批林木伐移181件、树木伐移143件，对32件林木（树木）采伐申请进行方案优化，保留林木（树木）1920余株；审核征占用林地（含临时占用）17项，市局批复绿地占用（含临时占用）45项；完成绿地率审核44项；受理并核发林木种苗生产经营许可证18份，其中新办4份、续办14份。签发“产地检疫合格证”18份，检疫苗木3.5万株、花灌木7.7万株；开具“检疫要求书”384份。

（傅文涛　刘君）

【公共绿地审查】 年内，区园林绿化局审查园外园生态景观提升工程三期及玉泉山周边环境景观整合、中关村大街视觉系统提升、双泉堡绿地（原万家灯火市场地块）、永定河引水渠南岸留白增绿等公共绿地、道路绿化、河道绿化等规划设计方案40项，涉及面积284公顷。

（马晓慧）

【代征绿地收缴】 年内，区园林绿化局收缴温泉镇中心区C-04地块、五路居回迁安置房等13处代征绿地22.5公顷；取得永翔北路东侧I-8代征绿地“中华人民共和国不动产权证书”，完成代征绿地土地确权9178.8平方米。

（马晓慧）

【野生动植物保护】 年内，海淀区加强3716株古树专业养护，完成九王坟古树群病虫害防治专项工作。举办“爱鸟周”宣传活动，发放宣传资料3100余份。落实野生动物疫源疫病监测日报制度，全区5个监测点共监测鸟类71万余只，未发现疫情。

（傅文涛）

【集体林权制度改革】 年内，海淀区拨付给苏家坨镇、西北旺镇、温泉镇、四季青镇生态公益林促进发展机制资金216.93万元，其中市财政82.64万元、区财政134.29万元。完成四季青镇、西北旺镇、苏家坨镇、温泉镇3443.5公顷山区生态公益林综合保险，投保近9.3万元，总保险金额6198万余元。

（傅文涛）

【种苗产业】 年内，全区有苗木生产经营企业45家，苗圃面积381.3公顷，实际育苗面积337.13公顷，新育面积32.03公顷；苗木总产量307.78万株，其中针叶树127.96万株、阔叶树78.3万株、花灌木101.52万株。

（刘君）

环境卫生

【概况】 2017年，海淀区环境卫生服务中心（简称区环卫中心）所属基层单位14家，有职工4124人，其中正式职工1063人、编外职工3061人。区环卫中心清扫保洁道路188条、立交桥44座、地下通道32座、过街天桥160座，道路总长度392.81千米，面积1543.77万平方米。绿地保洁面积397.42万平方米，机扫面积830.57万平方米，机扫率达94.02%。道路清洗面积810.62万平方米，车行道道路冲刷面积782.26万平方米，步道冲刷面积82.11万平方米。区环卫中心产权公厕有543座，其中二类以上公共卫生间299座、达标公厕202座、三类公厕42座；粪便作业量39.64万吨，粪便集中处理率达100%。清运垃圾101.85万吨（含厨余垃圾1.39万吨、餐厨垃圾0.8万吨、保洁土0.9万吨），垃圾密闭化运输率和无害化处理率均为100%。完成中共十九大、“一带一路”国际合作高峰论坛等重大活动的环境卫生保障任务。完成四环以外114处公厕、密闭式清洁站、保洁点等环卫设施的“煤改电”任务。

（周丽媛）

【北京绿海能环保有限责任公司】 2017年，北京绿海能环保有限责任公司主要负责海淀区循环经济产业园再生能源发电厂、厨余垃圾处理厂及建筑垃圾循环利用综合处置项目、宝山综合处理厂项目、六里屯综合处理厂项目建设。

北京市海淀区循环经济产业园再生能源发电厂。年内，项目通过性能验收、质检监督，正式移交生产运营单位开始商业试运行。截至年底，处理生活垃圾约60万吨，总发电约1.7亿千瓦时。委托中国科学院生态环境研究中心进行项目环保数据监测，5月22日至10月30日期间监测二噁英数据约为0.002纳克/立方米，是欧盟标准的1/50。

北京市海淀区循环经济产业园餐厨厨余垃圾处理厂。3月，完成预处理系统、除臭系统、生化系统、渗沥液收集及油水分离系统、后处理系统部分设备安装收尾和10千伏厂用电源带电前的电气试验、保护定值整定调试工作。截至年底，处理餐厨垃圾约4000吨，厨余垃圾约3000吨，油水分离渗滤液约3500吨。生产土壤调理剂约600吨，毛油约85吨。

建筑垃圾循环利用综合处置项目。位于苏家坨镇大工村，总占地面积约11.7公顷，投资21807.39万元。项目设置三条处理线，两条为建筑垃圾处理线，一条为炉渣处理线。项目年处置建筑垃圾100万吨（含炉渣约7.2万吨），过程中产生的骨料用于再生产品制造。年内完成29.97公顷项目土地移交工作，完成1：500地形图测绘和项目用地红线钉桩、地下管网勘测、林地调研、林地评估等工作。

宝山综合处理厂项目、六里屯综合处理厂项目。推进宝山综合处理和六里屯综合处理项目前期工作，完成宝山项目用地及周边土地的工程测绘和项目建议书编制，报区发改委申请批复。六里屯项目委托中国城市建设研究院编制项目方案。

（丁尧）

【生活垃圾实现资源化处理】 1月8日，五路居转运站全部转场大工村。区财政投入9700余万元，购置95部垃圾运输车辆、152个垃圾箱，逐步将分散直消六里屯填埋的中型运输车辆转场至大工村焚烧厂。开展不同类型压缩车、大小单臂吊车等作业车辆试转场、人员操作与安全培训、大工村出入场衔接等工作。

（周丽媛）

【“一带一路”国际合作高峰论坛环卫保障】 5月14日—15日，“一带一路”国际合作高峰论坛期间，区环卫中心落实《海淀区重要会议城市环境保障工作方案》，加强重点点位、道路、区域和问题的保障工作，实行24小时领导带值班制度，出动作业人员2850人次、各类道路作业车辆200车次，使用作业用水2800吨，清理遗撒97次，共计44.49吨。

（周丽媛）

【“海淀模式”新型公厕】 10月，区环卫中心完成万寿庄路、中关村西区六号地两座“海淀模式”试点公厕。新型公厕集智能、科技、生态、舒适于一体，安装人脸识别厕纸机、环境质量监测系统与人流量监测系统。新风除臭系统和双浮水式防臭地漏实现厕内环境无臭化；空气能节水龙头、微水冲工艺、气水冲技术，使节水率高达 50%～80%。第三卫生间准备儿童坐便和婴儿护理台，环卫驿站配备微波炉、冰箱、饮水机、应急救助箱等设施，为警务人员、志愿者、道路园林作业人员提供舒适的休息场所。新型公厕吸引全国 31 个省（自治区、直辖市）前来观摩。

（周丽媛）

【2 个中央环保督察问题整改完成】 年内，区环卫中心承担两项中央环保督察反馈意见整改项目，分别是五路居垃圾转运站渗滤液处理及巴沟粪便消纳站整改（即三星庄粪便消纳站过渡应急措施）项目。截至年底，五路居垃圾转运站渗滤液处理方案报区财政局审批，渗滤液改扩建工程竣工前采取应急措施租用专用设施实现临时达标处理，租用的两组智能一体化污水净化设备（CWT）已安装调试，稳定运行，可实现 70 吨/日的处理量，达标排放；三星庄粪便消纳站过渡应急措施项目经区政府投资项目论证，列为政府投资贮备项目，报区发改委审批。在环保督察迎检期间，收到督查件 33 件，其中主办件 6 件、协办件 27 件，主办件中两件为重点督查件，已全部完成。

（周丽媛）

【密闭式清洁站机械化分类】 年内，区政府召开专题会议，探索生活垃圾从源头分类，实现生活垃圾的减量化、资源化。区环卫中心按照部署，走访有关院校、街道，完成 30 个密闭式清洁站改造名单，设计改造方案，目前已开工 2 座。

（周丽媛）

【厨余垃圾清运】 年内，区环卫中心负责 67 家餐饮单位的餐厨垃圾清运工作，签订 5077 份餐厨垃圾清运合约，负责清运餐厨垃圾站 72 座，清运餐厨垃圾 3723 车次，清运量 7997 吨。清运垃圾分类示范小区 648 个，清运厨余垃圾站 630 座，清运厨余垃圾 5840 车次、13867 吨。

（周丽媛）

【环境应急保障】 年内，区环卫中心制订环境保障工作方案和应急预案，确保重大活动、节日期间市容环境整洁、卫生良好。完成“两会”，中央、市、区领导考察路线环境保障，香山桃花节、玉渊潭樱花节、圆明园皇家庙会、圆明园荷花节等重大活动、赛事及节假日期间环境保障 180 余次。开展夏季防汛工作 5 次，落实雨前、雨中、雨后工作措施。清理道路遗撒和乱倒乱卸垃圾渣土 3443 次，出动 13570 人次，清理垃圾渣土 3288 吨。

（周丽媛）

【重污染天气环境卫生保障】 年内，区环卫中心及时启动应急预案，做好空气重污染情况下的道路作业。在常规基础上，增加道路机械作业一遍次；针对冬季干燥、中心隔离带下污染物较多、浮土较大的特点对重点道路开展清洗和冲刷作业，降低路面浮土和污染物残留，减少交通扬尘污染；重点关注道路二次扬尘污染，加强路面遗撒渣土、污染物的清理，减少其停留时间，最大程度降低二次污染；加强对城市道路路面检查，保证重点区域及其周边沿线道路、重要地区和城市主干道的干净整洁。截至年底，完成重污染天气环境保障任务 12 次，出动作业人员 103850 人次，作业车辆 6310 车次，用水 85504 吨。

（周丽媛）

水务

【概况】 2017 年，全区水务工作以“水资源统筹管理、水环境综合整治、安全度汛和水安全”四大任务为核心，狠抓规划建设与创新管理，为生态文明和核心区建设提供有力支撑。全区用水总量 3.306 亿立方米，其中自来水 2.026 亿立方米、自备井 0.945 亿立方米、环境用水 0.336 亿立方米。年内，北部地区污水处理厂（站）处理污水近 2656 万立方米，再生水利用 2338 万立方米。北部再生水利用量目标为 1800 万立方米，全年累计量约 2338 万立方米，超额完成年度任务。完成北沙河及南沙河治理，完成宏丰渠、五一渠、团结渠、团结渠支渠及崔家窑水库等清淤任务。

（李月霞）

【“河长制”工作】 7 月 27 日，区委、区政府印发《海淀区全面推进河长制工作方案》，明确将水污染防治及水环境治理目标任务分解至各街镇。结合水利部第一批河湖管护体制机制创新试点要求，全区已设立“河长制”公示牌 265 块，设立区、镇（街）、村三级河长 202 人。在区级设立总河长、副总河长、执行河长，并在清河、北运河、京密引水渠、城市河湖各流域分别设立 14 位区级河长；在镇（街）级由镇（街）党政主要领导担任河长，共设立镇（街）级河长 53 人；在村级由村书记和村主任担任河长，共设立村级河长 135 人。下发“河长制”工作要点，编制海淀区“河长制”工作手册。制定 29 个街镇“河长制”目标责任书。开展一河一策的编制工作。统计完成河长名单、通讯录、水系图。填报北京市河长信息采集平台中的各级河长信息。上报河长信息二维码统计表。统计区、镇街、村三级河长信息，并在水务局外网公示。

（李月霞）

【水利部到地区考核水利建设质量】 9 月 20 日—21 日，水利部考核组对海淀区水利工程建设质量进行全面考核。本次考核是水利部对北京市水利质量考核的一部分，列入国务院考核北京市政府的总体分数，占其中的 6 分。海淀区作为代表之一参加北京市水利工程建设质量考核工作。考核组抽查东小口沟（海淀段）分洪工程，通过查看现场、听取汇报、查阅资料等环节，完成对东小口沟（海淀段）分洪工程的项目法人、勘察设计、施工、监理等情况核查，并对下一步质量管理工作提出专业指导帮助。

（李月霞）

【上庄再生水厂（一期）开建】 12 月，上庄再生水厂（一期）工程开工建设。上庄再生水厂设计规模 1.2 万立方米/日，采用 MBR（膜生物反应器）生物处理工艺，采用膜过滤工艺进行深度处理，主要解决海淀北部新区污水处理和回用问题。

（李月霞）

【政府水务投资工程】　年内，完成市水务系统固定资产投资共14项，其中续建项目2项，新建项目12项，完成投资 7.65亿元。

2017年海淀区政府北京投资工程一览表

表18

分类	项目名称	建设内容	完成投资额（亿元）
新建	崔家窑水库雨水湿地工程	通过建设雨水湿地，对宏丰渠及五一渠来水进行处理，清淤14.8万立方米；新建功能性湿地19.1万平方米；河道型湿地10.47万平方米；湖泊型湿地8.45万平方米；新增绿化面积约23.64万平方米	1.0419
	西冉砂石坑雨水调蓄区工程	建设雨水收集管线	0.1901
	稻香湖再生水厂调水泵站	调水规模为10万吨/天	0.1380
	稻香湖再生水厂外围配套工程	新建稻香湖再生水厂外部配套管线含进水管线、退水管线、配套道路、永久用电等	0.1200
	上庄再生水厂	建设再生水厂1座，设计处理规模1.2万立方米/天	0. 9490
	五一渠清淤工程	治理河道6千米	0.0370
	宏丰渠综合治理工程	治理河道2.3千米。清淤1.16万立方米；河道型湿地0.88万平方米；河道沿线绿化面积约3.6 万平方米	0.0871
	团结渠综合治理工程	结合生态河道治理同步实施河道底泥污染疏浚。清淤1.49 万立方米；新建功能性湿地300平方米；河道型湿地3.89万平方米；河道沿线绿化面积约8.2万平方米	0.0075
	团结渠支渠综合治理工程	治理长度约1.24千米，结合生态河道治理同步实施河道底泥污染疏浚	0.0100
	温泉沟（水江子段）综合治理工程	进行河道综合治理	0
	南沙河（稻香湖桥—上庄新闸）生态修复工程	对南沙河上游进行清淤	0
	稻香湖片区补水及循环工程	利用已建成的翠湖东路河道补水管线，沿京引北侧铺设管线向周家巷沟、温泉沟、东埠头沟、大寨渠等支流补水（规划路由）；沿画眉山路铺设河湖补水管线，向团结渠、宏丰渠、五一渠补水。通过稻香湖泵站，实现稻香湖片区的水系循环，恢复片区河道的生态基流	0
续建	海淀区第三四阶段中小河道治理工程	治理南沙河、军福沟、前柳林河、后柳林河、东小口沟分洪渠等6条河道	2.0046
	南沙河下游生态修复工程	主要为对南沙河下游河道两岸绿地进行生态环境修复，具体包括绿化种植工程、景观小品和其他配套工程、园区内道路、桥梁、园路及广场铺装工程、绿地灌溉工程、电力照明工程	0
其他	其他建设项目	其他22项水务建设项目	3.0600
合计			7.65

（李月霞）

【河道生态治理】　年内，继续实施海淀区第三、四阶段中小河道治理工程：完成南沙河下游清淤工程；前柳林河、后柳林河工程进度各完成80%；完成军福沟排蓄工程及分部验收；东小口沟完成暗涵段的90%，明渠段进行前期准备工作。

（李月霞）

【污水治理】　年内，区水务局完成海淀北部地区19个污水处理站升级改造工程，包括皂甲屯、白水洼、聂各庄、南玉河、梅所屯、柳林、李家坟、双塔、上庄一三四队、上庄二队、辛力屯、梁家园+台头、北玉河、草场、西闸、七王坟、八家、车耳营、西埠头。

（李月霞）

【西冉砂石坑雨水管线工程】 该项目于3月开工，施工单位为北京翔鲲水务建设公司，监理单位为中科金石（北京）工程咨询有限公司。7月完工投入试运行，彻底解决西冉村汛期内涝问题。工程共铺设管线2515米，包括4条雨水管线及1处砂石坑出水口，总投资1900.5万元。

（李月霞）

【园外园地区水系循环连通工程】 2017年，区水务局委托市城市规划设计研究院编制《海淀区河湖水系连通补水规划》。通过三苑闸泵站和北坞村路泵站，从团城湖取南水北调水，沿北长河明渠为两山片区补水，经金河补水管线、北旱河南支沟补水管线分别为金河和北旱河及玉泉山周边区域补水，取水能力1.5立方米/秒。从昆玉河巴沟闸取城市河湖水，与清河再生水厂再生水联合调度，为圆明园、清华大学、北京大学等万泉河流域补充生态水源。年内，结合园外园景观提升工程，三苑闸泵站和北坞村路泵站投入开工建设，金河补水管线已进行开工进场前准备工作。现正在进行北旱河补水管线和北旱河南支沟生态修复方案编制工作，力争通过金河泵站实现对北旱河南支沟的生态补水。完成园外园景观提升工程园林部分。生态补水方面，在市水务局的支持下，两山片区补充生态水源约165万立方米。

（李月霞）

【水资源管理】 全区水资源总量1.61亿立方米，其中地下水资源量1.40亿立方米。完成北安河生态清洁小流域7平方千米治理任务。完成24家单位自备井置换工作，置换水量200万立方米/年。完善全区地下水水位监测系统，开展地下水自动监测站工程建设。10月17日，区水务局对稻香湖路（北庄子北街—翠湖北路）道路及市政工程、北清路（北安河—温阳路）污水管线工程和中关村环保园3-3-209多功能用地等80余个项目开展水土保持方案落实、监测及验收情况的监督检查。督促生产建设单位按批复的水影响评价报告落实各项水土保持措施，减少人为水土流失，保护生态环境。多次为区内企业进行排水法律法规及许可证办理流程培训。

（李月霞）

【河湖管理】 年内，海淀区落实控源截污、清淤疏浚、调水引流、生态治理等综合措施，改善河道水质。完成北沙河、南沙河、宏丰渠、崔家窑水库、五一渠、团结渠、团结渠支渠7条段黑臭水体整治，对建成区2条段黑臭水体开展整治效果评估，公众满意度达90%以上。完成“聚焦攻坚”管线建设任务，新建污水收集管线30千米，完成雨污合流管网改造45.2千米。万泉河自昆玉河引水近159万立方米；园外园地区（两山公园片区）累计补水近44万立方米；南沙河流域再生水利用量达2338万立方米。采取曝气补氧、种植水生植物、投加生物制剂、加大河道巡查等手段改善南沙河水质，市环保局监测数据显示，10月—12月南沙河玉河橡胶坝断面水质达到Ⅴ类，完成市下达任务。

（李月霞）

【排水和再生水监管】 年内，北部地区55座污水处理设施处理污水3664万立方米，实现COD（化学需氧量）削减量3900吨，氨氮削减量830吨。纳入市政府考核范围的25座污水处理厂（站）再生水利用量共计2958万立方米，超额完成任务64%。完成海淀区农村污水处理与再生水利用设施运行监测系统项目建设工作，实现与市级平台有效对接和联调。定期检查区属排水管线养护单位的巡视养护资料、排水管线运行状况及各镇农村地区排水管线养护情况。年内已开展日常检查36次，监测进出水水质566个，出具检测数据3962个。

（李月霞）

【防汛】 年内，全区累计降雨量640.6毫米，高于多年平均557.5毫米，同比增加15%。汛期发生强对流降雨过程43次，降雨量523.8毫米。汛期启动集中指挥10次，同市防汛办、区应急办及街镇视频会议90余次，出动备勤人员23万人次。完善“三级”应急保障制度，组建抢险队178支1.1万人；对河道、水库、闸坝等水利工程进行全面排查和消隐，组织各排水设施主责单位对排水管网进行排查和清淘，排查疏通排水管线2000千米。

（李月霞）

【涉水行政审批事项】 年内，区水务局受理并办结行政审批169件，其中建设项目水影响评价审查86件，占总量的51%；排水许可证核发35件，占总量的21%；临时用水指标审批29件，占总量的17%；其他类别涉水行政审批19件，占总量的11%。按照规定实行双线审批，即审批事项受理后扫描录入北京市投资项目在线审批监管平台进行网上审批，同时采取纸质审批流程表进行线下审批。

（李月霞）

【水库移民扶持】 年内，全区新增农转非移民26人，减少47人，登记在册农转非移民561人，涉及7个镇22个街道。按照560元/人/年的标准发放，2017年度农转非移民资金31.416万元。新增农业移民7人，减少56人，登记在册农业户口移民115人，涉及7个镇44个村。按照600元/人/年的标准发放，共发放农村移民扶持资金7.5万元（其中115人6.9万元，补发2人共0.6万元）。

（李月霞）

【南沙河生态修复工程水下工程完工】 年内，由海融达公司施工的南沙河（稻香湖桥—上庄新闸）生态修复工程水下工程全部完成，并通过分部工程验收，南沙河已具备蓄水条件。水下全部工程包括4.89千米长的清淤、5000余立方米的铅丝石笼护砌、护坡修复和雨水口的修复，以及沉水植被种植区修整等工程。修复工程通过构建新的水域生态系统，提高河道水体自净能力，恢复河道的生态功能，再现海淀“水清岸绿”景观。同时通过提供亲水、观水、戏水的机会，打造人文水景，体现“人水共融”的和谐景观。

（李月霞）

气象

【概况】 2017年，海淀区气象局提高监测预报预警服务、防灾减灾能力建设，严格气象法制和社会管理。4人获得全市优秀气象信息员称号，2人获得市十佳优秀气象信息员称号。年内，区气象局降水量气象和水文共有46个观测站点，受理并办结行政审批79件，包括防雷装置设计审核1件，施放气球活动审批78件。在中国气象局、市气象局网站、“信用海淀”等平台，均实现审批信息7个工作日内全面、及时、准确公开。开展执法检查206次，包括防雷安全执法检查148次，施放气球执法检查58次，责令9家防雷隐患企业整改。开展行政处罚5件，其中一般程序3件、简易程序2件。

（李春玲 张醇 薛志磊 许璐）

【人影作业】 2016年10月至2017年4月，区气象局在12个高山地基增雪点开展增雪作业11次，燃烧碘化银烟条1560根；2017年5月—9月开展人工防雹增雨作业11次，消耗炮弹313发、火箭弹37枚。4月12日—25日，对14名人工影响天气作业人员开展岗前培训，均通过笔试和实际操作两项考试正式上岗。与四季青镇、苏家坨镇签订《安全生产责任书》。完善《海淀区人工影响天气制度汇编》。香山人影试验基地完成3次接待及参观任务。

（张醇）

【气象科普宣传】 年内，区气象局利用“3·23”世界气象日、“5·12”防灾减灾日、“12·4”国家宪法日开展气象科普宣传活动。联合中关村二小、中央民族大学举行气象科普宣传，发放材料10余种900余份。5月11日，《人民日报》、新华社、《中国气象报》等媒体参与马连洼百草园社区活动，围绕主题“减轻社区灾害风险，提升基层减灾能力”，报道基层气象信息传播和气象防灾减灾体系建设情况。海淀区气象台作为校外科普课堂，接待人大附中、北京大学院校800余人参观。

（史辰）

【气象业务平台建设】 4月7日，海淀区暴雨及其衍生灾害预警防御情景构建研究项目通过评审验收；开发海淀人工智能气象预报预警服务项目；升级海淀区气象水文共享系统，为汛期决策服务提供保障。5月11日，突发事件预警信息发布中心实现实体运行。截至年底，发布预警信号94期，其中高温黄色6期、高温蓝色4期、大风黄色3期、大风蓝色16期、雷电黄色20期、雷电蓝色18期、冰雹黄色4期、暴雨黄色5期、暴雨蓝色10期、大雾黄色8期。发布预警短信21万余条，发送服务短信320万余条。

（王冠 刘宜纲）

【2017年海淀区重大气候事件】 6月21日—24日，海淀区迎来入汛以来最强降雨。此次降雨受低涡影响，历时59小时，平均降雨量127.1毫米，最大上庄174.4毫米。气象水文共享46个观测站点中，42个站超50毫米，35个站超70毫米，11个站超100毫米。

（张希 张玮）

【气象服务】 年内，区气象局发送服务短信400余万条，包括天气情况220余万条，天气实况140余万条，重要天气提醒40余万条。制作气象快报301期，电视天气预报331期，显示屏更新2600余条，微信5000余条。发布预警118次，其中暴雨蓝色10次、黄色5次，雷电蓝色18次、黄色20次，冰雹黄色4次，大雾黄色10次，沙尘蓝色1次，沙尘暴蓝色2次，霾橙色3次，高温蓝色4次、黄色6次，大风蓝色30次、黄色4次，道路结冰黄色1次，地质灾害气象风险预警7次，其中蓝色预警3次、黄色4次。发布菜篮子专项保障短信10万余条。

（张希 张玮）

【气象科研项目】 年内，海淀区气象局局长刘建忠作为项目负责人承担的北京市自然科学基金项目“北京市海绵城市渗透调蓄技术干预下的降雨径流和渗流模拟与机制分析”获批；同时承担的市气象局科技项目“基于睿图模式（RMAPS-ST）产品的区级预报预警服务检验技术研究”获批，阶段成果参加“大北方区域数值模式协同创新工作会”作大会交流发言。《利用常规及非常规观测资料对海淀区冰雹强对流天气过程的技术分析》一文参加中国气象年会；《北京市海淀区新型自动站故障排查分析》一文发表于《现代农业科技》杂志，参加2017年新疆气象学会年会交流。两篇文章参加2017年北京市区级综合业务技术交流会，分获优秀论文二、三等奖。

（史辰）

【重大活动气象保障】 年内，区气象局完成7次重大活动气象保障工作，包括中共十九大、“一带一路”国际高峰论坛及国家领导人义务植树等保障任务7次，制作重大活动气象服务专报121份。“一带一路”国际合作高峰论坛期间，面对气象服务“点多、线长、面广”特点，编制《海淀区关于高峰论坛气象服务保障方案》《高峰论坛气象应急预案》等专项方案，跟踪天气过程，积累颐和园、香山、北清路、香格里拉饭店等重点点位预报经验。提供《海淀区气候月报》2期。参加空气保障动员会3次和中央环保督察会1次。制作《5月中上旬海淀区历史同期空气污染气象条件及典型案例分析》，对历史沙尘个例天气形势进行分析。发送服务短信54092条；发布预警信号4次、重大活动气象服务专报18份；为香格里拉酒店提供实况和预报预警及提示性信息19次；接受新闻采访2次，电视天气预报7次；通过气象信息显示屏及时向公众发布最新天气预报和预警信息，更新气象信息显示屏58次，微信群发布信息23次，钉钉发布信息8次。

（薛志磊）

【2017年海淀区气候概况】 2017年，全区日平均气温为13.6℃，比常年平均气温（12.8℃）偏高。年极端最高气温38.9℃，出现在6月15日；年极端最低气温为-10.9℃，出现在1月24日。全年降水量640.9毫米，比常年（557.5毫米）偏多1成以上，较2016年739.4毫米偏少1成以上。7月降水

量最大，达 202.7 毫米；6 月下旬降水量 112.7 毫米，为历史同期第三高值；一日最大降水量为 79.2 毫米，出现在 6 月 23 日。年日照时数 2315.0 小时，比常年偏少 165.8 小时。大风日数 0 日，较常年同期（18.5 天）明显偏少。春季（3 月—5 月）平均气温为 16.0℃，比常年平均值（14.0℃）明显偏高；降水量为 46 毫米，比常年平均值（72.2 毫米）偏少。夏季（6 月—8 月）平均气温 26.0℃，比常年平均值（25.5℃）偏高；降水量为 522.9 毫米，比常年平均值（394.5 毫米）偏多 3 成以上。秋季（9 月—11 月）平均气温 12.6℃，接近常年平均值（12.8℃）；降水量为 67.8 毫米，比常年平均值（82.3 毫米）偏少。冬季（2016 年 12 月至 2017 年 1、2 月）平均气温为 0.1℃，比常年平均值（–1.4℃）偏高；降水量为 4.2 毫米，比常年平均值（8.5 毫米）偏少 1 倍以上。（常年值为海淀 1981 年—2010 年 30 年有效资料平均值）。

（张希　张玮）

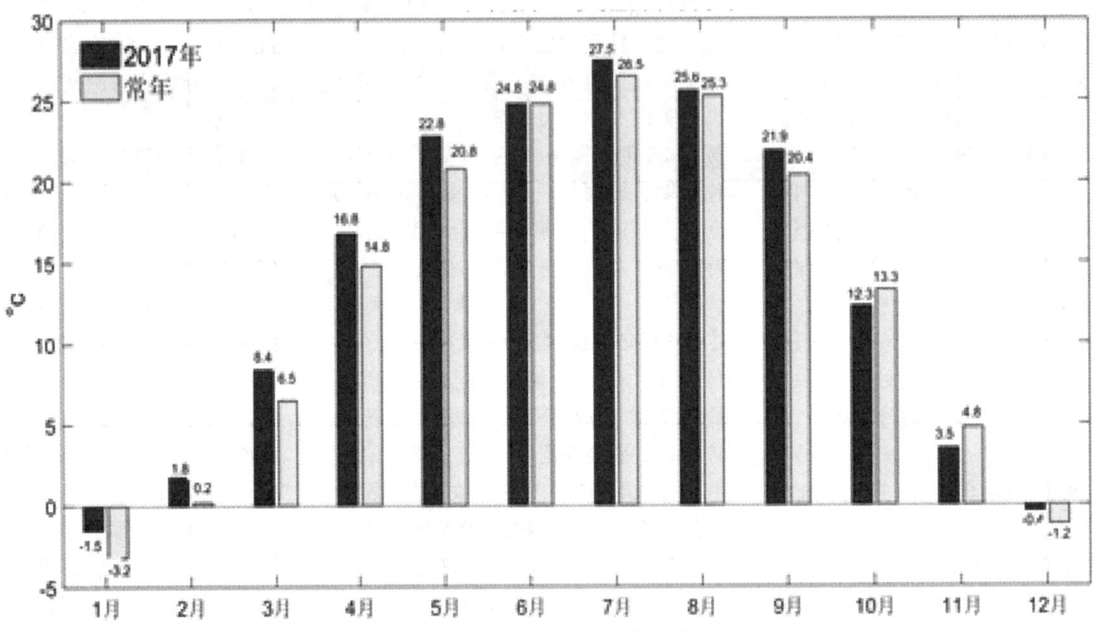

2017 年海淀区月平均气温及常年同期比较图

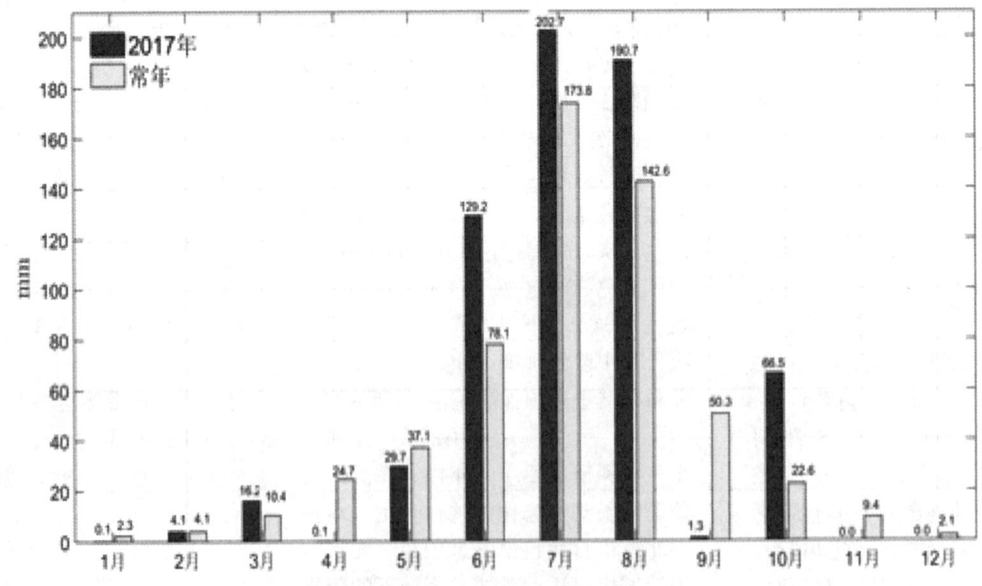

2017 年海淀区月降水量及常年同期比较图

（刘宜纲）

消　防

【概况】　海淀区公安消防支队（简称区消防支队）下辖清河、颐和园、采石路（特勤中队）、双榆树、香山、航天城、五棵松、西二旗、首体南路、向阳、凤凰岭、杨庄（供水中队）、四季青、八家、北安河、圆明园、玉泉山17个消防中队。

2017年，区消防支队围绕打赢重大安保战役、维护火灾形势稳定、推动部队建设发展的总体目标，完成全国“两会”、“一带一路”国际合作高峰论坛、中共十九大、中央系列工作会等重大安保工作任务。全年共接处火警2332起，抢险救援1068起，社会救助1348起，抢救疏散群众1812人，挽回经济财产损失5596.5万余元，完成各项灭火、抢险救援处置任务。全年实际发生火灾380起，直接财产损失434万元，受伤3人，无火灾亡人，同比分别下降29.9%、下降29.2%、增2人、净减3人，未发生较大以上火灾事故，社会面火灾形势整体稳定。检查单位30531家，督促整改隐患38847处，下发责令整改通知书22350份，“三停”单位183家，查封单位577家，罚款1574.85万元，拘留125人，同比2016年各项执法量大幅提升，保持了火灾防控高压态势。全年消防设计审核项目1010个，设计备案抽查39个，验收消防项目866个，验收备案抽查20个。

（秦鹏宇　尚艺璇）

【养老机构消防安全工作部署会】　1月19日，海淀区召开2017年养老机构消防安全工作部署会。民政、消防、全区养老机构负责人及安全员参加会议。消防支队通报前期开展养老机构消防安全检查情况，针对检查发现的问题提出整改意见和建议。

（秦鹏宇　尚艺璇）

【春节前消防安全检查】　1月，区领导先后带领公安、安监、市政市容、综治、卫计、城管、消防等部门高频率开展节前消防安全检查。重点检查商市场、宾馆饭店、烟花爆竹销售点、城乡接合部以及节日期间活动场所消防安全工作。共计12位区领导、58位街镇领导带队检查100余次。

（秦鹏宇　尚艺璇）

【春晚安保人员消防安全培训】　1月23日，区消防支队在中央电视台一号演播厅组织央视春晚活动现场安保人员开展消防安全知识集中培训。单位微型消防站队员、消防安防监控室值班员、负责春晚安保工作的武警官兵以及春晚剧组相关工作人员共计200余人参加培训。

（秦鹏宇　尚艺璇）

【贯彻落实市政府常务会精神消防工作专题会】　2月14日，区政府召开贯彻落实市政府第一百三十三次常务会精神消防工作专题会。区政府办、发改委、财政局、规划分局、民政局、水务局、消防支队等区属25个职能部门及相关街镇主管领导参加会议。区消防支队就《关于提升本区综合应急救援能力2017年度任务实施细则（征求意见）》（简称《细则》）相关内容进行详细解读，与会单位领导围绕《细则》就更好地落实好、协调好相关工作结合各部门实际提出具体工作意见和建议。

（秦鹏宇　尚艺璇）

【消防工作会议】　3月3日，区政府召开2017年消防工作会议。区相关领导以及区防火委成员单位、各街镇、各派出所主要和主管领导参加会议。会议肯定2016年全区消防工作成效，并就2017年全区消防工作、全区森林防火工作进行部署。

（秦鹏宇　尚艺璇）

【推进“疏解整治促提升”专项行动】　3月，区政府召开海淀区控违拆违工作会议，部署开展“疏解整治促提升”专项行动控违拆违工作。区消防支队与多部门协同配合，封堵开墙破洞33处，拆除违建5600平方米，调控人口700余人。

（秦鹏宇　尚艺璇）

【地震应急综合演练】　4月20日，区消防支队联合区应急救援指挥中心开展地震应急救援综合演练。本次演练工作科目贴合实战，全面检验地震救援队的实战水平及各部门联合救援能力，达到预期目标。演练中，海淀支队地震应急救援队集结迅速，分工明确，处置有效，完成各项救援任务。

（秦鹏宇　尚艺璇）

【消防宣传工作】　4月，区消防支队围绕“一带一路”国际合作高峰论坛消防安保工作，结合区域特点，印制数十万份针对性强、通俗易懂、图文并茂、形式多样的宣传资料，并向涉会场所、社会单位、居民家庭发放，逐步提高群众消防安全意识和能力，从源头上降低致灾因素，助推消防安全形势稳定。

（秦鹏宇　尚艺璇）

【高考考点及周边消防安全检查】　6月6日，区消防支队联合属地街镇、公安派出所，组成多个检查组对全区19所学校（高考考点）及周边宾馆、饭店、商市场等重点单位进行全面检查，向各考场及周边单位发放宣传材料，悬挂消防标语横幅，利用显示屏滚动播放消防安全知识。

（秦鹏宇　尚艺璇）

【居住场所消防安全隐患整治行动】　7月16日，区消防支队发动各职能部门、公安派出所、街镇对居住场所开展联合消防安全检查行动。检查组先后对29个街镇辖区的老旧小区、平房胡同区、大屋脊筒子楼、城乡接合部村民自建房、工业大院以及出租房（群租房）、高层建筑、地下空间等居住场所消防安全工作进行检查。此次检查共出动联合检查组56个，对辖区内85处居住区域开展检查，发现消防安全隐患136处，罚款4万元，发放消防宣传材料2000余份。

（秦鹏宇　尚艺璇）

【“疏解整治促提升”重点地区消防安全调研指导】　7月16日，区领导带领区公安、消防、城管、安监、工商、房管、交通等部门，对北下关街道地区专项整治工作进行调研指导，对五塔寺地区消防安全工作进行全面检查。区领导考察五塔寺地区“疏解整治促提升”工作整治成果，对地区消防安全疏散通道、消防设备设施、用火用电管理等进行检查，询问日常居住人员消防安全常识掌握情况。重点就地区消防安全隐患整治、人口疏解等工作提出三点要求：一是高度重视落实责任，因地制宜整治顽疾隐患。二是加大执法工作力度，各职能部门要协同配合。三是做好整治后期管理，确保区域居民安全稳定。

（秦鹏宇　尚艺璇）

【电气火灾综合治理工作动员部署会】 7月20日，区政府召开电气火灾综合治理工作动员部署会，统筹部署海淀区电气火灾综合治理工作。区安监局、公安分局、消防支队、质监局等27个委办局，海淀区属各街镇和海淀区属重点企业参加会议。会议通报海淀区电气火灾形势，重点部署了《海淀区电气火灾综合治理工作方案》。

（秦鹏宇　尚艺璇）

【消防安全工作推进会】 7月29日，全区生产安全和消防安全工作推进会召开，区消防支队、住建委、安监局、园林绿化局、商务委等重点部门及各街镇领导参加会议。会议通报火情，部署消防安全重点工作，要求各职能部门严格落实国务院、公安部会议精神，落实消防安全责任制，加大消防安全隐患排查整治行动力度。会议对下一步火灾防控、消防宣传工作提出明确要求。

（秦鹏宇　尚艺璇）

【建设工程施工现场质量消防安全大会】 8月3日，区消防支队联合区住建委组织召开2017年建设工程施工现场质量消防安全大会。住建部门、安委会分别对2017年建设工程安全生产管理等工作进行部署。区消防支队通报2017年以来全区施工现场发生火灾事故情况，并提出具体工作要求。

（秦鹏宇　尚艺璇）

【商场市场消防安全集中夜查】 8月7日，区消防支队推动属地街镇、公安派出所对辖区商场市场开展夜间联合检查行动。各检查组先后检查博大文体用品批发市场、五环玉泉综合市场、五道口集贸市场等单位的消防安全工作。重点查看商场市场消防安全责任制是否落实，消防手续是否齐全，消防设施是否完好，安全疏散通道是否畅通，中控室值班值守、持证上岗等情况。此次检查共出动19个检查组，检查单位50余家，发现火灾隐患70余处，罚款5万元，临时查封3处。

（秦鹏宇　尚艺璇）

【高层建筑消防安全综合治理工作专题会议】 8月8日，组织召开高层建筑消防安全综合治理工作专题研究推进会。区公安分局、消防支队、综治办、住建委、房管局、民政局、安监局、区政府督查室等部门参加会议。会议决定，海淀区成立领导小组，各委办局和各街镇政府为成员单位。抽调综治、住建、房管3家单位人员到消防支队集中办公，具体负责调度推进工作。

（秦鹏宇　尚艺璇）

【区消防队站建设工作调度会】 8月8日，区政府组织召开消防队站建设工作调度会。区消防支队、发改委、住建委、规划委、国土分局、环保分局、市政市容管委、海淀镇、北京海融达投资建设有限公司等单位参加会议。区消防支队就区消防站建设情况进行汇报，特别是在2018年计划消防站建设、待建消防站选址调整、消防站建设模式等问题上提出具体建议。与会单位分别研提意见并表示配合。

（秦鹏宇　尚艺璇）

【高层建筑消防安全综合治理工作集中约谈会议】 8月9日，区防火委组织召开海淀区高层建筑消防安全综合治理工作集中约谈会议。区公安分局、消防支队及区属高层建筑重点单位、高层住宅小区物业单位、在建建筑工地责任人或管理人900余人参加会议。会上，消防支队部署《海淀区高层建筑消防安全综合治理工作方案》，明确治理时间、治理范围、治理内容、工作措施及要求。

（秦鹏宇　尚艺璇）

【养老机构和出租房重点场所消防安全夜查】 9月13日，区消防支队联合安监、城管、公安派出所等职能部门及各街镇，对全区养老机构和出租房进行消防安全联合夜查行动。重点对养老机构、出租房、餐饮场所等开展地毯式检查。此次夜查行动共出动23个夜查组、1个督导检查组，出动警力50余人，共检查单位110余家，发现火灾隐患100余处，对存在消防隐患的5家单位进行临时查封，发放消防宣传材料3000余份。

（秦鹏宇　尚艺璇）

【商场市场和大型商业综合体建筑消防安全联合夜查】 9月20日，区消防支队、商务委、安监等职能部门联合出击，对辖区商场、市场和大型商业综合体建筑开展集中检查行动。消防支队共出动检查组22个，出动警力51人，推动政府职能部门出动27个检查组，检查单位62家，发现火灾隐患311处，罚款6万元，发动群防群治力量200余人参与商市场夜查专项行动。

（秦鹏宇　尚艺璇）

【重点场所消防安全检查】 10月，区领导分别带领消防、安监、食药、工商、城管及属地街镇，对辖区人员密集场所消防安全工作进行检查。重点检查单位消防控制室值班情况、消防疏散通道、消防安全疏散出口、应急照明设施、用电情况、消防设备设施、消防安全巡查工作情况等内容。

（秦鹏宇　尚艺璇）

【“119”宣传月】 11月9日，区消防支队在北京航空航天大学举行第二十七届“119”宣传月“全民消防我代言”大型公益行动暨消防大培训启动仪式，1500余人参加活动。现场设置了解消防、体验消防、学习消防、感受消防、参与消防等多个活动区域。发放消防宣传材料2万余份、消防代言人海报10万份。

（秦鹏宇　尚艺璇）

防震减灾

【概况】 2017年，海淀区建有前兆监测台站8个、宏观观测站6个，布设流动测震台2处，设有农村基层观测员100多人，建有Ⅲ类及以上地震应急避难场所10处。区地震局获2017年度北京市区防震减灾工作综合考核优秀单位称号、第四届北京市防震减灾科普讲解大赛组织奖。7月28日，北京市第十九中学获“2017年北京市中学生防震减灾科普知识挑战赛”团体第三名。

（吴智 张建平）

【建立宏观观测站】 1月，海淀区地震局依托稻香湖景酒店动物园建立地震宏观观测站。通过监测动物、植物、井水等反常现象，搜集地震先兆资料，为震前的监测研究提供服务。

（楚晓兵）

【地震应急演练】 4月13日，海淀区地震应急指挥部在中关村街道双榆树公园组织地震应急人员疏散安置综合演练。区地震局副局长谢宏伟现场指挥。区消防支队、交通支队、公安分局、发改委（供电公司）、市政市容委（燃气公司）、卫计委（“120”）、民政局、中国矿业大学（北京）地震应急志愿者队、中关村街道治安巡逻队9支队伍90余人参加紧急集结，近100名社区群众参加应急疏散安置演练。演练科目包括队伍集结、震情通报、燃气泄漏检测、人员疏散、志愿者队伍救护、交通管制、伤员转运、搭建安置帐篷、发放救灾物资、现场宣传咨询、开启Ⅱ类应急避难场所请示。4月20日，海淀区地震应急指挥部在上地东二路拆迁现场组织“纪念第九个防灾减灾日”人员搜救和灭火综合演练。演练科目包括群众疏散、灾情报告、救援队集结、人员搜救、应急医疗救护、应急物资抢救、应急灭火。区消防支队、区地震应急救援专业队伍、北京火箭军预备役大队地震应急救援队、海淀120医学救援中心、社区群众计100余人参加演练。区地震局、上地街道办事处的领导观摩演练。

（崔清山 吴智）

【地震应急桌面推演】 5月10日，海淀区地震应急指挥部组织“纪念国家第九个防灾减灾日地震应急桌面推演”活动。海淀区副区长梁爽担任总指挥，区地震应急指挥部67家成员单位地震工作主管领导现场参加和观摩。市地震局副局长吴仕仲、北京火箭军预备役大队参谋长姜泽耀、中国矿业大学（北京）校团委书记张蕊出席活动。演练逐一推演模拟震情发生、报告震情、启动地震应急预案、人员疏散安置、帐篷搭建、人员搜救、灭火、伤员救护、燃气检测、供电抢修、交通管制等科目实战演练，14个工作组汇报工作进展，应急响应调整等内容，专家组对推演形式、内容、效果等均给予高度评价。

（崔清山 吴智 黄健）

【科普示范学校主会场活动】 5月12日，区地震局联合育英学校举行“5·12”防灾减灾日全市防震减灾科普示范学校地震应急疏散演练主会场活动。中国地震局局长郑国光、副局长牛之俊，北京市副市长隋振江，海淀区副区长梁爽出席。活动包括地震科普宣传教育、应急演练、应急动漫画、VR逃生演练4部分，2000余名师生参加。分别向相声表演艺术家姜昆、育英学校颁发首都防震减灾公益大使聘书、国家防震减灾科普示范学校牌匾和证书。

（唐亮）

【应急避难场所标牌专项调查】 6月28日至8月1日，区地震局组织各街镇开展地震应急避难场所标牌损坏情况专项调查工作。重点针对2004年以来辖区内公园、广场、体育场、绿地等应急避难场所附近（含场所内）及周边道路设立的地震应急避难场所标识牌、指向牌的损坏情况进行调查统计。统计结果显示，需更换指向牌15套、标识牌20块、场地标识牌1块、杆15根。

（王轶男）

【科普讲解大赛】 7月26日，区地震局在稻香湖景酒店举行防震减灾科普讲解大赛总决赛。活动围绕“防震减灾，我讲解”主题，于6月下旬开始，分为预赛、决赛两个阶段。10名选手通过选拔进入决赛，参赛人员覆盖海淀区地震安全社区、防震减灾科普示范学校、科普教育基地，以及地震观测员、灾情速报员等地震群测群防“三网一员”。大赛评选出“防震减灾十佳讲解员”，其中5名选手参加北京市第四届防震减灾科普讲解大赛，获二等奖2名、三等奖2名、优秀奖1名和最佳形象奖1名，区地震局获组织奖。

（张建平 楚晓兵 赵菁）

【观测员宣传员培训】 9月19日—20日，区地震局举办地震宏（微）观观测员及防震减灾宣传员培训班，40余人参加。培训内容包括参观北京市地震局延庆地震观测台，听取中国地震局地球物理研究所研究员林云芳所作的“颤动的地球”科普报告。

（张建平 楚晓兵）

【地震应急救援能力培训】 11月18日—19日，区地震局在中国劳动关系学院培训中心举办2017年地震应急救援能力提升培训班。火箭军预备役大队和中国矿业大学（北京）的地震应急救援队、志愿者队伍共120余人参加培训。课程内容包括地震应急与展望、让生命充满力量、地震灾害及处置对策，以全面提升地震应急救援能力和志愿服务工作水平。

（黄健）

【应急避难场所建设】 11月23日，市地震局会同区应急办、地震局、羊坊店街道、西站管委会组成认定小组，完成对北京西站下沉广场Ⅱ类地震应急避难场所的认定。该广场位于北京西站正北侧，24小时对外开放，可供周边6500余人临时避难，是海淀区第一处依托交通枢纽设立的地震应急避难场所。截至年底，海淀区共有Ⅲ类以上避难场所9处。

（崔清山 王轶男）

【防震减灾法规“进校园”活动】 12月3日，区地震局联合燕园街道办事处、北京大学红十字会，在北京大学百年讲堂广场举办以“依法防震减灾，建设和谐海淀”为主题的防震减灾法治宣传主会场活动。活动采取定向越野赛的形式，在校园内设置15个答题点，参赛者两人一组，手持地图与答题卡穿梭于校园各处，寻找打卡点并在志愿者处回答防震减灾法规、地震科普知识和自救互救技能等相关问题。经过激烈角逐，按照综合成绩评选出一等奖3组、二等奖6组、三等奖15组。来自北京大学、北京理工大学、北京体育大学等 18 所高校的 200 余人参与活动。

（张建平）

【防震减灾法治宣传】 12 月 4 日，区地震局组织各街道社区开展防震减灾法治宣传活动，发放宣传品 7000 余份、宣传折页 7 万余份、宣传书籍 400 余本、宣传挂图 150 余张。重点宣传《中华人民共和国防震减灾法》《北京市防震减灾条例》等法律法规及防震避震、震害防御等防震减灾科普知识，强化居民法治观念。

（赵菁）

【防震减灾示范社区创建】 年内，海淀区新创建4个防震减灾示范社区，其中领秀硅谷社区、逸城社区为北京市地震安全社区，学院路街道逸成社区、清河街道领秀硅谷社区为国家地震安全示范社区。累计创建防震减灾示范社区 44 个。

（赵菁）

【防震减灾示范校创建】 年内，海淀区新创建 4 所防震减灾示范校，其中北京市育英学校、北部新区实验学校、民族小学为"国家防震减灾科普示范学校"，北京市第十九中学为"市级防震减灾科普示范校"。截至年底，海淀区共有 7 所防震减灾示范校。

（赵菁）

【2017 年海淀区震情】 年内，海淀区共发生地震 19 次，最大地震为 6 月 24 日发生的 2.3 级地震。

2017 年海淀区震情一览表①

表 19

序号	发震日期	发震时刻	纬度（°）	经度（°）	深度（千米）	震级	参考地点
1	2017-01-05	00：49：52.91	40.009	116.273	10	0.8	北京海淀
2	2017-01-12	05：31：28.78	40.111	116.222	18	1.7	北京海淀
3	2017-01-15	06：17：17.03	40.116	116.208	28	0.6	北京海淀
4	2017-01-22	23：35：30.90	40.012	116.231	12	1.1	北京海淀
5	2017-03-06	04：02：36.71	40.040	116.304	10	0.1	北京海淀
6	2017-03-09	23：53：35.02	40.059	116.080	21	0.2	北京海淀
7	2017-03-23	16：29：09.57	40.002	116.269	10	0.8	北京海淀
8	2017-03-24	01：14：40.21	40.006	116.187	16	0.5	北京海淀
9	2017-04-05	18：33：32.42	40.039	116.268	10	1.2	北京海淀
10	2017-05-02	10：00：42.03	40.056	116.298	4	1.9	北京海淀
11	2017-05-25	14：59：27.54	40.023	116.266	8	0.6	北京海淀
12	2017-06-24	02：43：14.17	40.018	116.154	10	2.3	北京海淀
13	2017-09-12	21：51：21.17	40.042	116.163	8	0.6	北京海淀
14	2017-10-09	05：38：36.60	40.031	116.220	13	0.5	北京海淀
15	2017-11-07	22：31：03.25	40.033	116.171	7	0.5	北京海淀
16	2017-11-18	14：18：31.64	39.971	116.214	23	0.7	北京海淀
17	2017-11-26	15：11：31.08	39.993	116.337	9	1.9	北京海淀
18	2017-11-28	13：34：20.12	40.001	116.180	12	0.5	北京海淀
19	2017-12-28	02：53：53.03	40.031	116.310	18	0.1	北京海淀

（楚晓兵）

① 摘自中国地震台网统一地震目录。

交通 邮政 通信

2018
北京海淀年鉴

3月3日，市重大项目建设指挥部办公室领导到海淀区调研轨道交通线网规划（王佳琪 摄）

3月，海淀运输管理处到颐和园进行开航检查（李昂 摄）

5月14日，海淀邮政在北京大学举行《“一带一路”国际合作高峰论坛》纪念邮票首发活动（刘戈 摄）

6 月 16 日，海淀运输管理处联合机动车维修企业进行安全消防应急演练（崔晓雷 摄）

6 月，海淀运输管理处在玉渊潭公园开展海事宣传咨询（任国政 摄）

交通运输管理

【概况】 2017年，北京市交通委员会运输管理局海淀管理处（简称海淀管理处）出动检查1757人次，实际检查824户次，检查6578车（船）次。采取处置措施51件（限改32件、移送7件、约谈12件），吊销案件3件，量化指标完成119%，措施率7.4%。海淀区有运输企业1594家、运输车辆17038辆，1家个体出租车管理站，管辖出租车90辆；有游船1396艘，从业人员7684人。

（刘泽洋）

【节假日交通运输保障】 春运期间，海淀管理处检查出租汽车行业18户次、公交运营行业及枢纽10户次。清明期间，巡查辖区万安、金山、温泉公墓周边公共交通运营秩序、停车场秩序，重点检查西苑公交枢纽、颐和园公交场站、公主坟场站、航天桥场站。中秋节、国庆节前后，海淀管理处采取节前安全检查与节中安全巡查相结合方式，组织辖区各行业的运输服务保障工作，检查祥龙三分公司、五分公司，客四分公司9车队、12车队以及电车公司19车队相关场站。香山红叶观赏季期间，海淀管理处于高峰日到摆渡车停车场、区间车停车场、北宫门地铁站进行巡查，遇有大规模客流集中聚集时，及时与局公交处、客四分公司进行协调，采取加密车次、缩短运营间隔等措施予以缓解。

（袁泽）

【重大活动交通运输服务保障】 3月上旬全国“两会”期间，海淀管理处分析辖区驻地周边公共交通环境，修订运力应急方案，召开出租企业负责人安全会议，检查祥龙公交公司和西苑公交枢纽，并安排人员每日巡查，遇有情况适时调整运力，确保运营秩序平稳。5月14日—15日，“一带一路”国际合作高峰论坛在北京举办期间，海淀管理处落实辖区交通运输服务保障工作措施。会议前期，检查祥龙公交公司外围运输安全服务情况，巡查清华东路、成府路、北四环辅路、中关村、颐和园等65条公交线路运营情况，保障木樨地公交站点、运通110甩站，排查不稳定因素。10月18日—24日，中共十九大期间，海淀管理处开展辖区内公共交通行业安全保障服务大检查活动，重点检查代表驻地周边公交场站、公共交通情况、出租汽车公司运输保障、香山景区公共交通运营情况。对13家维修企业进行入户检查，现场整改5家次，约谈企业负责人10人次，与企业签订安全生产承诺书，5家维修企业参与公务车辆的维修保障工作。

（袁泽）

【运输行业安全监管】 3月，海淀管理处对辖区交通运输行业进行安全维稳检查，出动94人次，对44家运输企业入户检查，发现安全隐患3个，均整改完毕。6月，开展“道路运输平安年”安全生产月系列活动，结合防汛运输保障工作，进行隐患排查和宣传教育。

（时磊）

【旅游企业质量信誉考核】 4月8日至5月26日，海淀管理处完成辖区6家旅游企业信誉考核。其中中苑出租汽车有限公司和北京海淀颐海出租汽车有限责任公司、北京友谊出租汽车有限公司获得AAA级评级，北京北旅时代商务旅游投资有限公司获得AA级评级，北京虹桥旅行社有限公司、中广国际旅行社有限公司未达到经营规模企业参加考核，不予以评级。

（王哲）

【机动车维修行业管理工作会】 4月11日，海淀管理处召开机动车维修行业工作会议，近400家企业负责人参会。会议通报年内企业违法违规行为，下发安全责任书，培训汽车在用喷烤漆房安全管理知识。11月17日，召开第二次工作会议，启动交通运输行业安全生产条件调查，推动企业做好安全数据填报工作。

（王靖翔）

【水上安全监管】 5月13日—16日，海淀管理处出动4批次海事执法人员赴颐和园开展安保工作，完成“一带一路”国际合作高峰论坛与会贵宾乘船保障任务。年内，海淀管理处对辖区6家水域游船企业（紫竹院公园、玉渊潭公园、颐和园公园、圆明园公园、京城水系、中和汇智）开展水上安全检查84户次，出动海事执法人员182人次，累计检查船舶3050艘次，限期整改6份，均已落实。

（刘泽洋）

【防汛保障工作】 5月31日，海淀管理处召开防汛保障安全工作会议，梳理企业防汛隐患。6月1日至8月31日，出动396人次，检查辖区交通运输企业189家，发现隐患25处，现场整改23处，采取行政措施2个。

（时磊）

【出租小轿车临时燃油补贴绩效评价管理工作】 5月，海淀管理处完成2017年出租小轿车临时燃油补贴绩效评价管理工作，进一步推动出租油补资金管理的规范化、资金运用的合理化。

（高芾君）

【“安全生产大讲堂”活动】 6月6日，海淀管理处开展交通运输行业“安全生产大讲堂”活动，辖区出租、租赁、旅游客运、货运、机动车维修、水运6个行业165家企业负责人参加活动。通过培训，学员掌握企业安全管理中应注意的重点，了解了企业是安全生产责任主体，以及交通事故后企业负责人、管理人应当承担的法律责任。

（时磊）

【安全生产月宣传活动】 6月16日，海淀管理处在巨山路汽车园开展以“压实企业主体安全责任　助力平安交通纵深发展”为主题的安全生产月宣传活动，发放法治宣传材料360余份；联合两家机动车维修企业进行安全消防应急演练。

（王靖翔）

【海事宣传咨询活动】 6月16日，海淀管理处在玉渊潭公园开展“压实企业安全主体责任　助力平安交通纵深发展”为主题的安全生产咨询日活动。通过设置横幅、发放宣传材料、讲解安全知识、现场示范等形式为市民普及交通安全出行知识，提高水上交通安全意识。市交通委、海淀管理处和玉渊潭公园等相关部门领导参加活动。7月11日，海淀管理处在长河湾开展航海日宣传活动。通过悬挂“船·港·人——互联互通”主题横幅、设立咨询台等形式，向游客发放乘船安全知识宣传材料，讲解水上交通安全知识。

（刘泽洋）

【水上交通安全应急演练】 6月16日，北京市地方海事局联合海淀管理处在颐和园公园昆明湖水域开展水上安全演练活动。5名海事执法人员进行现场协助。北京市地方海事局、局水运处、各城区管理处、郊区县交通局及市各游船单位领导现场观摩。演练内容包括水上防爆演习、水上救生演习和水上消防演习，全面推动辖区内水上安全运营。

（刘泽洋）

【公交微循环线路勘察】 8月22日，海淀管理处现场勘察西郊线轨道线路周边道路状况、公交站点、公交场站等情况，提出依托颐和园西门公交场站，开通公交微循环，可以解决郊野公园车站、万安公墓车站公交接驳工作的意见。

（袁泽）

【“水上安全知识进校园”活动】 9月20日，海淀管理处在海淀区七一小学开展水上交通安全知识进校园活动。海事执法人员、青年志愿者为学生们普及水上安全知识，教授“乘船如何保障安全”“遇到危险怎么办”“救生衣的正确穿法”等内容，并展开现场互动，发放宣传材料。

（刘泽洋）

【水路运输核查】 10月1日—23日，海淀管理处出动4批次海事执法人员，对4家水路运输及其辅助业经营者（中钢国际货运有限公司、中海航凯姆莱国际船舶管理有限公司、京城水系旅游开发有限公司和中和汇智文化发展有限公司）开展年度核查工作，听取企业工作汇报，现场核查经营者资质，签署《年度核查报告书》核查意见，整理审核意见并上报局水运处、北京市地方海事局。

（刘泽洋）

【地铁6号线西延接驳调研】 11月10日，海淀管理处开展地铁6号线西延接驳调研工作。海淀辖区涉及廖公庄站、田村站两个站点，重点勘查站点周边道路、原有公交站点及拟增加调整公交站点情况。

（袁泽）

【旅游企业安全生产评价】 11月27日至12月4日，北京市交通委员会安全督查事务中心对海淀区5家旅游客运企业进行安全生产千分制评价。北京北旅时代商务旅游投资有限公司与北汽出租合并，未独立参与此次评价工作。中苑出租汽车有限公司705分，北京海淀颐海出租汽车有限责任公司685分，北京友谊出租汽车有限公司615分，北京虹桥旅行社有限公司422分，中广国际旅行社有限公司300分。海淀管理处约谈参评旅游客运企业主要负责人，要求各企业就其存在的关乎安全生产的重点隐患立即整改并接受限期复核，严格按照行业要求全面整治完善自身经营管理。在辖区企业整改自查基础上，开展专项入户检查。出动执法人员16人次，检查企业6家次，开具限期整改通知书1份。经整改，5家参评企业基本符合要求。

（王哲）

【机动车维修行业监管】 年内，海淀区具有机动车维修经营许可资质的企业392家，其中一类114家、二类165家、三类113家。海淀管理处对符合参评条件的299家机动车维修企业开展了年度维修质量信誉考核工作，从企业资质、安全生产、维修及服务质量以及环保等方面进行初评，并把被投诉量和被采取行政措施量作为考评的重要指标。经过考评，评出并公示AAA级企业94家、AA级企业71家、A级企业112家、B级企业22家。维修从业人员9735人，比上年缩减596人。机动车维修量144万辆，比上年减少16万辆；维修收入23亿元，比上年减少2亿元。组织对317家机动车维修企业开展维修质量信誉考核工作，其中96家被评为AAA级企业。海淀管理处现场勘验15家维修许可新开企业，许可证件换发11家。执法人员出动440人次，入户检查186家，限期整改50余家次，约谈企业58人次，行政处罚7家次，注销企业23家，行政吊销2家。重新核对机动车维修企业喷烤漆房安全评价认证记录及检查记录，对28家安全评价期限到期的喷烤漆房出具停用通知书，对存在严重安全隐患的2家企业进行行政处罚。

（王靖翔）

【交通运输审批】 年内，海淀管理处承接辖区交通运输业务5543件，批准4853件（含许可、不予许可及去年受理本年批准的事项），承办中391件（其中85.9%以上为从业人员申请事项），咨询量8500余次，发放证件1.18万余个。

（高斌）

【交通运输许可证件批量注销】 年内，海淀管理处批量注销经营性道路货物运输驾驶员资格198个，经营性道路旅客运输驾驶员资格42个，货运企业103家，货运车辆221辆。

（高斌）

【租赁企业质量信誉考核】 年内，海淀管理处辖区有汽车租赁企业101家，2017年度应考评企业87家，实际考评企业72家，未考评企业29家（因备案期不足半年且无车未考评的企业18家，备案证过期未考评企业10家，自动放弃考评企业1家）。1家获优秀等级，8家获良好等级，62家为合格等级，1家为不合格等级。

（王哲）

【公交运输调整线路现场勘验】 年内，海淀管理处对公交集团新开及拟调整的13条公交线路进行实地踏勘3次，现场勘察道路宽度、交通管控、客流走向、居民密度、沿途设站、公交场站及替代线路等情况，提出属地管理意见并反馈运输管理局公交处。

（袁泽）

【货运企业监管】 年内，海淀管理处就货运企业精细化管理进行问卷调查，结合数据分析，将货运企业按车辆数量逐层分级，制定层级管理模式，及时发现、消除安全隐患；落实企业主体责任，降低货运物流市场投诉率。对辖区货运企业进行专项联合执法检查、日常巡查与不定期抽查；检查91家，开具整改通知书11家，吊销1家。辖区178家货运企业参加2016年度质量信誉考核，其中42家企业被评为AAA级（优良），125家企业被评为AA级（合格），11家企业被评为A级（基本合格）。对辖区内8家危化企业进行危险品运输车抽检，共抽检52辆化危运输车，抽检车辆全部合格，替换车辆全部报废。

（姚子瀚）

【淘汰轻型货车】 年内，针对国Ⅰ、国Ⅱ营运货车，海淀管理处不再核发“道路运输证”或停办审验、综合性能检测等级评定手续。通知46家企业办理上述车辆运输证件注销手续，停办企业其余业务。注销52辆国Ⅰ、国Ⅱ车辆的运输证件，未注销车辆均停办相应企业的手续。

（姚子瀚）

【海事监管与宣传】 年内，海淀管理处拓展海事宣传和日常监管服务渠道，采取宣传材料拓印二维码、张贴水上安全知识二维码宣传单等方式，应用二维码技术为游客提供方便快捷服务。全年张贴二维码宣传单1740张。海淀管理处撰写的《风好正扬帆　推动地方海事“三化”建设发展》《VTS在我国海事发展中的作用、存在的问题及思考》调研报告，在《中国水运》发表。

（刘泽洋）

【文明交通进驾校活动】 年内，海淀管理处组织海淀辖区内各驾校开展“五个一”活动，即讲好一堂文明交通常识课、让学员观看一次文明交通宣传片、参与一次文明交通志愿服务、安排每位新驾驶人参加一次文明驾驶宣誓仪式、设立一个交通安全宣传教育基地。活动对于增强驾校学员交通安全意识、法治意识、文明意识，从源头上预防和减少道路交通事故，具有重要意义。

（刘泽洋）

邮　政

【概况】 中国邮政集团公司北京市海淀区分公司（简称海淀区分公司）是中国邮政集团公司北京市分公司直属的二级邮政通信企业，担负着东至东小口、南至又一村、西至北安河、北至沙阳公路的404平方千米范围的邮政通信服务工作，覆盖海淀区的大部分辖区。海淀区分公司下属17个邮政支局，107个邮政所（其中有代理金融业务的支行76个），40个村邮站（海淀33个、昌平7个），23个投递部及商函局、包裹业务局、集邮公司、代理金融分局、发投局、电商分销局6个专业经营和8个职能部室。截至2017年年底，共有职工2608人，其中正式职工809人，大专以上学历1295人，管理人员93人。

2017年，海淀区分公司实现业务收入61246万元，完成102.2%。金融专业完成17623.3万元，快递包裹专业完成6735.8万元，集邮专业完成19177万元，函件完成6747.9万元，发行专业完成5017.8万元，电商分销专业完成2977.7万元。立项重点项目671项，其中代理金融专业82项、集邮专业232项、函件专业167项、包裹专业145项、发投专业29项、电商专业16项。共完成352项，形成业务收入2322万元（不含金融专业）。

（王英红）

【邮政基础设施建设】 年内，海淀区分公司投资414.49万元，完成苏二路、阜石路政所迁址等5个网点装修改造，共1794.42平方米，安装27组台席、4台自助机具；配发22台网银体验终端，更新21台信函过戳机，升级4根帧中继专线为光纤，提升网点接入带宽。

（王英红）

【邮政经营管理】 年内，海淀区分公司从制度、源头上加强用户欠费管理，杜绝低资费收寄、虚入业务收入、以记欠方式办理现费业务。监控每月用户欠费情况，下发催缴通知单，压缩欠费余额。清除长期超账龄欠费，确保账龄欠费控制在业务收入以内。抽查出口邮件192943件，合格191245件，合格率为99.12%，同比上升0.05个百分点。寄发测试平信300件，收回295件，损失率1.7%，同比下降0.6个百分点。满意度测评95.79分，基本保持平稳运行。全面实行普商分投工作，采取调整人员、实行快递包裹外包、增加承揽人员的方式，将普邮道段从460条压缩到354条，设立包裹专段136条。实行投递环节普快分网作业，设置13个包裹专投部，负责包裹的投递及揽收；23个普邮投递部，负责平挂信函、印刷品、报刊的投递。

（王英红）

【邮政专项主题营销项目】 太空项目。推出“国防万映·家书载梦”项目和系列产品，由中国电影基金会与中国邮政太空邮局共同发起的“国防万映·家书载梦”军事题材影片巡展进军营活动在北京航天城启动，形成函件收入100万元。生肖文化营销项目。以《丁酉年》特种邮票首发仪式及生肖主题文化活动为重点，开展多样化网络营销，收入近2300万元。“两会”主题营销项目。全国“两会”期间，收寄邮件13.1万件，销售纪念封、邮折、邮册44.8万枚（册），其中，各服务网点为人大代表、政协委员及“两会”工作人员开发个性化邮票1757版，实现业务收入1310余万元。仓配一体化项目。腾讯微信支付线下物料配送仓配一体化项目，以“试运行+驻场服务”方式，以设计制订应标服务方案，满足腾讯用邮需求。腾讯寄递项目一期试运行交付邮政20万件。开发对公项目。在富赛（天津）金融投资交易有限公司与中国妇女儿童基金会合作开展“资助贫困母亲”项目基础上，开发该对公业务，一次性转入资金3000万元。《“一带一路”国际合作高峰论坛》纪念邮票首发。在北京大学百周年纪念讲堂举办“驿路丝路复兴路　行走新丝路　喜迎十九大”2017全国集邮巡回展览，启动《“一带一路”

国际合作高峰论坛》纪念邮票首发活动。北京大学邮电所新址举办为期10天的丝绸之路主题巡展活动邮展，实现收入72.6万元。以“菜篮子”工程促金融业务发展。与海淀区商委合作，在网点运行“邮乐购海淀菜篮子连锁店”。全区66家邮储支行网点开展菜篮子优惠购活动，带动金融业务的创新发展。培育青少年集邮市场——“多彩邮票我来画”项目。联合首都文明办举办第五届“多彩邮票我来画”活动，与部分中小学、教育培训机构联合开展青少年主题集邮品鉴会，培养青少年集邮爱好，将集邮文化知识传播进校园。印发画纸7000张，结合后期开展的优秀画展项目，实现销售和产品开发的同步进行。中共十九大专项服务。中共十九大期间，收寄邮件23.8万件，销售首日封、纪念封、邮折、邮册45.19万枚（册），实现业务收入840.77万元。

（王英红）

通 信

【中国联通北京市分公司】 2017年，中国联合网络通信有限公司北京市分公司（简称北京联通）下设6个市区分公司，二区、八区、三区分公司为海淀区提供服务。二区分公司位于海淀区皂君庙9号，是亚洲最大的通信枢纽，下辖11个营销服务中心。八区分公司位于海淀区茂林居甲14号，下辖9个营销服务中心。三区分公司西客站营销服务中心属于海淀区。北京联通管线中心（复兴路65号）、北京联通移动中心（羊坊店路9号）、北京联通平台中心（羊坊店路9号）、北京联通网优中心（羊坊店路9号）4个北京联通的通信局所在海淀区界内。海淀辖区有北京联通营业厅33个。

2017年，面向未来网络和市场方向推动网络演进。深化集约化、专业化、扁平化管理模式转型，推进固移融合，建立全网集中网络监控、资源调度、网管支撑和分析优化的网络运营体系。完成全国“两会”、“一带一路”高峰论坛等重大活动的通信保障任务。

调整营销策略，执行暗线、阵地、线上协同作战战略，搭建线上线下同步销售渠道。

关注服务热点问题。监督分析关键指标，协调职能管理部门，为属地营业厅台提供支持。客户服务电话“10010”：为客户免费提供7×24小时的业务咨询、信息查询、投诉建议、业务办理等人工与自助综合服务；“10011”：为客户提供全国“一卡充”充值服务；“116114”：信息导航平台，全方位提供查号、订餐、机票、预约挂号等各种便民服务。

2017年海淀辖区北京联通营业厅名单一览表（33个）

表20

	序号	营业厅名称	地 址
二区分公司	1	北太平庄营业厅	海淀区北三环中路33号
	2	温泉营业厅	海淀区温泉乡太舟坞
	3	上地营业厅	海淀区上地电话局
	4	中关村营业厅	海淀区海淀路54号
	5	清河营业厅	海淀区清河毛纺路清河电话局
	6	二里庄营业厅	海淀区志新路11号
	7	皂君庙营业厅	海淀区皂君庙路9号
	8	西三旗营业厅	海淀区西三旗建材城东路28号
	9	中关村东路营业厅	海淀区中关村东路1号院2号楼108室
	10	苏州街营业厅	海淀区苏州街55号101
	11	马连洼营业厅	海淀区马连洼兰园小区14号楼1层2～5号
	12	上地信息路营业厅	海淀区农大南路1号院2号楼B104A
	13	西直门营业厅	海淀区西直门北大街32号院1号楼1层106第72～76号房间
	14	西土城路营业厅	海淀区西土城路10号综合楼1层
	15	中关村南大街营业厅	海淀区中关村南大街乙12号院1号楼1层1～17号
	16	北科大营业厅	海淀区学院路30号2区10幢1层101室

续表 20

	序号	营业厅名称	地　址
二区分公司	17	北语大营业厅	海淀区学院路 15 号 1 区 9 幢 1 层 104 室
	18	新街口外大街营业厅	西城区新街口外大街 28 号 30 幢 28-16
	19	万柳中路营业厅	海淀区万柳中路星标家园 1 号楼底商 104 室
	20	永泰中路营业厅	海淀区永泰东里 52 号楼首层 5 号北侧
	21	花园路营业厅	海淀区花园路 B3 号 1 层南侧
	22	杏石口营业厅	海淀区杏石口路益园文创基地 A 区 1 号楼 0105 室
三区分公司	23	莲花桥营业厅	海淀区什坊院甲 3 号
	24	西客站营业厅	海淀区羊坊店路 9-1 号
八区分公司	25	五棵松营业厅	海淀区复兴路65号
	26	远大路营业厅	海淀区远大路1号金源时代购物中心1层1022、1069号
	27	田村营业厅	海淀区永定路乙1号院8号楼6单元101
	28	紫竹院营业厅	海淀区西三环北路昌运宫1号
	29	四季青营业厅	海淀区昆明湖南路12号
	30	茂林居营业厅	海淀区茂林居小区甲14号
	31	公主坟营业厅	海淀区复兴路21号国美大厦1层
	32	四通桥营业厅	海淀区中关村南大街1号
	33	恩济庄营业厅	海淀区八里庄路63号院1号楼1层08号

（陈育红）

【中国移动北京公司城区三分公司】 中国移动通信集团北京有限公司（简称北京移动），为客户提供移动电话、固网号码、互联网、数字传输专线等基础电信业务和增值电信业务，以及与上述业务相关的行业应用、系统集成、技术服务等服务。2017 年，北京移动公司城区三分公司下设 3 个城区分公司、9 个区县分公司，其中城区三分公司位于海淀区学院路51号首享科技大厦，为海淀区提供属地服务。海淀区属地设海淀东部、海淀西部、海淀北部区域中心以及校园营销中心。海淀东部区域中心有北太平庄街道、花园路街道、北下关街道、紫竹院街道、学院路街道、中关村街道、清华园街道、海淀街道、燕园街道、万柳街道 10 家自有主营业厅。海淀西部区域中心有万寿路街道、永定路街道、羊坊店街道、八里庄街道、甘家口街道、曙光街道、青龙桥街道、香山街道、四季青地区、田村路街道 8 家自有主营业厅。海淀北部区域中心有东升地区、清河街道、上地街道、西三旗街道、马连洼街道、苏家坨地区、上庄地区、西北旺地区、温泉地区 8 家自有主营业厅。校园营销中心设有 11 家自有主营业厅。

2017 年，城区三分公司向智能化、信息化、数字化营业厅转型，为海淀区政府、科技园区、互联网、金融等行业客户提供无线网络建设、专线、互联网、IDC（机柜租赁）等集团解决方案。年内实现行业卡 100% 实名。为“两会”、防汛工作、应急工作等提供通信保障。通过“10086”客服服务，提升用户满意度及投诉处理质量。

校园营销中心为驻区的清华大学、北京大学、中国人民大学、北京师范大学等 48 所高等院校师生提供个人市场、家庭市场和集团市场总体服务。11 家校园营业厅下设百家校园合作网点，制定校园优惠政策，线上线下多方式的服务维度。为教职员工提供专有家庭宽带产品。与高校进行信息化智慧校园合作，打造一流信息化高校。

年内，城区三分公司完成新 4G 基站建设及 NB（指窄带物联网技术）功能站点开通。全区综合覆盖率达 96%，道路覆盖率达 99%以上，实现区域全覆盖。整体规划 5G 网络建设。

（郭玥琳）

2017 年海淀辖区北京移动营业厅名单一览表（45 个）

表 21

序号	营业厅	营业厅地址
1	清华动感品牌店	海淀区清华大学清华园街道 16 区
2	清西文化长廊营业厅	海淀区清华大学清西文化长廊 1 层
3	锦秋国际动感品牌店	海淀区知春路 6 号锦秋国际大厦 1 层 A102
4	北航营业厅	海淀区学院路 37 号北京航空航天大学校园内（北京航空航天大学网球馆底商）
5	交大动感品牌店	海淀区交大东路 18 号院 9 号楼 1 层
6	人大营业厅	海淀区中关村大街 59 号中国人民大学餐饮管理部 1 层
7	北邮动感品牌店	海淀区西土城路 10 号院内西门北侧平房
8	北理工营业厅	海淀区中关村南大街 5 号院 5 区 323 栋（北京理工大学职消社超市 2 层）
9	科大营业厅	海淀区学院路 30 号 6 区北京科技大学学生公寓 3 号楼 1 层
10	北医营业厅	海淀区学院路北京大学医学部新综合楼地下 1 层
11	民族大学营业厅	海淀区中关村南大街 27 号
12	林大动感品牌店	海淀区清华东路 35 号北京林业大学校内信息楼东侧
13	北大营业厅	海淀区颐和园路 5 号北京大学 45 甲地下师生配套生活服务 13 号
14	北师大西门营业厅	海淀区新街口外大街 19 号北京师范大学校内小西门旁底商
15	上地科实营业厅	海淀区信息路甲 28 号 1 楼 1 层 F
16	清河营业厅	海淀区清河镇清河强佑新城底商 108A
17	辉煌国际营业厅	海淀区上地十街辉煌国际大厦底商 118-3 号
18	上地东里营业厅	海淀区上地东里 1 区 4 号楼科贸大厦 1 层
19	中关村软件园营业厅	海淀区东北旺西路 8 号院尚东数字山谷 A 区 3 号楼 1 层移动营业厅
20	橡树湾营业厅	海淀区学府树家园二期底商 8-7
21	西山林语营业厅	海淀区冷泉林语二区 13 号楼 107
22	永泰庄营业厅	海淀区永泰中路永泰东里 41 号楼底商
23	博雅西园营业厅	海淀区农大南路博雅西园 1 号楼底商 D04 号
24	五棵松营业厅	海淀区西翠路 12 号
25	西翠路营业厅	海淀区西翠路 5 号今日家园 6 号楼苏宁电器 1 层
26	主语国际营业厅	海淀区首体南路 9 号主语商务中心 5 号楼 1 层 0101
27	玲珑路营业厅	海淀区西四环北路 160 号 1 层 1 区 108
28	金沟河营业厅	海淀区金沟河 16 号院 4 号楼-1 层 103
29	北太平庄营业厅	海淀区北三环中路 35 号北太平庄邮局 2 层
30	魏公村光大国信营业厅	海淀区中关村南大街 11 号光大国信大厦 1 层
31	北下关营业厅	海淀区大柳树北 17 号富海大厦 2 号楼 1 层 101 号
32	紫竹桥营业厅	海淀区紫竹院路 1 号人济山庄底商
33	枫蓝国际营业厅	海淀区西直门北大街 32 号枫蓝国际中心商场 1 层

续表 21

序号	营业厅	营业厅地址
34	首享科技大厦营业厅	海淀区学院路 51 号首享科技大厦 1 层北侧
35	四通桥营业厅	海淀区中关村南大街 1 号友谊宾馆北侧中复电讯内
36	永定路营业厅	海淀区永定路乙 1 号乐府江南乙 1-20 号底商
37	北坞嘉园营业厅	海淀区北坞嘉园 a 地块配套公建 C-1-15 号
38	厢红旗营业厅	海淀区中国军事科学院南门 3 号楼 1 层底商
39	中关村西区营业厅	海淀区彩和坊路 8 号天创大厦 1 层底商北侧
40	创业大街营业厅	海淀区中关村创业大街 1 层底商
41	学清路营业厅	海淀区学清路 38 号金码大厦 B 座 1 层 A2 区
42	中关村海兴营业厅	海淀区中关村丹棱街 16 号海兴大厦 1 层
43	万柳营业厅	海淀区万柳东路 9 号 106 室
44	保福寺营业厅	海淀区中关村东路 10 号
45	五道口营业厅	海淀区五道口华清嘉园 6 号楼底商

科　技

2018
北京海淀年鉴

5月2日，区政府与市知识产权局签订知识产权强区工程战略合作协议（海淀园 供图）

9月15日，全国双创活动周暨中关村创新创业季2017在国家自主创新示范区展示中心开幕，图为智能交通展示项目（张洪军 摄）

12 月 7 日，2017 年中关村论坛举行（海淀园 供图）

12 月 26 日，中关村高新技术企业协会与中关村科技创业金融服务集团签约（海淀园 供图）

12 月 26 日，2017 中关村高成长企业 TOP100 颁奖典礼举行（海淀园 供图）

综　述

【概况】　2017年，海淀区的科技工作立足中关村国家自主创新示范区核心区和全国科技创新中心核心区两大定位，聚焦中关村科学城建设，强化原始创新能力，提升创新发展能级，优化创新生态体系，向建成具有全球影响力的科学城和科技创新策源地迈进。企业内部研发经费790亿元，同比增长20.1%，企业内部科技活动经费投入强度超过4.7。全区新增国家和市级科技创新平台84个。11家机构被认定为科技型企业集中办公区，181家孵化企业入选中关村"金种子企业"，11名企业家入选中关村创新创业青年英豪榜。高新技术企业保有量8992家，同比增长19.1%。驻区单位主持完成的51个项目获得2017年度国家科学技术奖，其中国家自然科学奖11项，国家技术发明奖18项，国家科技进步奖22项。驻区单位主持完成的89个项目获北京市科学技术奖，其中一等奖13项、二等奖26项、三等奖50项。

知识产权工作以国家知识产权示范城区、知识产权强区建设为抓手，以支撑企业和产业发展为主线，以提升创新主体创造运用能力为重点，提升知识产权综合服务能力。海淀区专利申请量68313件，占北京市的36.7%。专利授权量37394件，占北京市的35%。发明专利授权量20833件，占北京市的45.2%；获第19届中国专利奖金奖2项，58项发明和实用新型专利获中国专利奖优秀奖。23家驻区单位获第四届北京发明专利奖，占获奖总数的近60%。签订技术合同5.2万件，技术合同成交总金额1620亿元，占全市的37%。

地区有科研院所135所，其中中央级108所、市级23所、区级4所。

（程晓荷）

【北京协同创新研究院】　2017年，北京协同创新研究院联合美国斯坦福大学、密西根大学等高校，建成柔性电子、先进材料等5个跨国界的国际协同创新实验室。累计启动科研项目150项，108个项目成果实现转化。成立高科技企业43家，其中1家在"新三板"上市，3家IPO①改制，吸引社会总投入近9亿元。母基金12亿元，设立子基金8只，募资超过16亿元。与大连理工大学、武汉理工大学签订"创新菁英计划"研究生联合培养合作协议。与超级蜂巢、联泰集群等企业达成合作，共推科技创新。

（程晓荷）

【中关村创业大街】　2017年，中关村创业大街及入驻机构共孵化团队878个，其中海归和外籍团队121个，获得融资的团队250个，总融资额达76.49亿元，项目平均融资额3000余万元。自2014年6月开街以来，中关村创业大街及入驻机构累计孵化团队达2459个，其中海归和外籍团队315个，获得融资905个，融资成功率36.8%，总融资额141.8亿元，平均融资额1567万元，融资超过1亿元的有50余家企业，"独角兽"企业2家。中关村创业大街建成并投入运营国内首个全球创新社区，对接国际项目超过200个，为100余个全球项目提供孵化服务，来自美国、瑞士和韩国的5家企业成功落地，成为科技部首批中意众创空间。中关村创业大街汇聚45家国内外优秀创业服务机构，联合50余家大企业、50余所高校、2000余家风险投资机构等合作方，在国内分支总数超过100家。中关村创业大街及入驻机构在海外分支机构与办公室近10家，与美国、以色列、芬兰、瑞典、法国、新加坡、澳大利亚、印度等20余个国家和地区的50余个机构建立创新合作。

（程晓荷）

【中关村科学城智能制造创新周】　7月23日，中关村科学城智能制造创新周启动式在中关村智造大街举行。创新周由市经信委、区政府主办，海淀园管委会、东升镇、北京海东硬创科技有限公司联合承办，主题为"智·造未来"。启动仪式上，国际孵化器巨头Plug and Play、中关村智造大街联合发起中美平行基金，同步投资中美最具创新与投资价值的优质项目。Plug and Play累计投资孵化超过300个中国创业团队，从美国硅谷、德国、俄罗斯以及Plug and Play在全球其他国家的孵化器引进超过100个科技项目进入中国。创新周期间，举办中关村智造大街公共服务平台发布、前沿科技产品揭幕、智能制造基金签约、中国电子技术标准化研究院第十二实验室签约等活动。

（蔡宇行　钟冷）

【协同创新券平台】　年内，协同创新券平台注册会员430家，通过认证审核的企业399家，通过认证审核的服务机构97家。通过认证的企业中，提交申领材料的企业95家，申领项目199项，申领额度1636.75万元；申报使用项目167项，使用额度1204.04万元。审核通过申领项目186项，实际发放额度1290.02万元；通过使用项目167项，实际发放额度1204.04万元。

（程晓荷）

【北京协同创新研究院设立分院】　年内，北京协同创新研究院（简称协同院）联合多所国际高校，系统开展具有世界领先水平的"高精尖"技术研究，建成柔性电子、先进材料、先进制造、水处理技术、能源材料与系统5个国际协同创新实验室。协同院在硅谷、香港设立分院，实现108个项目成果转移转化，吸引社会总投入近12亿元。

（程晓荷）

【新增科技创新平台84个】　截至年底，海淀区新增国家和市级科技创新平台（国家重点实验室、国家工程技术研究中心、北京市重点实验室、北京市工程技术研究中心、北京市工程实验室、北京市工程研究中心、企业研发机构和北京市企业技术中心）84个，全区创新平台超过1000家。其中，国家工程实验室4个，国家工程技术研究中心1

---

① IPO：Initial Public Offerings，首次公开募股。

个，北京市重点实验室 34 个，北京市工程技术研究中心 16 个，市级企业研发机构 5 个，北京市工程实验室 25 个，北京市企业技术中心 20 个。

（程晓荷）

科技创新

【概况】 2017 年，海淀区强化新兴产业前沿和关键核心技术攻关，打造新兴产业集群。围绕电子信息及人工智能、大数据、生物医药、轨道交通、智能制造等领域突破一批关键技术，支撑“高精尖”产业结构。在人工智能领域，围绕计算机视觉、深度学习、语音识别形成集群式突破，在共享出行、金融支付和安保领域形成深度交融。百度和数码大方分别获批筹建国家工程实验室，佳讯飞鸿与北交大共建智能科技研究院，小米发布首款自主研发中高端芯片“澎湃 S1”，成为全球第四家手机、芯片自研“双全”企业。百度宣布开放自动驾驶技术平台并发布“Apollo”新计划。在大数据领域，以数据堂、百分点和腾云天下等新兴企业为“发力点”，搭建大数据综合服务平台，百分点作为中国唯一大数据及人工智能企业入选亚太地区大数据厂商 TOP25 榜单。在工业网络安全领域，匡恩科技研发的基于大数据的工业网络安全态势感知平台，成为中国在工业控制系统网络安全风险评估领域有效工具和方法。在轨道交通领域，神州高铁、纵横机电等龙头企业搭建轨道交通运维仿真平台。成立中关村智联轨道交通运营产业联盟，打造“技术+市场+资本”的科技创新服务平台，实现抱团发展。在集成电路设计领域，北京大学 5 纳米碳纳米管集成电路项目达到世界顶尖水平；紫光展讯研发的 16 纳米工艺的 LTE 多模芯片，测试达到稳定量产水平。

（程晓荷）

【中关村首只“双创债”发行】 2月6日，北京广厦网络技术股份公司创新创业公司债券“17 广厦债”在上交所挂牌，成为中关村首只试点发行的“双创债”债券。此次发行的“17 广厦债”债券总额为 2500 万元，期限 2 年，票面利率 7.1%。“双创债”是一种专门针对创新创业企业的公司债，2016 年 3 月 8 日由证监会试点推出后，中关村成为首批试点区域。“双创债”试点初期的目标为拟上市、已经或计划在“新三板”挂牌的中小企业，重点面向节能环保、新一代信息技术、生物技术、高端装备制造、新能源、新材料、新能源汽车等战略性新兴产业、其他高新技术产业及现代服务业企业。

（钟冷）

【原始创新联合基金设立】 5 月，海淀园联合北京协同创新研究院、商汤科技公司等技术转化机构、企业与北京市自然科学基金共同设立“北京市自然科学基金—海淀原始创新联合基金”，引导区域原始创新。联合基金合作期五年（2017—2021 年），基金总规模 1.2 亿元，其中海淀共出资 5000 万元。2017 年，联合基金申报项目 372 项，其中重点专题 55 项、前沿项目 317 项。共支持项目 55 项，其中重点专题 11 项、前沿项目 44 项，调动高校院所科研团队围绕核心区重点领域开展原始创新研究。

（程晓荷）

【第三届“互联网+教育”创新周举办】 6 月 1 日—15 日，中关村互联网教育创新中心举办以“科技教育 · 创享未来”为主题的第三届“互联网+教育”创新周。通过七大主题、11 场论坛以及为期 3 天的教育产品创新展，引领教育行业人士共同探讨教育的变革与发展趋势，展示最前沿的教育信息化创新产品，助力教育的创新发展，构建“互联网+教育”创新生态。在 6 月 15 日举办的闭幕式上，《育见未来》纪录片正式发布。闭幕式上，还进行了创新创业人才培养基地揭幕仪式。海淀园科技处副处长梁爱民，北京师范大学教育学部副部长、教授、未来教育高精尖创新中心执行主任余胜泉，国家开放大学学生事务与教师发展中心主任张峦峤，中关村互联网教育创新中心书记魏宝成共同为创新创业人才培养基地揭牌。

（程晓荷）

【海淀双创示范基地白皮书发布】 6 月 6 日，海淀双创示范基地白皮书发布。海淀区 2016 年实现地区生产总值 5036.8 亿元，同比增长 7.5%。发展质量效益不断提高，5 年来，万元地区生产总值能耗、水耗分别累计下降 22.2%、24.8%。近 5 年来，高新技术企业总收入年均增长 15.4%，高新技术企业实现增加值占地区生产总值 60%左右；技术合同成交额累计 6635 亿元，发明专利授权量年均增长 18.5%。创新引领、服务主导的“高精尖”产业结构有力支撑了经济增长，创客经济、平台经济、共享经济等新模式新经济发展迅速。2016 年，海淀区第三产业占比高达 88.83%，其中信息服务业、科技服务业、金融业增加值在经济总量中占比达 54.3%，对经济增长的贡献率达 73%。

（钟冷）

【“2017 创响中国北京站”启动】 6 月 6 日，以“产业双创”为主题的“2017 创响中国北京站”启动仪式在海淀区举行。“2017 创响中国北京站”将以“1+5+N”的模式，着力展示以海淀区为核心的北京双创活动成果。启动仪式上，海淀区人民政府党组成员、副区长李长萍发布海淀双创示范基地建设成果和 4 个海淀双创示范基地国家重点支持项目，溢思实创全球协同创新中心、中关村京港澳青年创新创业中心等 4 家创新平台签约入驻海淀双创示范基地。中关村创业大街产业双创基金和中关村（海淀）联合创新基金正式发布。启动仪式后，“2017 创响中国北京站”的标志性活动“全球创新峰会 2017 之产业双创高峰论坛”正式举办，诺贝尔经济学奖得主托马斯 · 萨金特与联想控股股份有限公司董事长柳传志、中国航天科工集团董事长高红卫等分别发表主题演讲。活动持续至 6 月 15 日。

（钟冷）

【加州—北京创新中心设立】 6 月 7 日，海淀区政府、美国加州政府能源委员会宣布在京（中关村国际创新大厦）

联合设立“加州—北京创新中心”。作为美国加州政府在京设立的首个创新服务平台，中心将定位于推进加州和北京中关村在能源、环保、新材料、人工智能等行业上的科技成果转化及科技人才、服务互动往来。中心将建立“办公载体+企业咨询+专项基金”的立体服务模式，为北京、加州开展技术交流与合作提供一站式服务平台。

（钟冷）

【第四届 Innoway 创新创业活动】 6月12日，第四届 Innoway 创新创业活动正式启动，中关村创业大街不仅迎来韩国、加拿大、美国等的双创团队入驻，还发布大企业全球招募计划。在启动仪式上，加拿大 iNETPLUS 风险投资基金、硅谷高创会、中海油深蓝项目、韩国 VITRUV、韩国 I'm Cloud、韩国 TNDN 等国际化新机构签约入驻中关村创业大街。作为全球创新创业地标，中关村创业大街积极链接全球创新资源，建设全球创新平台，持续拓展国际合作网络，加快从本地运营向全球创新升级。三年来，中关村创业大街及入驻机构累计孵化团队 1900 个（其中海归和外籍团队 222 个），获得融资 743 个，融资成功率 39%，总融资额 91.04 亿元，平均融资额 1225 万元，其中融资超过 1 亿元的企业 40 多家、独角兽企业 2 家。

（钟冷）

【中关村军民融合创新创业服务平台启动】 7月20日，中关村军民融合创新创业服务平台启动。未来该平台将实现“5181”计划，即 5 年服务 1000 个军民融合项目，助力 80%的入孵企业进入资本市场，打造 1000 亿元市值产业集群，成为具有全国示范效应的军民融合创新服务平台。服务平台是以建设军民融合共享经济创新创业服务生态系统为核心理念，专注于科技领域军民融合的成果转化、技术转移以及科技创新服务等内容。服务平台的线下创业基地在海淀区西三旗桥西南角，形成总面积为 2 万平方米的“中关村军民融合创新创业基地”。

（钟冷）

【中关村创新创业季】 9月25日，为期 11 天的中关村创新创业季 2017 闭幕，闭幕式在北京中关村国家自主创新示范区展示中心举行。本届创新创业季以“创・新生态”为主题，共举办全球创新峰会 2017、极客挑战赛之 DemotheWorld、感知未来・AI+体验展、京津冀协同创新论坛等40场活动，来自美国、德国等 32 个国家的 770 家机构参与，542 个项目进行路演或展示，超过 6 万人次参与。达成 20 项揭牌与签约；发布 3 个基金，即北京市科技创新基金、海创未来国际创新创业大赛创业实战基金、海创未来国际创新创业大赛创业孵化基金；发布《北京大学双创示范基地建设方案》；发布 4 项研究成果与榜单，即中关村指数 2017、《大企业开放创新报告（北京）》、2017 创新先锋榜单、企业级服务 TOP50 榜单。20 家具有全球影响力的原创技术公司上榜“创新先锋 2017”，其中 55%的上榜企业位于海淀区，超过 90%的上榜企业得到过海淀区孵化器的孵化或投资服务。

（钟冷）

【渥太华“北京周”——中关村科技创新主题日】 10月6日（渥太华时间），由中关村管委会、中关村发展集团股份有限公司、渥太华投资署承办的渥太华“北京周”——中关村科技创新主题日活动举办。来自加拿大各地的科技界有关人士 100 余人参加。渥太华 Celtic House 风投机构、中关村（国际）控股有限公司、渥太华投资署等相关人士作针对“链接北京及渥太华创新合作”的主题报告。北京微视酷科技有限责任公司、北京虚实空间科技有限公司两家企业分别从各自角度展示公司在虚拟科技领域快速发展的成功经验，推介成功产品。与会人士参观“中关村创新之路”科技创新企业精品展。

（孙燕艳）

【“东升杯”国际创业大赛】 12月20日，2017 第五届“东升杯”国际创业大赛总决赛在东升科技园举行，8 个项目进行路演。来自北京的超高速连续 3D 打印成型工艺项目“清锋时代”获特等奖，并获得百万元创业大奖，以及免费公司注册地址、免费创业空间等奖励。比赛共招募创业项目 1218 个，包括国内项目 700 余个、国际项目 500 余个，来自美国、韩国、以色列、加拿大、柬埔寨、厄瓜多尔等 10 余个国家和地区。“东升杯”国际创业大赛开办以来，累计吸引国内外优秀创业项目 4000 余个，包括近千个海外项目。对 100 余个项目进行重点跟进孵化，融资比例达 96%，毕业团队的总融资额达 2.2 亿元。

（钟冷）

【“2017 中关村高成长企业 TOP100”榜单揭晓】 12月26日，“2017 中关村高成长企业 TOP100”榜单揭晓。小米科技等 100 家企业被评为“高成长企业”，北京安信天行科技有限公司等 10 家企业获“成就奖”，中国工商银行北京中关村支行等4家金融机构获“科技伯乐奖”。百家上榜企业覆盖国家重点支持的八大高新技术领域，均处于快速上升期。

（程晓荷）

【海淀区与中科院北京分院签约】 12月28日，海淀区与中科院北京分院全面科技合作座谈会暨科技创新战略合作签约仪式举行。副区长李长萍与中国科学院北京分院常务副院长吴建国代表双方签署科技创新战略合作框架协议。区委常委、常务副区长孟景伟主持。区长戴彬彬表示，在新的形势下，海淀区将全面聚焦中关村科学城建设，加快建设全国科技创新中心核心区。一方面进一步强化中关村科学城的核心地位，在创新生态和城市形态上进行重构和提升；另一方面，政府要为科技创新服务，通过科技政府、科技城市、科技公园的建设和科技共鸣的培养，进一步培育良好的科技创新文化和环境。长期以来，海淀区与中科院保持紧密合作，双方不断创新举措，建立了常态化工作会商机制。双方已在共建科技成果转化平台、共同推进国家实验室和重大专项落地、以资本为抓手促进科技成果转化、联合开展创新创业活动等 5 个方面取得重大成效。

（程晓荷）

【创新创业环境优化】 年内，海淀区在国家首批双创示范基地建设评估中排名首位。国家知识产权示范城区、“质量强区”建设稳步推进，获批筹建中关村知识产权保护中心，驻区单位创制国际标准6项，占全市的50%。中关村大街国际人才社区加快建设，人才服务体系不断完善。海淀基金体系覆盖从天使投资、创业投资到并购重组的全链条，中关村银行成立，上市(挂牌)企业新增80余家，累计1020家。推进国际化发展，中以、中加创新中心加快建设，以中关村一带一路产业促进会为平台，引导和服务一大批企业“走出去”，深度参与“一带一路”建设。创新空间优化拓展。推进中关村大街改造提升，累计腾退存量空间35.5万平方米，海龙、科贸、创富等一批大街沿线楼宇转型升级，中关村国防科技园一期等建成项目释放产业空间31.8万平方米。科学城北区发展空间释放，翠湖科技园D21和D22、西北旺镇亮甲店1号和2号地块等11宗土地上市；翠湖科技园、永丰基地、中关村软件园实现开复工项目31个，竣工项目12个，新增产业空间135万平方米。“一镇一园”建设取得突破性进展，温泉云中心北地块西区基本建成，西北旺X2与X5地块、苏家坨协同创新园等项目稳步推进。

（程晓荷）

【中关村协同创新服务平台】 年内，协同创新服务平台网站注册会员2328个，促成服务交易约2.11亿元。增设创新驿站24家，新增创新导师158人，新增服务机构151家。海淀区科技项目公开招标平台征集各类需求526项，匹配相应资源337项，举办活动13次，促成15项专利技术招标。平台征集、审核需求信息量526项，匹配需求信息量337项，对接项目138项，促成招标项目15项。

（程晓荷）

【创业会客厅优化“互联网+”线上平台】 年内，创业会客厅以及上地双创服务中心提供咨询服务超过3000次，达成服务900余次。创业会客厅是在中关村创业大街上打造的一站式创新创业服务平台，为创业企业提供工商、财税、知识产权、人力资源等300余项专业服务。建立两年多以来，累计为企业提供1.3万次创新服务，达成实际服务4500余次。创业会客厅试点“三证合一、一照一码、五证合一”，且“三证合一、一照一码”注册服务开展试运行并在全区推广。线上平台汇聚海尔、百度、英特尔等20家国内外大企业的创新需求，与纳什空间、3W咖啡、氪空间、车库咖啡、北京大学创业训练营等20余家众创空间达成合作，吸引联想集团、掘金集团等100余家专业创新创业服务机构入驻。

（程晓荷）

科技成果

【电动汽车基础设施建设示范试点通过验收】 3月22日，海淀区电动汽车基础设施建设示范试点工作通过北京市科委专家组的专项验收。此专项共完成21个社区的电动汽车基础设施建设示范试点，建设充电桩178个，其中79个直流、99个交流，合计3177.5千瓦。补贴资金249万元，带动总投资840.07万元。21个社区分布于海淀区山前山后地区，大多为人口稠密地区。

（程晓荷）

【甲肝疫苗通过WHO预认证】 12月，由海淀园企业北京科兴生物制品有限公司生产的甲型肝炎灭活疫苗（孩尔来福）通过世界卫生组织（WHO）预认证。该疫苗产品可进入国际组织的采购平台。该甲型肝炎灭活疫苗于2002年上市，是中国使用量最大的甲肝灭活疫苗，是继葛兰素史克公司之后全球第二个通过WHO预认证的产品。

（程晓荷）

【51个项目获国家科学技术奖】 年内，51个海淀驻区单位主持完成项目获得2017年度国家科学技术奖，占北京市通用项目获奖数的65%，占全国的19%。在51个获奖项目中，国家自然科学奖11项，占北京市自然科学奖通用项目的73%，占全国自然科学奖通用项目的31%；国家技术发明奖18项，占北京市技术发明奖通用项目的78%，占全国技术发明奖通用项目的27%；国家科技进步奖22项，占北京市科技进步奖通用项目的55%，占全国科技进步奖通用项目的13%。海淀驻区单位主持完成的89个项目分获2017年度北京市科学技术奖一、二、三等奖，占北京市获奖项目总数的46%。其中，海淀驻区单位获一等奖13项，占一等奖项目的59%；二等奖26项，占二等奖项目的51%；三等奖50项，占三等奖项目的41%。

海淀区驻区单位获2017年国家科技奖项目一览表

表22

一、国家自然科学奖

序号	等级	项目名称	主要完成人	推荐单位
1	二等	微分几何中的几个分析问题研究	李嘉禹（中国科学院数学与系统科学研究院）	专家推荐
2	二等	新型半导体深能级掺杂机制研究	李京波（中国科学院半导体研究所），盖艳琴（中国科学院半导体研究所），康俊（中国科学院半导体研究所），李树深（中国科学院半导体研究所），夏建白（中国科学院半导体研究所）	中国科学院

续表 22

序号	等级	项目名称	主要完成人	推荐单位
3	二等	低维碳材料的拉曼光谱学研究	张锦（北京大学），刘忠范（北京大学），童廉明（北京大学），彭海琳（北京大学）	专家推荐
4	二等	卤代持久性有机污染物环境污染特征与物化控制原理	余刚（清华大学），黄俊（清华大学），邓述波（清华大学），王斌（清华大学），杨波（清华大学）	专家推荐
5	二等	饮用水中天然源风险物质的识别、转化与调控机制	杨敏（中国科学院生态环境研究中心），张昱（中国科学院生态环境研究中心），王东升（中国科学院生态环境研究中心），张海峰（中国科学院生态环境研究中心），巫晓琴（北京大学）	专家推荐
6	二等	植物油菜素内酯等受体激酶的结构及功能研究	柴继杰（清华大学），常俊标（郑州大学），韩志富（清华大学），李磊（中国科学院遗传与发育生物学研究所），宋传君（郑州大学）	河南省
7	二等	细胞钙信号及分子调控	王世强（北京大学），程和平（北京大学），徐明（北京大学第三医院），魏朝亮（北京大学），张幼怡（北京大学第三医院）	专家推荐
8	二等	仿生机器鱼高效与高机动控制的理论与方法	谭民（中国科学院自动化研究所），侯增广（中国科学院自动化研究所），喻俊志（中国科学院自动化研究所），程龙（中国科学院自动化研究所），王硕（中国科学院自动化研究所）	中国科学院
9	二等	网络化动态系统的分析与控制	王龙（北京大学），谢广明（北京大学），肖峰（北京大学），孙元功（北京大学），郑元世（西安电子科技大学）	专家推荐
10	二等	新型磁弹性材料的功能调控、晶体生长和大磁致应变特性研究	蒋成保（北京航空航天大学），王文洪（中国科学院物理研究所），王敬民（北京航空航天大学），刘恩克（中国科学院物理研究所），吴光恒（中国科学院物理研究所）	专家推荐
11	二等	范德华层状介质的滑移行为和力学模型	郑泉水（清华大学），刘哲（清华大学），徐志平（清华大学），刘泽（清华大学），刘益伦（清华大学）	专家推荐

二、国家技术发明奖

序号	等级	项目名称	主要完成人	推荐单位
1	二等	电力线路行波保护关键技术及装置	董新洲（清华大学），施慎行（清华大学），王宾（清华大学），钱国明（国电南京自动化股份有限公司），毕见广（北京衡天北斗科技有限公司），邬捷龙（国网陕西省电力公司）	北京市
2	二等	生鲜肉品质无损高通量实时光学检测关键技术及应用	彭彦昆（中国农业大学），黄岚（中国农业大学），汤修映（中国农业大学），李永玉（中国农业大学），韩东海（中国农业大学），陈兴海（北京卓立汉光仪器有限公司）	中国农学会
3	二等	优质蜂产品安全生产加工及质量控制技术	吴黎明（中国农业科学院蜜蜂研究所），彭文君（中国农业科学院蜜蜂研究所），胡福良（浙江大学），薛晓锋（中国农业科学院蜜蜂研究所），田文礼（中国农业科学院蜜蜂研究所），张中印（河南科技学院）	农业部
4	二等	矿井灾害源超深探测地质雷达装备及技术	杨峰［中国矿业大学（北京）］，彭苏萍［中国矿业大学（北京）］，许献磊［中国矿业大学（北京）］，郑晶［中国矿业大学（北京）］，崔凡［中国矿业大学（北京）］，白崇文［中矿华安能源科技（北京）有限公司］	中国煤炭工业协会
5	二等	基于高能效纳晶薄膜电极的工业废水电催化深度处理技术及应用	牛军峰（北京师范大学），全燮（大连理工大学），杨凤林（大连理工大学），殷立峰（北京师范大学），吕斯濠（东莞理工学院），汤顺良（江苏江华水处理设备有限公司）	教育部
6	二等	功能性吸附微界面构造及深度净水技术	刘会娟（中国科学院生态环境研究中心），刘锐平（中国科学院生态环境研究中心），兰华春（中国科学院生态环境研究中心），赵赫（中国科学院过程工程研究所），曲久辉（中国科学院生态环境研究中心），王万寿（杭州回水科技股份有限公司）	中国科学院

续表 22

序号	等级	项目名称	主要完成人	推荐单位
7	二等	堆石混凝土坝	金峰（清华大学），安雪晖（清华大学），周虎（清华大学），刘宁（清华大学），李风亮（北京华石纳固科技有限公司），石建军（南华大学）	专家推荐
8	二等	低发散角半导体光子晶体激光器关键技术及应用	郑婉华（中国科学院半导体研究所），渠红伟（中国科学院半导体研究所），王宇飞（中国科学院半导体研究所），马长勤（青岛镭创光电技术有限公司），王海玲（中国科学院半导体研究所），刘安金（中国科学院半导体研究所）	专家推荐
9	二等	飞机电液自馈能刹车装置与防滑控制新技术	焦宗夏（北京航空航天大学），尚耀星（北京航空航天大学），刘劲松（西安航空制动科技有限公司），黄佑（中国航空工业集团公司成都飞机设计研究所），王鸿鑫（中国商用飞机有限责任公司上海飞机设计研究院），王红玲（西安航空制动科技有限公司）	工业和信息化部
10	二等	复杂铸件无模复合成形制造方法与装备	单忠德（机械科学研究总院），刘丰（机械科学研究总院），战丽（机械科学研究总院），梁清延（广西玉柴机器股份有限公司），李锋军（第一拖拉机股份有限公司），边庆月（一汽铸造有限公司）	中国机械工业联合会
11	二等	大型互联电网阻尼特性在线分析与控制技术及应用	闵勇（清华大学），陆超（清华大学），陈磊（清华大学），韩英铎（清华大学），徐飞（清华大学）	专家推荐
12	二等	构造强磁共振系统的关键技术与成像方法	王秋良（中国科学院电工研究所），李毅（中国科学院电工研究所），夏灵（浙江大学），许建益（宁波健信核磁技术有限公司），陈文波（深圳市贝斯达医疗股份有限公司），汪建华（武汉工程大学）	中国机械工业联合会
13	二等	交互式显示关键技术及应用	王涌天（北京理工大学），翁冬冬（北京理工大学），刘越（北京理工大学），卢正刚（北京水晶石数字科技股份有限公司），杨健（北京理工大学），梁萍（中国人民解放军总医院）	专家推荐
14	二等	高效视觉特征分析和压缩关键技术	黄铁军（北京大学），田永鸿（北京大学），段凌宇（北京大学），陈维强（青岛海信网络科技股份有限公司），王耀威（北京理工大学），陈杰（北京大学）	工业和信息化部
15	二等	智慧协同网络及应用	张宏科（北京交通大学），杨冬（北京交通大学），江华（中兴通讯股份有限公司），董平（北京交通大学），谢大雄（中兴通讯股份有限公司），王志全（神州高铁技术股份有限公司）	工业和信息化部
16	二等	光纤输出高功率全固态激光器关键技术及应用	林学春（中国科学院半导体研究所），罗虹（北京京冶轴承股份有限公司），林培晨（江苏中科四象激光科技有限公司），李达（中国科学院半导体研究所），赵鹏飞（中国科学院半导体研究所），刘燕楠（中国科学院半导体研究所）	中国科学院
17	二等	远海域定位导航与通信融合关键技术	邓中亮（北京邮电大学），路骏（北京华力创通科技股份有限公司），刘雯（北京邮电大学），崔银秋（上海达华测绘有限公司），赵延平（上海华测导航技术股份有限公司），陈典全（厦门雅迅网络股份有限公司）	工业和信息化部
18	二等	多物理效应协同雾化水灭火系统关键技术及应用	杨立军（北京航空航天大学），富庆飞（北京航空航天大学），张兴娟（北京航空航天大学），徐振宇（中国人民解放军 92537 部队），李伟刚（首安工业消防有限公司）	专家推荐

三、国家科技进步奖

序号	等级	项目名称	主要完成人	主要完成单位	推荐单位
1	一等	中国电子网络安全与信息化科技创新工程		中国电子信息产业集团有限公司	国有资产监督管理委员会

续表 22

序号	等级	项目名称	主要完成人	主要完成单位	推荐单位
2	一等	600MW 超临界循环流化床锅炉技术开发、研制与工程示范	吕俊复，徐鹏，肖创英，胡昌华，聂立，苏虎，马怀新，陈英，刘吉臻，杨海瑞，胡修奎，郑兴胜，李星华，杨冬，岳光溪	清华大学，东方电气集团东方锅炉股份有限公司，神华集团有限责任公司，华北电力大学，中国电力工程顾问集团西南电力设计院有限公司，四川白马循环流化床示范电站有限责任公司，浙江大学，神华国能集团有限公司，四川电力建设三公司，中国华能集团清洁能源技术研究院有限公司	教育部
3	一等	复杂环境下高速铁路无缝线路关键技术及应用	高亮，陈峰，曾宪海，尹辉，蔡小培，肖宏，魏强，李秋义，闫红亮，董彦录，彭华，辛涛，白明洲，侯博文，张艳荣	北京交通大学，中铁第四勘察设计院集团有限公司，铁道第三勘察设计院集团有限公司，西南交通大学，中铁宝桥集团有限公司	国家铁路局
4	二等	高光效低能耗LED智能植物工厂关键技术及系统集成	杨其长，魏灵玲，宋卫堂，周增产，刘文科，郭文忠，张国义，程瑞锋，李琨，李成宇	中国农业科学院农业环境与可持续发展研究所，中国农业大学，北京大学东莞光电研究院，北京农业智能装备技术研究中心，北京中环易达设施园艺科技有限公司，北京京鹏环球科技股份有限公司，四川新力光源股份有限公司	北京市
5	二等	配子胚胎发育研究与生育力改善新方法的应用	乔杰，汤富酬，闫丽盈，李蓉，于洋，严杰，赵越，廉颖，刘平，李敏	北京大学第三医院，北京大学	北京市
6	二等	早熟优质多抗马铃薯新品种选育与应用	金黎平，庞万福，卞春松，徐建飞，李广存，段绍光，金石桥，李飞，郜刚，谢开云	中国农业科学院蔬菜花卉研究所	农业部
7	二等	食用菌种质资源鉴定评价技术与广适性品种选育	张金霞，黄晨阳，陈强，高巍，王波，谢宝贵，赵永昌，赵梦然，张瑞颖，黄忠乾	中国农业科学院农业资源与农业区划研究所，四川省农业科学院土壤肥料研究所，福建农林大学，云南省农业科学院生物技术与种质资源研究所	农业部
8	二等	中国野生稻种质资源保护与创新利用	杨庆文，陈大洲，陈成斌，潘大建，戴陆园，王效宁，李小湘，王金英，梁世春，余丽琴	中国农业科学院作物科学研究所，广西壮族自治区农业科学院水稻研究所，江西省农业科学院水稻研究所，广东省农业科学院水稻研究所，云南省农业科学院生物技术与种质资源研究所，海南省农业科学院粮食作物研究所，湖南省水稻研究所	农业部
9	二等	压水堆核电站核岛主设备材料技术研究与应用	刘正东，张文辉，陆江帆，郎宇平，张景利，李政军，李向，王立民，高建军，张立红	钢铁研究总院，中国第一重型机械股份公司，宝钢特钢有限公司，烟台台海玛努尔核电设备有限公司，上海重型机器厂有限公司，宝银特种钢管有限公司	中国钢铁工业协会
10	二等	复杂路网条件下高速铁路列控系统互操作和可靠运用关键技术及应用	唐涛，蔡伯根，闻映红，莫志松，董海荣，徐悦，李开成，杨世武，何春明，赵林海	北京交通大学，北京和利时系统工程有限公司	教育部
11	二等	工业建筑抗震关键技术研究与应用	徐建，曾滨，黄世敏，陈炯，李永录，罗开海，徐敏杰，吴耀华，常好诵，幸坤涛	中冶建筑研究总院有限公司，中国机械工业集团有限公司，中国建筑科学研究院，宝钢工程技术集团有限公司，中国建筑西北设计研究院有限公司，中国联合工程公司	中国冶金科工集团有限公司

续表 22

序号	等级	项目名称	主要完成人	主要完成单位	推荐单位
12	二等	泥沙、核素、温排水耦合输移关键技术及在沿海核电工程中应用	方红卫，纪平，张红武，赵懿珺，何国建，张华庆，李孟国，袁珏，黄磊，刘晓波	清华大学，中国水利水电科学研究院，交通运输部天津水运工程科学研究所	教育部
13	二等	新一代交流传动快速客运电力机车研究与应用	奚国华，张大勇，樊运新，闵兴，查广军，陈喜红，曲天威，黄成荣，王迁，索建国	中国中车集团公司，中车株洲电力机车有限公司，中车大连机车车辆有限公司，中车株洲电力机车研究所有限公司，中车株洲电机有限公司	詹天佑科学技术发展基金会
14	二等	气动元件关键共性检测技术及标准体系	蔡茂林，石岩，王涛，许未晴，樊尚春，路波，虞启辉，杜丙同，张连仁，吴科峰	北京航空航天大学，国家气动产品质量监督检验中心，北京理工大学，北京爱索能源科技股份有限公司，无锡气动技术研究所有限公司，浙江亿日气动科技有限公司	中国机械工业联合会
15	二等	膜集成城镇污水深度净化技术与工程应用	黄霞，文剑平，文湘华，俞开昌，梁鹏，陈亦力，李锁定，薛涛，肖康，陈春生	清华大学，北京碧水源科技股份有限公司	教育部
16	二等	中药大品种三七综合开发的关键技术创建与产业化应用	孙晓波，孙桂波，徐惠波，杨崇仁，张颖君，王涛，董方言，陈中坚，兰锋，余育启	中国医学科学院药用植物研究所，吉林省中医药科学院，中国科学院昆明植物研究所，天津中医药大学，文山苗乡三七股份有限公司，昆明圣火药业（集团）有限公司，昆药集团股份有限公司	中华中医药学会
17	二等	大型灌溉排水泵站更新改造关键技术及应用	王福军，许建中，陆力，肖若富，姚志峰，李端明，徐洪泉，严海军，刘竹青，唐学林	中国农业大学，中国灌溉排水发展中心，中国水利水电科学研究院，株洲南方阀门股份有限公司，上海连成（集团）有限公司	水利部
18	二等	全国农田氮磷面源污染监测技术体系创建与应用	任天志，刘宏斌，范先鹏，邹国元，翟丽梅，胡万里，张富林，杜连凤，王洪媛，郑向群	中国农业科学院农业资源与农业区划研究所，湖北省农业科学院植保土肥研究所，北京市农林科学院，云南省农业科学院农业环境资源研究所，农业部环境保护科研监测所，宁夏农林科学院农业资源与环境研究所，浙江省农业科学院	农业部
19	二等	国家海岛礁测绘重大关键技术与应用	党亚民，程鹏飞，章传银，罗建军，周兴华，王中祥，欧阳永忠，吴树锋，薛树强，李斐	中国测绘科学研究院，国家基础地理信息中心，国家海洋局第一海洋研究所，中国人民解放军海军海洋测绘研究所，中国人民解放军61206部队，武汉大学	国家测绘地理信息局
20	二等	全球30米地表覆盖遥感制图关键技术与产品研发	陈军，陈晋，廖安平，陈利军，曹鑫，张宏伟，彭舒，唐娉，武昊，陈学泓	国家基础地理信息中心，北京师范大学，中国科学院遥感与数字地球研究所，国家测绘地理信息局第一航测遥感院，国家测绘地理信息局黑龙江基础地理信息中心，四川省遥感信息测绘院，国信司南（北京）地理信息技术有限公司	国家测绘地理信息局
21	二等	胃癌综合防治体系关键技术的创建及其应用	季加孚，游伟程，陈凛，沈琳，梁寒，吕有勇，潘凯枫，寿成超，邓大君，柯杨	北京肿瘤医院，中国人民解放军总医院，天津医科大学肿瘤医院，北京大学人民医院	中华医学会

续表 22

序号	等级	项目名称	主要完成人	主要完成单位	推荐单位
22	二等	中国节水型社会建设理论、技术与实践	王建华，王浩，陈明，赵勇，詹扬，李海红，吕纯波，白雪，胡鹏，杨庆理	中国水利水电科学研究院，中国标准化研究院，中国电力工程顾问集团华北电力设计院有限公司，中国电子信息产业发展研究院，清华大学，株洲南方阀门股份有限公司，深圳市微润灌溉技术有限公司	水利部

（程晓荷）

知识产权保护

【概况】 2017年，海淀区知识产权工作以国家知识产权示范城区、知识产权强区建设为抓手，提升知识产权综合服务能力，完善知识产权保护环境，为区域创新驱动发展营造良好的知识产权环境。签署《北京市知识产权局 海淀区人民政府推进知识产权强区建设框架协议》，发布《知识产权强区建设工程推进计划》，制定四大目标、八大专项、34项工作举措。对创新主体及专业服务机构的知识产权工作支持（专项）经费6000余万元。支持60家企业专利商用化项目2979万元；中国国际技术转移中心入驻机构房租补贴721万元；知识产权服务业集聚区入驻机构房租补贴544万元；技术转移专项440万元。开展知识产权知识培训活动12场，培训1200人次。海淀区技术合同登记总额1620亿元，占北京市的37%，比上年增长6.5%左右。51家企业获得银行55笔知识产权质押贷款，融资金额5.5亿元，政府贴息补贴金额1423.13万元。“智融宝”决策通过海淀区企业项目49个，拟贷款总额超过2亿元。

截至年底，海淀区专利申请量68313件，同比增长2.19%，占北京市的36.7%；其中，发明专利申请量45508件，同比增长3.48%，占北京市的45.9%；专利授权量37394件，同比增长5.28%，占北京市的35%；其中，发明专利授权量20833件，同比增长17.5%，占北京市的45.2%。PCT专利申请受理量2025件，同比增长15.3%，占北京市的40%。有效发明专利94524件，比上年增加16169件，占北京市的46%。每万人有效发明专利拥有量272件，是全国的28倍。

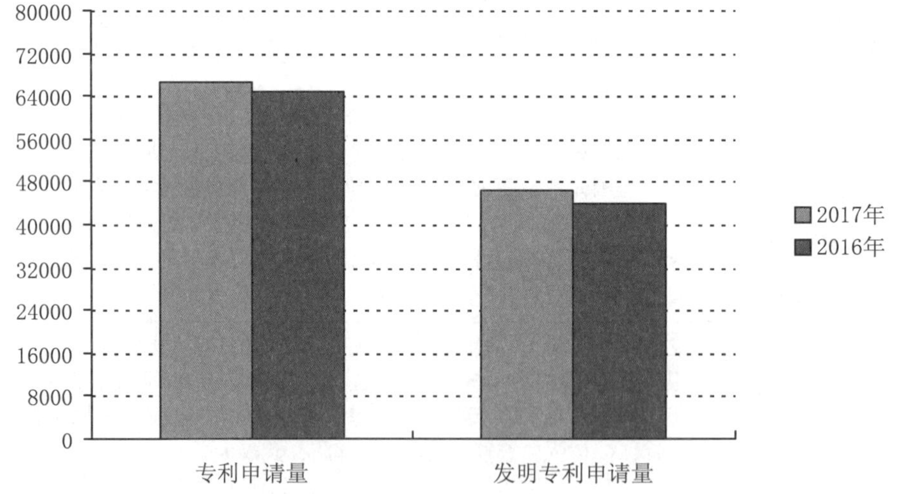

海淀区专利申请量及发明专利申请量同期比对情况图

（程晓荷）

【海淀区获六成北京市发明专利奖】 3月，在第四届北京市发明专利奖颁奖大会上，海淀区驻区单位获特等奖1项、一等奖3项、二等奖9项、三等奖7项，23家单位获发明专利奖，占获奖总数的近60%。其中，飞天诚信获特等奖，大唐移动通信、北京中科百瑞能、北京安耐吉能源获一等奖，中国科学院计算技术研究所、电信科学技术研究院、联想（北京）有限公司等11家单位获二等奖，中国电力科学研究院、浪潮（北京）电子信息产业有限公司等8家单位获三等奖。2项发明专利获第十九届中国专利奖金奖，58项发明和实用新型专利获中国专利奖优秀奖。

（程晓荷）

【知识产权运营服务平台 IP Online 正式上线】 4月20日，由北京知识产权运营管理有限公司打造的知识产权运营服务平台 IP Online 正式上线。

这是国内探索“互联网+知识产权”提供知识产权运营管理服务的新模式。平台通过汇聚全球各类创新资源及海量信息，为知识产权、资本、服务的供需双方，提供无缝对接交互枢纽和服务支撑，为大院大学大所提供科技成果转移转化服务，为科技型企业提供知识产权投融资、专利运营等服务，为政府相关部门提供基于专利运营数据统计分析的决策依据。平台一期功能主要包括知识产权债权融资、股权融资，优质知识产权、先进技术和产业化项目对接，知识产权求购、专利许可转让、中关村示范区科技创新产品展示，以及聚合国内外创新资源、专家资源、服务资源的IP社区服务等。

（钟冷）

【“4·26”知识产权日宣传周活动】 4月20日—26日，海淀区举办中关村软件园知识产权案件巡回审判、北京知识产权法院知识产权案件审理旁听、海淀区政府办公区域知识产权强区建设全国首创性工作巡展、知识产权灯杆旗公益宣传等活动。4月24日，海淀区知识产权局、商务局、文化委、质监局等部门对联想桥物美超市商品侵权以及制售假冒伪劣行为展开联合检查。4月26日，海淀区知识产权局联合区工商分局、商务委、文化委、质监局等多家单位在新中关东广场门前开展主题为“保护知识产权 促进创新发展”的知识产权现场咨询和宣传活动。宣传现场，向来往市民发放知识产权实用小手册、知识产权宝典及各种宣传彩页等，解答现场市民提出的专利申请授权、商标注册、质量认证、版权保护等相关问题。

（程晓荷）

【中关村知识产权巡讲季】 4月28日，由国家工商总局商标局、北京市工商局、中关村管委会主办的2017年中关村知识产权巡讲季启动会（第五季）在清华科技园举办。巡讲季围绕全球商标数据解读及国际布局、知名企业商标工作实践、商标品牌维权等热点话题，邀请业内顶级机构和专家进行巡讲。举行中关村商标品牌建设调研联系点、中关村商标示范试点单位授牌仪式，为14家首批中关村商标品牌建设调研联系点单位和12家中关村商标品牌示范单位、63家中关村商标品牌试点单位颁牌。

（张蕾）

【知识产权强区工程战略合作协议签约】 5月2日，由北京市知识产权局、海淀区人民政府主办，海淀区知识产权局承办的知识产权强区工程战略合作协议签约仪式暨2017中关村知识产权论坛在中关村国家自主创新示范区展示中心举行。国家知识产权局、北京市政府、北京市知识产权局、中关村管委会及海淀区政府等部门领导、知识产权业内专家学者及众多高科技企业代表近千人出席活动。北京市知识产权局与海淀区人民政府签署知识产权强区工程战略合作协议，双方将共同构建以市场为主导、以知识产权利益分享为纽带、市场主体平等参与的知识产权驱动型创新生态体系，并对20个“专利运营办公室（OPT）”和10个“北京创客知识产权托管工作站”授牌。

（程晓荷）

【《中关村核心区知识产权白皮书》（2016年度）发布】 5月2日，在知识产权强区工程战略合作协议签约仪式暨2017中关村知识产权论坛上，海淀区知识产权局发布《中关村核心区知识产权白皮书》（2016年度）。白皮书阐述2016年海淀区知识产权工作，围绕全国科技创新中心建设和国家知识产权示范城区建设，加大知识产权工作力度，创新工作思路举措，取得知识产权的工作成果。白皮书数据显示：截至2016年年底，海淀区有效发明专利拥有量78355件，占北京市的47%，位列全市首位。在第18届中国专利奖表彰中，海淀驻区单位荣获3项专利金奖。海淀区每万人发明专利的拥有量为218件，是全国的27倍，比2015年提高23%。白皮书表明，海淀作为全国科技创新中心核心区、国家技术转移集聚区、国家知识产权示范城区，在知识产权各方面工作做得有声有色，在知识产权运营和保护方面的创新性工作起到全国引领示范的作用。

（程晓荷）

【知识产权强区推进计划】 5月2日，海淀区提出知识产权强区推进计划。到2020年，力争用知识产权引领高新技术产业总收入从2015年的1.63万亿元提高到2.62万亿元，年均增长率保持10%；发明专利授权量年均增速将保持在20%以上；电子申请率将保持99%以上，万人发明专利拥有量将从2015年的177件增至270件。到2020年，北京市海淀区的高端知识产权服务机构将占据全国知识产权服务机构的半壁江山；执业专利代理人将从2015年的2440人增至6000人，年均增速20%，占北京市一半以上，达到全国的1/4；有海外背景的知识产权高端人才占到全国同类人员的1/4，建成知识产权国际高端人才聚集区。到2020年，海淀区的知识产权运营基地数量将达到50家，知识产权托管服务基地达到30家，将全面带动驻区高校、科研院所、高科技企业等市场主体知识产权等技术成果的转移转化，推动释放知识产权的市场价值，并有效提升市场主体运用知识产权参与市场竞争的能力。

（钟冷）

【高校专利运营办公室授牌】 海淀区实施技术源头活化工程，筛选20家知识产权成果丰富的高校院所，与北京市知识产权局联合设立20个专利运营办公室，开展知识产权运营基地培育，提升驻区高校科研院所知识产权转化效率。5月2日，在知识产权强区工程战略合作签约仪式上，为20个高校专利运营办公室授牌。专利运营办公室将推动盘活驻区高校院所知识产权等技术成果，提高知识产权转化率，解决科技成果转化难题。

（程晓荷）

【知识产权海外维权平台拓展】 8月，新增意大利Fucina Consulting srl事务所知识产权海外维权援助站点。截至年底，已有英国罗思国际咨询公司、法国劳伦夏拉事务所、法国爱普塞德知识产权事务所、德国冠科律师事务所、法国理利仁知识产权事务所、芬兰赫尔辛基玛努森律师事务所、意大利Fucina Consulting srl等知识产权海外维权援助站点 7 个，覆盖英国、法国、德国、芬兰等国家，为区域企业提供海外保护维权服务。

（程晓荷）

【中关村软件园大讲堂】 9 月 22 日，中关村软件园“12330”工作站、中关村知识产权一条街社会新阶层人士联谊会、北京市专利代理人协会、首都知识产权服务业协会在中关村软件园联合举办中关村软件园大讲堂“创新驱动 知识产权助力科技企业发展”活动。启明星辰、汉王科技、数字政通等园区企业以及中关村企业、服务机构负责人等 50 余人参加活动。北京曜斗科技有限公司联合创始人李明、北京国知专利预警咨询师有限公司总监余碧涛、集慧智佳知识产权管理咨询股份有限公司咨询师何钦伟，分别以“人工智能（AI）提升企业品牌竞争力”“专利助力企业创新发展”“开源软件的法律风险及防范”为主题发表演讲，并就相关问题与参会企业代表交流。

（程晓荷）

【企业知识产权管理规范政策宣讲培训会】 11 月 16 日，海淀区知识产权局举办海淀区企业知识产权管理规范政策宣讲活动。100 余名来自企业知识产权管理部门、贯标辅导机构、知识产权行政部门相关人员参训。宣讲活动主要通过企业知识产权管理规范标准解读、企业知识产权管理体系建设案例讲解、体系文件编写及实务、内部审核实施及现场审核模拟等内容，帮助参训学员深入了解企业知识产权管理规范，引导企业逐步完善知识产权管理体系。

（程晓荷）

【知识产权服务品牌机构建设】 年内，区内拥有国家知识产权服务品牌培育机构 21 家，国家知识产权分析评议服务示范创建机构 18 家，国家专利运营试点企业服务型机构 15 家，国家星级专利代理机构 25 家，北京市知识产权服务品牌机构 14 家，北京市优秀专利代理机构 10 家。

（程晓荷）

【中小微企业知识产权托管工程】 年内，海淀区为 10 家知识产权托管服务示范基地授牌。组织 10 家知识产权托管服务示范基地与区域知名知识产权服务机构对接，对 10 家知识产权托管服务示范基地进行“手牵手”知识产权服务。

（程晓荷）

【中小学知识产权教育开展】 年内，海淀区知识产权局联合区教委开展知识产权进校园活动，推进开展中小学知识产权教育试点示范工作，培养青少年知识产权保护意识。截至年底，北京市十一学校、海淀区民族小学被评为第三批全国中小学知识产权教育试点学校。海淀区知识产权教育试点示范学校共 7 所。

（程晓荷）

【知识产权一条街建设】 年内，海淀区在中关村及学院路地带重点建设知识产权一条街。以中关村知识产权大厦为基点，汇聚 800 余家知识产权服务机构在海淀集聚发展，初步构建知识产权多元服务体系。截至年底，海淀区拥有专利代理机构 220 家（不含国防），占全国的 13.23%。对 17 家知识产权服务机构进行房租补贴。

（程晓荷）

【知识产权高端人才培育】 年内，海淀区知识产权人才专项——高端人才培育共支持 6 人。截至年底，海淀区执业专利代理人 3110 人，占全国的 17.14%，海淀区共有北京市优秀专利代理人 25 人，全国知识产权领军人才 50 人，全国专利信息领军人才和师资人才 40 人。

（程晓荷）

教　育

2018
北京海淀年鉴

1 月 18 日，八一学校举办京剧专场演出。图为新编《孔子拜项橐》剧照（八一学校供图）

3 月 25 日，清华附中召开 STEAM 教育工作坊交流会。zSpace 公司首席技术官戴维•查维斯（前排右一）参观高研实验室（清华附中供图）

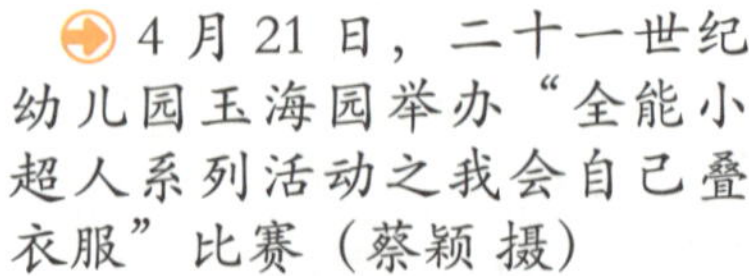

4 月 21 日，二十一世纪幼儿园玉海园举办“全能小超人系列活动之我会自己叠衣服”比赛（蔡颖 摄）

5月3日—13日，中关村二小举办第六届“悦读·幸福”读书节（中关村二小供图）

7月7日，美国波士顿教育代表团到健翔学校访问交流（赵连怡 摄）

9月21日，“2017年肯德基三人篮球赛”在清华附中篮球馆启动（清华附中 供图）

10 月 26 日，常青幼儿园开设图书跳蚤市场（常青幼儿园 供图）

11 月 2 日，健翔学校举办趣味运动会暨特奥融合学校签约仪式（李文新 摄）

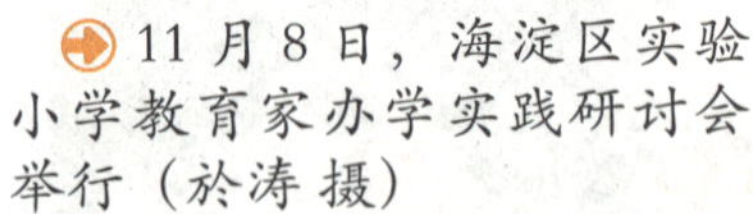

11 月 8 日，海淀区实验小学教育家办学实践研讨会举行（於涛 摄）

11 月 18 日—24 日，人大附小师生赴阿联酋阿布扎比参加“一带一路”研学活动（李会然 摄）

11 月 22 日，六一幼儿院室内冰场落成。图为花样滑冰冠军庞清和佟健展示花样滑冰动作（六一幼儿院 供图）

12月2日，首师大附中举办首届“青牛杯”科技艺术创想邀请赛。图为学生比赛中（首师大附中 供图）

年内，清华附小构建苏轼主题课程群（清华附小 供图）

年内，十一学校林月琴图书馆改扩建完成（十一学校 供图）

综 述

【概况】 2017 年，海淀区基础教育规模持续扩大，中小学、幼儿园学生人数达 32.8 万人，占全市总数的 1/5，比 2016 年增加 8669 人。学前教育教职工 11343 人，其中专任教师 5480 人；普通中小学教职工 22654 人，其中专任教师 18822 人，生师比 14：1；中等职业学校教职工 822 人，专任教师 543 人。区域内有幼儿园 171 所、普通中小学 163 所、教育部直属院校 17 所、国务院委办属院校 7 所、市属高校 7 所、市农委及交委办属院校各 1 所、民办高校及独立学院 4 所、具有招生资格的民办非学历高等教育机构 21 所、中等职业学校 11 所、特殊教育学校 2 所、工读教育学校 1 所、民办教育培训机构 421 家。有 1 个中小学生综合实践活动基地、1 个区级青少年活动管理中心、9 个地区级青少年活动中心和 576 家社区青少年活动站。有 1 所中关村社区学院、674 所市民学校。2017 年，区教委审批民办幼儿园 7 所，受理待审批民办学校 1 所，民办学校变更 14 件，备案 37 件，民办培训机构终止 5 所，受理 1 所学校寄宿部审批。全年教育总投入 118.07 亿元，其中，国家拨款（国家财政性教育经费）116.04 亿元，自筹经费（事业收入）2.03 亿元。中小学固定资产总值 117.83 亿元。区财政拨付信息化建设经费 3.74 亿元，用于 54 个智慧建设项目。全年疏解 5 家培训机构，疏解人口 7960 人，义务教育阶段非京籍子女入学下降 9 个百分点，非京籍子女在校生下降 3 个百分点。完成 2 所未经审批随迁子女学校疏解。

2017 年海淀区各级各类教育基本情况统计表

表 23　　单位：所、人

类别		校数	毕业生数	招生数	在校生数	教职工数	专任教师
中小学	合计	163	54258	64292	262427	22654	18822
	小学	84	24184	28497	163408	8277	7744
	初中	16	17597	22315	57261	14377	11078
	高中	63	12477	13480	41758		
幼儿园		171	16067	25184	65555	11343	5480
职业高中		2	687	736	1926+237	472	350
特殊教育		2	119	53	475	296	230
工读教育		1	116	116	315	77	68
民办教育培训机构		421	861936	918882	918882	28572	9685

说明：①小学 84 所指独立设置小学数，另有 7 所九年一贯制和 20 所十二年一贯制学校小学部；②一贯制学校小学部的教职工和专任教师统计在中学内；③完中和十二年一贯制学校计入高中校数中

教育事业管理 学前教育。新增 6 所民办幼儿园、1 所教育部门办园和 1 所事业单位办园。通过实施改扩建增加 45 个教学班。全年新增 4600 余个学位。制定《海淀区三期学前教育行动计划（2018—2020 年）》，确保分类推动落实，解决全区学前教育发展中不平衡不充分的问题。新增 6 所市级示范幼儿园、8 所一级以上幼儿园。全区 400 余幼儿园所建立一园一址一台账。开展“0～3 岁婴幼儿父母的家庭教育指导策略研究”和“0～3 岁婴幼儿教养人家庭教育困惑问题及对策研究”两项早教课题研究。

义务教育。推进新优质学校项目，树立特色品牌，实现全面发展。启动潜力学校提升工程，建立潜力学校提升工程数据库，对 20 所潜力学校提升工程项目校开展调研，完成《潜力学校自评区域总报告》。完善海淀地方课程体系，与清华大学合作共同研发《小学礼乐文明教育》教材，开展“走近圆明园”“海淀历史与文化”研修活动。修订《中学生知识产权教育》教材。启动研学旅行课题研究。指导小学优化新课程方案，加强课程与育人目标的深度融合，深化学科德育，加强三级课程融合，提升学校课程的整体性、系统性、逻辑性。持续推进民办教育机构、外籍教师支持中学发展、初中学生参加学农教育实践、郊区学生到城区游学等一系列市级“扩优”改革项目。全区七、八年级学生约 3.8 万人参加初中“开放性科学实践活动和综合社会实践活动”，考评结果记入学生中考成绩。

普通高中教育。推进新品牌学校建设，建立“专家跟踪指导”“研修工作坊”“阶段展示交流”等常态工作机制，促进学校品牌建设和质量提升，建成 19 所新品牌学校。制定《海淀区 2017—2020 年深化高中课程改革工作方案》，指导各校制定并不断完善课改方案。认定 12 所学校的 26 个学科团队为第二批高中学科教研基

地，地区共认定47个高中学科教研基地。实施“1+3”人才培养模式试验，地区共有区级统筹“1+3”项目学校7所、市级统筹“1+3”项目学校3所。

特殊教育。对65所中小学、幼儿园的200名学生进行筛查，其中98名学生接受韦氏智力、适应性行为、阅读困难、动作或者语言评估。开展海淀区应用行为分析教师培训，85人取得中国应用行为分析师结业证书，51名教师取得资源教师上岗资格证书。创新陪读模式，开展特教助教进校园项目，对学生进行贴身指导。海淀区每所学校完成储备1名具有特殊教育专业背景的人才。在海淀、羊坊店、温苏学区建立学区融合教育资源中心，构建“区级特教中心—学区资源中心—学校资源教室”三级专业指导和服务支持的融合教育网络。为224名儿童提供送教上门安置服务。完成“特教中心对促进区域融合教育的作用研究——以海淀区特教中心为例”和“北京市海淀区普通中小学融合教育环境调查研究”等课题。出版发行融合教育漫话系列丛书《资源教室的建设方案与课程指导》《巡回指导的理论与实践》和《教学相长·特殊教育需要学生与教师的故事》。

职业和继续教育。职教集团升级为市级中关村战略新兴产业职业教育集团，首批会员单位达77家。以中关村职教集团为依托，推进校企对接合作。深化职教特色人才培养模式改革，编制战略新兴产业人才培养方案。评选6家实训基地，培养具有工匠精神、职业道德、职业技能和就业创业能力的战略新兴产业人才。推进“双创”人才培养工程和产教融合实训基地认证。建设海淀区“创新创业导师”师资库。北京市信息管理学校形成动漫设计、媒体制作、广告运营等文化创意产业整体发展的新格局。制定《海淀区社区教育三年规划》。开展学校老师社区教育培训，建立社区教育师资库。建成包含国学、艺术、科技等15大板块365门课程的社区“课程超市”，免费为社区居民提供体验和学习。开展“海创计划”，加强海淀区街道待业人员就业培训。开展“全民终身学习活动周”活动，举办专题讲座、校外参观体验活动、关爱困难群体文化体验活动等。继续实施海淀区经典诵读工程。

民办教育。对所有民办学校课程、教材、招生、有偿补课等开展专项检查。对地区21所民办中小学、47所民办幼儿园、421家培训机构开展年检，并根据年检情况开展约谈、实地调研和教育执法。制发执法通知单121件，办理行政答复出具意见书36件，行政处罚6起。探索民办教育网格化管理，推进民办教育管理方式从被动处置问题向主动发现问题转变，从事后执法追责向前端服务管理转变。全区20余所培训机构参加首批星级评估试点工作。探索建立民办教育管理预警制度。研制民办教育培训机构入学协议范本，规范民办教育培训市场秩序。委托专业幼教机构完成10所未经注册审批幼儿看护点托管工作，并启动第二批10个看护点的托管工作。

国际教育。地区具备招收外籍学生资质的学校有61所，全区中小学、幼儿园外籍在校生1278人，中小学聘用外籍教师500余人。有汉语国际推广基地校7个，在国外承接孔子课堂20个，9所学校开设13个中外合作办学项目，合作办学机构和项目在校生3002人。与法国凡尔赛学区正式签署合作意向书，中法实验学校9月1日正式开学。与芬兰萨翁林纳市教育和文化发展部、英国剑桥大学教育学院实施中英教师培训、中芬研究共同体等项目。选派317名干部教师和767名学生赴美国、芬兰、西班牙等国家和地区开展学习和交流。启动中国教育学会“十三五”课题“海淀区基础教育国际交流与合作能力提升”项目研究。

工读教育。2017年，海淀工读学校有在校生315人，教职工77人，专任教师68人。发展心理、科技、法治、社工、红十字等特色教育，形成涵盖心理评估、档案、课程、辅导等内容的多层次心理服务体系。设立“法治教育实验班”。发挥社工的社会支持作用，为家长提供专业支持。

整合教育资源 推进教育集团化办学，由北京市中关村中学承办北京市知春里中学，委托北京航空航天大学实验学校承办北京市中关村中学分校，委托清华大学附属中学承办海淀区清河第五小学。新增4所九年一贯制对口直升机制学校。推动“中法实验项目”在温泉二中落地，在温泉二中增设小学部，并更名为“北京市中法实验学校”。推进交大附中与清华大学美术学院合作办学。委托人大附中承办北京航天城学校，2017年启动招生。委托首师大附中承办西北旺镇C3地块配套学校。协助推进人大附中分校设置小学部、科大附小改扩建、与林大合作新建义务教育学校等工作。新设立北京十一晋元中学。中国教科院在理工附中设立发现教育研究基地，在十一学校设立学习与教学研究中心。北京师范大学第三附属中学和北京师范大学的合作纳入北京市高校支持中小学项目。

支持首都“两翼”教育发展。支持地区优质小学、幼儿园到雄安办学。推进首师大附中、理工附中、人大附中通州校区各项建设。30余所学校与津冀地区中小学开展深度教育交流与合作。与昌平区签订教育合作框架协议，落实北京市扩优计划。

教育改革 落实立德树人根本任务。启动“绿色成长”学科德育项目，开发《学科德育指导手册》，研制首批学科德育示范课例，开展少先队活动课程教学研究。全年共组织4.2万余名初中生观看天安门升旗仪式，近2万名初中生参观抗日战争纪念馆、国家博物馆。开展“喜迎十九大——我向习爷爷说句心里话”“学总书记讲话 做合格共青团员”等主题教育活动。将中学生志愿服务纳入综合素质评价。推进中小学红十字人道教育项目，开展红十字青少年人道教育实验基地校工作。向学校提供自助化的学生心理测评服务。组织开展国防教育进校园活动。开展小学班主任基本功研修及展示活动，推进名班主任工作站建设。海淀区被确定为全国中学共青团改革直接联系示范区、全国少工委办公室少先队改革直接联系示范区，北京市第五十七中学被团中央确定为“全国共青团改革试点学校”，北京市八一学校获评全国五四红旗团委，中关村二小教工团获评全国五四红旗团支部，崔青慧、王丽萍 2 个少先队辅导员工作室被评为首批全国少先队辅导员名师工作室。

完善义务教育入学规则。小学入学细化实施“六年一学位”政策，探索单校划片和多校划片相结合的入学方式，加强对入学资格的审核。初中入学全面取消“推优”，将“登记入学”调整为第一途径并扩大招生学校和范围，区域内所有公办初中（含大学附中）均参加登记入学。特长生招生比例控制在总招生计划的 4%。向大学附中附小、民办学校购买小学学位 3939 个，购买初中学位 700 余个，缓解义务教育入学难矛盾。2017 年，小学就近入学比例达到 99.12%，比上年提高 2.35 个百分点，小升初公办学校就近入学比例达到 97.3%，比上年提高 3.4 个百分点。

中考中招制度改革。扩增优质高中招生计划 213 人，继续实施校额到校招生方式，确保优质高中名额分配计划达到 50%，保证每所公办初中毕业生至少 35%的比例升入优质高中。继续实施“5+2”高端技术技能人才贯通培养实验项目，459 名学生被贯通培养项目录取。继续实施“1+3”人才培养模式改革，招生计划增至 555 人。

综合评价制度改革。开展学习品质评价研究，建立学习品质评价框架体系和实施模式，构建 9L 学习品质[①]评价框架。编写《海淀区中小学生学习品质评价体系构建与实施》研究报告。启动学生艺术素质测评工作。组织全区 20 所样本校（8 所初中、12 所小学）的 600 名学生参与德育和科学两项测试，呈现海淀区义务教育阶段四、八年级学生科学学习质量、德育状况以及各校课程开设、条件保障、教师配备、学科教学和学校管理等影响因素。新初一学生综合素质评价结果纳入学生校额到校指标分配录取成绩。

素质教育 强化体育教育教学。2017 年，区政府与教育部签署《“全国青少年校园足球综合试验区”改革发展备忘录》，海淀区被确定为教育部校园足球试验区。构建四级联赛、精英训练、文化品牌、统一教学、专业培训、督导评价、人才梯队建设七大体系。评选 78 所区级足球实验校，推荐 33 所市级足球特色校、27 所全国足球特色校。发展 41 所冰雪运动试点学校。地区学生获得市级以上各类体育竞赛第一名 102 项，其中国家级 13 项、北京市级 89 项。

美育科技校外教育。成立海淀区少年科学院，评出 100 个研究所、20 个分院、六大学科领域办公室、首批 100 名小院士，建立“研究所—分院—学科办公室”三级科技人才组织培养体系。地区学生参加文化部赴爱丁堡艺术节、丹麦展示演出交流活动，将京剧、变脸等国粹艺术传播到英国。组织 100 余家社会资源单位申报海淀区青少年学生校外活动基地，推荐 7 家单位申报市级社会大课堂资源单位、5 家单位申报教育部中小学研学基地。11 家校外机构、200 家社会资源单位为全区中小学生提供科技、艺术等千余项校外特色课程。全区有少年之家等校外教育单位 770 个。有北京市学生金帆艺术团 35 个、北京市学生金帆书画院 7 个、北京阳光少年艺术团 2 个。有市级艺术教育特色学校 36 所、区级艺术教育示范学校 26 所。有北京市学生金鹏科技团 16 个、市级科技教育示范学校 27 所、区级科技教育示范学校 33 所。3 名学生获第十五届北京青少年科技创新市长奖，占北京市获奖人数的 30%。

教师研修模式创新。举办 7 个学科“核心素养与学科教育”论坛，新增学科教研基地 26 个。2017 年，学校在研课题 51 项，其中 1 项国家级课题，14 项市级课题，30 项区级课题，各级教育学会课题 6 项。启动第二轮对口支持工作，一校一策，为对口支持学校定制三年工作规划。推进中国好老师项目，54 所项目试验校整体加入京城百校联盟。启动第二届教育科研种子教师研究项目，出版《行走在教师身边的科研——海淀教育科研种子教师研究项目实践探索》专著。

干部教师队伍建设 多个劳模工作室成员走进学校、走进周边省市学校开展交流研讨、支教工作。在教职工中广泛开展“中国梦・劳动美”主题教育活动。举办“弘扬劳模精神，培育教育工匠”暨第一届“京教杯”青年教师教学基本功展示活动。以海淀敬德书院为基地，开发建设传统文化课程资源，提升教师队伍的人文素养。编印《诚敬致用——海淀教师论传统文化教育》《中华文化教师素养读本》等书籍。与首都师范大学中国国学教育学院联合举办“中华优秀传统文化教育骨干师资培训班”。设立“中华优秀传统文化传播奖”。

修订完善《海淀区教育人才储备库实施方案》，将“一库一统筹”升级为“五库三统筹”，增设一般人才、顶岗人才、特岗人才和返聘人才储备库。截至年底，在库人员 171 人，其中高端人才 42 人，一般人才 100 人，特岗人才 11 人，返聘人才 18 人。

启动百人名师梯队培育项目，与中国教育科学研究院合作，遴选 81 位教师为第一批学员。组织开展名师工作站学科组课堂教学展示活动，组织骨干教师赴美研修团、科学教师赴美交流团和体育教师赴西班牙交流团研修。2017 年，地区新增特级教师 38 人，新认定市级学科带头人 61 人，市级骨干教师 325 人；51 人获北京市优秀教师称号，5 人被评为北京市优秀教育工作者，2 人入选国家“万人计划”，1 人获北京市人民教师奖，2 人入选 2017 年“百千万人才”工程，7 人当选当代教育名家，13 人入选第五批北京市中小学名师工程。

出台乡村教师行动计划，落实乡村教师补助。农村教师享受乡村学校

① 9L 学习品质系统包括学习认知与体验系统（学习认知、学习情感）、学习动力系统（学习态度、学习动机）、学习能力与方法系统（学习能力、学习方法）、学习维持系统（学习意志力、学习投入）和学习结果系统（学习效果）。

教师生活补助人均月标准3300元。开展名师教学指导团下校指导，52位青年骨干教师进行研究课展示。

制定义务教育学校教师交流工作方案、骨干教师到北部义务教育学校交流工作方案。全年有2900余名教师、校长参与到教师交流工作中。

选派11名干部教师赴西藏、新疆、青海对口支援一年，选派5名教师到河北阜平助教。承担西藏、新疆、河北、内蒙古等地干部教师培训任务。与新疆和田地区、内蒙古敖汉旗、湖北丹江口开展对口支援工作。与河北易县、昌黎和赤城建立对口帮扶关系。组织171名特级教师、市级学科带头人、市级骨干教师为开放型教学实践活动提供课程，动员区级以上骨干教师参与开放型在线辅导通州试点工作。

党建 成立中共十九大精神宣讲团，集中组织17个团、68名团员走进学区、学校，开展宣讲活动。全面完成三年常规党建督查任务。在125个支部开展“一规一表一册一网”规范化试点。建立17个民办学校教育党建管理孵化平台。民办学校和培训机构党组织覆盖率达80%以上。新增交大附中、育英学校等6个市级党建示范点。深化“为官不为、为官乱为”“严肃查处群众身边不正之风和腐败问题”等专项治理，受理群众举报91件，向42个单位及个人发出《函询》，立案4件，党纪政纪处分2人。推进“海淀教育新媒体联盟”建设。在《新京报》进行“聚焦海淀学区制改革”专版宣传，在《北京晨报》对潜力学校进行深度报道，与《北京日报》《中国教育报》等媒体合作，全面展示海淀教育5年来的发展成果，推广海淀教育改革的经验和模式。

（宋亚甫）

【“十三五”时期教师培训工作启动会召开】 3月16日，海淀区委教育工委、海淀区教委、海淀区人民政府教育督导室召开海淀区“十三五”教师培训工作启动会，总结“十二五”时期教师培训工作经验，部署“十三五”时期教师培训工作，海淀区“两委一室”相关负责人、各中小学校长、幼儿园园长、学区管理中心主任等400余人参加会议。海淀区教委副主任、区教师进修学校校长罗滨以“专业培训：高水平教师队伍建设助力海淀教育发展”为题，总结海淀区“十二五”时期教师培训工作。海淀区教委主任陆云泉作题为“有效供给 精准培训 深度转型 构建面向未来世界一流的智慧型教师教育”的海淀区“十三五”教师培训工作启动报告。会议还表彰了海淀区“十二五”时期教师培训工作先进单位和先进个人。先进单位代表海淀区教师进修学校附属实验学校、北京石油学院附属小学、空军直属机关蓝天幼儿园先后在会中介绍各自学校的教师培训成果和培训思路。

（钟冷）

【《今日海淀课程》正式首发】 3月28日，由区教科院组织编纂的系列丛书《今日海淀课程》正式首发。《今日海淀课程》聚焦新课程理念下的特色和精品课程研究与实践，反映海淀区中小学课程建设的创新成果。小学版分为人文素养类、科学素养类、艺术素养类、体育素养类、综合素养类等5个课程类别，精选特色和精品课程范例25个；中学版有22个精品课程，涵盖语言与文学领域、人文与社会领域、经济与生活领域、数学与科学领域、技术与创新领域。

（钟冷）

【举办第三届全国学生发展指导高端论坛】 4月14日—15日，第三届全国学生发展指导高端论坛暨海淀区学生发展指导研讨会在北京市第二十中学举行。此次论坛由北京市海淀区教育委员会与中国心理学会发展心理专业委员会、东北师范大学青少年生涯教育研究中心联合举办，北京市海淀区教育科学研究院、北京市第二十中学承办，北京新基础生涯教育科技有限公司协办。来自北京、浙江、上海、天津、吉林、黑龙江、内蒙古、河北、辽宁、贵州、山东等10余个省市的中小学校长、教师共500余人参加会议。会议以“建立学生发展指导中心 聚焦学生核心素养提升”为主题，汇集国内学生发展指导的知名学者与专家及一线的校长教师，通过理念分享、经验介绍、课程观摩、活动展示等形式，多维交流全国各地的先进经验，关注教学渗透、活动融合、专业师资建设等热点话题，推动学生发展指导工作的开展。

（钟冷）

【地方课程体系】 5月9日，海淀区中小学地方课程与研学旅行专题研讨会在清华附中上地学校召开。清华附中上地学校执行校长辛颖以地方课程和校本课程“走进圆明园”为例，介绍学校依托区域资源圆明园遗址公园开展学科实践和综合实践活动的教育模式和经验。中小学课程改革实行国家课程、地方课程和校本课程三级管理体制，地方课程是其中重要的一环。海淀区教科院地方课程项目组探索海淀区地方课程实施的4种有效模式，海淀地方课程建设遵循“人文海淀”“科技海淀”“绿色海淀”的理念，形成乡土乡情教育、传统文化教育、科技创新教育、体育艺术教育、德育心理教育、国际理解教育六大领域课程，编写、选用近10种教材或读本，培养学生的创新精神、实践能力和社会责任感，全面提升学生综合素质。

（钟冷）

【海淀区第九届心理健康教育活动周】 5月22日，“国际幸福教育·积极心理健康教育研讨会暨海淀区第九届心理健康教育活动周”启动。活动由海淀区教委与中国教科院联合主办，以“积极心理造福世界，立德树人联通未来”为题，汇集来自美国、英国、澳大利亚、南非、新加坡、菲律宾、不丹7个国家的国际代表及广东、四川等14个省、市、地区代表，海淀区中小学干部、心理教师650余人，聚焦积极心理健康教育，搭建国际性的交流平台，继承区域心理周的活动模式与特色，通过专题报告、经验分享、论坛研讨、课程观摩等多种形式，全面交流各地积极心理健康教育经验，研讨幸福学校、幸福课堂、幸福教师的建设策略与实施路径，推动基础教育育人工作新发展。心理健康教育活动周是海淀区心理健康教育的一道亮丽风景，是北京市心理健康教育的品牌性活动，成为区域心理健康教育的重要实践模式。本届活动既是海淀区心理健康教育成果的集中展示，也是海淀区心理健康教育与国际对接的一次尝试。

（钟冷）

【“中关村杯”国际中学生华语辩论邀请赛】 7月14日—20日，由海淀区委教工委、海淀区教委、海淀区教育督导室主办的首届“中关村杯”国际中学生华语辩论邀请赛在北京科技大学附属中学举行。来自马来西亚、中国及中国港澳台地区等6个国家和地区、16所参赛学校的110余名辩手参赛。比赛包括24场小组赛、4场晋级赛、2场半决赛、1场决赛以及1场表演赛。北京市二十一世纪国际学校获得冠军，台湾高雄女子高级中学获得亚军，马来西亚新山宽柔中学和北京市第二十中学获得季军。马来西亚新山宽柔中学何靖伶获得“全程最佳辩手”称号。比赛期间，主办方还组织“一个高峰论坛、一次主题讲座、一日参观交流”等学习和交流活动。

（钟冷）

【第四届中国未来学校大会】 11月25日—27日，第四届中国未来学校大会在海淀区召开。大会由中国教育科学研究院与海淀区教育委员会联合主办，海淀区教育科学研究院、中关村互联网教育创新中心、北京大学附属中学承办，以“数据驱动的课堂革命”为主题，聚焦于未来学校的课程构建，围绕“课堂改革”“前沿科技”“数据融合”“实践创新”展开交流探索，推进“中国未来学校创新计划”项目实施。从中国教育科学研究院的顶层设计，到海淀区的探索实践，再到中关村互联网教育创新中心对未来学校所需产品的培育，中国未来学校的建设已步入正轨，并逐渐成型。

（钟冷）

【科技艺术体育类获奖情况】 2017年，海淀区学生在国际级、国家级科技艺术体育比赛中，获得251个一等奖以上奖项。

一、科技类（163个）

国际奖（48个）：

第四十五届日内瓦国际发明展

金奖（个人）	中国人民大学附属中学
	北京市第一零一中学
金奖	中国人民大学附属中学（2个）
	北京市第一零一中学（2个）

全球青少年创新思维（DI）大赛

第一名	北京市海淀区中关村第三小学
	北京市八一学校
	中国人民大学附属小学
世界冠军（个人）	中国人民大学附属小学（4个）
第六名	北京市海淀外国语实验学校

头脑奥林匹克欧洲锦标赛（德国）

一等奖	北京市海淀区教师进修学校附属实验学校
	北京科技大学附属中学
	清华大学附属中学上地学校

2017年世界航海模型锦标赛

冠军（个人）	北京市第一零一中学
	北京市中关村中学
亚军（个人）	北京市第一零一中学
季军（个人）	北京市第一零一中学

第二十一届国际天文奥林匹克竞赛（IAO）

银牌（个人）	北京市第一零一中学

第十届国际天文学与天体物理奥林匹克竞赛（IOAA）

金牌（个人）	北京市第一零一中学

第十二届亚太地区天文奥林匹克竞赛（APAO）

银牌（个人）	北京理工大学附属中学
	北京市第一零一中学（2个）

亚洲和太平洋地区信息学奥林匹克竞赛

银牌（个人）	中国人民大学附属中学
	首都师范大学附属中学

第八届亚洲和太平洋地区机器人锦标赛

一等奖	北京市海淀区中关村第一小学
	北京市第五十七中学
	北京理工大学附属中学

2017年VEX机器人世界锦标赛

金奖	北京市第五十七中学
	北京市海淀区中关村第一小学
	北京市八一学校
	北京大学附属小学

2017年FLL机器人世界锦标赛

金奖	北京大学附属小学

2017年ROBOTChallenge世界锦标赛

一等奖（个人）	北京市海淀区万泉小学（5个）
	首都师范大学实验小学（4个）

2017年世界机器人大赛ROBOCOM国际公开赛

冠军	北京市海淀区育鹰小学（3个）

国家奖（116个）：

第十六届明天小小科学家奖励活动

一等奖（个人）	北京市第一零一中学
	北京航空航天大学实验学校

第三十二届全国青少年科技创新大赛

一等奖	中国人民大学附属中学
	清华大学附属中学
	北京市中关村中学

科技创意比赛

优秀创意奖	北京市海淀区中关村第一小学
	北京理工大学附属中学
	北京市第一零一中学
	中国人民大学附属中学

北京大学附属中学
少年儿童科学幻想绘画比赛
一等奖 北京市海淀区中关村第二小学
2017 年全国中学生天文奥林匹克竞赛
一等奖（个人） 北京市海淀区中关村第二小学
中国人民大学附属中学（2 个）
第三十四届全国青少年信息学奥林匹克竞赛
金牌（个人） 首都师范大学附属中学
北京市育英学校
第十七届中国青少年机器人竞赛
一等奖（个人） 北京理工大学附属小学（2 个）
北京市海淀区万泉小学
一等奖 北京市海淀区五一小学（2 个）
北京市海淀区玉泉小学
北京市海淀区实验小学
北京市海淀区育鹰小学
北京市育英学校
北京市八一学校
北京市第五十七中学
2017 年全国青少年航海模型锦标赛
金牌（个人） 北京市第一零一中学
北京市海淀区中关村第二小学
北京石油学院附属小学
第十八届“我爱祖国海疆”全国青少年航海模型教育竞赛
一等奖（个人） 清华大学附属中学永丰学校
北京市中关村中学
北京市海淀区玉泉小学
2017 年全国青少年航空航天模型锦标赛
金牌（个人） 北京市海淀区中关村第一小学
北京市海淀区中关村第三小学
北京市海淀区中关村第二小学
中国人民大学附属小学
中国人民大学附属中学实验小学
北京市海淀区上地实验小学
清华大学附属中学
首都师范大学附属中学
北京市第一零一中学
北京交通大学附属中学
海淀区海淀青少年活动中心
北京航空航天大学实验学校
北京市八一学校
2017 全国青少年无线电测向锦标赛
一等奖（个人） 北京科技大学附属中学
北京市海淀区翠微小学
首都师范大学附属小学（2 个）
北京市第十九中学（4 个）
北京市中关村中学（5 个）
一等奖 北京市海淀区翠微小学（3 个）
2017 年全国青少年无线电通信锦标赛
金牌（个人） 北京市海淀区万泉小学
2017 年全国青少年车辆模型锦标赛
一等奖 北京市海淀区五一小学
第十一届 DI 创新思维中国区总决赛
一等奖（个人） 北京市海淀区中关村第三小学（2 个）
北京市八一学校
中国人民大学附属小学（6 个）
中国人民大学附属中学实验小学（7 个）
北京市海淀区教师进修学校附属实验学校（3 个）
首都师范大学附属育新学校
北京医学院附属中学（3 个）
北京市海淀区七一小学
北京市第五十七中学
一等奖 北京市中关村中学（3 个）
北京市海淀区五一小学
北京市第一零一中学（4 个）
北京市海淀区中关村第二小学
北京市海淀外国语实验学校
北京市海淀区玉泉小学
头脑奥林匹克（OM）全国总决赛
一等奖（个人） 北京市海淀区万泉小学
北京科技大学附属中学
全国青少年建筑模型教育竞赛
一等奖（个人） 北京理工大学附属中学南校区
北京市第五十七中学
北京中法实验学校
中国农业大学附属中学（3 个）
一等奖 首都师范大学附属小学
北京大学附属小学（2 个）
第十八届全国中小学电脑作品制作活动
一等奖（个人） 北京市中关村中学
北京市育英中学
北京市第五十七中学
2017 首届全国学生无线电测向锦标赛
金牌（个人） 北京理工大学附属中学
2017 年全国青少年模拟飞行锦标赛
第一名 北京市第五十七中学

二、艺术类（58 个）

国际奖（23 个）：

2017 年爱丁堡国际艺术节
泽卡奖 北京市海淀区中关村第一小学
北京市中关村中学
第十届美国国际艺术节“越过海洋的握手”
金奖 北京市海淀区玉泉小学（2 个）

金奖 北京市海淀区中关村第二小学(2个)
意大利国际音乐节、艺术节
一等奖 北京科技大学附属中学
清华大学附属小学
第五届美国林肯国际校园艺术节
金奖 清华大学附属中学
第六十五届 Polifonico guido d'Arezzo 国际合唱比赛
冠军 (个人) 北京市十一学校
斯洛伐克布拉迪斯拉发国际青少年音乐节大赛
一等奖 北京石油学院附属小学
2017 年津宝第三届国际音乐节暨第二届津宝行进艺术大奖赛
金奖 首都师范大学附属育新学校
北京市第十九中学(2个)
北京市海淀区玉泉小学
北京市第五十七中学
中英两国文化交流
金奖 北京市海淀区中关村第一小学(2个)
肯尼迪艺术中心“庆国庆”音乐会
杰出表演奖 北京市第一零一中学
特邀表演奖 北京石油学院附属小学
文化中国—中国非物质文化遗产联合国总部展演
金奖 清华大学附属中学
中德建交45周年艺术节
金奖 北京市海淀区教师进修学校附属实验学校
海外桃李杯第七届舞蹈大赛亚洲总决赛
一等奖 (个人) 北京市海淀区教师进修学校附属实验学校
国家奖(35个):
第二十届“中国少儿戏曲小梅花”京昆业余组
金奖(个人) 北京医科大学附属小学
中国人民大学附属小学
北京市海淀区实验小学
北京市海淀区西颐小学
京昆业余组金花奖(个人)
北京市海淀区中关村第一小学
第二十一届“中国少儿戏曲小梅花”京昆业余组金花称号
金奖(个人) 北京医科大学附属小学
中国人民大学附属小学(2个)
北京市海淀区实验小学
北京市海淀区西颐小学
京昆业余组金花奖(个人)
北京市海淀区中关村第一小学(3个)
“中华杯”中国第十一届优秀管乐团队展演
交响管乐团队展演“示范乐团”
小学组 北京市海淀区七一小学
中国农业科学院附属小学
北京市海淀区翠微小学
首都师范大学实验小学
高中组 北京市育英学校
北京实验学校(海淀)
北京理工大学附属中学
行进管乐团队展演“示范乐团”
高中组 北京市第五十七中学
特色组 首都师范大学附属育新学校
中国人民大学附属中学实验小学
北京邮电大学附属小学
第九届全国残疾人艺术会演
一等奖 北京市盲人学校
第九届“小荷风采”全国少儿舞蹈展演
小荷之星 中国农业科学院附属小学
小荷之星 清华大学附属小学
小荷新秀 北京市海淀区上地实验小学
小荷之家 清华大学附属小学
全国青少年口琴艺术节
重奏金奖 北京十一实验中学
大合奏金奖 北京十一实验中学
首都师范大学附属玉泉学校
小合奏金奖 首都师范大学附属玉泉学校
半音阶口琴独奏(个人)
首都师范大学附属玉泉学校
第二十一届全国中小学生绘画书法作品比赛
一等奖 北京市十一学校
三、体育类(30个)
国际奖(4个):
2017年第五届中国南京啦啦操公开赛
小学组花球第一名 北京市海淀区上地实验小学
中学组集体花球第一名 北京市第一零一中学
2017年世界中学生田径锦标赛
高中男子铅球第一名 北京市第一零一中学
2016 年世界技巧啦啦操、舞蹈啦啦操锦标赛(美国夏威夷)
中学组花球、街舞第一名 北京市第一零一中学
国家奖(26个):
2017全国中小学生武术锦标赛
小学组第一名 北京市海淀区双榆树第一小学
2017年“金宝路杯”全国青少年气排球夏令营比赛
男子丙组第一名 中国人民大学附属小学
女子丙组第一名 中国人民大学附属小学
2017年全国软式棒垒球锦标赛
三四年级组一等奖 北京市海淀区上地实验小学
全国青少年定向锦标赛

10 岁组第一名　　　北京市海淀区实验小学
12 岁组第一名　　　北京市海淀区实验小学
MW16 总团体第一名　北京市第十九中学
2017 年全国啦啦操锦标赛
小学组第一名　　　清华大学附属小学
2017 年全国青少年曲棍球锦标赛
U10 普通学校组第一名　北京市海淀区永丰中心小学
U12 普通学校组第一名　北京市海淀区永丰中心小学
2017 年全国气排球比赛
小学男子乙组第一名　北京市海淀区中关村第一小学
小学女子乙组第一名　北京市海淀区中关村第一小学
2016 年中国中学生足球锦标赛
男子组第一名　　　中国人民大学附属中学
2016—2017 全国青少年校园足球联赛总决赛
高中男子组第一名　　中国人民大学附属中学
2017 年内蒙古自治区“电力杯”“一带一路”国际青少年足球夏令营
男子组第一名　　　　中国人民大学附属中学
2017 年全国健美操冠军赛
中学组第一名　　　　北京市第一零一中学
2017 年全国啦啦操总决赛
中学组花球自选、爵士自选第一名
北京市第一零一中学
第九届全国中学生击剑锦标赛
初中女子佩剑团体第一名　北京市十一学校
2017 全国中小学生国际跳棋锦标赛
64 格 U11 混合团体组第一名　北京市育英学校
2017 全国青少年国际跳棋锦标赛
64 格 11 岁组团体第一名　北京市育英学校
64 格 14 岁组团体第一名　北京市育英学校
64 格 17 岁组团体第一名　北京市育英学校
全国中学生游泳锦标赛
初中男子组第一名　　北京市八一学校
2017 年全国少年垒球锦标赛
U13 普校第一名　　　北京理工大学附属中学
2017 年全国体育传统项目学校武术赛
中学组第一名　　　　北京市中关村中学
2017 年全国中小学生武术锦标赛
高中组第一名　　　　北京市中关村中学

（宋亚甫）

基础教育

【概况】 2017 年，海淀区有幼儿园 171 所（教育部门办园 16 所、集体办园 23 所、民办园 50 所、部队办园 36 所、地方企业办园 2 所、其他部门办园 18 所、事业单位办园 26 所），独立设置小学 84 所，九年一贯制学校 7 所（教育部门办校 5 所、民办校 2 所），十二年一贯制学校 20 所（教育部门办校 7 所、民办校 11 所、他办校 2 所），中学 79 所（教育部门办校 52 所、民办校 20 所、他办校 7 所）。招生 89204 人（幼儿园 24912 人、小学 28497 人、初中 22315 人、普通高中 13480 人）；毕业 70162 人（幼儿园 15904 人、小学 24184 人、初中 17597 人、普通高中 12477 人）；在校生 327982 人（幼儿园 65555 人、小学 163408 人、初中 57261 人、普通高中 41758 人）。教职工总数 33997 人（幼儿园 11343 人、小学 8277 人、中学 14377 人），其中高级职称 3936 人，中级职称 8309 人。北京市特级教师 214 人，北京市骨干教师 325 人，北京市学科教学带头人 61 人。培训机构 421 个。新建中学 3 所（初级中学 1 所——十一晋元中学，十二年一贯制学校 2 所——凯文学校、人大附中航天城学校）。设立学区 17 个。

（尹涛　宋亚甫）

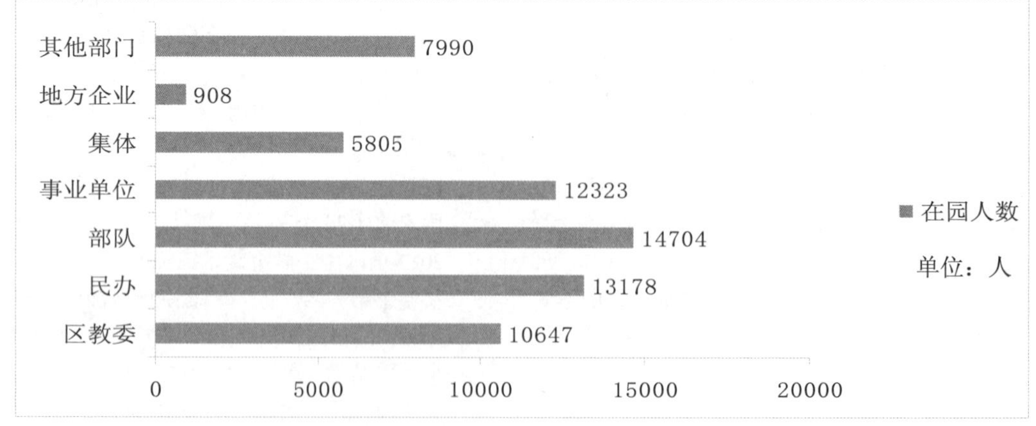

2017 年海淀区学前教育基本情况图

说明：其他部门含中央其他部门、省级其他部门和县级其他部门

2017 年海淀区义务教育基本情况统计表

表 24 （单位：人）

类 别	校数（所）	毕业生数	招生数	在校学生数		专任教师
				合计	非本市户籍学生	
总 计	160	41781	50812	220669	62250	14820
小学教育	111	24184	28497	163408	47349	9365
区属公办小学	87	20010	23816	136257	38869	7533
其他部门办小学	9	2459	2490	15221	1750	818
民办小学	15	1715	2191	11930	6730	1014
初中阶段教育	76	17597	22315	57261	14901	5455
区属公办初中	52	12198	16603	40935	10858	4036
其他部门办初中	6	1926	2065	6477	598	539
民办初中	18	3473	3647	9849	3445	880

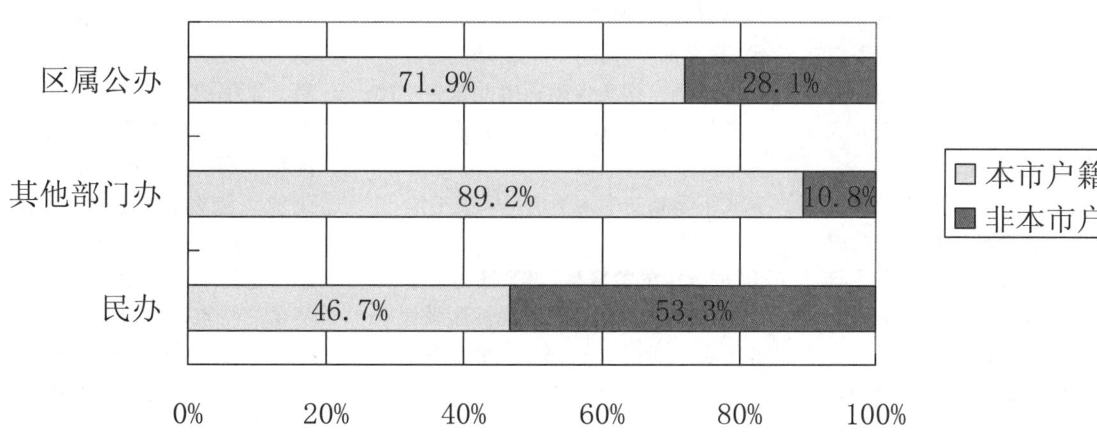

2017 年海淀区义务教育阶段生源结构图

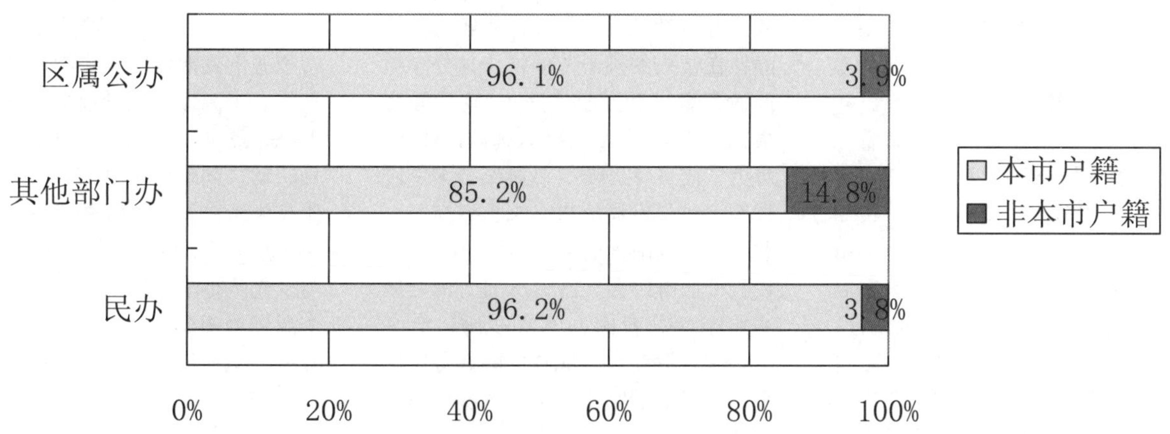

2017 年海淀区普通高中教育阶段生源结构图

（宋亚甫）

【区教委召开媒体座谈交流会】 1月18日，区教委召开座谈交流会，人民日报社、光明日报社、中国教育报社、北京日报社、北京青年报社、北京晚报社、现代教育报社、人民论坛杂志社、北京教育杂志社、人民网、新华网等20余家媒体记者参与座谈交流，听取2016年海淀深化布局调整、深化招生和考试制度改革、深化课程改革、加强队伍建设、推进学区制改革、深化教育交流合作、素质教育取得新突破、教育督导创新发展8个方面教育发展成果介绍以及2017年海淀教育重点推进招生入学工作、优化布局结构、扶助薄弱学校的发展、加强教师培训、积极应对教师结构性缺失矛盾、全面迎接初高中课程改革、继续全力推进体育健康教育、强化德育工作8个领域工作发展思路。与会者表示海淀教育新闻舆论工作成效显著，希望海淀教育系统宣传思想工作能够更好地发挥自身优势和引领作用，做好正面宣传策划，讲好海淀教育故事。

（宋亚甫）

【海淀成为全国首个校园足球综合改革试验区】 2月21日，全国青少年校园足球工作领导小组办公室与海淀区人民政府签署综合改革试验区改革发展备忘录，海淀区成为首个全国青少年校园足球综合改革试验区。2015年，区教委出台《海淀区中小学校园足球三年行动计划》，将足球作为体育课必修内容，特色校和实验校小学每学期不少于18课时，初中每学年不少于18课时，高中学生在校期间至少选修18课时的足球课等。

（宋亚甫）

【3名学生获“市长奖”】 3月26日，由市科协、市教委、市科技委、市知识产权局、怀柔区政府联合主办的第三十七届北京青少年科技创新大赛颁奖活动举行。大赛以“发现创新责任”为主题，全市22.15万名青少年，来自美国、澳大利亚、捷克、丹麦、以色列等11个国家，以及中国澳门、中国台湾地区的15个代表团87人参赛。海淀区3名学生获“市长奖”，其中十一学校学生王雨轩研究课题为“手机图片的发型合成”，北京航空航天大学实验学校中学部学生王铁研究课题为“质子交换膜燃料电池阳极催化剂的可控合成及性能研究”，一零一中学学生张之恒研究课题为“新型油水分离滤网的制备及其应用研究”。

（宋亚甫）

【2017年义务教育阶段入学工作实施意见发布】 4月27日，区教委发布2017年义务教育阶段入学工作实施意见。根据实施意见，2017年小学继续实施“六年一学位”，即住房地址用于登记入学之年起，原则上六年内只提供一个入学学位（符合国家生育政策的除外）；根据学校分布、学位供给、户籍、房产、居住年限等因素，逐步推进多校划片入学方式；加大对申请人的户籍情况、实际居住地的审核，严格审核入学条件。小升初取消“推优”，增加“登记入学”，降低特长生招生比例，切实保障适龄儿童少年接受义务教育的权利。5月1日启动义务教育入学服务平台，5月8日—31日完成小学和初中入学信息采集工作。

（钟冷）

【“成长中的教育家”系列研讨会】 5月9日，海淀区召开“海淀区教育家办学实践研讨会——北京市育英学校教育家办学实践研讨会”。会议由区委教工委、区教委主办，育英学校党委书记严华作题为“发挥红色优势 抓好党建 促进发展”的报告，分享学校党委围绕学校中心工作抓党建的实践，育英学校校长于会祥作题为“静静挂在枝头的桃子”的报告，分享他的教育思想和办学实践；《现代教育报》副主编罗德宏主持教师访谈环节，育英学校4名领导、教师结合案例讲述个人成长发展故事。来自海淀区、北京市及全国各地300名中小学书记、校长参加研讨会。11月8日，海淀区实验小学教育家办学实践研讨会举行，这是海淀区“成长中的教育家”系列研讨会的第十二场。本次研讨会由区委教工委、区教委主办，以“固本·创新”为主题，集中展现海淀区实验小学办学实践以及校长赵璐玫的办学理念、办学经验与办学智慧。与会人员观看学校办学专题纪录片，校长赵璐玫作“志笃耘沃土 目远望繁星”主报告，回顾学校发展历程，交流办学经验与智慧。近几年来，学校通过“雁阵”效应的管理模式，促进团队发展，以“立德·修业·育心”为引领，为教师发展注入活力与能量。教师代表交流对学校办学理念的理解与感悟。国家教育咨询委员会委员、联合国教科文组织协会世界联合会荣誉主席陶西平，北京教育科学研究院研究员谢春风分别点评，充分肯定学校办学成果与思路。区教委领导、北京教育研究院及学校教师200余人参加会议。

（宋亚甫）

【全国首届青少年创客联赛（北京赛区）】 5月29日，全国首届青少年创客联赛（北京赛区）在海淀区中关村大街开赛，来自全市32所中小学的100名小创客根据现场的器材及设备，发挥想象力，创作自己的创意科技作品。共有8人、6个团队入围全国总决赛。全国青少年创客联赛致力于成为创客教育领域参与度最高的赛事，打造成为具有中国特色创新理念、世界知名的创客教育联赛。本次赛事的特点是“低门槛、多维度、重趣味、重参与”，从创客教育中动手操作、创客技能以及创意分享3个方面检验选手的能力，参赛作品全部由学生独立制作，自主分享。

（钟冷）

【李源潮到地区调研少先队工作】 5月31日，中央政治局委员、国家副主席李源潮到海淀实验小学调研少先队工作。李源潮参加学校的“喜迎十九大——我向习爷爷说句心里话”主题队日活动，同学们用书信、书法和手工作品展示向习爷爷说的心里话。参观学生小创作，观看《长征组歌》合唱，与少先队小干部讨论“先锋”的含义。李源潮希望少先队牢记习近平总书记嘱托，弘扬听党话跟党走的光荣传统，引领少年儿童时刻准备着为实现中华民族伟大复兴的中国梦接力奋斗。团中央书记处、教育部、北京市委、全国少工委领导等出席活动。

（宋亚甫）

【海淀区少年科学院成立】 6月14日，海淀区少年科学院成立。海淀区少年科学院由区教委和中国科学院行政管理局共同举办，是海淀区开展中小学生科技教育的重要平台。目的是通过形式新颖、对中小学生有吸引力、有激励作用的载体，向中小学生普及科技知识，引导中小学生参与科技创新活动，培养中小学生的科学意识和科学精神。同时，开展中小学生校外科技教育理论研究，举办中小学生科技交流活动，建立和完善科技教育教师指导队伍。少年科学院由1个总院、20个分院、100个研究所、100位小院士组成，总院设在海淀区羊坊店青少年活动中心。总院长、分院院长、研究所长等均由区中小学校在校学生担任，特聘林群院士为名誉院长，30名中科院科研人员担任特聘科学家，3名区中小学校优秀科技教师担任学科指导教师。区教委下属6个青少年活动中心作为学科领域办公室，为少科院活动提供服务保障，并将定期举办专题讲座、课题研究、科学实践考察、国际交流等活动。中科院北京地区的50余个研究所，清华大学、北京大学、中国矿业大学、北京航空航天大学等60所高校相关实验室将对“小院士”开放。来自中科院、区委、区政府、海淀区教育系统“两委一室”的领导及海淀区中小学校长学生200余人参加成立大会。

（宋亚甫）

【海淀教育新媒体联盟成立】 6月27日，海淀教育新媒体联盟成立。联盟将以“海淀教育”微信订阅号为主要平台，旨在加强教育系统新媒体宣传力度，制作和传播内容丰富的网络文化产品，形成宣传合力，提升海淀教育影响力。联盟首批纳入包括机关科室、学区、学校和直属单位共42家成员单位。

（宋亚甫）

【接待美国教育代表团】 7月7日—12日，海淀区教委接待美国波士顿教育代表团访问交流。代表团一行17人，由来自美国公立学校英语、化学、数学教师，从事特殊教育、学生教育顾问以及教育学在读博士及研究人员组成。美国教育代表团听取健翔学校概况、办学特色、教育理念等情况介绍，美方介绍美国特教发展史、融合教育现状、美国实施的特教政策、IEP的制定、家校间的合作以及美国学校开展特教工作的方式，双方就特教领域的专业问题交流和探讨。在21世纪国际学校作“学生核心素养的培养——中美比较的视角”培训讲座。为玉渊潭中学高一年级学生作“职业生涯规划”培训，为学生讲解职业生涯规划发展趋势、必要性和规划职业所需的方法和技能。到访育英学校，了解学校历史、办学理念、教育思想、开展学生职业规划课程、融合教育情况。美国教育代表团与区教委交流，听取海淀区教育基本情况介绍，向中方介绍波士顿地区概况和考试学校、私立学校、特长学校、职业技术学校等特色学校情况，双方就STEM教育、跨学科融合、通用技术和双语教学交流。在区中小学干部研修中心，听取中心职能和干部培训的工作和研究介绍，双方交流校长培训和教学工作等话题，美方介绍教师评估具体做法。

（宋亚甫）

【北京中法实验学校揭牌】 9月1日，北京中法实验学校揭牌仪式暨2017年秋季开学典礼举行。市教委、海淀区政府、区教委领导和法国大使馆公使等嘉宾共同为北京中法实验学校校牌与校徽揭幕。北京中法实验学校是海淀区教委和法国凡尔赛学区合作项目学校，将以法语特色教学项目为依托，扩大中法教育交流与合作，逐步探索十二年一贯人才贯通培养模式。该校在原温泉二中基础上，增设寄宿制小学部，办学类型变更为包括小学、初中和高中教育的十二年一贯制学校。自2017年起，小学部在全区招收中法双语项目实验班学生。法方将提供法语教师派遣、中方教师培训、课程设置、教学资源、与法国高等教育衔接等支持和帮助。2017年，首批招收80名一年级学生与60名初一年级新生将开始法语学习，每周开设5课时的综合兴趣法语课程。

（宋亚甫）

【33名教师获“启航杯”一等奖】 9月9日，海淀区33名新任教师获北京市中小学新任教师第一届“启航杯”教学风采展示活动一等奖。“启航杯”教学风采展示活动由北京教育学院与中国教育技术协会微格教学专业委员会联合举办，历时4个月，来自17个区的771名教师参加活动，海淀区有60名新任教师参加，涵盖小学语文、数学、英语、科学、音乐、美术等9个学科，中学语文、数学、英语、历史、政治、化学、生物、物理、信息技术等14个学科。130人获一等奖，其中海淀区教师33人，占1/4。

（宋亚甫）

【陈宝生调研十一学校】 9月14日，教育部部长陈宝生围绕北京市基础教育综合改革到十一学校调研。陈宝生一行观看《十一学校综合教育改革实验五年足迹》专题短片，向学校负责人、任课教师和学生了解师资配备、教学质量、课程设置等情况。陈宝生表示，十一学校作为基础教育改革的排头兵，其以走班为支撑的选择式教学，实现“有教无类、因材施教”，是基础教育全面深化改革的有益探索，要注重培养学生乐观向上的人生态度和创新开拓的精神。市委常委、市教工委书记林克庆，副市长王宁，海淀区委书记、区长，海淀区教工委、区教委，十一学校校长等领导，以及来自教育部、市教委、海淀区教委等相关部门人员陪同调研。

（宋亚甫）

【首届海淀区中小学生学区足球联赛】 9月16日，首届海淀区中小学生学区足球联赛在人大附中开幕。联赛由区教委和区体育局联合主办，全区17个学区的75支球队参加。即日起至30日，每周六、日进行比赛，比赛分为6个组别，分别为高中男子组、初中男子组、小学男子甲组、小学男子乙组、中学女子组、小学女子组。采用单循环或分组循环比赛，每队胜一场得3分，平一场得1分，负一场得0分。比赛共进行145场，最终，海淀学区、青龙桥学区分获高中男子组、初中男子组第一名，上地学区获得小学男子甲组、小学男子乙组两个第一名，中学女子组、小学女子组冠军分别由温泉苏家坨学区和上庄西北旺学区获得。

（宋亚甫）

【教育系统网络安全服务大队成立】 9月18日，海淀区教育系统网络安全服务大队成立。成立会上，区教委领导宣读海淀教育系统网络安全服务大队章程，向网络安全服务大队授予队旗，为第一期当选网络安全服务大队成员25人颁发聘书，网络安全服务大队成员代表宣读保密承诺书并发表当选感言。服务大队将科学规范开展网络安全的监督、实施与保障工作；全面提升海淀区教育行业网络安全水平，增强信息系统防护能力，有效防范和抵御安全风险隐患，切实保障信息系统（网站）稳定运行和数据安全，共同创建安全的教育网络环境。

（宋亚甫）

【中学教育工作会】 9月19日—20日，海淀区中学教育工作会召开。工作会以“科学、扎实、高效——深入推进课程改革，全面提升育人质量”为主题，总结和回顾2016年—2017学年工作，主报告题为“科学　扎实　高效”，清华附中介绍建立科学评价体系，助力学生培养和未来发展经验和做法，海淀教师进修学校附属学校围绕“精准教育”学校变革，分享学校在改革中的探索与思考；会议宣读中学教学工作专家组聘任决定，并为第二批高中学科教研基地颁牌；为获区高中“风采杯”优秀教学成果展示活动20名“风采奖”以及16名获北京市第一届中小学新任教师“启航杯”教学风采展示一等奖教师颁奖；区教师进修学校分别作初、高中教育质量评价报告和工作建议。北京教科院、中国教科院基教研中心、北师大教育学部、区教科院专家与教师代表围绕校长发声、学科德育、课堂重构、以美育人4个专题内容交流讨论。有关领导专家及学校校长教师代表300余人参加会议。

（宋亚甫）

【北外附中与俄两所中学结成友好校】 9月26日，北京外国语大学附属中学与俄罗斯总统学校、莫斯科市塔甘卡路2104学校“中俄友好校”签约仪式在北外附中举行。俄罗斯驻华大使馆参赞、北京外国语大学副校长、海淀区教委主任等参加签约仪式。双方表示将提供更多机会为学生搭建平台，更好促进学校、师生间的交流，为两国文化与教育发展发挥作用。北外附中2014年依托北京外国语大学合力探索“大学+中学”衔接式国际化人才培养模式，构建“语言+文化”多元课程体系。2017年，学校申请开设“1+3”复语实验项目，即一年初三加三年高中，学生可在英语之外再选择一门语言学习，学校开设俄语和阿拉伯语两语种的“1+3”复语实验班。

（宋亚甫）

【名师教育教学实践研讨会】 11月23日，区委教工委、区教委主办的丁玉山教育教学实践研讨会在一零一中学召开。作为区委教育工委、区教委“十三五”期间推出的首场名师教育教学实践研讨会，本次研讨会以“传承创新，时代体育”为主题，播放视频短片《平凡的岗位　非凡的追求》。丁玉山结合自己发展历程介绍对学校体育工作、体育教学方面的思想和经验，以及对中学体育教师发展的思考；呈现4节公开课，展现学校的体育教学理念和常态教学；论坛对话以“为了学生未来，做强学校体育”为主题。海淀区有关领导、一零一中学领导和教师以及部分外地教师500余人参加研讨会。12月7日，由区委教工委、区教委主办，清华附中承办的杜毓贞教育教学实践研讨会举行。研讨会以“涵育化人无声，立德树人有我”为主题，播放视频短片《师心问道》，杜毓贞作题为“涵育化人无声，立德树人有我”主题报告，阐述政治课的学科育人价值和政治教师责任与追求，认为政治教师要坚持中国特色的价值引领，践行科学理性的思维培养，肩负知行统一的责任担当。10名教师从不同角度讲述杜毓贞对学校青年教师、同事及同行的影响、指导和引领，探讨对“政治课的学科育人价值，政治教师的责任与追求”的理解。2名教育专家做点评，清华附中校长王殿军作“莫道斑斑双鬓染，笑看桃李满园芳”主题发言。区委教工委、区教委、海淀区各中学及清华附中教师代表500余人参加会议。

（张欣　鲁晓艳　高岷）

【小学教育工作会】 11月28日，区教委召开小学教育工作会。会议以“规范、质量、实效”为主题，分为专题报告、专家引领、专题研讨、大会总结4个单元，通过工作部署、专家引领、交流研讨、总结提升，深化小学教育阶段综合改革，推进小学教育优质均衡发展。会议听取《规范管理　提升质量　注重实效》《规范管理提高质量　内涵发展回应需求》《海淀区小学教学质量分析及改进建议》《构建面向未来的学习品质评价体系》《学习贯彻十九大精神　办好人民满意的教育》报告，3所小学交流发言；为海淀区小学教育工作指导专家颁发聘书、宣布海淀区第一批小学学科学区教研基地名单；与会者以“课程品质提升与学生素质发展”“学科教学改进与教师能力提升”“培养良好习惯落实养成教育”“以美育人三位一体促进学生健康成长”“体质提升固基础特色项目创品牌”为题分享工作经验，汇报研讨成果。区政府、区委教工委、区教委、区政府教育督导室等领导及小学校长近500人参加会议。

（宋亚甫）

【承办“一带一路教育对话”论坛】 11月28日，区教委承办“一带一路教育对话：研究、决策与创新”分论坛。“一带一路”国际合作高峰论坛分论坛由海淀区与中国教育科学研究院合作举办。“21世纪素养与课程创新”“学生流动与跨境教育”论坛分别在十一学校、海淀凯文学校举办，论坛以开幕式、主旨报告、对话和参观交流形式举办，“儿童早期发展与教育”分论坛代表参观北京明天幼稚集团第一幼儿园并就早期教育进行交流。来自中国、英国、老挝、泰国、伊朗、墨西哥、柬埔寨、阿塞拜疆等22个国家40余名教育专家、学者和官员参加论坛活动。

（宋亚甫）

【纪念杜丽丽牺牲20周年活动】 12月5日，海淀区举办“传承杜丽丽精神，弘扬新时代师魂”师德论坛暨纪念杜丽丽烈士牺牲20周年活动。活动由海淀区委教育工委、海淀区教委、海淀区人民政府教育督导室主办，海淀区第四实验小学协办，海淀教育系统部分新任教师和青年教师200人参加活动。与会人员观看第四实验小学专题片《海棠花开二十载》，该校校长作“传承杜丽丽精神，做新时代的师德楷模”主报告，在职教师、退休教师、学生代表回顾杜丽丽事迹，海淀区团区委向青年教师发出“向杜丽丽老师学习，承担起时代赋予的重任，在继承中不断开拓创新，用实际行动弘扬烈士精神。我们海淀的青年教师，一定能不负众望，为实现美丽中国梦不懈努力”倡议。1997年5月19日17时20分，杜丽丽为保护两名小学生牺牲，时年21岁，1997年7月3日，北京市政府批准杜丽丽为革命烈士。

（宋亚甫）

【10所体育特色校出京“送课”】 12月5日，中关村一小、中关村三小、清华附小等10所北京体育特色校结成UNICEF中国儿童体育协同发展联盟，为辽宁、云南、广西和贵州四省、自治区数百所学校，尤其是农村校送课上门，并邀请四省、自治区的中小学生进京比赛交流。UNICEF中国儿童体育协同发展联盟是教育部与联合国儿童基金会推出的“学校体育与体育教师培训项目”中的一部分。执行方之一的北京教育学院统筹和整合本市各种优质教育资源，通过送教育到校、请外省体育老师进京培训、为农村学校设计特色体育课程等方式，加大对少数民族及偏远地区学校体育师资培养和青少年体育教育。

（钟冷）

高等教育

【概况】 海淀区是全国高等院校最密集、高等教育最发达的地区。2017年，区域内有普通高等学校36所（部）[①]，其中教育部直属院校17所，国务院委办属院校7所，市属院校7所，市农委、市交通委办属院校各1所，民办高校及独立学院4所。有具有招生资格的民办非学历高等教育机构21所，有中共中央党校、国家行政学院、中国人民解放军国防大学、中央社会主义学院、中央民族干部学院、中国青年政治学院6所党、政、军、团高级干部培训学府。北京天主教神哲学院和燕京神学院在区境内。

（周勇）

【中国发展指数（2016）与中国发展信心调查（2016）发布】 1月13日，中国人民大学中国调查与数据中心发布中国发展指数（2016）与中国发展信心调查（2016）结果。数据表明，2016年中国发展指数的4个分指数和15个指标均实现增长。自2006年起，中国人民大学每年定期发布中国发展指数，指数在借鉴联合国人类发展指数（HDI）编制思想的同时，注重结合中国国情，旨在弥补GDP指标的片面性，全面体现国家与地区发展。

（王文泽）

【《亚太空间合作组织大学小卫星项目合同》签署】 1月17日，北京航空航天大学与亚太空间合作组织签署《亚太空间合作组织大学小卫星项目合同》。该项目是亚太空间合作组织成立以来最大的国际合作项目，北航为该项目的牵头单位。根据合同，北航将与亚太空间合作组织在小卫星领域开展卫星研制和教育培训等全面合作。亚太空间合作组织大学小卫星项目是由亚太空间合作组织（APSCO）发起，由APSCO各成员国（中国、巴基斯坦、伊朗、泰国、秘鲁、土耳其、孟加拉国、蒙古）大学联合研制3颗小卫星（包括1颗微小卫星+2颗纳星），共同完成在轨技术验证、星间通信、空间科学探测及空间遥感应用任务。

（朴悦嘉）

【清华承建大数据系统软件国家工程实验室】 2月，国家发展和改革委员会批复同意清华大学承建大数据系统软件国家工程实验室。该实验室将建设大数据系统软件技术创新研发、技术转化和应用示范平台，支撑大规模多源异构数据一体化管理、交互式异构数据分析框架、数据可视化与智能数据工程、领域大数据应用开发运行环境、大数据混源软件可信验证等技术的研发和工程化，是中国大数据系统软件技术研发与工程化的唯一国家级创新平台。9月11日，大数据系统软件国家工程实验室第一次会议举行，标志着大数据系统软件国家工程实验室正式启动。

（张含晨 许亮）

【地大教授在延边发现恐龙足迹】 3月8日，中外古生物学者联合宣布，在吉林省延边朝鲜族自治州发现恐龙足迹群，这为研究中国乃至东北亚白垩纪恐龙动物群的分布以及多样性有着非常重要的意义。在英国权威学术杂志《白垩纪研究》上，来自中国地质大学（北京）的邢立达副教授、美国科罗拉多大学足迹博物馆馆长马丁·洛克利教授、韩国晋州国立教育大学科学教育部金景洙教授和韩国国家文化遗产研究所科学保护部主任林鍾悳等专家学者共同署名发表文章，描述这批珍贵的标本。在延边州龙井市铜佛寺镇山郊公路一侧，发现巨大的鸭嘴龙类足迹，其完整尺寸推测可达55厘米，造迹者恐龙体长能达7米以上，是非常大型的恐龙。邢立达所在团队认为，此次在延边的恐龙足迹发现不仅为复原该地区恐龙时代的面貌有着很大的帮助，而且促进不同区域恐龙动物群之间的对比。

（李媛媛）

【首份中国互联网金融安全报告发布】 3月15日，第四届（2017）金融“3·15”高峰论坛在中国人民大学举办。高峰论坛以“安全、规范、责任”为主题，各企业代表签署第二届《金融行业自律公约》，并以“互联网＋金融”时代的消费与安全和“金融科技驱动金融消费者保护”为主题进行了圆桌对话。

① 中国青年政治学院既是普通高校，又是培养共青团高级干部的学校。

会上发布国内首份全方位、多维度的《中国互联网金融安全报告》白皮书及金融消费者的优秀案例。来自全国人大财经委、中国人民银行、中国银行业监督管理委员会、中国证券监督管理委员会和中国保险监督管理委员会等部门的负责人、各界专家学者、企业界代表等500余人参加论坛。

（王文泽）

【北理工无人机获国际挑战赛冠军】 3月15日—19日，北京理工大学无人机团队代表中国在国际机器人挑战赛中获得冠军。学校宇航学院无人飞行器自主控制研究所“飞鹰队”参加在阿联酋阿布扎比举行的穆罕默德·本·扎耶德国际机器人挑战赛。本届赛事共收到来自35个国家的143份申请，其中大部分来自相关领域的顶尖研究机构。“飞鹰队”团队依托宇航学院无人飞行器自主控制技术研究所在复杂环境目标探测与自主定位、鲁棒控制以及协同控制等核心技术，实现基础研究与应用基础研究之间的相互促进与转化。

（杨宝焱）

【琥珀中首次发现非鸟类恐龙标本】 3月22日，中国古生物学会在京发布2016年度中国古生物学十大进展，中国地质大学（北京）副教授邢立达的研究成果入选。邢立达此次入选成果为琥珀中发现的一件恐龙尾部化石标本的研究，这是科学界首次在琥珀中发现非鸟类恐龙标本，为羽毛的演化提供重要证据。

（李媛媛）

【全球首次建立多潜能干细胞系】 4月6日，国际著名学术期刊《细胞》在线发表北京大学邓宏魁研究组的研究论文。该研究在国际上首次建立具有全能性特征的多潜能干细胞系，获得的细胞同时具有胚内和胚外组织发育潜能，为干细胞技术治疗重大疾病提供新的可能。邓宏魁研究组通过化学小分子筛选，开发出全新的培养体系，能够建立具有胚内和胚外发育潜能的小鼠和人干细胞系。这一全新的干细胞被命名为潜能扩展的多能干细胞（Extended Pluripotent Stem Cells），简称为EPS细胞。

（刘语潇）

【“超级钢”研发应用】 4月10日，北京科技大学新金属材料国家重点实验室吕昭平教授团队开发出高密度纳米强化的超高强韧马氏体时效钢，国际顶级学术期刊《自然》4月10日在线发表这一研究进展。8月24日，北科大冶金学院罗海文教授参与研发的超级钢研究成果《D&P钢中高位错密度引起高延性》在《科学》杂志发表，该超级钢实现力学性能上的巨大跃升，在引入大量可移动位错的同时提高了钢铁材料的强度和延展性。

（倪阳）

【北航歌尔航模队获国际大赛冠军】 4月21日—23日，北航歌尔航模队在美国佛罗里达州举行的2017 SAE国际航空设计大赛（东部赛区）高级组竞赛中获得冠军，并创造该项赛事（包括美国西部赛区、美国东部赛区、巴西赛区）2017年世界最好成绩。SAE大学生航空设计大赛由国际自动机工程师协会（SAE International）举办，波音、洛克希德马丁、达索、ANSYS等航空业著名企业提供支持和赞助，旨在通过让大学生在构思、设计、制作、试验以及优化一架满足任务要求的无线电操控飞机的过程中实践理论知识，并在设计报告和答辩的过程中提高学生的工程写作和交流能力。

（朴悦嘉）

【《算表》获吉尼斯世界纪录认证】 4月23日，吉尼斯世界纪录认证清华简《算表》为世界上最早的十进制乘法表，并举行授牌仪式。2008年7月，清华入藏约2500枚、距今2300余年的战国竹简。其中有21支竹简形制特殊，上端凿有圆孔，孔内有丝带残留，被命名为《算表》。经研究发现，《算表》可通过丝线交叉，运用乘法交换律将两位数乘法转换为4个交叉点数字相加，实现快捷运算。这是中国留存的最早数学文献实物。

（张含晨　许亮）

【“月宫365”计划入舱】 5月10日，“月宫365”计划入舱仪式在北航月宫一号实验室举行。“月宫365”计划将利用中国第一个、世界第三个空间基地生命保障地基综合实验装置“月宫一号”进行为期365天多人次高闭合度的生物再生生命保障系统综合实验。舱内实验志愿者共有8人，分为2组，设置3班，全天候封闭进行科研、学习、生活等。世界上只有美国和俄罗斯掌握该技术，这项研究对保障中国载人月球基地及火星探测等航天计划的顺利进行、保障航天员生命安全和生活质量具有重大意义。“生物再生式生命保障技术”是当今世界上最先进的闭环回路生命保障技术，是未来月球、火星基地等载人深空探测所需的十大关键技术之一。

（朴悦嘉）

【南海首次天然气水合物试采成功】 5月18日，中国海域天然气水合物研究取得历史性突破，在南海进行的首次天然气水合物试采成功。北京大学作为南海海域天然气水合物试采工程项目四大核心单位之一，承担海域天然气水合物试开发体系等相关研究任务，取得很多成果和进展，为试采工程的顺利进行做出重要贡献。

（刘语潇）

【新一代微型化双光子荧光显微镜研制成功】 5月31日，北京大学新一代微型化双光子荧光显微镜专题新闻发布会在英杰交流中心举行。在国家自然科学基金委国家重大科研仪器研制专项支持下，北京大学分子医学研究所、信息科学技术学院、生物动态光学成像中心、生命科学学院、工学院联合中国人民解放军军事医学科学院组成跨学科团队，研制出新一代高速高分辨微型化双光子荧光显微镜，并获取小鼠在自由行为过程中大脑神经元和神经突触活动清晰、稳定的图像。

（刘语潇）

【量子研究创世界纪录】 5月，清华大学交叉信息研究院量子信息中心段路明研究组引入二维量子存储阵列的方法，首次实现具有225个存储单元的原子量子存储器，比国际原有记录提高近20倍。9月，该中心副教授金奇奂领导的研究组实现拥有超过10分钟相干时间的单量子比特储存（量子信息技术中的基本单元），将世界纪录提高10倍。

（张含晨 许亮）

【北理工科学载荷首次上国际空间站】 6月4日，北理工科学载荷登上国际空间站。“空间环境下在PCR反应中DNA错配规律研究的科学载荷”由邓玉林教授团队研制，在美国佛罗里达州肯尼迪空间中心由负责运营国际空间站科学研究平台的NanoRacks公司通过Space X公司“猎鹰9号”火箭乘坐“龙”货运飞船送往国际空间站。该载荷在空间辐射及微重力环境下，在轨开展抗体编码基因的突变规律研究，有助于认知空间环境对微生物生长代谢的影响，为中国空间生物安全提供基础性研究成果，为中国深空探测的生物安全问题提供参考。本次搭载项目的实施，是中国空间科学项目首次登入国际空间站。

（杨宝焱）

【首次实现人类胚胎干细胞体外诱导为卵泡样细胞】 6月12日，清华大学医学院纪家葵课题组在《自然·通讯》在线发表题为《人类胚胎干细胞体外诱导为卵泡样细胞》的研究论文。该研究首次建立人胚胎干细胞定向分化为人卵巢类卵泡样细胞的体外分化体系，证明不借助体细胞，通过在人胚胎干细胞中过表达核糖核酸（RNA）结合蛋白可以体外获得人类卵泡样细胞。

（许亮）

【清华超级计算机蝉联世界超算冠军】 6月19日，在德国法兰克福举行的国际超级计算大会（ISC 2017）上，由清华大学运营的“神威·太湖之光”超级计算机，以每秒12.5亿亿次的峰值计算能力，以及每秒9.3亿亿次的持续计算能力，继2016年之后再次获世界超算冠军。

（许亮）

【低温工业产氢过程取得新突破】 北京大学化学与分子工程学院马丁课题组与大连理工大学石川、美国布鲁克海文国家实验室若泽·A·罗德里格兹、中国科学院大学周武、山西煤化所/中科合成油温晓东等课题组合作，解决水煤气变换反应低温条件下高反应转化率与高反应速率不能兼得的难题。该研究工作构建新的低温产氢体系，为氢能经济的推广以及氢气纯化过程提供新的思路。该研究成果发表于6月22日的《科学》杂志上。

（刘语潇）

【全球首条高温气冷堆核燃料元件生产线建成达产】 7月17日，国家科技重大专项配套项目、高温气冷堆核燃料元件生产线第20万个球形燃料元件成功下线，标志着全球首条工业规模高温气冷堆核燃料元件生产线建成达产。该技术由清华大学核能与新能源技术研究院研发，具有完全自主知识产权。该项目入选中国核学会发布的“2015—2017年度中国十大核科技进展”。

（张含晨 许亮）

【信息科大获机器人世界杯冠军】 7月26日—30日，第二十一届RoboCup机器人世界杯比赛在日本名古屋举行。北京信息科技大学Water机器人足球队以6∶3战胜荷兰埃因霍温理工大学TU队，获得机器人足球世界杯中型组冠军。比赛中，Water队改进机器控制器，将原来用的笔记本换成自制控制器，提升图像处理速度、计算能力、电池续能时间；更新所有外壳和变形结构件；根据比赛规则和弱点改进程序和算法，提高了防守和进攻能力。

（李丝璐）

【中德学者溯源刺胞动物早期演化史】 7月31日，中国地质大学（北京）、西北大学和德国卡塞尔大学联合科研团队在美国《国家科学院学报》上发表论文，基于对云南澄江动物化石群85枚新化石标本的研究，发现中华先光海葵的一系列形态细节，证实其属于刺胞动物基干类群的一个早期分支，是现代刺胞动物在5.2亿年前的寒武纪“先行者”。负责该研究的中国地质大学（北京）副教授欧强介绍，寒武纪动物像是一个头插翎羽的海葵，口部环绕一圈羽状触手，躯干呈圆柱状，具有隆起的纵脊，底部有表面光滑、呈吸盘状的基部固着器，躯干与固着器之间有一圈较明显的环形凹陷。研究团队据此推断，中华先光海葵并非类似现代海葵的凶猛肉食者，而是温和无害的滤食者，通过羽状触手过滤海水中的悬浮食物颗粒。澄江动物化石群位于云南省玉溪市澄江县境内，是地球上分布最集中、保存最完整、种类最丰富的寒武纪早期古生物化石群，于2012年被列入《世界遗产名录》。中华先光海葵是澄江动物化石群的标志性物种之一，被发现并命名于1991年，此后学界对其谱系地位争论颇多。

（李媛媛）

【深圳北理莫斯科大学开学】 9月13日，深圳北理莫斯科大学举行开学典礼，国家主席习近平、俄罗斯总理普京分别致贺词。国务院副总理刘延东、俄罗斯副总理戈洛杰茨出席开学典礼。深圳北理莫斯科大学是由深圳市人民政府、莫斯科国立罗蒙诺索夫大学和北京理工大学在深圳合作举办的一所具有法人资格的非营利高等教育机构，首届在国际经济与贸易、俄语、数学与应用数学、材料科学与工程4个专业招收本科生113人，在俄罗斯语言文学、基础生态学、纳米生物技术3个学科招收单独授予莫斯科大学学位的硕士研究生23人。

（杨宝焱）

【北师大人工智能与未来媒体实验室成立】 9月16日，由北京师范大学和微软集团、封面传媒共同发起成立的“人工智能与未来媒体实验室”挂牌成立。作为全国首个关注“AI+媒体”的前沿实验室，“人工智能与未来媒体实验室”研究内容与成果导向包括机器写作运用于媒体的规则探索、人工智能技术在新媒体领域的交互方式和用户群体数据画像、媒体领域的大数据和知识图谱应用研究、人工智能时代媒体内容的传播形式和路径，以及以微软“小冰”为代表的人工智能机器人在媒体行业的应用和市场效应等。实验室将向社会共享研究成果，定期发布《人工智能与未来媒体实验报告》《人工智能全球媒体报告》，举办“人工智能与未来媒体大讲堂”等。

（申政）

【**中国奥林匹克引智中心成立**】 9月22日，国家体育总局与国家外国专家局引进外国人才智力促进体育事业发展合作框架协议签约暨中国奥林匹克引智中心揭牌仪式在北京体育大学举行。国家体育总局与国家外专局合作引进国外高层次人才和团队，培养急需紧缺的体育专业人才，为2020年东京奥运会、2022年北京冬奥会的备战参赛工作奠定人才和智力基础。北京体育大学承担体育引智项目的具体工作。

（董健）

【**北外首次开设6门亚非语种课程**】 9月，北京外国语大学亚非学院在国内首次开设格鲁吉亚语、阿非利卡语、柏柏尔语、科摩罗语、旁遮普语、僾路支语6门亚非语种课程。6个语种辐射包括中亚、南亚、非洲等“一带一路”沿线重要国家和地区的数亿人口。

（杜政俊）

【**北航承研项目完成飞行测试**】 10月10日—14日，由北航提供多项关键核心技术的北斗卫星导航系统以中国自主设计制造的喷气式支线客机ARJ21为平台，完成飞行测试。本次试飞首次实现4个“国产化”的结合，即将国产卫星导航系统、国产卫星导航地基增强系统（GBAS）、国产机载导航系统（甚高频数据链首发电台+北斗多模式接收机，MMR）结合到国产民用大飞机的平台上。其中，国产卫星导航地基增强系统、国产机载导航系统，是北京航空航天大学联合天津七一二通信广播股份有限公司，突破高性能完好性风险监测、大范围信号覆盖、多频多星座组合、多模式信号源兼容互操作等多项关键技术研制而成。此次试飞第一次实现北斗卫星导航系统在民航领域的测试应用，也是国产民用飞机第一次使用国产导航系统，对两个国产重大科技专项——北斗卫星导航系统重大专项工程和大型飞机重大科技专项的融合发展具有里程碑意义。中国北斗导航系统是中国自行研制的全球卫星导航系统（BDS），是继美国全球定位系统（GPS）、俄罗斯格洛纳斯卫星导航系统（GLONASS）之后全球第三个成熟的卫星导航系统。

（朴悦嘉）

【**首届GES未来教育大会**】 11月28日，首届GES未来教育大会在京召开。本次大会由中国发展研究基金会、北京师范大学、腾讯、GSV（全球硅谷投资公司）、好未来联合主办。国务院发展研究中心主任李伟、教育部副部长杜占元、北京师范大学校长董奇等300余位来自全球政商界、教育科技界的专家、学者、领先企业的首席执行官参会，探讨科技创新推动教育进步主题。董奇指出，2017年10月，北师大牵头和北京大学、清华大学、中科院等18所研究机构成立全国儿童脑智研究联盟，聚焦探讨脑智发育规律、学习认知障碍，以及脑智提升的相关技术和方法；相信未来对于脑智科学的研究成果，将有助于教育者们更好地理解学习者，更好地将其他领域的研究成果应用于教育，为学习者带来更美好的未来。副校长陈丽主持“未来教育”圆桌论坛。本次GES大会安排了数十场跨界高端对话。

（申政）

【**“中国好老师”公益行动计划推进会**】 12月17日，由北京师范大学主办的“中国好老师”公益行动计划全国工作推进会在京举行。教育部教师工作司司长王定华、中国教育学会会长钟秉林、北京师范大学校长董奇以及来自全国各省市教育行政和业务部门负责人、公益行动计划负责人、各基地学校代表、高校专家学者、相关公益组织和媒体单位参加大会。董奇提出公益行动计划未来4年的发展目标：数以十计的育人品牌活动和品牌成果，数以百计的参与机构，数以千计的各类育人工作室，数以万计的育人示范学校，数以十万计的育人骨干教师，数以百万计的优秀育人案例，数以千万计的中小学学生获益，数以亿计的相关人群受益。大会表彰一批优秀育人案例、突出贡献网络平台，公布首批育人工作室主持人名单。2014年12月，在教育部的支持和指导下，北师大发起“中国好老师”公益行动计划，累计在全国31个省、自治区、直辖市和新疆生产建设兵团发展6000余所基地学校。

（申政）

【**地大学生在西藏发现鸟类足迹化石**】 12月29日，中美古生物学者宣布在西藏首次发现鸟类足迹化石。化石是中国地质大学（北京）一年级新生陈星儒和4名同学在西藏昌都丁青县进行社会实践活动时意外发现的。这是一块布满虫迹的砂岩，经过鉴定研究，砂岩上两个微小的三趾型印迹被确认是中生代鸟类“韩国鸟”的足迹。化石研究者中国地质大学（北京）邢立达副教授、丑春永硕士生，美国科罗拉多大学足迹博物馆馆长马丁·洛克利教授等在《地质学报》（英文版）上撰文描述了这批足迹标本。马丁·洛克利教授表示，意外发现的“韩国鸟”足迹化石是昌都地区乃至西藏在白垩纪存在过古鸟类的首个确凿证据，这在古生物地理分布、古环境复原等方面都有着重要的意义。

（李媛媛）

【**交大完成短期来华培训项目**】 年内，北京交通大学面向中老铁路、中泰铁路、马来西亚高铁、雅万高铁、匈塞铁路、“两洋”铁路、坦赞铁路以及其他国家铁路基础设施、区域及城市规划与管理领域，承办涉外高端研修项目，完成短期来华培训项目21项，为“一带一路”沿线国家培养一大批铁路及相关领域的专业人才。

（高杰）

【**海淀辖区普通高等学校名单（37所）**】①

教育部直属院校（17所）：

1. 北京大学（北京大学医学部，不单计）
2. 中国人民大学
3. 清华大学
4. 北京交通大学
5. 北京科技大学

① 数据摘自北京市教育委员会网站。

6. 北京邮电大学
7. 中国农业大学
8. 北京林业大学
9. 北京师范大学
10. 北京外国语大学
11. 北京语言大学
12. 中央财经大学
13. 国际关系学院
14. 中国矿业大学（北京）
15. 中国地质大学（北京）
16. 北京化工大学（西区）
17. 中国政法大学（学院路校区）

国务院委办属院校（7所）：

18. 北京航空航天大学
19. 北京理工大学
20. 北京体育大学
21. 中央民族大学
22. 中国青年政治学院
23. 中国劳动关系学院
24. 中国科学院大学（中关村校区）

市属高校（7所）：

25. 北京工商大学
26. 首都师范大学
27. 首都体育学院
28. 北京电影学院
29. 北京舞蹈学院
30. 北京信息科技大学（清河小营校区、清河校区）
31. 北京联合大学应用文理学院

市农委、市交通委办属院校（2所）：

32. 北京农业职业学院（北校区）
33. 北京交通运输职业学院（西三旗校区）

民办高校（4所）：

34. 北京城市学院
35. 北京科技经营管理学院（三义庙校区）
36. 北京培黎职业学院
37. 北京艺术传媒职业学院

（周勇）

职业和继续教育

【概况】 2017年，海淀区有中等职业学校11所，其中普通中专6所、成人中专3所、职业高中2所；其他学校附设中职班7所（不计校数）。中等职业教育在校学生8438人，其中普通中专学生3386人，成人中专学生1027人，职业高中学生1926人，其他学校附设中职班学生2099人（含附设职高班237人）。2017年，海淀区所属信息管理学校总在校生2405人，其中职业高中学生1926人。有1所中关村社区学院、674所市民学校。有民办教育培训机构421家，年度注册学生91.88万人。有社区教育志愿者4922人，开展培训约31万人次，其中幼儿培训24098人次，青少年培训39107人次，劳动力人口培训181650人次，老年人口培训62627人次，外国籍人士培训907人次。

2017年，海淀区促进职业教育产教融合。把职教集团升级为市级中关村战略新兴产业职业教育集团，首批会员单位达77家。以中关村职教集团为依托，推进校企对接合作。完善《海淀区战略新兴产业紧缺人才需求目录》，编制战略新兴产业人才培养方案。评选6家实训基地，着力培养具有工匠精神、职业道德、职业技能和就业创业能力的战略新兴产业人才。持续推进“双创”[①]人才培养工程和产教融合实训基地认证。建设海淀区“创新创业导师”师资库。北京市信息管理学校作为唯一一所区属公办职业高中，逐渐形成动漫设计、媒体制作、广告运营等文化创意产业整体发展的格局。中关村学院被北京市建设学习型城市工作领导小组办公室认定为首批34个“北京市民终身学习示范基地”之一。“服务中关村核心区 构建以‘创新创业+传统文化’为特色的区域终身学习系统”成果获2017年职业教育教学成果奖特等奖。

办好继续教育，加快学习型社会建设。制定《海淀区社区教育三年规划》。整合社会资源单位，开展学校老师社区教育培训，建立社区教育师资库。建成包含国学、艺术、科技等15大板块365门课程的社区“课程超市”，免费为社区居民提供体验和学习。开展“海创计划”，对街道待业人员开展就业培训。开展“全民终身学习活动周”活动，举办专题讲座、校外参观体验活动、关爱困难群体文化体验活动等。

加强海淀语言文字网建设。组织开展海淀区中小学教师普通话水平提升培训和测试。继续实施海淀区经典诵读工程，举办第三届骨干教师诵读培训、经典诵读大赛，开展诵读与教学相结合的实践课程研讨。继续开展中小学语言文字达标建设评估工作。开展“全国第二十一届推广普通话宣传周”活动。

（宋亚甫）

【海淀区职业学校】 海淀区职业学校主要培养中专学历人才和在职干部职工、下岗失业人员再就业和非学历教育的岗位培训以及专业技术培训，是市级优秀职业学校，北京市下岗、失业培训定点学校，海淀区军地两用人才、随军家属、残疾人培训定点学校，持证上岗专业学校。有3个校区，占地面积45746平方米，建筑面积14840平方米。截至2017年年底，学校固定资产总额为3324万元。有10个职能科室，职工48人。

中关村北大街47号校区主要开展中等专业学历教育。2017年招收全日制计算机专业68人；70名中专学生毕业，全部就业。97%的学生通过本专科录取分数线。中专在校生205人。

北四环中路275号校区主要开展职业技能培训。涵盖城镇失业人员、农村劳动力适应性培训及在职农民等培训任务。

知春东里15号楼东门二层校区，主要承担区属企业和对社会财会人员从业资格考前培训、专业技术职称考前培训和财会人员的继续教育培训。2017年度完成继续教育培训、职称考前培训1100余人。完成区财政局委托的初级职称报名考试及现场审核工作，共审核9300余人。

---

① “双创”指大众创业，万众创新。

2017 年为全区培训各类人员 4018 人。承担市、区两级财政中初级职称无纸化考试 4601 人，市安监局高危考试及特种作业考试 2423 人，区人力资源保障局经济、编辑专业技术资格考试 698 人，注册会计师及各种招聘考试 14712 余人。会计取证无纸化考试 1.5 万余人、初级职称无纸化考试 4000 人。

（李莉）

【全民终身学习周】 11 月 17 日，海淀区第十三届全民终身学习活动周在海淀区少年宫开幕。活动贯彻中共十九大“办好继续教育，加快建设学习型社会，大力提高国民素质”精神，落实引导居民树立“终身学习，人人成才”的理念，创建学习型城区，推动学习型社会建设工作向纵深发展。会上表彰 2017 年海淀区“学习之星”，“学习品牌”先进单位和个人，获奖代表分享社区教育、全民学习收获和体会。中关村学院“花艺走进生活”“ESW 葡萄酒品鉴师培训”等 10 个项目被评为终身学习品牌，王雪松等 10 人获学习之星称号。信息管理学校幼教专业学生表演舞蹈、烹饪专业师生共同展示刻花、抻面等专业技能，中关村学院师生现场创作书画作品和绿植花艺制作，中关村街道社区居民现场制作中国结，紫竹院街道老年合唱团演出歌曲。区政府、市教委职成处、区教委、中关村学院等领导共同启动全民终身学习活动周。

（宋亚甫）

【文明市民学校师资培训】 年内，中关村学院（北京市海淀区文明市民总校）开展校长培训和分校师资培训。师资培训分国画、书法、茶艺师、形象礼仪、声乐、诗文吟诵、计算机与互联网、家庭教育方法、古琴、电子琴共 10 个模块进行，共计培训 200 余人次。总校为分校和中心校校长开设中医养生、形象礼仪、网络时代信息沟通、公文写作、情绪管理等讲座课程，实地考察清华大学创新工场、中关村学院创新教育实践基地，连续培训 4 天，共计培训 120 余人。

（卞爱美）

【课程超市项目】 年内，中关村学院实施课程超市项目，开展三类培训，共培训 17050 余人次。社区教育公益课，举办涵盖国学、艺术、科技、生活、礼仪、健康、媒介、公民、管理、经济、法律、职业、家庭教育、心理、安全素养等内容的公益课培训 255 次，培训 5200 人次；选派优秀教师进社区授课，开展法治社会、科学生活、安全健康、创新创业、职业技能提升等教育培训活动，教师进社区培训 372 课时，培训 7440 人次；社区骨干教师培训系列体验课，每年十大类 20 个班次，包括国画、书法、钢琴、电子琴、古琴、葫芦丝、太极拳、模特等课程，培训 4410 人次。

（卞爱美）

【社区教育工作者培训】 年内，受海淀区建设学习型城区工作领导小组办公室委托，中关村学院面向全区社区教育教师、社区教育志愿者，组织完成 10 批次 200 学时的培训。来自各街道、各社区（村）从事社区教育工作的教师、志愿者 300 人参加培训。培训形式包括讲座、体验学习和实地考察 3 个环节。培训内容包括十大主题讲座，即信息撰写、简报撰写、年终总结计划撰写、书法、国画、吟诵、社区合唱、茶艺、礼仪、篆刻；实地考察课程包括清华大学创新工场、西城金融街社区学院、朝阳市民终身学习中心、北京接水馆等具有代表性的实践教育场所。

（卞爱美）

民办教育

【概况】 2017 年，海淀区有民办普通中小学 22 所，在校生 25810 人，教职工 3708 人。有民办幼儿园 50 所，教职工 2513 人，在园幼儿 13178 人。有民办职业高中 1 所。有民办教育培训机构 421 家，年度注册学生 91.88 万人。2016—2017 学年度具有招生资格的民办非学历高等教育机构 62 家。

年内，区教委开展所有民办学校课程、教材、招生、有偿补课等专项检查，完善管理和监督机制，促进学校依法依规办学。对地区 21 所民办中小学、47 所民办幼儿园、421 家培训机构开展年检，重点检查民办学校执行法律法规、财务管理、规范办学、广告宣传、安全消防等情况，增设教师动态备案环节，根据年检情况开展约谈、实地调研和教育执法。针对涉嫌违法违规办学行为下发执法通知单 121 件，办理行政答复出具意见书 36 件，实施行政处罚 6 起。针对工商注册的公司擅自从事文化教育培训活动的情况，协调工商和公安部门开展联合执法。配合街镇对未经审批的幼儿看护点开展联合执法检查 81 次。加强民办学校政策法规培训。贯彻落实新修订的《中华人民共和国民办教育促进法》（简称《民办教育促进法》），组织开展民办教育培训机构专题培训。以网格化管理为载体，实施管理重心前移，推进民办教育管理方式从被动处置问题向主动发现问题转变，从事后执法追责向前端服务管理转变。全区 20 余家培训机构参加海淀区首批星级评估试点工作，通过建立诚信办学信用体系，扶持优质民办培训机构良性发展。探索建立民办教育管理预警制度。研制民办教育培训机构入学协议范本，规范民办教育培训市场秩序。

（宋亚甫）

【民办教育协会年会暨学习培训会】 1 月 18 日，区教委召开民办教育协会年会暨学习培训会。会议由教委社管科与海淀区民办教育协会联合举办，邀请教育专家作“民促法修改背景下培训教育行业的挑战、定位与发展”专题培训，就民办教育现存问题进行分析，明确民办培训教育机构的性质和定位；解读新修订的《民办教育促进法》。会议提出以建立治理体系、建设师资队伍、开发培训产品为三大支点，促进民办培训教育内涵发展，增强核心竞争力等发展策略。市民办教育协会领导及海淀区民办中小学、幼儿园、培训机构校长、教师代表 400 余人参加学习。

（宋亚甫）

【民办培训学校规范管理专项工作会】 10月13日，区教委召开民办培训学校规范管理专项工作会。区公安局网安部门对规范管理网络安全提出要求；区教工委部署学校党建全覆盖工作，明确将党建内容纳入学校章程，按时间节点要求完成章程修订及备案工作；区教委社管科传达国家、市民办教育政策动态及工作要求。会议对区民办培训学校规范管理工作提出三点要求，即增强“四个意识”，找准办学定位，服务服从于京津冀协同发展、首都“四个中心”、城市总体规划、调整疏解非首都功能大局；以实施民办教育新法新政为契机推动海淀民办教育上水平上台阶；强化责任担当，切实加强民办教育的规范管理，规范年检制度和信息公示制度，建立专项检查工作制度，创设海淀区民办教育积极健康的办学环境。区教委、区公安局领导及各民办培训学校负责人300余人参加会议。

（宋亚甫）

【整顿幼儿看护点】 年内，区教委整顿未经审批自办学校幼儿园看护点。该项工作由区教委社管科协调综治中心配合街镇开展。自办学校方面，确定拟取缔的2所未经审批自办学校，属地街镇、教委、公安、消防等部门配合开展教育联合执法检查，完成京豫学校、风华希望小学取缔工作。继续开展幼儿园看护点委托管理试点工作，总结首批西北旺镇10所幼儿园看护点在办园条件、园所管理、教育教学、卫生保健、园所安全等方面取得经验，启动第二期汇佳托管工作，并配合街镇对未经注册审批的幼儿看护点开展联合执法检查81次。海淀区未经审批幼儿看护点从2016年年底的206所减少至173所。

（宋亚甫）

【疏解民办教育机构】 年内，区教委开展“疏解整治促提升”专项行动。制定疏解民办教育机构、控制职业教育规模、完善义务教育入学政策、加快出租房屋回收回购、与津冀地区开展教育合作与交流、支持配合北京市高教资源疏解等举措，统筹推进教育功能疏解工作。全年疏解5家培训机构，义务教育阶段非京籍子女入学下降9个百分点，非京籍子女在校生下降3个百分点；职业高中在校生控制在2405人。平稳完成2所未经审批随迁子女学校疏解工作。

（宋亚甫）

【民办培训机构管理】 年内，经区教委审批的民办教育培训机构共421家，经工商审批的33751家。针对部分民办培训机构出现的挪用学费、资产负债率过高、资金链断裂发生跑路以及收费不规范、从业人员素质良莠不齐等问题，区教委加大行政监管和处罚力度，行政处罚立案9起，执法检查248次；制定网格化管理工作方案，建立警示、处罚信息公开制度，提高民办教育规范化水平。淘汰注销5家民办培训机构，疏解人口7960人次，完成市级绩效督查6955人的疏解任务。

（宋亚甫）

特殊教育

【概况】 2017年，海淀区有特殊教育学校2所，特殊教育在校生1055人，其中北京市健翔学校和北京市盲人学校在校生475人，中小学随班就读580人（小学372人，初中208人）。全区特殊教育学校教职工296人，专任教师230人，其中100%接受过特教专业培训，96%以上具有大学本科及以上学历，67%以上具有中高级教师职称。工读教育学校1所（北京市海淀寄读学校），在校学生315人；教职工77人，专任教师68人。

年内，加强融合教育服务网络建设。对65所中小学、幼儿园的200名学生进行筛查，其中98名学生接受韦氏智力、适应性行为、阅读困难、动作或者语言评估。针对情绪行为问题学生召开14场个案研讨会，安排康复训练课程，解决融合学校个案无法融入集体环境的难题。培养高、精、尖的特殊教育技术骨干教师，开展海淀区应用行为分析教师培训，85名学员取得中国应用行为分析师结业证书，成为海淀区首批学生问题行为指导教师；51名教师取得资源教师上岗资格证书。开展特教助教进校园项目，对学生进行贴身指导。海淀区每所学校储备1名具有特殊教育专业背景的人才。在海淀、羊坊店、温苏学区建立学区融合教育资源中心，构建“区级特教中心—学区资源中心—学校资源教室”三级专业指导和服务支持网络，进一步提升融合教育质量。为224名儿童提供送教上门安置服务，确保每名重度、极重度残疾学生接受义务教育。形成《特教中心对促进区域融合教育的作用研究——以海淀区特教中心为例》和《北京市海淀区普通中小学融合教育环境调查研究》等研究成果。出版发行融合教育漫话系列丛书《资源教室的建设方案与课程指导》《巡回指导的理论与实践》和《教学相长·特殊教育需要学生与教师的故事》。设立“法治教育实验班”。组织社工为家长提供专业支持。

（宋亚甫）

【阳光工程盲人保健按摩全程免费培训班开班】 3月20日，北京地区第十六期阳光工程盲人保健按摩全程免费培训班在北京市盲人学校举行开班典礼，来自北京、西藏、青海、贵州4个省市的32名盲人学员参加培训。自2004年北京市盲人按摩指导中心与北京市盲人学校合作以来，已举办15期阳光工程盲人保健按摩全程免费培训班，培训407名盲人按摩师，其中368人实现就业或自主创业之路。阳光工程盲人保健按摩全程免费培训班已经成为北京市残疾人就业技能培训的一个品牌。

（高爽 薛梅）

【全国首家红十字青少年人道教育实验基地落户寄读学校】 3月24日，全国首家“中国红十字会青少年人道教育实验基地”落户海淀寄读学校。授牌仪式上，海淀区学工委同时授予该校为全区首家红十字青少年人道教育实验基地，“红十字青少年工作进学校共建品牌战略及实施研究”项目同时启动，研究项目依托温泉苏家坨学区、温泉二中、台头小学、育鹰小学等学校进行探索，进而在全区范围内推广。海淀寄读学校通过视频、情景剧和诗朗诵等形式，展现学校开展红十字教育活动成果。中国红十字会总会、海淀区教委及寄读学校师生参加仪式。

（宋亚甫）

【盲校学生参加“一带一路”论坛演出】 5月15日，“一带一路”国际合作高峰论坛开幕第二天，北京市盲人学校合唱团学生马明、王国明、吴明轩、程子淇、薛泽宇与北京爱乐合唱团在故宫博物院御花园用歌声迎接国家主席习近平夫人彭丽媛及出席“一带一路”国际合作高峰论坛的外方团长配偶一行。歌声获得彭丽媛及世界各国嘉宾的掌声。

（高爽　茹甜子）

【公益讲座】 5月23日，由中国盲文出版社和北京市盲人学校主办的呼吸模式的评估调整与HTA下肢生物力学讲座在中国盲文图书馆举办，医疗、运动康复、健身教练以及对讲座知识感兴趣的专业爱好者70余人参加讲座，其中近半数为从事按摩工作的盲人。邀请中国康复医学会康复治疗专业委员会康复辅具学专家组成员、中国康复器具协会足部辅具专业委员会副主任委员、教授汪波，名医专家张少强，北京市盲人学校名师工作室首席教师李元，以“身体健康的促进”为主题，通过开展健康科普讲座，向公众系统介绍健康的生活理念，普及呼吸、下肢生物力学对人体的重要性，特别是对颈肩腰腿疼痛的影响，并教授简单的调整方式，从而达到唤起人体自愈能力，保持身体健康，治未病的目的。

（高爽　沈雪飞）

【《国家通用盲文方案（试行）》试点工作汇报会】 6月1日，北京市盲人学校召开《国家通用盲文方案（试行）》试点工作汇报会。中国盲协主席李伟洪、中国盲协副主席李庆忠、北京联大特教学院教授钟经华、北京联大特教学院原副院长韩萍、北京市盲人学校教师李任炜作为专家出席会议，北京市盲人学校领导及项目组全体老师参加会议。会上，北京市盲人学校对《国家通用盲文方案》试点工作进行汇报，介绍在教学中“自编歌诀，帮助记忆”“对照测试，彰显优越”等工作亮点，提出“定期组织教师培训”“建立试点学校之间交流学习的平台”“提供多种通用盲文学习的辅助材料”等建议，并结合具体教学给出中学生对通用盲文规则的一些问题。各位专家和项目组的老师针对问题逐一进行探讨。

（高爽　岳莉莉）

【非遗嘉年华暨庆“六一”活动】 6月1日，健翔学校举办非遗嘉年华暨庆“六一”活动。活动以“品味传统民俗·传承中华文化”为主题，邀请22名非物质文化遗产传承人和民俗艺术家到校表演，画脸谱、中国结、风筝、皮影等非遗传人现场为学生制作、讲解，并指导学生创作民俗作品。中关村科技园区、区教委、部分企业负责人以及学校师生约400人参加活动。

（赵连怡　郭燕良　武子源）

【融合教育国际研讨会】 7月5日，区教委召开融合教育国际研讨会。研讨会围绕“融合·支持”主题，对不同国家和地区融合教育发展模式研究、课程规划、支持策略等问题进行分析和比较；就融合教育支持保障体系、环境建设、支持策略和特殊学生的行为管理等议题开展探讨。主会场听取北京海淀区、中国台湾及澳大利亚融合教育发展历程及经验介绍，美国、英国专家分享融合教育教学经验。分会场分别围绕融合教育支持保障体系、融合教育环境建设主题进行研讨。来自美国、英国、俄罗斯、澳大利亚、日本等国家以及国内30余名融合教育专家，海淀区融合学校教师、部分高等院校特殊教育专业师生、其他地区特殊教育中心及融合学校教师、特殊学生家长等400余人参加研讨会。海淀区建立以特殊教育研究与指导中心为指导、以融合教育为主体、以特殊教育学校为骨干、以送教上门等其他教育形式为补充的办学新格局，融合教育覆盖区内134所中小学，建有84间资源教室，并配有专兼职资源教师。

（宋亚甫）

【美国波士顿教育代表团访问交流】 7月7日，健翔学校接待美国波士顿教育代表团访问交流。代表团一行17人，听取学校情况介绍，观看学生节目表演，与该校教师座谈交流美国特殊教育现状。健翔学校教师及全体学生500人参加活动。

（赵连怡　郭燕良　武子源）

【盲校获全国盲人柔道锦标赛金奖】 7月24日—30日，北京市盲人学校代表北京盲人柔道队参加在浙江省塘栖盲人门球训练基地举办的全国盲人柔道锦标赛。此次赛事由中国残联和中国残奥委员会主办，浙江省残联承办，浙江省残疾人体育训练指导中心、浙江省塘栖盲人门球训练基地协办，来自全国的14支省市代表队70余名运动员参赛。北京盲人柔道队获得1枚金牌、1枚银牌，学生柳鹏、何佳宇获体育道德风尚奖。

（高爽　曹洪涛）

【盲校学生获全国残疾人艺术比赛金奖】 8月9日—16日，北京市盲人学校学生童俊杰、王国明、赵厚仁、曹鑫森、张秦宇参加全国残疾人艺术会演，民乐合奏《长城随想曲》《苏堤漫步》分获器乐组一等奖、二等奖。全国残疾人艺术会演由中国残联、教育部、民政部、文化部和国家新闻出版广电总局共同举办，全国分东部、西部两个赛区，来自全国各省的32支代表队近3000名残疾人演职人员参加声乐、器乐、舞蹈、戏曲四大类型211个节目展示。

（高爽　茹甜子）

【盲校学生获中国语文朗读大赛金奖】 8月15日，北京市盲人学校5名学生参加中国语文朗诵大赛全国总决赛，其中三年级学生杨瑞临朗读作品《海燕》获小低组特等奖，五年级学生王正朗读作品《生命　生命》、四年级学生张森朗读作品《字典公公家里的争吵》获小高组一等奖，高一年级周英浩朗读作品《将进酒》、高一年级张博文朗读作品《再别康桥》获三等奖。中国语文朗诵大赛全国总决赛由中国语文现代化学会（隶属教育部）、中国诗歌学会朗诵演唱专业委员会、北京语言学会朗诵研究会、中国朗读网主办，来自全国各省的2000人参加比赛。

（高爽　李莺燕）

【培智高中课程研讨会】 10月31日，健翔学校召开培智高中课程研讨会。与会专家观摩高中组3节课堂展示课，专家肯定学校高中教育课程的探索，并对学校高中课程设置提出意见和建议。北师大、市特教中心的4名专家，学校教师及高中组部分家长46人参加研讨会。

（郭燕良　武子源）

【特奥融合学校签约】 11月2日，健翔学校举办趣味运动会暨特奥融合学校签约仪式。运动会由该校人大校区与西颐小学共同举办，两校师生参加超级快递员、快乐先锋、沙包接龙等趣味比赛活动。健翔学校（人大校区）全体师生、西颐小学师生代表和大学生志愿者513人参加活动。仪式上，两校校长签署合作备忘录，根据协议，每年两校合作开展至少一次特奥融合活动，旨在帮助特需儿童赢得尊重、重拾尊严，推动普通少年儿童成为所在社区的倡导者，让普通儿童和特殊儿童共同分享特奥体育的友谊和欢乐。

（岳盼　郭燕良　武子源）

【京津冀盲校新编教材教学研讨会】 11月22日，北京市盲人学校召开京津冀地区盲校义务教育新编教材语文教学研讨会。人民教育出版社小学语文室副主任、盲校新编教材主编郑宇，北京市特殊教育研究指导中心主任孙颖，北京市盲校校长司占树，天津盲校副校长赵明以及盲校教师参加会议。北京市盲人学校语文教师付雪松、数学教师李金莲分别做《ia iao ie iu》《解决8和9的问题》的观摩研究课，数学教师高文军以倍数的认识为例谈参编新版盲校小学数学教材体会，指出“生活中的数学”的内容在教材中很有必要呈现。人民教育出版社郑宇、丁国忠分别对《小学语文》新编教材、新版盲校义务教育实验数学教科书做详细解读，并对观摩研究课做点评。最后，孙颖就本次活动做了总结，希望教师们能关注国家对特殊教育的政策，站在更高的层面思考特殊学校的课程及教学。北京市盲人学校副校长张秋兰提出“用发现的眼光去探寻，用批判的逻辑去追问”，为视障学生提供更好的特殊教育。

（高爽　付雪松　岳莉莉）

【盲校学生参加义诊】 11月29日，北京市盲人学校成人按摩班三年级12名同学到杜比实验室，为20名杜比员工进行肩颈头部义诊。杜比实验室是多年为盲校服务的优秀志愿团队，曾在志愿活动中对视障学生予以帮助。

（高爽　茹甜子）

【盲校获第二届全国盲人百科知识竞赛奖项】 12月4日，由中国盲文出版社、中国盲文图书馆主办的第二届全国盲人百科知识竞赛在北京中国盲文图书馆举行，来自全国21所盲校的63名选手参赛。北京市盲人学校获第二届全国盲人百科知识竞赛优秀组织奖，教师李艳梅、王君慧、李潇潇获优秀辅导教师称号，学生薛志鹏、王磊、张献获得优秀奖。

（高爽　李潇潇）

教育督导

【概况】 2017年，成立海淀区人民政府督导委员会，主管教育的副区长任督导委员会主任，办公室设在区政府教育督导室，政府办、财政局等25个委办局和29个街道、镇为成员单位。完成海淀区第十届督学换届，聘任兼职督学466人。选聘新一届督政督学24名，对新聘督学开展分层、分类培训。开展社区教育试点督导，完善社区教育督导评价指标及实施办法。24个学科督学团队走进全区中小学校330余校次，开展专题调研、观评课1400余节次，并梳理固化《学科督导实践与探索》等三本创新实践成果。重点开展教师队伍建设专项督导。实现学前教育责任督学挂牌督导全覆盖，依托学区成立幼儿园督学责任区，探索实施学前教育“支持性督导”模式，完成对全区14所部队办园和1所公办园的综合督导，对19所幼儿园开展督导回访，对5所幼儿园开展需求督导。完成教委所属11家校外教育机构的第一轮综合督导。研究形成中小学生身心健康督导指标体系。完成北京市公办中小学开学工作、中小学课程、教材和招生工作等专项督导检查和北京市2016—2017学年度“减负”督导监测。开展“深化教育领域综合改革背景下校外教育督导实践研究”课题研究。组织全区20所样本校（8所初中、12所小学）的600名学生参与德育和科学两项测试，各样本校校长、相关年级班主任、科学和德育教师参加网络问卷填答，呈现海淀区义务教育阶段四、八年级学生科学学习质量、德育状况以及各校课程开设、条件保障、教师配备、学科教学和学校管理等相关影响因素。实施2017年义务教育社会满意度调查，形成2016年义务教育学校满意度调查总报告以及教育教学、校园安全、餐饮管理3个专题报告和177份学校分报告。推进督导信息应用平台建设。

（宋亚甫）

【第一轮校外教育机构综合督导启动】 5月21日，区教育督导室启动第一轮校外教育机构综合督导，首家接受全面实施素质教育综合督导单位为甘家口青少年活动中心。此次督导是在2016年11月对甘家口青少年活动中心在服务学校、主题教育活动、兴趣小组和学生社团活动等方面进行前期督导基础上，对该中心三年来全面落实党的教育方针和贯彻落实校外教育职能职责的情况进行集中考察，督导评价组听取中心工作汇报，对照评估指标，查阅档案，考察活动中心教育环境，与干部和教师、学校代表座谈。督评组对活动中心工作给予充分肯定。

（宋亚甫）

【466名兼职督学上岗】 7月10日，海淀区召开第十届兼职督学上岗聘任暨优秀督学表彰大会，市政府教育督导室、海淀区政府、区委教工委、区教委、区政府教育督导室领导及第十届兼职督学代表近400人参加会议。会上，区政府教育督导室作工作报告，

表彰奖励海淀区督学突出贡献奖、优秀督学个人和优秀学科督学团队；1名责任督学分享对教育督导工作的理解和认识，1名学科总督学分享作为督学的经验和体会；宣读《关于聘任海淀区第十届兼职督学的决定》，为督学代表颁发聘书；全体督学面对国徽宣誓。第十届兼职督学共466人，其中18名教育督导知名专家，5名人大代表，7名政协委员，53名在职学区主任、学校校长、书记、校外教育机构负责人等教育系统党政正职，以及中小学副校级干部。平均年龄48岁，其中在职人员391人，占比83.9%；大学本科以上学历者453人，占97.2%；区级骨干以上教师221人（其中特级教师34名），占47.4%。

（宋亚莆）

【区教育督导委员会成立】 12月13日，海淀区教育督导委员会成立，旨在强化督政领域工作力度，实现对相关单位和学校执行国家教育法律法规和方针政策的有效监督管理，更好解决教育监管评价中的越位、缺位和角色不清等问题，为推动海淀教育优质均衡发展保驾护航。区教育督导委员会的主要职责为：研究制定海淀区教育督导的重大政策；审议海淀区教育督导发展规划和重大事项；统筹指导海淀区教育督导工作；发布海淀区教育督导报告等。主管教育副区长任督导委员会主任，区教委主任、区政府教育督导室主任、区政府办联系分管教育工作副区长的副主任等任副主任。区政府办、财政局等25个相关委办局和29个街道、镇为成员单位。区政府教育督导委员会下设办公室，办公室设在区政府教育督导室，承担区政府教育督导委员会的日常工作。各成员单位指定1名联络员负责日常联系沟通工作。

（宋亚莆）

【学前教育督导工作会】 12月19日，海淀区召开学前教育督导工作会。会议解读海淀区学前教育督导工作方案及实施细则，从“管理指标”“保教指标”“保健指标”3个方面解读幼儿园全面实施素质教育评价指标体系，宣读增聘20名责任督学决定，结合幼儿园发生的舆情事件提出4项要求，从管理、保教、保健方面进行总结，听取“把握形势，立足实际，不断提升学前教育督导工作水平”专题报告。海淀区依托学区成立17个幼儿园督学责任区，将全区幼儿园纳入17个督学责任区，按照每名责任督学平均负责4所幼儿园配备人员。每所园设1名主督、1名副督，在全市首次实现挂牌督导全覆盖。区委教工委、区教育督导室及幼儿园园长、督学等200人参加会议。

（宋亚莆）

文 化

2018
北京海淀年鉴

1月3日，第三届中关村儿童演出季，北京儿童艺术剧院《大吉成长记》在中国人民大学演出（区文化委 供图）

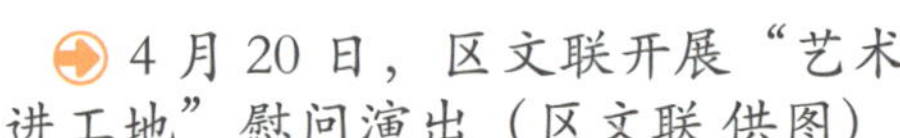
4月20日，区文联开展“艺术进工地”慰问演出（区文联 供图）

4月23日，区图书馆举行首届全民阅读季之汉服吟古诗活动（区北部图书馆 供图）

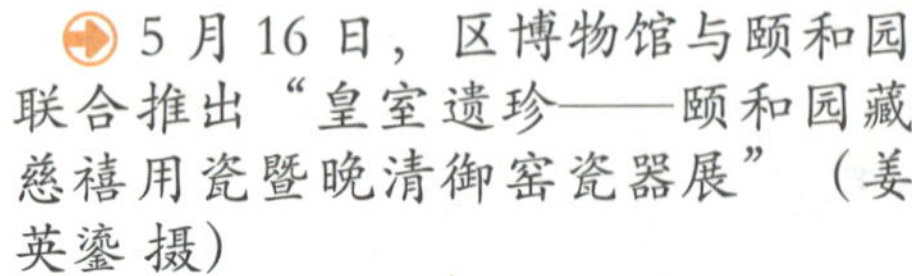
5月16日，区博物馆与颐和园联合推出“皇室遗珍——颐和园藏慈禧用瓷暨晚清御窑瓷器展”（姜英鎏 摄）

6月9日，海淀区第九届档案馆馆日活动（区档案馆 供图）

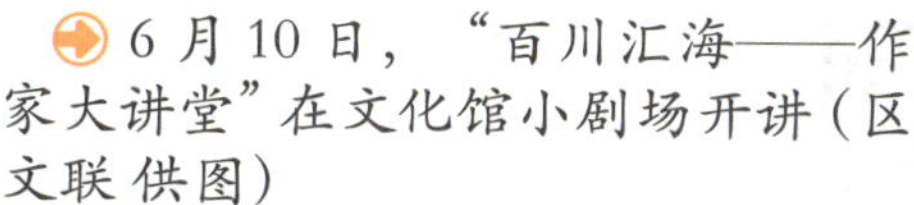

6月10日，“百川汇海——作家大讲堂”在文化馆小剧场开讲（区文联 供图）

9月15日至10月15日，海淀区与河北雄安新区开展“淀阁传香”献展活动（区北部图书馆 供图）

9月29日，第六届中关村金秋演出季开幕，在新清华学堂举行吕嘉与全球华人乐团校园行专场音乐会（区文化委 供图）

11月26日，话剧《贝家花园》在海淀北部文化中心演出（徐立波 摄）

12月21日，中国地方志指导小组办公室为区史志办（前左一）等3家单位颁发首批中国精品年鉴奖牌和证书（区史志办供图）

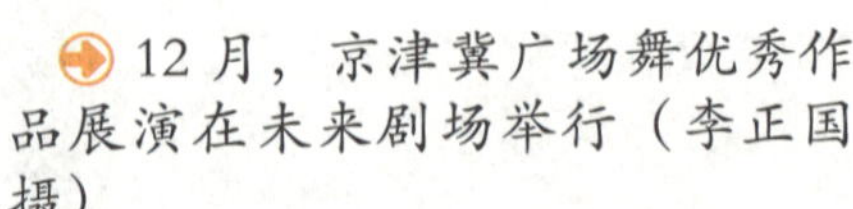

12月，京津冀广场舞优秀作品展演在未来剧场举行（李正国 摄）

综 述

【概况】 2017年，海淀区文化委员会（简称区文化委）围绕人民群众的文化需求与全国科技创新中心核心区的发展，挖掘文化科技融合新动力。协同多部门促进西山永定河、大运河文化带建设；围绕“疏解整治促提升”促进文化市场转型新升级。区文化委被评为2014—2016年度北京市文化工作先进集体、2015—2016年度北京市“扫黄打非”工作先进集体、2015—2017年度北京市文物安全先进集体和文物执法先进集体。

（杨立辉）

【文化部督察组督察区文化市场工作】 3月16日，文化部第23督察组一行到海淀区督察文化市场工作。督察组听取区文化委关于文化市场政策措施落实情况及行政审批规范化建设情况的专题报告。督察组充分肯定海淀区在落实文化市场政策措施及行政审批规范化建设工作上作出的努力和取得的成绩。

（王艳洁）

【文化结对帮扶】 7月20日至8月2日，新疆塔城地区文化市场执法骨干到海淀区交流学习，考察海淀区文化市场、北部文化馆、北部图书馆及圆明园、颐和园等文物保护单位，与海淀区文化市场执法人员开展交流座谈。8月14日—22日，区文化委执法队到新疆塔城地区开展结对帮扶交流工作，赠送价值3.6万元的执法取证用相机等办公设备。11月16日—22日，区文化委执法队到黔南州开展结对帮扶交流工作，向黔南州赠送执法办案用便携式笔记本电脑14台，价值8.2万余元。11月28日至12月4日，黔南州执法业务骨干到海淀交流学习，双方文化执法人员就网络执法、营业性演出监管、出版物市场和文化市场监督员管理4个方面开展交流和讨论。

（杨晶晶）

【《海淀区推进全国文化中心建设第二批重点任务清单》审议通过】 10月13日，海淀区召开推进全国文化中心建设领导小组会议，审议通过《海淀区推进全国文化中心建设第二批重点任务清单》，分别以大运河文化带建设组、西山永定河文化带建设组、创新文化组、文化内涵挖掘组、文化建设组、产业发展组为单位，分成6个板块共21项，包含16项中长期任务及5项短期任务，涉及推动区域特色文化品牌建设、文艺精品创作工程，建成海淀现代公共文化服务体系，搭建京津冀文化交流平台，推动文化智库协同服务，搭建媒体融合的统一平台等方面。

（王艳洁）

【海淀优质文化品牌活动】 年内，区文化委以创建第三批国家公共文化服务体系示范区为契机，全面提升公共文化服务效能，推出“海之春”新春文化季、中关村国际青年艺术季、“海之声”新年演出季、“一街一品”特色品牌活动等体系化、差异化的高品质特色文化品牌，多元化、精准化的文化服务让群众的文化获得感和满意度不断提升。其中，中关村国际青年艺术季与海淀的“海之春”新春文化季、海淀文化季是海淀区覆盖面最广、参与度最高的三大大众文化品牌。

（王艳洁）

文化事业

【概况】 2017年，以国家公共文化服务示范区创建为重点，分类指导，全区公共文化活动空间不断扩展，基层文化队伍建设进一步加强，公共文化服务效能显著提升，通过文化部组织的国家公共文化服务示范区创建中期督查。针对中期督查提出的问题，制定和实施“提升服务效能三百天行动计划”，即以区、街镇两级图书馆和文化活动达到东部优秀指标作为提升服务效能的突破口，设计18个指标作为工作重点，以创新性思路、创造性方法，实现全区公共文化服务效能跨越式提升。区政府每年投入保障经费近4500万元，以购买服务的方式为基层配齐文化组织员。

开展国家公共文化服务示范区创建标语、标识、卡通形象征集活动。通过网络、纸媒等平台征集具有海淀特色的标语、标识、卡通形象，把获得一等奖的作品延展设计成海报、横幅、围挡、护栏、微信表情包、微信H5等形式在社会和群众中广泛宣传。将海淀区示范区创建LOGO作为街镇、社区（村）文化活动中心的标配，全区统一挂牌。在《中国文化报》、《北京日报》、全国门户网站、人气微信大号及广播电视等媒体传播稿件613篇，其中在新华社App推送的稿件阅读量突破100万人次，利用《海淀信息》、《示范区工作简报》、各级政务网站及微信平台扩大宣传渠道和宣传覆盖面。整理出20条具有海淀特色的创建亮点。

2017年，全区有电影院35家、文化市场2741家、文化站29个、文物保护单位149处。

（陈立辉　陈娜　南燕）

海淀区文化事业场所一览表

表 25

项　目	计量单位	2017 年	2016 年
电影放映	—		
电影放映单位个数	个	35	31
其中：电影院	个	35	31
放映场次	场次	367584	332173
观影人次	人次	12916906	12344539
文化市场	—		
歌舞娱乐场所	家	238	248
电子游艺厅	家	39	56
网吧	家	287	286
书店	家	1927	2575
音像制品零售、出租店	家		
字画店	家	56	43
报刊零售	家	—	—
印刷企业	家	194	191
文化站	—		
个数	个	29	29
从业人员	人	258	215
街道级社区文化站	个	28	22
乡镇级文化站	室	7	7
组织文艺活动	项	5573	1914
举办展览	次	1609	1679
举办业余培训班	班次	4300	2433
训练班结业人数	人次	200000	203102
文物保护	—		
文物保护单位	处	149	149
国家级	处	19	19
市级	处	23	23
区级	处	107	107

（杨立辉）

【海淀区文化馆】 2017 年，海淀区文化馆馆舍建筑面积 13482 平方米，设有专业琴房、练功房、培训教室、多功能厅、演播厅和小剧场。开设 680 个培训班，培训学员 20 余万人次。活动主要包括：举办基层群众培训、文艺骨干培训、艺术沙龙等 280 个艺术培训班，内容涉及声乐、民族舞蹈、摄影、书法、合唱、国际舞、健身舞及广场舞等，培训学员 13 万余人次。馆内开设培训班 400 个，培训学员 7 万人次。开设 10 个基层艺术骨干培训班，共培训骨干学员 500 人。承办 11 场“广场舞达人秀”全民广场舞大赛暨海淀广场舞达人秀活动，上万名群众参加。组织非遗传承人开展非遗展演展示活动。组织 60 余位传承人 30 余个项目到 38 所中小学开展非遗教学，并将外省市优秀非遗项目引进海淀区中小学课堂，惠及师生 85 万人次。非遗项目的传承人赴台北市，参加“北京文化庙会 · 台北之旅”系列活动。举办 10 场主题为“军民团结　鱼水情深”的文艺慰问演出。举办 16 场“秋日欢歌”文化广场演出，送戏进街道、进社区。举办“青春的海”中关村国际青年艺术季之打开艺术之门——“午间时光”艺术教育体验活动，为30家高新技术企业带去摄影、民乐赏析、管弦乐赏析、国标舞等30场讲座和艺术沙龙。举办惠民演出100场，免费电影3300场。出版《海淀群文信息》12期。组织文艺爱好者参加征文、摄影、器乐、戏曲、舞蹈等比赛活动，获国家级奖项一等奖1项、市级奖项50项（其中金奖10项）。

（陆丽明）

【海淀区文物保护中心（海淀区博物馆）】 2017年，区博物馆有5个展览向公众免费开放，即基本陈列“沉香越千年——海淀历史文物展”，精品临展“丁酉新岁‘春节说福’特展”“海淀考古成果展”“皇室遗珍——颐和园藏慈禧用瓷暨晚清御窑瓷器展”“海淀建设成就展（1948—2017）”，累计接待观众参观4.2万余人次。其中“皇室遗珍——颐和园藏慈禧用瓷暨晚清御窑瓷器展”是与颐和园联合举办的精品陈列，展出清宫旧藏瓷器55件。区博物馆联合北京校外教育协会、海淀校外教育协会提供菜单式进校园服务，精选博物馆专题展览，制作目录资料，向7所学校送展9次，惠及师生7000余人次。

全年新纳入志愿者61人，开展志愿者活动50次。对100余件铜器、石器、造像类文物进行排架入库。对大慧寺院内300余件石刻拓片进行整理，清理上架100件石质文物。认定8件物品，其中达到文物标准的有2件。区文保中心推进文物保护工程17项，其中竣工15项，在建项目1项，终止项目1项，申请专项经费3062.64万元。收集流散石刻及文物13件（其中1件收入馆藏）；对车耳营石佛殿等11处文物点进行现场勘查；联合北方工业大学建筑与艺术学院完成47处不可移动文物的现场调研。

（姜英鎏）

【海淀区图书馆】 2017年，区图书馆采用2个总馆（南馆、北馆），29个分馆及社区、村、社会机构服务点“2+29+N”三级网络服务体系的总分馆模式，将全区图书馆（室）全部纳入“一卡通”系统管理。

南馆全年完成办证2915个，其中少儿证1131个，成人证1784个（含集体证4个），接待读者总量50万余人次。图书借阅总量近136万册次。举办读者活动219场，参与群众超8万余人次，加工分编图书16万余册。南馆与北馆馆藏图书总量140.58万余册，其中新书47997册、报纸102种、期刊576种。图书流动车出车75天，流通493人次、1348册次。新签约3家社会单位作为企业流动站，接待110家企业和3个部队外借图书。完成ALEPH系统并对外开馆服务。

北馆全年办理读者证9523张，借阅78.27万余人次，外借图书58.49万册，解答咨询1.5万人次，为15个单位提供集体外借图书。举办文化活动224场。主要包括举办“听写大赛”活动、“全民阅读”活动、第七届中关村国际青年艺术季之“五洲朗朗经典回想，海淀国际青年诵读汇”。举办读者活动近300场，惠及58万人次。建设“院士书房”，接收孙鸿烈、郑度等院士捐赠的212种文献资料、500余册图书。接待中外参访团61批次，接待参访考察学习人员1960余人。

（向华 金春爽）

【海淀剧院】 2017年，北京海淀剧院有限责任公司（简称海淀剧院）演出309场，其中话剧207场、儿童剧50场、相声2场、音乐会4场、北京曲剧4场、群众性演出19场、电影放映4200场。接待观众20余万人次，营业收入2086万余元。创建微信平台，每周推出演出、电影及企业文化等信息。

（张伟）

【海淀北部文化中心图书馆】 2017年，图书馆藏书14万册。设报刊阅览区、图书阅览区、电子阅览区、无障碍阅读区、多功能厅、少儿图书馆、休闲交流区和创客空间等场所，提供读者咨询、图书办证、图书自助借还、电子阅览、报刊阅览、图书借阅等服务，阅览座席1200个。接待782749人次，图书外借584877册次，办卡9523张。引进RFID（射频识别技术，俗称电子标签）等技术和设备，增设RFID自动借还书机、电子阅报机、视障阅读设备、智慧保健站（电子血压计、身体BMI指标测量仪）特色服务项目。举办活动223场次，参与活动人数47.2万人次。创建“品味国学”“名家讲坛”“阅书悦书”“晚霞绚丽”“青青育苗”“英语沙龙”“创客空间”“院士书房”“艾上阅读”等品牌活动。

（南燕）

【海淀北部文化中心文化馆】 2017年，区文化委开设展览展示、文艺培训、剧场演出及讲座、支持群众文艺团队活动等服务项目。举办4期278个培训班，培训涉及声乐、器乐、合唱、舞蹈、美术、书法、摄影、瑜伽、健美操等10余类专业培训课程，受众学员7.02万人次。接待40个团队排练活动4.7万人次。举办展览12个，开展演出活动171场，受众人数近12.65万人次。招募50名志愿者提供志愿服务。

（南燕）

【中国知网】 2017年，中国知网建成权威完备的连续提供国内外文献信息资源服务的CNKI数字图书馆、国内外海量知识资源总库及CNKI知识资源共享平台。拥有机构用户2.7万余个、个人用户1.2亿余个，日访问量1600余万人次，年下载量23.3亿篇。国内资源涵盖7886种学术期刊、612种大众期刊、9900部工具书、4000余家学会协会、520家研究生培养单位、500余种报纸、600种年鉴、310个典藏和科学数据研制机构生产的文献资源。中国知网累计发布文献1.3亿篇。国际资源涵盖Elsevier、Springer、Willy、Taylor-Frances等540余家大中型学术出版机构产出的文献资源，累计发布海外出版的5.6万种学术期刊、1.3万种专著、100余万册学术会议论文、1.2亿篇文献的全文或摘要。中国知网有众多海外图书馆、医院、高校等建立接口，为读者提供大量的数据和信息。

（郭小英）

【创建国家公共文化服务体系示范区中期督查】 7月6日—8日，由上海市政府参事、上海图书馆原馆长吴建中任组长的专家组到海淀，就创建第三批国家公共文化服务体系示范区进行中期督查。召开汇报会，听取海淀区创建第三批国家公共文化服务体系示范区工作汇报。督查组对区级、街（镇）级、社区（村）级3个层级的文化设施建设、百姓服务供给、场馆规范管理等进行全面实地检查，察看羊坊店街道永红社区文化活动中心、万寿路街道综合文化活动中心、田村路街道阜四社区文化小院、海淀区北部文化中心文化馆和图书馆、上庄镇地区文化活动中心、西北旺镇综合文化活动中心。督查组根据暗访、汇报、实地考察等情况，对海淀创建国家公共文化服务体系示范区中期工作进行反馈。督查组认为，海淀区委、区政府把创建工作纳入绩效考评体系，取得显著成效，达到预期目标。海淀北部文化中心整体社会化运营、田村阜四小院"一院八馆"解决服务"最后一公里"问题、设立优秀群众文艺团队补贴以及实施全区第三方评估等是海淀区示范区创建工作突出的亮点和特色。同时指出中期督查发现的问题与不足，建议海淀区委、区政府认真查找问题，形成整改清单，把责任落实到各部门、各街镇和各岗位，力争终期验收时创建指标优秀率居全国领先水平。

（南燕）

【海淀区第二届广场达人秀活动】 9月—12月，区文化馆联合北京文化艺术活动中心举办以"舞动海淀，筑梦中国"为主题的第十二届"舞动北京"全民广场舞大赛暨海淀区第二届广场舞达人秀活动。广场舞大赛共设中老年组、青少组和企业组3个组别，吸引261支团队参赛，其中包括165支中老年团队、79支青少儿团队、15支企业青年团队，7000余人参加比赛，覆盖海淀29个街镇、600余个社区。除群众性比赛外，还设置"舞动北京"京津冀广场舞文化交流展演、原创舞蹈作品征集展演、百人广场舞带头人项目及社区、企业定点广场舞技能培训等专题活动，总参与人数达1.25万人次。

（陆丽明）

【海淀区第二届万人合唱季活动】 10月—12月，区文化馆联合北京文化艺术活动中心举办"北京之声——首都市民合唱周暨海淀区第二届万人合唱季"活动。活动分群众合唱大赛、专家讲堂、外国专家公开课、基层群众百人合唱指挥培训班、合唱原创作品征集、市级优秀合唱团专场音乐会等板块。群众合唱大赛共设置街道社区组、青少年组、社会团体组和机关企业组4个组别，吸引全区60支团队3000余人参赛。中老年组产生5支金奖团队、10支银奖团队、15支铜奖团队和26个优秀单位组织奖；青少组产生8个金奖作品、15个银奖作品、23个铜奖作品、31个优秀表演奖；企业组决出2个一等奖、3个二等奖、10个三等奖。

（陆丽明）

文化创意产业

【概况】 2017年，海淀区文化创意产业以"科技+"为特色，继续保持"162"发展格局。"1"是主导行业——软件和信息技术服务行业，收入居各行业之首。"6"是优势行业——新闻出版及发行服务行业、广播电视电影服务行业、广告和会展服务行业、设计服务行业、文化休闲娱乐服务行业、文化辅助服务行业，发展较为平稳。"2"是潜力行业——文化艺术服务行业和艺术品生产与销售服务行业，文化艺术业发展势头良好。全区文化创意产业收入占北京市文化创意产业总收入的43.0%，比上年提高1个百分点。规模以上文化创意产业单位达2820家，比上年增加289家，增长11.4%。区规模以上文化创意产业实现收入7725.2亿元，比上年增长20.9%，收入增长率连续保持10%以上的增长态势。从业人员方面，海淀区规模以上文化创意产业从业人员64.4万人，比上年增长5.7%，从业人员增长率较上年略有回升。规模以上区文化创意产业成为北京市文化产业的重要增长极。编制海淀区文化创意产业季度报告、年度报告、园区报告、文化出口报告、文化科技融合企业认定标准报告、典型文化企业案例报告，把握海淀区文化创意产业的发展特点，为区委、区政府文化产业发展决策提供参考。海淀文化创意产业年度发展报告由《海淀研究》采用发布，园区报告以及文化科技融合企业认定标准报告为市区相关调研提供较为扎实的基础材料。

支持中关村博物馆与艺术品行业联盟举办"艺术中关村"精品展览季，推出10个精品展览；成立魏公村舞蹈产业联盟舞蹈教育培训专业委员会和舞蹈投资专业委员会。承办"天鹅的故事"——国际芭蕾艺术特展；改造升级广源大厦，舞蹈产业园区初具规模。支持西山设计产业联盟推进京津冀文化交流，组织20余位优秀设计师、七大类产品参加"大好河山·圆梦冰雪"张家口首届文化创意产品设计大赛，获得优秀组织奖。支持筹建海淀区文化出口联盟，开展文化出口促进工作。

（于佩丽　韩娟娟）

【海淀文创产品亮相文博会】 9月11日—13日，第十二届中国北京国际文化创意产业博览会在中国国际展览中心举办。海淀区40家企业携最新产品参展。展区设置以"红皇兰法"为主题的区域特色文化、书画艺术、魏公村舞蹈艺术，以"百变·设计"为主题的创意设计、文化科技融合、文化"走出去"六大主题板块，文创企业板块约占全部展览内容的1/3。曹雪芹西山故里"红"文化、纳兰性德"兰"文化、"三山五园"皇家园林文化、贝家花园中法交流文化、中关村创新创业文化等特色文化品牌逐渐成形。大国慧谷科技、智慧好利文化传播等5家企业在创新产品发布会上进行现场路演。数字电视网络图书馆、Taa-gooVR一体机、颐和园动景展播数字设备、海淀图书馆动景VR虚拟设备、全彩3D打印机、高沉浸VR装备等前沿数字创意科技将为人们的文化生活带来全新体验。

（钟冷）

【纳兰文化国家级文创产品首发】 9月12日，在第十二届中国北京国际文化创意产业博览会（简称文博会）上，海淀区首发纳兰文创产品，包括国家级非遗花丝镶嵌传承人根据纳兰词《蝶恋花》设计的系列花丝点翠首饰；根据纳兰词《台城路·塞外七夕》推出的一款茶“金风玉露——连理千花，相思一叶”；国家级非遗绢人传承人根据手绘的纳兰与卢氏小相所定制的纳兰系列绢人。同时推出《纳兰词全编新注》，本书由国际文化出版公司出版，叶嘉莹担任总顾问，以清康熙三十年刊刻的《通志堂集》为基准，在由冯其庸担任特邀顾问的《六卷本纳兰性德全集》的基础上，重新编注。

（黄佳佳）

【《海淀区文化创意产业年鉴(2017)》发布】 12月27日，《海淀区文化创意产业年鉴（2017）》发布。该书是海淀区文化创意产业协会推出的年度课题报告系列，以实地调研和统计数据为基础，对海淀区文化和科技融合发展的总体状况进行系统梳理，归纳支撑产业发展壮大的创新生态环境和资源禀赋，记录海淀文创产业发展现状，分析产业发展规律，为科学预测产业未来发展趋势，为企业发展决策、政府制定产业政策提供依据。

（程晓荷）

【中关村文化创意产业项目合作推介会】 12月27日，由北京工业大学文化创意产业研究所主办的中关村文化创意产业项目合作推介会召开。推介会以“挖掘释放文化产业资源，培育高端文化创新精品项目”为主题，集中展示中关村科技、教育、文化资源的创新融合。中科院计算机网络信息中心、中关村智造大街、北京世纪明德教育科技股份有限公司等7家推介单位就“互联网+”、人工智能、动漫创作、装备制造、虚拟现实技术、科普实践等创新项目做集中推介。北京大学文化产业研究院副院长向勇、北京航空航天大学新媒体艺术学院教授费新碑为推介项目做点评。

（程晓荷）

区域特色文化

【概况】 海淀区人文底蕴丰厚，历史文化资源丰富，加上30多年的中关村创新创业发展，形成鲜明的曹雪芹西山故里“红”文化、纳兰性德“兰”文化、“三山五园”皇家园林文化、贝家花园中法交流文化、中关村创新创业文化等区域特色文化和特色文化品牌。2017年，海淀区的区域特色文化研究和宣传工作取得一定成绩。在第十二届北京国际文化创意产业博览会上，集中展示纳兰性德“兰”文化；纳兰文化研究中心探索与推进文化精准扶贫，在河北承德郭家屯推进建设纳兰文化产业基地，帮助当地老百姓扶贫；成立纳兰文化出版中心，促进纳兰性德的存世作品以及研究著作及文学作品出版发行。

（钟冷）

【纳兰文化出版中心成立】 5月7日，“纳兰文化出版中心成立大会暨纳兰文化主题研讨会”在中国国际文化交流中心召开。纳兰文化出版中心是海淀区纳兰文化研究中心与国文传媒集团（国际文化出版公司）共同成立的纳兰文化出版机构，将纳兰性德的存世作品（诗、词、文），包括孤本、真迹等梳理成册，并将后世对纳兰性德的研究著作及文学作品梳理成册，进行出版发行和IP开发。大会上公布纳兰文化出版中心13名编委会名单，并颁发聘书聘任叶嘉莹担任总顾问。四平诗词学会会长张玉璞为纳兰文化出版中心编委会成员，并在研讨会上演讲《纳兰性德与四平》。

（钟冷）

【纳兰影视作品发布】 6月24日，纳兰文化作品——电影《纳兰侍卫》与图书《纳兰容若寻踪》在海淀的容观国际创意工场同步发布。电影《纳兰侍卫》由市民委指导，区委宣传部、区文促中心支持拍摄。图书《纳兰容若寻踪》通过考古探究的方式，结合纳兰诗词，大胆猜测，以充分的论据为纳兰文化的研究提供资料。电影《纳兰侍卫》、图书《纳兰容若寻踪》的同步推出，旨在以影视作品和出版物为载体，以打造规模化、品牌化、国际化的“兰”文化名片为目标，扩大纳兰文化等中国传统文化的影响力。

（王艳洁 韩松）

【第八届曹雪芹文化艺术节暨红迷嘉年华活动】 10月1日—5日，海淀区文化发展促进中心与北京曹雪芹学会联合在人民大会堂、北京植物园黄叶村举办第八届曹雪芹文化艺术节暨红迷嘉年华系列活动，包括演讲、访谈、纪念大会等多种形式，现场参与人数达8万余人次。《人民日报》《北京晚报》《新京报》《中国文化报》等数百家传统媒体发布相关报道，各大网络平台发布相关报道千余篇，相关内容推送近万条，宣传覆盖总人数约6000万人次。开展主题“品红课”系列讲座与文化体验44次计69期，吸引线上线下约10万人次参观。吸引社会资金推广《红楼梦》，开发2018红楼梦日历（中医版）、雪芹南酒等文创衍生品，全年实现文创衍生品营业收入50余万元。

（于佩丽）

【中法人文交流论坛聚焦“文创设计”】 10月12日，以“文创设计”为主题的第二届中法人文交流海淀论坛在北京外国语大学举行，是“中法文化论坛”的分论坛活动之一。中法两国文化专家、学者齐聚海淀区，共同探讨、交流国际文化创意产业的经验、机遇与挑战。

（韩松）

【“品红课”系列活动】 年内，开展主题“品红课”系列讲座与文化体验44次69期，吸引线上线下约10万人次参观。“品红课”是由北京曹雪芹学会主办，海淀区文促中心、北京曹雪芹文化发展基金会支持，红迷会承办的公益课程。由“专家导读《红楼梦》”与“体验静雅生活”两个环节组成，“诗意生活”，使到场文学爱好者参与到飞花令、首尾接龙、联句、赠答诗、写诗等游戏中。身处北京植物园黄叶村曹雪芹故居纪念馆，品诵《红楼梦》，分角色朗读，专家评点、讲解，让现场参与者有如身临其境。

（于佩丽）

【纳兰性德“兰”文化系列活动】 年内，区文促中心举办纳兰性德“兰”文化系列活动。主要包括：数字电影《纳兰侍卫》由李翰韬导演，完成拍摄后与中央电视台电影频道初步达成购买协议；举办“纳兰文化出版中心成立大会暨纳兰文化主题研讨会”等系列纳兰主题研讨会；成立纳兰文化出版中心，出版《纳兰容若寻踪》和《纳兰词全编新注》；与中国青年旅行总社合作开展“纳兰寻踪”故宫体验之旅。

（于佩丽）

【“三山五园”学术研究】 年内，区文促中心与三山五园研究院、中国人民大学清史研究所、海淀老龄大学、北京联合大学等单位合作，出版《清代畅春园史料初编》。《清代畅春园史料初编》辑录清代起居注中与畅春园相关史料，点校整理。全书75万字，分为上、下两册。该书较为全面地展示畅春园在清一代的历史变迁，着重凸显康熙皇帝居园理政的详细情形，反映在清代不同历史时期园林功能的发展变化。《三山五园揽胜——畅春园》运用诗词、书法、国画、摄影、篆刻及文字等创作手段，反映畅春园景观的历史文化、皇家文化、建筑文化、园林文化。《三山五园民国故事》整理民国“三山五园”故事70篇，按照主题，分为“三山五园”与海淀故事、圆明园故事、万寿山颐和园故事、玉泉山静明园故事、香山静宜园故事、西山故事、名人墓地故事7个部分，发掘和整合“三山五园”历史文化景区资源，配合海淀区推进北京市3个文化带建设。

（于佩丽）

【“三山五园”文化活动】 年内，举办“三山五园”文化西藏站、南昌站巡展，近7万人次观展。与江西永修梅棠镇合作建立样式雷故居纪念馆。做好“三山五园”周边文化产品开发，推出“三山五园”数字体验之旅。颐和园冰嬉嘉年华活动吸引游客数万人次参观。举办“光影忆像·三山五园”摄影展。与青龙桥街道合作开展“三山五园”体验运营进社区、进学校活动。展出刘培恩摄影精品，广泛征集青龙桥地区摄影家的435幅“三山五园”摄影作品，从中精选出93幅优秀作品，集结成展。巡展分别在中国人民大学、八一学校附属玉泉中学、培星小学、人大附中西山学校等中小学校展出，覆盖人群约2万人。海淀大学生创意策划俱乐部与北京舞蹈学院郑维忠教授合作创作的中国古典团扇舞“三山五园印象——《荷塘月色》”创作、排演完成，在纳兰文化出版中心大会上首演，在中国人民大学“清史文化节”开幕式上演出。

（于佩丽）

文化设施建设

【概况】 2017年，海淀区坚持标准化促进均等化的发展理念，完善区、街道（镇）、社区（村）三级文化设施网络建设，已高标准建成28个街镇综合文化活动中心；655个社区（村）文化活动中心已达标623个，占比95%，较上年增长2个百分点，新增文化设施面积15万平方米，百姓身边的文化圈基本形成。

（南燕）

【海淀公共文化数字化平台上线】 8月18日，文化@海淀——海淀公共文化服务数字平台上线试运行。平台运用VR（虚拟现实）、AR（增强现实）、LBS（基于位置的服务）、网络直播、移动互联、智能感知等技术，实现课程点播、场馆预约、交流互动和在线评价等服务功能，为公众提供个性化、智能化、一站式、立体化的公共文化服务。平台各类数字资源总量达60TB，并作为文化部首批试点完成与国家文化云的对接和资源共享。截至年底，平台注册用户1.7万个，访问量近百万人次。

（南燕）

【基层文化设施建设】 年内，区文化委依托示范区街镇督导检查组，对街镇、社区（村）两级公共文化设施开展地毯式梳理、指导工作，督促街镇推进设施达标工作。委托第三方公司就区域公共文化设施服务效能、基本情况进行调研，形成专业调查报告，为领导决策提供依据。继续加大对街镇综合文化活动中心和社区（村）文化活动中心建设投入。截至年底，高标准建成28个街镇综合文化活动中心，655个社区（村）文化活动中心达标635个。

（南燕）

文化活动

【概况】 2017年，区文化委组织“海之春”新春系列文化活动、中关村国际青年艺术季、中关村系列演出季、海淀文化季等活动，组织“到人民中去——精品文艺演出”进基层、进企业活动，举办海淀万人合唱季、广场舞达人秀等活动。全年举办文化活动2000余场次，惠及群众400余万人次。

（南燕）

【新春系列文化活动】 1月20日至2月28日，区文化委在北部文化活动中心举办2017年“海之春”新春系列文化活动。活动以“北京·我们的家”——第九届北京文化志愿者“送福到家”为主题。中国写字送福名人观同现场挥毫送“福”，领导和嘉宾共同开启由观同手书153平方米的巨幅“福”字。海淀北部文化馆艺术团开展分会场“走进海淀区和熹会老年公寓慰问演出”活动。新春系列文化活动共开展以年节为主题的文化活动300场，惠及群众130万人次，媒体报道178次。

（南燕）

【海淀全民阅读活动】 4月23日至12月31日，区文化委在国家图书馆学津堂举行“文化行走·悦读海淀”和“书伴人生·悦读海淀”2017年全民阅读季系列活动。活动包括两大板块、五大单元、31项。通过“海淀悦读推广大使”征集、海淀特色文化“图书漂流”、“悦读海淀”微信公众号推送、阅读地图内容甄选、“名人故居悦读行”纪录片拍摄等系列活动，以海淀最具代表性的“红兰皇法”文化元素为载体，展开系列别具特色的“文化之旅”。开展阅读活动530场，惠及群众94.34万人次。区委宣传部、区文化委、区文明办联合成立海淀区全民阅读活动指挥部，印发《海淀区2017年全民阅读主题系列活动实施方案》，建立全民阅读活动组织参与月报送机制，公布各阶段汇总结果，探索建立阅读学习的长效机制。全区各单位干部群众通过“悦读海淀”微信号、各类阅读群、阅读分享会等形象的阅读活动。

（南燕）

【“北京文投会杯”第二届北京市文化创意创新创业大赛】 5月12日，“北京文投会杯”第二届北京市文化创意创新创业大赛海淀区768创意产业园分赛场在中关村768创意产业园开赛。本届大赛以“创赢未来　新无止境”为主题。海淀区768创意产业园分赛场参赛项目以“文化+科技”融合为特色，其中即刻视频、KidsGo等11个项目展开角逐。最终Microduino积木式智能硬件、乐画云——儿童教育新体验、尚幕私人订制主题影院、NOKOV光学三维动作捕捉系统、户外综合素质拓展培训等获奖。

（钟冷）

【第三届中关村儿童演出季】 6月1日至8月31日，区文化委、区演出联盟联合举办的以“童趣童真　筑梦海淀”为主题的中关村儿童演出季在海淀北部文化馆剧场举办，区内9家剧场上演32项169场演出。开幕式上，北京实验学校小学学生表演儿童戏剧《彼得与中山狼》片段，中国儿童艺术剧院上演儿童剧《青蛙王子》等节目。本届演出季吸引近5万名观众，消费者通过大麦网及线下实体票务站点购票，享受惠民补贴333.08万元，惠及1.6万余人。

（杨帆）

【第七届中关村国际青年艺术季】 6月28日，由区文化委举办的第七届“青春的海”中关村国际青年艺术季在民族剧院开幕，以“青春照耀”为主题的海淀青年故事及和“一带一路”沿线为主要内容的综艺晚会，历时3个月。本届青年艺术季举办包含“双海文化”工程项目的中关村国家自主创新示范区公共文化建设特色主题单元、毕业季校园青春的节目会演、以中外艺术为主的主题展演、海淀区非物质文化遗产的青春传递等活动，以及《创新青春　我是海燕》——中关村国家创新示范区公共文化建设，《四海青春　燃情你我》——中外艺术青春主题展演，《灌溉青春　凝视经典》——以经典艺术教育为主的会展组合等七大主题单元、45个项目、821场活动，惠及群众41.7万人次。

（南燕）

【第六届中关村金秋演出季】 9月1日至11月30日，由区文化委、海淀区演出联盟主办的第六届中关村金秋演出季举行。来自海淀区的学生代表、企业员工代表及居民参加启动式并观看反映海淀镇风土人情的原创话剧《情浓海淀镇》。区内11家剧院及场馆上演93项289场文艺演出。本届演出季销售文化惠民票3.3万余张，惠民补贴款422万余元，总票房2300余万元。11月28日，举办特别策划——科技与文化对话之“高新技术在戏剧演出行业的应用”主题交流活动，区文化委、区文化创意产业协会负责人，北京电影学院数字媒体学院副院长叶风，中国当代青年视觉艺术家窦辉等专家，海淀区演出联盟部分成员单位代表以及海淀区部分科技企业代表30余人参与活动。

（杨帆）

【第十四届海淀文化季】 10月—12月，区文化委在北部文化中心文化馆剧场举办第十四届海淀文化节。此届海淀文化季系列活动以“人民璀璨星光·文化激扬大海”为主题，分为“海庆·十九大专题”“海文·主题文化”“海艺·区域集成”“海星·璀璨海淀”“海创·创新特色”“海韵·非遗文化”“海展·展览艺术”“海聚·风采汇聚”8个单元41个项目。开展活动553场，惠及群众179.5万人次。

（南燕）

【第八届“海之声”新年演出季】 2017年12月1日至2018年2月28日，第八届“海之声”新年演出季在海淀区内剧场上演75项286场国内精品文艺演出。演出季惠及观众17万余人次，惠民补贴454万余元。

（杨帆）

【《铎尔孟的红楼梦》作者见面会】 12月9日，由区委宣传部指导、北京曹雪芹学会等共同主办的《铎尔孟的红楼梦》作者见面会在外研书店举行。法籍华人作家郑碧霞分享自己历经三年采访搜集，以小说笔法写出的《红楼梦》法文版的翻译故事以及校订者安德烈·铎尔孟致力于中法文化交流事业58年间的传奇——《铎尔孟的红楼梦》。本作品作为2017年“阅读·海淀”全民阅读活动区情教育类图书的推荐书目向全社会推荐。

（钟冷）

【抗战文献展】 12月10日—15日，“铁证如山——纪念南京大屠杀80周年抗战文献展”在图书馆（北馆）开展。展出122件原版抗战文献史料，其中53件为日军或日本国内出版印行的侵华14年的铁证。展览首日，区和平小学、北部新区小学、八一中学等学校学生和家长前来参观。

（王艳洁）

【区第二十八届农民艺术节】 12月19日，由区委农工委、区文化委联合主办，西北旺镇承办的“欢歌礼赞十九大　激情唱响新海淀”海淀区第二十八届农民艺术节开幕式暨文艺演出举行。举办演出和文化活动，送文化下乡，送演出进村，促进乡村特色文化活动的开展。开幕式整场演出分为《魅力海淀群星璀璨》和《美丽中国同心梦园》两个篇章，汇集区7个镇的600余名农民演员自编自演节目，包括舞蹈、民乐、嘻哈说唱、杂技、快板、诗朗诵、百人大合唱等节目。艺术节持续至2018年1月15日。

（王晓娟）

【海淀剧本征集活动】 年内，区文化委、海淀区演出联盟联合开展“大写中关村·聚光海淀人——海淀主题剧本征集活动”。为期三个月的征集过程，北京、陕西、安徽、山东等地的文艺工作者参与活动，征集到全国各地的活动投稿数十部。经过筛选、专家评审，11月16日，在北京三联韬奋24小时书店海淀分店举行颁奖活动，青年剧作家王甦创作的《海上花开》、柯锦棠创作的《海淀人与机器人》、张钧舜创作的《五道口》分获第一名、第二名、第三名。

（杨帆）

文化市场监管

【概况】 2017年，海淀区有网吧143家、歌厅110家、电子游艺厅21家、印刷企业57家、影剧院33家。区文化委按照全国、北京市“扫黄打非”要求，开展扫黄打非“清源”“护苗”“净网”“秋风”“净空”五大专项行动，检查场所1480家次，出动执法人员2210人次。立案114件，结案118起，罚款45.5万元，收缴非法光盘302张，非法图书5000余册。办理网络案件52件，占总案件数的46%。

（杨晶晶）

【“扫黄打非·净空2017”专项行动】 1月—11月，区文化委开展“扫黄打非·净空2017”专项行动，打击非法安装、销售、使用卫星地面接收设施的行为。检查广播电视接收、电影放映场所150家次，受理举报4件，立案处罚2件，罚款5000元，没收非法卫星接收实施19套。

（杨晶晶）

【“扫黄打非·护苗2017”专项行动】 3月—10月，区文化委开展“扫黄打非·护苗2017”专项行动，打击有害和非法少儿出版物及信息。开展“绿书签”活动，张贴宣传海报20张，发放书签1200余个；查处网游产品服务违法案1起，没收违法所得及罚款16541元；联合公安、工商、综治和有关街镇对校园周边进行2次检查，查处网吧接纳未成年案2起。

（杨晶晶）

【“扫黄打非·清源2017”专项行动】 3月—11月，区文化委开展“扫黄打非·清源2017”专项行动。梳理印刷台账和企业经营现状，配合总队查处1家非法复印店，没收非法出版物万余册，当事人被刑拘；查处计算机软件侵犯著作权案1起，罚款26880元。查处非法出版物案2起，没收电脑主机2台，罚款26050元。

（杨晶晶）

【“扫黄打非·净网2017”专项行动】 3月—11月，区文化委开展“扫黄打非·净网2017”专项行动，打击网上淫秽色情信息。打击违法违规网络直播平台，打击传播网络淫秽色情文学作品和传播淫秽信息的非法弹窗，打击“微领域”传播有害及淫秽色情信息行为，打击新闻客户端传播庸俗、低俗、媚俗内容行为。坚持网下清查和网上净化相结合，对音像、图书经营单位特别是中小学周边的出版物经营单位进行检查和随机抽查，打击口袋书等危害青少年身心成长的非法出版物，打击销售淫秽色情和低俗出版物的行为。

（杨晶晶）

【“扫黄打非·秋风2017”专项行动】 3月—11月，区文化委开展“扫黄打非·秋风2017”专项行动，以净化出版物市场和规范新闻传播秩序为核心任务，查处侵权盗版及“三假”，查处非法从事新闻采编活动的机构及人员，查处编印发非法报刊利益链条，整治利用电子商务平台销售非法出版物和公众账号非法发布、转载时政类新闻行为。

（杨晶晶）

【瞪羚企业版权保护高端人才实训班】 5月26日，由区文化委主办、中关村创新研修学院承办的2017年海淀瞪羚企业版权保护高端人才实训班在海淀北部文化中心正式开班，入选2017年海淀瞪羚企业版权保护高级人才实训班的40家企业高级经理参加本次开班仪式。

（杨帆）

【文化安全生产月系列活动】 6月1日—30日，区文化委开展文化安全生产月系列活动。开展与企业“对话谈心”活动，邀请50余家企业参加。在“联合检查周”期间，联合区安监局、消防支队等部门，对重点地区、重点行业文化经营单位进行集中大检查，检查场所30余家，发现安全隐患和问题4处。在“应急演练周”期间，分别在北京宝昌彩色印刷有限公司、北京金嘉丽文化发展有限公司、北京天幕新彩云影城有限公司开展消防应急演练和观摩活动，受众260余人次。在文化馆小剧场举办“快乐，不忘安全”的2017年安全生产月“黄丝带”行动启动仪式暨安全生产大型公开课，辖区电影院、歌厅、网吧等340余家企业代表参加，发放宣传海报和宣传品2700余份。

（杨晶晶）

文化遗产保护

【概况】 2017年，区域内有文物古迹314处，其中全国重点文物保护单位19处、市级文物保护单位23处、区级文物保护单位107处、文物普查登记项目165处。有10个类别（民间文学、传统音乐、传统舞蹈、传统戏剧、曲艺、传统杂技与竞技、传统美术、传统技艺、传统医药、民俗）84个项目进入各级非遗名录，其中国家级项目7项北京市级项目30项，初步建成国家、市、区“三位一体”的非遗名录保护体系。

（朱玉京）

【香山公园发现明代石碑】 4月20日，香山公园绿化部门在松堂地区进行古树复壮时发现明代石碑，碑身、碑头完好，未发现碑座。石碑记载明天启二年（1662年）十二月初九日“皇帝敕 谕总督东厂司礼监太监宋晋”的诏令。石碑四周雕饰云龙，碑身至碑顶通高400厘米，碑身高280厘米、宽130厘米、厚50厘米。公园主管部门拍照测量后原地掩埋，以确保文物安全。

（王宇）

【碧云寺发现砖雕构件】 4月21日，

香山公园碧云寺工作人员在水泉院试泉悦性山房东南角山石处发现砖雕残件。经比较，其形制与碧云寺建筑屋顶角兽下“盘子”相似，公园主管部门将其收至公园文物库中保管。

（王宇）

【“长河文化遗产”地图发布】 6月16日，由区文化委主办的“一带一路新舞台文化遗产活起来”主题遗产日活动在圆明园举行。“长河文化遗产”地图正式发布。海淀区的长河沿线文物分布在从玉泉山至高梁桥 9.5 千米的区域内，其中长河沿线有全国重点文物保护单位 5 处、北京市文物保护单位1处、海淀区文物保护单位14处。海淀区是北运河的源头之一，长河上的广源闸是北京地区最古老的河闸。

（钟冷）

【“文化遗产日”宣传活动】 6月16日，区文化委在圆明园遗址公园开展以“一带一路新舞台文化遗产活起来”为主题的遗产日活动。发布“长河文化遗产”地图，设置“文化遗产互动问答”，以“文物宣传+互动参与”的形式，将文化遗产知识宣传寓教于乐。为参与者发放海淀区文化遗产护照，开启文化遗产的发现之旅，让参与者在互动游戏中追寻文化遗产足迹，争做文化遗产守护者。活动吸引逾500人参加。

（朱玉京）

【大钟寺古钟博物馆文物藏品鉴定】 7月6日，邀请北京市文物局鉴定委员会专家对馆内49件套藏品进行鉴定，建议退出藏品序列 20 件（套），加入藏品序列 5 件（套），不做调整 7 件（套）。制作新增藏品档案和藏品目录上报文物局博物馆备案。

（徐明）

【圆明园公布考古重大发现】 7月26日，经国家文物局批准，北京市文物局组织北京市文物研究所对圆明园如园遗址进行第二期考古发掘工作，发掘面积 2000 平方米。据考古专家介绍，如园遗址是迄今圆明园首座经过考古发掘的仿江南园林的建筑景群，也是近年来发掘出的保存较好的遗址。通过两次考古发掘，已基本摸清如园遗址嘉庆时期的布局、形制和工程做法，对其研究、保护、展示和利用具有重要意义。考古工作者在如园遗址发现完整的路网，几乎各建筑之间均有道路相连。道路由路和散水组成，路为方砖铺设，两侧是由鹅卵石铺砌的散水，散水的个别部位铺有花卉图案。在清理延清堂东侧道路时，发现《披青蹬》石刻，上面的文字为“碧萝青薛午阴凝，沿蹬寻幽缓步登。小憩方亭欣造极，披襟挹爽早秋澄”。根据文献记载，这是嘉庆帝御制诗《披青蹬》。课题组张利芳认为，如园出土的粉彩瓷砖，就是用来取暖的构件之一。中间空心，周围钻有蜂窝状小孔。出土时在里面还发现了沙子，是为起保温的作用。因此，她推测当时是有“暖阁”“地暖”的。通过发掘，清理出延清堂、含碧楼、挹霞亭、观丰榭、听泉榭、引胜斋、新赏室、翠微亭局部、撷秀亭、待月台等建筑遗址。出土文物主要有御笔石刻、金砖、粉彩地砖、葫芦范、瓷器、筒瓦、板瓦等上千件，其中嘉庆御笔石刻印证了嘉庆皇帝重修如园的史实。

（钟冷）

【圆明园正式确认春熙院位置】 9月21日，圆明园管理处正式确认五园之一的春熙院位置。圆明园鼎盛时期由圆明园、长春园、绮春园、熙春园、春熙院5个园组成，其中圆明、长春、绮春三园的位置，学界无争议。熙春园经清代园林史专家张宝章、苗日新考证，位置在今清华大学范围已成定论，唯有春熙院位置争议较大。为此，圆明园管理处特邀中国人民大学历史学院清史研究所教授何瑜对圆明园五园之一的春熙院进行研究，并取得重大成果。据何瑜考证，春熙院位于圆明园的东北角，西洋楼遗址北侧。2016年6月，何瑜著文《圆明五园之一春熙院遗址考辨及其他》，确认春熙院就在长春园北今二河开。此文在《清史研究》2017年1期上发表，引起社会各界关注，中央电视台、北京电视台等近百家新闻媒体进行报道。早在2006年9月，北京大学城市与环境学院教授岳升阳、北京大学城市与环境学院硕士研究生王雪梅著文《样式雷图上的春熙院》，就提出春熙院的位置应在长春园北面。该文在《北京社会科学》2006 年第 6 期上发表。但 10年间未得到学界重视。

（黄赛丰 钟冷）

【北京市首座非遗科学城建成】 10月2日，海淀区推出大型文化体验项目“稻香湖非遗科学城”，这是北京市首座非遗城。

非遗科学城位于稻香湖景酒店内，占地面积5000平方米，京绣、普洱茶制作技艺、景泰蓝制作技艺、京作家具、聚元号弓箭、彩塑京剧脸谱、书法等非遗项目入驻。非遗科学城被确定为大中小学生课外教育大课堂以及民众科普教育宣传基地，将定期开设非遗课堂。首批入住的16位非遗大师，可教市民毛猴、面塑、景泰蓝、京绣等非遗制作技艺。每位非遗大师的工作室都展示其非遗项目精品，并配有液晶触摸电视演示各种非遗制作过程。

（钟冷）

【香山寺景区试开放】 11月28日，经过5年修缮，香山公园内的香山寺景区试开放。香山寺全名“香山大永安禅寺”，始建于唐代，寺院占地面积5.5 万平方米，建筑面积近 3000 平方米。2012 年，北京市启动香山寺修缮工程，主体建筑于2016年修复竣工，2017年启动匾额楹联、文化展览、佛造像、环境整治等工作。香山寺的修复完全依据历史进行还原，买卖街未复原商铺，试开放期间，沿街专门布置图文并茂的静宜园历史文化展和香山寺修复成果展。

（钟冷）

【圆明园考古首现圆形码头】 12月21日，圆明园西北角的紫碧山房遗址是2017年北京市考古发掘成果7项重大发现之一。一期2000平方米的考古发掘完成，清理出值房、宫门、紫碧山房殿、含余清、澄素楼等建筑遗迹及码头、石桥、围墙、道路系统、河道、山体、排水道等附属设施，出土瓷片、琉璃及石质建筑构件等少量文物，并首次发现半圆形码头。史料记载，乾隆皇帝到紫碧山房需从河道坐船，再从一个方形码头上岸进入宫门。考古发现方形码头旁有一个半圆形码头。半圆形码头是一次重要的考古新发现。半圆形码头从上到下有个梯形的坡度，正好和船头的弧度吻合，方便固定船头。紫碧山房遗址始建于雍正时期，乾隆二十五年（1760年）前后进行过大规模改建。考古发现与文献记载出现偏差：首次发现的半圆形码头；在样式雷图档上，宫门南侧、东侧均临水，但从发掘情况看，宫门东侧为陆地，未发现河道堆积；考古发现早期墙基及其散水、山体拦土墙及基础、半圆形码头、排水道、石板路等不见于文献。

（钟冷）

【文物修缮保护】 12月，区文化委完成全部区级文物保护单位基础档案制作项目，基本完成区级文物保护单位保护范围划定工作。苏家坨镇北安河五街177号院老民居（王宅）、205号院老民居（张宅），北安河四街145号院老民居（杨宅），北安河玉皇庙修缮工程，龙泉寺修缮工程，莲花寺修缮，贝家花园防雷工程，贝家花园消防设施安装工程8项工程完成全部施工及备案手续工作。

（朱玉京）

【文物执法检查】 年内，区文化委出动文物执法人员130余次，检查全国重点文物保护单位13处、市级文物保护单位20处、区级文物保护单位101处，普查登记项目136处。

（朱玉京）

媒体传播

【概况】 2017年，海淀区新闻中心实施“巩固报纸、办活电视、壮大网络”发展战略，提高舆论引导水平。出版报纸241期，刊发新闻稿件6800余篇，制作《海淀新闻》365期，播报新闻2760余条。网络新媒体日均发布新闻150余条次，日均点击量超15万次，日访问量近50万人次，区属各网络新媒体总用户量近130万人。海淀微信粉丝近14万人，海淀新闻微博粉丝超32万人，掌上海淀App下载超17万次。

（赵知毅）

【纸媒体】 年内，海淀区新闻中心纸媒体有“一报二刊”，即《海淀报》（含《中关村导刊》）、《都市生活周刊》。全年出版报纸241期，编辑版面1552个，刊发新闻稿件6800余篇，530余万字。其中《海淀报》出版147期，编辑版面588个，制作专版约110个，专栏近20个，服务重点单位近30家；《中关村导刊》出版45期，编辑版面180个；《都市生活周刊》出版49期，编辑版面784个。

新闻报道主要内容包括宣传“疏解整治促提升”中心工作，开设《疏解整治促提升》《加强环境治理　推进和谐宜居》专栏，刊登稿件350余篇。开设《背街小巷靓起来》专栏，对全区重点整治的41项市区重点小巷整治效果进行报道。开设《撸起袖子加油干——奋进2017》专栏，推出16篇稿件，报道全区市容环境提升、交通环境改善、空气污染防治、城市绿化建设、地下空间整治、背街小巷治理、菜篮子工程建设等内容。开设《学习贯彻北京市第十二次党代会精神》专栏，反映全区党员干部群众、社会各界党代会精神的学习情况。推出《说说家门口的新变化——喜迎党的十九大胜利召开》和《喜迎十九大——砥砺奋进的五年》系列专栏，展现各行各业新成就和海淀人民的获得感。推出《打造美丽海淀　共建宜居家园》栏目，报道海淀在大气治理、水污染治理以及土壤污染治理方面取得的成效。跟踪报道环保督察案件，跟进报道整改结果，以案说法，提升宣传效果。设立《全力推进全国文化中心建设》栏目，对全区文化建设情况进行报道。推出《举区域之力　创建国家公共文化服务体系示范区》专栏，报道国家公共文化服务体系示范区建设的亮点及成果。推出喜迎中共十九大、中关村双创季、高新区25周年、科技园区巡礼、创响中国北京站、中关村智造大街周年盘点等专题。推出《海淀故事》栏目，通过记者走基层的形式，报道海淀各条战线上涌现出来的先进典型、好人好事、特色人物等，推出非遗传承人系列报道，引起较好反响。

（赵知毅）

【广播电视】 年内，海淀有线电视节目纳入北京电视台公共频道（现BTV新闻频道）播出。围绕“喜迎十九大”“疏解整治促提升”“中关村科学城”“环保督察”“无煤化”工作以及为民办实事等方面系列新闻报道。每天4.5小时，播出的新闻类节目有《海淀新闻》《海淀1时间》，专题类节目有《海淀教育》《警方在线》《城管视点》《火线》《文明海淀》《海检播报》等。

完成365期《海淀新闻》，播报新闻2760余条，在北京台播出200余条。制作专题栏目4档，即《创新中关村·核心区》49期、《文明风尚汇》234期、《红盾时空》16期、《海淀风物志》23期。引进15部纪录片和1部动画片、1部电视剧。

（赵知毅）

【新媒体】 海淀网设置“新闻、服务、互动、生活”四大板块30余个频道近200个栏目，是北京区县最大的网络媒体平台。海淀网实现全区统一新闻信息推送，对区属各委办局、街镇、企事业、驻区单位、中央和市属媒体约200家网站的重要内容进行定向抓取、汇总整理，在网站的“新闻、图片、视频、专题”4个频道24小时不间断播出。

增强24小时新闻发布和自制内容制作力度，保证地区重要新闻在海淀网首发，同时为首都之窗，区委、区政府门户网站提供最快最及时的地方新闻。智慧海淀“新媒体云服务平台”、报纸采编及移动采编系统、中心全媒体采编平台开发建设、“无线海淀”移动客户端等系统开发项目完工上线。有对外公示政务网站89个，在区政府门户网站中提供链接入口的系统77个。海淀网络新媒体日均发布新闻150余条次，日均点击量超15万次，日访问量近50万人次，区属各网络新媒体总用户量近130万人。与小米及凤凰网旗下的“一点资讯”合作，“海淀新闻”微信号推送内容同步推送至“一点资讯”；与市新闻办就“北京发布”精品内容发布达成一致意向，定期将精品新媒体产品推送至北京发布厅、《人民日报》客户端；与北京台新媒体中心（北京新媒体集团）合作在“北京时间”进行视频发布。

新闻网的夜班编辑与政府网实现共享，与中心突发事件和时政新闻报道组无缝对接，确保对全区重点工作、重要会议和领导活动均第一时间进行网络发布。政务门户网站成为政府信息发布的第一平台，月均信息发布量超2000条。配合区信访办对区政府门户网站领导信箱（书记信箱、区长信箱）进行升级改造，实现新版领导信箱上线运行。

对街镇网站进行关停整改，以甘家口街道为试点，建设“北京海淀”门户网站领导下的街镇宣传服务平台“甘家口之窗”。与区委宣传部、区政府办、区公安分局、总工会、纪委监察局、区编办等部门配合，围绕“无煤化”、环保督察、为民办实事等全区中心工作，策划重点选题，月均选题制作两个以上。

（赵知毅）

档 案

【概况】 2017年，海淀区档案局对16家单位开展机关档案测评、7家单位档案测评验收复查，对政府、党群、街道、镇四大系统的107家单位的绩效考评档案进行专项考评。与区委党校建立学习档案法律法规和档案知识教育机制，邀请律师为全区档案工作人员讲解“单位档案管理违法行为法律责任解析及风险防范”。利用“档案馆日”展示法制宣传展板，播放档案法制动漫，发放新修订的《中华人民共和国档案法》《档案法治小知识》，组织档案法制漫画征集活动。海淀区档案馆申报的“以知识管理提升综合档案馆公共服务能力”获得国家档案局立项。举行系列文化活动庆祝“国际档案日”暨北京市第九届“档案馆日”，活动包括法治咨询、非物质文化遗产保护项目展览、文史专家讲座、参观库房等，来自区属机关单位、高校和社会公众近千人次参加馆日活动。以政府购买服务的形式，委托中国人民大学培训中心开展全区档案干部培训。区档案馆全年举办档案专业知识及专题培训23次，累计培训1700人次。

（李京泉）

【海淀政协文史馆成立】 6月9日，海淀政协文史馆在海淀区档案馆挂牌成立。文史馆聘请有“德、才、望”的文化名人，有较高学术造诣和艺术成就、有较大社会影响和较高知名度的文化人士，在文史研究、讲述海淀故事、传承传统文化、艺术创作、存史资政、参政咨询等方面，为海淀文化大发展、大繁荣贡献智慧。这是海淀区档案馆进行跨行业馆际文化合作、构建文史专家人才库及开创服务新模式的有益尝试。

（李京泉）

【档案信息化】 年内，区档案馆推进全区档案数字化工作，将利用率高的民生档案优先进行数字化。数字化13327卷（件），完成9340卷婚姻档案的数字化工作。馆藏数字化原文累计突破1000万页。完成8家试点单位8万页的室藏档案数字化加工。开展原生电子文件在线归档，采用文档一体化管理模式，将部分档案管理工作前置到OA系统发文模块，及时把新形成的电子文件归档保存。

（李京泉）

【档案征集】 年内，区档案局首次以件为单位鉴定后的延期开放档案通过市档案局审批，其中42348件拟开放档案经局办公会审批向社会公布开放，50258件拟延期开放档案经市档案局审批，延期向社会开放。完成馆藏1986年、1987年形成的13万件档案的初审工作。区档案馆接收2016年、2017年37家立档单位2006—2010年形成的档案 17万余卷、件，照片近5000张。接收政府公开信息 2319份7012件，国务院公报39期78本，北京市政府公报50期138本，海淀区人民政府公报4期121本。以中关村科学城建设和“三山五园”历史文化景区建设为重点，征集图片、资料 300余件，照片150GB，视频7GB。海淀区重大活动、重要会议全程影像留存，拍摄、征集照片 3000 余张、视频120GB。

（李京泉）

【档案利用】 年内，区档案馆接待利用档案 9389 人次，利用档案 8132卷次，出具证明4893份，其中涉及民生、婚姻、宅基地、招工档案利用量占 86%。编制《重生的凝固乐章——圆明园、颐和园、静宜园复建景观巡礼》《海淀区大事记》《2017年领导政务汇编》《北京市海淀区委 区人大 区政府 区政协历届领导任职辑录》《“海淀档案”微信公众号运行周年汇集》及《新馆展览展示大事纪略》，编辑4期《海淀档案》电子杂志。“海淀印迹”“海淀文萃”“海淀特藏”固定展陈和“海淀三镇”（海淀镇、青龙古镇、清河镇）、“创新创业”专题展览，接待参观团体70余批次、9933人次。与区教委联合编印《海淀三镇·寻踪》知识读本，印发全区中小学生。

“海淀档案”微信公众号以专题、系列专栏等形式推出“北京记忆”“大运河文化带”“西山永定河文化带”“海淀三镇·寻踪”等专栏，发布400余篇文章，订阅人数超过4000人，阅读量3万余次。

（李京泉）

地方志

【概况】 2017年，海淀区党史地方志办公室（简称区史志办）完成《北京海淀年鉴（2017）》编纂出版工作。5月，《北京海淀年鉴（2016）》被中国地方志指导小组办公室评为首批中国年鉴精品工程“中国精品年鉴”。《北京海淀年鉴（2017）》被北京市地方志编纂委员会办公室确定为精品年鉴打造对象。

《海淀区志（1996—2010）》按照北京市地方志编纂委员会办公室（简称市志办）举办组织的初审修改稿评议会和复审评议会的意见建议，继续收集照片和修改入志照片。

参加市志办举办的地方志编纂业务培训会、全市各区地方史编修培训会、首届地方志开发利用暨方志馆建设论坛、西山文化带拍摄策划会、年鉴业务培训暨理论研讨会、《中华人民共和国标准地名词典》培训会、村镇志书编写培训会、宣传报道员培训会、2018 年相关工作对接会、《京津冀概况》编纂研讨会等业务培训近 10 次。

为区委宣传部、研究室、文化委等区属单位和部门提供相关区情咨询。为区司法局进行年鉴基础知识培训，协助区司法局启动《海淀司法行政年鉴（2017）》编辑工作。上报区级推进全国文化中心建设重点任务。完成“一城三带”文史书目推荐工作。引进方志巡展“侯仁之眼中的古都北京”。史地丛书第五批的《十方普觉寺》已完成出版发行，《自得园志》《京西名园纪略》正在按计划编辑排版。

参与海淀区全民阅读季·首届上庄镇书香嘉年华活动，展示海淀史志工作成果。参与北京电视台《这里是北京》栏目组《志说北京》西山文化带专题片的拍摄，完成相关资料查询提交，电视片脚本审读、正片审阅等工作。

地方志工作被列入北京市公共服务事项，完成北京市公共服务事项目录管理海淀区网上提交流程。地方志工作被纳入市委、市政府年度绩效考核范畴，完成 2017 年度督查任务分解预案和三次督查材料上报。

（黄佳佳）

【《北京海淀年鉴》入选首批北京市精品年鉴】 4 月 18 日—19 日，由北京市地方志编纂委员会办公室（简称市地方志办）主办的北京市精品年鉴工程启动培训会召开，全市 100 余家《北京年鉴》供稿单位参会。市地方志办确定《北京海淀年鉴》《中关村年鉴》《北京工业大学年鉴》为首批北京市精品年鉴打造对象。会议邀请专家对三部年鉴的框架进行点评，三部年鉴负责人分别做年鉴编纂经验介绍。会后，《北京海淀年鉴》编辑部按照专家意见对框架进行调整和修改，在编纂过程中，突出时代特征、年度特色、海淀地域特色，精心编纂稿件，达到出版要求。12 月 14 日，市地方志办印发《关于公布首批入选北京市精品年鉴工程年鉴名单的通知》，确定《北京海淀年鉴》等 3 部年鉴为首批北京市精品年鉴。

（钟冷）

【《北京海淀年鉴（2016）》入选首批“中国精品年鉴”】 5 月 18 日，中国地方志指导小组办公室（简称中指办）印发《关于公布入选中国年鉴精品工程“中国精品年鉴”的通知》，公布入选名单。《北京海淀年鉴（2016）》入选中国年鉴精品工程首批“中国精品年鉴”，是全国唯一入选的区县级地方综合年鉴，也是北京市唯一入选的年鉴。2015 年 12 月，中指办从全国各省市推荐的 50 余部年鉴中，确定北京市海淀区党史地方志办公室等 10 家单位为 2016 年—2020 年首批“全国年鉴工作中国年鉴精品工程”试点单位。2017 年 2 月，经过专家投票和中国年鉴精品工程学术委员会评选，《北京海淀年鉴（2016）》等 3 部年鉴入选首批中国年鉴精品工程“中国精品年鉴”。

（钟冷）

【国家地名词典海淀词目编写】 5 月，区史志办启动《中华人民共和国标准地名词典》（北京卷）海淀区词目编写工作。8 月 4 日，召开“海淀区地名志工作国典部分条目研讨会”，并就拟报送的词条目录逐条和与会单位进行沟通。8 月 9 日，完成地名志国典海淀区词目表的编写上报。10 月 26 日—27 日，召开《中华人民共和国标准地名词典》“海淀区部分”条目编纂工作培训会。全区词典涉及词条共有十类：市辖区、街道、镇、社区、自然村、城镇街巷、住宅区、开发区、城市道路、城镇桥梁，各词条的要素包括地理位置、归属，地名涵盖范围的面积、人口、民族、自然地理信息、社会文化信息、建筑布局（名胜古迹）、经济特色、交通状况等。

（黄佳佳）

【《海淀区地名志》编纂工作启动】 5 月底，区史志办启动区地名志编纂工作，完成《〈海淀区地名志〉编纂工作方案》，上报主管区长并获批示。11 月初，拟定《海淀区地名志》篇目框架和编纂细则，上报市志办。11 月 23 日，召开《海淀区地名志》篇目框架相关单位征求意见会，16 家区属单位参会。

（周勇）

【《海淀区志（1996—2010）》初审修改稿评议会】 6 月 6 日，《海淀区志（1996—2010）》初审修改稿评议会在海淀区召开。《北京志》副主编王铁鹏、2 位特邀专家点评志稿。《海淀区志（1996—2010）》主编周来升、顾问胡桂枝、《海淀区志》编辑部全体人员、区史志办相关科室人员参加。与会专家就修改稿总体篇目框架和每个部类做了专题评议。认为评议稿总体质量较高，结构完整，语言通畅，观点正确，合乎志体，层次分明，特点突出，资料丰富，全面系统反映海淀区断限内发展的情况和过程。同时指出，部分篇目分类不太合理，部分篇目构架还需要调整，内容记述等方面存在不规范、同一内容数据不同等问题，文字数量还有压缩的空间，部分内容记述的准确性要进行核实。政治部类的法律名称和用语要使用规范用语。

（刘江英）

【《北京海淀年鉴》再获评全国特等年鉴】 8 月 8 日—9 日，由中指办主办的 2017 年全国年鉴工作会议在齐齐哈尔召开，会议通报表扬全国地方志优秀成果（年鉴类）获奖年鉴。《北京海淀年鉴（2016）》获评特等年鉴。这是《北京海淀年鉴》继 2016 年获得全国地方志优秀成果（年鉴类）特等年鉴后，再一次获此殊荣，也是北京市唯一获得特等年鉴的区级综合年鉴。评审范围包括全国地方志系统 2015—2016 年编纂并公开出版的各级各类年鉴共 3512 部。在各地各部门评选推荐的 384 部年鉴（其中县区级综合年鉴 214 部）基础上，经专家小组评审，全国地方志优秀成果（年鉴类）评审活动领导小组办公室复审与领导小组终审，在省级综合年鉴、地市级综合年鉴、县区级综合年鉴、专业年鉴中，确定特等年鉴31部、一等年鉴58部、二等年鉴87部、三等年鉴114部、提名年鉴80部。

（钟冷）

【市地名志海淀词目编写】 10月，区史志办启动《北京市地名志》（第二篇政区、第三篇聚落）海淀区词目的编写工作。11月，完成海淀区词目表的编写、确认及上报，并开始词条释文撰写。词目主要涉及市辖区、街道、镇、社区、自然村、住宅区、开发区七大类。

（黄佳佳）

【获颁首批中国精品年鉴奖牌和证书】 12月21日—22日，首届全国年鉴论坛暨《中国方志发展报告（2017）》《中国年鉴发展报告（2017）》出版座谈会在广东省深圳市召开。《中国方志发展报告》《中国年鉴发展报告》撰稿人或执笔人、中国年鉴精品工程各试点单位代表、首届全国年鉴论坛的论文作者等150余人参加会议。在开幕式上，举行首批中国精品年鉴颁发奖牌和证书仪式，向《北京海淀年鉴》《山西年鉴》《温州年鉴》3部中国精品年鉴编纂单位颁发奖牌和证书。3部精品年鉴编纂单位在"精品年鉴之路"环节作典型发言，分别介绍打造中国精品年鉴做法和经验。海淀区史志办作题为"十年坐得冷板凳 精品路上漫求索"的发言，介绍在十几年的年鉴编纂中探索出的有益经验，即坚守年鉴的生命线——资料的"权威性、全面性、准确性"，以及在资料的"三度"（即拓展广度、挖掘深度、确保准确度）上下功夫的做法。

（钟冷）

【《北京海淀年鉴（2017）》出版】 12月，海淀区人民政府主办、区史志办承编的《北京海淀年鉴（2017）》由方志出版社出版发行，为《北京海淀年鉴》第16卷。该卷记述海淀区2016年1月1日至12月31日政治、经济、文化、社会发展的全年情况，设党和国家领导人与海淀、特载、专文、大事记、区情概述、中共海淀区委员会、海淀区人民代表大会、海淀区人民政府、政协海淀区委员会、民主党派·工商联、人民团体、法治、军事、中关村国家自主创新示范区核心区、功能区建设、综合经济管理、农业与农村建设、商贸服务业、旅游业、城市建设与管理、交通·邮政·通信、科技、教育、文化、卫生·体育、社会建设、社会民生、街道·镇（地区）、人物、统计资料、附录31个类目、179个分目、1730个条目，照片239张，108.5万字。

（黄佳佳）

【村镇志工作】 年内，区史志办指导相关村镇做好史志资料的收集整理。完成各街镇地情书编修情况调查摸底。征集四季青镇地情材料并登记入库。海淀村镇记忆丛书之《故土情深——北安河忆旧》《大有庄小志》《马甸村史话》完成三校。

（周勇）

文联活动

【概况】 2017年，海淀区文学艺术界联合会（简称区文联）下属作家协会、书法家协会、美术家协会、摄影家协会、京华印社、香山诗社、稻香湖诗社、四香书画院、晚香诗书画印社、楹联协会、舞蹈家协会、戏剧家协会、影视协会、音乐协会、戏曲协会、搜酷摄影协会、摄影家协会17个协会，有注册会员8000余人。海淀文学艺术网站设有"文联简讯""海淀文化""海淀文艺家"等20个板块。编辑出版《中关村》杂志12期，读者30余万人。编辑出版《海淀之星》6期，《稻香湖诗社》3～4本。

区文联建立文联协会与街镇挂钩制度，9个协会与18个街镇建立联系。对所服务街镇，每年培训不少于一期，每期不少于40课时，人数不少于30人。开展非物质文化遗产进校园活动，"齐派篆刻""颖拓艺术"等非遗项目走进校园。在上庄纳兰园举办《陈岳琴张栩月甲午吟诵专辑》首发式，开启海淀区教委诗词吟诵进校园的序幕。走访艺术家800余人次，撰写《关于我区文艺团体调研情况的报告》。

2017年，区文联举办"艺·创核心区"——海淀区中国书画名家共建共享核心区邀请展、"中国书法名家走进监狱大讲堂"活动、"艺术进工地"慰问演出活动、"艺·创核心区"——海淀区庆祝建军90周年、香港回归20周年暨喜迎十九大书画印艺术展、"献礼共迎十九大，挥墨盛赞苏家坨"北京四香书画院建院30周年主题书画展等活动。海淀舞蹈家协会群众舞蹈团团员参与中国文联青年文艺创作扶持项目即纳兰舞剧《人生若只如初见》。"京华印社成立三十年印迹"篆刻书画展在区北部文化中心馆举办，收到篆刻作品千余枚、书画作品300余幅。

（王锐）

【区戏剧家协会原创舞台剧版权授权在美巡演】 1月7日—8日，北京市海淀区戏剧家协会原创舞台剧《情感调解室》（《Emotional mediation room》）在美国洛杉矶上演，讲述一个海淀人创新创业的励志故事。由海淀剧协授权美中文化协会与美中华人戏剧联盟在北美地区进行20场巡演。双方于2016年11月签订版权授权协议。该剧向美国人民传达中国人民"自由、平等、公正、法治"的价值取向和北京人民"爱国、创新、包容、厚德"的精神内在。美国多地华人社团表示，这部反映中国改革开放成就和中国人民风貌的优秀作品，为美国人民打开了了解中国的窗口。

（黄佳佳）

【百川汇海作家大讲堂】 6月10日，由区文联主办的公益主题大讲堂"百川汇海作家大讲堂"在北京海淀文化馆小剧场开讲。在京的著名作家、评论家、中关村海归文学社团、海淀小作家协会、海淀高校文学社团联盟、社会文学爱好者200余人聆听讲座。共举办6期活动：首期"百川汇海作家大讲堂"邀请著名文艺评论家谢冕以《百年新诗回望》为题，从百年心结、百年坚守、百年期待3个方面对新诗进行阐述；第二期作家刘庆邦开讲《在哪里写作》；第三期作家肖复兴开讲《怎样读书》；第四期作家陆天明开讲《如何做个文学人》；第五期作家柳建伟开讲《文学到影视》；第六期作家王宏甲开讲《文学的意义》。

（王锐）

【“艺·创核心区”书画印艺术展】 7月7日至11月，由区政协、区委宣传部、区文联主办，海淀书协、海淀美协和京华印社共同承办的“艺·创核心区——海淀区庆祝建军90周年、香港回归20周年暨喜迎十九大”书画印艺术展在玉泉山美术馆举办。北京市文化委、北京市文联、海淀区政协、海淀区委宣传部领导以及海淀区美协、中国美协、北京大学艺术学院、海淀书协、北京书协、京华印社、玉泉山美术馆的艺术家参加开幕式。这是“艺·创核心区”第三次综合性主题展，展览选取不同的题材，多角度回顾中国人民解放军的光荣历史，多层次展现香港回归后的巨变。共展出书法作品60余件、美术作品60余件、篆刻作品30余件，参与人数300余人。

（王锐）

【北京四香书画院建院30周年主题书画展】 10月16日，由区文联主办、北京四香书画院承办的“献礼共迎十九大，挥墨盛赞苏家坨”北京四香书画院建院30周年主题书画展在苏家坨镇同泽园西里开幕。区文联、区文委、苏家坨镇、北京四香书画院等领导和嘉宾出席。以苏家坨镇人文、风景名胜及迎接中共十九大胜利召开为主要题材，征集展出书画作品百余幅。艺术家代表现场挥毫泼墨，发放四香书画院《作品书画集》百余份，100余人参加活动。

（王锐）

【朗诵艺术团成立】 10月18日，北京海淀区作家协会在区文联召开朗诵艺术委员会暨朗诵艺术团成立大会。朗诵艺术团由著名朗诵艺术家殷之光、虹云担任艺术顾问，李军担任团长，柏荷担任副团长，有200余名团员。会议对艺术团工作进行部署，将组织“图诗诵”活动、征集摄影作品、作协诗人配诗、专题朗诵会。

（王锐）

【原创话剧《中关村守望者》演出】 11月27日，海淀剧协原创话剧《中关村守望者》在梦剧场登台演出，该剧首轮15场演出完美收官，惠及5000余名群众。《中关村守望者》讲述北京中关村地区一批年轻人的创业故事。首轮演出得到海淀区文化委员会、海淀区演出联盟的大力支持，作为中关村金秋演出季作品，通过文化惠民演出的形式与广大观众见面。

（王锐）

卫生 体育

2018
北京海淀年鉴

5 月 11 日，区卫计委在紫竹院公园举办“防灾减灾日”宣传义诊活动（区卫计委供图）

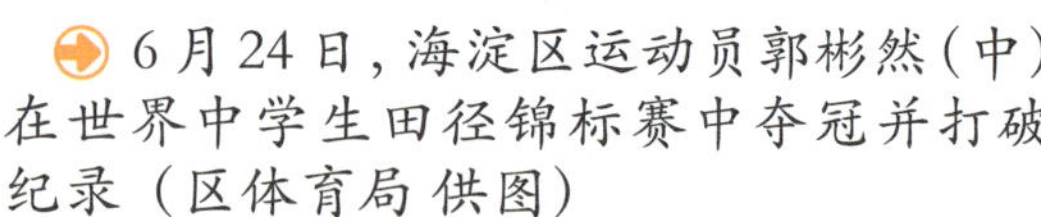

6 月 24 日，海淀区运动员郭彬然（中）在世界中学生田径锦标赛中夺冠并打破纪录（区体育局供图）

8 月，区红十字会联合甘家口百货大厦举行“红十字应急救护展演”活动（区红十字会供图）

9月16日，海淀区首届中小学校园足球学区联赛在人大附中开幕（区体育局 供图）

9月17日，海淀教师培训学校附属实验小学举办北京市速度滑冰裁判员培训班（区体育局 供图）

10月17日，海淀区中医药治未病健康促进（落地）工程启动（区卫计委 供图）

10 月，清华大学献血暨造血干细胞捐献现场（区红十字会供图）

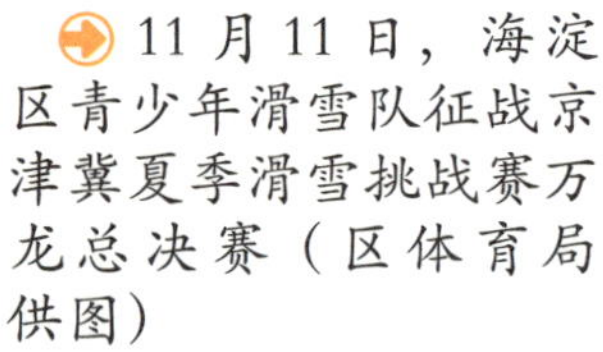

11 月 11 日，海淀区青少年滑雪队征战京津冀夏季滑雪挑战赛万龙总决赛（区体育局供图）

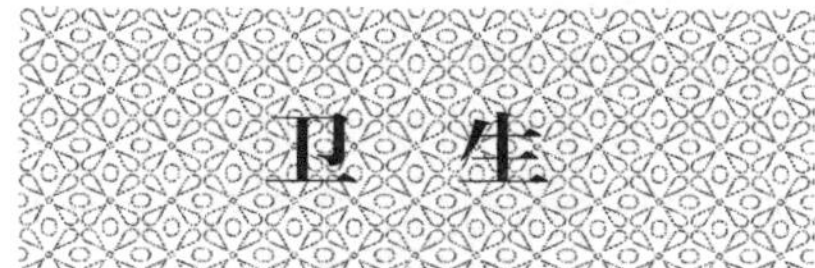

医疗卫生

【概况】 2017年，海淀区有医疗卫生机构1126个，其中医疗机构1122个，包括非营利性498个、营利性628个。实有床位13001张。卫技人员33291人，其中执业（助理）医师12687人、注册护士14670人。每千名常住人口拥有卫技人员9.57人、执业（助理）医师3.65人、注册护士4.22人、实有床位3.74张。全年门诊2758.88万人次，急诊125.11万人次，入院417134人次，出院416577人次，床位使用率78.3%，平均住院日8.37天，病死率0.65%。住院手术144112人次。全系统收入（公共委、卫计委）621239.68万元，其中财政拨款202071.04万元，事业收入413722.94万元，其他收入5445.70万元。全系统支出603069.87万元，其中基本支出513253.25万元，项目支出89816.62万元。卫生事业专用基金增加1195.53万元，结余21788.87万元。

全区有户籍育龄妇女65.65万人，户籍已婚育龄妇女34.79万人，计划生育率99.67%。登记《北京市生育服务单》2.26万例，其中登记二孩数量1.01万例。因病死亡人数1.15万人，占死亡总数的96.45%。死因前10位依次为：恶性肿瘤、心脏病、脑血管病、呼吸系统疾病、损伤和中毒、内分泌和营养代谢性疾病、消化系统疾病、神经系统疾病、传染性疾病和泌尿生殖系统疾病。

建立海淀医院法人治理结构，成立理事会、院务会、监事会。注册多点执业医师933人。

（张炜）

【医药分开综合改革】 4月8日零时，根据3月22日北京市人民政府印发的《医药分开综合改革实施方案》部署，北京市医药分开综合改革正式实施。辖区参加医药分开改革医疗机构共计382家，按照归口管理机制，除9家军队医疗机构和7家央属、市属医疗机构外，由区卫生计生委负责协调管理的有366家。此次医药分开综合改革主要涉及三方面，即医药分开、规范基本医疗服务项目、实施药品阳光采购。其中医药分开“三取消一增设”，即取消药品加成（不含中药饮片）、挂号费、诊疗费，设立医事服务费。新设医事服务费，旨在体现医务人员技术劳务价值，推动分级诊疗。共调整435项，有升有降，总体平衡。

（陈麓）

【成立高校心理健康服务联盟】 5月25日，海淀区成立高校心理健康服务联盟。由区卫计委牵头，区精卫中心作为枢纽，7所高校心理咨询中心作为基础，31家社区卫生服务中心提供服务保障，并由北京师范大学、北京大学、清华大学心理发展中心作为专家单位，261医院、北大六院、安定医院、回龙观医院等作为技术服务支持单位的工作框架，建立信息互通共享、救治协作配合的工作流程和转诊救治绿色通道。

（钟冷）

【北京市首家跨区医联体成立】 12月8日，地处昌平区的北京大学国际医院成为海淀区东北部医联体的核心医院，这是北京市首家跨行政区划医联体。医联体成员单位包括清河医院、清河社区卫生服务中心、西三旗社区卫生服务中心、东升社区卫生服务中心、上地园区社区卫生服务中心、北京交通大学社区卫生服务中心、首都师范大学社区卫生服务中心、中国地质大学（北京）社区卫生服务中心。医联体各成员单位将与核心医院在培训、双向转诊、信息共享和远程会诊等方面开展合作。北大国际医院开诊三年来，65个学科已经全面开放，病种复杂程度接近三甲医院平均水平，部分专科接近北京市国家临床重点专科水平。

（钟冷）

【义诊活动】 年内，海淀区卫生计生委组织辖区102家医疗机构（含军队、武警、非公医疗机构）开展“服务百姓健康行动”大型义诊活动，其中三级医院21家，二级医院15家，其他医疗机构66家。参加义诊的医护人员1000余人次。义诊群众6.43万人次，健康宣教9500余人次，发放宣传材料3.2万余册，开展义诊手术近千台次，为患者减免医疗费用16.08万余元。

（陈麓）

【医联体建设】 年内，区卫生计生委制定《海淀区区域医疗联合体工作实施方案》，建立航天中心医院西南部医联体、世纪坛医院东南部医联体、海淀医院中西部医联体、北京大学第三医院中东部医联体，共有15家医院和36家社区卫生服务中心成为医联体成员单位，初步形成资源共享、协调互动的整合型医疗卫生服务体系。

（张炜）

【医药卫生体制改革】 年内，全区有382家各级各类医疗机构参加医药分开综合改革，药占比、医用耗材占比明显下降，医疗费用增幅明显放缓。推进分级诊疗，驻区三级医院全部加入“6+4”医联体服务体系，成立医联体理事会，在航天中心医院和永定路社区卫生服务中心启动紧密型医联体试点。推进区属公立医院建立完善现代医院管理制度，对海淀医院、中关村医院理事会、监事会成员构成进行调整优化，在海淀医院、北京市中西医结合医院设立总会计师。实现医联体内部资源共享、服务同质，北医三院向部分成员单位试点开放产前筛查和诊断检验、病理检查等资源，航天中心医院构建医联体信息云平台，新增远程心电诊断平台。区属社区卫生服务机构在全市探索实行“先诊疗后付费”服务模式，医联体内社区卫生服务中心4种慢性病用药目录与核心医院实现对接，慢病长处方、特殊人群免医事服务费等举措探索采用信息化方式。

（张炜）

【医疗人员培训】 年内，区卫生计生委选派区属社区机构10%的骨干医生（约90人）到医联体对口单位进行短期进修培训。联合医统中心开展骨干医生集中培训，邀请国家卫计委、协和医院的知名专家进行授课，126人参加培训。在区属二、三级医院遴选10名学历优、素养高、技术硬的骨干医生到三级以上医院进行为期不少于12个月的进修。

（张炜）

【社区卫生】 年内，全区有社区卫生服务中心51家、社区卫生服务站189所。其中，政府举办的中心28家，占55%；社会力量举办的中心23家，占45%；政府举办的服务站116所，占61.4%；社会力量举办的服务站65所、村卫生室8所，分别占34.4%、4.2%。形成以政府举办机构为主体，大学、大院大所、部队等主办主体共同参与，村卫生室为补充的社区卫生服务体系。建起“城区15分钟、北部地区20分钟可及”的社区卫生服务圈。

（张炜）

【农村卫生】 年内，全区运行村卫生室20个，均为村委会举办。注册乡村医生145人，享受市级乡村岗位政府补助金乡村医生27人，发放乡村医生基本待遇补助金80.08万元。有145名在岗乡村医生，17人参加市级培训，87人参加继续教育，41人参加区级培训，全部培训合格。新型农村合作医疗工作于2016年9月移交区人力社保局。

（张炜）

【爱国卫生】 年内，区卫计委开展病媒生物预防控制，投入除四害药品采购经费160万元；8月前，通过北京市对病媒生物防制情况的专项验收；11月前，迎接北京市爱卫办暗访并全面整改；12月前，四季青镇、温泉镇、西北旺镇完成国家卫生镇创建，其余各镇完成北京市卫生镇创建。

开展健康北京人项目，全年播出《健康海淀》21期；微博原创864条，转发567条，合计1431条；印发健康教育宣传品14种；举办健康大课堂2244场，受众167423人次，2654名师资参与授课，网络培训8场。创建健康示范单位3家、健康社区18个、健康示范村3个、健康家庭的评审工作，启动第二届“万步有约”职业人群健走激励大奖赛。开展无烟环境建设，联合各部门对控烟举报投诉重点单位进行约谈，帮助各单位分析原因，制定落实整改措施。

迎接全国爱卫会专项工作督导检查，全国爱卫会督导检查组实地检查全区生活垃圾分类收集处理、垃圾清运、中转设施建设；农村污水情况、供水厂建设；环境卫生整治、农村无害化卫生厕所；病媒生物日常防制监测等。

（郭强　金钰）

【传染病防治】 年内，全区无甲类传染病。乙类传染病发病4281例，发病率115.76/10万。发病率前三位的疾病是痢疾（1317例，占总发病数的30.76%）、肺结核（1075例，占总发病数的25.11%；死亡4人，病死率0.37%）、猩红热（572例，占总发病数的13.36%）。丙类传染病发病12779例，发病率345.56/10万。报告结核病990例，新登记管理肺结核647例，实际住本辖区594例，纳入社区管理550例。非结核病防治机构疑似肺结核报告1510例，比上年增长11.11%；综合医疗机构肺结核报告率96.3%，转诊率92.6%；部队医疗机构肺结核报告率67.60%，转诊率56.48%；综合医疗机构痰结核菌检验结果误差率5%以下。成功创建全国艾滋病综合防治示范区，新报告HIV/AIDS 418例。

（张炜）

【人畜共患疾病防治】 年内，区卫生计生委对上庄、西北旺个体养殖散户进行血清学检测45人，检出抗体阳性者1人，其中新发抗体阳性感染者1人。报告手足口病病例2639例，发病率71.36/10万，无死亡；聚集性发病109起，重症病例4例。

（张炜）

【慢性病防治】 年内，区卫生计生委完成海淀区成人慢性病及危险因素监测。完成示范餐厅、示范食堂创建，10家机构获“北京市全民健康生活方式行动健康示范机构”称号。国家脑卒中高危人群筛查及干预试点项目完成筛查4991人，其中卒中183人，TIA（缺血性卒中）92人，高危764人；完成颈动脉超声检查837人，完成率89.23%。

（张炜）

【学校卫生】 年内，海淀区有中小学校195所，在校生256418人，实检人数256418人（100%）。其中，小学111所，学生159651人，实检人数155095人（97.15%）；普通中学79所，在校生93987人，实检人数87917人（93.54%）；职高5所，在校生2780人，实检人数2219人（79.82%）。中小学生肥胖检出率15.10%，营养不良检出率4.29%，视力不良检出率62.88%，贫血检出率1.89%，恒牙患龋率为14.27%，恒牙充填率为63.46%。

（张炜）

【计划免疫】 年内，全区设立83个预防接种门诊，其中AAA级4个，AA级15个，A级64个，全部实现信息化网络化管理。免费疫苗接种917907人次。计划免疫0～6岁户籍儿童128692人，非京籍儿童64885人。计划免疫调查建卡率100%，四苗接种率99.52%，流脑疫苗接种率99.16%，乙脑疫苗接种率100%，乙肝疫苗接种率100%。60岁及以上老人免费接种流感疫苗62362人，报告接种率40.16%；学生免费接种流感疫苗108562人，报告接种率67.52%；保障人员流感疫苗接种2897人。

（张炜）

【精神卫生】 年内，推进全国精神卫生综合管理试点区创建，落实国家“八个落实”试点任务，完成全国“两会”、“一带一路”、中共十九大等重大活动、重大会议保障。截至年底，在册严重精神障碍患者11513人，报告患病率3.12‰，较试点之初增长57.58%。严重精神障碍患者管理率95.30%，在册规范管理率90.25%。将奥氮平纳入免费服药目录，免费服药政策惠及患者6265人，政策惠及率达54.41%。严重精神障碍患者服药率78.29%，规律服药率为74.38%，其中精神分裂症患者服药率达84.89%，规律服药率81.15%。

（侯林飞）

【职业卫生】 年内，区卫生计生委完成接报、审核尘肺病8例，其他职业病3例，农药中毒2例，疑似职业病9例；完成审核有毒有害作业工人健康监护汇总461份、职业性尘肺病病例鉴定 3 例。辖区职业健康检查机构完成职业健康检查 36141 人次。完成个人剂量监测 4998 人次，完成异常剂量调查 3 人次。

（张炜）

【健康教育】 年内，区卫生计生委印制健康教育资料 4165 种 100 余万份，播放音像资料 2717 种，更换健康教育宣传栏 853 期次。开展公众健康咨询活动 1111 场次，受益人数 24 万余人次；举办健康教育大讲堂 2341 场，受益人数 15 万余人次；个体化健康教育服务 300 余万人次。对医疗机构专兼职人员开展业务培训 16 场，参加人数 2740 人次。完成北京市产妇健康素养与新生儿健康关系探讨项目，共计 8 个监测点 1050 份。开展中央补助地方居民健康素养监测和中医药文化素养监测工作，抽样 3 个街镇、6 个居委会，样本量分别为 240 份和 270 份。

（张炜）

【公共卫生监督检查】 年内，全区有公共场所 4076 个。区卫生计生委经常性监督检查 9201 户次，监督覆盖率 99.83%，双随机监督检查 2242 户次。审批卫生许可证 1339 个，其中新办 195 个，延续 768 个，变更 362 个，注销 14 个。有自备井 293 个，新办证监测 29 户，复验办证监测 144 户，变更办证监测 73 户，注销 2 个，经常性监测 833 户次。高层建筑生活饮用水新办证监测 126 户，复验办证监测 473 户，变更办证监测 191 户，注销 9 个，经常性监测 2957 户次，双随机监督检查 1024 户次。未发生生活饮用水污染事故。

（张炜）

【医疗卫生监督检查】 年内，区卫生计生委检查 1105 家单位，监督覆盖率 99.91%；有效监督 8376 户次，合格率 99.33%。行政处罚 93 户次，其中警告 16 户次，罚款 85 户次 71.2 万元，没收违法所得 11 户次 13.87 万元，取缔非法行医点 11 个。对辖区医疗机构监督 8663 户次，其中三级医院 12 家 332 户次、二级医院 20 家 391 户次、一级医院 46 家 682 户次、无级别医疗机构 1028 家 7258 户次。开展打击非法行医、母婴保健、医疗广告整治、血液透析、消毒产品、传染病防治、医疗卫生重点监督、卫生技术人员资质超诊疗科目行医、预防接种、肠道门诊、流感疫苗预防接种等专项检查。开展临床用血监督检查，监督检查市血液中心、各临床用血医疗机构 37 户次，合格率 100%。对 800 余人次进行依法行医、医疗广告、传染病、放射卫生等内容的培训。传染病防治检查 5830 户次，合格 5524 户次。

（张炜）

【妇幼保健】 妇女保健。年内，全区适龄妇女免费“两癌”筛查。宫颈癌筛查 20718 人，筛查率为 8.31%；乳腺癌筛查 21807 人，筛查率 8.74%。妇女多发病普查 223250 人，筛查率 51.95 %。确诊妇科恶性肿瘤 16 例、宫颈癌 7 例、卵巢癌 3 例、子宫内膜癌 6 例、宫颈癌前病变 67 例、乳腺癌 38 例、乳腺癌前病变 4 例。实施节育手术 31095 例，放置宫内节育器 2495 例，取出宫内节育器 5023 例。

剖宫产率。有 24 家助产机构分娩 43732 例新生儿，男女性别比为 108 : 100；平均剖宫产率 37.36%。

孕产妇死亡率。户籍产妇数为 26976 人，高危产妇数较上年增长 42.46%，孕产妇系统服务率 97.71%；1 例户籍孕产妇死亡，死亡率 3.66/10 万。

婚前保健。4468 名婚龄人群进行婚前医学检查，婚检率为 7.83%，疾病检查率 10.16%，13 人暂缓结婚，22 人尊重受检者意愿。

儿童保健。户籍新生儿 27333 人，新生儿死亡 32 例，死亡率 1.17‰；婴儿死亡 51 例，死亡率 1.87‰；5 岁以下儿童死亡 56 例，死亡率 2.05‰。助产机构监测新生儿出生缺陷 819 例，发生率 18.73‰。出生缺陷前 5 位分别为先天性心脏病（206 例）、外耳其他畸形（150 例）、多指（趾）（97 例）、隐睾（60 例）、尿道下裂（37 例）。0～6 岁儿童 147522 人，儿童保健覆盖率 99.32%；系统管理 143181 名儿童，系统管理率 97.06%。营养不良与佝偻病得到控制，营养性贫血和肥胖是现阶段工作重点。集体在册儿童 58494 人，系统管理率 99.92%；儿童体质状况整体良好，随着年龄组上升，优秀率升高。

（张炜）

【医疗对口支援】 年内，区卫生计生委组织 39 家医疗单位承担对易县、赤城县、敖汉旗、和田市、乌鲁木齐市、丹江口市、当雄县、通州区、密云区 9 个县（市）51 家医疗机构的对口支援任务。全区承担对口支援任务的医院和区 CDC（海淀区防控疾病中心）分别与 6 个受援县（市、区）（易县、赤城、乌鲁木齐、当雄、密云、通州）的 46 家医疗卫生机构签订《对口支援协议》，签约率 90.19%。选派 22 名专家分别在易县、赤城县医院多人次现场义诊、健康宣传等开展公益活动；代培易县县医院医生骨干 11 人、在 9 个科室组织教学查房；邀请易县、赤城县 9 名妇幼保健骨干参加学术交流 1 场、在赤城县进行妇幼保健科普知识讲座，累计支援 52 天。向当雄县人民医院派遣第三批 5 名医疗专家，帮助其提前三年晋级为二级综合医院。向通州区、密云区派出人员 243 人，累计支援天数 651.5 天。

（张炜）

【医疗卫生信息化建设】 年内，社区系统及社区平台建设项目通过初验，26 家社区中心及 81 个服务站政务云集中部署，实现健康档案共享。23 家社区中心部署分诊叫号系统。7 家社区机构上线身边医生手机 App，实现居民自助规范建档签约，方便家庭医生管理签约患者。药品供应链系统完成初验，与市阳光采购平台对接，在 17 家社区中心完成部署。6 家机构虚拟药房试运行，实体药房药品种类和数量得到扩充，参加医联体社区中心与三级医院药品目录实现同步。依托虚拟药房开展中药饮片代煎业务上线运行，可对 26 家中心处方自动汇总。区域卫生信息化项目卫生监督、急救和应急项目完成初验并上线试应用。基础设施购置及集成项目、北京市试点项目、花园路社区卫生中心信息系统试点项目完成终验。海淀医院筹资金项目完成初验，并上线自助服务机优化就医流程。中关村医院实现微信结算方便患者。配合医改完成 286 家机构信息系统摸底调查及系统改造督导工作，协调研究高校公疗人员、医保免医事服务费及公共服务项目收费等问题的系统改造方案，解决医保测试、新农合实时结算问题。申报 2018 年项目 17 个，其中 9 个项目建议书编制完成审核通过，6 个项目初设完成提交区经信办审核，2 个项目招投标完成并启动建设。

（张炜）

【医疗设施建设】 年内，有在建医疗项目 7 项，基建总投资 20731.98 万元。其中，海淀医院门诊楼修缮工程和香山社区卫生服务中心防保科扩建工程这两个项目竣工，竣工面积 1370 平方米；海淀区妇幼保健院旧址改造项目办理规划方案复函手续，未开工；新建病房楼等 4 项（北京市中西医结合医院改扩建工程）、北京市海淀医院改扩建医技综合楼项目、中关村医院改扩建及综合楼项目、门诊楼等 3 项（北京市羊坊店医院建设工程）工程完成主体结构封顶，建筑面积 141357 平方米。启动永丰地块、翠湖地块的建设工作，拟新建两个社区卫生服务中心，改造规模 5100 平方米。启动 3 处村级卫生室改造为社区卫生服务站工程，涉及改造面积 527.27 平方米，处于筹备立项阶段。推动西北旺镇社区卫生服务中心和温泉镇社区卫生服务中心建设。

（张炜　吴军）

【中医药工作】 年内，全区社区卫生服务中心中医门诊量 230.43 万人次，占社区机构门急诊服务总量的 22.6%。组建 19 支中医药治未病服务团队，通过“中医在线”微信扫码管理 26730 人。完善中医药人才培养模式，搭建区级名老中医药专家学术经验传承教育平台，建成 22 个区级名老中医药专家学术经验传承工作室。以西苑医院、北京市中西医结合医院为核心单位，9 家社区卫生服务中心和 9 家养老机构/养老驿站为成员单位，组建南北两个中医药健康养老联合体。支持 5 家社区卫生服务中心“中医馆”迁改扩建，遴选 11 家社区卫生中医药服务示范站建设单位。将 10 所中小学纳入海淀区中医药文化进校园项目试点单位，启动中医药文化进校园工作。组织 113 家医疗机构开展“冬病夏治三伏贴”服务社区百姓活动，贴敷 11844 人（47376 人次）。9 月 21 日，北京市中西医结合医院“三级甲等中西医结合医院”正式挂牌。

（张炜）

公共卫生

【概况】 2017 年，区公共委监管事业单位 37 家，财政补助事业编制 6688 人（含社会聘用人员控制数 215 人），其中医疗类事业单位 35 家。监管的区属医疗机构总诊疗量 865 万人次，比上年增长 1.1%；出院 165 万人，比上年增长 35%；平均住院日 15.8 天，比上年减少 5.2 天。区属二级及以上医疗机构总诊疗量 405 万人次（占全区总量的 14%），比上年减少 11%；门诊 372 万人次，比上年减少 12%；急诊量 30 万人次，比上年减少 9 %。区属社区卫生机构总诊疗量 865 万人次，比上年增长 1.1%。

按照市、区两级禁限目录开展医疗机构审批，新设置机构 70 家，注销、停业 109 家，引导疏解 21 家，全区医疗机构床位总量控制在 2.95 万张以内。

基层医疗卫生服务。独立设置上地园区社区卫生服务中心，新增 9 个社区卫生服务站。全区社区卫生服务机构门急诊量 976.19 万人次，比上年增长 7.26%。推进家医签约服务，老年人、孕产妇、儿童以及慢性病患者等 12 类重点人群签约率达 90%。成立 400 支三级医院专家带队的家庭医生团队，开展家医团队诊疗能力考核。在 7 家机构模拟运行 3 种家医服务包管理模式。为辖区 80 岁以上老年人提供服务 46 万人次，急救“一键”响应出车 5000 余车次。推广全科诊疗模式，探索建立政府办社区卫生服务中心对属地社区卫生服务独立站的业务指导工作机制。

公共卫生保障。全面推进国家卫生区、国家（北京市）卫生镇创建工作。接种疫苗 140 万人次；建成艾滋病抗病毒治疗转诊“绿色通道”，高校艾滋病宣传教育体系日趋完善。通过“万步有约”行动、癌症早诊早治筛查、学生口腔健康窝沟封闭等工作的开展，持续巩固国家慢病综合防控示范区创建成果。在全国精神卫生综合管理试点区创建工作中，通过“三个三”①体系建设，创新建立海淀特色的精神康复链条，组建高校心理健康服务联盟。进一步强化院前急救网络建设，出车 2.6 万余次，比上年增长 21%，两分钟以内出车率超过 99%，满意率超过 98%。完成中共十九大、“一带一路”高峰论坛等重大活动卫生应急保障。组织开展全区卫生应急专业人员技能竞赛，在北京市竞赛中获得集体二等奖。

医养结合服务。设立医养结合服务中心暨计划生育家庭养老服务中心，在甘家口社区卫生服务中心探索构建区域性医养结合服务体系，取得初步成效。创建老年友善医院，北京老年医院、西苑医院、航天中心医院、海淀医院 4 家医院通过市级老年友善医院第一轮评审。中关村医院为中国科学院老年院士群体提供健康教育、健康管理、绿色通道、上门服务等一体化签约服务包。推进羊坊店医院向康复医院转型，北京老年医院、海淀医院安宁疗护项目被列入国家级试点，设立北京市首家运动康复门诊。7 月 1 日，医养结合服务中心（即北京市海淀区计划生育特殊家庭养老服务中心）在海淀区北太平庄街道文慧园成立。该中心内将提供特色医养结合、居家养老试点服务，为计生特殊家庭提供精神慰藉服务，探索将流动老人纳入服务范围，为流动人口提供均等化的生命全周期服务。

4 月 25 日，北京市中关村医院心内科主任潘明康、北京德尔康尼骨科

① “三个三”：建立区、街镇、居村三级管理体系，形成专科医院、精防中民、社区卫生三级专业服务体系，建立专业人员、社区工作者和精神康复志愿者三支队伍。

医院骨科主任刘崇志被授予“首都五一劳动奖章”，北京市上地医院产科获“北京市工人先锋号”称号。6月15日，海淀区卫生工委郭建华被北京市总工会、北京市人力资源和社会保障局授予“北京市优秀工会工作者”称号。11月23日—25日，海淀区妇幼保健院在第八届中国妇幼保健发展论坛上获得全国儿童眼保健示范单位称号。

（张梅）

【海淀医院睡眠中心挂牌成立】 3月25日，北京神经内科学会睡眠障碍专业委员会在北京海淀医院举行北京海淀医院睡眠中心揭牌仪式。来自北京、河北、天津、山西、吉林等地的百余名睡眠专业医师参加大会，并开展学术交流活动。

（刘珊）

【万寿路社区卫生服务中心命名“职工心灵驿站”】 12月18日，根据北京市总工会《关于2017年市总工会命名“职工心灵驿站”的通报》，命名北京市海淀区万寿路社区卫生服务中心为“职工心灵驿站”。场地面积185.64平方米，分为沙盘治疗区、心理治疗区两个功能区。沙盘治疗区内有沙盘、沙具等，主要功能是测出职工心理问题、提高心理健康水平、疏解工作压力；心理治疗区配有电脑、电话、沙发、茶几、文件柜等硬件设施，还包括脑电生物反馈治疗仪、心理测量软件和快乐心理减压系统等治疗仪器及心理档案管理系统。社区卫生服务中心承担着万寿路街道精神疾病防治康复以及心理健康促进工作。

（喻洋）

红会活动

【概况】 2017年，海淀区红十字会（简称区红十字会）设学校系统、机关系统、医疗卫生系统、国有企业和非公有制企业5个工作委员会。成立清华园街道、燕园街道、永定路街道红十字会，实现街镇红十字会全覆盖。有基层红十字组织310个，包括街镇和总公司红十字会30个；团体会员单位310家，青少年会员30万人，红十字志愿者7000余人。

开展博爱募捐主题活动、携手人道救助受灾群众、造血干细胞采集志愿服务、走进小米科技志愿服务活动，全年募集爱心捐款204万余元。开展主题为“博爱在京城　共圆人道梦”的两节送温暖救助活动。投入29.92万元救助374户困难家庭。落实对口支援帮扶项目，向河北保定易县红十字会捐助2万元，救助20名贫困学生。完成区政府为民办实事项目——应急救护培训。

区红十字会获北京市红十字会、北京市人力资源和社会保障局授予的第一届北京“人道奖”先进集体称号。海淀区红十字代表队在第四届全国红十字应急救护大赛选拔赛（北京赛区）暨首都社区应急救护大赛中获得第二名。由海淀区和西城区队员组成的北京市红十字代表队在全国红十字应急救护大赛中获冠军。

（郭胜清）

【“博爱在京城　共圆人道梦”募捐活动】 3月—5月，区红十字会开展“博爱在京城　共圆人道梦”募捐活动。基层红十字会和红十字会工作委员会在本系统、本单位开展募捐宣传活动，动员各界参与红十字募捐救助。全年募集爱心捐款204万余元，其中区红十字会国有企业工作委员会捐款36.39万元，东升镇红十字会捐款30万元，温泉镇红十字会捐款20万元，玉渊潭农工商总公司红十字会捐款18万元，海淀镇红十字会、苏家坨镇红十字会各捐款10万元。坚持募捐款和救助款公开透明制度，在网上公示募捐款和救助款使用情况，募捐救助款使用通过市红十字会组织的第三方审计。

（郭胜清）

【红十字青少年活动】 5月10日，区红十字会学校工作委员会（简称区学工委）组织中小学校开展“学习新会法　践行人道情”、“5·8”红十字博爱文化月主题活动、“弘扬红十字精神，践行核心价值观”为主题的人道法观摩示范课活动。联合区新闻中心在金源购物中心举办“以闲置动　奉献爱心”为主题的义卖活动，为辖区10余所中小学校数百名师生及家长搭建自我展示和奉献爱心的公益平台。区学工委在多家媒体报刊报道海淀区红十字青少年工作模式和经验。海淀寄读学校被中国红十字总会授予全国首家“红十字青少年人道教育实验基地”。

（郭胜清）

【红十字应急救援能力建设】 8月，成立甘家口百货红十字救援队。11月19日，区红十字会在凤凰岭国家地震紧急救援训练基地举办应急救援队骨干培训演练，红星救援队海淀区红十字会分队队员、海淀区红十字会中国地质大学救援队队员、区红十字会工作人员50余人参加培训和演练。活动内容包括：播放全国第一个专业化、现代化的国家地震紧急救援培训基地宣传片；王念法教官结合自己参加救援的经历和感悟进行《地震救援案例分析》的讲解，分析了汶川地震的灾情状况、救援经历经验，中国国际救援队参加救援时所表现出的体能、技能和心理素质；在国家地震紧急救援训练基地荣誉展室，观看救援图片和荣誉勋章等展品；到地震模拟现场，演练烟热逃生和高空模拟救援等内容，队员通过越爬地震破坏发生的大角度倾斜的楼房，体验救援队在救援时身体重心的失衡和爬楼时产生的眩晕感觉，感受救援队员在废墟中适应震后环境、完成破拆、顶升、抬担架等救援训练的艰辛；在训练基地救援设备仓库，学员们向教官了解各种救援及训练器材的使用方法。区红十字会与圣林润景公司合作，在辖区推广免费安装红十字应急救援亭183个。

（郭胜清）

【红十字志愿服务活动】 10月21日—22日，清华大学开展“爱在深秋　接力生命健康”无偿献血和造血干细胞捐献志愿活动，海淀区副区长、区红十字会会长现场看望慰问参加无偿献血和造血干细胞血样捐献志愿者。详细了解学校红十字会的工作情况，赞扬学校红十字会的工作，鼓励清华大学学生更好地为参与献血和造血干细胞血样的同学们做好后勤保障服务。在世界红十字日、防灾减灾日和世界急救日等纪念日，红十字志愿者开展传播“人道、博爱、奉献”红十字精神，宣传无偿献血、捐献造血干细胞和器官遗体等公益活动，传授应急救护、逃生避险知识和技能。

（郭胜清）

【人道救助】 年内，区红十字会设有6个人道救助项目：博爱·灾害救助，为灾区群众提供救灾款物，支援灾后重建；博爱·天使圆梦，为贫困家庭0~18岁患有白血病、血友病、再生障碍性贫血、恶性肿瘤和肾衰竭等大病患儿的医疗救助；博爱·点亮生命，为患有重特大疾病的城乡困难居民提供医疗救助；博爱·温暖一家，救助因突发事件、疾病、残疾等原因致使生活处于贫困的家庭；博爱·携手夕阳，用于改善孤寡老人的基本生活状况；博爱·助飞梦想，为义务教育阶段贫困家庭的孩子提供必要的生活和学习救助。区红十字会采取随时申请、随时研究、随时救助的方式，实施各项人道救助项目。投入人道救助项目189.84万元，救助困难家庭401户，受益1203人。

（郭胜清）

【应急救护培训】 年内，区红十字应急救护培训进科技企业、进知名高校、进区属单位、进街道社区、进医院军营，为90余个城乡社区、30余所中小学、31所大学、40余家企业、8家机关单位举办应急救护培训。举办公开课210场，培训31500人；举办取证培训班305期，15250人参加培训，取得救护技能证。北京交通大学将红十字应急救护培训纳入本校本科选修课程——“急救课堂”，共16个学时。区红十字会联合翠微股份甘家口百货举办“红十字应急救护展演”系列活动。展示心肺复苏、创伤包扎的操作技巧，进行应急救护主题演讲、知识问答和火灾伤害情景应急救护演示。

（郭胜清）

【红十字公益文化传播】 年内，区红十字以应急救护培训班和造血干细胞采集现场为平台，向群众发放红十字宣传材料，讲授红十字知识，传播红十字精神和理念。完善区红十字会网站、微信公众号等媒体建设，多渠道、全方位宣传传播红十字公益文化理念。在区红十字网站、区红十字微信公众号、人道北京网、人道微博、区委网站、中国红报刊、《海淀报》、海淀电视台等新闻媒体报道全区红十字公益活动，发布信息230余篇次。

（郭胜清）

【造血干细胞捐献】 年内，区红十字会在清华大学、北京交通大学、中国农业大学、北京师范大学、中国劳动关系学院等辖区11所高校，开展17场次造血干细胞捐献知识讲座和志愿者招募活动。1067名大学生成为造血干细胞捐献志愿者，有5名志愿者配型成功，完成捐献移植。海淀区累计有3万余人加入中华骨髓库，有55名志愿者配型成功。有6人通过登记报名，在中国人体器官捐献管理中心网站进行注册，成为人体器官捐献志愿者。

（郭胜清）

体育

【概况】 2017年，海淀区不断完善和构建全民健身服务体系，开展健康有益的全民健身活动，全区群众体育健身条件得到明显改善。竞技体育通过“强基拓优”，整体实力不断增强，规范体育市场管理，体育产业规模逐步壮大，引领体育场馆规范化经营。成立海淀区阳光少年足球联盟。举办首届海淀区中小学生学区足球联赛等体育竞赛活动。海淀区老年体协开发并推出的“老年软式网球”获得国家知识产权“实用新型专利证书”。区体育局被评为全国群众体育工作优秀单位。培训国家级社会体育指导员138人，一级社会体育指导员421人，二、三级社会体育指导员3000人（其中冰雪项目1000人）；评选优秀社会体育指导员76人；新增社会体育指导员1739人。截至年底，全区有注册社会体育指导员10262人。7位专家受聘为国家田径队专家组成员，22名教练员通过竞聘成为国家队教练。教练王嘉陵入选国家田径队教练。

（高鑫鑫）

【海淀及张家口冰雪挑战季活动举行】 1月7日—8日，由海淀区体育局、张家口市体育局联合主办的第三届北京市民快乐冰雪季暨“助力冬奥”2016—2017海淀及张家口冰雪挑战季（海淀站）活动在北京市海淀区五彩城冰酷运动中心举行。冰雪挑战季活动在张家口崇礼站和海淀站设置两项大型活动，海淀区在金辉滑雪场、金源冠军溜冰场、五彩城冰酷运动中心等地开展8个场次的冰雪体验活动，4000名冰雪爱好者参加活动。12月22日，由北京市体育局指导，北京市社会体育管理中心、海淀区体育局、张家口市体育局联合主办的第四届北京市民快乐冰雪季系列活动暨迎冬奥——2017海淀及张家口冰雪挑战季（张家口崇礼站）活动在张家口市崇礼富龙滑雪场开幕。来自张家口及海淀的400余名雪上爱好者参加，活动包括雪地足球、齐心协力、雪地拔河、雪地毛毛虫、雪圈接力5个团队项目的雪地挑战赛。12月30日，由北京市体育局指导，北京市社会体育管理中心、海淀区体育局、张家口市体育局联合主办的第四届北京市民快乐冰雪季系列活动暨迎冬奥——2017海淀及张家口冰雪挑战季（五棵松分会场）活动在海淀区五棵松华熙冰乐园举行。家长和孩子一起穿上冰刀，体验滑冰的乐趣。专业教练员讲解滑冰基本要领。

（高鑫鑫）

【学习落实习近平总书记视察北京冬奥会筹备工作重要讲话精神座谈会】 2月27日，区体育局召开以“学习落实习近平总书记视察北京冬奥会筹备工作重要讲话精神，全力推动海淀青少年冰雪运动发展”为主题的学习座谈会。区体育局、区教委、区财政局、区政协委员以及各个滑雪场、冰场负责人，体育专家学者参加座谈会。与会人员观看《新闻联播》关于习近平总书记2月24日在五棵松体育中心、首都体育馆等考察2022年冬奥会筹办工作的报道，学习习近平总书记视察北京冬奥会筹备工作重要讲话精神，学习北京市体育局局长孙学才调研海淀冰雪发展情况时的讲话，了解北京市二十中附属实验学校、中关村二小有关冰雪运动发展工作情况。五棵松体育中心和首都体育馆分别介绍习近平总书记视察时的现场感受和体会。

（高鑫鑫）

【“海淀杯”空竹球比赛暨京津冀空竹技艺交流大会】 4月22日—23日，由北京市海淀区体育总会主办、海淀区空竹协会承办的2017年海淀区“海淀杯”空竹球比赛暨京津冀空竹技艺交流大会在北京市海淀区体育馆举行。本次赛事近300名运动员参加，设4个项目：以海淀区空竹协会各活动站为单位的集体抖空竹表演展示比赛，由北京市9个区的空竹球代表队参加的空竹球团体赛，空竹球单打比赛，抖空竹个人技巧、基本功比赛。大会邀请北京、天津、河北的空竹高手进行展示交流。海淀区空竹球代表队夺得空竹球团体比赛项目的一等奖。个人技能比赛项目共4个（均是按照参赛人数的10%设奖）：单轮空竹抛地靶赛报名51人，获得前3名的是沈传荣、汪德生、张德有；双轮空竹抛高报名参赛33人，获得前3名的是曹玉兰、荀静、柴敬芳；舞大龙摇铃报名参赛16人，获得前2名的是赵永利、甄永泉；单轮空竹上碗报名参赛11人，获奖的是刘长顺。空竹球男子单打老年组第一名是顺义区的高德利；男子青年组单打第一名是顺义区的范彪；女子组单打第一名是大兴区的康程霞。

（高鑫鑫）

【“中关村杯”海淀区职工足球超级联赛】 5月20日，由区体育局和区总工会主办、区足球协会及北京齐动力体育管理有限公司承办的2017年“中关村杯”海淀区职工足球超级联赛在海淀体育中心足球场开赛。联赛为室外十一人制足球比赛，赛制包括小组赛和决赛两个阶段，历时2个月。参赛球队由区直机关工委、社工委、政法委、教工委、农工委、国资委、卫计委、海淀园工委八大工委选派参加，参赛球员年龄跨度限定为18～55岁，1000余人参赛。本次比赛海淀体育引进网络赛事直播，近2万人观看。7月8日，2017年“中关村杯”海淀区职工足球超级联赛结束，冠军为机关青年人队，亚军为海淀教工队，季军为四季青队。获得优胜奖的队伍分别是海淀镇足球联队、温泉镇足球队、新浪足球队、海淀教工北部联队、航天神剑足球队。获得体育道德风尚奖的队伍分别为东升泰戈、中关村春天、住建房管、林大教工、中科院微电子所、闪亮龙之队、机关老男孩、招商银行、用友政务、华康世纪、同方威视、海淀医院、田村雄鹰、联想、发那科。

（高鑫鑫）

【王宇打破北京高校22年跳高纪录】 5月27日，在北京理工大学举办的北京高校学生运动会上，海淀区跳高运动员王宇以2.32米的成绩打破尘封22年的2.27米的赛会纪录。

（高鑫鑫）

【京台武术系列交流活动】 5月27日，由北京武术院、甘家口街道、玉渊潭公园主办，北京海峡两岸友好促进会、海淀区体育局承办的2017年“京台武术系列交流活动”在海淀区玉渊潭公园举行。市台办、市体育局及海淀区等领导出席交流仪式。来自北京武术院、区体育协会、台湾实践大学高雄校区宋江镇表演团及台湾基层民众代表等200余人参加交流表演。大舞台活动在舞狮表演中开始，崔仲三带来杨氏太极拳表演，区太极拳协会80名社区武术爱好者带来太极刀、八段锦表演。台湾实践大学宋江镇25名台湾朋友带来的《祈福卫家园》和首都体育学院同学们的《武魂》武术表演博得观众欢呼，吸引附近居民与过往游客500余人驻足观看。

（高鑫鑫）

【老年软式网球项目在全市推广】 6月7日，北京市老年人体育协会与海淀区老年人体育协会举办老年软式网球推广培训班。来自北京市朝阳区、通州区、石景山区、大兴区等15家单位的60余人参加培训。此次培训是北京市老年体协在全市普及推广由海淀区老年体协研制开发的老年软式网球新项目。有关专家出席培训会并进行现场观摩指导。老年软式网球是由海淀区老年体协于2015年5月重点创新开发并推出的一项老年体育运动项目，2017年4月获得国家知识产权“实用新型专利证书”。

（高鑫鑫）

【郭彬然打破世界中学生田径锦标赛纪录】 6月24日—30日，2017年世界中学生田径锦标赛在法国南锡举行。来自中国、法国、英国等28个国家和地区的900余名运动员及官员参加赛事。中国代表团派出4支队伍参赛。男子校队及女子校队分别由清华大学附属中学和广州玉岩中学组成，男子选拔队及女子选拔队运动员由来自湖南、海南、吉林、重庆、北京等省市的中学生组成。24名中学生运动员参加33个单项和4个接力项目的比赛。海淀区铅球运动员郭彬然以21.36米的成绩夺冠并打破该项目的国际中体联最高纪录。

（高鑫鑫）

【区第十一届全民健身体育节】 6月25日，由区体育局、区文明办主办，区社会体育管理中心承办，区直机关工委、区卫计委和各街镇联合协办的“海淀区第十一届全民健身体育节——2017年海淀区社区居民垂钓竞技大赛”在海淀区柳林老马垂钓园开赛。来自区属10余家企业和20余个基层社区的近300名社区居民及垂钓爱好者参与大赛。比赛包括垂钓比赛和自由垂钓，一、二等奖分别由来自温泉镇水岸家园小区的陈海超和来自八里庄街道的王洋获得。8月8日，区第十一届全民健身体育节系列活动“8月8日全民健身日——2017年‘健康海淀’国家体育锻炼标准测试大赛”在海淀体育馆举行，活动是北京市《国家体育锻炼标准》海淀区选拔赛分站赛，来自14家单位的300余名爱好者参加，54人优秀。9月7日，区第十一届全民健身体育节系列活动——2017“百城”海淀区第十一届健身气功及广场舞展演活动在海淀体育馆举行，25支优秀健身气功、广场舞代表队约

600名中老年人参与。评出5个优秀项目奖，6个优秀团队奖，7个最佳风采奖，7个最佳编排奖。11月3日，区第十一届全民健身体育节——2017年海淀区第二届职工冰壶体验赛在北京市中体奥冰壶中心举行。来自区归国华侨联合会及中关村归国留学人员联合会等100余名职工参与，分设12支队伍。12月3日，区第十一届全民健身体育节——海淀区第四届优秀健身项目大擂台在海淀区体育馆举行。区属各街镇及体育社团的18支健身代表队400余名爱好者参与，涵盖气功、操舞、太极拳、空竹等种类。评出1个擂主、5个优秀项目奖、4个团队风采奖、4个科学创新奖、3个最佳编排奖。

（高鑫鑫）

【凤凰岭第三届户外运动大会】 7月8日，为期一个月的凤凰岭第三届户外运动大会在国家AAAA级旅游景区北京凤凰岭自然风景公园开幕。海淀区副区长、中央国家机关户外健身运动协会秘书长、海淀区体育局、海淀区旅游发展委员会、海淀区自行车运动协会负责人出席开幕式。活动由海淀区体育局、北京凤凰岭自然风景公园等单位指导、主办。有21支代表队、500余人参加骑游项目，另有近200人参加骑行爬坡竞赛。骑游线路是从凤凰广场出发，沿途经过鹫峰、阳台山、贝家花园，骑行15千米后返回至凤凰广场。活动除自行车运动、泡泡凤凰跑，还包括雷殿生公益徒步活动、徒步越野跑夜赛、户外帐篷露营、清凉夏日戏水、攀岩拓展和星光球场等项目。

（高鑫鑫）

【全国首期科学锻炼指导师培训班】 7月17日，全国首期科学锻炼指导师培训在海淀体育中心举行开班仪式。本次培训由国家体育总局体育科学研究所、北京市海淀区体育局联合北京市多家三甲医院共同举办。来自全国各地的114名科学锻炼指导师参加培训。邀请国内顶尖体育康复专家进行授课，设置体育医学基础知识、科学锻炼基本原则、剧烈运动中的心脏安全、糖尿病的运动康复、心理疾病与运动等10门课程，累计20学时。

（高鑫鑫）

【核心区体育健身系列活动】 9月3日，核心区体育健身系列活动（一区一品）“三山五园”骑游活动在海淀公园东门广场举行。骑行活动的起、终点均为海淀公园东门，其间，经过颐和园、圆明园、玉泉山等地点，全程14千米，约200名骑游者参与活动。9月16日，核心区体育健身系列活动——“健康海淀·快乐走跑互联网徒步大会”（下称“徒步大会”）在海淀区中关村森林公园举行。近500名选手参赛，沿途设置冰球进击、绳网突击等主题竞赛活动。10月27日，核心区体育健身系列活动——平板支撑挑战赛在联想集团总部举行，近200名运动爱好者参赛。11月4日，核心区体育健身系列活动之一区一品·登山大会在西山国家森林公园举行，近500名户外爱好者参加，全程5千米左右，途中设有3个打卡点。11月11日—12日，核心区体育健身系列活动（一区一品）“三对三”篮球冠军赛在温泉中心篮球场举行。康宁公司、苏家坨镇、建友获前三名。12月1日，核心区体育健身系列活动（一区一品）游泳赛在海淀中心游泳馆举行。设有男子50米、100米，女子50米、100米4个比赛项目，20余家单位组队参赛。

（高鑫鑫）

【首届海淀区中小学生学区足球联赛】 9月16日，由区体育局、区教委主办的2017年首届海淀区中小学生学区足球联赛在人大附中足球训练基地开幕。比赛从9月16日至30日，每周六、日进行比赛。分为高中男子组、初中男子组、小学男子甲组、小学男子乙组、中学女子组、小学女子组6个组别。采用单循环或分组循环比赛，来自全区17个学区的75支球队展开角逐。

（高鑫鑫）

【残疾人群众体育项目展示交流大会】 9月19日，区文明办、区体育局与区残联举办海淀区残疾人群众体育项目展示交流大会，来自28个街镇的331名残疾朋友参加展示交流活动。活动包含健身操、太极功夫扇、回春医疗保健操、弹力带操、太极五行球、集体健身舞等28个群众体育项目。

（高鑫鑫）

【雪上运动社会体育指导员培训班】 12月6日—27日，区体育局、区体育总会在金辉健身滑雪乐园、狂飚乐园滑雪场举办海淀区雪上运动社会体育指导员培训。来自区政府机关、医院、学校等系统及29个街镇选派的400名体育指导员接受雪上体育指导员的系统培训。培训内容包括穿鞋、穿板、脱鞋、脱板，滑雪的安全知识，正确的摔倒姿势和起身方法，进行滚落线，着板平地行走练习。

（高鑫鑫）

【群众体育】 年内，区体育局认真贯彻实施《北京市全民健身条例》，推进全民健身公共体育服务体系建设，体育健身组织、健身设施、健身活动、健身赛事、健身指导、健身文化等全民健身工程建设逐渐形成体系。完成《海淀区全民健身发展三年行动计划（2015—2017年）》指标任务。苏家坨镇运动休闲特色小镇入选第一批运动休闲特色小镇全国试点项目；“海淀体育”官方微博被《人民日报》评为全国十大体育微博。区体育局、苏家坨镇、田村路街道、北京市第十九中学、西北旺镇百旺体育健身操舞队获全国群众体育先进单位称号。

以全民健身日为重点，开展全民健身活动。创建30个“一社区（村）一品”体育品牌活动，承办“走向2022三山五园行”凤凰岭山地徒步大会、海淀区端午龙舟赛等健身活动；组织群众参加北京市龙舟赛、北京市民羽毛球挑战赛分赛区暨海淀区机关干部羽毛球比赛、北京市第十一届“和谐杯”乒乓球比赛总决赛等市级比赛活动。举办中关村国家自主创新示范区核心区体育健身系列活动、“中科·威诺杯”五人制足球邀请赛、“8月8日”全民健身日——2017年“健康海淀”国家体育锻炼标准测试大赛等体育活动。全年300余万人次参与群体活动。田村路街道、北下关街道打造社区居民“15分钟健身圈”。

组织499名优秀全民健身团队负责人进行科学健身培训，制作发放宣传读本5000余册、宣传活页1500页，并通过政务网站、政务微信平台、各街镇宣传栏等媒介进行宣传。通过全民健身服务网、“海淀体育”微信公众号、海淀体育App，为公众提供随时随地、全面便捷的健身指导、健康资讯、体质监测等线上服务。全年服务网发布3250篇，App同步更新文章1400余篇。“海淀全民健身”微信公众号发布文章1510篇，粉丝48802人。开展“体质测试日公益活动”“全民健身日公益活动”等20场体育公益活动。完成国民体质测定1万人，完成体质测试、健康风险评估、科学健身与健康咨询1500余人次。

区属体育场馆保障运动会和足球比赛等大型群众体育活动48场次，配合组织健身操（舞）、乒乓球等群众健身活动25场次；为5600余人次提供2500次健身场地。

（高鑫鑫）

【竞技体育】 年内，区体育局向市运动队输送运动员20人，完成审核健将11人、一级运动员124人、二级运动员270人、三级运动员34人。截至年底，全区有注册运动员5490人。体校运动员在全国、北京市、区级各类体育比赛中获得金牌290枚、银牌224枚、铜牌253枚。在第十三届全国运动会比赛中，海淀区培养输送的76名运动员代表北京市参加游泳、田径、乒乓球等20余个项目的比赛，获金牌6枚、银牌1枚、铜牌8枚，群众体育项目获1金1银。在“第二届亚洲少年田径锦标赛”中，宁潇函获得110米栏亚军。王宇以2.32米打破北京高校田径运动会尘封22年的跳高纪录。在“2017年全国少年（U18）田径锦标赛暨世少赛”选拔中，宁潇函获得男子110米栏冠军，宁潇函与队友获得男子4×100米接力冠军，打破北京市（15~17岁）保持11年的纪录。

（高鑫鑫）

【学校体育】 年内，区体育局和区教委联合举办中小学生足球、篮球、排球等13个项目的比赛，参赛人数6000余人。130余所中小学的2189名运动员参加海淀区春季田径运动会。海淀区成为全国首个“校园足球综合实验区”，制定《海淀区“校园足球综合试验区”试点工作总体方案》，发布海淀区校园足球会徽；举办第一届校园足球裁判员培训班，培养国家二级裁判员87人、国家三级裁判员199人；举办第一届海淀区中小学校园足球学区联赛。全区有78所区级足球实验校、33所市级足球特色校、27所全国足球特色校。有青少年体育俱乐部22所；中小学体育传统项目学校67所，其中国家级6所、市级23所、区级38所。参加全国、市级传统校比赛，获得32个团体第一、26个团体第二、17个团体第三。

（高鑫鑫）

【冰雪运动】 年内，全区发展7所市级冰雪运动特色校、41所区级冰雪运动试点学校，11万余人参与冰雪运动。各冰雪试点学校把冰雪运动教学列入学校课程，研制校本教材，引进冰雪运动人才任教，研究运动队训练方式。开展全部冰雪项目，其中花样滑冰、冰壶、冰球、短道速滑4个冰上项目，单板、双板滑雪2个雪上项目，成立12支区级青少年业余训练冬季项目队伍。有注册中小学冰雪项目业余运动员1203人，其中冰球项目532人，滑雪项目219人、冰壶项目59人、短道速滑项目78人、花样滑冰项目315人。举办海淀区第二届中小学冰球联赛。在北京市青少年冬季项目锦标赛中，冰球项目获得乙组和丁组冠军，短道速滑项目获得16金9银6铜，冰壶项目获得男子和女子乙组2枚铜牌。2月24日，习近平总书记到五棵松体育中心考察，组织中关村二小和二十中附属实验学校进行冰球表演赛。

开展第四届海淀区携手张家口冰雪挑战季两地主会场和8次分会场体验活动，发放冰雪票5259张，总参与人数7358人。举办海淀区职工冰壶体验赛等活动，参与人数1.34万余人。

（高鑫鑫）

【体育设施建设】 年内，全区新建（更新）120套全民健身工程，建设108处专项活动场地。申请市级资金为金辉健身滑雪乐园和狂飙乐园申报6处全民健身工程滑雪运动器材。100所中小学校体育设施对外开放。全区有室内冰场4片、气膜冰场5片、滑雪场2处、室外冰场10片、室外嬉雪场3处，为12处全民健身工程安装滑雪运动器材。

（高鑫鑫）

【体育执法】 年内，区体育局与200余家体育经营单位签订安全生产任务书。开展体育行业安全生产宣传教育月活动，发放安全生产宣传材料500余份。对140家体育经营单位开展专项检查，对存在安全隐患的15家单位下发整改通知书；对违反安全生产规定的2家单位进行行政处罚；对未办理游泳高危许可证、擅自对外经营的2家场馆勒令停产停业。国家行政学院机关服务中心、北京华润新镇置业有限责任公司五彩冰酷运动中心、华熙国际文化体育发展有限公司、北京中科行健体育文化有限公司等10家体育运动项目经营单位被评为安全生产先进集体。

（高鑫鑫）

【体育社团】 年内，海淀区体育总会成立柔道协会、太极拳协会、棒垒球协会、乒乓球协会、自行车运动协会、体操健美操协会6个协会，全区体育协会达到47个。健身气功指导站总数达105个，会员7200余人。老年人体育协会举办“九九”重阳节北京市第八届登山大会海淀区会场暨海淀区职工登山活动、老年气排球交流赛、第二届老年软式网球邀请交流赛、中老年软式网球培训、老年人双拍柔力球培训；钓鱼协会组织中老年垂钓活动，参加全国垂钓竞技大赛；武术协会组织青少年武术竞赛活动及太极拳、易筋经、八段锦健身气功培训活动；乒乓球协会组织海淀区第十一届“和谐杯”乒乓球比赛、海淀区中小学乒乓球友谊比赛、乒乓培训活动；足球协会组织海淀区草根五人制足球比赛、区八大工委足球挑战赛、足球裁判培训、足球比赛裁判执裁活动；

桥牌协会组织举办首届“知好乐杯”大学生桥牌团体赛、基层桥牌协会锦标赛；自行车协会承办2017年中关村国家自主创新示范区核心区体育健身系列活动（一区一品）“三山五园”骑游活动，开展应急救护培训；区游泳协会承办2017年中关村国家自主创新示范区核心区体育健身系列活动（一区一品）游泳赛；击剑协会主办海淀区第五届中小学生击剑比赛；太极拳分会组织太极拳比赛活动。

（高鑫鑫）

【体育培训】 年内，区体育局完成教练员继续教育培训72学时。完成运动康复治疗次数10259次，其他治疗314次。为4所体校、15所体育传统校发放蛋白粉800瓶、果糖片850瓶、维生素泡腾片800盒、运动固体饮料8000袋。完成8个运动项目9支队伍230名重点运动员的体能训练，完成350课时，并按季度开展体能训练效果评价。完成青少年骨龄拍摄、鉴定252人次；完成255人体能测试及功能性筛查测试（FMS测试）；完成2000余人选材测试；编写《海淀区体育科研所体能项目教练员培训手册》；完成《海淀区科学健身训练服务体系》的编写整理工作；完成体能徒手训练练习内容的视频资料录制工作。

（高鑫鑫）

社会工作

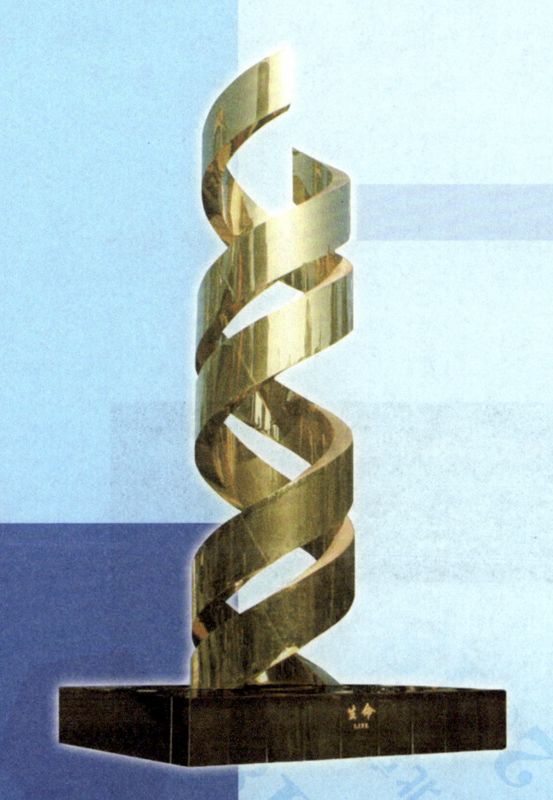

3月6日，“健康楼宇”系列讲座在中关村街道中发电子大厦商务楼宇工作站开课（区社会办 供图）

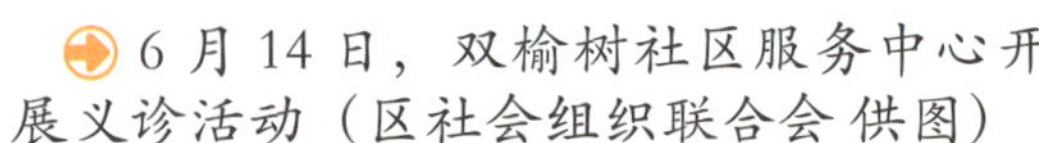

6月14日，双榆树社区服务中心开展义诊活动（区社会组织联合会 供图）

6月28日，海淀区社会组织开展社区志愿服务活动（于彬彬 摄）

11月13日，区文明办举办海淀区道德模范故事汇基层巡演第四季（区文明办 供图）

综 述

【概况】 2017年，区委社会工委、区社会办围绕首都城市战略定位和“四个中心”功能建设，围绕海淀区中关村科学城新型城市形态建设，聚焦“减人、添秤、服务”中心工作，全面推进全区社会建设各项工作。区委社会工委、区社会办面向全区22个街道共征集为民办实事项目530个，完成率达96.79%。开展既有多层住宅增设（适老化）电梯工作，加装电梯点位共计214个，竣工并验收电梯53部，正在安装26部。

（王甫亮）

【社会建设专项资金使用安排】 年内，区社会办安排社会建设专项资金1.03亿余元，包括社会领域党建“两个覆盖”项目89万元，为商务楼宇办公用房、社区服务用房补助资金6215.7万元，向社会组织购买岗位项目965万元，海淀区街镇社区社会组织服务与发展中心项目500万元，全国社区治理和服务创新实验区建设项目640万元，“亲情社区·人文海淀”基层社会治理709.616万元；向社会组织购买公共服务444.97万元、为老服务项目790.5万元。

（王甫亮）

【城市服务管理长效机制构建】 年内，区社会办推进甘家口街道、八里庄街道“多网”融合试点，为29个街镇配备网格化督导员，全面推进网格化E通车运行，建设“微网格”微信公众号试点；在西三旗、八里庄街道开展首批“厅网站”服务集约化试点，部署“煤改清洁能源”工作，配合协调44家产权单位、64个片区、3100余户“无煤化”工作。

（王甫亮）

精神文明建设

【概况】 2017年，区文明办开展“2017北京榜样”系列宣传活动，举办道德模范事迹巡展，选树、宣传、学习、关爱群众身边的道德模范，实现典型选树常态化。张佳鑫荣获第六届“全国道德模范”提名奖；陈旭入选“2017北京榜样”年度榜；苏晋达、何绍森分别入选“2017北京榜样”7月榜、10月榜。胡方、张嵩、王小兰、李建军、谢玉华、郭红霞、李志刚、张永慧、李国雨、苏晋达荣获2017年度“感动海淀”十大文明人物称号。在全区营造崇德向善的良好社会氛围。

年内，海淀区精神文明建设工作获得中央文明委授予的多项全国级精神文明荣誉称号。2015—2017年度，海淀区创建全国文明村镇2家（北京市海淀区东升镇小营村、北京市海淀区上庄镇李家坟村）、全国文明单位4家（国网北京市电力公司海淀供电公司、北京市海淀区四季青敬老院、北京市海淀区学院路街道办事处、北京市公安局公安交通管理局海淀交通支队公主坟大队）、全国文明校园1家（北京市海淀区翠微小学）。复查确认继续保留荣誉称号的全国文明村镇2家（北京市海淀区东升镇、北京市海淀区苏家坨镇车耳营村）、全国文明单位9家（北京市海淀区人民检察院、北京市海淀区学院路街道石油大院社区、北京科技大学附属中学、北京市海淀区气象局、北京市植物园、北京市海淀区财政局、北京市海淀区万寿路街道总参信息化部机关大院社区、北京翠微大厦股份有限公司、北京颐和园）。

（王桂芳）

【文明风尚培育】 年内，区文明办发挥文明市民学校功能作用，开展文化、艺术、礼仪、科普等专题教育；开展以“文明绽放，幸福人生”为主题的第八届文明市民艺术节，全区3万多名市民参加，参赛规模创历史新高。深化驻区文明委系统和全国文明单位联盟的精神文明建设，举办“回眸文明”摄影赛；开展“家在海淀——我和老照片背后的故事”征集、“全民阅读”、“三代人一本书”、“中科杯”足球赛等活动，促进驻区单位精神文明建设水平的共同提升。

（王桂芳）

【文明城区长效机制】 年内，区文明办巩固文明城区建设长效机制，完成新版指标体系研究及任务分解工作。全年共开展文明城区第三方测评12次，涵盖重点地区及周边环境状况、背街小巷环境状况、交通路口文明通行、文明街区创建活动、“门前三包”责任制落实、综合测评多个方面，针对中央文明办反馈的43处点位、72项问题，大力开展专项治理，取得显著的效果。实施背街小巷环境整治提升行动，推进落实海淀区背街小巷环境整治提升三年行动方案，针对老旧小区电线乱接乱拉等系列问题实施整治。开展“文明街区”创建活动，评选出十条“文明示范街区”，在全区形成典型引领、以点带面的示范效应。在全区范围内开展“新春送福入户”活动，共制作发放宣传品100余万份，覆盖海淀区全部家庭。

（王桂芳）

【社会主义核心价值观宣传】 年内，区文明办加大户外广告宣传力度，统筹全区开展公益广告宣传氛围布置工作，对全区可用于宣传氛围布置的人行过街天桥、大型户外广告牌、LED电子显示屏、落地灯箱群、临街宣传栏等载体进行梳理和细分，建立宣传氛围布置数据库；全年设置硬质宣传展板、横幅1300余块（条），协调全区设置硬质展板、横幅近万块（条），建筑施工工地围挡26万平方米，大型户外彩色LED电子显示屏7块，大型户外广告牌28块，下发海报7万余张，持续开展“讲文明 树新风”“核心价值观”宣传，完成全国“两会”、习近平总书记视察北京、庆祝中华人民共和国成立68周年、迎接中共十九大胜利召开及学习宣传贯彻中共十九大精神等重大主题宣传氛围布置任务。加强“中国文明网·北京海淀联盟网站”建设，完成“向国旗敬礼”“网上祭英烈”“感动海淀十大文明人物”等网站专题10个，开展“欢欢喊你看演出”“欢欢送书”“欢欢的六一礼物”等活动，阅读点击量

105.7 万次，评论 4138 条。

（王桂芳）

【群众性精神文明创建】 年内，区文明办开展文明社区、文明村镇、文明单位、文明家庭、文明校园、文明风景旅游区创建活动。按照择优推荐、实地检查、资格评审、社会公示的程序，区 5 个镇获得“首都文明乡镇”称号，33 个村获得“首都文明村”称号，26 家单位获得“首都文明单位标兵”称号，78 家单位获得“首都文明单位”称号，133 个社区获得“首都文明社区”称号，14 个风景旅游区获得“首都文明风景旅游区”称号，10 个家庭获得“首都文明家庭”称号，22 所学校获得“首都文明校园”称号；在推荐国家级、首都级文明创建先进典型的过程中，海淀区涌现出一批创建先进，包括64个“海淀区文明社区”、9 个“海淀区文明村镇”、160 个“海淀区文明单位”。

（王桂芳）

【志愿服务】 年内，区文明办以“关爱社会 关爱自然 关爱他人”为主题，开展“志愿家庭”各类志愿服务项目征集，调动社会力量为社区内的空巢老人、困难职工、残疾人和流动儿童提供各类志愿服务。着力打造文明小屋等志愿服务特色品牌，在紫竹院公园及牡丹园开设文明小屋服务岗亭，全年服务总数达 11415 人次。开展每月 12 日的绿色开放日和时光邮箱活动，参与市民超过 500 人次，收到“慢递”明信片 100 余张，深受小朋友喜爱。文明小屋热情优质的志愿服务成为海淀一道亮丽的风景线。

（王桂芳）

【未成年人思想道德建设】 年内，区文明办以《全国未成年人思想道德建设工作测评体系》为抓手，未成年人成长环境不断优化。开展“我们的节日”主题教育活动，引导青少年在社区学习传统文化，诵读中华经典，体悟中华美德。以“学雷锋志愿服务活动日”和寒假社区道德实践活动为载体，组织广大未成年人在全区 620 余个社区以“讲家训、传美德、树家风”为主题，开展“青少年心理素质拓展营”“彩灯新春送祝福，非遗传承齐接力”“文明礼仪我践行猜灯谜活动”等百余项社区活动，共评选出“社区文明小使者”624 人。海淀区推荐的中国人民大学附属中学王美玥等 11 人入选首都美德少年榜，海淀实验小学舞蹈节目《中国梦娃娃》参加北京市优秀童谣节目展演活动。

（王桂芳）

【公共文明引导】 年内，区文明办加大文明交通宣传，举办“礼让斑马线 我们在行动”等系列宣传实践活动；开展“文明交通 绿色出行”宣讲，开展“文明交通示范路口”“优秀路口文明引导员”“文明有礼好乘客”评选活动，培养和树立文明交通先进典型。加强文明旅游宣传引导，在 26 个旅游风景区、出入境办证大厅等公共场所，开展“文明旅游我最美”主题宣教活动，以宣传折页、宣传海报、扫描“文明海淀”二维码的形式向群众宣传出境游常识、评选文明旅游达人。组织 26 批次引导员在景区劝阻不文明行为。加强公共场所的文明引导，以 2000 名公共文明引导员为骨干力量，完成春运、清明祭扫、“两会”、“一带一路”高峰论坛、中共十九大“文明旅游”等重要节点任务的文明引导服务保障任务；加大公共场所的控烟宣传，在 312 个公交地铁站台开展“每周三、来控烟”活动，圆满完成重大体育比赛的文明观赛引导任务。

（王桂芳）

社区建设与管理

【概况】 2017 年，全区社区建设工作进一步完善社区服务，进一步深化社区治理。抓覆盖、抓提升、抓拓展，加强分类指导，提高社区服务与管理精细化能力和水平，区委社会工委推进“一刻钟社区服务圈”建设。35 个区级“一刻钟社区服务圈”提升为市级“一刻钟社区服务圈”。开展 38 个“社区之家”示范点创建工作。新建 111 个智慧社区，使 213 个社区实现升星建设。新建 3 个农村社会服务试点，推进城市社区服务体系向城乡接合部和农村社区扩展延伸。在苏家坨镇柳林村和前沙涧社区试点探索城乡接合部地区的社区治理。

（王甫亮）

【社区治理创新】 年内，区社会办配合区民政局迎接全国社区治理和服务创新实验区中期评估工作，与区民政局联合印发《关于全面开展社区减负工作的实施方案》《关于开展社区减负清理社区挂牌的通知》。以保障房社区、城乡接合部社区、老旧社区为重点，建设市级社区规范化示范点 15 个。与区房管局联合推进 15 个市级老旧小区自我服务管理试点建设工作。

（王甫亮）

【社区服务设施建设】 年内，区社会办利用“海淀区社会建设专项资金”支持社区服务用房建设，对 15 个街镇的 58 个项目进行支持，补助资金 5736.37 万元。16 个街镇新增社区服务用房面积 2072.68 平方米，改善社区服务用房。

（王甫亮）

【社区交流互动】 年内，区社会推进京台社区交流，以 7 个京台交流试点街道为主，于元宵节、端午节、中秋节，分 3 个批次组织街道、社区 90 余人赴台交流。接待内蒙古自治区林西县考察团一行 20 余人，在田村路街道、上地街道开展调研及座谈；接待香港特别行政区北角居民协会一行 30 余人，在中关村街道东里南社区开展基层联谊活动；接待中国统一联盟中青年干部一行 30 余人，在上地街道开展交流座谈。

（王甫亮）

社会组织工作

【概况】 2017 年，区委社会工委探索和创新社会组织工作，以建立海淀街镇社会组织服务与发展中心为牵引，使用社会建设专项资金购买社会组织公共服务，通过加大培育扶持力度来激发和调动社会组织参与社会治理的积极性，推动社会组织和社会工作健康有序发展。

（王甫亮）

【北京市海淀社会组织联合会】 北京市海淀社会组织联合会是北京市第一家地区性社会组织联合体，是海淀区首批认定的10家枢纽型社会组织之一，属非营利社会团体，受政府委托，承担部分新申请设立的社会组织业务主管单位职责。中关村外商投资协会、海淀律师协会、海淀区文化创意产业协会、中关村国际孵化软件协会、中关村高新技术企业协会、中关村民营科技企业家协会、闪联信息产业协会、北京电子商会 8 个行业协会试点成立社会组织党建工作联络站。

2017 年，举办第十次中关村核心区发展论坛，邀请著名收藏家白十源以“抓住‘一带一路’契机 写好海淀文化大发展新篇章”为题作报告。完成《“十二五”期间海淀区文化创意产业发展情况研究》《2017 海淀区大北部商业网点调研分析报告》《海淀区高层次人才聚集力状况调研报告》《从时代变迁，看海淀旅游 寻创新之路，助协会发展》《海淀区民办培训教育机构调研报告（社会贡献和存在问题）》《北京市精神残疾人家庭生活康复海淀区调查报告》《北京市停车行业标准体系研究报告》《中关村外资企业发展报告》8 份行业报告。区社会组织联合会联合民营医协会开展 5 次“健康进社区 名医伴你行”义诊活动，聘请专家 50 余人次，发放医学科普资料 800 余册，惠及群众 900 余人次。组织 14 名中医专家及医师开展为中关村外商投资协会企业家健康咨询服务专场。在双榆树公园开展大型便民服务公益活动。开展“书画进社区 名人大讲堂”活动，在北下关街道开设成人书法培训班和暑假少儿培训班，上课 25 次，听课 1316 人次。金源培训基地举办会议、论坛、培训等活动 193 场，接待单位 50 余家，接待人数 1.5 万余人次。

（石俊丽）

【社会组织行业体系标准制定探索】 4 月 8 日—12 日，区社会组织联合会带领部分行业协会会长考察浙江安吉，研究、探讨社会组织行业标准化问题。5 月 5 日，组织中关村民协、区商联会、区文创协会、中关村腾飞创就业研究会、区医院协会和民营医协会等，走访中关村标准化协会，学习了解标准化建设的形势、内容和要求，研究推进海淀区社会组织行业体系标准的制定工作。

（石俊丽）

【社会组织管理】 年内，全区新增社会组织 40 家，社会组织变更 115 家，清理注销 149 家，直接登记 10 家。截至年底，全区有社会组织 809 家，其中社会团体 220 家、民办非企业单位 589 家。完成社会组织无纸化年检工作，合格率 99%以上；存量社会组织换发 18 位统一社会信用代码证书 600 家，实现社会组织“三证合一”。局管 55 家社会组织实现党的组织和党的工作两个“全覆盖”；完成 66 家区行业协会商会与行政机关脱钩第一批试点准备工作。

（刘颖杰）

【社会组织工作体系建设】 年内，区委社会工委抓好区、街镇两级社会组织工作体系建设，发挥区级“枢纽型”社会组织在培育扶持社会组织工作中的桥梁纽带和核心骨干作用，加大对社会组织的服务管理与培育扶持。利用街镇社区服务中心作为街镇社会组织孵化基地，并兼具街镇“枢纽型”社会组织的作用和功能，培育孵化街镇和社区的社会组织。分期对 29 个街镇系统的主管领导、科长和社工事务所的所有社工 150 余人分两期进行培训。

（王甫亮）

【购买 25 个公共服务项目】 年内，区委社会工委采用向社会组织购买岗位的形式，扶持社会组织发展，分别向 11 家社会组织购买岗位 29 个，投入经费 217.5 万元。投入海淀区社会建设专项资金 400 万元，向 23 家社会组织购买 25 个公共服务项目，其中社会公共服务类 2 个、社会公益服务类 3 个、社区便民服务类 2 个、社会治理服务类 4 个。

（王甫亮）

【社会组织工作者培训】 年内，区委社会工委两次组织 4 个专业社工事务所的专业社工及社工督导进行专业知识培训。组织社会组织和社工机构的专业社工人员 60 余人，参加市委社会工委组织的社会工作管理人才高级研修班、示范培训班和社会组织治理创新暨能力提升研修班等培训 5 个批次。

（王甫亮）

【“北京社会组织公益行”系列活动】 年内，区委社会工委发挥海淀社会组织联合会、海淀志愿者联合会、骨干行业协会商会等社会组织的作用，带领区内社会组织参与公益活动，把公益行活动融入社会组织日常工作中，使其常态化，贯穿全年。各社会组织累计开展活动 31 场。依托海淀社会组织联合会和各行业协会、商会，利用海淀区社会组织培育孵化基地举办“中关村便民服务广场”活动。

（王甫亮）

社区工作者队伍建设

【概况】 2017 年，区委社会工委制定政策支持社区工作者队伍建设。开展社区工作者培训，健全队伍关怀和激励机制。通过走访慰问社区工作者困难人员等活动，增强社区工作者归属感。评选 2017 年度北京市先进社区居委会 31 个、先进社区居委会主任 16 人，2017 年度海淀区先进社区 176 个、先进社区工作者 281 人。

（王甫亮）

【调整社区工作者待遇】 8 月 15 日，区委社会工委制定印发《关于做好 2017 年海淀区社区工作者工资待遇调整工作的通知》，调整社区工作者月生活补贴和月奖金标准，全区 5000 余名社区工作者月工资平均增加 435 元。要求各街道（镇）强化对社区工作者的考核激励及使用管理。拟定《海淀区面向随军家属招考社区工作者实施办法（试行）（征求意见稿）》和《海淀区社区服务站人员配置办法（试行）（征求意见稿）》，促进驻区部队随军家属充分就业，进一步为规范社区服务站管理提供政策支持。

（王甫亮）

【社区工作者培训】 年内，区委社会工委开展专题培训班，完成对 260 余名社区一把手的培训，完成对 511 名新入职社区工作者的初任培训。推荐 142 名优秀社区工作者代表，参加北京市民政局、北京市委社会工委等部门组织的北京市社区工作者理论与实践研修班、心理调适和减压活动、社区工作者实务能力骨干培训班、北京城市学院硕士研究生培养班、市委党校社会心理与社会工作在职研究生培训班等教育培养活动。

（王甫亮）

社会生活

2018

北京海淀年鉴

2月28日，永定路街道五街坊社区养老服务驿站揭牌（永定路街道 供图）

3月1日，区人力社保局在温泉地区举办大型专场招聘会（区人力社保局供图）

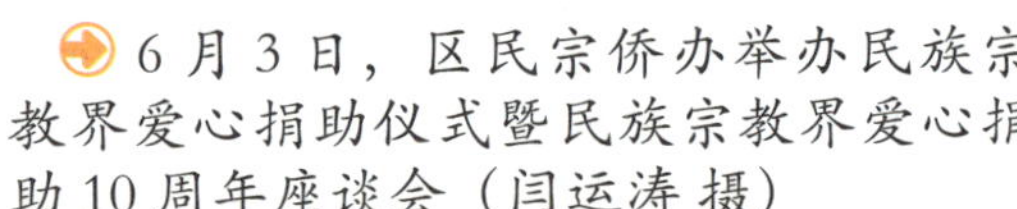

6月3日，区民宗侨办举办民族宗教界爱心捐助仪式暨民族宗教界爱心捐助10周年座谈会（闫运涛 摄）

7月16日，区民政局培训随军家属（翟瑞颖 摄）

人口和计划生育

【概况】 2017年，全区户籍人口政策符合率99.67%。流动人口出生11801人，其中居住在海淀区的5723人，户籍人口办理二孩以内生育服务登记22191例。流动人口办理二孩以内生育服务登记11213例。

成立海淀区医养结合服务中心（北京市海淀区计划生育特殊家庭养老服务中心）。发放计划生育奖扶金5267万元。为4369名失独伤残家庭父母缴纳保险590余万元。依托“心灵家园”，关怀关爱计生特殊家庭。加强生育政策、生命全周期健康知识宣传，开展第六届海淀家庭人口文化节系列活动；创新早教服务模式，公开发行《亲亲宝贝》早教丛书。持续规范计划生育免费避孕药具管理服务，药具库房智能信息系统全区全覆盖。推进流动人口基本公共卫生计生服务均等化，流动人口健康促进走进中关村软件园等科技园区。完成1557对夫妇免费孕前优生项目检查，增加产科床位146张、助产人员150人。建立全区妇幼保健专家库，加强疑难和危重孕产妇会诊、抢救以及病例评审。新增5家民营助产机构纳入危重孕产妇及新生儿转会诊平台。建立门诊可疑与问题儿童三级转诊绿色通道，海淀区妇幼保健院成功创建国家级儿童健康管理示范基地和北京市儿童早期综合发展示范基地。

（张梅）

【流动人口管理】 6月26日，在中关村西区“双创”基地开展流动人口基本公共卫生计生服务均等化助力双创活动宣传周；7月11日，在中关村软件园二期举办“人口流动 健康同行”——北京市流动人口健康教育进“硅谷”启动仪式暨“7·11”世界人口日主题宣传活动。举办海淀区第二届流动人口健康促进知识技能大赛。创建全国流动人口健康促进示范企业、学校及健康家庭各1个。区卫生计生委参加全国流动人口卫生计生动态监测调查，完成72个样本点、1440名被调查对象的入户调查及问卷录入工作。整合安徽省阜阳市、六安市、桐城市等驻海淀区流动人口计生协会，成立安徽省驻北京市海淀区流动人口计划生育服务站及流动人口计划生育联合会，打造高质量高效能的安徽籍流动人口卫生计生服务综合平台。

（吴涛）

【计生药具发放管理】 9月，“免费提供避孕药具”列入国家基本公共卫生服务项目。区卫生计生委全年完成29个街镇、70余家驻区医院等单位的免费药具调拨。调入3573件，金额141万元；调出4615件，金额185万元。有药具发放网点4211个，为2030个“易得工程”药具发放点发放管理费40.6万元。发放900本《海淀区避孕药具管理与服务工具书》到街镇居（村）委会。实现全区29个街镇的668个村（居）委会药具管理及调拨区—街镇—村居三级联网全覆盖。完成区级药具库房及29个街镇“海淀区避孕药具库房智能化平台”建设，实现区—街镇避孕药具库房两级联网并在线监控库房温湿度及药具质量管理。29个街镇自查92个性保健店（成人用品店），未发现销售免费药具行为。完成街镇级药具账目互查及业务培训工作。更换、新增药具发放机、药具发放柜、易得工程药具发放箱487个。在大学校园推广安装48台药具发放机，发放安全套12万只。通过培训、印发宣传折页、壁报、网站等渠道宣传免费药具发放政策、避孕节育知识。

（申卫东）

【人口基础信息】 年内，区卫生计生委维护户籍人口信息117.68万余次，新建个案信息30.84万余次。海淀区户籍人口信息统计总户数140.10万户，总人口301.11万人，其中独生子女户55.84万户；户籍总人口260.55万人，户籍育龄妇女65.66万人。流动人口信息368740条。

（姚雪莹 吴涛）

【生殖健康】 截至年底，海淀区实现免费孕前检查项目覆盖城镇居民，完成检查人数1557对，随访4671人次，有效随访率95%。完成农村户籍采取长效避孕措施群众免费体检工作，体检人数4004人，完成率100%。全面推进计划生育免费技术服务工作，免费服务3万余人次。

（石霞）

【计生特困家庭扶助关爱】 年内，区卫生计生委为计划生育特殊家庭特扶对象4085人办理居家养老失能护理互助保险，缴纳保险经费540余万元。为70岁以下计划生育失独家庭老人办理住院补贴险。为4372名失独和伤残家庭父母（失独1934人，伤残2438人）办理住院补贴保险，合计保费43.72万元。为计划生育特殊家庭2476户投保意外伤害保险7.43万元。

（刘萍 刘文慧 栾迪）

【“暖心计划”实施】 年内，区卫生计生委实施并完成北京市部署的年度“暖心计划”工作，包括保险的宣传培训、投保人和领取养老金人员的信息审核、银行账户信息的完善、暖心卡的发放、养老金给付及保险责任落实等任务。“暖心计划”投保对象为2016年年底通过独生子女死亡特别扶助资格审核的人员，发放暖心卡1773张；领取养老金1351人，保险公司支付养老金金额391.80万元。

（刘文慧）

【计生社会服务管理】 年内，区卫生计生委办理第一个子女生育登记12082例，第二个子女生育登记10109例，办理再生育行政确认362例，病残儿鉴定9例。配合审核各级党代表候选人、先进单位、人员信息2700余人，对违反计生政策10名候选人取消评选先进资格。在非本市户籍适龄儿童少年在海淀区接受义务教育证明证件审核工作中，指导非京籍入学审核4677人，通过4590人，被区教委评为“2017年海淀区小学入学审核工作先进集体”。完成全国生育状况抽样调查海淀样本点的调查任务，样本涉及18个街镇的46个社区，共920例。被市卫生计生委推荐为“全国生育状况抽样调查优秀单位”，3人被推荐为“全国生育状况抽样调查优秀个人”。

（范顺）

【计生关怀】 年内，全区有符合计划生育奖励扶助政策的6.03万人，奖励总金额5269.28万元。享受独生子女父母奖励4.76万人，发放金额1259.43万元。农村计划生育家庭奖励扶助对象3343人，发放481.39万元。独生子女伤残家庭特别扶助对象2427人，每人每年4800元，发放1164.96万元。独生子女死亡家庭特别扶助对象1942人，每人每年6000元，发放1165.20万元。独生子女意外伤残、死亡对其父母的一次性经济帮助422人，发放金额422万元。独生子女特扶家庭养老帮扶4369人，发放标准按年龄段49~64周岁、65~74周岁、75周岁以上分别为每人每年1000元、2000元、5000元，发放帮扶金673.80万元。计划生育家庭帮困205户，发放102.50万元。为4369名特殊家庭人员发放“北京市计划生育特殊家庭扶助卡”。建立计划生育特殊家庭“双岗”联系人制度，为每户计划生育特殊家庭确定一名乡镇（街道）领导干部和一名村（居）委会干部作为帮扶“双岗”联系人。计划生育特殊家庭扶持对象办理居家养老失能护理互助保险，参保人年满65周岁后如不幸达到失能标准，可根据轻度、中度、重度等失能等级享受专业照护服务机构以“实物”形式提供的每月900元、1400元、1900元等相应标准的照护服务。为入住属地养老机构的计划生育特殊家庭中的失能老年人或年满70周岁的老年人，给予每人每月1000元定额补助，完成人员资格审核20人，申请入住福利机构补助金23.5万元。为35526户计划生育家庭办理意外伤害保险，其中财政支付类18527户（含农村、城镇低保、失独和伤残家庭4类）50744人，财政支付保费406510元；个人支付类16999户，涉及保费564600元。

（刘萍 刘文慧 栾迪）

【创建幸福家庭】 年内，区卫生计生委继续进行创建幸福家庭活动，推进五大工程建设。

“文明倡导”工程。开展“第六届海淀家庭人口文化节”活动，组织“巧手装扮幸福家”手工大赛、“照片背后的幸福故事”征文大赛、《幸福家庭》DV大赛、“乐享汉子之旅”亲子活动，近1.65万人参与“育儿达人大比拼”微信答题抽奖等活动。

“生殖健康”工程。组织1557对夫妻免费孕前健康检查；完成4000余名农村采取长效节育户籍已婚育龄人群体检、715名计生专干体检。

“青春健康”工程。与区教委合作启动小学高年级校园青春健康动漫宣传片制作，为驻区9个街道的15所高校拨付资金7.5万元，发放1800个宣传包用于高校青春健康同伴社同伴教育活动的开展。在高校组织开展10次青春健康讲座。

“生育关怀”工程。完成35526户计划生育家庭意外伤害保险工作，投保106.58万元。2016年度意外伤害保险累计赔付46.22万元，赔付率41.5%。开展对计划生育特扶家庭父母住院补贴险办理，并提高到100元/人，将投保人群扩大到70岁以上，共为4372位老人办理住院补贴险投保43.72万元。

“心灵家园”工程。中国计生协会提供30万元专项经费，区级配套30万元，为未建心灵家园基地的13个镇街申报的218名70岁以上困难失独家庭老人，通过政府购买方式提供家政服务；为7个镇的85名年龄在49岁以上的农村失独家庭老人提供健康体检。

（刘茜 刘文慧 石霞）

就业和社会保障

【就业再就业】 年内，全区城镇新增就业3.7万人，帮助2.3万名城乡劳动力实现就业，1.5万名就业困难人员通过再就业援助实现就业，失业人员就业率为63.57%，城镇登记失业率0.95%。开展就业培训2.4万人次，采集用人单位空岗信息7.35万个。

（王洋）

【96%的社区实现充分就业】 年内，全区22个街道、7个镇全部申报充分就业街镇。560个社区、74个村申报充分就业社区（村），占社区（村）总数的96%。

（王洋）

【社会保险】 年内，海淀区养老保险、失业保险、工伤保险、生育保险、医疗保险5项社会保险基金累计收缴663.26亿元，比上年增长16.49%；累计支出299.93亿元，比上年增长17.36%。参保单位10.9万户，比上年增长19.7%；人数338万人，比上年增长4.04%。

（王洋）

【3项社会保险待遇调整】 年内，海淀区为25.54万名退休人员调整养老金，调整后养老金达到人均每月3770.03元，人均增加213.4元；为697人调整工伤待遇，其中伤残津贴人均增长298元，供养亲属抚恤金人均增加175元，护理费人均增长238.24元。为2914人调整失业保险待遇，人均增加80元。为1.51万人调整福利养老金，由每人每月425元调整至525元；调整城乡居民养老金，基础养老金标准达到每人每月927.5元，比2016年高出100元，比全市的基础养老金水平高出317.5元。

（王洋）

【劳动关系案件受理2.1万件】 年内，区人力社保局受理劳动监察案件2886件，劳动仲裁案件1.6万件，社保稽核案件2099件。作出行政处罚案件526件，行政处理案件20件。

（王洋）

【住院费用异地直接结算】 年内，全区办理异地就医住院费用直接结算1.55万笔，服务人群覆盖30个省市地区，涉及金额4.64亿元，占全市总量的28.1%，区人力社保局被评为“北京市异地住院费用直接结算工作先进单位”，“北京市住院费用异地直接结算标准化建设”行动获得2017年市人力社保系统特色创新项目。

（王洋）

民　政

【概况】 2017年，海淀区对“十一五”时期全国综合减灾示范社区开展自查与评估工作，全区5个参评社区均通过评估。成立海淀区社区减负工作机构，制定海淀区社区工作清单。义务兵优待金标准由每人每年30600元提高到每人每年38256元，其中赴西藏地区服役的义务兵按照双倍标准发放。全年新接收军休干部524人，无军籍职工158人，分别占北京市接收安置总数的31.2%和53%。累计接收军休干部20976人、无军籍职工13774人。为全区社区（村）配备631套应急救援物资柜。839家社会组织全部实现“三证合一”。捐赠中心开展为期一个月的“送温暖、献爱心”社会捐助活动，募集资金193.58万元，接收衣物5.99万件。

（刘颖杰）

【慈善活动】 2017年，海淀区慈善协会下设32个慈善工作站，募集善款9870260.03元，使用善款16993657.60元，救助困难群众16155人次。

慈善宣传。出版《海淀慈善》季刊4期，发稿60余篇、图片70张。区民政局组织慈善图片巡展、慈善北京周和京津冀慈善展示会等活动。组织街镇民政系统以学习贯彻《中华人民共和国慈善法》为核心的慈善工作培训。筹建海淀慈善信息管理服务平台。为60岁以上低保老人每人发放500元医疗救助金，为677人发放医疗救助金33.95万元。区慈善协会拨出善款20万元，帮助龙泉老年公寓维修门窗和部分墙面。拨出善款144847.86元，为爱丽斯养老公寓、阳台山老年公寓各购置面包汽车1辆。拨出善款3000元，为北安河敬老院购买6台洗衣机。

（常欣欣）

【“民政一卡通”发放】 8月31日，区民政局为城乡低保对象、征地超转人员、优抚对象三类人群发放“民政一卡通”。发放的“民政一卡通”分为卡正面为红色的“民政优待卡”和白色的“民政普通卡”。民政一卡通为一张带公交卡功能的银行借记卡，民政政策范围内的社会救助金、津贴、补贴、抚恤补助、慰问金等财政资金的发放都将打进此卡里。还可以按照民政对象补助医疗、医疗费用减免、医疗救助等政策规定，在医保报销基础上，实现医疗费二次报销电子结算。“民政优待卡”还享有免费乘坐市内地面公交和城市轨道交通工具，免费参观和游览市、区级政府投资为主建设并运营管理的公园、景区、博物馆（大型活动期间除外）等优待。首批民政一卡通总制卡数为9195张，其中民政优待卡1595张，民政普通卡7564张。

（刘颖杰）

【征地超转】 年内，海淀区为23083名征地超转人员调增生活补助待遇，人均增加186.2元，人均涨幅9.47%。215名地退遗属月领生活补助人均增加120元。向8215名超转人员发放2016—2017年度采暖季住宅清洁能源分户自采暖补贴1264万余元。为1483名地退人员调增基本养老金，人均调增245元。全年接收安置超转人员813人。

（刘颖杰）

【社会救助】 年内，全区实施医疗救助4471人次，救助资金1012.27万元；教育救助184人，救助资金99.4万元；临时救助397人次，救助资金93.8万元，开展因病致贫家庭医疗救助，救助38人，支出93.8万元，2017—2018采暖季完成供暖救助538户，支出47.6万元。城乡低保对象3247户5358人，支出低保金额5545万元左右；城乡特困、五保供养人员130人，支出救助资金601.44万元。认定困境儿童42人，发放生活费64.35万元；享受生活补贴人数0.25万人，支出金额3981万元；享受护理补贴人数1.42万人，支出金额2519万元，接收成年孤儿安置5人。救助流浪乞讨人员和暂时遇到困难流转人员1672人，救助流浪未成年人29人。开展困境未成年人社会保护工作，帮扶110名困境儿童和家庭；委托社工所开展流浪乞讨人员外展救助项目，救助326人次。年底，北京市海淀区低保事务管理中心更名为北京市海淀区困难群众救助服务指导中心。

（刘颖杰）

【行政区划管理】 年内，区民政局组织街镇对66条街镇级行政区域界线进行联合检查。制作《2017版海淀区行政区划地图》3000张，发放至各委办局、街镇、有关单位、部门。组织开展“平安边界创建进社区”宣传活动，印发宣传材料4万册。

（刘颖杰）

【养老服务】 年内，海淀区为7660位90岁以上高龄老人发放高龄津贴1022.57万元，为116万人次80岁以上老人养老助残卡充值11820.81万元，为95岁以上符合条件的老年人报销医疗药费113.33万元，为25339户符合条件的老人家庭安装独立式烟感报警器，为80岁及以上老人配置浴凳2000个，为90周岁及以上高龄老人家庭适老化改造5010户。养老机构服务质量提升专项行动正式启动，出台《海淀区居家养老服务标准》《海淀区养老机构服务标准》。

（刘颖杰）

【双拥及优抚安置工作】 年内，海淀区共投入560万元用于支持部队建设。完成驻区部队军人子女入学847人。接受安置军转干部200人，自主择业军转干部2143人，占北京市总量的50%。接受军队离退休干部和军工人员分别为524人、158人。区政府投入2550万元对44家军民融合企业进行专项支持补贴，对4家军民融合公共服务平台支持资金155万元。共接收退役士兵596人，其中自主就业退役士兵542人，符合政府安排工作的退役士兵54人，为自主就业退役士兵发放一次性经济补助4160万元。提高优抚对象抚恤补助标准，发放调标资金347万元。在市级标准基础上每户增加200元，共发放慰问金503.5万元。办理病故军人抚恤手续827人，发放一次性抚恤金2.5亿元。为762名义务兵发放优待金4138万元。为优抚对象报销医疗费203万元，为180人办理残疾关系接收和评残审批工作。启动“北京通——民政一卡通”发行仪式，为1593名优抚对象和124名见义勇为人员发放“一卡通”。

（刘颖杰）

【军休服务】 年内，海淀区接收524名军休干部。其中，正常退休515人，伤病残军人9人；享受军职工资待遇的技术四级和技术五级军休干部205人，占接收人数的39%；师职军休干部445人，团职军休干部75人，团以下干部4人。累计接收军休干部人数为20976人。接收军队无军籍职工158人，累计接收无军籍职工人数为13774人；军休干部刘学博、刘光耀、周国良、李幼松和无军籍职工陈莘眉入选“北京军休榜样”。

（刘颖杰）

【婚姻登记】 年内，区民政局办理结婚登记27444件，离婚登记11389件，补领婚姻登记证8876件，收养类登记10件。完成婚姻收养登记档案移交工作，包括2006年—2010年的婚姻登记档案9280卷（档案4100盒）、收养登记档案293卷（档案30盒）。海淀区婚姻登记处被北京市民政局授予AAAAA级婚姻登记机关称号。

（刘颖杰）

【福利企业】 年内，区民政局完成43家福利企业的资质退出工作，收回福利企业证书43家；协同区残联完成43家福利企业岗位、超比例等补贴的审核工作，补贴金额985.02万元，其中岗位补贴439万元，超比例补贴64.8万元，精神残疾补贴3.43万元，社会保险补贴397.79万元。完成公益金补贴的审核工作，向22家福利企业发放补贴资金287万元，其中8家福利企业享受技改补贴158万元，20家福利企业享受安置残疾人奖励项目补贴129万元。

（刘颖杰）

【福利彩票销售】 年内，全区电脑票销量5.78亿元，即开票销量0.51亿元，总计6.29亿元。完成北京市下达任务的11.99%。

（刘颖杰）

【殡葬服务】 年内，区民政局制定《海淀区民政局 海淀区财政局关于开展节地生态安葬补贴激励机制的实施方案》，明确《海淀区节地生态安葬补贴管理办法》，规划建设生态葬示范园区，将骨灰自然葬、骨灰立体葬纳入区级财政补贴范围，补贴资金1000~4000元不等。安葬29份，其中立体葬20份，自然葬9份，下拨财政补贴2.6万元。发放宣传画和资料2.64万余册。完善网络祭扫服务，网络祭扫点击率过千余次。审批《城乡无丧葬补助居民丧葬补贴申请》1323人，涉及丧葬补贴资金661.5万元，审批“外地来京人员遗体运回原籍”4人。

（刘颖杰）

【见义勇为】 年内，区民政局确认见义勇为行为3例6人，未确认1例1人。组织见义勇为人员疗养43人、体检50人。指导海淀区见义勇为协会成立党支部。举行见义勇为英雄聂四显奖励金捐助困难家庭学生捐助仪式。

（刘颖杰）

【扶贫送暖】 年内，区民政局开展“春风送温暖”“精准扶贫”和“爱心暖阳”主题社会捐助活动，募集资金353万余元，其中定向捐款50万元，接收衣物16.5万件。向低保、低收入及异地返京知青困难家庭发放价值98.5万元的生活必需品，受助困难家庭8000余户。援建湖北省丹江口市白杨坪林区中心福利院项目50万元；援助河北易县民政事业服务中心“煤改电”项目20万元；援助内蒙古自治区敖汉旗购买御寒物资25.5万元；援助赤城县民政局建设“云州敬老院”项目50万元，向该地区调拨棉衣、棉被等御寒物资1万件。扩大捐赠站点的覆盖率，增加147个捐赠点，将原有272个站点增加到419个。

（刘颖杰）

【防灾减灾】 年内，完成“海淀区突发事件应急救助情景构建研究项目”评审验收工作，制作《特大暴雨灾害情景构建研究》视频汇报片；轮训灾害信息员1025人；编撰并发布《北京市海淀区突发事件应急救助预案》；为各社区（村）配备应急救援物资柜631个；完成5个国家级、4个市级综合减灾示范社区创建工作。

（刘颖杰）

民族 宗教

【概况】 2017年，海淀区民族宗教侨务办公室（简称区民宗侨办）围绕首都中心城区功能定位、国家双创示范基地建设和全区中心工作，推进民族团结进步创建工作，维护民族宗教侨务领域安全稳定，提高全区民族宗教侨务工作整体水平。召开海淀区城市民族工作会议，制定《海淀区民族宗教事务纳入网格化管理的试行方案》。做好政务服务和授权委托式审批工作。区民宗侨办被国家宗教事务局和人力资源社会保障部授予“全国宗教工作系统先进集体”称号。有26处依法登记宗教活动场所，其中佛教1处、道教1处、伊斯兰教7处、天主教4处、基督教13处。

（高燕）

【市人大常委会到龙泉寺调研】 4月7日，北京市人大常委会一行12人到海淀区龙泉寺调研，听取龙泉寺开放以来的情况介绍，观看龙泉寺《十年回顾》视频，参观见行堂、图书馆等场所，并就龙泉寺建设情况进行座谈。

（高燕）

【宗教应急消防反恐防恐培训】 5月3日—5日，海淀区在昌平阳坊大都饭店举办宗教界应急消防反恐防恐培训，各宗教团体、宗教活动场所管理组织、教职人员和骨干信徒80人参加。区民宗侨办邀请专业应急管理培训机构和区反恐办消防部门负责人授课。

（吴保军）

【基督教海淀堂新堂建成10周年庆典】 5月26日，基督教海淀堂举办新堂建成10周年庆典活动。市宗教局副局长刘先传，区政协主席傅首清、副区长陈双及市基督教三自爱国运动委员会、市基督教教务委员会及基督教教友1000人参加。刘先传代表市宗教局向基督教海淀堂新堂建成10周年表示祝贺。傅首清代表区委、区政府致辞，对基督教海淀堂新堂被评为首批全国和北京市和谐寺观教堂先进集体给予肯定，并希望海淀区三自爱国运动委员会带领广大信教群众，认真贯彻落实全国宗教工作会议精神，坚持爱国爱教，自觉遵守法律法规，依法开展宗教活动，自觉维护正常宗教秩序，为维护社会稳定、促进社会和谐、服务海淀区建设发展发挥更大的作用。

（王忠巍）

【宗教界爱心捐助仪式暨民族宗教界爱心捐助10周年座谈会】 6月3日，区民宗侨办在海淀区政府举办民族宗教界爱心捐助仪式暨民族宗教界爱心捐助10周年座谈会，海淀区基督教三自爱国运动委员会、天主教爱国会、伊斯兰教协会、北京市仁爱基金会、道教桃源观对中国农业大学、中央民族大学、中国地质大学、北京体育大学、中国农业大学附属中学内地新疆高中班、中央民族大学附属中学20余个民族的229名大中学生捐款16.65万元。同时举办爱心10周年座谈会，回顾10年来民族宗教界人士的爱心善举，对在海淀读书的困难学生的关心关爱。

（闫运涛）

【市政协民宗委到区调研少数民族流动人口服务管理工作】 6月8日，市政协民宗委主任刘江平一行到海淀区调研少数民族流动人口服务管理工作。刘恪一行实地查看宝山社区黄文祝工作室，详细了解该工作室服务少数民族流动人口的情况，区民宗侨办公室主任田桂茹汇报海淀区民族宗教工作情况。

（吴保军）

【国家民委到区调研民族团结创建工作】 7月12日，国家民委监督检查司司长隋青一行到海淀区调研民族团结进步创建工作。市民委副主任范宝等领导陪同调研。隋青一行实地查看宝山社区黄文祝工作室和西部马华餐饮有限公司，详细了解2家单位服务少数民族、加强民族团结进步创建的工作情况。区民宗侨办公室主任田桂茹汇报海淀区民族团结进步创建工作情况。隋青对海淀区民族团结创建工作给予充分肯定。

（吴保军）

【规范化清真专柜评检工作总结会】 10月30日，区民宗侨办、区商务委、区食药局联合召开海淀区规范化清真专柜评检总结会，为17家获得海淀区规范化清真专柜称号的企业颁发牌匾。区民宗侨办、区食药局总结评检工作情况，区商务委宣布规范化清真专柜企业名单。

（王偲彧）

【《少数民族流动人口服务管理跨区域协调合作机制协议书》签订】 11月23日，区民宗侨办与甘肃省临夏回族自治州民委、甘南藏族自治州民委、天水市民宗委、平凉市民委签订《少数民族流动人口服务管理跨区域协调合作机制协议书》，双方将在提供公共服务、改善民生状况、保障少数民族流动人口合法权益、应对少数民族流动人口矛盾纠纷或群体性突发事件等方面加强合作。

（喇婧）

【民族事务】 年内，区民宗侨办加强重大节日对网点的监督管理，调整大学生民族政策监督员志愿者队伍，完成年度清真网点入户监督检查工作。向民族工作重点单位发放3000份民族政策法规知识手册；举办海淀区第十一届民族社区运动会；组织各街镇参加北京市第十二届民族团结杯健身操舞大赛、2017北京国际柔力球交流大会、北京市花棍挑战赛的组队报名工作。完成北京市少数民族经济发展专项资金使用管理工作；海淀区7家企业获得北京市清真餐饮特色店称号。制定《海淀区规范化清真专柜评查方案》，对评选出的17家专柜经营规范给予奖励。慰问少数民族低保群众216户和中国农业大学附中新集训的学生，投入民族经济资金152万元。受理变更民族成分申请13件，执法检查368次，行政处罚2起，公开信息101条。

（高燕）

【宗教事务】 年内，区民宗侨办调整新增8家成员单位。加强宗教事务，把依法管理宗教事务和推进宗教活动场所和谐寺观教堂创建相结合，指导宗教活动场所落实教务、财务、安全、消防、文物保护、卫生防疫及大型宗教活动等管理制度，维护宗教活动场所和信教公民的合法权益。召开宗教工作部署暨和谐寺观教堂创建动员部署会。与全区五大宗教负责人签订安全工作责任书，举办宗教界应急消防反恐防恐培训；为宗教活动场所配备安检仪等防恐反恐设备。指导宗教团体加强宗教活动场所和宗教活动管理，做好春节法会、佛诞节、基督教追思礼拜、复活节、开斋节等重要节日和重大宗教活动的安全稳定工作。推动立马关帝庙房产落实政策工作；协调有关部门解决清河清真寺、龙泉寺建设问题；投入50万元，完成基督教海淀堂平改坡项目、天主教西北旺弥撒点旱厕改造项目。将2项清真食品生产经营许可和2项宗教团体负责人审批授权区政务服务中心统一集中办理。为22家清真企业办理清真食品生产经营许可，为60家清真网点换发清真食品生产经营许可证。

（高燕）

残疾人事业

【概况】 2017年，海淀区29个街镇和持证残疾人20人以上的社区（村）均设立残联和残疾人协会。截至年底，全区有498个社区（村）残疾人协会。全区户籍人口中有持证残疾人35568人，其中视力残疾3056人、听力残疾2173人、言语残疾172人、智力残疾3789人、肢体残疾18982人、精神残疾5407人、多重残疾1989人。

2017年，海淀区残疾人联合会（简称区残联）和民政局联合出台《海淀区困难残疾人生活补贴和重度残疾人护理补贴实施办法》，实现所有年龄段全覆盖，补贴项目均与低保增长机制挂钩。全区享受残疾人护理补贴13771人，拨付资金2093.9万元；生活补贴5243人，资金3361.96万元；养老助残补贴6587人，资金654.16万元。城乡居民养老保险补贴 2346 人，资金 234.6 万元，扶残助学补助 242 人，资金 61.3615 万元。走访慰问 16015 人，送去慰问金 587.12 万元。区残联联合区工商联组织区内企业开展残疾人就业政策培训，开展残疾人职业招聘会 10 次，残疾人职业技能培训 610 人，拨付培训经费 98 万元，对已经安置残疾人就业的2876家社会单位进行残保金的审核，对 1062 家单位进行岗位补贴和超比例奖励，审核发放补贴和奖励资金 2000 余万元。新增残疾人就业 380 人，残疾人就业率达 95%。推动残疾人"人人享有康复服务"，完善服务档案，搭建更加完备的残疾人康复服务网络，提高精神残疾人的康复照护水平。

完成为民办实事项目。为 421 名残疾人提供居家康复服务 15562 人次，为3587名精神残疾人落实免费服药政策，为1500人提供辅助器具评估适配，为 409 名符合条件的残疾人儿童落实康复补助 600 余万元。参加日间照料站活动的精神残疾人 945 人，比上年增长 14.56%。举办家庭康复知识培训班 19 期，培训盲人定向行走训练师、康复站康复工作人员、民办康复机构教师及精神康复志愿者 2250 人。受理残疾人来信 6 件，市残联转件 4 件，区信访办转件 2 件，接待残疾人来访 289 人次，接听来电 1017 次。投入 580 万元，完成 13 个街镇的 56 个老旧小区无障碍改造；投入 120 万元，完成 378 户家庭无障碍改造工作。

（何文辉）

【残疾人辅助器具专业评估】 1月，区残疾人辅助器具中心专业评估43名残疾人申请适配工作。评估师队伍主要由区级六类残疾专家指导组的专家和区残联康复部的部分工作人员组成。专家们在辅助器具评估时，结合申请人的残疾情况提出残疾康复建议、康复方法和技巧。

（何文辉）

【温馨家园工作人员培训班】 2 月 22 日—23 日，区残联举办残疾人温馨家园工作人员培训班。各街镇残联理事长、温馨家园工作人员、残疾人工作者 132 人参加培训。区残联副理事长田文志对2016年温馨家园工作进行总结，副理事马广英部署职业康复站工作。培训班邀请市残联组联部副调研员方文群，就温馨家园目前机遇、未来的发展等内容进行讲解。区残联各业务科室就温馨家园的功能和服务内容进行培训。

（何文辉）

【区残联六届五次全体会议】 3 月 14 日，海淀区残联第六届主席团第五次全体会议召开。会议审议通过调整第六届主席团主席、副主席、委员名单，通过区残联副主席、理事长张春华作的"海淀区残疾人联合会执行理事会工作报告"，副区长、区残联六届主席团主席梁爽对残联工作提出三点要求：准确理解和把握当前形势，加强对残疾人事业的组织领导；围绕重点工作，建立责任清单，打好残疾人小康进程攻坚战；着眼全区战略定位，更新工作理念，发展更有活力的残疾人事业。

（何文辉）

【自闭症康复知识培训办班】 3 月 16 日—19 日，区残联举办自闭症课程知识培训班。邀请美国著名音乐心理剧创始人莫雷诺和加拿大自闭症专家阿德里亚娜和安德鲁对各街道社区负责康复工作人员及各民办康复机构教师 150 余人进行自闭症知识培训。两位专家跟大家分享国外先进的残疾人康复理念及康复教学经验，自闭症早期干预的新思路和新方法以及如何培养自闭症人士的社会融合技能。

（何文辉）

【残疾人书画摄影培训及读书交流活动】 3 月 17 日，区残疾人书画摄影培训及读书交流活动在区残联礼堂举行。海淀区书画会会员以及 150 余名残疾人书画摄影爱好者参加活动。北京传统书画艺术研究会常务副会长兼秘书长介绍"大美海淀"残疾人书画摄影培训项目，中国书画研究院理事、人民艺术家协会理事胡志刚和中央国家机关摄影家协会陆占林老师分别就书画、摄影项目作培训。书画摄影培训及读书交流活动，通过理论授课、现场实践与实地采风相结合的方式培训交流书法、绘画和摄影技能要领。

（何文辉）

【盲人定向行走训练师培训班】 4 月 27 日，区残联组织开展盲人定向行走训练师培训班，来自 26 个街镇的 60 余名盲人定向行走训练师参加培训。北京市盲人学校教师曹建臣担任讲师，内容包括视力障碍与定向行走、独立行走技术研讨，导盲随行技术研讨，视障人士的身心健康与户外定向行走训练，盲杖与定向行走训练，学员们与授课老师探讨实际问题。

（何文辉）

【残疾人专场招聘会】 5 月 17 日，区残联与区民政局、区职介中心共同主办以"搭建用人平台　实现就业帮扶"为主题的残疾人专场招聘会，120 名残疾人参加。北京赢冠口腔医疗科技股份有限公司、北京旗舰食品集团等 11 家用人单位提供 42 个就业岗位。招聘专业主要包括计算机、营销、餐饮、库房管理、客服人员等方面。现场达成就业意向 80 余人，开展职业指导和政策咨询 110 人次，发放宣传折页 200 余份。

（何文辉）

【残疾人自强之星巡回报告】 5 月 18 日—19 日，由区残联联合区委宣传部、区教委、区妇联、共青团海淀区委员会共同主办，博雅残疾人文化促进中心与海淀区相关学校协办的"我们的星光世界"残疾人自强之星巡回报告团分别走进海淀区教师进修学校附属实验学校、中国人民大学附属中学、北京理工大学附属中学，演讲 4 位残疾人自强奋斗的事迹。经济学博士、民间环保组织"自然之友"第一位残疾人会员、鸟巢坐轮椅的女志愿者路蒙佳；遭遇车祸历经两次截肢、自强不息的"十佳自强青年"、高级计算机操作员、高级摄影师，中关村高新技术企业创始人、总经理曲音；2016 年残奥会女子单打 TT4 亚军轮椅乒乓球运动员张森；十一年如一日热心公益的北京市首批"五星级志愿者"、青龙桥义务指路队队长高玉红的事迹感动当代中学生。3 所学校的 1200 余名初中学生以及社会各界代表观看 4 位自强之星报告人的事迹宣传片，听取他们的事迹报告。

（何文辉）

【“全国助残日”主题宣传活动】 5 月 20 日，区残联与北京传统书画艺术研究会联合主办的“推进残疾预防健康成就小康”海淀区第二十七次“全国助残日”主题宣传暨残健共融文化活动在圆明园遗址公园春泽斋举办。13 位爱心艺术家、15 位医院专家以及部分街镇的残疾人工作者、助残志愿者和残疾人代表等300余人参加活动。15 位专家通过悬挂横幅、发放宣传手册和讲解等方式，向 300 名残疾人和公园游人进行残疾预防和健康知识普及以及义诊服务。大道同行医疗服务团队与区残联签订帮扶协议，团队的医疗资源将定期为海淀区的残疾人提供残疾预防、义诊等知识普及和义诊助残服务。爱心艺术家与残疾人书画爱好者们分别完成象征健康海淀美好明天的 20 米长卷并赠予区残联。区残疾人艺术团的近百名残疾人演员为现场的观众表演文艺节目。

（何文辉）

【区第七届残疾人艺术会演】 5 月 24 日，海淀区第七届残疾人艺术会演在区残联礼堂举办，27 家单位的 300 余名演员参加，参赛者包括视力残疾人、肢体残疾人、听力语言残疾人等。会演设有声乐、器乐、舞蹈、综合类 4 个参演类别，包括群舞、双人舞、女生小合唱、音乐小品、架子鼓演奏、萨克斯独奏等 65 个节目。节目在舞蹈《站在草原望北京》中拉开帷幕。共评出一等奖 4 个、二等奖 8 个、三等奖 12 个、优秀组织奖 24 个。

（何文辉）

【“爱眼日”主题宣传活动】 6 月 6 日是全国第二十二个“爱眼日”。区残联在温泉镇水岸家园社区举办“目浴阳光，预防近视”主题宣传活动，温泉镇残联、海淀医院眼科专家、北京大成中医针灸医院的医生、社区老年人、残疾人 100 余人参加。海淀医院两名眼科医生对社区居民进行眼部疾病的筛查、视力检查，讲解眼部疾病问题，并告知大家如何保护视力、爱惜眼睛。北京大成中医针灸医院的医生为现场群众把脉诊断，对症给予贴耳豆、针灸等中医治疗。

（何文辉）

【残疾人基本需求和服务状况动态更新工作培训班】 6 月 12 日，区残联举办残疾人基本需求和服务状况动态更新工作培训班。29 个街镇的残联理事长、街镇工作人员、社区（村）工作人员及区残联动态更新办公室工作人员 127 人参加。培训班对全区动态更新工作进行部署。区残联制订区级培训方案，培训采取课堂讲解、模拟示教、App 实操、现场讨论答疑等方式，对动态更新登记表格的指标解释及填写方法、相关文件解释、质量控制、动态更新信息数据采集系统及移动终端 App 的使用方面进行培训。

（何文辉）

【“海淀区残疾人文化活动周”活动】 8 月 3 日，区残联在北京市民族文化宫东厅组织开展“海淀区残疾人文化活动周”之残疾人书画摄影作品展及文化艺术作品展示活动。区残联理事长、传统书画艺术协会秘书长、海淀区书画摄影协会会员、200 余名残疾人书画摄影爱好者参加活动。展出残疾人书法绘画作品 70 幅、名家助展作品 20 幅、残疾人摄影作品 70 幅、残疾人手工艺作品 752 件。通过组织开展残疾人文化艺术作品展示交流、读书推广、参观体验、传统文化知识普及以及公益服务、回馈社会等形式，集中展示海淀区残疾人文化艺术成果。8 月 15 日，海淀区残疾人文化活动周之读书进社区——阿紫专场“我为母亲写首诗”活动在八里庄街道便民服务中心举行。八里庄街道社区的 120 余名残障人参加活动，活动邀请当代著名诗人阿紫讲授诗歌创作心得及诗歌朗诵技巧。阿紫朗诵自己的诗作《故乡》《娘的那扇窗》《和春天上路》，八里庄街道温馨家园的残疾人朗诵《生如胡杨》《奔跑》《相亲相爱一家人》。八里庄街道残联发起为贫困、留守儿童捐书的倡议活动。

（何文辉）

【残疾人法律大讲堂】 8 月 17 日，区残联在礼堂开展首场法律大讲堂，肢残人协会、聋人协会、盲人协会、智残人及亲友协会、精神残疾人及亲友协会的主席、副主席、委员以及残疾人 125 人参加。本次讲堂的主要内容为残疾人财产分割与继承中的法律防范风险、成年残疾人监护的疑难问题及其对策。全年共举办 35 场法律大讲堂，内容涉及劳动法、婚姻法、民法通则、道路交通法、残疾人保障法、宪法、继承法等。

（何文辉）

【基层残疾人工作者培训会】 8 月 23 日—25 日，区残联在北京中航云湖会议中心举办基层残疾人工作者业务培训会。来自温馨家园、社区康复示范站、日间康复照料站的工作人员及基层残疾人工作通讯员 100 余人参加。区残联组联部讲解推进温馨家园改革的几点尝试和做法，北京市残疾人康复服务指导中心教师焦振岗、穆歌就做好残疾人社区康复站、日间康复照料站的各项工作开展讲座，中国国家摄影协会会员陆占林为基层通讯员讲解新闻图片拍摄应知应会，中国传媒大学教师李峥讲解新媒体写作。

（何文辉）

【残疾人群众体育项目展示交流会】 9 月 19 日，区残联与区体育局在残联礼堂举办海淀区残疾人群众体育项目展示交流大会。来自 28 个街镇的 331 名残疾人参加。活动展示健身操、太极功夫扇、回春医疗保健操、弹力带操、太极五行球以及集体健身舞等 28 个群众体育项目。

（何文辉）

【心理健康讲座】 11 月 14 日，区精神残疾人及亲友协会联合东升镇残联举办心理健康讲座，50 余名精神康复者及亲友参加。邀请北京市“12385”心理热线阳光易德心理研究所专业心理咨询师孙冶做讲师。例如，以案例解释什么是健康，什么是心理健康，讲解心理健康的 10 个维度，详细说明心理健康的 3 个误区，并讲述缓解压力的技巧。

（何文辉）

【区残联第七次代表大会】 12月13日—15日，区残疾人联合会第七次代表大会召开。北京市残联党组书记郭旭升，区人大常委会党组书记、主任刘长利，区政协党组书记、主席傅首清，区委副书记刘勇，副区长梁爽等领导出席会议，来自各街镇及区有关单位的正式代表及列席代表、特邀代表200余人参会。区残联党组书记、理事长张春华代表区残联第六届主席团作题为“紧扣时代脉搏　促进融合共享　凝聚力量开启海淀区残疾人小康新篇章”的工作报告，明确未来5年海淀区残疾人事业发展的方向和任务。郭旭升对海淀区残疾人工作的骄人成绩予以充分肯定，指出未来工作着眼于打好残疾人小康攻坚战，全力推进残疾人康复服务供给侧改革，提升残疾人社会参与水平，建设更加健全的群团工作体系4个方面。刘勇代表区四套班子讲话。会议审议通过第六届主席团的工作报告，选举产生区残联第七届主席团委员73人，区残联主席团主席、副主席8人，区残联执行理事会成员5人，以及17名出席市残联第七次代表大会的代表和7名主席团委员候选人。副区长梁爽当选为区残联第七届主席团主席，张春华、王煜、李杰、李海农、张宁、智春丽、马建国、隗合莲当选为主席团副主席。

（何文辉）

街道 镇（地区）

2018

北京海淀年鉴

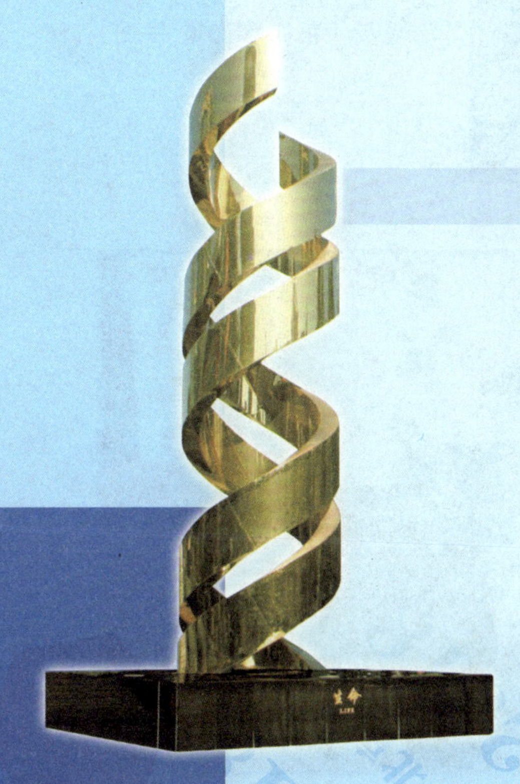

1月20日，海淀镇社区服务中心在柳浪家园社区开展爱心送蔬菜活动（海淀镇 供图）

3月21日，花园路街道小关西后街违法建设拆除现场（花园路街道 供图）

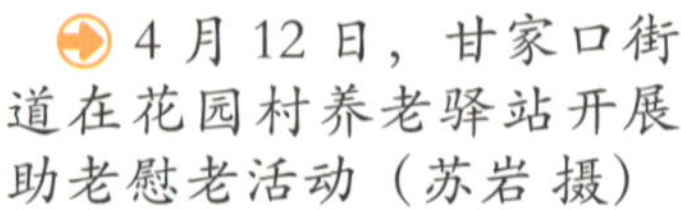

4月12日，甘家口街道在花园村养老驿站开展助老慰老活动（苏岩 摄）

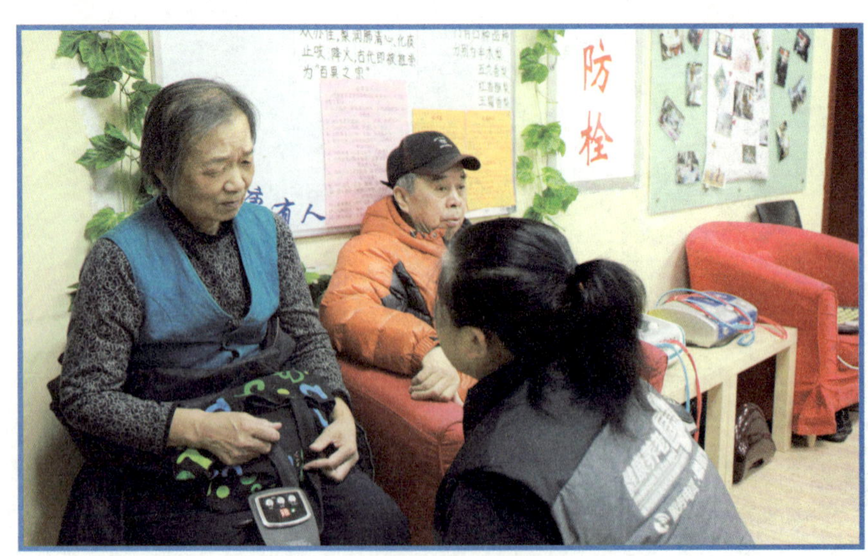

4月15日，西三旗街道开展“全民国家安全教育日”宣传活动（西三旗街道 供图）

6月，海淀街道举办第二届社区邻里文化节启动仪式暨书法绘画作品现场创作大赛（张小奎 摄）

7月18日，紫竹院地区第八届民族文化节开幕（紫竹院街道 供图）

7月20日，香港北角居民协会北京国情研修班学员到中关村街道东里南社区考察交流（宁沙沙 摄）

8月10日，四季青镇佟家坟主街便民果蔬超市开业（四季青镇 供图）

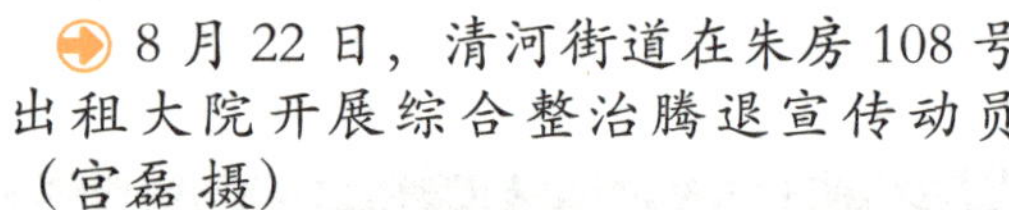

8月22日，清河街道在朱房108号出租大院开展综合整治腾退宣传动员（宫磊 摄）

11月5日，清华园街道"煤改电"工程结束后，向居民发放电卡（清华园街道 供图）

11月22日，第三届北太平庄杏坛文化节文艺会演举办（张丽平 摄）

12月21日，田村路街道建成地区公共文化空间——西木学堂（田村路街道 供图）

12月27日，曙光街道世纪金源集团党委成立（曙光街道 供图）

年内，永定路街道三西社区新建的雅逸亭（永定路街道 供图）

万寿路街道

【概况】 2017年，万寿路街道辖区面积8.78平方千米，有35个社区居委会，常住人口21.2万人。有商务楼宇36座，企业4500余家，其中存量规模企业300余家，重点企业50家，大型央企6家。新增企业2291家，注册资金约68亿元，其中注资资金在千万元以上的企业87家。地区实现税收约15亿元。

（赵飞）

【环境建设】 年内，街道全面落实“河长制”工作，对辖区内两条河流建立日常巡查制度。创建垃圾分类示范街道，清理街面和社区内堆物堆料1500余吨；清理违规广告牌匾163块。辖区1619家门店“门前三包”责任书签约率100%；投入776万元，整治提升复兴路32号院社区环境。开展联合执法，疏解一般制造业企业7家，清理整治“散乱污”企业24家，取缔34家无证经营商户，封堵整治开墙破洞房屋。实现“见缝插绿”1000余平方米。

拆除违建台账任务9处4.1万平方米，拆除新生违法建设14处105平方米。整治开墙破洞314处，清理普通地下室25处、人防工程15处，1.4万平方米。整治群租房156户，清理日租房、黑旅馆271户。整治提升西点百货、天地小商品批发市场、万寿路农贸市场、北顺恒花卉市场4个市场，以疏解功能带动人口调控7943人。对“四顷地”（是海淀区的一块飞地，位于丰台区小屯）开展综合疏解整治，常住人口由4000余人减少到110人。

（赵飞）

【平安建设】 年内，街道动员群防群治力量，新增保安630人、巡防队员50人、流管员140人，动员社区志愿者4877人。科技创安投入456万元，实现地区监控摄像头全部高清化，对重要区域和单位进行重点监控。全年检查生产经营单位5500余家次，出动执法检查人员9300余人次，排查整改安全生产隐患2350处。完成“一带一路”高峰论坛、中共十九大等重大活动服务保障任务。落实“一名主要领导、两名副职领导”带班制度，聘用保安、发动志愿者5000余人，形成横到边竖到底全覆盖的安保工作体系。

（赵飞）

【民生建设】 年内，街道帮助1500名失业人员、1000名困难人员实现再就业，落实317户、564人低保政策，走访困难家庭320户，发放帮扶、救助、慰问金共60万元。为618户老人家庭进行无障碍改造，为1513户老人家庭申请安装烟感报警独立装置。举办知识讲座和健康咨询活动144次，发放宣传材料1.2万余份。检查用人单位5190家次，规范劳动用工95家；妥善处理劳动人事争议案件21起，涉及职工210人，追讨工资400万元；受理网格案件176356件，结案率99.28%；办理区非紧急平台投诉件1150件，结案率99%；接待群众来信来访78批次、580人次，办结信访案件74件，重点矛盾纠纷化解率95%；成功调解司法纠纷352件，司法纠纷化解率98%。

（赵飞）

【社区建设】 年内，街道创建并通过验收13个市级、14个区级“文明社区”，新创建18个“智慧社区”。收集社情民意1150件，解决率达90%。利用700万元服务群众专项经费实施165件服务群众项目。改造老旧小区，整治老旧小区隐患电梯82部，完成翠微路2号院屋顶防水工作。投入547万元，完成35件为民办实事项目。新增便民菜站8个、菜车5部、老年餐桌4处。通过“3+1+1+N”（“3”为3个阵地，“1”为一支队伍，“1”为一个媒介，“N”为地区特色品牌活动）模式举办各类品牌活动78场，实现每周开放文化活动中心图书馆56小时，惠及地区居民10万余人次。

（赵飞）

【基层党建和精神文明建设】 年内，成立街道和35个社区两级36个党建工作协调委员会，构建覆盖全地区的党建工作组织体系。围绕党建工作开展调研13次，召开会议12次，整改问题25件；开展“七个一”主题活动，推动“两学一做”学习教育常态化制度化，集体学习16次。微信公众平台发布信息608条，其中111篇被市区主流报纸转发刊登。落实党风廉政建设主体责任，准确运用监督执纪“四种形态”。对照形式主义、官僚主义的10种新表现，建立作风巡查常态化机制。进行纪检、监察体制改革，街道纪工委、监察派出组组长专职纪检监察工作，不再分管其他工作。创新群团方法，引导地区青年参与志愿服务。

（赵飞）

羊坊店街道

【概况】 2017年，羊坊店街道辖区面积6.61平方千米，有军事博物馆、世纪坛等知名建筑。户籍人口12.5万人，有社区居委会31个，卫生医疗机构41个，中小学校、幼儿园14所。全年实现区域税收约242亿元，区级纳税约29.5亿元，占区级财政的10%。有企业6000余家，区重点企业30余家。

（张翼）

【环境建设】 年内，街道全年拆除新生违法建设2万余平方米，规范广告牌匾、LED屏213处；清理整治地下空间22处2万平方米；摸排出租房屋3985户，治理违法违规群租房110处，拆除隔断房243间。清理固定摊位135处、无证无照经营商户183户，规范“门前三包”3700余处、占道经营623处。开展打击劣质煤非法运输和销售整治工作32次。城管队处罚各类案件1478起，罚款38万元。完善“河长制”制度，与河湖二所、市水政监察大队、排水集团及羊坊店派出所等职能部门建立合作机制，落实日常巡查及治理。

制定《大气污染防治工作分预案》，摸排确定87家上账点位并签订停限产责任书，督促企业落实降尘苫盖、停限产等措施；清运装修垃圾约

8000车次、5.3万余吨，发放苫盖绿网5000块，中水喷洒8000余吨，累计出动保洁、安保人员1.6万人次。

完成铁东及三住宅社区绿化、铁西及乔建社区综合改造、柳林馆路周边环境绿化改造及铁医路围栏新建项目，面积5800平方米。实施长安街延长线综合环境提升改造项目，粉刷茂林居社区、有色院、铁路局楼栋外墙4.95万平方米，铺装翠微大厦、警卫一师东侧、海军干休所等地面2万余平方米。完成自管绿地养护面积近2.2万平方米，养护树木2100余棵。新纳入垃圾分类达标小区13家，涉及居民约5200户，其中东风社区、水科院社区、玉南路9号院社区成为北京市垃圾分类示范社区。

（张翼）

【平安建设】 年内，地区实行一级及以上等级防控93天，发动各类社会力量62万余人次，完成全国“两会”、“一带一路”高峰论坛等时段社会面安全防控任务。创建“平安大街”，将本地区长安街沿线路段打造为区级示范路。羊坊店街道成为海淀区唯一一家市级街道综治中心试点单位。受理电话及信件举报1.2万余件，办结率96.8%。排查调处矛盾纠纷396件，调解成功率99%。推进与北京市铁路运输法院诉调对接，将诉讼调解与人民调解有效结合。对辖区内的近2000家企业的劳动用工情况进行检查，成功调解案件51件，涉及215人，金额226万元。实施检查5000余次，消除隐患约9000处，建立安全生产重点监管台账1900余家。完成30家微型企业安全生产岗位达标创建。完成224户居民“煤改电”及328户居民“煤改气”工程的后续回访工作。

（张翼）

【民生建设】 年内，街道落实海淀区医养结合试点，承接并完成羊坊店街道医养结合调度中心的建设工作。为老旧小区、无主管社区配备年检灭火器3500个。投资740余万元，对地区168台摄像机进行数字高清改造，升级监控点位59个。投资140余万元，为老旧社区安装对讲系统15套、视频监控系统5台。全年完成就业指标920人。按时发放救助金、残疾人补助金等共计625.59万元。全年参保人数超1万人，个人参保率达99%。

推进社区养老服务驿站、老年餐桌、老年大学等项目，31个社区全部成立老年互助组，地区内成立94个老年性社区活动组织。建立健全精神卫生试点工作制度。羊坊店医院、中心小学、老年公寓联合助推的特扶家庭“互助互爱、和谐一家”活动全面开展。完成“五证”联审及暑期转学工作。在宋庆龄青少年科技交流中心森林早教园、美中宜和妇儿医院等专业机构的通力合作下，线上、线下早教服务模式初步形成。

举办大型地区性文艺演出、亲子活动、大型法律宣传宣讲近40场，社区文化活动近百次，累计参加活动人员2万余人次。开展公共文化服务体系示范区创建，建成1500余平方米的地区文体中心。打造青年汇品牌，开设瑜伽班、书法班、助力中高考网络课堂、高考家长心理课堂等。

（张翼）

【社区建设】 年内，街道开展智慧社区、规范化社区、社区之家、老旧小区自我服务管理试点创建。铁西“楼门文化”创新工作取得成果，11个社区40个楼门申报创建区级“楼门文化”项目。开展“三社联动”①，构建“建设、治理、服务”三位一体的社区发展格局。

（张翼）

【基层党建和精神文明建设】 年内，街道推进“两学一做”教育常态化、制度化。开展“亮身份、树形象、作表率”主题实践活动和“温暖15”②党员志愿服务活动。人大代表联系选民，月累计接待联系选民2096人次，为选民完成实事49件；建立党风廉政建设主体责任纪实档案。开展警示教育录像，向社区发放警示教育录像光盘，组织社区轮流观看学习的巡展活动，引入第三方财务审计。

新成立非公企业党支部7个，确定44个党支部为规范化建设试点。启动党群活动服务中心，开展培训活动30余次。由党政军机关、企事业单位等65名委员组成的地区党建协调委员会成立，已有16家成员单位开放资源，社区与地区单位签收服务协议达200余项，京西宾馆为社区提供500多平方米的活动用房。

（张翼）

甘家口街道

【概况】 2017年，甘家口街道辖区面积6.49平方千米，有24个社区居委会，人口14.3万人。辖区中央和市属单位、科研院所及知名企业云集，有4所高等院校、5所医院和中央电视塔、玉渊潭公园等重要的人文景观。

（李梦寻）

【环境建设】 年内，街道拆除违法建设近2.18万平方米，整治开墙破洞276处、无证无照小门店179户、占道经营1421件、普通地下室3处、人防工程3处、违法群租房52处。完成西钓新村拆迁496户。完成重点路段以及钓鱼台国宾馆周边整治。完成紫竹院南路14号院老旧小区提升工程、首体南路消防中队篮球场改建工程。对白堆子3号楼拆违后1400余平方米空地和三虎桥南路环保4号楼、17号楼前拆违后空地进行利用。续签772个车位路侧占道停车特许经营协议。与摩拜、ofo等8家共享单车运行企业建立联系机制，规范单车停放。完成西钓新村27户居民“煤改电”工程。清理区级挂账23家“散乱污”企业。推行“河长制”，开展沿河区域违法建设、乱排污水、堆物堆料等专项整治工作。拆除建筑物屋顶广告牌匾台账317块。

① “三社联动”：社区、社会组织和专业社工联动服务工作。

② “温暖15”：羊坊店街道的创新党员志愿服务，取“温暖有我”的谐音。每月15日前后为“温暖15”主题活动日，并以“温暖15”为载体向全天候服务延伸，实现党员志愿服务全覆盖。

实现辖区142个小区垃圾分类工作全覆盖，被海淀区确定为垃圾分类示范街道。

（李梦寻）

【平安建设】 年内，街道完成辖区79路模拟信号摄像头改数字信号建设工程。安装辖区小型监控摄像头78个、爪型防爬刺3375个、螺旋形防爬刺2145米。三类可防性案件发案率比上年下降47.2%。完成非紧急救助平台案件办理706件，有效处理、分转个体信访案件40余起，在社区层面化解矛盾1180起。开展农民工工资清欠专项检查，发现拖欠农民工工资行为6起，追讨回工资109.49万元；调解劳动争议群体访12起，涉及金额1119万元。关停有消防隐患的小餐馆22家，取缔5家快递公司电瓶充电点。成功销账西钓嘉园社区市级挂账群租房整治问题和空军总医院号贩子问题。24个社区全部建立社区综治中心，其中工运社区综治中心率先被评选为市、区首批社区综治中心试点单位。

开展安全大检查及"百日筑安"行动专项工作，检查生产经营单位1535家，施工工地15家，发现生产安全隐患4800项，完成整改4600余项，整改率超过95.8%；完成51户困难家庭燃气灶具及安全辅助设备安装工作。完成全国"两会"、中共十九大等重要节点的安全生产保障工作。

"智慧食安"①带动示范区创建，利用街道6S②管理模式经验，带动餐饮单位后厨五常③管理水平。开展"阳光餐饮"工程，推进明厨亮灶。增设便民监测点，在甘家口大厦、药店等人员密集区设立8个便民监测点。

（李梦寻）

【民生建设】 年内，街道发放民政慰问金慰问品合计114万余元、党组织专项慰问金51万余元。开展疑似严重精神障碍患者排查和监护人看护管理补贴申领工作，摸排出疑似精神障碍患者475人，办理监护人补贴申领246人；实现人口计生"双联系人"制全覆盖，为辖区86户失独家庭每户确定1名街道领导和1名社区干部作为联系人；推进残疾人"温馨家园"、精神残疾人日间照料站建设。督促物业公司和产权单位治理安全隐患电梯48部，完成治理台账任务的90.6%，发放补贴资金36.7万余元；确定白堆子社区增光路36号院2个单元门作为多层住宅增设电梯试点。援助1030人实现就业和再就业，完成职业指导1751人次，采集空岗信息3035条，摸查就业困难人员76人，职业技能培训48人次。依托医养康（北京）健康管理有限公司就近为有需求的居家老年人提供生活照料、陪伴护理、心理支持等服务，通过合作、委托、购置、租赁等方式，建立1家养老照料中心和5家养老服务驿站。受理保障性住房申请344户，办理购房货币补贴申请32户，为150户家庭办理海淀区第15批公共租赁住房租赁意向登记。完成为社区老人购买浴凳、轮椅，安装网络语音播放系统等16项为民办实事项目。

（李梦寻）

【社区建设】 年内，街道建设白中社区市级社区规范化建设示范点项目，坚持"七化"④标准，提升社区治理水平。推进"一刻钟社区服务圈"建设，将白堆子、甘东、进口3个区级"一刻钟社区服务圈"优化提升为市级"一刻钟社区服务圈"，地区市级"一刻钟社区服务圈"创建率达54%。

（李梦寻）

【基层党建和精神文明建设】 年内，街道实施五大工程，全面加强党的建设及党风廉政工作。实施"强素质工程"，全面加强领导班子和干部队伍建设；实施"一盘棋工程"，全面加强党建引领下的区域协同；实施"全覆盖工程"，非公领域党建取得阶段性成果；实施"规范化工程"，基层党建更加有规矩成系统；实施"全程纪实工程"，全面落实党风廉政主体责任。开展两学一做、"抓"基本制度，"督"查，"树"立"一社一品"、创建增光社区"睦邻益家"、西钓社区"邻里一家亲"、白堆子社区"同心缘梦议事会"、潘庄社区"心怡俱乐部"等特色党建品牌，推进非公层面树典型创先进，打造600平方米世纪经贸大厦非公楼宇示范站暨地区党建展示平台。组建"甘美之星"宣讲团进社区、进学校、进单位，举办3场宣讲会。24个社区室内活动场所均达到200平方米标准，与10家地区单位签订活动室共建共享协议。建设街道级文艺团队5支、社区文体团队96支，参与人数千余人，在国家、市、区各类比赛中斩获优异成绩。以中央电视塔、玉渊潭公园为依托，打造"一塔一园"品牌文化活动阵地，开展群众文体活动650余场。推广校外教育，为地区青少年提供科普、传统文化、体育等假期校外教育系列活动62场，参与人数超过5000人次。

（李梦寻）

八里庄街道

【概况】 2017年，八里庄街道辖区面积6.49平方千米，常住人口12.3万人，流动人口3.25万人，辖32个社区居委会。辖区内有企事业单位1000余家。帮助光大银行协调解决阜成路99号房产手续问题，完成区域600余家企业的走访工作，其中包括11家海淀区重点企业、11家物业管理公司、8家异地纳税企业、26家新注册企业。

（张月娇）

---

① "智慧食安"：助力食品安全监管体系、食品安全追溯体系和食品安全诚信体系的建设，利用信息化手段实现食药监局对贸易市场、超市、互联网、餐厅等各方面食品的监管和对货物进销存过程的跟踪，实现有源可循，确保从田间到餐桌的食品安全。

② 6S："整理（SEIRI）、整顿（SEITON）、清扫（SEISO）、清洁（SEIKETSU）、素养（SHITSUKE）、安全（SAFETY）"。因其古罗马发音均以"S"开头，所以简称6S。

③ 五常：五常法是用来创造和维护良好工作环境的一种有效技术，包括常组织、常整顿、常清洁、常规范、常规律。

④ 七化：社区服务站建设平台化、社区工作事项明晰化、社区运行机制联动化、社区志愿服务常态化、社区队伍建设专业化、社区设施使用最优化、社区经费管理科学化。

【环境建设】 年内，街道拆除违法建设11.32万余平方米，整治无证无照经营小门店90家，清理地下空间41处，清理整治群租房178套。完成6个市级文明社区、3个区级文明社区、1个市级文明单位的迎检和申报工作。开展“开墙破洞”专项整治行动，整治点位257处，其中台账内点位116处已全部完成，台账外点位完成141处，绿化提升3处1600平方米。投入175万元，完成“一带一路”峰会市区级重点道路环境建设保障项目；投入748万元，推进水云居西侧路改造等2项市级环境建设项目和朱各庄路等2项区级环境建设项目；投资302万元，推进北洼路建设银行周边整治等4项街道级环境建设项目。建立完善八里庄街道施工扬尘污染监管清单、餐饮监管台账、工业企业清单等6个台账。完成锅炉改造72台，完成率221.8%。

（张月娇）

【平安建设】 年内，街道开展社会面防控和环境保障活动8次70天，发动群防群治力量2800余人开展社会面巡逻防控。完成地区常住人口净减3000人的目标。处理网信54件、来信40件、来访110批次，网信、来信案件办结率达到100%。开展日常安全监督检查5137家次，其中安全生产检查5090家次，消防安全检查1795家次，建筑施工专项检查128家次，安全生产委托执法检查14家次，夜查45次；“三大专项行动”[①]监督检查单位1876家次。

（张月娇）

【民生建设】 年内，街道采集岗位3195个，帮扶失业人员实现再就业960人，开展免费职业指导2750余人次。组织“两节农民工工资支付情况专项检查”、劳动用工管理专项检查等专项检查9次，检查企业148家，涉及劳动者19458人。地区城镇居民医疗保险人数7695人，为地区1160家单位16650人办理社保登记业务。接收新申请家庭181户，公租房轮候申请44户，廉租、经适、限价房复核、意向登记、摇号等业务541户，公租房业务597户，办理市场化租赁各类业务567户。社会保障和就业支出3644.27万元（民政退休、优抚、安置无军籍退休人员、残疾人、低保等）。开展疑似严重精神障碍患者排查和监护人看护管理补贴申领工作，监护人补贴申领率达到67%。

引进专业养老服务机构为辖区老人提供护理、家政等10余项社区居家养老服务，服务1000余人次；组织开展公益性助老、敬老服务，惠及辖区困难家庭老人220余人；推进“一键式”家庭医生式服务体系建设工作。3家养老服务驿站全部选址完毕，其中五福玲珑居养老驿站已开始营业。帮助8名残疾人实现就业，800余名困难残疾人和重度残疾人享受生活补贴或护理补贴，4800余人次残疾人依托温馨家园得到康复服务。

（张月娇）

【社区建设】 年内，街道招录社区工作者25名。落实社区减负提能增效，清理社区挂牌100余个。建立八里庄街道社区管理信息系统。创立美丽园社区品牌及“八里庄街道社区服务团队‘星火’项目”；在定慧东里、美丽园、北京印象社区开展“社工+”项目，探索志愿服务发展新模式；创立暖心社工故事集。实现32个社区“一刻钟社区服务圈”全覆盖，完成31个20平方米以上固定菜点的建设，建立1个社区“规范化建设示范点”及2个“社区之家”示范点；开展2个“智慧社区”的创建和10个“智慧社区”的升星工作，做好1个“老旧小区自我服务管理试点”工作。

确定为民办实事项目39项，完成其中28项，剩余11项有序推进。在定慧东里社区、八里庄北里社区、定慧西里社区、恩济里社区开展废旧家具回收试点工作。推进老旧电梯更新改造大修及老旧小区电梯隐患排查工作，完成46台电梯更新改造大修工作。在2个社区共11个楼门开展低层住宅增设电梯工作。

（张月娇）

【基层党建和精神文明建设】 年内，街道开展理论中心组学习30场次，组织科长会前学习会议17次。全面推行“双向进入、交叉任职”，建立完善社区“两委一站”负责人后备库57人，为每个社区配备非公党建联络员。聘请首都师范大学马哲学院11位教授，为基层党组织提供涵盖社会主义核心价值观、国情教育等23个方面的党课清单，基层党组织共选课111节。

成立八里庄地区党建工作协调委员会及32个社区党建协调会，建立信息共享机制，搭建资源和服务平台，建立点单式服务模式；实施“全覆盖工程”，推进非公企业和社会组织党建工作，建立非公有制企业和社会组织党建工作联席会以及领导班子成员非公企业联系点，制定非公和社会组织“两个覆盖”工作方案及“两新”党建工作专项计划26条，开展“两新”组织排查，班子成员带队、抽调地区职能部门摸排地区非公企业1600余家。在原有16座商务楼宇基础上，将中关村创意产业园、百花文化创意产业园、裕友大厦等企业密集区纳入商务楼宇覆盖范围，启动外文大厦区域中心示范站，组建6个“两新”组织党支部。

在28个党组织开展党支部规范化建设试点工作。完善承诺、述职、评议、考核、问责五位一体的责任体系。以“两学一做”学习教育常态化制度化为契机，以“情系八里庄 存续正能量”为主题，开展“身边的榜样”评选等主题活动。建立八里庄商会会员之家，在街道、社区党组织、楼宇工作站分别开展多种主题活动，社区党组织共举办服务活动274场。

（张月娇）

紫竹院街道

【概况】 2017年，紫竹院街道面积6.23平方千米，常住人口约15.7万人，

① “三大专项行动”：海淀区安全隐患大排查、大清理、大整治专项行动。

流动人口3.2万人，汇聚56个民族。街道下辖22个社区，有高校8所、大型企事业单位18家，辖区内科教文化单位密集。紫竹院地区各类经济主体10246户，其中内资9029户，外资247户，个体761户。全年新增各类主体506户，比上年减少888户，下降63%。紫竹院地区注册资金1000万元以上的企业有1842家，3000万元以上的338家，5000万元以上的360家，亿元以上的21家。全年地区入库总税款8.56亿元，其中区级收入2.36亿元，占22%。

走访地区企业31家，新增税源515家，实现税收7.01亿元。签约社区服务商38家，指导小麦公社——校园O2O社区便民快递服务建设，引导地区餐饮单位增加便民早餐点2处，对22家蔬菜零售网点进行规范化社区便民菜店指导性建设，升级改造北京理工大学兴福兴发菜市场。关注“一街两园”[①]及中关村南大街沿线17座商务楼宇发展动态。

（邵薇）

【环境建设】 年内，街道拆除违法建设93处97262平方米；整治开墙破洞205处；完成占道经营专项治理872件。开展无证无照经营行为专项整治，联合执法120次，查处游商300余起，处罚197起2.03万元；取缔上账无照商户206家，账外11家。组织联合执法45批次，清理整治违法群租房81处。为流动人口办理居住登记卡1.5万余个，走访巡视出租房屋5.3万户次。开展普通地下室专项执法行动，清理2处普通地下室6750平方米。

完成香格里拉饭店周边、民族大学西路环境整治项目、万寿寺中学路等4个项目完成设计、财政评审等程序，完成魏公街改造提升项目的方案论证、施工图设计和拆除违法建设等工作。棚户区改造工作稳步推进，完成万寿寺甲27号院和北洼路北口化工大学东平房以及万寿寺22号院3个片区的入户调查。

网格化平台共上报案件18.6万余件，结案率98.57%。以“规划先行，治管并重”为理念主导背街小巷整治工作。为11个老旧社区修建39个建筑垃圾临时堆放点，社区内外公共区域共清运无主垃圾900余车，清运生活垃圾2万余吨，清除非法小广告3万余张。对拆违后道路两侧的空地实施留白增绿共1700平方米，养护管理5.61万平方米绿地。

成立大气、水、土壤等污染防治工作领导小组，建立环境保护日常巡查、联合执法等5项工作机制，逐级签订环保责任书。对323家工地、企业等建立监管台账，建立31家“散乱污”企业台账。完成万寿寺、北洼路等5个社区9个片区的“煤改电”任务。开展“减煤换煤，清洁空气”活动，推进燃气取暖锅炉低氮改造工作。办理44件信访举报案件，其中主办43件。

（邵薇）

【平安建设】 年内，街道在重要会议及敏感期每日发动群防群治力量4000余人参与地区治安巡逻防控，完成“一带一路”高峰论坛及中共十九大安保任务。调处民间纠纷599件，开展矛盾纠纷大排查26轮，及时消除隐患、化解矛盾491件；网上办理来信来访101件。举办普法宣传活动106场，受教育群众约1.2万人次。调解劳动争议案件38起，及时化解各类劳资纠纷和集体上访事件6件，涉及人员230余人，金额117.38万元。

检查生产经营单位3693家次，发现问题隐患3410项，整改率达99.6%。在街道微信公众号平台开辟“平安紫竹”专栏，推出“安全生产每日播报”信息推送，累计发布信息68条。开展食品安全示范区创建和社会宣传工作，在街道主要大街、路口设置硬质宣传围栏50块，对辖区餐饮服务单位、药店医疗器械经营单位等监督检查1020余家次，节日和重大活动期间开展专项保障和拉网检查。

（邵薇）

【民生建设】 年内，街道有6500人参加城乡居民医疗保险，230人参加城乡居民养老保险，为1650家企业办理5100件1.47万笔业务。完成保障房初次申请95户，保障房年度复核339户；完成公租房租金补贴申请48户，公租补贴复核124户。共有167户、270人享受低保金，发放慰问金16.78万元。举办失业人员培训班50期，组织召开10场招聘会，700人实现就业，帮助510名就业困难人员实现灵活就业。残疾人两项补贴共计发放737人65.28万元。接受非京籍小学入学网上登记报名132人，现场审核材料128份，资料及入户两项审核均通过119人。

开展“幸福晚年”为老系列服务项目，办理发放北京通养老助残卡、老年证共3012张，为辖区500位90岁以上老人发放高龄津贴。开展“中国梦　紫竹情”系列文化活动，民族舞蹈培训班等培训课程开班186课次，受益居民达1.5万余人次。走访慰问地区独生子女死亡家庭75户、伤残家庭85户。社区卫生服务中心（站）与各居委会建立社区卫生沟通协调机制，在8个社区安装13个救援亭。提供法律咨询服务1045人次，参与纠纷调解612次。

（邵薇）

【社区建设】 年内，魏公村小区旧城改建征收工作取得重大进展，开创全市旧城改建征收项目五项第一：北京市中心城区第一个征收成套楼为主项目，海淀区第一个大规模棚改征收项目，首日预签约超80%，一周内达到生效比例85%，第一个奖励期达到92%。

以魏南社区、韦伯豪社区为试点开展楼门文化建设项目，形成“巧工坊”等7个文化楼门；申报社会基层治理创新项目（“O2O惠生活服务圈”），与国安社区等电商拟定项目推进方案；指导同理社会工作服务中心申报北京市民政局三社联动项目。推动社区创建品牌化，完成万寿寺、北洼路社区“一刻钟社区服务圈”建设，继续推进13个社区、51个老旧小区自我服务管理工作，指导军乐团、北外社区开展“社区之家”创建。完成19台在账电梯安全隐患治理，启动多层

---

① “一街两园”：“一街”即中关村南大街；“两园”即北京理工大学中关村国防科技园、北京外国语大学科技园。

住宅加装外挂电梯工作。筹措房源作为军乐团社区服务站和居民活动室。举办“打造文化紫竹”系列活动27次，举办地区第八届民族文化节。

（邵薇）

【基层党建和精神文明建设】 年内，街道开展“两学一做”学习教育和“亮身份、树形象、作表率”主题实践活动。全面推行“一组织一特色、创新创先创优”品牌建设活动。车道沟南里社区党委书记当选市十二次党代会代表并做典型发言；北京梦之城文化股份有限公司党支部被评为海淀区“基层先进党组织”、海淀区“五个好”非公有制企业党组织，北京星河华晨办公设备有限公司团支部被评为海淀区“五四红旗团支部”。微众传媒开设“党员课堂”，组织广西、安徽、青海等党员学习30余次，参与1000余人。做好非公和社会组织“两个覆盖”工作，地区建立非公有制企业党组织111个，组织覆盖企业659家，覆盖率90.27%。工作覆盖企业730家，覆盖率达100%，实现组织和工作全覆盖。按照“3+16”①非公党建思路和功能综合化、服务优质化、活动常态化的标准，建成3处商务楼宇中心示范站，探索并形成“一南一北一大街”工作格局。建设区域化党群活动中心、“1+2”、“心桥”党代表工作室，成立魏公村小区旧城区改建项目联合党支部。

开展人大代表联系选民月、选民接待日活动，完成区第十六届人民代表大会代表补选工作，办结政协提案1件。各社区开展主题活动、党员志愿活动72次，党员志愿服务队31支。地区13支健身团队获得区体育局资金扶持，地区10支文艺团队获得区文化委资金扶持。

（邵薇）

北下关街道

【概况】 2017年，北下关街道辖区面积6.04平方千米，有社区居委会31个，蒙古族、满族、回族等22个少数民族，大院大所型社区12个、社会型社区19个，地区常住人口16.2万人。辖区内自然环境优美，文化古迹众多。打造“一区、一路、两平台、五特色”产业发展格局，形成社区、校区、园区“三区联动”的发展模式，与城建集团打造5A级写字楼中关村资本大厦，20余家知名企事业单位入驻，签约率76%。为湖北大厦和英库百特搭建平台、整合资源。启动北下关科技金融服务示范区“千企金服计划”②，举办10期北下关科技金融创新沙龙，搭建政府、企业及专家团队“三位一体”的沟通交流平台，打造“6.04·生态硅街”③。完成地区经济发展统计年报、准规模单位核查、统计督导和执法检查等工作。

（李妍祯）

【环境建设】 年内，街道共拆除新生违法建设23处，建筑面积1616平方米；拆除任务台账37处，建筑面积15345平方米。账内14家地下空间整治全部清空腾退，涉及面积7326平方米，涉及人口438人。完成76套违法群租房治理工作，账外自查治理84户，涉及人口591人。整治无证无照166户，涉及人口613人。完成开墙破洞专项整治工作台账160处，涉及人口655人。关闭京港昌盛水产市场，面积1800平方米，商户93户，涉及人口380人。疏解钢木家具厂厂房680平方米，疏解商户24户，涉及人口300余人。清理整治“小散乱污”企业10家，涉及人口197人。开展五塔寺地区综合整治，安全隐患、交通拥堵、环境恶化等问题得到大幅改善。对娘娘庙路、四道口南一街、四道口路支线等进行背街小巷环境整治，开展改造路面、墙体外立面、商户户外广告、架空线入地等改造工程。完成25.6万平方米自管道路、7385平方米胡同道路的清扫保洁、6.38万平方米的绿地养护管理和2.68万延长米小广告清除工作。完成学院南路绿化改造，全长2.5千米，改造面积1.5万余平方米，养护面积1.2万余平方米，种植灌木7000株、草坪3000平方米。完成皂君庙社区小花园绿化改造项目前期设计工作。开展户外广告牌匾集中专项整治，拆除、更换或规范门头标识或广告牌匾。与地区390家餐饮企业签订餐厨垃圾及废弃油脂清运合同。接手长河、转河北下关段内相关事务，配齐配足保洁养护力量。

（李妍祯）

【平安建设】 年内，街道启动社会面等级防控共77天，动员社区治安志愿者、民兵等群防群治力量3970余人。完成31个社区居委会和15家地区单位综治中心挂牌工作。举办大型消防逃生安全演练3次，开展社区及单位小型演练150余次，微型消防站拉动演练500余次。对14个老旧社区的3500个灭火器进行年检，并补发灭火器598个。与双榆树消防中队联合建立消防教育基地，投入100余万元为社区微型消防站配发消防器材装备。处理中坤广场小业主集体维权、长河湾业委会与交大嘉园业委会纠纷等问题，成功调解矛盾纠纷案件633件。对地区危险化学品、建筑施工、地下空间等重点单位重点部位进行全方位检查督查，共检查地区单位3398家次，发现整改隐患1227处。处理群体性农民工讨薪案件3起，结案金额236.4万元。立案查处食品药品违法经营行为85件，罚没款160余万元。对食品流通、餐饮单位抽检535批次（5批次

① “3+16”：指3个商务楼宇中心站和16个商务楼宇工作站。

② “千企金服计划”：在北京市金融局和海淀区金融办的指导下，开发“千企金服——北下关金融服务平台系统”（简称系统），此系统可对辖区内企业的数据进行抓取和汇总，并针对企业金融领域的高阶数据做进一步分析，为各金融机构提供企业详细数据的支撑，为企业做大做强提供坚实的保障，从而为北下关中关村科技金融服务示范区的建设注入强大活力。

③ “6.04•生态硅街”：北下关辖区6.04平方公里形成一个较好的产城融合的生态硅街的概念。

不合格），抽检医疗机构药品 6 批次，处理食品投诉举报 780 件。

（李妍祯）

【民生建设】 年内，街道完成城乡劳动力就业 950 人，为辖区 257 余名失业者发放慰问金达 12.85 万余元，举办失业人员专场招聘会 12 场，完成全民参保登记 16870 人，完成药费报销 428 万余元，发放失业金 208 万余元，发放公益性人员工资 370 余万元，办理社会化退休 287 人，办理“一老一小”参保 2400 人，为辖区居民申请各类住房补贴 733.51 万余元。发放低保金 33.92 万余元，发放重症精神病监护补贴 40.51 万余元。对钢研、南二、大慧寺社区进行无障碍改造，发放助残补贴 354.2 万余元，组织康复活动 60 余次。发放优抚金及补贴 191.68 万元，向困难群众发放慰问金 60.9 万余元及部分慰问品。组织开展防灾减灾“六进社区”工作，中国气象局社区获 2016 年全国综合减灾示范社区称号。开展军警民共建活动，巩固和发展双拥成果。

（李妍祯）

【社区建设】 年内，街道组织实施对南二等 5 个社区办公活动用房装修改造工程。确定皂西社区、南二社区为老旧小区自我服务管理试点社区。对交大东路 52 号院和大慧寺 8 号两个老旧小区进行改造，绿地改造 6000 余平方米。建立蔬菜销售网点 31 处，确保全覆盖蔬菜供应保障体系。柳北（适老化）电梯作为北京首部采用新技术的外挂电梯通过验收，正式投入使用。对 219 个单元门进行勘测，制定电梯加装方案并施工。南二养老驿站全年在站、入户免费及低偿服务 1.2 万人次、1.76 万余小时。社区居家养老 2.0 服务组建专家顾问团，拓展完善居家安全的适老化示范项目、助餐服务、助医服务等。

（李妍祯）

【基层党建和精神文明建设】 年内，街道推进“两学一做”学习教育常态化、制度化，召开理论中心组学习扩大会 11 次。31 个社区全部建立党建工作协调委员会，实现全覆盖。推行网格化党建工作，统筹整合社区、“两新”组织、机关等领域党建工作力量与资源，做细做实党建和社会管理四级网格。开展“四位一体”[①]服务工作模式，推进“两个覆盖”工作，建立工作台账的 2808 家非公企业共有党员 1405 人。街道党代表工作室正式启用，16 名区党代表每周三定期轮值驻室接待。举办第三届“北下关好人”评选活动，评选出 10 名“北下关好人”文明人物。“互动北下关平台”发布微信 320 余期、2100 余篇。新闻报道在网络媒体发布 84 篇，纸质媒体发布 93 篇。

（李妍祯）

北太平庄街道

【概况】 2017 年，北太平庄街道辖区面积 5.17 平方千米，有 37 个社区居委会，户籍人口 14.4 万人，流动人口 4.9 万人。辖区内文化教育科研机构众多。中国铝业集团有限公司、中国节能环保集团等企业，以及中冶建筑研究总院等科研机构均坐落于辖区内。

（蔡一铭）

【环境建设】 年内，街道共拆除违法建设 438 处 22.4 万余平方米。整治开墙破洞 555 处，清理人防地下空间 18 处，完成“清零”工作目标。开展清理建筑物屋顶户外广告牌匾标识专项行动。完成对文慧园路东起文慧桥西至新街口外大街全线约 1300 米改造规划。实施城乡接合部重点地区市级挂账笑祖塔院社区、区级挂账明光村社区的综合整治工作，笑祖塔院房屋拆除完成近 95%，明光村地区 3 个出租大院清空，有效改善人口倒挂问题。围绕北转河沿岸北侧打造绿色长廊，打造以志强北园社区、文慧园路、罗庄中路为代表的百街百巷精品示范区，地区总体规划增设绿地面积 4680 平方米。

开展“环境综合整治提升月”活动，解决餐馆油烟扰民、垃圾堆放、乱停车等案件 62 件。接办市级督查案件 48 件。

（蔡一铭）

【平安建设】 年内，街道为 4 个社区居民楼安装防爬刺，为 6 个社区加装监控探头共计 105 台，为 2 个社区部分楼门新装 35 个门禁，为 17 个社区门禁系统进行日常巡检和整体维保。检查企业单位 4486 家，排查隐患数达 2145 次，整改隐患 1820 处。为地区鳏寡孤独家庭安装独立式火灾报警器 4200 枚。组织排查疏通老旧小区无主排水管线 3200 米，对防汛重点点位笑祖塔院拆迁区进行排水设施修建，检查更新部分应急抢险物资。取缔无照无证食品类商户 89 户。组织联合执法 600 余次，受理环境扰序类举报 200 余件。

监控系统接待人员查看录像 9.2 万余分钟，协助破案 131 起，图像信息系统由注重治安管理向与城市管理并重转型。督导平台接案 197 件，网格平台第三方案件 5167 件，监督员上报案件 53723 件。妥善处理 8 起建筑工地农民工讨薪、投诉事件和 1 起群体性讨薪事件，涉及金额 80 余万元。办理信访件 71 件，接待来访 55 批 293 人次，办结率 100%。

（蔡一铭）

【民生建设】 年内，街道为每个社区办 1 件实事，主要涉及地区环境整治、安装监控探头、改造无障碍设施、举办就业招聘会、改造社区设施等方面，共计 20 个项目。为地区 190 户低保家庭发放低保金 300 余万元，医疗救助 100 余人次 30 余万元，临时救助 4 户 15900 元，发放伤残军人抚恤金 160 余万元，为地区 154 户生活困难家庭办理爱心卡；为地区 800 余名重度残疾人发放护理补贴 150 余万元，300 余名生活困难残疾人发放生活补贴 200 余万元，190 余名精神障碍患者监护人发放看护补贴 40 余万元。办理老年优待卡（证）4000 余张，发放高龄

---

① “四位一体”：社会主义经济建设、政治建设、文化建设与社会建设四位一体。

津贴70.7万元。完成红联村社区、西土城路8号院社区、冶建院社区等6个社区无障碍设施改造工程。建立2个社区便民菜站，新增3辆蔬菜直通车，建设2个社区智能蔬菜销售柜。确定蓟门里、志强北园和首都体育学院3个社区的5个楼门作为增设电梯试点单位。完成失业人员就业指标900余人，登记失业率0.4%。办理法律援助案件20件。

（蔡一铭）

【社区建设】 年内，街道对红联东村、学院南路等9个社区的办公用房进行维修，对6个社区的活动用房进行修缮；修缮新街口外大街3号院等3个社区自行车车棚。为蓟门里、邮电大学社区等6个社区安装便民座椅101个；为学院南路32号、冶建院、志强北园等社区安装17处社区宣传栏；为罗庄东里、首都体院、学院南路等社区安装170余个楼宇通知栏；为太平湖和学院南路32号等社区配备80个分类垃圾桶。

（蔡一铭）

【基层党建和精神文明建设】 年内，街道开展“五型五好”基层党组织和基层党建工作创新示范项目创建活动。推进非公有制企业和社会组织党的组织和工作覆盖，实现非公企业党组织覆盖率80%、社会组织党组织覆盖率50%的工作目标。举办北太平庄街道成立60周年文艺会演、中秋文艺会演、第三届杏坛文化节活动。在威凯文体活动中心和首都体育学院社区建立数字化电子阅览室。免费开放4处图书馆，开展20余场主题阅读活动。开展各类课程及活动550余场，惠及居民9700余人次。

（蔡一铭）

【第三届北太平庄杏坛文化节】 11月6日—29日，北太平庄街道举办第三届杏坛文化节。在6日的开幕式上，邀请传统文化推广人、中国扶贫基金会、曾国藩第六代嫡孙曾樾，中华吟诵协会副秘书长朱立侠，北京国学吟诵教育研究会文翰教育中心副主任张洁3位嘉宾。在以“传统文化进社区”为主题的“中国古代读书法”讲座活动中，朱立侠以“曾国藩读书法”为切入点，从“敬德修业重德”等角度为大家深入浅出地讲解古人的读书之法，地区近百名居民参加活动。11月22日，在北京邮电大学科学会堂举行文化节文艺会演，地区近800名居民观看演出。开展传统文化进社区系列活动，在37个社区分设5个授课点，开设16场讲座。以培养地区居民爱党爱国、敬邻互助、诚实守信的优良作风，培养社区居民亲德向善、爱物敬人的仁德精神。本次文化节共惠及居民3600人。

（蔡一铭）

海淀街道

【概况】 2017年，海淀街道辖区面积6.9平方千米，有32个社区居委会，下属便民服务中心、社区服务中心、城市运行服务中心3家事业单位。户籍人口11.8万人，流动人口约5.1万人。代征房产税收入入库6843.11万元，比上年增长37%。走访核查辖区近250家企业，争取异地纳税企业税源尽快落地。做好重点企业服务联谊工作。受理企业咨询5000余次，办理企业入驻审核2249家，其中受理企业新设立申请1854家。

（牛泽华）

【环境建设】 年内，街道启动“无违法建设”街道创建工作。全年拆除违法建设2.36万余平方米，其中拆除账内违法建设23处1.24万余平方米，账外违法建设85处1.12万余平方米。规范“门前三包”1300余户，拆除违规广告牌匾126块，共计4500平方米。对万泉河路沿线、三四环沿线、中关村大街及苏州街进行环境整治和环境建设。开展怡秀园小区环境综合改造项目。以8个垃圾分类全覆盖小区为基础，全面推动垃圾分类全覆盖工作。主办、协办环保督察案件61件。

建立街道大城管体系，将分中心、城管科、城管分队等相关科室资源有效整合，通过系统平台对接、微信群办公等方式，保证信息畅通无阻、问题发现及时、处理快速有效。网格化融合平台上报社区民情案件14832件，办结率96.1%；非紧急救助平台接收承办案件2080件，办结率100%。

（牛泽华）

【平安建设】 年内，街道完成治理开墙破洞146处，清理关停地下空间26处。整治群租房208套，面积2.2万平方米。完成疏解点位2020个，面积12.2万平方米，疏解人口12210人。压缩亿世界电子市场、中关村地下广场等市场商业面积11.4万平方米，压缩商户2308家。完成七一棉纺织厂和广安中海电子市场的疏解腾退工作，利康金桥、硅谷电子市场和广安中海电子市场共疏解摊位数703个。

在中关村西区建立全区首个区域性综治中心，实现社会治安综合治理自主化。受理矛盾纠纷1097件，调解成功1096件，涉及金额2098万元。处理一般企业劳动纠纷案件87起，涉及金额71.2万元。接待群众来访200余人次，办理区长信箱案件及网上信访平台案件100件次。

对区级挂账重点地区中关村西区、地区级挂账重点地区海龙周边开展执法200余次。查处食品药品安全违法行为110余起，处罚金额约182万元。安全生产大检查共检查复查企业8301家次，消除隐患8790处。对89家消防重点单位和其他场所等3100家单位开展消防检查。开展“大排查、大清理、大整治”行动，103处消防隐患台账和189处“三合一”[①]及高风险密集居住场所台账全部整改完毕。

（牛泽华）

【民生建设】 年内，街道办理老年优待证550张，发放高龄津贴45.6万元，发放养老助残卡金额共计462万元。采集空岗信息4706个，完成率105%；完成失业人员培训60人，完

① “三合一”：指住宿与生产、仓储、经营一种或一种以上使用功能违章混合设置在同一空间内的建筑。

成率120%。新申请保障房办结309户，变更业务办结128户。完成非本市户籍少年儿童接受义务教育材料审核工作，共审核通过156人。完成为民办实事项目35件，投资640余万元。新开设社区便民菜站2个，在小南庄、友谊和三义庙社区引进蔬菜直通车，在小南庄社区开设老年餐桌，社区老年餐桌覆盖率达60%。投资180万元进行社区楼宇对讲系统、人脸识别系统安装和自行车棚改造等物技防建设项目。

（牛泽华）

【社区建设】 年内，街道新招录社区工作者36人。开展规范化社区示范点建设、老旧小区自我服务管理试点建设和“一刻钟社区服务圈”的建设。以碧水云天、航空港社区的经验为基础，29个社区正式运行或筹备“志愿者积分制”，志愿服务内容覆盖社区综合治理、治安巡逻、环境整治、敬老助残等方面，注册的志愿者已达3848人，志愿服务队259支。实现“一社一品”[①]全覆盖。

完成海淀区创建第三批国家公共文化服务体系示范区中期督查迎检工作。组织开展“乐活海淀”文化季系列活动，包括迎“六一”送民俗、歌舞展演、科普之夏等。

（牛泽华）

【基层党建和精神文明建设】 年内，街道组织开展建党96周年“十个一”系列纪念活动。建立发展党员预审和跟踪管理机制，发展党员42人。

“2+4+N”模式打造区域化党建工作新格局。建设2个红帆党群活动服务中心和2个红帆党群工作站，完成32个社区党建工作协调分会成立，发挥地区民主管理监督委员会、地区综治委、文明委、物业联席会等N个工作平台作用。

把党风廉政建设工作与“两学一做”学习教育活动相结合，层层签订个性化责任书。开展“严肃查处群众身边不正之风和腐败问题”专项工作和进一步深化“为官不为”“为官乱为”问题专项治理工作。处理信访举报案件12件，发现和提出整改问题19件次。

开展“文明北京　蓝天行动”“我们的节日”等主题活动，开展“北京榜样”推选活动。投资近40万元实现辖区各条道路宣传全覆盖、社区宣传全覆盖和社会面宣传全覆盖。开通“海淀街道之声”微信号，打造街道工作动态的“宣传平台”和政策信息、办事服务的“便民平台”。

（牛泽华）

【全区首个区域性综治中心成立】 7月，海淀街道建立全区首个区域性综治中心，其功能涵盖治安、消防、交通、工商、食药、城管、司法等职能部门，综治中心具有“指挥调动”权。一旦发现区域内出现安全隐患，第一时间直接“调动”具有执法权的职能部门，组成专门力量实施执法检查。将“被动治理”转变为“主动治理”，由地区单位“唱主角”，实现社会治安综合治理自主化，成为海淀地区综治工作向“精细化”管理转变的新探索。

（牛泽华）

【“红帆”党建品牌】 年内，海淀街道按照“创新管理、服务社会、凝聚力量、促进发展”的工作理念，结合地区驻区单位多、非公企业多的特点，建成亿世界红帆党群活动服务中心、阳春新纪元社区红帆党群活动服务中心、创业公社红帆党群工作站和互联网金融中心红帆党群工作站4个“红帆”党建工作阵地。联手驻区单位和企业，将“两中心两工作站”打造成为党的路线方针政策的宣传阵地、服务企业员工的活动阵地、践行党的宗旨的服务阵地、凝聚社会力量的培育阵地，使红帆党建成为海淀街道党建工作的一张名片。围绕宣传、服务、培育、活动“四个作用”，通过制定“服务菜单”、完善运行机制、建立工作制度、对接服务团队、实施“红色引擎”培育计划，逐步打造引领中关村西区创新创业发展的“红帆”党建品牌。“红帆”党群活动服务中心和党群工作站全年举办活动120余场，接待人员2000余人次。

（牛泽华）

中关村街道

【概况】 2017年，中关村街道面积5.28平方千米，有30个社区居委会，户籍人口20.8万人。辖区内有国家级科研院所28家，企业1.2万余家。有5000多名科学家和高级知识分子，其中两院院士130余人。居民大学以上文化程度约占总人口的30%。推进科贸电子城、中发电子市场、中海园电子市场、爱家收藏升级转型。疏解有形市场摊位数1450余个，减少从业人口4600余人，腾空市场面积2万余平方米。

（沈成保　丛茜）

【经济建设】 年内，街道举办经济建设洽谈会10余次，200余家知名企业达成50多项合作协议。构建“高精尖”，助推科学城。打造卫通大厦军民融合与高科技园区，今日头条、四维集团、一卡通、天眼查、中关村银行等14家公司进驻；打造领航科技大厦文化交易与科技创新园，引进优质文化创意、科技发展企业5家；致力星光大道文化产业园科技、文化融合创新，发展中关村星光大道科技与文化协同创新联盟，会员企业超过300家；金五星市场转型升级，打造“互联网+出行”科技创新园区，神州优车等科技创新公司入驻。科贸电子城由专业电子市场转型为“互联网+教育创新中心”；中发电子市场及第一分市场打造中发智能制造生态平台，由“中国制造”向“中国智造”迈进；北京爱家国际收藏品交流市场打造“爱家文创园”；方恒时尚中心引入金融、科技的上市公司或国有企业，打造成新兴产业技术创新中心。

开展“送服务到名企”等系列活

---

① “一社一品”：以点带面、深化社区品牌建设提出的社区建设项目。项目注重社区自身特色，立足于居民需求，通过“品牌引领、示范带动”，推动社区建设水平的提高。

动。为40余家重点企业送义诊、送图书、组织联谊等，组织4000余名企业员工观看爱国主义影片，为企业购买书籍3000余册。

构筑“创新孵化通道”“企业合作通道”“快速办事通道”3个服务通道，为企业落户中关村提供“一条龙服务”。辖区新增纳税企业4800余家，新增区级财政贡献5万元以上企业140余家。税务收入65亿元，比上年增长38%。

（沈成保　丛茜）

【环境建设】 年内，街道围绕“大城管”工作体系，开展联合执法行动240余次，出动执法人员1800余人次、执法车辆1200余车次。落实中关村大街沿线300米区域违法建设“清零”专项整治工作，拆除违法建设200余处，面积5万余平方米。对知春里中学西侧，双榆树一街、二街、三街等15条重点道路开展开墙破洞专项整治行动，启动辖区610处开墙破洞点位综合整治，其中整治完成并销账416处，整治施工的194处，疏解流动人口1000余人。利用拆违空间，新建和规范停车场1152个。开展“垃圾分类示范片区”创建工作，对586座居民楼、5万余户家庭设置垃圾桶点位1200余个。保障中科院7个社区35万余平方米老旧小区节能保暖改造工程。完成17户“无煤化”改造任务。

（沈成保　丛茜）

【平安建设】 年内，街道发动各类治安力量8万余人次，完成中共十九大服务保障工作。投入780余万元用于社区新型“智能门禁”和视频监控系统安装以及网格化图像信息系统更换。建成全覆盖社区微型消防站。发动治安力量7万余人次开展治安巡逻和排查整治，社区三类可防性案件比2016年下降17.1%。整治群租房537处（其中台账任务350处），疏解人口8000余人。监督检查生产经营和食品企业单位8000余家次，排查安全生产隐患和食品卫生隐患2900余项，整改率100%。调解处理劳动人事争议案件39起，涉及150余人，金额300余万元，调解成功率94%；接转区非紧急平台投诉件2400余件，结案率100%；受理网格平台案件8万余件，结案率99.9%；受理群众来信来电来访59件次，重点矛盾纠纷化解率达97%。

中关村街道监督检查生产经营单位7409家次，排查安全生产隐患2093项，整改问题隐患2087项，整改率达99.7%。开展安全生产企业台账动态更新管理，核销7410家，现有台账2028家。组织地区企业安全生产培训5场，培训人员200余人次。安全月活动发放宣传册1000余份、宣传品3000余份。对辖区80家小微企业开展安全生产标准化创建。为35户低保户家庭拆除不合格燃气灶具并安装新的燃气灶具、燃气安全辅助设备和独立式烟感火灾探测报警器。完成360余家企业的安全生产责任保险投保任务。70项区级挂账安全生产隐患全部整改落实，400余项内部隐患全部销账。

中关村街道安全生产检查队获北京市“规范化建设示范检查队”称号。

（沈成保　丛茜）

【民生建设】 年内，街道办好中关村的“菜篮子”，推动海中市场1500余平方米升级为“首农生鲜”中关村旗舰店。在知西社区建立中关村养老创新示范基地，在黄庄社区建立海淀区首个以实际居家环境为改造对象的适老化改造样板间，在西里社区建立中关村养老照料中心，打造2300余平方米的“两站一中心”，即一个养老照料中心，两家养老服务驿站。受理住房申请1466户；开展“缤纷夕阳公益馆”计划生育特扶家庭服务项目，编印《婚育服务一条龙》及《婚育服务四部曲》1万余册；完成1050个就业工作指标；发放失业保险、低保、生活补助、医疗救助等600余万元。调解劳动纠纷35件，涉及职工159人，涉及金额305万元，调解成功率95%。中关村街道劳动争议调解中心被中华人民共和国人力资源和社会保障部评为全国乡镇（街道）调解组织示范单位。

（沈成保　丛茜）

【社区建设】 年内，街道与台湾高雄7个里签订《京台社区交流合作协议书》，正式缔结为结对交流社区。与香港北角居民协会签订友好合作协议，首创京港社区结对合作。打造“一社区一精品”社区名片，涌现出华清园“I社区”、科煦社区“益起来”、东里南社区“志愿超市+时间银行”、西里社区“民俗传承进社区”、东南社区“健康之友”等品牌。台湾各地参访团3次到街道参观学习中关村社区治理模式。

（沈成保　丛茜）

【基层党建和精神文明建设】 年内，街道构建“1+30+10+N”（即1个党建工作协调委员会；30个社区党建协调委员会分会；10个在党建工作协调委员会框架下，重新规划设立的“两新”组织党建、经济促进、环境管理、社会治理、社区建设、民生服务、精神文明、文化教育、妇女青少年发展、人才服务专门委员会；N即地区建设的多类资源力量）。区域化党建协调平台，成立中关村地区党建工作协调委员会，将驻区代表性强的企事业单位、社会组织、职能部门党组织负责人及“两代表一委员”纳入其中，设立51名席位制委员。建立30个社区党建协调委员会分会，轮流组织开展党建活动10余次。对非公企业，上门“一对一”走访，开展“组团式”服务，开展“中关村红色呼唤，筑强组织堡垒，寻找精英党员”主题活动，实现地区非公企业摸排“全覆盖”。组织各级签订责任书124份，开展各种检查17次，发现并纠正问题7件，谈心谈话53人次，对4000余名党员进行违纪违法排查，对8名违纪党员进行立案审查（其中对4名党员进行党纪处分）。投入1000余万元，办理实事64项。

开展中共十九大宣讲30余次，聆听人数2000余人次，以“中关村科技艺术节”引领地区文化发展。举办“SELF格致论道——魔性科学”科学讲坛，开展“乐学中关村”科普进社区、“乐活杯诗词比赛”、“童创中关村”等特色活动，吸引20余家科研院所、30个社区2万余人次参加。承接2017年中关村交流团赴台交流活动。

（沈成保　丛茜）

【社区微型消防站成立】 5月，中关村街道成立30个社区微型消防站，打通城市消防安全工作“最后一公里”。30个社区微型消防站24小时有人值守，配置30辆小型电瓶消防车、消防轻型安全绳、多功能消防水枪、水带、铁铤、消防板斧、手动破拆工具等消防设备。为60余名业余消防员配备消防头盔、灭火防护服、消防员呼救器、防毒面具等器材装备。对微型消防站消防队员开展经常性的消防安全知识、技能等培训和演练。年内及时处置10余起社区小规模火情。

（沈成保　丛茜）

【家庭适老化改造】 10月28日，海淀区首家以实际居家环境为改造对象的适老化改造样板间在中关村街道黄庄社区820楼落成。通过适老理念宣传和落实，完成236户90周岁以上老人、53户院士和研究员、6户低保老人的家庭适老化改造。开展居家环境安全健康及预防跌倒科普教育，5000余老人受益。

（沈成保　丛茜）

【黄庄社区养老服务驿运营】 11月8日，中关村黄庄社区养老服务驿站正式投入运营。养老服务驿站至年底，按需为居民提供中医诊疗、呼叫服务、健康指导、手机软件小课堂、怀旧电影放映等在站活动，累计154场、308小时，惠及辖区4000余位老人。为老人进行生命体征测量448人次，建立健康档案302份，应对社区老人突发事件两起。

（沈成保　丛茜）

【“阳光餐饮示范街”改造】 年内，中关村食药所打造当代商城“阳光餐饮示范街”（北京市10条示范街之一），受益人群每天达3000余人次。开展餐饮类现场快速检测抽样193件、流通类现场快速检测抽样136件、保化类现场快速检测抽样15件，抽样送检176件。办理流通许可37件、餐饮许可117件。完成开墙破洞封堵销账416处，其中涉及食品经营主体127户，销账无证食品经营主体43户。通过北京市食品安全示范区验收评估，承接“全国双安双创”现场会。将辖区“超市发蓝润店”打造成为全国首批放心肉菜示范超市。

（沈成保　丛茜）

学院路街道

【概况】 2017年，学院路街道辖区面积8.49平方千米，有28个社区居委会，户籍人口184941人，流动人口48518人。有两院院士55人，高等院校10所，中小学校11所，国家级科研单位10家，是北京市科技、文化、教育最密集的地区之一。

（韩帅）

【经济建设】 年内，街道推进五道口服装市场、五道口工人俱乐部以及金五星小商品市场（圣熙8号北侧）疏解整治与业态调整升级。主动服务辖域内中国科学技术大学、中国矿业大学、中国农业大学、北京林业大学、学院路科技园、东升（学院园）6个科技园及768厂创业园建设发展。有企业8837家，开业登记企业1109家，完成个人出租房屋租赁税代征1743万元。结合非公党建走访企业1009家。

（韩帅）

【环境建设】 年内，街道开展“疏解整治促提升”十二大专项行动，拆除违法建设81处3.8万平方米。集中整治开墙破洞196处，治理违法群租房367处，整治、取缔占道经营、无照游商、无证无照行为2000余件，疏解1.6万人。清理整治“小散污“企业200余家，完成地区低氮锅炉改造54个，推进实施“无煤化”改造140户。投入257万元，对学院路、学清路、北四环中路辅路、志新东路、京藏辅路5条道路开展环境整治提升工程。完成3项背街小巷整治提升工程。完成小月河沿线环境绿化整治。植树、养护树木8.4万余株，改造绿地3.8万平方米。国家卫生城区创建工作有序开展，垃圾分类工作深入推进。落实办理中央、市、区督察案件32件。

（韩帅）

【平安建设】 年内，街道高质量完成中共十九大、“一带一路”高峰论坛、市十二次党代会等保障工作。推进街区、社区两级科技创安建设，新增社会面视频监控点位37个，配合完成公共道路监控升级改造87个，推进地区208个单元门的技防建设，试点开展小区视频影像、信息识别。开展信访矛盾排查化解和劳动监察工作。开展地区安全隐患大排查、大清理、大整治专项行动，建立完善各类工作台账，开展安全检查5300余家次，排查整改安全风险隐患1000余处，签订企业安责险179家。通过区食品安全示范区创建考核验收。

（韩帅）

【民生建设】 年内，街道便民服务中心办公大厅新址正式启用，24个窗口为居民提供社会保障、民政优抚、医疗保险、计划生育、住房保障等服务。开展既有多层住宅增设电梯试点工作，68个楼门开始施工，5个安装完成。完成全国精神卫生创建示范区工作。二里庄社区医养结合新模式正式运营，地区增设养老床位130张。为1100名老人开展助餐、助浴、助洁、助医等16项居家养老服务。发放救助资金46万元、慰问品合计119万元。试点开展六道口、志新和东王庄智慧社区养老助残服务站点建设。协助地区科大附小、林大附小等落实相关政策，推动中小学与高校紧密交流。

（韩帅）

【社区建设】 年内，街道补新招录36名社区工作者。准确掌握社区面积、住宅楼宇、人口结构等基础信息，完善28个社区“信息图”模板。完成石科院社区企业与社区管理的完全剥离。支持鼓励展春园自我服务停车管理等先进社区自治模式、经验，引导居民有序参与社会治理。依法依规解决城华园电梯维修和物业管理、东王庄停车管理、富润新老物业交接、逸成业委会成立等难点问题。

（韩帅）

【基层党建和精神文明建设】 年内，街道在全区率先成立地区党建工作协调委员会。28个社区全部成立社区党建工作协调委员会。更新非公党建台账，查找流动党员 1278 人，地区非公企业非公党建工作覆盖实现 100%。将地区 312 家企业的流动党员纳入流动支部进行规范管理。新建 7 个联合党支部。组织 5 个机关党支部、16 个社区党组织及 3 个非公党支部参与党支部规范化建设试点工作。新建 3 个党建工作站，建立街道党群活动服务中心，与辖区单位联合建立 3 个党群活动服务站。125 名党员积极分子赴西柏坡开展“不忘初心　继续前进”“两学一做”主题党日活动。

深化全国文明城区建设成果，督促整改问题 110 余项，街道被中央文明办评为第五届全国文明单位。成功申报 6 个社区为首都文明社区，4 个社区为海淀区文明社区。“党小喵工作站”在“红色海淀”微信公众号上发布 7 期党建宣传内容。“美丽学院路”微信公众平台正式上线，全年推送信息 795 条，总点击量达 14.25 万余次。《美丽学院路》发行 6 期 14 万余份。在市级主流媒体刊发稿件 32 篇（条），在区级主流媒体刊发稿件 160 余篇（条）。

（韩帅）

清河街道

【概况】 2017 年，清河街道辖区面积 9.37 平方千米，常住户籍人口 35208 户 89603 人，外来人口 66187 人。有社区居委会 28 个。有 3 家中央级单位、5508 家法人单位、7 所中小学校，有北京儿童福利院、北京第四社会福利院两家福利机构。

（罗博誉）

【经济建设】 年内，街道办事处领导定期走访所包企业，了解企业经营情况，对接企业需求。完成五彩城周边地区交通提升一期建设，重新规划并增设停车位 568 个，引进专业停车管理公司，规范路侧停车秩序。推动地区高科技企业发展，不断压缩落后产业空间。将清河—西三旗创新功能组团纳入海淀区“十三五”产业规划布局，引导中石化润滑油分公司、北京光华创业园等传统工业企业提供可规划的土地，梳理存量和增量空间资源，鼓励实现产业转型；服务小米移动互联网产业园、首农中关村移动智能服务创新园的建设。新增企业 227 家， 注册资金约 10 亿元，其中注册资金在千万元以上的企业 47 家。地区实现国税、地税收入 1276.6 万元。

（罗博誉）

【环境建设】 年内，街道通过拆除违法建设、关停老旧市场、治理违法群租、整治地下空间等方式疏解人口 9801 人。拆除违法建设共 72 处 30514 平方米，封堵开墙破洞 420 处。投资 600 余万元对朱房北二街、安宁庄中街 2 条背街小巷，安宁庄后街，清上园东路，砂轮厂路等进行综合整治升级建设。辖区 21 个片区的 2500 余户“无煤化”改造工作进展顺利，33 家企业完成低碳改造。完成 36 处“小散乱污”挂账点位清理工作，拆除燃煤浴池 5 个，关停台账以外“小散乱污”企业 152 家。建立街道、社区两级“河长制”工作体系，开展联合执法 24 次，清理堆物堆料、沿岸垃圾。推进“留白增绿”，统筹利用腾退绿地，新增绿地近 1.5 万平方米。整治碧水风荷公园污水沟。

（罗博誉）

【平安建设】 年内，街道建立 28 个网格站点，形成“人在事中、事在网中”的全域覆盖，将社会管理事务分解到各个“网格”点位，两网融合系统平台接受上报案件 8567 条，视频监控系统上报城市管理问题 5362 件。排查矛盾纠纷 28 件，当即调处 15 件，其他 13 件全部落实领导包案。中共十九大期间启动一级（加强）防控等级标准要求，实行社会面 24 小时稳控措施，对重点部位加强日常管理和防控。检查生产单位 2301 家次，发现隐患 1599 项，整改隐患 1385 项，列入后期整改 214 项；约谈生产经营单位 29 家次，关闭取缔不符合安全生产条件企业 228 家。

（罗博誉）

【民生建设】 年内，街道新申请低保 2 户，调整 27 户，保障房新获备案资格家庭 350 户，新增低收入家庭 1 户。医疗救助 43 人次，生活困难临时救助 12 人次，教育救助 11 人次。为 158 名老人发放高龄津贴，为 5 名高龄特困老人申请特困补助，为 123 名老人享受政府补助配备助老器材，为 66 名 80~90 岁老人安装浴凳，为 41 名 60 岁以上困难独居老人办理意外伤害保险，重阳节慰问地区 90 岁以上高龄老人 176 人。全年发放低保金 300 余万元、救助款 57.43 万元。发放残疾人补助 700 余万元。失业人员实现就业 995 人，困难人员就业 720 人。完成毛纺南小区及毛纺西小区 8 号楼的防震抗震加固工作。

（罗博誉）

【社区建设】 年内，街道联手清华大学“清河实验”课题组开展“清活”大讲堂，推广筹建各社区议事委员会，发动居民自治。投入资金 970 万元为 28 个社区办实事项目 32 件，完成社区服务用房改善、雨水管线改造等群众身边事项 23 件。既有多层住宅增设电梯试点项目完成加装电梯 2 部。解决智学苑社区办公用房，为清上园、北小区、南小区、朱房 4 个社区租赁服务用房 1000 余平方米。建成“一刻钟社区服务圈”23 个，完成火箭军社区“社区之家”创建工作。

（罗博誉）

【基层党建和精神文明建设】 年内，街道开展分层分类学习教育，落实“三会一课”制度，推动“两学一做”学习教育常态化制度化。签订《党风廉政建设责任书》154 份，个性化责任清单 126 份。深化“为官不为”“为官乱为”问题专项治理及“严肃查处群众身边的不正之风和腐败问题”专项工作，排查出违规违纪党员 25 人。成立清河街道毛纺北小区综合整治项目联合党支部。阳光社区入选海淀区“创新型”党组织、当代社区入选“五个好”党组织。推荐毛纺北小区、阳光、朱房 3 个社区项目为海淀区基层党建工作创新示范项目。建立 28 个社区党建工作协调委员会分会。新成立非公有制企业和社会组织综合党委和 5 家非公有制企业独立党支部。建立非公企业台账 760 家、非公企业党组织 81

个，党组织覆盖率达 90%。

（罗博誉）

青龙桥街道

【概况】 2017 年，青龙桥街道辖区面积 18.59 平方千米，有 21 个社区居委会，户籍人口 28351 户 71816 人，流动人口 48100 人。

（王京红）

【“疏解整治促提升”专项行动】 年内，街道实现 230 条台账任务全部销账。完成受中央、市、区领导高度关注的二河开 21 号院 8.4 万余平方米违法建设拆除任务，疏解 8300 余人。整治开墙破洞 142 处，拆除背街小巷私搭乱建 640 余处，拆除违法建设 10.76 余万平方米。清理整治地区“散乱污”企业 210 家。开展错时执法、定点盯守、夜间巡查相结合的“亮剑”行动，组织专项整治 80 余次，关停无证照经营门店 177 家。整治违法出租房屋 256 间。完善人口疏解工作双周调度例会机制，成立“疏解整治促提升”专项行动人民调解室，开展用人用工专项检查。清理直管公房 13 处，对接驻地部队腾退经营性军产房 31 处，完成年度人口抽样调查工作。

（王京红）

【环境建设】 年内，街道对颐和园、圆明园两园周边和“一带一路”高峰论坛沿线道路进行广告牌匾整治、道路铺装和外立面粉饰；铺装燕北园 331 号楼门前修建自行车慢行系统；规范架空线、提升地区 6 条道路灯笼景观并维修仿古候车亭；增补平房社区防汛设施。开展市级挂账重点地区圆明园东里社区、玉泉山周边、平房社区背街小巷环境整治。修葺完善配套设施 103 件，拆除违规牌匾 200 余块，清理小广告 900 余处，规范自行车乱停乱放 8000 余起。查处各类黑车 58 辆，拘留黑导游 33 人，关停涉嫌欺诈商户 2 家。服务中关村大街改造提升，开展水磨地区综合整治。完成平房社区“无煤化”改造，惠及居民 4051 户。落实“河长制”，加大京密引水渠及清河流域青龙桥地段排污口的巡查整治。实现 4 个平房社区生活垃圾不落地，完成水磨东街垃圾箱站改造。改造 5529 平方米绿地。办结 12 起环保督察案件。

（王京红）

【平安建设】 年内，街道排除安全隐患 880 项，拆除彩钢板建筑 686 处。升级视频监控系统，为 7 个平房社区微型消防站检修灭火器，配发喷雾灭火器和电动小型消防车。制定森林防火应急预案，签订森林防火责任书。完成“一带一路”高峰论坛等重要会议、节假日期间地区应急保障任务。在北京强降雨应对工作中，7 处危房台账和 4 处低洼积水点安全度汛。

建立政府购买物业服务、社区居委会和物业公司通力配合的“打包管理”机制，探索平房社区实施准物业化管理的新模式，实现平房社区全部准物业化管理，打通涵盖环卫保洁、绿化养护、安全防范、秩序维护、交通疏导、应急巡查等事项的局部微管理网络。

健全以城管监督分中心为运转统筹平台，城市管理、执法监察、保洁绿化、综合治理和基层社区等多部门会商共治的街道“大城管”体系。接办非紧急救助类案件 1380 件，上报网格化社会服务管理案件 16 万余件、城市管理类案件 8000 余件。

（王京红）

【民生建设】 年内，街道全年实现就业 845 人，处理工人讨薪案件 16 起。新签老年餐桌服务商 7 家，建成养老驿站 2 家。社区“菜篮子”网络形成规模，3 家社区服务站投入使用，龙湖星悦荟“阳光餐饮示范街”通过验收。发放低保金约 264 万元，发放残疾人困难补助 142.2 万余元。

（王京红）

【基层党建和精神文明建设】 年内，街道开展理论中心组学习 18 次，对机关、社区、非公组织党建工作实施分类指导，推进“两学一做”学习教育，确保党的组织生活制度逐级严格执行。开展中共十九大精神学习等系列活动。层层签订党风廉政建设和反腐败工作责任书，建立“全程留痕”的落实“两个责任”工作台账。成立地区党建工作协调委员会。在“两个覆盖”（指党的组织覆盖和工作覆盖）工作中由党工委书记带头、处级领导包片，深入社区走访、排查辖区企业 336 家。

探索智慧政府，建立非京籍儿童入学审核微信预约系统。牵头办结人大代表谢菁菁关于“对颐和园、圆明园周边公共设施提升文化内涵和协调古建美感”的建议。落实市政协委员巨勇关于“综合整治水磨社区圆明园周边违章建设”提案的办理工作。

新增基层文化组织员 24 人，街道图书馆新增藏书 3398 册。组织“乐活青龙桥”颐和园冰雪嘉年华等大型文体活动 10 余场，面向 200 名地区居民开展业务及文体技能培训。开展“三山五园”文化传播系列活动，举办“献礼十九大　永远跟党走”文艺会演暨前哨老战士合唱团 30 周年专题音乐会等红色主题活动。以“青之帆”义务助学项目为阵地，为 30 名地区少年提供志愿辅导。

（王京红）

香山街道

【概况】 2017 年，香山街道辖区面积 20.4 平方千米，其中山林面积约 16 平方千米。辖区设 6 个社区居委会，地区总人口 33613 人，其中户籍居民 14107 人，流动人口 19506 人。有中央单位 6 家、市属单位 23 家、中学 1 所、小学 2 所。香山地区是北京著名的旅游风景区，有香山公园、北京植物园、碧云寺、卧佛寺等，年接待旅游 700 余万人次。属于重点护林防火区，香山公园和北京植物园绿化率达 98%。新增社区活动场所面积约 370 平方米，初步实现办公用房和居民活动用房分离。

（王丹）

【环境建设】 年内，街道“无煤化”改造涉及住户 3086 户，签约及改造户完成 99%。共向市第二环境保护督查组提供调阅材料 32 份，整改环保督查组转来的群众身边的环境问题 26 起。街道联合执法队及执法辅助人员对香山丰户营地区开展清理整治行动，拆除用于出租、经营的违法建设 6 处 350 平方米，拆除违规广告牌匾 12 块，取缔无证无照经营商户 17 家，疏解人口 53 人，清运渣土及堆物堆料 20 车。完成南植社区环境整治工程、玉皇顶路翻建工程、玉皇顶两处挡土墙砌筑工程、防雹站浸水桥拆除重建工程、塔后身 19 号地质灾害隐患治理工程等 20 项惠民工程。全年种植苗木 6000 株，安装树篦子 100 个，更换垃圾桶 200 个、果皮箱 100 个，完成开墙破洞、“留白增绿”340 余平方米。开展“环境清洁日”和“环境整治周”活动。

（王丹）

【平安建设】 年内，街道发动地区群防群治力量 13 万余人次参与值勤，完成“一带一路”国际合作高峰论坛、中共十九大等重大活动的服务保障任务。

开展安全生产“三大”行动消隐工作，其中“一企一标”“微企达标”“城乡接合部市级隐患台账核销”等专项工作均完成，检查 2700 家次，检查率达 90%；隐患整改完成 380 单，完成率达 84%。通过海淀区“创建食品安全示范区”验收。开展针对游人和进山群众的护林防火宣传；建立地区 6 个社区微型消防站。对积滞水点、地质灾害易发区、老旧平房区等重点部位做好排查布控。

（王丹）

【民生建设】 年内，街道完成为民办实事项目 14 项，涉及居住条件改善、环境、文化体育等方面。以“爱心家园”和“温馨家园”为平台，发放慰问金和困难补助 22 万余元。与经纬学校和北京师范大学合作。探索居家养老服务新模式。强化对求职人员 “四位一体”[①]的就业服务，开设失业人员技能培训班，发布空岗信息 1700 余个，用工调查 43 家，完成职业指导（一对一）532 人，就业登记 173 人，跟踪回访 103 家企业。

（王丹）

【基层党建和精神文明建设】 年内，街道组织召开学习贯彻中共十九大精神动员部署会，开展“八个一”活动，即配发一套学习材料，举办一次培训班，组织一次参观活动，举办一次专家辅导讲座，每名党员结合工作实际撰写一篇学习体会，开展一次支部书记讲党课活动，组织一次学习交流活动，开展一次学习中共十九大征文活动。通过建立党群活动中心和“心桥”党代表工作室、机关党员“亮身份、作承诺、当表率”主题实践活动、社区党员设岗定责公示活动、开展 8 家党支部规范化试点工作等系列主题活动，推动“两学一做”学习教育常态化制度化工作有效落实。领导班子成员每年走访调研非公企业联系点，了解企业难题。香山地区 140 家企业成立 4 个独立党支部、12 个非公企业联合党支部，组织覆盖 86%，工作覆盖 100%。成立香山地区党建协调委员会和各社区党建协调分会。

组织“五月的鲜花”“粽叶传情”等活动，举办各类体育比赛、开展各类培训。组织 6 个社区开展主题为“尊老敬老，层层传递，全民行动”敬老月活动。通过国家公共文化服务体系示范区创建中期督导检查验收。

（王丹）

西三旗街道

【概况】 2017 年，西三旗街道辖区面积 8.23 平方千米，辖区为城乡接合部地区。有户籍人口 8.4 万余人，流动人口 4.9 万余人，社区居委会 27 个。对西三旗建设中关村智能制造基地全新定位，明确以发展智能制造为重点产业、科技服务为配套产业的“1+1”总体思路。以疏解腾退的 56.09 万平方米土地为基础，按照“腾笼换鸟”（旧厂改造）和“凤凰涅槃”（旧厂新建）两种建设形式，规划 96.52 万平方米的产业规模，中关村智能制造基地初具雏形。确定中关村西三旗（金隅）科技园规划方案，启动一期研发用地土地手续办理，配套小学、幼儿园、人才公寓和托老所完成结构封顶。中关村智造创新中心高端医疗装备产业园规划落地，金隅智造工场一期实现开工建设，建金中心完成产业升级，引入金隅启迪孵化器为代表的双创平台。协助五星啤酒公司地块收储，推动产业疏解外迁。走访服务通厦集团等重点企业，开展程远大厦等楼宇排查，完成 4 次人口抽样调查。

（王小民）

【环境建设】 年内，街道通过整治违建、无证照经营、地下空间和群租房等疏解人口 7363 人。完成永泰庄东路北延，实现建材城北路开工，启动悦秀路改造，完成永泰中路平安大街创建。在建材城东路等路段安装 4 套车脸识别系统，在永泰庄和育新地铁站安装违停抓拍系统，引入电动巴士接驳地铁站。梳理老旧小区 217 栋 160 万平方米，对机械学院、公交党校等老旧小区实施改造。拆除违建 133 处 75042 平方米，其中账内违建 101 处 73047 平方米，新生违建 18 处 559 平方米，既存违建 14 处 1436 平方米。重点整治风机二厂等开墙破洞 203 处。完成京藏高速沿线环境综合整治及运达实业周边等 10 处空地绿化美化，建设富力桃园公园和“新派绿地”手帕公园，实施市花月季进冶金社区绿化项目。完成中央和北京市多轮环保督察，开展联合执法，处理无照经营 1600 余起，规范店外经营 500 余起，暂扣车辆 130 余辆。完成 5300 余株杨柳树飞絮治理工作。开展“无煤化”改造和“散乱污”企业整治，完成账内 1250 户“煤改电”和 142 处“散乱污”点位。推进“河长制”。

（王小民）

【平安建设】 年内，街道依托公安、巡防、地区单位和物业安保力量，构建四级立体治安防控体系，完成街道

---

① “四位一体”：政策扶持、创业引领、培训提升、服务助推。

综治工作中心建设，各社区设立综治中心。出动社会防控力量18万余人次，完成全国“两会”等重大时期信访和安保工作。投入420余万元开展视频监控、人脸识别门禁系统和防爬刺等物技防设施改造，入室盗窃和盗销自行车分别比上年下降48.3%和42.6%。检查单位2037家，整改隐患1955项。创建枫丹丽舍、清景园市级文明交通平安示范社区，完成100家小微企业安全生产标准化，关停5处账内人防工程，为38户困难家庭更换燃气灶具，建立19个社区微型消防站。启动全国卫生城区创建。完成国家食品安全城市创建，建成1条“阳光餐饮示范街”，受理群众食药类举报530起，立案38件，同比增长18%。完善街道应急预案汇编，加强应急演练和应急响应机制建设。处置美欣家园门前污水管线塌陷、永泰中路燃气管线泄漏等4起应急事件。审查各类合同175份，提出法律建议39条，调解矛盾纠纷1730起。

（王小民）

【民生建设】 年内，街道网格化融合平台接转案件15709件，“96181”群众热线平台受理案件2060件，城市管理综合考核评价系统接转案件122件，视频监控平台接收案件850件，“96310”城管热线办理案件2030件，比上年下降53%。接待办事群众5.8万人次，办理行政事项7.3万件。梳理122项办事清单，进一步精减办事材料优化办事流程。新增“菜篮子”空间1400平方米，基本形成以9家大型超市为基本、13家社区便利店为补充的生活保障格局。通过社区服务信息网发布信息2400条。

开展送温暖活动，帮助地区861名失业人员再就业。完成老旧小区改造、“无煤化”改造、公共体育健身器材、养老服务、卫生健康、再就业、安全防控、食品安全、环境治理、绿化美化等30项为民办实事折子工程。针对特殊困难家庭开展“亲情牵手 一对一帮扶”启动。组织“我为部队出份力”和“我为人民献爱心”活动。组织7所学校赴湖北丹江口开展现场教学等教育支援项目。完成570名非京籍儿童入学五证联审。

（王小民）

【社区建设】 年内，街道开展社区治理大家谈和调查研究，创新建立五位一体“微治理”①体系。推广枫丹丽舍酬金式物业管理模式和清缘里小区自管会模式。推动“互联网＋”与社区服务结合，试运行的安居里i家园成为全国首家“互联网+”概念的创新型社区服务中心。开展冶金社区3个单元门老楼加装电梯试点。依托社会治理创新园开展人文社区公益微创投，即通过动员居民针对共同的社区问题集思广益收集“金点子”，支持社区社会组织等发起社区公益服务项目，在永泰庄等9个社区举办舞蹈、摄影等培训；依托育新养老照料中心等专业机构提供集中养老、日间照料等服务，全年提供助餐服务54252人次；依托温馨家园，组建并注册志愿者团队，为残疾人举办16次职业技能培训，完成6个社区和25户家庭无障碍改造。

（王小民）

【基层党建和精神文明建设】 年内，街道推进“两学一做”学习教育常态化制度化，举办专题讲座和参观见学29次，组织理论中心组集中学习30次。完善“一核三轴五平台”②框架，完成党代表心桥工作室建设。开展“两新”组织党建工作，党组织覆盖率达98%。召开党风廉政建设大会，层层签订责任书。成立居务监督委员会③，制定每季度汇报机制。完成72家非公企业建立工会组织，搭建联系服务驻区企业的平台。开展第六选区人大代表补选和第二次妇代会、第四次残联选举工作。街道图书馆和文化活动中心投入使用，实施菜单式、订单式社区教育培训，惠及群众5000余人。举办乒乓球比赛、插花培训等文体活动，创作《军民融合情》《平安三旗》等文艺作品，《背着哥哥当新娘》《窗口》等原创作品在海淀区展演及大赛中分获特别奖和二等奖。打造立体式宣传氛围，拓宽党建、街道、便民服务、安全生产4个微信公众号覆盖面。建立网格化舆论宣传和信息发布平台传播正能量。建成清缘西里家文化主题广场。

（王小民）

马连洼街道

【概况】 2017年，马连洼街道辖区面积10.74平方千米，户籍人口5.1万人，流动人口3.5万人，设有17个社区居委会。辖区属于典型的城乡接合部。地区有注册企业2087家。中关村软件园二期正在建设中，以百度、联想为代表的22家大型高科技企业总部进驻运营。代征房产税450余万元。

（于红霞）

【环境建设】 年内，街道开展拆除违法建筑、城乡接合部地区综合整治行动、“开墙破洞”专项整治、无证无照经营整治、治理违法群租房、查处违法用工单位等专项行动，疏解10104人。

肖家河社区被列为北京市城乡接合部公共安全隐患问题重点整治地区，为改善肖家河社区环境，确定“十大攻坚方向”。一是加强综治基础建设，筑牢工作阵地；二是开展广泛宣传，赢得群众支持；三是人防物防技防齐上，治安秩序明显改观；四是综合执法与保障设施同步，经营秩序明显改善；五是开展校园周边专项整治，

---

① 五位一体“微治理”：以破解“微”难题为抓手、打造“微”空间为平台、培育“微”组织为载体、拓展“微”服务为延伸、规范“微”权力为保障，健全长效运行的机制。

② “一核三轴五平台”：即街道党工委为核心，机关党委、社区党组织、非公党组织为3条轴线，街道党建工作协调委员会、社区党建工作协调委员会、街道社区党群活动服务中心、商务楼宇党建工作站、园区党建工作站为5个平台。

③ 居务监督委员会：简称居监会，该名称出自海淀区纪委《关于海淀区各基层党组织设立纪检委员的通知》。其中“居务”即“社区事务”，主要包括：党务公开、居务公开、财务公开、资产资源、人事换届、重要事项效能作风等。

师生满意度明显增强；六是打通社区消防通道，保障行车秩序和消防安全；七是加大拆违控违力度，新生违建零增长；八是多管齐下疏解功能，区域人口有序流动；九是开展源头治理，推动遗留问题解决；十是试行准物业管理，探索长效管理机制。通过首都综治委组织的城乡接合部重点地区综合整治中期核访验收，通过海淀区综治办组织的城乡接合部重点地区综合整治核访验收。试行平房区准物业管理，由街道和社区直接管理转向强化监督检查与联合执法形式。其中，区域内的"六个清理"，即清理垃圾堆积、清理乱堆物料、清理乱设牌匾、清理占路经营、清理黑车聚集、清理设施脏旧达100%。

完成5个社区509户煤改清洁能源的确户工作，完成集中供暖和分户"煤改电"住户的室内测绘工作，3次组织高压自管户召开工作推进会，协调相关单位和部门帮助高压自管户解决。开展4项提升环境的重点项目：完成市级重点项目地铁16号线（海淀段）马连洼街道管线区域环境景观提升工程；区级重点项目中央党校大有北里社区滨河绿地工程进入施工阶段；肖家河一号停车场处于施工阶段；兰园、百旺家苑、德政路广告牌匾整治工程在招标阶段。完成接到的环保督察督办案件54件。开展检查发现问题3221件，解决问题1773件。

（于红霞）

【平安建设】 年内，街道对网格化社会管理模式不断完善，将视频监控值班岗位和"96156"热线、应急抢险热线、非紧急救助平台、督导平台、融合平台等的值守处置岗位统一，实现一专多能、一岗多责。平台报送案件146263件，处置45333件，处置率98.59%。投资150万元，在地区治安乱点、游商高发点位、易发生垃圾渣土偷倒地段增设63个视频点位；投入70余万元对竹园及菊花盛苑小区升级改造视频监控系统，完善社区技防。联合执法队执法338次，每天对144个重点点位及11个区级挂账的"散乱污"点位逐一进行排查。完善应急手册及各类应急预案，增设马连洼街道大气污染防治工作方案。全面推进"河长制"工作总体部署。

完成"一带一路"高峰论坛、全国"两会"、中共十九大等重要时段安保任务。发动社区治安志愿者2600余人，动员辖区社会力量3000余人，参与社会面防控。受理信访案件91件，办结率100%。

（于红霞）

【民生建设】 年内，街道做好低保调标和复审工作，发放低保金62979.23元，医疗救助65941.17元，救助清洁能源补贴2921.10元。实施梅园社区加装电梯（适老化）试点，确定两栋楼房12个楼门试点加装电梯，完成8个楼门加装。规范提升17个社区便民菜店，新增5家品牌社区便利店。检查用人单位1042家次，涉及劳动者37489人，纠正用人单位规章制度23条；解决日常投诉案件19件，解决拖欠劳动者工资案件3件，为劳动者追讨工资19.21万余元，涉及劳动者25人；办结信访案件11件，为劳动者追讨工资228.57万余元，涉及劳动者262人。设立马连洼街道综合文化中心，新增社区公共文化服务空间2000平方米，举办读者活动和知识讲座培训达111次，参与人数3000余人次。

（于红霞）

【社区建设】 年内，街道完成百草园服务用房改建工程、肖家河微型消防站工程、安和园社区服务用房修缮工程、倚山庭苑社区办公室纱窗安装工程4项社区工程。投入资金122.41万元；在建工程2项。开展工作培训12次，近800人次参加培训。竹园、水利和倚山庭苑3个社区申报市级"一刻钟社区服务圈"创建示范点；申报63919部队社区为海淀区2017年"社区之家"示范点。开展工会组织建设工作，动员非公企业成立工会组织，加强工会服务站建设；召开街道商会工作会，推进《诚信经营承诺示范会员单位》工作。召开地区妇女代表大会。打造市级示范社区青年汇。

（于红霞）

【基层党建和精神文明建设】 年内，街道成立马连洼街道和17个社区层面的党建工作协调委员会，搭建区域共驻共建的平台。打造亿城国际商务楼宇党建展示平台。成立马连洼街道"心桥"党代表工作室，创建党代表联系社区制度。实施领导干部和相关科室联系社区和地区单位工作、定期专题研究反馈机制。开展区域化党建调研，"马连洼街道'大工委'工作初探"获区党建课题三等奖。申报百草园社区党支部、中国农大创业园联合党支部、西北旺社区党委为区级"五型五好"党组织。

（于红霞）

花园路街道

【概况】 2017年，花园路街道辖区面积6.33平方千米，社区居委会26个，户籍人口13.1万人，流动人口3.8万人。辖区内有法人单位5000余家，高校、科研院所集中。多举措做好税源建设工作，优化存量管理服务，服务重点项目税源。地区三产限额以上单位462家。

（石悦）

【环境建设】 年内，街道围绕"疏解整治促提升"专项行动任务，确定"2—3—3"①行动计划。全年拆除违法建设52处48722平方米。完成550处"开墙破洞"封堵工作，清理地下空间64处，面积4.34万余平方米；清理群租房136套，拆除隔断125间。完成辖区31条自管道路、9个老旧小区面积32.5万平方米的清扫保洁。推进"门前三包"秩序整治和"无煤化"改造工作。落实安全隐患"大排查、大清理、大整治"专项行动，对辖区内生产经营单位进行安全隐患夜查。通过拆除违法建设、整治占道经营、

① "2—3—3"："2"即月季园、四园2个老旧小区改造工程；"3"即拆除违法建设30800平方米；"3"即开墙破洞清理整治300户。

清理群租房等行动，疏解常住人口7275人。

（石悦）

【平安建设】 年内，街道着力解决社会高度关注、人民群众反映强烈问题，为北医三院加装人脸识别系统，有效遏制“号贩子”和“票贩子”，维护患者权益和良好的医疗环境。对社会治安重点地区开展联合整治108次，打掉涉车盗窃团伙1个，抓获犯罪嫌疑人5人。检查生产经营单位及场所日常隐患5387家次，联合检查165次，发现问题隐患856项，整改问题隐患832项，退出及关停230家。网格化融合平台上报社区民情12491件，走访日志9080条。科技创安视频监控系统发现案件684件。完成“一带一路”国际合作高峰论坛、中共十九大等重大政治活动服务保障任务。

（石悦）

【民生建设】 年内，街道开展“春风行动”，举办职业指导培训班48期，培训失业人员480余人，开发就业岗位3100个，帮扶就业困难人员560人，接收失业档案810份，领取失业金98人，完成就业指标760人。受理并审核保障性住房申请390余户，公租房补贴申请50余户，市场化租赁补贴170余户，各类资格变更及资格取消120余户，完成各类资格复核120余户。走访慰问困难残疾人、残疾儿童、老年残疾人418人次，区残联及街道投入近24.9万元。为155户低保家庭发放节日慰问金81200元，发放米、面、油等慰问品。全面建立“1542”①协商善治邻里议事厅模式。开展既有多层住宅增设电梯工作，共申报增设（适老化）电梯总数为68部，涉及住宅楼16栋，惠及居民600余户（不含一层居民），整体签约率97.22%。网上申报非京籍适龄儿童入学通过“五证”审核149人。开展宝贝计划，扩大宣传，让更多的家庭享受免费科学育儿指导和健康服务。开设早期教育亲子班、宝宝班、英语班课程39场，参与幼儿及家庭1170人次。通过国家公共文化服务体系示范区创建中期督查和国家食品安全城市示范区创建验收。

（石悦）

【基层党建和精神文明建设】 年内，街道推进“两学一做”学习教育常态化制度化，与北京航空航天大学后勤党委创新“区教融合”理论中心组②学习新模式。在街道、社区两个层面成立党建工作协调委员会，下设非公党建联席会，形成“党建共商、事务共管、资源共享、文明共创、难题共解、活动共办、服务共推”的党建局面。开展“两新”组织摸排，完善动态管理台账，新建非公党组织12个。落实主体责任全程纪实等制度。开展“为官不为”“为官乱为”等专项检查整治，践行监督执纪“四种形态”。

（石悦）

田村路街道

【概况】 2017年，田村路街道辖区面积7.77平方千米，有户籍人口70849人，流动人口75760人，其中常住流动人口46191人。设31个社区居委会，有企业商户4000余户、中央单位10余家、市属单位79家、区属单位12家。

（李晓雅）

【环境建设】 年内，街道完成10.19万平方米拆违任务，拆除四环路沿线停工3年的烂尾楼、玉海园三里1号楼等楼顶违法建设。查处并拆除新生违建25处。

开展“门前三包”整治行动120余次，规范店外占道经营270余起，完成永定河引水渠精品一条街设计、招标实施工作。整治开墙打洞327处，规范广告牌匾156块，增设绿地80平方米，完成田村路、西四环中路、玉泉路等辖区主要道路两侧商铺整治后的整体设计。对天下城东侧胡同和双槐树路北侧胡同进行粉刷墙壁、拆违建绿、架空线整理、施划道路标线等，建设食品安全宣传墙。治理140家“散乱污”企业，关停92家，整改48家。组织街道河长巡河4次，社区级河长巡河15次，清理堆物堆料、建筑垃圾，清理无证摊贩5起。应急小分队和小广告清刷队出动车辆1600余台次，清理垃圾3000余车。新增微型花园35处，微型花园总数量增加到200处。990户应改居民户完成“煤改电”工作。建设2~6号场站（1号场站撤销）外网共25545.4米。

（李晓雅）

【平安建设】 年内，街道关停40处散租经营的普通地下室，整治面积33340平方米，疏解人口2614人；在账的92套违法群租房全部拆除，疏解人口482人。整治开墙破洞327处，规范广告牌匾156块，增设绿地80平方米，疏解人口208人。推进五孔桥市场的升级和转型工作，协调市场拆除违法建设约2000平方米。腾退收回40余处房屋，疏解400余人。完成12件中央环保督办件和58件市级环保督察件的办理工作，成功处置五孔桥市场周边、田村路周边、田村中街等群众投诉的环境问题。

接待群众来访55起，处理集体访9起，网上信访36件次，完成非紧急救助中心信息2000余件，申请区信访矛盾纠纷排查调处工作专项资金150万元，协调解决永金里小区电改“烂尾”问题；指导基层调委会开展纠纷调解68件，胡国松工作室接待法律咨询78件。

对辖区加油站、商场市场、歌厅网吧、宾馆饭店和建筑工地等重点单位、重点场所安全检查466家次，发现隐患问题98个，全部督促完成整改。消防检查单位1861家次，发现火灾隐患576

① “1542”：“1”指建立一套协商善治闭环机制，“5”指“5个典型社区品牌打造”，“4”指将新加入社区按照地域及社区类型划分为4片，“2”指建立典型社区与新入社区的双向互助学习小组。

② “区教融合”理论中心组：“区”指辖区，也就是街道；“教”指教育区，也就是学校；“区教融合”理论中心组即街道学校联合开展的理论中心组学习。

处，督促整改 1842 处，查封 15 家。

（李晓雅）

【民生建设】 年内，街道开展“春雨行动”和“春风送暖”募捐活动，募集善款 4 万元；“博爱在京城”募集捐款 4609 元。为 1378 名老年人办理优待卡、老年优待证 198 个；为低保家庭 47 人次办理医疗救助 8 万余元，为 12 户困难家庭办理临时救助近 7 万元。完成就业指标 530 人，开设近 30 次集体职业指导课；举办 2 次大型失业人员招聘会，受益失业人员 500 余人。完成 43 户家庭的审核、入户走访工作；做好 47 户家庭的公租房资格复审工作。为失能失智老人提供可供全托的场所，为地区 36 位贫困计划生育家庭妇女进行健康体检，组织“阳光计生，幸福家庭”亲子系列活动 14 余场次。对非京籍适龄儿童入学进行联审，审核通过 173 人。协调永辉超市建立半壁店便民菜站，玉海园二里老年餐桌正式运营。50 项为民办实事项目全部完成。

（李晓雅）

【社区建设】 年内，街道与清檬养老服务公司、慈爱嘉公司合作，开设 2 处养老驿站，完成 12 个楼门的电梯加装工作。作为“全国社区治理和服务创新试验区”试点，建成 5 个（阜四小院、阜一空间、皮卡书屋、孔子学堂、西木学堂）集“党建、文化、教育、养老服务、人口服务”为一体的社区综合服务平台。

阜四社区的阜四小院作为试点社区累计接待青少年儿童 6000 余人次，接待群众 3000 余人次，开展活动 40 余次，图书借阅 10000 余次，为周边群众配餐 5000 余人次，完成民政部中期评估，获得民政部评估专家组认可。

推进“互联网+社区”的智慧化社区创建工作，聘请专业信息技术公司开发“田村通”App，实现对社区居民“吃、住、行、游、购、娱、健”生活七大要素的数字化、网络化、智能化、互动化和协同化。组建田村通信息办公室，推进“田村通”“一刻钟服务圈”信息系统平台的运行。完善“阜四小院”微信公众号，建立一批阜四小院居民微信群，实现街道政务信息、便民服务信息、社区资源信息等各类信息的互联互通。

（李晓雅）

【基层党建和精神文明建设】 年内，街道推进“两学一做”学习教育常态化制度化工作，开展纪念建党 96 周年、建军 90 周年系列活动。打造街道党代表工作室，开设党代表与党员群众之间的“连心桥”和“直通车”。成立地区党建工作协调委员会，开展非公党建调研，提升非公企业“两个覆盖”，新成立 1 个非公党支部，实行领导包片、科室包社区，倡行“双找双培双服”。全面开展流动党员排查工作，建立流入流出台账。

落实党风廉政建设“两个责任”，分类逐级签订个性化党风廉政责任书，开展专项人员聘用经费集中整治、“为官不为”、“为官乱为” 和“严肃查处群众身边的不正之风和腐败问题”等专项整治工作。组建 7 人社区宣讲员队伍，加强“新田村”微信公众号建设，开展周末大讲堂、“北京榜样”评选、“图说田村”摄影作品征集、广场舞大联盟等活动。举办 9 期文化大讲堂。

（李晓雅）

【西木学堂创建】 11 月，西木学堂由田村路街道委托第三方北京春藤中心进行运维管理，引进中国孔子基金会德本教育基金、北京修实公益基金会、北京修德慈善基金会等多家基金会以资金或项目形式公益支持，吸引多家机构参与，并带动周边企业、社区深度参与，部分市场化运作的协同运维模式，实现公益与市场有机结合，使学堂真正拥有自我“造血”能力，创新出社区治理模式，逐渐可以不依赖政府资金支持开展形式多样的活动，以文化建设带动社区治理。

田村路街道将西木学堂建设成为服务于周边社区的文化中心，扩大到服务整个海淀区，成为集传统文化素养传承、中医养生健康、绿色生态成长、公益中转传递、心新创客空间为一体的综合性文化服务机构。

（李晓雅）

上地街道

【概况】 2017 年，上地街道辖区面积 9.52 平方千米，有 12 个社区，常住人口 7.4 万余人，其中户籍人口 37835 人，流动人口 36378 人。地区注册企业 20053 家，从业人员约 18 万人。有上地信息产业基地、中关村软件园以及正在规划建设的北大科技园 3 个园区。信息产业基地总产值 1952.9 亿元，中关村软件园总产值逾 1800 亿。全年国税、地税共计 168 亿元。代征出租房屋房产税 2872 万元。

（任克红）

【环境建设】 年内，街道完成 408 处整治任务；拆除违法建设近 13.64 万平方米，其中区级台账近 12.33 万平方米，疏解人口 3634 人，完成总任务（2000 人）的 181.7%。实施背街小巷拆违、整治后的空间进行“增白留绿”工程，唐家岭路南北向安装护栏 100 米，东西向绿化 2500 平方米；清除 S2 沿线堆物堆料和垃圾；对市级背街小巷整治重点东北旺中路进行墙面粉刷、拆墙透绿、补植花卉等整治工作。树村棚户区改造拆迁工作基本完成，通过市级检查验收组验收。取缔占道经营 1430 起、露天烧烤行为 70 起，查处无照经营 120 起，整治违规广告牌匾 500 余块。

完成马连洼北路 1 号院社区 42 户非高压自管户和 69 户高压自管户“煤改电”工作；对使用燃煤锅炉的 8 家企事业单位进行“无煤化”改造，为 26 户居民配送优质燃煤。对地区 14 家施工及拆迁工地进行常态化巡视检查，处理施工扬尘、夜间施工扰民类 10 起。对上地四街、上地五街花卉进行补植补种，更换信息路雪松；督促养护单位对 4200 平方米斑秃绿地进行补植补种；在紫成嘉园和马连洼北路一号院栽种月季 2000 平方米。

建成区域慢行系统，与摩拜、ofo 等 9 家公司签订《上地地区共享单车管理承诺书》，增设 32 个单车划线停车区域；在上地城铁站、西二旗城铁站、信息路、开拓路等多条道路机动车道与非机动车道安装隔离护栏，重新规划标志标线；发挥交通治理执法队和交通疏堵引导队的作用，治理路侧停车。

（任克红）

【平安建设】 年内，街道与西二旗城铁站和上地城铁站站务部门、派出所等联勤联动，重新规划隔离护栏位置，加长缓冲通道；每日组织发动专业保安、志愿者、民警、武警等200余人投入到两个城铁站，对早晚高峰时段共享单车进行整顿，维护两个城铁站秩序。中共十九大前夕和会议期间，发动群防群治力量67360人，加强对城铁、商场、天桥等重点部位及人群密集场所严密布控；重点对小煤炉、“散乱污”企业、消防隐患、环境秩序等进行专项整治。

签订安全责任书5700余份，检查企业2740家，发现隐患3083处，整改2353处，整改率76.3%；关停沿街商户163间，出租公寓11处、出租房2259间，清退人防工程及地下室4处；为11个社区303户家庭安装606个独立烟感报警器、燃气报警器；为社区补充30具干粉灭火器，为国际创业园购置400多具干粉灭火器和4套消防架；完成地区企业和上地南路社区8号院自行车棚31台充电桩的安装。

启动重大节日、重大政治活动时期社会面等级防控80天，出动群防群治力量33.68万余人次；加大对寄递物流、“三电”等重点领域的安全检查。实现地区监控系统与交通系统联网，筹建多网融合社会治理智能管理系统。网格化平台上报案件、社区民情1.7万余件；开展矛盾排查500余次，受理矛盾纠纷152件，纠纷比上年下降20%，调解成功率98%。法律顾问审查、修改与第三方拟签订合同80余件，参与各类协调会7场，提供法律咨询10余次，提出法律意见300余条，社区实现法律顾问全覆盖。规范劳动用工，检查用人单位2025家，其中规范用人单位1548家，发现问题2911处，处理劳务纠纷个案98起，处理群体性案件9起，涉及农民工200余人工资300万元。

（任克红）

【民生建设】 年内，街道完成实现就业指标、培训失业人员等10项重要指标任务；完成辖区4778人的全民参保登记工作。走访慰问大病特困、空巢老人、残疾人、计生特扶等困难家庭，发放慰问金、慰问品20余万元；为符合条件的62个计划生育家庭，170人次办理意外伤害保险，组织困难流动育龄妇女进行免费“两癌”筛查。开展走访慰问部队、困难军嫂体检、西山鹫峰徒步登山赛、植物园竞走拉力赛、喇叭沟定向越野迎中共十九大等双拥活动，联合驻区部队定期在各社区慈善捐助点开展“爱心捐赠物资运送”活动。

（任克红）

【社区建设】 年内，街道全面支持社区“一社一品”建设：东馨园小区垒围墙104延长米；上地南路等4个社区建设8个充气站；上地西里和紫成嘉园社区各安装1组便民智能柜。重新修订社区管理制度体系，完善社区周例会和季度例会制度；与北京大学社会学系、北京大学—香港理工大学中国社会工作研究中心共同建立北京大学—上地树村家庭服务与社区发展研究基地。

（任克红）

【基层党建和精神文明建设】 年内，街道打造“为老服务流动站”党建为民服务项目，普惠地区12个社区的236名老人；在非公企业建联合党组织64个、独立党组织47个；在硅谷亮城楼宇工作站建设党群活动室；建立“红色上地”微信公众号，探索线上线下党员教育管理新模式；在街道机关、社区和部分非公企业党支部实行“一规一表一册一网”试点工作。

总面积2000余平方米的上地街道综合文化活动中心竣工并通过验收，15名文化组织员到岗到位；与西北旺镇文化服务中心、北京体育大学签订资源共享协议；组织居民观看中关村金秋演出季惠民演出；组织上地地区首届企业运动会、第四届“上地杯”军地篮球赛、第六届“上地杯”羽毛球赛、开展“喜迎十九大 砥砺再前行”群众精品文艺会演；发布《上地创新创业故事》，宣传科技创新文化；完成文明城区复检，制作完成《最美街道 上地智造》街情宣传片，在地区主要交通路口、公交站等重要地段和场所新增公益广告300余块，开展“最美身边人”百姓宣讲活动，推进全民阅读系列活动。

（任克红）

曙光街道

【概况】 2017年，曙光街道辖区面积5.45平方千米，户籍人口6.67万人，登记流动人口2.87万人。有社区居委会17个，地区法人单位5000余家。

（王雨）

【环境建设】 年内，街道严格执行新增产业禁限目录，压缩非首都功能产业生存空间，不符合首都功能定位的产业“零准入”；完成市级台账内拆违任务5处5690平方米，拆除账外18处3657.6平方米；完成开墙破洞恢复工作165处，为全年指标任务的366%；规范整治无证小门店30家，清除整治地下空间16处，治理违法群租房109户；对3家“散乱污”汽修企业进行规范，对区级挂账的36个“散乱污”点位进行拆除、取缔、规范。疏解非京籍劳动者535人，全年疏解5933人，完成指标任务的197.76%。

推进远大园5400平方米地下空间清理再利用，完成金雅园小区开墙破洞整治后600平方米绿地的恢复改造，完成怡丽北园北侧绿地景观提升；改善石佛寺村基础设施建设水平和周边环境秩序；实施正福寺兵器部平房区安全治理与环境整治。完成金庄路南口环境综合整治工程（一期）和金庄1号院东侧路背街小巷环境整治工程；开展规范店外经营、“门前三包”、清理非法广告牌匾、拆除地锁、检查工地、清移占道乱停共享单车和废旧自行车等常态化工作；开展垃圾分类、世界水日、中国水周等宣传活动；完成老旧小区、回迁小区、重点脏乱点95万平方米的六轮环境病媒生物防治消杀和8个社区的垃圾分类设施配置工作。

通过融合平台、视频监控平台和“96181”平台派发流转处理各类城市管理问题63364件。开展杨柳絮治理、古树名木普查和节日环境布置与道路保洁工作，完成市花月季进社区、怡丽北园北门东侧绿地改造和“万盆花卉进家庭”等实事工程。武警社区创建“首都绿化美化花园式社区”。

全面实施清洁空气行动计划，巩固“无煤化”治理成果。制定“河长制”工作方案，强化河岸、流域综合治理。检查环保重点点位，建立台账管理跟踪督办机制，按时限要求办理70余件督办案件，通过中央和北京市环保督查。

（王雨）

【平安建设】 年内，街道启动等级防控84天，组织发动治安志愿者力量近6万人次，完成中共十九大、“一带一路”国际合作高峰论坛等重大活动服务保障任务；对绮美大厦消防安全等问题进行重点督办和彻底整治，完成区督办案件3件和60余个安全隐患台账消除清零，完成市委、市政府安全生产第九督查组督查。开展“无证餐饮商户”专项治理，推进“阳光餐饮”工程全面落实，成功创建北京市食品安全示范区。开展预防煤气中毒、反恐、养犬、扫黄打非、禁毒、反邪教等专项工作；接待来访群众70余批次、来电300余次，办理（网上）群众来信50封。

进行怡丽北园社区视频加点、金雅园社区视频监控改造、综治中心及“互联网+”智慧社区信息化建设，完成怡丽北园等10个社区综治中心筹备建设，完成望塔园社区单元门的安装，建立7个社区微型消防站，为地区60岁以上户籍老年人家庭安装独立式烟感报警装置4530个。

（王雨）

【民生建设】 年内，街道完成全民参保工作。建成4家养老服务驿站，在农科院社区开展多层住宅加装电梯试点工作；38户家庭入住公租房；低保待遇惠及52户残疾家庭，完成晴雪园、时雨园社区无障碍改造，依托温馨家园开展活动；医疗、养老、低保、老龄、残疾等补贴发放及时，社会救助精确到位，社会保障网络实现无缝对接。

申报市、区级财政拨款服务项目12个，街道财政支持项目4个，创新服务项目“适老居家改造——感应式起夜灯”被《北京晚报》采访，开展“助行、助浴服务”项目，服务3万余人次。

开展“五月的鲜花”群众文艺演出活动，完成公共文化示范区中期督查，依托心灵家园基地，开展特扶家庭帮扶关爱活动；开展海淀区创建国家级精神卫生综合管理示范区、慢性非传染性疾病综合防控示范区和艾滋病综合防治示范区工作。为地区80周岁的老年家庭安装“一键式”智能服务电话。推进“法律服务村居行”工作，青少年普法品牌“法郁芳华”开展青少年普法讲座23场，受众学生近1.05万人次；开展“远离毒品”普法讲座24场，受众1976人次。完成2016年企业年报和2017年度2.1万人次的人口抽样调查。

（王雨）

【社区建设】 年内，街道解决武警社区菜车、垃圾分类等问题。完成金雅园社区“一刻钟社区服务圈”。地区“一刻钟社区服务圈”覆盖率达100%。创建远大园规范化社区、农科院社区“社区之家”，完成金雅园等社区的智慧社区建设及升星工作；完成晴雪园社区办公室改造等7项为民实事项目，解决居民活动用房960平方米。排查治理社区电梯安全隐患26台。开展社区矛盾纠纷调解，解决群众关切的实际问题。

（王雨）

【基层党建和精神文明建设】 年内，街道成立由近40人组成的宣讲团，在机关、社区、非公党组织开展中共十九大专题党课活动，综合运用各类媒体加强中共十九大精神宣传，确保“八个明确”和“十四个坚持”在曙光地区形成生动实践。召开党建座谈会6次，主要领导带队调研党建工作10余次，形成调研材料3份。举办“六个一”红色系列纪念庆祝活动。街道党群活动中心基本建成，“曙光党建”手机App正式上线运行，利用街道视频会议系统持续开展每周党务知识一小时培训；将地区具有影响力的中央市属单位、企事业单位和社会团体纳入地区社会事务共商、共享、共创、共建的协调工作机制；新建非公党组织和联合党组织7个，地区非公党组织覆盖率达94.5%，非公党建工作覆盖率达100%。

完成中央文明办巡视检查、首都文明委验收检查及文明城区中期督查迎检工作，推选首都级文明社区3个，10个家庭获“海淀最美家庭”称号；微信公众号等新媒体开展全面从严治党宣传教育；推行以“责任内容、责任追究、有关事项”等为主要内容、以“两书一诺”为主要形式的个性化责任书，开展“为官不为”、“为官乱为”、“严肃查处群众身边的不正之风和腐败问题”、专项人员聘用经费集中整治等工作。创刊《曙光信息》，出刊22期。

（王雨）

燕园街道

【概况】 燕园街道属于大院式街道办事处，受海淀区政府和北京大学双重领导。2017年，辖区面积1.84平方千米，其中北京大学校园面积272.17万平方米，设7个社区居委会。户籍人口4.6万人，流动人口5043人。

（胡晓珊）

【环境建设】 年内，街道开展联合执法检查50余次，“小散乱污”、无证无照台账销账7户，账外取缔清理2户。清理游商占道等60余户，疏解人口50人。拆除违建400余处1.2万余平方米。改造中关园自行车棚8处，增加停车位80个；畅春园西院停车场改造增加 10 个车位；各社区绿化约 1000 平方米，恢复被侵占绿地约 500 平方米，补种绿植近万株；修建燕东园社区垃圾站、北区排水管道，拆除老旧藤萝架等。完成畅春园、蔚秀园、中关园及燕北园居委会办公室及活动室的装修改造。完成 6 个社区防爬刺的安装，在 6 个社区增补 47 个视频监控摄像头，完成承泽园社区 48 个门栋智慧门禁的安装。

（胡晓珊）

【平安建设】 年内，街道与 7 个社区签订《燕园地区社区治安综合治理责任书》。做好 6 个社区微型消防站的运转维护和人员培训工作，参与区域消防联动。在各社区实施消防通道禁停标志和划线工作。完成春节、全国“两会”、“一带一路”高峰论坛及中共十九大等重大活动群防群治社会面等级防控 14 次。配合“智享自行车”工作，开展废旧自行车回收、捐赠、置换工作，组织清运回收自行车 160 辆。检查生产经营单位 455 家次，出动执法检查人员 910 人次，发现问题隐患 117 项，责令整改问题隐患 65 项，隐患整改率 100%，企业检查覆盖率 100%。

（胡晓珊）

【民生建设】 年内，街道接收失业人员档案 135 份，登记 230 人次。发放就业登记证 56 份，补录就业失业信息 81 人次。完成失业金领取标准调整 23 人次。失业人员动态管理系统分发失业人员 120 人次，社区接收 95 人次。受理新申领失业金 8 人次，到期停止 10 人次，按月发放及复核失业金 280 人次。春节“送温暖”慰问失业人员 24 人次。办理户籍人口两孩以内生育登记及再生育行政确认业务 364 件。办理流动人口生育服务登记业务 41 件。办理独生子女父母光荣证、计生证明开具、流动人口信息协查等各类计生业务 1255 件，接待业务咨询 2784 件。完善残疾人信息台账；完成北京市残疾人基本服务状况和需求信息数据动态更新工作，延期残疾人服务一卡通 278 张。发放困难残疾人临时救助金 1.2 万元。发放助残券、补助 10 万余元。开展残疾人失能护理互助保险工作。办理残疾人灵活就业保险补贴 5.2 万余元。发放慰问品、慰问金 8.9 万元，发放康复补助 9 万元。

（胡晓珊）

【社区建设】 年内，街道开展“一刻钟服务圈”、智慧社区、市级社会动员试点单位、特色街区等项目建设。完成蔚秀园社区东门及文化广场改造、承泽园楼道加装信息栏及安装特色宣传栏。开展“春风送暖”“春雨行动”“精准扶贫”爱心捐赠活动，募集资金 2.3 万余元；开展“慈善助困暖人心”和“慈善助学子”慈善救助活动，救助金额 3 万余元。为低保、低收入、杰出妇女代表、高龄空巢、老党员、优抚对象等社区特殊群体发放慰问品 3.42 万余元。配合北京大学相关部门开展居民安装电梯答疑解惑工作，推进各社区适老化电梯试点安装工作的开展。

（胡晓珊）

【基层党建和精神文明建设】 年内，街道开展党课教育、专题研讨、特色宣讲、征求意见等形式的学习教育活动，召开街道党政联席会 18 次，讨论决定 100 余项议题。严格执行中央八项规定和学校实施方案，加强党员干部的党风廉洁自律建设。推进“两学一做”学习教育常态化制度化，各党支部每月集中组织党员开展支部活动。

举办“我的中国梦　欢乐新北京”“庆祝十九大欢度重阳节”大型群众文艺会演 2 场。爱心社、环保协会、书画协会等学生社团与社区居委会、社区老年社团合作，开展志愿服务活动。建立“北大—政府—社区—机构”联动管理养老服务模式，实施“家庭助理”空巢老人精神照料和立体式社区互助养老两个服务项目的实施，带动北大爱心社、北大青年协会以及附近高校的青年志愿者，形成规模 100 余人的为老志愿服务力量。

（胡晓珊）

清华园街道

【概况】 清华园街道属大院式街道办事处，受海淀区政府和清华大学双重领导。辖区主体是清华大学校园，包括清华大学科技园，面积 3.49 平方千米。2017 年，街道设 9 个社区居委会和 1 个家委会，常住人口 2.8 万人，流动人口 6000 余人。辖区内有两院院士近 100 人，教授、副教授 4000 余人。

（杨引琴）

【环境建设】 年内，街道遏制家属区新生违建，拆除存在较大安全隐患的纯彩钢板结构和占压煤气管道的违法建设，拆除违建 76 处 2643 平方米。封堵开墙打洞 24 处，治理违章违法经营 250 起、“散乱污”企业 18 家，“小桥烧烤”、“永辉煎饼”、“翰皇皮具”、自行车摊、报刊亭等一大批老大难问题得到解决。疏解 277 人。拨专款 4000 万元开展外电网的改造增容工作，完成 385 户的“煤改电”工作。

违建拆除后采取路面硬化、周边砌墙的方式，共腾退、新增停车位近 30 个，新建百米文化长墙。完成多个小区楼门口破旧道路重新铺装以及破败车棚的翻新改造。东楼社区道路翻修面积约 8700 平方米，增加小区停车位 87 个，更换井盖 56 套。投入 30 万元在社区种植月季花和灌木 3000 多平方米。

（杨引琴）

【平安建设】 年内，街道全年召开安全工作相关动员、部署、协调会议 22 次。向居民发放各种宣传材料 4 万份。共检查校周边企业 600 家次。开展消防安全演习 6 次，防恐防暴训练 2 次。加强对平房区的巡控力度，排除消防安全隐患和煤气中毒隐患。开展安全隐患大排查大清理大整治专项行动，排查出 27 处隐患并进行整改，拆除 4 处泡沫彩钢板房；治理群租房 5 处，人员密集居住场所 23 处，消除重点“三合一”安全隐患 1 处。入户检查平房区 800 余户次，重点查看居住、取暖、电线拉接等情况。街道食药所对“四品一械”使用经营企业监管覆盖率均达到 100%，监管检查 257 次，立案 16 件。

购买 800 余个独立式烟感报警器，为平房区住户免费安装。为老旧小区加装数字监控探头50个，协助派出所破案6起。为重点点位配备15套安保防控多功能装备。

（杨引琴）

【民生建设】 年内，街道实现就业人数220人，获得“海淀区充分就业街道”称号。社保下沉窗口经办业务4637笔；办理社保卡、低保救助、残疾人、“一老一小”、社会化退休等业务1487人次。评定低保家庭28户41人。慰问优抚、困难群体总计近600人（次）。社会捐助活动收到善款近69万元。辖区有持证残疾人348人，发放各类补贴、补助近93万元。

建设北区菜市场。改造4座公厕。升级敬老专线服务4000余人次。北区社区39个单元门及多处公共服务场所进行坡道改造和安装扶手。

（杨引琴）

【党建工作和精神文明建设】 年内，街道建立街道信息员队伍，开通街道微信公众号。恢复街道工作月报，制定街道信息报送制度。新建宣传栏33个，制作核心价值观、公益广告、中共十九大主题海报约6000张、展板1000余块。举办第十二届社区文化节和第十三届体育节。依托这两个品牌，街道、社区开展以“清华园清华缘”雅集系列活动为代表的文化、体育活动161次，约1.5万人次参与。街道通过全国文明城区三年复检。

（杨引琴）

永定路街道

【概况】 永定路街道属大院式街道，受海淀区政府和中国航天科工集团第二研究院双重领导。2017年，辖区面积1.45平方千米，设有16个社区居民委员会，总人口52273人，其中户籍人口41760人，流动人口10513人。

（杨明月）

【环境建设】 年内，街道完成海淀区2017年季度、年度人口抽样调查工作。对辖区餐饮、食品流通经营企业进行快速抽检，通过创建食品安全示范区验收。关停两幢地下旅馆，清理疏解不符合安全要求的地下室宿舍。治理群租房27处，疏解1000人。

落实“大城管”工作体系建设，建立“五统一”城市管理综合考评工作体系。拆除违法建设7处，总面积1679平方米。完成“散乱污”企业整治24家，开展开墙打洞整治，封堵小门店147家。推进“无煤化”和空气重污染防治工作，露天烧烤、工地扬尘等违法行为得到有效遏制。

完成长安街及其延长线市容环境景观提升工程。开展见缝插绿、小微绿地、“乡土树种进社区”等增绿工程，在各社区打造不同主题的社区花园。改造提升社区绿化面积1.1万余平方米，实现“四季常绿，三季有花”。

创建4个“文明交通平安示范社区”。增设护栏、挡车球等设施，新增停车位105个。启动六东社区及周边停车秩序管理工作。推进闲置自行车智能化再利用工作。

完成九街坊等社区老旧车棚改造、七街坊等社区楼道粉刷、三街坊等社区局部雨水排放改造。新建休闲凉亭4处，维修改造社区大门1处，新增及更新休闲座椅119套，新装健身器材2套。完成2个社区4处路面硬化铺装，完成一街坊正大路北侧道路及8户残疾人家庭无障碍改造。

（杨明月）

【平安建设】 年内，街道完善社会治安防控体系，引入电子巡更系统，三类“可防性案件”发案率比上年下降32%。完成全国“两会”、“一带一路”高峰论坛、中共十九大等重点时期保障任务，发动治安志愿者8000余人次。办理市级安全生产督察交办的案件1起。开展大排查大清理大整治专项行动，对地区彩钢板建筑、“三合一”、“多合一”及筒子楼等进行安全检查并督促整改。重点对电动车楼道内充电、私搭电线等进行督促整改，发现整改安全隐患200余处。

受理区指挥中心派发市、区两级《监管通知单》742份，完成整治696处。更新维修数字高清摄像机102台。组织地区单位、学校参加社会反恐等应急演练和培训。妥善处置“10·21”金沟河路跑水等突发事件。推进智慧养老家庭厨房消防系统、智慧文化平台二期、社区楼栋引导服务系统等项目，提升“智慧永定路”建设水平。

受理群众来信来访130余人次。开展重点时期矛盾纠纷排查9次，依法调处5起疑难信访问题，调解纠纷306件，调解成功298件。建立地区法律援助示范工作站及三中、六东社区联系点。首次开展普法进学校、进部队活动，“张大姐热线”成为地区人民调解品牌。

（杨明月）

【民生建设】 年内，街道关停二街坊市场，增设蔬菜直通车，协调引进超市发和每日好超市。关爱空巢独居老人，开展“亲情陪伴1小时”活动，建成三街坊、五街坊养老驿站。新增老年餐桌3处，为地区2家社区卫生服务中心安装座椅式电梯。举办“航天宝贝计划”早教活动400场，试行“三点半学校——航天少儿学堂”项目，利用社区资源缓解小学生放学后无人看管问题。

完善地区公共文化设施及服务内容，通过中期督导检查。开展“永定四季”“夏日广场”“全民悦读”等群众文体活动，举办群众展演等500余场。推出传统文化进社区、进校园、进军营活动，“亲历者说”系列文化沙龙获“海淀区市民学习品牌”。完成非京籍人员子女在京就读“五证”审核。

开通灵活就业等4项业务的电话预约上门服务。提供就业岗位2900余个，就业指标完成率115%，成功创建海淀区充分就业街道、社区。受理保障房资格申请521户，完成经济适用房、限价房项目意向登记工作。为各类特定群体发放救助、补贴及津贴，开展“春风送暖”“精准扶贫”等活动，募集捐款65万元。推进职康站和温馨家园、爱心家园建设。

（杨明月）

【社区建设】 年内，街道推动社区职能向综合服务转型。开展社区干部能力提升、继续教育等轮训、培训20余次。开展“社区加油站——社区品牌建设项目”，引导鼓励社区挖掘、打造特色品牌。开展“社区好榜样”评选。动员驻区单位开放内部服务设施，进一步健全多元参与、社会协同、共建共享机制。

（杨明月）

【基层党建和精神文明建设】 年内，街道完成“两学一做”学习教育常态化制度化工作，开展主题党日活动。成立永定路地区党建工作协调委员会，促进党建工作的横向联通。试行党员积分制管理，为党员评议奖惩提供量化标准。建立中层以上干部、社区居委会主任等领导干部廉洁自律档案，签订《廉洁从业承诺书》，学习贯彻《中国共产党廉洁自律准则》《中国共产党纪律处分条例》。开设网上党风廉政专栏，发布通报、曝光等52次。

坚持文明城区建设长效机制，助力海淀区完成全国文明城区复查验收。推荐航天二院职工及地区居民参评“感动海淀十大人物”“北京社会好人”“北京孝星”。开展“春蕾”志愿家教、“追梦创客空间”等活动，被选树为北京市“五大青年行动”志愿服务进社区试点单位。

（杨明月）

东升镇（东升地区）

【概况】 2017年，东升镇辖区面积8.28平方千米，有5个村民委员会和6个社区居委会。常住户籍人口23538人，其中非农业人口22773人，农业人口765人。常住流动人口24572人。全镇集体经济总收入实现23.2994亿元，同比增长55.5%，年均增长9.3%；集体经济纯收入实现11.3758亿元，突破10亿元大关，比2012年增加40550万元，同比增长55.4%，年均增长9.3%；集体劳均所得达到73826元，比2012年增加23132元，同比增长45.6%，年均增长7.8%；股东人均分红32849元。中关村东升科技园总收入220亿元，纳税19亿元。区税收返还2亿元，代收出租房屋税842.18万元。集体经济产业结构更加优化，第三产业收入占集体经济总收入的99.2%。

中关村东升科技园被评为“2017年中国自主创新卓越园区”。中关村智造大街吸引智能制造、人工智能、电子信息类高科技企业47家。中关村东升国际创业园正式投入运营，全球健康药物研发中心、全球新材料研究中心落户；引入清华大学科研团队、BI商学院、国际创新创业训练营等智库资源。奥北产业园引入摩诘创新科技、索为云网科等行业领军企业，汇聚11家上市公司。学清嘉创大厦产业园引入互联网新闻媒体“今日头条”，荷清大厦引入未来芯片技术高精尖创新中心。

（韩慧新）

【环境建设】 年内，东升镇完成“无煤化”改造895户，基本实现“无煤化”；完成低氮锅炉改造101台，拆除锅炉39台；规范“门前三包”2.25万次，检查道路14196条次。巡查河道264次，清理垃圾25吨。投资65万元完成前屯141号污水管线改造，建设清河北岸2424米污水管线，将沿线马坊股份社、燕京神学院等7家单位纳入城市污水管网。完成八家嘉园北侧路、宝盛里小区等重点区域环境整治工程20项；将115家餐饮企业厨余垃圾处理纳入规范化管理；投资145万元购置垃圾分类电动车20辆、更换垃圾桶600个。

（韩慧新）

【平安建设】 年内，东升镇以市级挂账莱圳家园、区级挂账八家、镇级挂账西小口地铁站周边等地区为重点，开展综合整治135次。组织4次500人反恐应急演练和专业技术培训。配合交管部门张贴处罚单2000张，追查违法单位130家。将333家食品药品经营单位纳入日常监管；开展专项检查和联合执法85次，整治无证经营65家，抽检260件，办结群众举报案件150起；在华源世纪商务楼建成首家阳光餐饮示范街，成功创建食品安全示范区，食药所被评为“北京市食品药品监督管理示范所”。巡查审查、矛盾排查企业1292家次，受理劳动争议仲裁案件16件；妥善处置5人以上群体性讨薪案件12起，涉及农民355人、金额375万元。

整治市“三大行动”挂账的67处“三合一”、高风险密集居住场所，清退出租大院22处1.2万平方米，拆除彩钢板23处1.3万平方米。

（韩慧新）

【民生建设】 年内，东升镇完成马坊、大钟寺、太平庄等单位整建制农转居1279人，累计实现农转居4021人，其中3855人纳入城市社会保障体系。建立企业用人需求档案181家，实现就业357人，登记失业率控制在1%以下，被评为“北京市充分就业镇”。为1088名群众办理新农合参保，受理报销5890人次1571.8万元。服务低保、低收入等困难对象68人，超转、优抚等民政对象1312人，60岁以上老人11244人。使用善款119.7万元，救助困难群众2275人次；使用善款46.9万元，为80岁以上老人发放高龄津贴。完成11项为民办实事项目，完成奥北社区科普示范基地建设。对辖区12所无证幼儿看护点开展多轮次安全检查，为90名非京籍子女办理入学证明。

投资38万元实施文慧苑社区综合类项目，打造“青春伴夕阳”等社区品牌3个，开展社工日嘉年华等活动90场。完成小营悦茂购物中心商业网点建设，新增北菜、国安2个“菜篮子”网点，开设前屯社区便民超市，流动菜车售菜750车次。投资69万元改造观景园等小区无障碍设施，投资63.5万元整修龙岗广场。

（韩慧新）

【基层党建和精神文明建设】 年内，东升镇召开党建推进会3次。成立17个党建工作协调委员会。在34个党组织开展党支部规范化建设试点工作。与海淀区委党校签订长期战略合作协议，举办党务干部培训班、发展对象培训班、信息员培训班，培训村居干部500余人次，发展党员47人。

组建“东升镇学习贯彻党的十九大精神宣讲团”，宣讲115次。组织媒体集中采访14次，刊发新闻报道331篇。筹建东升镇（奥北）文化服务中心，为东升镇文化活动中心新配图书

4000余册。组织星火工程演出、第二十八届农民艺术节等活动。连续三年获得市民艺术节优秀组织奖，小营村获“全国文明村”称号。奥北社区被评为“北京市示范妇女之家”。

（韩慧新）

海淀镇（万柳地区）

【概况】 2017年，海淀镇辖区面积4.79平方千米，下辖4个村委会和2个居委会。海淀镇集体经济总收入8.3610亿元，比上年增长7%；集体经济纯收入38479万元，比上年增长7%；劳均所得51370元，比上年增长5%。税源企业新增10家。

50余万平方米存量产业发展良好。肖家河6万平方米商业还建项目实现结构封顶。西苑操场综合改造项目列为区政府2018年重点工程。万霖科技园项目处在招商引资阶段。树村12万平方米产业园项目完成概念方案设计。万柳10.5万平方米产业项目结合《北京城市总体规划（2016年—2035年）》要求重新进行方案调整。龙湖星悦荟商业街西苑商城完成近5000平方米业态调整。青龙桥7万平方米还建产业项目启动方案研究。

镇农资委实现对镇、村两级集体经济组织“三资”监管考核全覆盖；聘请第三方审计机构，将审计范围扩展到三级单位。基本完成产权制度改革，完成镇总社换届，选举产生新一届管委会和监委会；成立北京振海万腾置业有限公司；肖家河、西苑股份社增配总经理。

（范宏伟）

【城乡一体化建设】 年内，功德寺棚户区改造项目腾退700户，腾退集体产业9万平方米，腾退任务完成90%。树村棚户区改造项目集体企业腾退基本完成，宅基地腾退完成98%。

中央党校西安置房和六郎庄安置房项目二期完成入住；树村安置房项目一期建成；一亩园安置房部分住宅楼实现结构封顶；功德寺安置房项目取得规划条件，设计方案基本完成。树村和青龙桥村共计907名劳动力实现农转非。

（范宏伟）

【环境建设】 年内，海淀镇9项台账任务按期完成。拆除违法建设103万平方米，占海淀区台账任务的25%。开展联合执法百余次，查处违法行为985起；关停200余家无证无照小门店，持续整治香山路和玉泉山路的无证无照经营行为；整治开墙打洞8家、群租房5处；排查176家企业，制定镇级台账，完成70家企业整治工作。回收燃煤487吨，“煤改电”18户，完成PM2.5平均浓度控制在60微克/立方米以内的目标；升级“河长制”，建立健全日常巡查制度；完成玉泉山周边环境美化提升工程，绿化美化1.38万平方米；推进背街小巷、架空线等整治。

（范宏伟）

【平安建设】 年内，海淀镇三类可防性案件“零发案”；开展联合大检查50次，夜查百余次，专项检查30次，拆除彩钢板房6850平方米；加大食品药品违法行为查处力度，出动580人次，检查商户800余户；接待调处个体访205件，处理来信和网上信访48件，领导接访15起；完成“两会”、“一带一路”、中共十九大等重要时期的服务保障任务。处理行政诉讼案件14件、民事诉讼案件1件、行政复议6件；办理市、区两级人大代表和政协委员提出的建议（提案）3件。开展法治宣传教育。

（范宏伟）

【民生建设】 年内，海淀镇举办招聘会2场，采集空岗信息471个，实现就业人数357人；日常巡查企业50家，书面审查企业169家；走访慰问困难群众1430人；投入150万元开展农民体检惠民工程，3409人受益；与六郎庄柳浪家园养老服务驿站签订服务协议；审批通过26名非本市户籍适龄儿童入学；办理生育登记63份。优化社保大厅环境设施，进一步规范业务流程和服务行为；推进新型农村合作医疗与城镇居民大病医疗保险整合工作及全民参保登记；完成文化活动和队伍建设资金投入；开展健康大体检；为辖区基层单位配备消防设施；完善柳浪家园社区便民驿站，建立线上服务平台；改造柳浪家园回迁楼排水管线；为柳浪家园配备移动厕所；为万柳园林绿化公司配备环保清洁设备；加大对镇属幼儿园软件建设支持力度；对回迁社区居民开展市民化培训工作；对汇新家园（东区）地下车库进行立体车库改造；对万树园小区停车场进行改造等。

（范宏伟）

【基层党建和精神文明建设】 年内，海淀镇开展“两贯彻一落实”，推进“两学一做”学习教育常态化制度化，落实“一岗双责”，查处“为官不为”“为官乱为”及发生在群众身边的不正之风和腐败问题，坚持“无禁区、全覆盖、零容忍”惩治腐败。

组织“喜迎十九大”系列活动，举办学习贯彻中共十九大精神专场文艺演出，成为首家与中央民族歌舞团合作宣传中共十九大精神的单位；开展回迁安置社区农民市民化教育培训活动；落实“七五”普法工作；举办“五月的鲜花”文艺会演、金秋运动会等文体活动；打造原创话剧《情浓海淀镇》，制作《三山五园史话》沙画宣传片；开辟京西稻等作物种植场所，传承传统农耕文化。

（范宏伟）

四季青镇（四季青地区）

【概况】 2017年，四季青镇面积40.83平方千米，下辖13个行政村、12个社区居委会，有直属企事业单位20家。有户籍人口7万余人。全镇集体经济总收入33.10亿元，比上年下降0.38%；集体经济纯收入10.73亿元，比上年增长8.13%。集体账内劳均分配68141元，比上年增长20.32%；人均分配25952元，比上年增长16.01%。

约10万平方米的中关村军民融合产业园园区建设工作基本完成，中国船舶、北斗导航、华夏高铁等军民融合企业与园区签订入驻协议；玉泉慧谷信息安全产业园完成招商工作，12家企业实现入驻办公；完成绿馨家园市场、爱家家居市场的改造设计方案。《四季青镇城市化建设规划实施方案》编制工作取得重大进展，初步完成71万平方米社保基金产业建设地块选址工作。

研究制定《四季青镇集体经济产权制度改革中资产量化份额流转及入股工作实施意见》《四季青镇集体经济产权制度改革中建立股份经济合作社实施意见》《四季青镇集体经济产权制度改革中集体资产量化份额流转及入股工作实施方案》等改革配套政策文件。实施集体经济产权制度改革，推进集体资产量化份额流转工作。

（白梦实）

【城乡一体化建设】 年内，双新村、宝山村被纳入棚户区改造范围并启动搬迁腾退工作。香山一期安置房项目和常青回迁安置房项目各项手续以"一会三函"形式加快推进，其中香山一期安置房项目已公示并取得市政府批复，完成规划公示采信及道路红线调整，办理规划钉桩；常青回迁安置房项目被纳入保障房建设计划，取得区政府主体授权，项目土方施工全面展开。

（白梦实）

【环境建设】 年内，四季青镇成立疏解办公室，协调和指导开展"疏解整治促提升"专项行动，完成无证无照经营整治、开墙打洞整治、地下空间与群租房治理等专项整治任务。推进玉泉山周边功能疏解与环境提升工作，整治点位17处、单位21家，拆除建筑面积5.28万平方米，完成周边9条道路的绿化提升方案。全年拆除违法建设36万余平方米，疏解人口5.9万余人。

推进"煤改电"工作，实现镇域"无煤化"工作目标。完成铁路大台线宝山段环境整治工作，军福沟、南河滩排蓄工程及植被恢复工程，西郊机场排洪沟、西冉村砂石坑配套雨水管线等雨洪工程完工，燕桥金路等10个环境整治项目中5个实现完工。开展日常环境管护工作，完成首都城市环境建设委员会办公室台账任务。完善"四位一体"大城管工作机制，大小微循环案件办结率达100%。镇、村（社区）全面推行街巷长制，补齐背街小巷治理短板。建立区域与流域相结合的河长制管护体系，镇域内24条河道全部由专人负责。推进垃圾分类工作，全镇达标模式小区26个，创新模式小区6个，天香颐中里垃圾分类创新模式被多家市区媒体报道。

（白梦实）

【平安建设】 年内，四季青镇完成"两会"、"一带一路"高峰论坛、中共十九大等重要时间节点的维稳安保及服务保障任务。拆除隐患点位12万余平方米，关停51万余平方米，查封21万余平方米。完成市安全生产督察迎检工作。成立镇信访工作联席办公室，一批信访积案得到有效化解，群众来访批次和人次比上年分别下降53%和43%。

（白梦实）

【民生建设】 年内，四季青镇帮助670名城乡劳动力实现就业，为农村劳动力854人次申请转移就业补贴235万元，为1578人申请市区灵活就业社会保险补贴，为5000余名失业人员发放失业金655万元。完成"一老一小"、医疗报销、社会救助、住房保障等民生保障工作。推进适老化电梯改造项目，选取曙光望福园小区作为试点。统筹利用腾退出的空间完善便民服务，在佟家坟、西平庄等地区新建停车场8处，新增停车位1180个；将海淀区残联、佟家坟2处公交车站改造提升为公交港湾；申报社区"菜篮子"项目，全镇有规范化蔬菜零售网点35个，实现蔬菜零售网点社区（村）全覆盖。

（白梦实）

【基层党建和精神文明建设】 年内，四季青镇成立镇、村、社区党建工作协调委员会和"两新"组织党建工作联席会，探讨解决地区热点难点问题。推进"两新"组织党建工作，全镇710家非公企业党组织覆盖率达91.97%。

严格落实党委党风廉政建设主体责任，把党风廉政建设与全镇重点工作同部署、同推进、同落实、同考核，各级领导干部严格履行职责范围内的主体责任。推进党风廉政建设主体责任全程纪实和信访举报案件的核实查处，督促落实"专项人员聘用经费集中整治""为官不为""为官乱为""群众身边的不正之风和腐败问题"等专项治理工作。探索成立镇党委督察组，重点对全镇集体经济组织执行"三重一大"议事制度、农村"三资"管理制度等进行规范，实现监督全覆盖。

通过全国文明城区复检和首都文明镇检查验收。形成"四季青宝贝之家""文化四季"等特色服务品牌。通过"菜单式""订单式"文化服务，举办第八届全民读书月、"五月的鲜花"、文化四季大课堂等群众性文化活动500余场次，惠及地区群众6万人次。"四季青宝贝之家"公益项目获2017年北京妇女儿童优秀公益项目银奖。

（白梦实）

西北旺镇（西北旺地区）

【概况】 2017年，西北旺镇面积51.02平方千米，辖16个村民委员会、14个居民委员会、19个农村经济合作社、14个农村股份经济合作社、3家全额拨款事业单位、2家纳入规范管理事业单位、2家自收自支事业单位、4家民营敬老院。有户籍人口43067人，其中农业人口8277人，非农业人口34790人；常住人口148666人。

（王亚梅）

【经济建设】 年内，全镇农村集体经济总收入完成7.34亿元，比上年增长6.5%，其中镇级集体经济总收入1.96亿元，比上年增长1.6%；村级集体经济总收入5.38亿元，比上年增长8.4%。完成第三次全国农业普查工作任务。完成全镇22个集体经济组织及镇村级集体企业（含二级公司）的"三年"审计全覆盖工作。推动产权交易平台试点工作，逐步规范集体经济组织产权流转交易行为。村级股份经济合作社换届选举工作基本完成。

（王亚梅）

【城乡一体化建设】 年内，“一镇一园”项目南区（X5）地块控制性详细规划取得市级批复；完成南、北两区立项申请报告的编制工作和立项预审；与西玉河村签订东区（X3）地块占地协议。与中粮置业签订创科生态小镇战略合作协议。集体土地建设租赁住房项目有序进行。西玉河村宅基地及三产的腾退工作基本完成。推进六里屯村和马连洼村整建制农转居工作。配合征地单位推进上庄路屯佃、永丰屯路段和邓庄南路等6个村征地项目的相关手续办理，督促各征地单位落实征地补偿款。

（王亚梅）

【环境建设】 年内，西北旺镇启动亮甲店村、永丰屯村、土井村、冷泉村、屯佃村等大棚房整治拆除，西玉河村剩余宅基地和三产地整体腾退，韩家川村环境综合整治，“小散乱污”企业集中清理整顿等专项行动，对长期存在的违法建设、开墙打洞、无证照经营等问题开展综合治理。拆除违法建设81处37万余平方米。其中，拆除韩家川村西北部违法建设7万平方米；清理整治镇域内931个大棚房，全部通过国土部门验收；韩家川村、西玉河村2个市级重点挂账村实现销账。完成对市级台账181家“小散乱污”企业和23处重点点位清理整治，通过中央环保督察和北京市环保督察验收。全年疏解人口3.5万人，完成人口调控责任书目标的2.88倍。

（王亚梅）

【平安建设】 年内，全镇签订《安全生产、消防安全责任书》118份。引进“安全生产综合监管信息化系统”，构建线上与线下相结合的全覆盖、精细化安全生产监管检查机制。检查单位91家次，复查35家次，约谈单位负责人19家，整改安全隐患单位35家；在重要节日、重大会议等重点时期，全镇启动社会面一级加强防控等级，投入专群防控力量约38万人次。接待日常投诉案件55件，全部办结，为劳动者追讨工资约900万元，涉及1300余人；处理投诉咨询案件35件；受理并解决劳动争议仲裁案件22件。

（王亚梅）

【民生建设】 年内，全镇申请灵活就业人员379人，办理就业手续696人次，申请办理区级农转工灵活就业26人，发放失业金2607人次。完成农转居241人，其中六里屯村整建制农转居工作的请示取得市政府批示。城镇居民累计参保4438人。发放困难补贴、救助金及慰问金150万余元，救助困难群众110人。开展社区教育讲座、培训11场、科普宣传8次。举办早教讲堂、亲子活动10余场。核查通过273名非京籍儿童入学“五证联审”。为独生子女家庭办理意外伤害保险4123份，办理女性乳腺癌、宫颈癌保险1285份，卵巢癌、乳腺癌、子宫颈癌、红斑狼疮保险1017份。完成西北旺镇文化服务中心和大牛坊社区、友谊嘉园社区和西六社区文化活动中心建设。

（王亚梅）

【基层党建和精神文明建设】 年内，西北旺镇开展基层党组织书记抓党建述职评议考核会，对其党建履职情况进行量化考核；召开“两学一做”专题民主生活会；召开落实中央巡视组巡视“回头看”整改意见专题民主生活会，进行党性“体检”；对全镇5个村党组织的“第一书记”进行年度任期考核；对全镇村、社区党支部和永丰农工商总公司党总支部年度党支部规范化建设工作以听汇报、做测评、查档案的形式进行集中考核。对农业综合服务中心党支部、六里屯村党支部、社保所党支部书记人选进行考察，选优配强带头人；对皇后店村党支部、六里屯村党支部、唐家岭地区党支部等10个支部进行支部委员补选，配齐党支部班子；在村居党支部、非公企业党支部和镇机关党支部等12家试点单位开展党支部规范化建设试点工作。开展“党员亮身份”活动，通过佩戴党徽、悬挂“共产党员户”标牌，强化党员的身份意识，增强党员的责任感、使命感和荣誉感。排查非公企业225家，成立非公企业党组织36个，覆盖企业数222家，覆盖率达98.67%；建立“两新”组织专职党建工作指导员队伍，帮助“两新”组织开展活动；为单独建立的“两新”组织党支部征订党报党刊。承办海淀区第二十七届农民艺术节开幕式暨文艺会演。组织举办镇级群众文体活动40余项、文体培训17次。春节民间花会踩街、“社区邻里节”等品牌活动影响力持续提升。

（王亚梅）

温泉镇（温泉地区）

【概况】 2017年，温泉镇面积33.23平方千米，辖7个行政村、12个社区。有户籍人口29213人，其中农业人口142人，非农业人口29071人，流动人口24497人。全镇经济总收入19.4864亿元，比上年增长7%，经济纯收入39428万元，比上年增长7%，居民人均收入23994元，比上年增长8%。兴业公共服务、宏泉物业公司、赢海欣泉、昊远兴达网络公司等镇属集体企业业绩平稳增长；启动海淀区村级组织账务分离试点工作，明确村委会公共管理职能与村集体经济组织经济管理职能，逐步剥离集体承担的公共服务管理职能和负担。

（王莹莹）

【城乡一体化建设】 年内，翠湖科技园云中心一期建成并投入使用，二期建设基本完成，近70家高新技术和战略新兴企业入驻。明确1.5万平方米温泉文化中心的项目定位及商业管理模式。协助完成D21、D22地块招、拍、挂手续并成功上市，协调推进北辰商业地块、C地块商业中心的土地回购。中关村创客小镇以园区、社区“两区融合”的创新创业生态体系，打造全方位共享创业社区，完成创客小镇一期项目建设，签约创业团队425个，配租创客公寓入住1990套。

全年实现农转非8288人。镇党委、政府探索农民回迁社区社会管理体制创新工作，成立温泉水岸家园地区工委（管委会）和温泉人家地区工委（管委会）统筹地区事务。白家疃村、温泉村的村居一体化工作有序推进。

（王莹莹）

【环境建设】 年内，温泉镇开展“疏解整治促提升”专项行动，疏解一般制造业2家，整治“散乱污”企业105家，对无证无照经营、城乡接合部重点地区安全隐患进行整治。完成开墙打洞专项整治任务台账85处点位，销账率100%；关停太舟坞市场，总建筑面积约4.5万平方米，涉及从业人员约900人，其中外来人口约840余人。完成拆除违法建设任务台账43处，拆除总面积近11.34万平方米，台账完成率100%。对白家疃村、白家疃社区、温泉社区（大稻地片区除外）住户进行空气源热泵供暖改造；协调西郊农场、海淀区供销社和304所3家高压自管单位完成107户改造；对白家疃村与杨庄村499户“他类住宅”进行天然气外管线改造，督促镇域企业进行改造，全面完成新能源供暖工作。推进“山水林田湖”生态系统提升工程，完成南山果园公园化二期工程果园围栏、道路铺装等工作。落实“河长制”，完成团结渠支渠河道清淤工作，协助区水务局完成南沙河截污二期工程的60%、三期工程温泉段的80%，开展温泉沟（水江子段）治理。

（王莹莹）

【平安建设】 年内，温泉镇推动三级网格有效运行，打造数字化“大城管”体系，加强对市容环境、治安防控、极端天气、街面秩序等监督管理和应急指挥。排查调处矛盾纠纷136起，成功136件，调解率100%。各村、社区调委会排查民间纠纷430件，纠纷金额471万元，调解人次792人。办理依申请公开、履行法定职责、依法行政申请370余件。完成“一带一路”高峰论坛、中共十九大等重大政治活动服务保障任务。

（王莹莹）

【民生建设】 年内，全镇全年完成惠民实事19件，民生领域投入3566万元。建立“一对一”职业指导、用人需求档案100%跟踪回访等精细化职业指导服务，开展“春风行动”“民营企业招聘月”等促进就业活动，招聘现场389人达成初步意向。加快建立覆盖城乡居民的社会保障体系，将新农合和城镇居民医疗保险合并为城乡居民医疗保险，实现城乡居民应保尽保。

推进健康教育、食品安全、疾病防控等工作，邀请西苑医院、海淀医院的专家每周坐诊，诊疗9000余人次；组织4467名整建制农转非人员参加健康体检。通过建立微信公众号“益周遇健你”、举办健康知识讲堂、组织健步走活动等方式，宣传健康生活方式。温馨家园新址正式开园，依托职业康复站、精神康复日间照料站等为残疾人提供服务。

推进立新幼儿园温泉分园建设；协调推进北部新区实验幼儿园、杨家庄小学2个教育配套项目建设工作；温泉二中转型为北京中法实验学校，并进一步打造成为中法两国基础教育交流示范学校、海淀北部新优质特色学校；加强无资质幼儿看护点安全管理工作。引进“家庭公约”“书香之家”等课程，加强家庭教育建设；启动企业与困难学生“一对一”结对帮扶工作，奖励、资助学生近400人，发放奖助学金57万余元。

（王莹莹）

【基层党建和精神文明建设】 年内，温泉镇推进“两学一做”学习教育常态化制度化，组织理论中心组（扩大）学习和基层党组织书记（扩大）轮训班。成立非公有制企业和社会组织综合党委，建立联席会议制度和党建工作联系点制度。打造“幸福泉”党群活动服务中心，构建“一站两平台五室”，发挥党群活动、决策议事、便民服务“三位一体”公共平台作用。开展理论中心组（扩大）学习22次。

全面推进落实主体责任全程纪实等制度，签订《温泉镇党风廉政建设目标责任书》82份。全镇32个党支部设立纪检委员，督促党员干部签订承诺书；开展“为官不为”“为官乱为”问题专项治理、专项人员聘用经费集中整治等工作。利用四海孔子书院文化阵地，推进智慧温泉、红楼温泉、创新温泉、原创温泉、活力温泉5项温泉文化品牌建设，培育产业形态鲜明、环境和谐宜居、文化魅力彰显的“特色小镇”。打造航材大道、白家疃主街两条特色街区；通过创建国家公共文化服务体系示范区中期督查。组织地区群众开展文体活动60余次。

（王莹莹）

苏家坨镇（苏家坨地区）

【概况】 2017年，苏家坨镇辖区面积84.51平方千米，辖19个行政村、7个社区居委会、19个农村经济合作社、6家事业单位。常住人口5.06万人，流动人口21084人，较上年底减少1.1万人。全镇集体经济总收入41692万元，比上年减少3%，农户所得总额为44757万元，农户人均所得23809元，比上年增长46%。

“一镇一园”项目取得新进展。北京协同创新园项目控规获得市级批复，七王坟集体产业项目用地完成确权登记。协同创新园地块租赁住房项目进入立项手续办理阶段。周家巷土地复垦项目通过区级部门验收，进入市级部门审批指标阶段。

执行村级集体经济合同管理制度，审核69份经济合同。对17个集体经济组织的土地征占地款开展专项审计。重新划定100余公顷永久基本农田。集体产权制度改革稳步进行，村级股份经济合作社换届选举工作有序推进，完成第三次全国农业普查。

制定《全域旅游策划方案》。旅游基础设施不断完善，安装115块旅游导向标识系统。举办阳台山登山节、紫云台风车节等旅游品牌活动。

（杨蕾）

【城乡一体化建设】 年内，苏家坨镇严格执行新增产业禁限目录，清退集体土地上不符合区域功能定位的企业7家，疏解一般制造业2家，清理整治“散乱污”企业109家。治理群租房11处，整治占道经营598起，关停无证无照经营124户。拆除违法建设54万平方米，超额完成台账任务14万平方米。整治开墙打洞42处，完成台账任务（31处）的135%。整改“大棚房”137处5.29万平方米。城乡接合部重点村西小营村综合整治完成区级台账任务。推进北安河、周家巷村、南安河村、徐各庄村4个村腾退收尾，腾退宅基地72户、非宅49户。在七王坟、柳林、西小营村探索村庄物业化服务管理新模式。成立前沙涧地区管委会和北安河地区管委会，解决回迁安置房社区治理难题。

（杨蕾）

【环境建设】 年内，苏家坨镇办结配合中央和北京市环保督察工作，办结交办案件45件。年度降尘量均值为7.6吨/月·平方千米，完成市政府下达的“年度降尘量控制在8吨/月·平方千米以下”的任务目标。督促13家单位完成燃气锅炉低氮改造，14个村居2426户、116处办公及公益场所完成煤改清洁能源改造，全镇基本实现“无煤化”。秸秆禁烧实现“零火点”。

全面推行“河长制”。任命镇、村两级“河长”50人，出台“河长制”例会、巡查、考核等7项工作制度，整治入河排污口36处。代表海淀区通过北京市2017年度“河长制”验收。

继续实施“林长制”。镇级、村级、村级执行林长三级“林长”全覆盖，762棵古树名木得到有效管护。在温阳路东侧林地、旅游路林地、周家巷三角地等重点区域实施景观提升工程，完成林地改造579亩，森林覆盖率、林木绿化率分别达54.59%、65.66%。成立浅山区生态保护和环境治理专项指挥部，制定浅山区违法建设拆除工作时间表，启动七王坟村违法建设清零行动。

（杨蕾）

【平安建设】 年内，苏家坨镇投入210余万元，在地铁站、北安河安置房、纪检监察学院东侧等重点区域以及西小营村、苏一二村等村庄安装改造监控探头155个。办结上级转办、本级接办来信来访、网上信访件及复查案件218件，按期办结率100%。接收区“96181”非紧急救助服务中心便民诉求案件2960件，按期结案率100%。调解民事纠纷537件，调解成功率100%。

开展安全隐患大排查大清理大整治专项行动，检查企业单位3004家次，排查安全隐患问题1965项，督促完成整改1823项；完成6个村居3300个独立烟感报警器的安装推广。建成微型消防站5座、小型消防站1座、消防水池2座。完成重大活动服务保障任务。获评2017年度全区综治考核“优秀等次单位”。

（杨蕾）

【民生建设】 全年全镇民生支出2.4亿余元，占一般公共预算支出的44.5%。发放困难补贴、救助金及慰问金3300余万元。

开展老旧小区北分瑞利社区既有多层住宅增设电梯工作，惠及48户家庭。北安河8095套回迁安置房竣工入住；七王坟村建设试点有序推进，参与民居改建的150户村民回迁。在西小营村和草厂村新建便民菜站3个，新增停车位800个。面积300平方米的前沙涧地区残疾人在温馨家园开园。镇社区服务中心暨前沙涧地区文化活动中心揭牌，全年开展活动313场，举办第四届地区运动会。苏家坨镇被评为2013—2016年度全国群众体育先进单位，被列为全国首批96个体育特色小镇试点之一。

（杨蕾）

【基层党建和精神文明建设】 年内，苏家坨镇深化“两学一做”学习教育常态化制度化，组织2543名党员参观“砥砺奋进的五年”大型成就展。制定《关于进一步加强包村工作的意见》、村（居）书记例会、党建和党风廉政建设季度检查半年考核等新制度、新机制。成立镇、村（居）两级地区党建工作协调委员会，搭建区域化党建议事平台。制定《苏家坨镇党委意识形态工作责任制实施细则》。新建党组织7家，“两新”组织党组织覆盖率达90%。坚决执行“三重一大”制度，召开镇长办公会、镇长专题会72次。

（杨蕾）

上庄镇（上庄地区）

【概况】 2017年，上庄镇辖区面积38.45平方千米，下辖20个行政村、6个社区、13家企事业单位。有户籍人口27712人，其中农业户籍人口10644人，农村劳动力5191人；流动人口3万余人。地区经济总收入14.28亿元，比上年增长13.5%。农民人均劳动所得25986元。完成18个村级股份经济合作社换届选举，加强村级财务审计和集体经济合同管理。双塔村依法解除违约合同、收回土地。推动上庄路改扩建工程、“一镇一园”建设、再生水厂项目、上庄村腾退、集体土地建设租赁住房项目。

（吴雪君）

【城乡一体化建设】 年内，上庄镇推进都市农业示范镇创建，围绕农业生态休闲功能和田园特色，支持各农业园区升级发展。拥有京西稻保护性种植基地、翠湖农业观光园等10余个特色农业园。京西稻等特色农业园品牌效应日益显现。建成高标准基本农田133.33余公顷，新增平原造林170公顷，农用地保护性种植1133.33余公顷。组建镇属绿化公司和村级管护队，实现全面专业化养护。

（吴雪君）

【环境建设】 年内，上庄镇集中解决一批环境脏乱差、大气和水环境污染等突出问题，沙阳路沿线、水库两岸、上庄早市周边等重点区域环境持续改善。全面推进“河长制”，组建村、镇两级河长队伍，落实“水清岸绿”行动计划。自筹资金1200万元，开展12项沟渠清理疏浚工程。开展平原造林，推行生态林分级管护。综合运用节能减排、清洁降尘等措施治理大气污染，全镇整体实现“无煤化”。开展“三路两岸一街”环境综合整治，推进“一街一品”环境提升工程和“一村一公园”建设。西闸村、皂甲屯村有效利用村庄空间，建成百姓家门口的村中公园；白水洼村、罗家坟村、李家坟村等探索通过村民自治机制，规范机动车停放管理措施。

关停一批无证照市场和小门店，清退一批存在安全隐患的出租大院和小作坊，关停8所未经审批幼儿看护点，完成3家一般制造业的整体退出。开展清理“散乱污”企业、治理开墙破洞、设施农业非农利用清理整治等专项任务。拆除违建77处20万平方米。腾退空间优先用于建设便民网点、村中公园、新增绿地、停车位等。完成北部生态绿心启动区配套道路及东小营村等4村整村道路修复等项目。启动上庄路改扩建工程，水库大桥重建基本完工。

（吴雪君）

【平安建设】 年内，上庄镇完善大城管、大综治、大信访工作机制，全镇立体化治安防控体系基本形成。推进镇城市管理指挥平台与派出所综合指挥平台合并运行，试点东马坊村“两站三室”（即巡防工作站、流动人口管理服务站，警务室、民调室和监控室）建设，完成城管执法队与违法建设核查队合并重组。完成北京市安全生产督察各项任务，开展安全生产隐患大排查大清理大整治专项行动。引进法律专职顾问，建立信访实习基地。完成中共十九大等重大活动服务保障工作。启动“七五”普法，加强人民调解和法律援助。完成工会、妇联、残联换届。

（吴雪君）

【民生建设】 年内，上庄镇出台为民办实事12条民生领域具体奖励补助措施，建立就业促进基金，创建北京市“充分就业示范镇”。发放保险补贴1892万元。健全兜底救济机制，走访慰问地区低保、重残、特困群众和优抚对象。组织地区农民免费体检，开展社区青少年科普活动，完成老旧小区楼房无障碍改造。西马坊村完成整村452人整建制农转非。搭建幸福上庄、上庄社区服务等微信平台，建成首个“一刻钟服务圈”。建成残疾人温馨家园、心灵家园，完善特殊家庭关爱服务体系。开通常乐村专线巴士，解决村民出行“最后一公里”问题。推进国家公共文化服务体系示范区、北京市卫生镇和食品安全示范区创建工作，新建并启用镇级文化服务中心和4个村级文化活动站。加强曹氏风筝等非物质文化遗产传承和东岳庙、纳兰文化等历史遗存保护。

（吴雪君）

【基层党建和精神文明建设】 年内，上庄镇推进“两学一做”学习教育常态化制度化，“两贯彻一落实”取得成效。成立地区党建工作协调委员会，搭建地区单位共商共建议事平台。推广“一厅一站一队”服务体系建设。建立党员“亮身份晒承诺”机制，设立责任区、先锋岗，1334户党员家庭挂牌亮相。开通“上庄党建”微信公众号。与基层单位签订72份党风廉政建设责任书，落实全过程纪实要求。开展“为官不为”“为官乱为”问题专项整治。开展“文明好家风”评选表彰活动，拍摄《传递好家风　成就大幸福》宣传片，在村、社区巡回播放。完成文明城区复查迎检工作。对大街重要路口和公交站点进行秩序引导。开展“社区文明小使者”评选和社区文明劝导活动。李家坟村被评为“全国文明村镇”。

（吴雪君）

玉渊潭农工商总公司

【概况】 玉渊潭农工商总公司（简称玉渊潭总公司）受玉渊潭股份经济合作社委托，对股份经济合作社所有资产进行经营与管理，是拥有酒店、物业、置业三大集团，集实业投资与资本运营为一体的集团企业。2017年，玉渊潭总公司完成集体经营收入26.90亿元，完成集体净利润7.29亿元，上缴国家税金4.13亿元，员工劳均分配7.75万元。完成股金分红、农龄生活补助费发放等工作，调增退休职工的养老金补差，解决资产处置遗留问题。

（孟欣）

【中关村玉渊潭科技商务区建设】 按照《玉渊潭2016—2020年发展规划》中“一个定位、两个平台”的战略定位和“打造一流商业地产，基本建成中关村玉渊潭科技商务服务区；年内，再造一个业务板块，基本实现战略的有效转型”的发展愿景及战略目标，推进发展规划的实施和中关村玉渊潭科技商务区的建设。年内，玉渊潭总公司推进中关村互联网文化创意产业园的建设，做好存量资源的升级。

按照商务区“一区多园”实施方案，加快定慧产业园建设，引进上市公司中联重科股份有限公司下属3家金融公司，打造以智能家居体验、摄影文化展示以及文化产业与科技产业融合发展的示范园区，以新兴业态引领现代科技服务产业集聚。商务办公、医疗健康等主题园区初显雏形。

商务区参展京交会及第四届九环峰会，参加2017年全球VR产业峰会、第二十一届京港会开幕式及北京文化创意产业推介会等大型展会、论坛活动。

与银行金融机构合作，成功注册发行超短期融资券。布局“创新业务的转型”，研究探索股权投资、基金合作等新的投资模式和投资方案。

（孟欣）

【重点项目建设】 年内，西南饭店改造项目完成幕墙施工，推进水电安装、室内精装修及室外工程。五路商务楼项目完成竣工验收及东楼、西楼招租签约。阜石路东商务楼、西商务楼和敬老院项目处于施工阶段，西商务楼招租签约。宝联体育中心项目完成立项延期，办理项目设计方案审批手续。中裕花园改造项目取得立项、用地、水评、方案复函等批复办理项目人防、规划许可证等手续。玲珑巷土地一级开发项目嘉禾巷地块入市摘牌，先期收回部分资金。又一村回迁安置房项目取得规划许可证和施工许可证，具备施工条件。

围绕“疏解整治促提升”重点任务专项行动，拆除永引渠半壁店、阜石路敬老院周边、定慧桥周边、小屯等集体用地上建筑近10万平方米，其中永引渠半壁店拆除建筑面积5.17万平方米。

（孟欣）

【基层党建与文化建设】 年内，玉渊潭总公司完善党委会议事规则，强化总公司党委在“三重一大”事项上的政治核心和领导核心作用。推进“两学一做”常态化制度化。以“大数据时代的精细化管理与创新”“高效成功人士的七个习惯”“习近平治国理政新思想新战略及视察北京讲话精神”“党的十九大精神解读”等专题，开展4期企业领导干部培训班。完成基层党组织换届选举。落实党风廉政建设“两个责任”和“一岗双责”，签订《党风廉政建设责任书》及《党风廉政承诺书》。开展安全隐患大排查、大清理、大整治专项行动，实施隐患整治“回头看”。推进历史遗留问题的研究解决。组织开展健步走、乒乓球比赛等文体活动。推出“玉渊潭公众微信号”，刊载会议精神、政策解读、管理亮点；完善企业文化手册。

（孟欣）

人 物

先进人物（集体）

全国五一劳动奖章
（2017 年，共 1 人）

李　晶（女）　北京市海淀区国家税务局人事科科长

首都劳动奖章
（2017 年，共 15 人）

周军林　北京超市发连锁股份有限公司双榆树店生鲜部主任
王　琪　北京市海淀区国税局货物和劳务税科科长
薛建民　北京市海淀区八里庄街道办事处城管科副科长
许　凌　京东金融副总裁
宋继强　北京市海淀区四季青镇双新村党总支书记
高亚娟　北京市海淀工读学校心理中心负责人、海淀区心理学科带头人
沈　军　北京市八一学校校长
王顺利　北京太平洋海底世界博览馆有限公司员工
沈　腾　北京市帅和律师事务所主任、民进中央社会与法制委员会委员
林　屹　北京市海淀区国有资产投资经营有限公司董事长兼总经理、党委副书记
张海华　北京市海淀区地方税务局税政管理一科科员
潘明康　北京市中关村医院心血管内科主任、主任医师，内科第二党支部书记
赵文涛　北京三聚环保新材料股份有限公司技术发展部部长
刘崇志　北京德尔康尼骨科医院副主任医师
张士涛　欣中基本清洁服务（北京）有限公司肖家河平房区项目部保洁队长

第六届“全国道德模范”提名奖
（2017 年，共 1 人）

张佳鑫　北京邮电大学博士研究生

北京榜样
（2017 年，共 1 人）

陈　旭　北京市公安局海淀分局刑侦支队七中队（重案队）探长

第三十一届“北京青年五四奖章”名单
（共 11 人）

于小雨（女）　北京市海淀区世纪星冰雪俱乐部花样滑冰双人滑运动员、中国国家花样滑冰队队员
印　奇　北京旷视科技有限公司创始人兼 CEO
李　琛　北京航空航天大学学生
李杨薇（女）　北京电视台主持人
李贤宝　华信中安（北京）保安服务有限公司保安运营管理中心大队长
张佳鑫　北京市夕阳再晨社会工作服务中心主任
陈　鹏　北京大学化学与分子工程学院化学生物学系主任、前沿交叉学科研究院副院长
陈　巍　清华大学校务委员会委员、电子工程系教授
陈昶屹　北京市海淀区人民法院中关村法庭负责人
倪　俊　北京理工大学学生
程　维　北京小桔科技有限公司创始人、北京嘀嘀无限科技发展有限公司创始人、董事长兼 CEO

第九届“海淀十大杰出青年”
（共 10 人）

李　刚　北京市海淀区人民检察院员额检察官
沈　腾　北京开心麻花演艺经纪有限公司演员

张　珂　北医三院耳鼻喉科耳科组主治医师
陈　旭　海淀公安分局刑侦支队重案一队探长
陈　明　便利蜂公司党委书记、总裁，海淀区党代表、中国个体劳动者协会理事
范东睿　中国科学院计算技术研究所高性能计算机研究中心主任、北京中科睿芯科技有限公司董事长
岳富占　航天五院航天恒星科技有限公司（503 所）导航事业部部长
郑力嘉　北京青少年社会工作协会初级督导
赵　喆　北京国电龙源环保工程有限公司总经理，兼中电联节能环保分会副会长、烟气污染治理联盟副理事长
原伟超　北京科源轻型飞机实业有限公司总经理、北京科源机场管理有限公司董事长、北京市青联十一届委员

“感动海淀”十大文明人物（2017 年度，共 10 人）

王小兰（女）　海淀园时代集团公司总裁
李建军　北京市海淀区东升镇塔院村党总支书记
李志刚　海淀交通支队黄庄大队警长
李国雨　北京市海淀区田村路街道应急小分队队长
苏晋达　海淀城管执法局马连洼街道执法队副队长
张　嵩　北京市八一学校高中化学教师
张永慧（女）　海淀区人大代表
胡　方　北京幸福益生高新技术有限公司董事长
郭红霞（女）　上地社区卫生服务中心全科门诊副科长
谢玉华（女）　海淀清河街道毛纺北小区社区党委书记

全国工人先锋号先进荣誉称号（2017 年，共 2 个班组）

北京市海淀区地方税务局第四税务所
北京四方继保自动化股份有限公司战略方向研究部

首都劳动奖状（2017 年，共 3 家单位）

北京中关村互联网教育科技服务有限责任公司
新浪网技术（中国）有限公司
北京市海淀区综合行政服务中心

北京市工人先锋号先进荣誉称号（2017 年，共 6 个班组）

北京明天幼稚集团第七幼儿园沙沟园
北京市上地医院产科
北京碧水源科技股份有限公司设计研究中心
北京市海淀区房屋管理局信息与档案管理中心
北京市公安局海淀分局执法办案管理中心
北京市海淀区圆明园管理处游客服务中心

陈昶屹，男，1980 年 12 月出生，中共党员，中国人民大学民商法学博士，中国社会科学院法学博士后，海淀区人民法院中关村人民法庭庭长，北京团市委兼职副书记。从事法院工作 12 年间，他一直扎根基层法院及派出法庭审判一线，审结房地产、医疗、拆迁、建设工程、知识产权等重大疑难复杂民事案件 3000 余件，无一重大差错，平均每年审结近 400 件，其中连续三年蝉联“结案状元”。陈昶屹 2005 年到海淀法院工作，曾主审“赵本山漫画肖像权案”、“北京大学诉邹恒甫名誉权案”、首例“被遗忘权案”等一批具有前沿性和重大社会影响力的疑难复杂案件，取得良好的法律效果和社会效果。工作中，他针对类型化普通案件与新类型重大案件，总结了一整套案件审理的办案经验及研究成果“五到十化”法，并转化为相关法律著作在全市学习推广。工作外，他根据审判实践和法学知识向社会大众普法宣传、释法解惑。先后在主流报刊发表法制文章百余篇，做客法制栏目访谈近百次，在新浪微博开设实名加 V 认证的“职务微博”，成为北京法官群体开设的职务微博中社会关注度较大、有影响力的个人实名微博。目前，他作为课题主持人，获得中国博士后科学基金的资助项目和特别资助项目 2 项国家级课题，参与并执笔最高人民法院“诉讼服务理论与实践研究”课题、北京市法学会“非首都功能疏解法律问题研究”、北京高级人民法院“关于优化基层法院审判资源提高工作效能的调研报告”等多项重大调研课题任务并获得多个奖项。

2015 年年底，市高级法院党组决定，在全市法院干警中深入开展向陈昶屹学习的活动，陈昶屹被选树为“新时期青年法官的楷模”先进典型人物，还先后获得全国优秀法官、全国法院先进个人、全国法院十大亮点人物、全国法院党建先进个人、北京市“五四”青年奖章等多项荣誉。2017 年，陈昶屹当选 CCTV 年度法治人物，成为北京法院系统唯一一名获此殊荣的法官。

（节选自 2017 年 7 月 21 日《海淀报》）

区政权机关、党派、群众团体、垂直领导单位、直属事业单位及街镇领导人（负责人）

中共海淀区委员会

书　记　崔述强（7月免）
　　　　于　军（7月任）
副书记　于　军（7月免）
　　　　戴彬彬（9月任）
　　　　刘　勇
常　委　肖韵竹（女）　周志军（女）
　　　　孟景伟　张欣欣（女，挂职）
　　　　高念东　王际祥
　　　　刘文萍（女，挂职至8月）
　　　　陈名杰（11月免）　龚宗元（12月免）

海淀区人民代表大会常务委员会

主　任　刘长利
副主任　王鲁豫　臧桂武　杨　莉（女）
　　　　刘佩金　邓佑玲（女，土家族）

海淀区人民政府

区　长　于　军（9月免）
区　长　戴彬彬（9月任代理区长，11月任区长）
常务副区长　孟景伟
副区长　陈　双（女）　李长萍（女）
　　　　吴计亮　刘圣国
　　　　梁　爽　郑海洋
　　　　龚宗元（12月免）
　　　　刘文萍（女，挂职至8月）
　　　　王卫明（2月任，挂职至9月）

中国人民政治协商会议北京市海淀区委员会

主　席　傅首清
副主席　刘　恪（女）　丁志明　胡淑彦（女）
　　　　张维佳　王玉梅（女）　徐凤芹（女）

中共海淀区监察委员会

书　记　肖韵竹（女，3月任）
副书记　刘志平（3月任）
　　　　张　磊（3月任）
　　　　李传峰（3月任）

北京市海淀区人民法院

院长、党组书记　焦慧强

北京市海淀区人民检察院

党组书记、检察长　邹开红（9月免）

海淀区民主党派、工商联

中国国民党革命委员会北京市海淀区工作委员会
　主任委员　汤维建
中国民主同盟北京市海淀区委员会
　主任委员　张维佳
中国民主建国会北京市海淀区委员会
　主任委员　王玉梅（女）
中国民主促进会北京市海淀区委员会
　主任委员　邓佑玲（女，土家族）
中国农工民主党北京市海淀区委员会
　主任委员　徐凤芹（女）
中国致公党北京市海淀区委员会
　主任委员　安雪晖
九三学社北京市海淀区委员会
　主任委员　叶培贵
台湾民主自治同盟北京市海淀区工作委员会
　主任委员　杨　旭
北京市海淀区工商业联合会
　主　席　陈　双（女）
　党组书记、副主席　卢克玉

海淀区主要群众团体

区总工会　主席　李国祥（5月免）
　　　　　　　　胡淑彦（8月任）
团区委　书记　李恺彦（5月免）
区妇联　主席　车苇歆（女）
区文联　主席　苗　地

区侨联　主席　石　岳（女）
区残联　理事长　张春华
区科协　主席　白春礼（中国科学院院长）
常务副主席　李云飞
区红十字会　会长　傅首清（兼，8月免）
刘圣国（兼，8月任）
常务副会长　黄春明（2月免）
张立红（5月任）

中关村科技园区海淀园管理委员会（海淀区科学技术委员会，挂核心区管委会牌子）

主任　李长萍（女，兼）
常务副主任（区科委主任）　林剑华（2月任）
副主任　胡　岩
唐　颖（女，2月免）
黄　英（女，12月免）
办公室　主任　胡　岩
科技发展处　处长　付晓明（6月免）
服务体系建设处　处长　阎秀敏（女，10月免）
对外合作处　处长　黄　英（女，12月免）
企业发展促进处（区经济和信息化办公室、区政府信息办）
处长（主任）　何建吾
知识产权处（海淀区知识产权局、行政审批处）
处长（局长）　王　英（女，8月免）
投资促进处（区投资促进局）
处长（局长）　任加浩（3月任）
产业规划处　处长　舒毕磊（5月任）

中共北京市海淀区委海淀园工作委员会

书　　记　李长萍（女，兼）
常务副书记　吴宝华
副 书 记　王　斌（4月任）

海淀区北部地区开发建设委员会办公室（中关村大街建设办公室）

主　任　沙海江（11月免）
高志庆（11月任）
副主任　申桂芳（女）　高志庆（11月免）
魏　星　张立红（5月免）
唐京丰（5月任）　杜陈生（兼）
陈晓智（兼）　马光耀（兼）
张洪雨（兼）　刘培宝（兼）

区机关各部门、街镇及直属事业单位

区委系统
区委办公室　主任　高念东
常务副主任　李劲涛（蒙古族，3月任）
组织部　部长　周志军（女）
常务副部长　甘丽平（女）
宣传部　部长　陈名杰（12月免）
常务副部长　黄　英（女）
区委区政府研究室　主任　刘建民（2月免）
统一战线工作部　部长　刘　勇（10月免）
周志军（女，10月任）
常务副部长　杨志洪（1月免）
刘　珍（3月任）
台湾工作办公室　主任　王　锋
区委政法委员会　书记　王际祥
常务副书记　王勇禄
副书记　郑海洋（兼）
李　军（1月免）
王际宝（兼）
杨秀成（兼）
梁　爽（兼）
区维护社会稳定工作领导小组办公室（为区委政法委内设机构）　主任　王勇禄（兼）
社会管理综合治理委员会办公室（与政法委合署办公）
主任　王际宝
区流动人口和出租房屋管理委员会办公室
主任　孙金春
区直属机关工作委员会　书记　汤新秀（女）
区精神文明建设委员会办公室　主任　吴琢如（女，3月免）
李恺彦（5月任）
区委防范和处理邪教问题领导小组办公室（挂区政府防范和处理邪教问题办公室牌子）　主任　朱元久
老干部局　局长、党组书记　张维明（2月免）
局长　黄春明（2月任）
人民武装部　政委　田敬军
中共海淀区委党校（海淀区行政学院）
校长、院长　刘　勇
常务副校长（常务副院长）　何昭瑾
区党史地方志办公室　主任　李　强

区机构编制委员会办公室　主任　张京玲（女）

区人大常委会机关办公室（研究室）

办公室　主任　李劲涛（蒙古族，3月免）
吴琢如（6月任）
研究室　主任　俞昌吉（朝鲜族）
代表联络室　主任　孙大钧
财政经济工作委员会办公室　主任　白　莉（女，6月任）
法制办公室　主任　李友成（6月任）
教科文卫体办公室　主任　郭景玉（6月任）
城建环保办公室　主任　郭少东（6月任）
农村办公室　主任　赵德法（6月任）
预算审查办公室　主任　那　梅（6月任）

区政府系统

区长助理　温　琤（女，挂职，4月任）
杜　宇（挂职，5月任）
曾智萍（女，挂职，5月任）
贺　燕（女，挂职，8月任）
区政府办公室　主任　吴计亮（2月免）
沙海江（2月任）
区商务委员会　主任、党组书记　王　澎（女，2月任）
区教育委员会（与区委教育工作委员会、区政府教育督导室合署办公）　主任　陆云泉（2月任）
区委教育工作委员会　书记　尹丽君（女，回族）
区政府教育督导室　主任　乔　键
区教育科学研究院　院长　吴颖惠
区综合行政服务中心　主任　马学印
党组书记　田树奎（7月免）
马学印（10月任）
区民政局　局长　程培衡（2月免）
李大成（2月任）
党组书记　高　峰（1月免）
李大成（2月任）
区司法局　党组书记、局长　周玉鑫（2月任）
区财政局　局长　刘圣国（2月免）
程培衡（2月任）
党组书记　孙俊宏（女）
区人力资源和社会保障局
局长　李大成（2月免）
李卫华（2月任）
党组书记　苏德琴（女）

区城市服务管理指挥中心（挂区突发事件应急委员会办公室牌子）　主任、党组书记　李　伟
区市政市容管理委员会（挂交通委员会牌子）
主任　赵　寒（2月任）
党组书记　王国强（7月免）
赵　寒（7月任）
区住房和城乡建设委员会（挂区人民政府房屋征收办公室牌子）
主任　骆远骋（1月逝世）
张世芳（女，2月任）
王继军（女，10月免）
党组书记　张世芳（女）
区房屋管理局　局长　骆远骋（1月逝世）
张世芳（女，2月任）
张世芳（女，5月免）
刘　仵（8月任）
区农村工作委员会（挂区动物卫生监督管理局牌子，与区委农村工作委员会合署办公）
主任　林　航（女，2月免）
王桐慧（2月任）
书记　王桐慧
区文化委员会　主任　陈　静（女，2月任）
书记　陈　静（女，10月任）
区委卫生工作委员会
书记　甄　蕾（兼，3月任）
区卫生和计划生育委员会
主任　甄　蕾（女，2月任）
区政府公共服务委员会
主任　甄　蕾（女，2月任）
区发展和改革委员会　主任、党组书记
梁　捷（女，2月免）
李　泉（2月任）
金融办公室　主任、党组书记　唐　颖（女，2月免）
刘建民（2月任）
区人民政府国有资产监督管理委员会
主任　张连仲（2月免）
魏开锋（2月任）
党委书记　张连仲（10月免）
魏开锋（10月任）
区审计局　党组书记、局长　王彩霞（女）
区安全生产监督管理局
党组书记、局长　田一川（2月任）
区环境保护局　局长　仲良喜（2月任）
党组书记　刘培恩
区统计局　局长　王凌志（2月任）
党组书记　刘精明（12月免）

区水务局 局长、党组书记 李劲松
区旅游发展委员会
党组书记、主任 曹宇明（女）
区体育局 局长 李景奇（2月任）
党组书记 崔仲军（5月任）
区民族宗教侨务办公室主任 田桂茹（女，满族，2月任）
党组书记 田桂茹（女，满族，9月任）
区法制办公室 主任 刘秀荣（女，2月免）
王勇禄（2月任）
党组书记 王勇禄（9月任）
区社会建设工作办公室（与区委社会工作委员会合署办公）
主任 王玉方（2月任）
书记 王玉方
区信访办公室 主任 赵立华（2月任）
党组书记 赵立华（9月任）
区民防局 局长 高 毅（2月任，12月免）
党组书记 陆 平
区城管执法监察局
局长 王志伟
党组书记 石立峰
区新闻中心 主任、党总支书记 王言敏
区环境卫生服务中心 主任 郑秀山
党委书记 杨奋翮

区园林绿化局（海淀区绿化委员会办公室）
局长（主任） 林 航（2月任）
党组书记 肖敏鹏（2月任）
圆明园管理处 主任 李 博
党委书记 王 强
区机关事务管理处 处长 于 锋
党总支书记 芦培顺
区地震局 局长 刘振华
书记 刘振华（9月任）
区档案局（馆）
局长（馆长） 杨军昌
党组书记 崔仲军（5月免）
杨军昌（10月任）
区农村合作经济经营管理站（与区农村经济与集体资产管理办公室实行一套机构两块牌子合署办公）
站长 常印怀
党组书记 王桐慧（兼，3月免）
常印怀（3月任）

区政协机关

秘书长 杨剑飞
办公室 主任 刘 玲（女）
研究室 主任 王世松（6月任）
专委会工作一室主任 刘 彦（女）
专委会工作二室主任 吴明波
专委会工作三室主任 刘秀荣（女）
专委会工作四室主任 周文健（女）
专委会工作五室主任 王欣焕（女）
专委会工作六室主任 孙继光

垂直领导单位

北京市公安局海淀分局 局长 郑海洋
政委 刘少波
北京市公安局公安交通管理局海淀交通支队
队长 刘春利
政委 张文忠
海淀区消防支队 队长 史 翀（8月免）
李广耐（11月任）
政委 李久义
北京市国家安全局海淀分局 局长 刘 林
北京市工商行政管理局海淀分局
局长、党组书记 刘春梅
海淀区国家税务局 局长、党组书记 胡文学
海淀区地方税务局 局长、党组书记 郭文武
海淀区食品药品监督管理局
局长、党组书记 李红杰
海淀区质量技术监督局
局长、党组书记 朱玉兵
海淀区气象局 局长、党组书记 刘建忠
北京市规划委员会海淀分局
局长、党组书记 李景祥
海淀区烟草专卖局 局长、党组书记 李学治（10月免）
张秀武（10月任）
北京市国土资源局海淀分局
局长 王桂忠
党组书记 郎运波
海淀出入境检验检疫局 局长 杨得泉
国家市场监督管理总局知识产权局
驻中关村国家自主创新示范区办事处
主任 谢乐军（挂职）
李 重

街 道

万寿路街道 党工委书记 李 泉（2月免）
白建平（3月任）

	办事处主任	侯　育
羊坊店街道	党工委书记	寇　平
	办事处主任	孙笑庸
甘家口街道	党工委书记	李振山
	办事处主任	孙　鹏
八里庄街道	党工委书记	李卫华（2月免）
		曾　涛（3月任）
	办事处主任	姜之波
紫竹院街道	党工委书记	白建平（3月免）
		王曼谕（女，3月任）
	办事处主任	王曼谕（女，3月免）
		常增玉（5月任）
北下关街道	党工委书记	张泽根
	办事处主任	毕淑琴（女）
北太平庄街道	党工委书记	郭　森（3月免）
		齐明军（3月任）
	办事处主任	齐明军（3月免）
		王树彦（8月任）
海淀街道	党工委书记	陈国启
	办事处主任	张　伟
中关村街道	党工委书记	许　云
	办事处主任	王翔宇（8月任）
学院路街道	党工委书记	张　炜
	办事处主任	张之放
清河街道	党工委书记	贺　捷（2月免）
		米　佳（3月任）
	办事处主任	米　佳（3月免）
		陈　兵（12月任）
青龙桥街道	党工委书记	魏开锋（2月免）
		聂俊杰（5月任）
	办事处主任	王　方
香山街道	党工委书记	苏国斌（10月免）
		钟福林（10月任）
	办事处主任	刘来奇
西三旗街道	党工委书记	张启兵
	办事处主任	付晓明（5月免）
马连洼街道	党工委书记	朱利忠（2月任）
	办事处主任	朱利忠（2月免）
		刘永泉（5月任）
花园路街道	党工委书记	牛爱忠（5月免）
		高　毅（11月任）
	办事处主任	胡宗江
田村路街道	党工委书记	冯志明
	办事处主任	杜　宇
上地街道	党工委书记	王京立
	办事处主任	冀国瑞（2月免）
		孙连红（2月任）
曙光街道	党工委书记	林德江（1月免）
		冀国瑞（2月任）
	办事处主任	梁　珍（女，3月免）
		胡宏宇（蒙古族，3月任）
燕园街道	党工委书记	严敏杰
	办事处主任	严敏杰
清华园街道	党工委书记	高　斌
	办事处主任	许立冬
永定路街道	党工委书记	王新明
	办事处主任	李啸龙

镇（地区）

东升镇（东升地区）

党委（党工委）书记	武　凯
镇长（办事处主任）	张文涛

海淀镇（万柳地区）

党委（党工委）书记	梁　爽（2月免）
	苏建华（3月任）
镇长（办事处主任）	
	苏建华（5月免镇长，8月免办事处主任）
	朱海斌（8月任办事处主任，10月任镇长）

四季青镇（四季青地区）

党委（党工委）书记	苏国斌
镇长（办事处主任）	陈爱清

西北旺镇（西北旺地区）

党委（党工委）书记	赵小云（女）
镇长（办事处主任）	马光耀（蒙古族）

温泉镇（温泉地区）

党委（党工委）书记	方海强
镇长（办事处主任）	张洪雨

苏家坨镇（苏家坨地区）

党委（党工委）书记	张春明
镇长（办事处主任）	刘培宝

上庄镇（上庄地区）

党委（党工委）书记	刘　涵
镇长（办事处主任）	杜陈生

玉渊潭农工商总公司

总经理、党委书记	杨　琪

统 计 资 料

2016年—2017年海淀区主要经济社会指标一览表

表26

项目	单位	2017年	2016年
人口与就业			
人口			
年末户籍人口	万人	235.4	240.2
年末常住人口	万人	348.0	359.3
户籍人口自然增长率	‰	–5.6	6.4
户籍人口机械增长率	‰	–5.3	4.4
劳动就业			
城镇登记失业率	%	0.95	0.94
城镇登记失业人员再就业率	%	63.6	63.1
宏观经济			
国民经济核算			
地产生产总值	亿元	5942.8	5395.2
第一产业	亿元	1.5	1.8
第二产业	亿元	629.7	601.1
第三产业	亿元	5311.6	4792.3
人均地区生产总值	美元	24888.4	22293.0
投资			
全社会固定资产投资	亿元	1005.7	872.5
#房地产投资	亿元	289.3	271.7
#住宅投资	亿元	186.6	155.5
房地产业房屋施工面积	万平方米	1109.2	1062.0
房地产业房屋竣工面积	万平方米	134.8	118.8
财政			
区域财政收入	亿元	2529.4	2387.4
地方财政收入	亿元	650.9	477.8
区级一般公共预算收入	亿元	416.9	386.1
地方财政支出	亿元	884.1	689.6
产业			
农村经济			
农林牧渔业总产值	亿元	4.4	5.2

续表 26

项目	单位	2017 年	2016 年
工业			
规模以上工业企业总产值	亿元	2387.6	2108.6
建筑业			
建筑业总产值	亿元	1835.4	1610.8
商业			
社会消费品零售额	亿元	2309.6	2213.2
文化创意产业			
文化创意产业收入合计	亿元	7725.2	6389.2
对外经济贸易			
新批项目数	个	282	256
合同外资额	亿美元	101.9	46.9
实际利用外资额	亿美元	24.9	18.9
海关进出口总额	亿美元	311.8	282.7
进口额	亿美元	204.7	196.4
出口额	亿美元	107.1	86.3
金额			
银行存款余额	亿元	29124.8	29692.7
#城乡居民储蓄存款余额	亿元	4579.5	4777.9
银行贷款余额	亿元	8491.6	7233.6
教育、科技、卫生			
教育			
中小学学校数	所	174	171
小学	所	84	84
普通中学	所	79	76
职业中学	所	11	11
中小学毕业生数	人	56586	53206
小学	人	24184	20444
普通中学	人	30074	30421
职业中学	人	2328	2341

续表 26

项目	单位	2017 年	2016 年
科技			
技术合同成交总额	亿元	1620.0	1523.9
专利申请数	个	68313	70327
专利授权量	个	37394	34899
卫生			
卫生机构数	个	1126	1080
卫生机构病床数	万张	1.30	1.24
卫生技术人员数	万人	3.33	2.99
每千人拥有执业医生人数	人	3.7	3.2
每千人拥有注册护士人数	人	4.2	3.6
每千人拥有医院床位数	张	3.5	3.2
生活与环境			
人民生活			
全区居民人均可支配收入	元	71986	67022
全区居民人均消费支出	元	49458	46630
劳动工资			
城镇单位从业人员平均人数	人	1810812	1762150
城镇单位在岗职工工资总额	亿元	2484.2	2178.5
城镇单位在岗职工平均工资	元	154147	139591
城市公共事业			
万元地区生产总值能耗	吨标煤	0.12	0.13
城市绿化覆盖率	%	52.2	52.2
污水处理率	%	98.5	98.0
人均绿地面积	平方米	36.5	35.3
PM2.5	微克/立方米	56.0	72.0
园区经济			
海淀园			
总收入	亿元	21610.0	18355.4

2017年海淀区城镇单位从业人员与劳动报酬情况一览表

表27

项　目	从业人员平均人数（人）	从业人员劳动报酬总额（万元）	从业人员平均劳动报酬（元）
合计	1810812	26595867	146873
按行业分			
农、林、牧、渔业	2884	22117	76688
采矿业	39	215	55103
制造业	111006	1522271	137134
电力、热力、燃气及水生产和供应业	3470	39053	112543
建筑业	77514	854835	110281
批发与零售业	120224	1361308	113231
交通运输、仓储和邮政业	97730	1040336	106450
住宿和餐饮业	45551	279528	61366
信息传输、软件和信息技术服务业	486061	8956665	184270
金融业	51902	960825	185123
房地产业	72794	617667	84851
租赁和商务服务业	120835	1550169	128288
科学研究和技术服务业	269820	4199561	155643
水利、环境和公共设施管理业	18386	198696	108069
居民服务、修理和其他服务业	13476	94914	70432
教育	180069	2753643	152922
卫生和社会工作	36629	649074	177202
文化、体育和娱乐业	46572	828735	177947
公共管理、社会保障和社会组织	55850	666255	119294

2017年海淀区工业企业主要经济指标一览表

表28 单位：万元

项目	企业单位数（家）	亏损企业（家）	工业总产值	工业销售产值
合 计	428	70	23875951	22872702
按隶属关系分				
中央	44	5	6495275	6392075
地方	384	65	17380676	16480627
按登记注册类型分				
内资	369	61	13161937	12995613
国有	9	1	971687	962137
集体	3	—	—	—
股份合作				
联营				
有限责任公司	149	25	4680027	4625818
股份有限公司	82	10	6293951	6204455
私营	126	24	1207819	1194676
其他				
港澳台商投资	20	4	9429910	8615202
外商投资	39	5	1284105	1261887

2017年海淀区工业企业主要经济指标一览表（二）

续表28　　单位：万元

项目	从业人员平均人数（人）	资产合计	流动资产合计
合计	109266	50657969	29897562
按隶属关系分			
中央	20608	9933889	6492673
地方	88625	40724080	23404889
按登记注册类型分			
内资	81871	38852876	20015220
国有	4440	1263956	1005616
集体	—	—	—
股份合作			
联营			
有限责任公司	27154	8473586	6592070
股份有限公司	33980	25850520	10339914
私营	16142	3216902	2050762
其他			
港澳台商投资	16801	10051032	8515714
外商投资	10594	1754061	1366628

2017年海淀区工业企业主要经济指标一览表（三）

续表28

单位：万元

项目	存货	产成品	应收账款（净额）	固定资产合计	固定资产原价
合计	5267248	1092252	7912857	2169752	4080054
按隶属关系分					
中央	1283008	262860	1919373	811592	1421111
地方	3984240	829392	5993484	1358160	2658943
按登记注册类型分					
内资	3333586	768767	6003262	1811944	3182134
国有	267262	94672	226969	120753	287525
集体	—	—	—	—	—
股份合作					
联营					
有限责任公司	1406088	250735	2000687	445540	983818
股份有限公司	1298464	324087	3091281	1029330	1579470
私营	358786	97093	671375	213428	327616
其他					
港澳台商投资	1639222	297795	1680192	205767	414683
外商投资	294440	25690	229403	152041	483238

2017年海淀区工业企业主要经济指标一览表（四）

续表28 单位：万元

项目	负债合计	流动负债合计	应付账款	所有者权益合计	实收资本
合计	25535883	22285875	9143656	24806788	7093808
按隶属关系分					
中央	6189694	5004083	1791250	3697144	1510829
地方	19346189	17281792	7352406	21109644	5582979
按登记注册类型分					
内资	17140601	14246954	4441238	21396977	5866652
国有	707101	625850	248450	556855	141159
集体	—	—	—	—	—
股份合作					
联营					
有限责任公司	4991564	4431383	1456607	3434972	1478211
股份有限公司	10110877	8051693	2421540	15480909	3564075
私营	1305631	1113018	308125	1907739	682176
其他					
港澳台商投资	7747317	7442763	4442858	2303715	955044
外商投资	647966	596159	259561	1106095	272112

2017年海淀区工业企业主要经济指标一览表（五）

续表28　　单位：万元

项目	营业收入	主营业收入	营业成本	主营业务成本	营业税金及附加
合计	31161057	30545927	25647443	25296153	199686
按隶属关系分					
中央	7262137	7107798	6163126	6042615	115943
地方	23898920	23438129	19484317	19253538	83743
按登记注册类型分					
内资	15411445	15131957	11866014	11695465	175607
国有	1044720	1011912	839322	816280	7752
集体	—	—	—	—	—
股份合作					
联营					
有限责任公司	5718028	5623838	4549095	4488503	27220
股份有限公司	7302164	7173563	5654403	5577733	129493
私营	1335091	1313727	814251	804019	11006
其他					
港澳台商投资	14352620	14037361	12777228	12613312	14646
外商投资	1396992	1376609	1004201	987376	9433

2017年海淀区工业企业主要经济指标一览表（六）

续表28　　　　单位：万元

项目	营业税金及附加	销售费用	管理费用
合计	194840	1938445	1956495
按隶属关系分			
中央	112419	158055	478973
地方	82421	1780390	1477522
按登记注册类型分			
内资	170761	807244	1479970
国有	7702	18043	96223
集体	/	/	/
股份合作			
联营			
有限责任公司	26704	273346	541739
股份有限公司	125317	380620	613762
私营	10964	134733	221366
其他			
港澳台商投资	14646	1041193	374620
外商投资	9432	90009	101905

2017年海淀区工业企业主要经济指标一览表（七）

续表28　　　　单位：万元

项目	财务费用	利润总额	应交增值税
合计	181525	2693391	590147
按隶属关系分			
中央	45775	483579	133396
地方	135750	2209812	456751
按登记注册类型分			
内资	221843	1416925	446435
国有	3228	123584	40553
集体	—	—	—
股份合作			
联营			
有限责任公司	33227	378708	155006
股份有限公司	166195	743151	212909
私营	18828	169779	57409
其他			
港澳台商投资	−39781	1073928	80895
外商投资	−563	202538	42817

2017年海淀区文化创意产业情况一览表

表29

项　目	2017年
单位数（家）	**2817**
文化艺术服务	92
新闻出版及发行服务	119
广播电视电影服务	98
软件和信息技术服务	1851
广告和会展服务	184
艺术品生产与销售服务	3
设计服务	148
文化休闲娱乐服务	157
文化用品设备生产销售及其他辅助	165
从业人员（人）	**643937**
文化艺术服务	14586
新闻出版及发行服务	16933
广播电视电影服务	25703
软件和信息技术服务	512705
广告和会展服务	12940
艺术品生产与销售服务	—
设计服务	29227
文化休闲娱乐服务	13395
文化用品设备生产销售及其他辅助	17861
资产总计（万元）	**14539.0**
文化艺术服务	192.1
新闻出版及发行服务	424.1
广播电视电影服务	1870.1
软件和信息技术服务	10610.8
广告和会展服务	512.2
艺术品生产与销售服务	—
设计服务	518.7
文化休闲娱乐服务	169.1
文化用品设备生产销售及其他辅助	228.1

续表 29

项　目	2017年
收入合计（万元）	**7725.2**
文化艺术服务	80.1
新闻出版及发行服务	206.6
广播电视电影服务	562.9
软件和信息技术服务	5477.2
广告和会展服务	722.9
艺术品生产与销售服务	—
设计服务	252.5
文化休闲娱乐服务	139.4
文化用品设备生产销售及其他辅助	262.1
税金合计（万元）	**384.8**
文化艺术服务	1.8
新闻出版及发行服务	8.2
广播电视电影服务	16.4
软件和信息技术服务	315.0
广告和会展服务	17.9
艺术品生产与销售服务	—
设计服务	14.9
文化休闲娱乐服务	3.4
文化用品设备生产销售及其他辅助	6.5
利润总额（万元）	**705.8**
文化艺术服务	1.3
新闻出版及发行服务	27.3
广播电视电影服务	27.6
软件和信息技术服务	604.6
广告和会展服务	21.9
艺术品生产与销售服务	—
设计服务	9.4
文化休闲娱乐服务	5.0
文化用品设备生产销售及其他辅助	7.4

2016年—2017年海淀园主要经济指标增长情况一览表

表30

项目	单位	2017年	2016年	2017年为2016年的%
总收入	亿元	21610.0	18355.4	117.7
#技术收入	亿元	4914.7	4076.1	120.6
产品销售收入	亿元	4957.9	4655.5	106.5
商品销售收入	亿元	8051.7	7124.1	113.0
实缴税费总额	亿元	845.1	746.8	113.2
出口总额	亿美元	101.0	73.8	136.9
利润总额	亿元	1579.4	1407.9	112.2
园区企业数	家	11242	9886	113.7
#年收入亿元以上企业数	家	1554	1461	106.4
从业人员期末人数	万人	119.4	109.1	109.4
孵化器数	个	196	170	115.3
累计孵化企业数	家	22200	21391	103.8
加速器数	个	7	7	100.0
大学科技园数	个	19	14	111.8
#国家级大学科技园	个	13	13	100.0

2016年—2017年海淀园高新技术产业情况一览表

表31

项 目	单位	2017年	2016年	2017年为2016年的%
总收入				
#电子与信息	亿元	14775.4	12433.6	118.8
生物工程和新医药	亿元	335.8	280.0	119.9
新材料及应用技术	亿元	1099.7	1016.9	108.1
先进制造技术	亿元	743.6	685.5	108.5
新能源与高效节能技术	亿元	939.3	884.6	106.2
环境保护技术	亿元	486.4	441.0	110.3
利润总额				
#电子与信息	亿元	841.6	799.7	105.2
生物工程和新医药	亿元	34.0	26.5	128.3
新材料及应用技术	亿元	64.7	45.2	143.1
先进制造技术	亿元	99.4	78.7	126.3
新能源与高效节能技术	亿元	65.0	35.9	181.1
环境保护技术	亿元	73.1	63.0	116.0
实缴税费总额				
#电子与信息	亿元	573.9	469.3	114.6
生物工程和新医药	亿元	20.7	17.1	121.1
新材料及应用技术	亿元	21.8	19.3	113.0
先进制造技术	亿元	34.2	39.5	86.6
新能源与高效节能技术	亿元	35.0	46.3	75.6
环境保护技术	亿元	34.1	34.0	100.3
出口创汇总额				
#电子与信息	亿美元	52.0	38.0	136.8
生物工程和新医药	亿美元	3.1	1.9	163.2
新材料及应用技术	亿美元	7.7	7.5	102.7
先进制造技术	亿美元	10.2	5.8	175.9
新能源与高效节能技术	亿美元	1.5	1.2	125.0
环境保护技术	亿美元	0.7	0.2	350.0

附 录

2017年中共海淀区委文件目录表

表32

文号	文件标题	印发日期
京海发〔2017〕1号	关于印发《中国共产党北京市海淀区第十二届委员会常务委员会工作规则》的通知	2017年1月10日
京海发〔2017〕2号	印发《关于深入推进海淀区人民防空改革发展的实施方案》的通知	2017年1月10日
京海发〔2017〕3号	关于追授骆远骋同志“海淀区优秀共产党员”称号的决定	2017年1月12日
京海发〔2017〕4号	中国共产党北京市海淀区第十二次代表大会关于中国共产党北京市海淀区第十一届委员会工作报告的决议	2017年1月17日
京海发〔2017〕5号	关于成立海淀区深化监察体制改革试点工作小组的通知	2017年2月14日
京海发〔2017〕6号	关于印发《区委常委会2017年工作要点》的通知	2017年3月6日
京海发〔2017〕7号	关于撤销区委老干部局等单位党组、设立区政府办公室等单位党组、重新批准设立区政府等单位党组的决定	2017年3月16日
京海发〔2017〕8号	关于印发《北京市海淀区深化监察体制改革试点实施方案》的通知	2017年3月23日
京海发〔2017〕9号	关于印发《中国共产党北京市海淀区委员会工作规则（试行）》的通知	2017年5月24日
京海发〔2017〕10号	关于印发《关于加强和改进保密工作的若干措施》的通知	2017年6月7日
京海发〔2017〕11号	关于印发《关于加强和改进新形势下宗教工作的实施意见》的通知	2017年6月21日
京海发〔2017〕12号	关于印发《关于加强和改进新形势下党校工作的实施办法》的通知	2017年7月3日
京海发〔2017〕13号	关于印发《中共北京市海淀区委常委会带头落实全面从严治党主体责任的规定》的通知	2017年8月4日
京海发〔2017〕14号	关于设立海淀区推进全国文化中心建设领导小组的通知	2017年9月21日
京海发〔2017〕15号	印发《海淀区关于认真学习宣传贯彻党的十九大精神的工作方案》的通知	2017年11月6日
京海发〔2017〕16号	关于调整刘勇、周志军同志工作分工的通知	2017年11月16日
京海发〔2017〕17号	印发《中共北京市海淀区委关于贯彻落实〈中共中央政治局关于加强和维护党中央集中统一领导的若干规定〉〈中共北京市委关于维护党中央集中统一领导的规定〉的若干措施》的通知	2017年11月24日
京海发〔2017〕18号	印发《关于全面深化区属国资国企改革的意见》的通知	2017年11月27日

2017年海淀区人民政府文件目录表

表33

文号	文件标题	发文日期
海政发〔2017〕1号	印发本区永久基本农田划定工作方案的通知	2017年1月11日
海政发〔2017〕2号	印发《2017年第一批海淀区政府投资建设项目安排方案》的通知	2017年1月19日
海政发〔2017〕3号	关于印发本区“十三五”时期文化发展规划的通知	2017年1月26日
海政发〔2017〕4号	关于2016年行政处罚案卷评查情况的通报	2017年2月17日
海政发〔2017〕5号	印发本区创建社会信用体系建设示范区工作方案的通知	2017年2月27日
海政发〔2017〕6号	印发2017年为群众拟办重要民生实事的通知	2017年3月3日
海政发〔2017〕7号	印发本区2017年“疏解整治促提升”专项行动与人口调控工作方案的通知	2017年3月10日
海政发〔2017〕8号	关于印发《北京市海淀区“十三五”时期基本公共服务体系建设规划》的通知	2017年3月14日
海政发〔2017〕9号	关于开展2016年度土地卫片执法检查工作的通知	2017年4月7日
海政发〔2017〕10号	印发本区促进慈善事业发展实施方案的通知	2017年5月16日
海政发〔2017〕11号	关于印发《海淀区医药分开综合改革实施方案》的通知	2017年4月7日
海政发〔2017〕12号	印发《海淀区突发事件总体应急预案（2017年修订）》的通知	2017年4月19日
海政发〔2017〕13号	关于印发本区创建国家卫生区工作方案的通知	2017年4月19日
海政发〔2017〕14号	关于印发本区土壤污染防治工作方案的通知	2017年4月20日
海政发〔2017〕15号	关于印发《北京市海淀区街镇城管执法队双重管理办法》的通知	2017年5月27日
海政发〔2017〕16号	关于调整本区区级城市管理体制的意见	2017年6月12日
海政发〔2017〕17号	本区城市管理执法体制重心下移的意见	2017年6月12日
海政发〔2017〕18号	关于加快构建现代公共文化服务体系的实施意见	2017年6月14日
海政发〔2017〕19号	关于任命专职督学的通知	2017年6月16日
海政发〔2017〕20号	关于设立北京市海淀区人民政府教育督导委员会的通知	2017年12月13日
海政发〔2017〕21号	印发《海淀区智慧海淀建设项目管理办法（修订版）》的通知	2017年6月23日
海政发〔2017〕22号	印发区政府依法行政工作报告的通知	2017年6月22日
海政发〔2017〕23号	关于魏公村小区项目房屋征收的决定	2017年7月5日
海政发〔2017〕24号	关于建立完善落实本区“十三五”时期保护和发展森林资源目标责任制的通知	2017年7月28日
海政发〔2017〕25号	印发《2017年第二批海淀区政府投资建设项目安排方案》的通知	2017年8月2日
海政发〔2017〕26号	印发本区“十三五”时期交通发展规划的通知	2017年8月8日
海政发〔2017〕28号	印发《海淀区“十三五”时期农村城市化规划》的通知	2017年9月12日
海政发〔2017〕29号	印发本区“十三五”时期产业发展及空间布局规划的通知	2017年9月22日
海政发〔2017〕30号	印发本区“十三五”时期安全生产规划的通知	2017年9月14日
海政发〔2017〕31号	关于撤销北京市海淀区监察局和北京市海淀区预防腐败局的通知	2017年9月7日
海政发〔2017〕32号	印发《海淀区2017年重点建设项目任务分解方案》的通知	2017年9月21日
海政发〔2017〕33号	印发北京市海淀区医疗机构设置规划（2016—2020年）的通知	2017年12月5日
海政发〔2017〕34号	印发《海淀区空气重污染应急预案（2017年修订）》的通知	2017年10月9日
海政发〔2017〕35号	印发《海淀区关于加强困境儿童和留守儿童保障工作的实施方案》的通知	2017年11月9日

续表 33

文号	文件标题	发文日期
海政发〔2017〕36 号	关于 2017 年度符合安排工作退役士兵安置指标的通知	2017 年 11 月 14 日
海政发〔2017〕37 号	关于印发《海淀区开展国家服务业综合改革试点实施方案》的通知	2017 年 12 月 21 日
海政发〔2017〕38 号	关于印发《北京市海淀区农村集体产权制度改革试点方案》的通知	2017 年 12 月 26 日
海政发〔2017〕39 号	关于印发《海淀区“十三五”时期社会治理规划》的通知	2017 年 12 月 21 日
海政发〔2017〕40 号	关于印发《海淀区行政事业单位国有资产出租、出借、对外投资、担保管理办法》的通知	2018 年 1 月 2 日
海政发〔2017〕41 号	关于进一步改进作风、提高效能、优化环境、提升服务经济发展工作质量的实施意见	2018 年 1 月 23 日

2017年海淀区行政区划基本情况一览表

表34

序号	地区	社区居委会	村委会	辖区面积（平方千米）
	全区	584	84	430.77
1	万寿路街道	35		8.78
2	羊坊店街道	31		6.61
3	甘家口街道	24		6.49
4	八里庄街道	32		6.49
5	紫竹院街道	22		6.23
6	北下关街道	31		6.04
7	北太平庄街道	37		5.17
8	海淀街道	32		6.90
9	中关村街道	30		5.28
10	学院路街道	29		8.49
11	清河街道	29		9.37
12	青龙桥街道	21		18.59
13	香山街道	6		20.40
14	西三旗街道	27		8.23
15	马连洼街道	17		10.74
16	花园路街道	26		6.33
17	田村路街道	31		7.77
18	上地街道	12		9.52
19	曙光街道	17		5.45
20	燕园街道	7		1.84
21	清华园街道	9		3.49
22	永定路街道	16		1.45
23	东升镇	8	5	8.28
24	海淀镇	2	4	4.79
25	四季青镇	12	13	40.83
26	西北旺镇	14	16	51.02
27	温泉镇	12	7	33.23
28	苏家坨镇	9	19	84.51
29	上庄镇	6	20	38.45

说明：海淀区对外公布面积为430.77平方千米，本表各街镇面积为2006年2月13日北京市测绘设计研究院制图中心图测数据，精确到小数点后第二位

索 引

说 明

本索引采取主题索引也称内容分析索引法编纂。主题词以《北京海淀年鉴（2018）》正文中出现的专业名词、名词词组为主。

本索引按汉语拼音音序排列，汉字打头的标目按首字母的音序音调依次排列，首字相同时，则以第二字排序，依此类推；以阿拉伯数字打头的主题词，排在最前面；以英文字母打头的主题词，列于其后。

索引词条后的阿拉伯数字表示内容所在的页码，数字后的英文字母（a、b、c）表示正文中的栏别（从左至右）。

同一主题的内容在文中多处出现的，在索引中按页码顺序依次列出。

本刊的《党和国家领导人与海淀》《特载》《专文》《大事记》《区情概述》《人物》《统计资料》《附录》栏目内容不在索引范围内。

0～9

A

B

C

D

F

G

K

L

M

N

P

Q

R

S

T

W

X

Y

Z